XSLT en action

SAL MANGANO

XSLT en action

Traduction de
Éric JACOBONI et Alain KETTERLIN

Éditions O'REILLY
18 rue Séguier
75006 Paris
FRANCE
france@oreilly.com
http://www.oreilly.fr

O'REILLY®

Cambridge • Cologne • Farnham • Paris • Pékin • Sebastopol • Taipei • Tokyo

L'édition originale de ce livre (ISBN 0-596-00372-2) a été publiée aux États-Unis par O'Reilly & Associates sous le titre *XSLT Cookbook*.

Couverture conçue par Ellie VOLCKHAUSEN *et* Hanna DYER

Édition : Florence LEROY

Relecture : Philippe POULARD

Mise en page : MADmac

Les programmes figurant dans ce livre ont pour but d'illustrer les sujets traités. Il n'est donné aucune garantie quant à leur fonctionnement une fois compilés, assemblés ou interprétés dans le cadre d'une utilisation professionnelle ou commerciale.

ISBN 2-84177-240-3

Table des matières

Préface

XSLT (*Extensible Stylesheet Language Transformations*) est une technologie puissante, qui permet de transformer des documents XML en les restructurant, mais qui est parfois considérée comme difficile à apprendre. XSLT utilise des règles (*templates*) pour effectuer ces transformations, ce qui en fait un bon candidat pour l'apprentissage par l'exemple ; les exemples XSLT sont d'ailleurs souvent repris pour être facilement adaptés à une nouvelle problématique.

Lorsque j'ai commencé à pratiquer XSLT, j'ai recherché en vain un recueil de recettes qui m'aurait permis d'aller plus vite dans mon apprentissage en fournissant des solutions toutes faites aux problèmes auxquels j'étais confronté. Ma première expérience d'un tel ouvrage a été *Perl en Action*, publié par O'Reilly. Ce livre a eu plus d'influence sur le peu d'enthousiasme que j'avais à apprendre Perl, ainsi que sur mon appréciation finale de ce langage, que le *Camel book* (*Programmation en Perl*, de Larry Wall). Je considère que les livres de recettes sont importants car la plupart des développeurs ne peuvent se contenter d'une ébauche de réponse : ce qu'ils veulent, c'est parvenir à une maîtrise des techniques et utiliser des méthodes connues. En outre, ils veulent des réponses rapides. Il n'existe pas de meilleure façon de maîtriser un sujet que d'emprunter les solutions de ceux qui ont déjà trouvé de meilleurs moyens pour résoudre un problème.

Cette recherche d'un livre de recettes s'est alors transformée en désir d'en écrire un, notamment depuis que j'avais réuni plusieurs recettes – certaines écrites par d'autres, certaines de ma composition. Cependant, je ne voulais pas écrire un livre sur XSLT qui n'aurait été qu'une mise en forme différente de ce qui existait déjà ; je voulais produire une ressource utile, mettant également en évidence certaines façons moins triviales d'utiliser XSLT. En même temps, je comptais attirer les développeurs XML qui n'avaient pas encore eu le courage d'apprendre XSLT et qui, à mon avis, passaient à côté d'un des meilleurs outils XML. Si vous faites partie de ceux qui ne connaissent pas encore XSLT, supportez-moi encore pendant quelques paragraphes, le temps que j'insiste sur l'intérêt de XSLT et sur le rôle de ce livre pour en tirer la quintessence.

XSLT est un langage qui se situe à la fois aux frontières et au cœur des techniques de développement logiciel actuelles. Pendant que je travaillais à ce projet, je me suis souvent retrouvé à expliquer à des amis ce qu'était XSLT et pourquoi il était suffisamment important pour mériter que je passe du temps à écrire un livre complet à son sujet. Ces mêmes amis avaient entendu parler de Java, de Perl, et même de XML, mais pas de XSLT. J'ai également remarqué un nombre grandissant de demandes d'aide sur XSLT dans les listes de diffusion qui lui sont consacrées, ainsi qu'un intérêt accru de la part des professionnels, qui se manifeste sous la forme de livres, d'articles et d'outils de développement XSLT perfectionnés. La base des utilisateurs XSLT grandit chaque jour, mais nombreux sont les professionnels du logiciel et les amateurs de nouvelles technologies qui ne comprennent pas ce qu'il est, ni son importance.

Je pense que plus de la moitié des sociétés et des personnes travaillant avec XML n'utilisent pas XSLT. Il n'y a pas si longtemps un collègue, pourtant versé dans toutes les dernières technologies, décrivait XSLT comme un langage de style comme les autres. On pardonnera, évidemment, une méprise aussi flagrante car c'est ainsi que XSLT se présente lui-même par les trois premières lettres de son nom (*Extended Stylesheet Language*) et parce que le mot-clé débutant la plupart des programmes XSLT est `xsl:stylesheet`. Cependant, le T de l'acronyme signifie *Transformations*, et c'est ce qui donne toute son importance à XSLT et qui m'a d'abord attiré vers ce langage. L'un des buts de ce livre est de montrer dans quelle mesure XSLT convient à un grand nombre de problèmes. Je souhaite également fournir aux débutants et à ceux qui connaissent un peu XSLT un endroit où ils pourront effectuer leur marché pour trouver certaines des techniques XSLT les plus fréquemment demandées. Enfin, j'aimerais montrer toutes les potentialités de ce langage afin que les utilisateurs actuels découvrent de nouveaux horizons et que ceux qui ne sont pas encore convaincus rejoignent les rangs des transformateurs de XML, qui sont très productifs.

J'ai souvent entendu de nombreuses généralisations hâtives sur l'informatique. Des affirmations comme « tout calcul ne consiste qu'en une manipulation compliquée de bits », « un ordinateur n'est jamais qu'une super machine à calculer », ou « un ordinateur ne fait que manipuler des symboles » sont vraies, dans une certaine mesure. J'aimerais donc également me livrer à une généralisation abusive : « tous les problèmes que l'on résoud avec un logiciel peuvent être considérés comme des transformations ». La maîtrise de l'informatique est la maîtrise des transformations. Les unités centrales, les algorithmes et les développeurs effectuent des transformations, tout comme XSLT lorsqu'il traite du XML (et parfois autre chose). Bien sûr, XSLT n'est pas le seul outil de transformation en lice et, comme cela a été le cas pour les milliers de langages qui l'ont précédé, on ne peut pas savoir s'il évoluera comme un langage indépendant ou s'il sera absorbé dans le prochain « grand truc ». En revanche, il est certain que les principes sous-jacents ne disparaîtront pas, car la plupart d'entre eux sont aussi vieux que l'informatique elle-même. Cet ouvrage aidera le lecteur à maîtriser et à appliquer ces principes à des problèmes spécifiques.

Organisation de ce livre

L'une des formes de transformation les plus primitives est la transformation de suites de caractères, désignées par le terme de chaînes. À la différence de l'ancien langage SNOBOL, ou du relativement récent Perl, XSLT n'a pas été conçu spécifiquement pour le traitement des chaînes. Le chapitre 1 montre que XSLT permet de faire quasiment tout ce que l'on souhaite avec les chaînes.

Les transformations numériques (plus connues sous le terme de mathématiques) sont une autre forme essentielle de transformation de bas niveau. Elles s'insinuent dans tous les développements logiciels, tout simplement parce que mesurer et compter font partie de la vie. Le chapitre 2 montre comment repousser les limites des possibilités mathématiques de XSLT, même s'il n'a pas été conçu pour être le remplaçant de Fortran.

La manipulation des dates et des temps est une activité typiquement humaine et une bonne part de notre progrès technologique est le fruit de notre obsession des horloges, des calendriers et de notre besoin de prévisions précises. Le chapitre 3 contient des recettes pour les dates et l'heure, qui étendent un domaine peu couvert actuellement par le XSLT standard. Ce chapitre ne traite pas de XSLT *per se*, mais présente les problèmes fascinants et complexes posés par les conversions et les transformations de dates. Il propose également des solutions prêtes à l'emploi, ainsi que des liens intéressants vers des ressources externes sur les dates et les calendriers.

Toutes les transformations commencent par préciser la cible à transformer. Si celle-ci est un objet composé, il faut parcourir les composantes de l'objet au cours de la transformation. Le chapitre 4 traite de ce problème et présente ceux pour lesquels XSLT a été précisément conçu. Le document XML y est décrit comme une arborescence et nous verrons comment XSLT peut manipuler de tels arbres. Nous vous donnons également des références afin d'obtenir les meilleurs résultats dans le traitement des documents XML.

Avant les traitements de texte, avant HTML, PDF et les autres formats sophistiqués de présentation des textes, il y avait le bon vieux texte brut. La transformation des données utilisées par l'ordinateur en données organisées pour l'œil humain est un problème important et, lorsque les données sources sont en XML, XSLT convient tout particulièrement. Le chapitre 5 fournit des recettes pour formater le texte extrait d'un document XML afin qu'il puisse s'afficher sur un terminal ou dans un éditeur de texte, ou être importé par des programmes attendant des données délimitées, au format CSV (*Comma Separated Values*), par exemple.

XML est en train de devenir la syntaxe universelle pour les transferts d'information, et tout porte à croire que cette tendance va aller en s'accélérant. En conséquence, un grand nombre de transformations se font de XML en XML. Le chapitre 6 présente ce type de transformations. Il montre comment diviser, fusionner, mettre à plat, nettoyer et, de façon générale, réorganiser des documents XML à l'aide d'un code XSLT relativement court.

La plupart des transformations se contentent d'extraire des informations à partir de données brutes pour répondre à des questions. Le chapitre 7 offre de précieuses recettes où XSLT est utilisé comme langage de requêtes. Il fournit de nombreux exemples de requêtes qui ressembleront sûrement à celles que vous voudriez adresser à vos propres données XML.

HTML est une cible importante des transformations XSLT. Le chapitre 8 propose des solutions aux problèmes liés à la production de contenu pour le Web, notamment les liens, les tableaux, les cadres, les formulaires, ainsi que pour les problèmes liés aux transformations côté client.

La programmation graphique permet de visualiser des données sous une forme plus conviviale. Vous ne pouvez pas considérer XSLT comme un langage de programmation graphique et ce n'en est pas un. Cependant, lorsque le format SVG (*Scalable Vector Graphics*) est la cible d'une transformation, XSLT peut produire des résultats impressionnants. Le chapitre 9 décrit les transformations de données brutes en histogrammes, en camemberts, en courbes et autres composants graphiques. Il présente également la transformation d'un document XML en diagramme arborescent. Ce chapitre insiste sur le fait que les transformations sont des structures qui peuvent être combinées pour créer plusieurs sorties différentes.

La génération de code est une opération systématique qui m'a toujours intéressé. Les hommes s'acquittent généralement mieux de ce type de transformations que les machines (tant mieux pour nous, qui en vivons). Cependant, il est quelquefois préférable d'écrire un programme qui produise le code, plutôt que d'écrire le code nous-même. Le chapitre 10 montre l'avantage à représenter en XML les données qui pilotent la production du code et démontre que XSLT est idéal pour écrire des générateurs de code C++, Java et XSLT lui-même. Ce chapitre inclut également une recette de génération de code à partir d'un modèle de conception représenté en UML via XMI.

XSLT rend possible certaines applications élaborées. Le chapitre 11 présente quelques utilisations avancées de XSLT. On abordera aussi bien la conversion de fichiers Visio VDX vers SVG ou Microsoft Excel vers XML, que les *topic maps* et le traitement WSDL (*Web Services Description Language*).

Si XSLT est en lui-même puissant, il est possible de faire encore mieux en l'intégrant à des programmes écrits dans d'autres langages. Le chapitre 12 montre en détail comment étendre XSLT avec Java et JavaScript. Il présente également l'utilisation de XSLT dans des programmes Perl et Java.

Les tests et le débogage sont des phases essentielles de tout développement logiciel, et le développement en XSLT n'y échappe pas. Avec le chapitre 13 vous apprendrez à corriger de façon intelligente des programmes erronés, même si vous n'avez pas de débogueur natif pour XSLT.

Le chapitre 14 va encore plus loin et prouve que XSLT est bien plus qu'un langage de style supplémentaire. Nous nous y intéresserons à l'utilisation de XSLT comme langage de programmation générique et fonctionnel. S'il ne devait servir qu'à ça, il vous ouvrira les yeux et stimulera votreréflexion sur la puissance de XSLT et sur la façon dont il peut être utilisé pour produire des solutions génériques.

Conventions typographiques

Le Monde Livre Italic
: Sert à mettre des expressions en évidence et à introduire de nouveaux termes techniques.

Le Monde Sans Italic
: Utilisé pour les chemins, les noms de fichiers et de programmes ainsi que pour les noms de domaine et les URL.

`TheSans Mono Condensed`
: Utilisée pour les lignes de commandes et les options qui doivent être tapées telles quelles, les mots-clés, les noms de méthodes, de variables et de classes, ainsi que les balises XML.

`TheSans Mono Bold`
: Utilisé pour mettre en évidence une partie du code d'un programme.

`TheSans Mono Condensed Italic`
: Sert à désigner les paramètres variables dans le code d'un programme.

Cette icone indique une astuce ou une remarque liée au texte qui l'entoure.

Cette icone indique une mise en garde liée au texte qui l'entoure.

Commentaires et questions

Nous avons apporté le maximum de soin à l'édition de cet ouvrage. Cependant, si vous rencontrez des erreurs, des inexactitudes ou si certains passages vous semblent confus, n'hésitez pas à nous les signaler à :

france@oreilly.com

Vous contribuerez ainsi à l'amélioration de la prochaine édition.

Une page web est consacrée à ce livre :

http://www.oreilly.fr/catalogue/2841772403.html

Pour être tenu au courant de nos publications

Site web

Pour de plus amples informations sur nos ouvrages, consultez notre site :

http://www.oreilly.fr/

Liste de diffusion par messagerie électronique

Si vous souhaitez recevoir périodiquement les annonces de nouveaux produits O'Reilly en français, il vous suffit de souscrire un abonnement à la liste d'annonces `parutions-oreilly`, en envoyant un message électronique à *majordomo@ora.de* contenant (dans le corps du message) :

```
subscribe parutions-oreilly votre_adresse_email
```

Exemple :

```
subscribe parutions-oreilly jean.dupond@ici.fr
```

Cette liste ne véhicule que des annonces. Son volume ne dépassera pas quatre messages par mois.

Remerciements

J'ai toujours rêvé d'écrire un livre et je suis très content que O'Reilly soit l'éditeur qui m'ait permis de réaliser ce rêve. Cependant, ce ne fut certainement pas un effort en solo. De nombreuses personnes m'ont aidé à atteindre ce but et je voudrais prendre un peu de temps pour les en remercier.

Tout d'abord, merci à Simon St.Laurent, mon éditeur chez O'Reilly, qui m'a soutenu sans faille, depuis le courrier électronique initial écrit à la hâte jusqu'à la finalisation de l'ouvrage. Il a toujours été là pour me rassurer et partager mes joies et mes frustrations, qui sont le lot de toute entreprise de création.

Je voudrais également remercier Jeni Tennison, mon réviseur technique principal. L'expertise technique de Jeni et l'attention qu'elle a porté à tous les détails n'a pas d'équivalent. Elle a non seulement corrigé mes erreurs idiotes ou plus subtiles, mais elle a aussi généreusement contribué au code et aux idées de ce livre, comme elle le fait chaque jour dans les nombreuses listes de diffusions sur XML auxquelles elle est abonnée (les erreurs qui restent sont vraiment dues à ma stupidité patente). Jeni Tennison est vraiment unique, et je suis sûr que la communauté XML se joindra à moi pour la remercier de toutes ses contributions et de son aide désintéressée.

Merci également à tous mes collègues de la banque *Morgan Stanley* pour leur soutien, notamment mon supérieur hiérarchique, Farid Khalili, qui s'est montré compréhensif lorsque je devais quitter précipitamment la société ou rester à la maison pour tenir les délais. Merci au directeur de notre département (*Fixed Income Development*), John Reynold, qui a fait la promotion de mon livre dans tout le service. Je souhaite également remercier la SIAC, société pour laquelle j'ai précédemment travaillé, notamment Karen Halbert, qui la première m'a autorisé à utiliser XSLT pour mener à bien un projet.

Je remercie ceux qui ont gracieusement contribué au contenu de ce livre, notamment Steve Ball, John Breen, Jason Diamond, Nikita Ogievetsky et Jeni Tennison. Merci également aux derniers réviseurs techniques, Micah Dubinko et Jirka Kosek, dont les commentaires et les suggestions ont été très utiles, ainsi qu'à l'équipe de production O'Reilly qui m'a aidé à réaliser ce travail.

Enfin, merci à mes parents, ma famille et mes amis. Comme toujours, vous m'avez soutenu et aidé à conserver une vie équilibrée. Par dessus tout, je remercie ma femme, Wanda, et mon fils, Léonardo : sans leur soutien moral et les nombreux sacrifices qu'ils ont consenti, ce livre n'aurait pu voir le jour. Merci, Wanda, pour tout ce que tu as fait et que j'aurais dû faire lorsque j'étais enfermé dans mon donjon ! Merci, Léonardo, pour avoir dit « Papa, tu travailles » alors que je savais que tu voulais dire « Papa, viens jouer avec moi ! ». Tous deux ainsi que l'enfant à venir resteront mon plus beau succès.

1

Chaînes de caractères

Je pense que tout le monde devrait avoir un fusil. Les citoyens devraient posséder des bazookas et des lanceurs de roquettes également. Ils devraient tous pouvoir choisir leurs armes. Cela dit, je pense aussi que moi seul devrais posséder les munitions. Parce que, franchement, je ne ferais pas confiance à tous ces beaufs à partir du moment où il tiendraient autre chose qu'une chaîne.

Scott Adams

Lorsqu'il s'agit de manipuler des chaînes de caractères, XSLT ne dispose certainement pas de l'artillerie lourde offerte par Perl. XSLT est un langage optimisé pour le traitement de documents XML, pas pour le traitement de chaînes de caractères. Toutefois, puisque XML est simplement une sorte de texte structuré, il est inévitable d'avoir à traiter des chaînes de caractères, sauf peut-être dans les problèmes de transformation les plus simples. Malheureusement, XSLT n'offre que neuf fonctions standard pour ce faire. Java, par contre, dispose d'environ deux douzaines de fonctions spécialisées et Perl, joyau incontesté des langages modernes de traitement de texte, en a un nombre équivalent, ainsi qu'un moteur puissant de traitement des expressions régulières.

Les programmeurs XSLT ont deux solutions lorsqu'ils ont besoin d'appliquer des traitements complexes à des chaînes de caractères. Premièrement, ils peuvent appeler des fonctions d'extension écrites en Java ou dans un autre langage accepté par leur processeur XSLT. C'est le choix de la sagesse lorsque la portabilité est un critère mineur et que les besoins de traitement sont compliqués ou spécifiques. Deuxièmement, ils peuvent écrire les fonctions avancées directement en XSLT. Ce chapitre montre que la majorité des manipulations de chaînes de caractères peut s'effectuer au sein même de XSLT. On y parvient en utilisant les fonctions de traitement de chaînes de caractères natives et en exploitant la puissance de la récursivité, qui est une partie intégrante de toutes les utilisations avancées de XSLT. De fait, la récursivité est une technique si importante en XSLT qu'il est utile d'examiner certaines de ces recettes même si vous n'avez pas l'intention d'écrire des opérations de manipulation de chaînes de caractères directement en XSLT.

Ce livre fait également référence à l'excellent travail de EXSLT.org, une initiative communautaire dont le but est d'aider à standardiser les extensions du langage XSLT. Vous pouvez visiter leur site web à *http://www.exslt.org*.

1.1 Tester si une chaîne se termine par une chaîne donnée

Problème

Vous devez tester si une chaîne se termine par une sous-chaîne donnée.

Solution

```
substring($valeur, (string-length($valeur) - string-length($sousch)) + 1) = $sousch
```

Discussion

XSLT dispose d'une fonction `starts-with()` native, mais n'a pas de fonction `ends-with()`. Cependant, comme le montre le code ci-dessus, `ends-with` peut facilement s'écrire à l'aide de `substring()` et de `string-length()`. Le code extrait simplement les `string-length($sousch)` derniers caractères de la chaîne à tester et les compare avec la sous-chaîne.

> Les programmeurs habitués aux langages dans lesquels la première position est numérotée 0 remarqueront que le premier caractère d'une chaîne XSLT est numéroté 1.

1.2 Déterminer la position d'une sous-chaîne

Problème

Vous voulez déterminer la position d'une sous-chaîne plutôt que le texte placé avant ou après la sous-chaîne.

Solution

```
<xsl:template name="index-de">
    <xsl:param name="entrée"/>
    <xsl:param name="sousch"/>
<xsl:choose>
    <xsl:when test="contains($entrée, $sousch)">
      <xsl:value-of select="string-length(substring-before($entrée, $sousch))+1"/>
    </xsl:when>
    <xsl:otherwise>0</xsl:otherwise>
</xsl:choose>
</xsl:template>
```

Discussion

La position d'une sous-chaîne dans une chaîne donnée est simplement la longueur de la chaîne qui la précède plus 1. Si vous êtes certain que la chaîne cible contient la sous-chaîne, alors vous pouvez simplement utiliser `string-length(substring-before($entree, $sousch))+1`. Cependant, en général, vous devez gérer le cas dans lequel la sous-chaîne est absente. Ici, nous utilisons la valeur 0 pour indiquer ce cas, mais vous pourriez utiliser n'importe quelle autre valeur, par exemple -1 ou NaN.

1.3 Supprimer certains caractères d'une chaîne

Problème

Vous désirez supprimer certains caractères (par exemple les espaces) dans une chaîne.

Solution

Utilisez `translate` avec une chaîne de remplacement vide. Par exemple, le code suivant supprime les blancs d'une chaîne :

```
translate($entrée," &#x9;&#xa;&xd;", "")
```

Discussion

`translate( )` est une fonction polyvalente, souvent utilisée pour compenser les capacités de traitement de texte manquant dans XSLT. Ici vous utilisez le fait que `translate( )` ne copiera pas les caractères de la chaîne en entrée qui sont dans la chaîne `from`, mais n'ont pas de caractère correspondant dans la chaîne `to`.

Vous pouvez aussi utiliser `translate` pour supprimer tous les caractères à l'exception de ceux qui apparaissent dans une chaîne donnée. Par exemple, le code ci-dessous supprime tous les caractères non numériques d'une chaîne :

```
translate($chaîne,
          translate($string,'0123456789',''),'')
```

L'appel interne de `translate()` supprime les caractères auxquels on s'intéresse (c'est-à-dire les chiffres) pour obtenir une chaîne `from` pour l'appel externe de `translate()`, qui lui supprime ces caractères non numériques de la chaîne initiale.

Quelquefois vous ne voudrez pas supprimer tous les blancs, mais seulement ceux qui se trouvent en tête et en queue de chaîne, ainsi que ceux qui sont redondants à l'intérieur du texte. XPath offre une fonction `normalize-space()`, qui réalise exactement cela. Si vous avez besoin de normaliser selon des caractères autres que les blancs, vous pouvez utiliser le code suivant (dans lequel C est le caractère selon lequel on normalise) :

```
translate(normalize-space(translate($entrée,"C "," C")),"C "," C")
```

Cependant, cette transformation ne fonctionnera pas correctement si la chaîne d'entrée contient des blancs autres que les espaces, c'est-à-dire des tabulations (#x9), des fins de ligne (#xA) ou des retours chariot (#xD). La raison en est que le code intervertit l'espace avec le caractère selon lequel on normalise, puis fait l'opération inverse. Si des blancs différents de l'espace subsistent après la première transformation, ils seront normalisés, ce qui est peut-être indésirable. Cela dit, les applications de la normalisation selon des caractères non blancs sont probablement rares. Dans l'exemple suivant, on l'utilise pour supprimer les caractères surnuméraires.

```
<xsl:template match="/">
  <xsl:variable name="entrée"
```

```
    select=" '---voici --comment-- on normalise des caractères non blancs---' "/>
  <xsl:value-of
    select="translate(normalize-space(
                              translate($entrée,'- ',' -')),'- ',' -')"/>
</xsl:template>
```

Le résultat est :

```
voici -comment- on normalise des caractères non blancs
```

1.4 Chercher des sous-chaînes en partant de la fin d'une chaîne

Problème

XSLT ne dispose pas d'une fonction permettant de recherche des sous-chaînes en partant de la fin d'une chaîne.

Solution

En utilisant la récursivité, vous pouvez simuler une recherche inverse en effectuant une recherche de la dernière occurrence de sousch. Cette technique permet de créer des fonctions `sous-chaîne-avant-dernier` et `sous-chaîne-après-dernier`.

```
<xsl:template name ="sous-chaîne-avant-dernier">
  <xsl:param name="entrée" />
  <xsl:param name="sousch" />
  <xsl:if test="$sousch and contains($entrée, $sousch)">
    <xsl:variable name="temp" select="substring-after($entrée, $sousch)" />
    <xsl:value-of select="substring-before($entrée, $sousch)" />
    <xsl:if test="contains($temp, $sousch)">
      <xsl:value-of select="$sousch" />
      <xsl:call-template name="sous-chaîne-avant-dernier">
        <xsl:with-param name="entrée" select="$temp" />
        <xsl:with-param name="sousch" select="$sousch" />
      </xsl:call-template>
    </xsl:if>
  </xsl:if>
</xsl:template>

<xsl:template name="sous-chaîne-après-dernier">
<xsl:param name="entrée"/>
<xsl:param name="sousch"/>

<!-- Extraire la chaîne placée après la première occurrence -->
<xsl:variable name="temp" select="substring-after($entrée,$sousch)"/>

<xsl:choose>
  <!-- Si elle contient encore la chaîne recherchée alors appel récursif -->
  <xsl:when test="$sousch and contains($temp,$sousch)">
    <xsl:call-template name="sous-chaîne-après-dernier">
      <xsl:with-param name="entrée" select="$temp"/>
```

```
      <xsl:with-param name="sousch" select="$sousch"/>
    </xsl:call-template>
  </xsl:when>
  <xsl:otherwise>
    <xsl:value-of select="$temp"/>
  </xsl:otherwise>
</xsl:choose>
</xsl:template>
```

Discussion

Les deux fonctions de recherche de sous-chaînes de XSLT(`substring-before` et `substring-after`) débutent leur recherche au commencement de la chaîne de caractères. Il arrive que l'on ait besoin de rechercher à partir de la fin. Le moyen le plus simple de faire cela en XSLT est d'appliquer récursivement les fonctions de recherche standard jusqu'à ce que la dernière occurrence de la sous-chaîne recherchée ait été trouvée.

J'ai rencontré un problème subtil pendant ma première tentative d'écriture de ces fonctions, qu'il vaut mieux garder à l'esprit lorsqu'on utilise la récursivité pour traiter des chaînes de caractères. Souvenez-vous que `contains($quelque-chose,'')` retournera toujours `true` ! Pour cette raison, je m'assure que je teste également l'existence d'une valeur non vide de `$sousch` dans les appels récursifs de `sous-chaîne-avant-dernier` et de `sous-chaîne-après-dernier`. Sans ces tests, le code provoquerait une boucle infinie à la recherche d'une chaîne vide, et probablement un débordement de pile avec les processeurs qui ne reconnaissent pas les récursivités terminales.

Un autre algorithme se base sur une stratégie *diviser pour régner*. L'idée de base est de couper la chaîne en deux parties. Si la chaîne recherchée est dans la deuxième partie, vous pouvez supprimer la première partie, et diviser par deux la taille du problème. Ce processus se répète récursivement. La partie délicate intervient quand la chaîne recherchée n'est pas dans la deuxième moitié parce qu'elle a été coupée en deux. Voici une solution pour `sous-chaîne-avant-dernier` :

```
<xsl:template name="str:sous-chaîne-avant-dernier">

  <xsl:param name="entrée"/>
  <xsl:param name="sousch"/>

  <xsl:variable name="mil" select="ceiling(string-length($entrée) div 2)"/>
  <xsl:variable name="temp1" select="substring($entrée,1, $mil)"/>
  <xsl:variable name="temp2" select="substring($entrée,$mil +1)"/>
  <xsl:choose>
    <xsl:when test="$temp2 and contains($temp2,$sousch)">
      <!-- la chaîne recherchée est dans la seconde moitié, donc il -->
      <!-- suffit de conserver la premiere moitié et d'appeler -->
      <!-- récursivement sur la seconde moitié -->
      <xsl:value-of select="$temp1"/>
      <xsl:call-template name="str:sous-chaîne-avant-dernier">
        <xsl:with-param name="entrée" select="$temp2"/>
```

```
        <xsl:with-param name="sousch" select="$sousch"/>
      </xsl:call-template>
    </xsl:when>
    <!-- la chaîne est sur la frontière, donc un simple -->
    <!-- substring-before fera l'affaire -->
    <xsl:when test="contains(substring($entrée,
                                       $mil - string-length($sousch) +1),
                                       $sousch)">
      <xsl:value-of select="substring-before($entrée,$sousch)"/>
    </xsl:when> <!-- la chaîne est dans la première moitié, donc on oublie -->
    <!-- la seconde -->
    <xsl:when test="contains($temp1,$sousch)">
      <xsl:call-template name="str:sous-chaîne-avant-dernier">
      <xsl:with-param name="entrée" select="$temp1"/>
      <xsl:with-param name="sousch" select="$sousch"/>
      </xsl:call-template>
    </xsl:when>
    <!-- Pas d'occurrence de la chaîne, donc rien à faire -->
    <xsl:otherwise/>
  </xsl:choose>
</xsl:template>
```

Il apparaît que la stratégie diviser pour régner n'a pas ou peu d'avantages sauf si vous cherchez dans un texte de grande taille (environ 4000 caractères). Vous pourriez écrire une fonction de plus haut niveau qui choisirait l'algorithme approprié selon la longueur du texte, ou qui passerait de diviser pour régner à un algorithme plus simple lorsque le texte devient suffisamment court.

1.5 Répliquer N fois une chaîne

Problème

Vous devez répliquer une chaîne de caractères `N` fois, où `N` est un paramètre. Par exemple, vous devez combler une chaîne avec des espaces pour produire du texte aligné.

Solution

Une solution élégante consiste en une approche récursive qui double la chaîne en entrée jusqu'à ce que la longueur voulue soit atteinte, en gérant les cas dans lesquels `$nombre` est impair :

```
<xsl:template name="dup">
  <xsl:param name="entrée"/>
  <xsl:param name="nombre" select="1"/>
  <xsl:choose>
    <xsl:when test="not($nombre) or not($entrée)"/>
    <xsl:when test="$nombre = 1">
      <xsl:value-of select="$entrée"/>
    </xsl:when>
    <xsl:otherwise>
      <!-- Si $nombre est impair ajouter une copie de entrée -->
      <xsl:if test="$nombre mod 2">
```

```
        <xsl:value-of select="$entrée"/>
      </xsl:if>
      <!-- Appliquer récursivement après avoir doublé entrée et divise nombre
           par 2 -->
      <xsl:call-template name="dup">
        <xsl:with-param name="entrée" select="concat($entrée,$entrée)"/>
        <xsl:with-param name="nombre" select="floor($nombre div 2)"/>
      </xsl:call-template>
    </xsl:otherwise>
  </xsl:choose>
</xsl:template>
```

Discussion

La façon la plus simple de répliquer une chaîne `$nombre` fois est de trouver un moyen de concaténer la chaîne à elle-même `$nombre-1` fois. Cela peut se faire récursivement avec le code ci-dessous, mais ce code sera coûteux sauf si la valeur de `$nombre` est faible. Cette méthode n'est donc pas recommandée :

```
<xsl:template name="dup-lent">
  <xsl:param name="entrée"/>
  <xsl:param name="nombre" select="1"/>
  <xsl:param name="accu" select="$entrée"/>
  <xsl:choose>
    <xsl:when test="not($nombre) or not($entrée)"/>
    <xsl:when test="$nombre=1">
      <xsl:value-of select="$accu"/>
    </xsl:when>
    <xsl:otherwise>
      <xsl:call-template name="dup-lent">
        <xsl:with-param name="entrée" select="$entrée"/>
        <xsl:with-param name="nombre" select="$nombre - 1"/>
        <xsl:with-param name="accu" select="concat($accu,$entrée)"/>
      </xsl:call-template>
    </xsl:otherwise>
  </xsl:choose>
</xsl:template>
```

On trouvera une meilleure solution dans la section « Solution ». Cette solution limite le nombre d'appels récursifs et de concaténations à une valeur de l'ordre de `log2($nombre)`, en doublant de façon répétée l'entrée et en divisant la longueur par deux aussi longtemps que cette longueur est supérieure à 1. La solution ci-dessus est pénible parce qu'elle nécessite un paramètre artificiel supplémentaire qui conserve la chaîne d'entrée originale. Elle provoquera également une croissance importante de la pile, du fait de `$nombre-1` appels récursifs, et nécessite `$nombre-1` appels de `concat()`. Comparez cela à la duplication répétée, qui limite la taille de la pile à `floor(log2($nombre))` et nécessite seulement `ceiling(log2($nombre))` appels de `concat()`.

La technique simplement répétitive a tout de même la qualité d'être capable de répliquer la structure aussi bien que les chaînes de caractères, à condition d'utiliser `xsl:copy-of` à la place de `xsl:value-of`. La technique rapide n'offre pas d'avantage dans ce cas, parce que les copies seraient passées en paramètres, ce qui est coûteux.

Une autre solution basée sur le code de `str:padding` dans EXSLT, mais qui ne lui est pas identique, est la suivante :

```
<xsl:template name="dup">
  <xsl:param name="entrée"/>
  <xsl:param name="nombre" select="1"/>
  <xsl:choose>
    <xsl:when test="not($nombre) or not($entrée)" />
    <xsl:otherwise>
      <xsl:variable name="temp"
                    select="concat($entrée, $entrée, $entrée, $entrée, $entrée,
                                   $entrée, $entrée, $entrée, $entrée, $entrée)"/>
      <xsl:choose>
        <xsl:when test="string-length($temp) >= $nombre * string-length($entrée)">
          <xsl:value-of select="substring($temp, 1,
                                       $nombre * string-length($entrée))" />
        </xsl:when>
        <xsl:otherwise>
          <xsl:call-template name="dup">
            <xsl:with-param name="entrée" select="$temp" />
            <xsl:with-param name="nombre" select="$nombre div 10" />
          </xsl:call-template>
        </xsl:otherwise>
      </xsl:choose>
    </xsl:otherwise>
  </xsl:choose>
</xsl:template>
```

Cette version effectue 10 copies de la chaîne d'entrée. Si le résultat de ces copies est plus long que ce qui est demandé, elle supprime ce qui est en trop. Sinon, elle applique la règle récursivement. Cette solution est plus lente parce qu'elle fera souvent plus de concaténations que nécessaire, et parce qu'elle utilise `substring()`, qui peut être lent dans certains processeurs XSLT. Voir « Remplacer du texte », page 12, pour une explication. Elle a cependant un avantage pour les processeurs qui n'optimisent pas les récursivités terminales, parce qu'elle réduit significativement le nombre d'appels récursifs.

Pour aller plus loin

La méthode dite *de Piez* est également capable de répliquer une chaîne sans faire appel à la récursivité. Cette méthode est décrite à *http://www.xml.org/xml/xslt_efficient_programming_techniques.pdf*. Elle utilise une boucle `xsl:for-each` sur n'importe quelle source de nœuds (le plus souvent sur la feuille de style elle-même). Bien que cette méthode puisse être très efficace en pratique, je la trouve défectueuse parce qu'elle fait l'hypothèse qu'il y aura suffisamment de nœuds pour le nombre d'itérations requis.

1.6 Inverser une chaîne

Problème

Vous avez besoin d'inverser les caractères d'une chaîne.

Solution

Cette règle inverse la chaîne `$entrée` de façon subtile et efficace :

```
<xsl:template name="inversion">
  <xsl:param name="entrée"/>
  <xsl:variable name="longueur" select="string-length($entrée)"/>
  <xsl:choose>
    <!-- Pour les chaînes de longueur < 2 le résultat est immédiat -->
    <xsl:when test="$longueur &lt; 2">
      <xsl:value-of select="$entrée"/>
    </xsl:when>
    <!-- Pour les chaînes de longueur 2 aussi -->
    <xsl:when test="$longueur = 2">
      <xsl:value-of select="substring($entrée,2,1)"/>
      <xsl:value-of select="substring($entrée,1,1)"/>
    </xsl:when>
    <xsl:otherwise>
      <!-- Intervertir les appels récursifs sur les moitiés de la chaîne
           entrée -->
      <xsl:variable name="mil" select="floor($longueur div 2)"/>
      <xsl:call-template name="inversion">
        <xsl:with-param name="entrée" select="substring($entrée,$mil+1,$mil+1)"/>
      </xsl:call-template>
      <xsl:call-template name="inversion">
        <xsl:with-param name="entrée" select="substring($entrée,1,$mil)"/>
      </xsl:call-template>
    </xsl:otherwise>
  </xsl:choose>
</xsl:template>
```

Discussion

Cet algorithme n'est pas le plus évident, mais il est efficace. Il est même capable d'inverser de très longues chaînes de caractères, alors que d'autres algorithmes plus immédiats prendraient trop de temps ou feraient déborder la pile. L'idée de base ici est d'intervertir la première moitié de la chaîne avec la seconde moitié, et d'appliquer l'algorithme récursivement sur ces deux moitiés jusqu'à arriver à des chaînes de longueur 2 ou moins, pour lesquelles l'inversion est évidente. L'exemple suivant montre comment fonctionne cet algorithme. À chaque étape, j'ai mis le caractère + à l'endroit où la chaîne est scindée puis recomposée.

1. inversion("abcdef") (entrée)
2. inversion("def")+inversion("abc")
3. inversion("ef") + "d" + inversion("bc") + "a"

4. "f" + "e" + "d" + "c" + "b" + "a"
5. fedcba (résultat)

Il est instructif de considérer d'autres implémentations de l'inversion en XSLT, parce qu'elles donnent quelques leçons sur la façon dont il faut utiliser ou ne pas utiliser la récursivité dans d'autres contextes.

L'un des pires algorithmes est probablement celui auquel la plupart des programmeurs penserait en premier lieu. L'idée est d'échanger les premier et dernier caractères de la chaîne, poursuivre avec les deuxième et avant-dernier caractères, et ainsi de suite jusqu'à atteindre le milieu, auquel point on a terminé. Un programmeur C penserait certainement à cette solution, puisque c'est une solution itérative parfaitement efficace dans un langage comme C, dans lequel on peut accéder aléatoirement aux caractères de la chaîne, et dans lequel l'itération est la norme. Cependant, en XSLT, vous devrez implémenter récursivement cet algorithme, comme dans l'exemple 1-1, et vous n'avez pas le luxe de modifier les valeurs des variables.

Exemple 1-1. Une très mauvaise implémentation de l'inversion

```
<xsl:template name="inversion">
  <xsl:param name="entrée"/>
  <xsl:variable name="longueur" select="string-length($entrée)"/>
  <xsl:choose>
    <!-- Pour les chaînes de longueur < 2 le résultat est immédiat -->
    <xsl:when test="$longueur &lt; 2">
      <xsl:value-of select="$entrée"/>
    </xsl:when>
    <!-- Pour les chaînes de longueur 2 aussi -->
    <xsl:when test="$longueur = 2">
      <xsl:value-of select="substring($entrée,2,1)"/>
      <xsl:value-of select="substring($entrée,1,1)"/>
    </xsl:when>
    <xsl:otherwise>
      <!-- Concaténer le dernier caractère + inversion(centre) +
           le premier caractère -->
      <xsl:value-of select="substring($entrée,$longueur,1)"/>
      <xsl:call-template name="inversion">
        <xsl:with-param name="entrée"
             select="substring($entrée,2,$longueur - 2)"/>
      </xsl:call-template>
      <xsl:value-of select="substring($entrée,1,1)"/>
    </xsl:otherwise>
  </xsl:choose>
</xsl:template>
```

Un problème majeur de cette solution empêche de l'utiliser, sauf peut-être pour de très courtes chaînes de caractères. En effet, cette solution n'est pas récursive terminale (voir l'encadré « Récursivité terminale »). La plupart des processeurs (Saxon, par exemple) font des optimisations dans le cas d'une récursivité terminale, et c'est une bonne idée de structurer son code de façon à profiter de ces optimisations. L'exemple 1-2 rend cette version de l'inversion récursive terminale en déplaçant seulement le dernier caractère de la chaîne vers la tête à chaque appel. Cela place l'appel récursif en fin de fonction, et permet donc les optimisations.

Exemple 1-2. Une implémentation utilisant une récursivité terminale inefficace

```
<xsl:template name="inversion">
  <xsl:param name="entrée"/>
  <xsl:variable name="longueur" select="string-length($entrée)"/>
  <xsl:choose>
    <!-- Pour les chaînes de longueur < 2 le résultat est immédiat -->
    <xsl:when test="$longueur &lt; 2">
      <xsl:value-of select="$entrée"/>
    </xsl:when>
    <!-- Pour les chaînes de longueur 2 aussi -->
    <xsl:when test="$longueur = 2">
      <xsl:value-of select="substring($entrée,2,1)"/>
      <xsl:value-of select="substring($entrée,1,1)"/>
    </xsl:when>
    <!-- Concaténer le dernier + inversion(reste) -->
    <xsl:otherwise>
      <xsl:value-of select="substring($entrée,$longueur,1)"/>
      <xsl:call-template name="inversion">
        <xsl:with-param name="entrée"
                        select="substring($entrée,1,$longueur - 1)"/>
      </xsl:call-template>
    </xsl:otherwise>
  </xsl:choose>
</xsl:template>
```

Cette modification empêche la fonction de faire déborder la pile, mais elle reste inefficace pour de grandes chaînes de caractères. Premièrement, notez que le résultat de chaque étape ne provoque le mouvement que d'un caractère. Deuxièmement, chaque appel récursif doit traiter une chaîne qui ne contient qu'un caractère de moins que la chaîne courante. Pour de très longues chaînes, cet appel peut surcharger le mécanisme d'allocation de mémoire du processeur XSLT. En révisant cette recette, Jeni Tennison a fait remarquer qu'une variante permettait d'aboutir à une version récursive terminale en passant le reste de la chaîne à inverser et `$longueur` en paramètre. C'est, en général, une bonne stratégie pour retrouver une récursivité terminale. Dans notre cas, il s'agit d'une nette amélioration sans être totalement satisfaisant.

L'objectif de la plupart des algorithmes récursifs est d'essayer de structurer le problème de façon à ce que chaque appel récursif traite un sous-problème qui soit d'une taille au plus égale à la moitié de la taille du problème initial. Cela permet d'arrêter la récursivité plus rapidement. Suivre ce conseil mène à la solution pour `inversion`, décrite dans l'exemple 1-3.

Exemple 1-3. Une implémentation efficace (mais pas idéale)

```
<xsl:template name="inversion">
  <xsl:param name="entrée"/>

  <xsl:variable name="longueur" select="string-length($entrée)"/>
  <xsl:choose>
```

```
    <xsl:when test="$longueur &lt; 2">
      <xsl:value-of select="$entrée"/>
    </xsl:when>
    <xsl:otherwise>
      <xsl:variable name="mil" select="floor($longueur div 2)"/>
      <xsl:call-template name="inversion">
        <xsl:with-param name="entrée" select="substring($entrée,$mil+1,$mil+1)"/>
      </xsl:call-template>
      <xsl:call-template name="inversion">
        <xsl:with-param name="entrée" select="substring($entrée,1,$mil)"/>
      </xsl:call-template>
    </xsl:otherwise>
  </xsl:choose>
</xsl:template>
```

Cette solution est la première à laquelle je sois arrivé, et elle fonctionne bien même avec de longues chaînes (1000 caractères ou plus). Elle a en plus la particularité d'être plus courte que la version de la section « Solution ». La seule différence est qu'elle ne considère comme évidente que les solutions pour des chaînes de longueur zéro ou un. La version plus rapide divise en fait par deux le nombre d'appels récursifs en traitant directement aussi les chaînes de longueur deux.

Toutes les variantes présentées ici effectuent en fait le même nombre de concaténations, et je ne pense pas qu'il y ait moyen de faire autrement avec XSLT. Cependant, mes tests montrent que sur une chaîne de longueur 1000, la meilleure solution est environ 5 fois plus rapide que la plus mauvaise. La meilleure et la deuxième ne sont séparées que par un rapport de 1,3.

Récursivité terminale

Un appel récursif est *terminal* si lorsque l'appel retourne une valeur, cette valeur est immédiatement renvoyée par la fonction. Le mot « terminal » s'applique à l'appel récursif, puisqu'il apparaît en fin de code. La récursivité terminale est une notion importante, parce qu'elle peut être mise en œuvre de façon plus efficace que la récursivité dans le cas général. Un appel récursif quelconque nécessite un contexte sur la pile dans lequel sont conservés les variables locales et les autres éléments nécessaires à l'appel. C'est pourquoi la récursivité quelconque peut rapidement remplir la pile si les données sont de grande taille. Les appels récursifs terminaux, par contre, peuvent facilement être transformés en une version itérative par un processeur XSLT capable de les détecter.

1.7 Remplacer du texte

Problème

Vous voulez remplacer toutes les occurrences d'une sous-chaîne par une autre chaîne dans une chaîne d'entrée donnée.

Solution

La règle récursive suivante remplace toutes les occurrences d'une chaîne recherchée par une chaîne de remplacement.

```
<xsl:template name="rechercher-remplacer">
  <xsl:param name="entrée"/>
  <xsl:param name="cherche"/>
  <xsl:param name="remplace"/>
  <xsl:choose>
    <!-- Voir si l'entrée contient la chaîne cherchée -->
    <xsl:when test="$cherche and contains($entrée,$cherche)">
    <!-- Si c'est le cas, concaténer la sous-chaîne avant la chaîne cherchée à la
         chaîne de remplacement et au résultat de l'appel récursif à la fin de la
         chaîne d'entrée -->
      <xsl:value-of select="substring-before($entrée,$cherche)"/>
      <xsl:value-of select="$remplace"/>
      <xsl:call-template name="rechercher-remplacer">
        <xsl:with-param name="entrée" select="substring-after($entrée,$cherche)"/>
        <xsl:with-param name="cherche" select="$cherche"/>
        <xsl:with-param name="remplace" select="$remplace"/>
      </xsl:call-template>
    </xsl:when>
    <xsl:otherwise>
      <!-- Il n'y a plus d'occurrence de la chaîne cherchée, donc il suffit de
           renvoyer l'entrée -->
      <xsl:value-of select="$entrée"/>
    </xsl:otherwise>
  </xsl:choose>
</xsl:template>
```

Si vous voulez remplacer uniquement des mots entiers, alors vous devez vous assurer que les caractères précédant et suivant immédiatement l'occurrence trouvée se trouvent bien dans la classe des caractères considérés comme délimiteurs de mots. Nous avons choisi les caractères de la variable $ponc et les blancs comme délimiteurs :

```
<xsl:template name="rechercher-remplacer-mots">
  <xsl:param name="entrée"/>
  <xsl:param name="cherche"/>
  <xsl:param name="remplace"/>
  <xsl:variable name="ponc"
   select="concat('.,;:( )[ ]!?$@&amp;&quot;',&quot;&apos;&quot;)"/>
      <xsl:choose>
        <!-- Voir si l'entrée contient la chaîne cherchée -->
        <xsl:when test="contains($entrée,$cherche)">
        <!-- Si c'est le cas, alors tester que les caractères avant et après sont
         des délimiteurs de mots -->
          <xsl:variable name="avant"
           select="substring-before($entrée,$cherchée)"/>
          <xsl:variable name="car-avant"
           select="substring(concat(' ',$avant),string-length($avant) +1, 1)"/>
          <xsl:variable name="après" select="substring-after($entrée,$cherche)"/>
          <xsl:variable name="car-après" select="substring($après,1,1)"/>
```

```
          <xsl:value-of select="$avant"/>
          <xsl:choose>
            <xsl:when test="(not(normalize-space($car-avant)) or
             contains($ponc,$car-avant)) and (not(normalize-space($car-après)) or
             contains($ponc,$car-après))">
            <xsl:value-of select="$remplace"/>
          </xsl:when>
          <xsl:otherwise>
            <xsl:value-of select="$cherche"/>
          </xsl:otherwise>
        </xsl:choose>
        <xsl:call-template name="rechercher-remplacer-mots">
          <xsl:with-param name="entrée" select="$après"/>
          <xsl:with-param name="cherche" select="$cherche"/>
          <xsl:with-param name="remplace" select="$remplace"/>
        </xsl:call-template>
      </xsl:when>
    <xsl:otherwise>
      <!-- Il n'y a plus d'occurrence de la chaîne cherchée, donc il suffit de
     renvoyer l'entrée -->
      <xsl:value-of select="$entrée"/>
    </xsl:otherwise>
  </xsl:choose>
</xsl:template>
```

Remarquez de quelle façon nous construisons `$ponc` à l'aide de `concat()` pour qu'il contienne à la fois des apostrophes et des guillemets. Il n'est pas possible de faire cela autrement, parce que XPath et XSLT, contrairement à C, n'autorisent pas l'échappement des caractères spéciaux avec une contre-oblique (\). XPath 2.0 permettra de saisir ces caractères en les doublant.

Discussion

Rechercher et remplacer est une opération fréquente. La solution montrée ici est la plus simple qui puisse être écrite uniquement en XSLT. En considérant les performances de cette version, le lecteur pourrait l'imaginer peu efficace. Pour chaque occurrence de la chaîne recherchée, le code va appeler `contains()`, `substring-before()`, et `substring-after()`. On peut supposer que chacune de ces fonctions va parcourir la chaîne d'entrée à la recherche de la chaîne. Il semble donc que cette approche réalise deux recherches supplémentaires par rapport à ce qui est nécessaire. Après réflexion, vous arriverez à l'une des solutions apparemment moins efficaces des exemples 1-4 et 1-5.

Exemple 1-4. Utilisation d'une chaîne temporaire dans une tentative erronée d'améliorer le rechercher/remplacer

```
<xsl:template name="rechercher-remplacer">
  <xsl:param name="entrée"/>
  <xsl:param name="cherche"/>
  <xsl:param name="remplace"/>
  <!-- Trouver la chaîne qui précède la chaîne chercher et la conserver dans une
```

```
    variable -->
   <xsl:variable name="temp" select="substring-before($entrée,$cherche)"/>
   <xsl:choose>
     <!-- Si $temp n'est pas vide ou si entrée débute par la chaîne cherche, alors
      nous savons que nous devons faire un remplacement, donc plus besoin de
      contains( ) -->
     <xsl:when test="$temp or starts-with($entrée,$cherche)">
       <xsl:value-of select="concat($temp,$remplace)"/>
       <xsl:call-template name="rechercher-remplacer">
         <!-- Plus besoin de substring-after si on utilise la longueur de temp et la
          chaîne cherchée pour extraire ce qu'il reste a traiter dans l'appel
          récursif -->
         <xsl:with-param name="entrée"
          select="substring($entrée,string-length($temp)+
          string-length($cherche)+1)"/>
         <xsl:with-param name="cherche" select="$cherche"/>
         <xsl:with-param name="remplace" select="$remplace"/>
       </xsl:call-template>
     </xsl:when>
     <xsl:otherwise>
       <xsl:value-of select="$entrée"/>
     </xsl:otherwise>
   </xsl:choose>
 </xsl:template>
```

Exemple 1-5. Utilisation d'un entier temporaire dans une tentative erronée d'améliorer le rechercher/remplacemer

```
<xsl:template name="rechercher-remplacer">
  <xsl:param name="entrée"/>
  <xsl:param name="cherche"/>
  <xsl:param name="remplace"/>
  <!-- Trouver la longueur de la sous-chaîne qui précède la chaîne cherchée,
   et la conserver dans une variable -->
  <xsl:variable name="temp"
   select="string-length(substring-before($entrée,$cherche))"/>
  <xsl:choose>
  <!-- Si $temp est non nul ou si entrée débute par la chaîne cherche,
   alors nous savons que nous devons faire un remplacement, donc plus besoin
   de contains( ) -->
    <xsl:when test="$temp or starts-with($entrée,$cherche)">
      <xsl:value-of select="substring($entrée,1,$temp)"/>
      <xsl:value-of select="$remplace"/>
        <!-- Plus besoin de substring-after si on utilise la longueur de temp et la
         chaîne cherche pour extraire ce qu'il reste à traiter dans l'appel
         recursif -->
        <xsl:call-template name="rechercher-remplacer">
          <xsl:with-param name="entrée"
           select="substring($entrée,$temp + string-length($cherche)+1)"/>
          <xsl:with-param name="cherche" select="$cherche"/>
          <xsl:with-param name="remplace" select="$remplace"/>
      </xsl:call-template>
    </xsl:when>
```

```
    <xsl:otherwise>
      <xsl:value-of select="$entrée"/>
    </xsl:otherwise>
  </xsl:choose>
</xsl:template>
```

L'idée qui se cache derrière ces deux tentatives est que si vous conservez la position à laquelle `substring-before()` trouve la sous-chaîne, alors vous pouvez utiliser cette information pour éliminer les appels à `contains()` et à `substring-after()`. Vous êtes obligé d'utiliser un appel à `starts-with()` pour distinguer le cas dans lequel `substring-before()` renvoie la chaîne vide ; cela peut arriver lorsque la chaîne recherchée est absente, ou lorsque la chaîne d'entrée débute par la chaîne recherchée. Cependant, `starts-with()` est probablement plus rapide que `contains()` car elle n'a pas besoin de chercher au-delà de la longueur de la chaîne recherchée. L'idée qui distingue la deuxième tentative de la première est que conserver une position peut être plus efficace que conserver une sous-chaîne entière.

Hélas, ces optimisations potentielles ne produisent pas d'amélioration en utilisant le processeur XSLT Xalan, mais au contraire une dégradation *de grande envergure* sur certaines données avec Saxon ou XT. Ma première hypothèse pour expliquer ce résultat contre-intuitif était que l'utilisation de la variable `$temp` dans l'appel récursif interfère avec l'optimisation de la récursivité terminale de Saxon (voir « Inverser une chaîne », page 9). Toutefois, en expérimentant avec des chaînes d'entrée très longues et contenant beaucoup d'occurrences, je n'ai pas constaté de débordement de pile. J'ai ensuite suspecté que pour une certaine raison, la fonction `substring()` de XSLT était en fait plus lente que `substring-before()` et `substring-after()`. Michael Kay, l'auteur de Saxon, m'a indiqué que la fonction `substring()` était lente à cause des règles de fonctionnement compliquées que lui impose XSLT, par exemple l'arrondi des arguments en virgule flottante, ou encore la gestion des cas dans lesquels les positions de début ou de fin se situent en dehors des limites de la chaîne, ainsi que des problèmes liées aux paires de substitution d'Unicode. Au contraire, `substring-before()` et `substring-after()` se traduisent plus directement en Java.

La leçon à tirer ici est que l'optimisation est un secteur risqué, tout spécialement dans XSLT, où il peut y avoir de grandes disparités d'un processeur à l'autre et où les nouvelles versions ajoutent continuellement des optimisations. À moins que vous soyez prêt à fréquemment analyser le comportement de vos feuilles de style, il vaut mieux en rester aux solutions simples. L'autre avantage des solutions évidentes est qu'elles ont plus de chance de se comporter de la même façon d'un processeur XSLT à l'autre.

1.8 Changer la casse

Problème

Vous voulez passer de majuscules en minuscules et vice versa.

Solution

Utilisez la fonction XSLT `translate()`.

Ce code, par exemple, passe de majuscules en minuscules :

```
translate($entrée,'ABCDEFGHIJKLMNOPQRSTUVWXYZ','abcdefghijklmnopqrstuvwxyz')
```

Cet exemple fait le contraire :

```
translate($entrée, 'abcdefghijklmnopqrstuvwxyz','ABCDEFGHIJKLMNOPQRSTUVWXYZ')
```

Discussion

Cette recette est évidente, bien sûr. Cependant, j'en profite pour discuter ses inconvénients. La conversion de casse est immédiate aussi longtemps que votre texte se restreint à un unique environnement linguistique. En anglais, vous avez rarement, voire jamais, besoin de traiter des caractères accentués, ou d'autre cas compliqués dans lesquels un unique caractère est converti en plusieurs caractères. L'exemple le plus fréquent est celui de l'allemand, où le caractère minuscule « ß » devient « SS » en majuscules. La plupart des langages de programmation modernes fournissent des fonctions de conversion qui sont sensibles à l'environnement linguistique, mais XSLT n'en tient pas directement compte. C'est regrettable, compte tenu du fait que XSLT a d'autres caractéristiques pour la gestion de l'internationalisation.

Une solution légèrement meilleure consiste à définir des entités générales XML pour chaque type de conversion, comme dans l'exemple suivant :

```
<?xml version="1.0" encoding="UTF-8"?>
<!DOCTYPE stylesheet [
  <!ENTITY MAJUSCULE "ABCDEFGHIJKLMNOPQRSTUVWXYZ">
  <!ENTITY MINUSCULE "abcdefghijklmnopqrstuvwxyz">
  <!ENTITY MAJUS_EN_MINUS " '&MAJUSCULE;' , '&MINUSCULE;' ">
  <!ENTITY MINUS_EN_MAJUS " '&MINUSCULE;' , '&MAJUSCULE;' ">
]>
<xsl:stylesheet version="1.0" xmlns:xsl="http://www.w3.org/1999/XSL/Transform">
  <xsl:output method="xml" version="1.0" encoding="UTF-8" indent="yes"/>

  <xsl:template match="/">
  <xsl:variable name="test"
   select=" 'Sous le pont Mirabeau coule la Seine' "/>
  <output>
    <lowercase>
      <xsl:value-of
       select="translate($test,&MAJUS_EN_MINUS;)"/>
      </lowercase>
      <uppercase>
        <xsl:value-of
         select="translate($test,&MINUS_EN_MAJUS;)"/>
      </uppercase>
    </output>
  </xsl:template>

</xsl:stylesheet>
```

Ces définitions d'entités réalisent trois choses. Premièrement, elles facilitent le portage de la feuille de style vers un autre environnement linguistique, parce qu'il suffit alors de modifier la définition des entités `MAJUSCULE` et `MINUSCULE`. Deuxièmement, elles rendent le code plus compact, en éliminant la double apparition des longues listes de lettres de l'alphabet. Troisièmement, elles rendent évident le but de l'appel à `translate()` à quiconque lit ce code. Certains puristes pourraient protester devant une macro contenant deux paramètres, mais j'aime bien le code qui résulte de cette astuce. Si vous préférez rester dans le droit chemin, utilisez plutôt `translate($test, &MAJUSCULE;, &MINUSCULE;)`.

Je n'ai pas vu beaucoup d'utilisation des entités dans les autres livres sur XSLT. Je pense cependant que cette technique a ses mérites. Effectivement, l'un des avantages du fait que XSLT soit écrit dans la syntaxe XML est que vous pouvez exploiter toutes les caractéristiques de XML, et la définition d'entités en est certainement une très utile. Si vous décidez d'utiliser cette technique et prévoyez d'écrire plusieurs feuilles de style, alors pensez à placer les définitions d'entités les plus courantes dans un fichier externe, et incluez les comme dans l'exemple 1-6.

Exemple 1-6. standard.ent

```
<!ENTITY MAJUSCULE "ABCDEFGHIJKLMNOPQRSTUVWXYZ">
<!ENTITY MINUSCULE "abcdefghijklmnopqrstuvwxyz">
<!ENTITY MAJUS_EN_MINUS " '&MAJUSCULE;' , '&MINUSCULE;' ">
<!ENTITY MINUS_EN_MAJUS " '&MINUSCULE;' , '&MAJUSCULE;' ">
<!-- autres... -->
```

Utilisez ensuite une entité paramètre définie par le fichier externe `standard.ent` comme dans l'exemple 1-7.

Exemple 1-7. Une feuille de style utilisant standard.ent

```
<?xml version="1.0" encoding="UTF-8"?>
<!DOCTYPE stylesheet [
  <!ENTITY % standard SYSTEM "standard.ent">
  %standard;
]>
<xsl:stylesheet version="1.0"
<!-- ... -->
</xsl:stylesheet>
```

La version de Steve Ball fonctionne dans à peu près tous les cas, puisqu'elle inclut tous les caractères majuscules et minuscules d'Unicode, et traite correctement le caractère allemand ß (« eszett »).

Pour aller plus loin

La solution de Steve Ball est distribuée avec la « Standard XSLT Library » à *http://xsltsl.sourceforge.net/*.

1.9 Analyse lexicale d'une chaîne

Problème

Vous désirez scinder une chaîne en une liste de mots, en fonction des occurrences d'un ou plusieurs caractères de délimitation.

Solution

Jeni Tennison a implémenté cette solution (mais les commentaires sont les miens). L'analyseur renvoie chaque mot sous la forme d'un nœud consistant en un élément <token> contenant le mot. Il prend également le parti de découper la chaîne selon les caractères si la chaîne de délimiteurs est vide.

```
<xsl:template name="tokenize">
    <xsl:param name="chaîne" select="''" />
  <xsl:param name="delimiteurs" select="' &#x9;&#xA;'" />
  <xsl:choose>
    <!-- Rien à faire si la chaîne est vide -->
    <xsl:when test="not($chaîne)" />

    <!-- Aucun délimiteur provoque une analyse caractère par caractère. -->
    <xsl:when test="not($délimiteurs)">
      <xsl:call-template name="_tokenize-caractères">
        <xsl:with-param name="chaîne" select="$chaîne" />
      </xsl:call-template>
    </xsl:when>
    <xsl:otherwise>
      <xsl:call-template name="_tokenize-délimiteurs">
        <xsl:with-param name="chaîne" select="$chaîne" />
        <xsl:with-param name="délimiteurs" select="$délimiteurs" />
      </xsl:call-template>
    </xsl:otherwise>
  </xsl:choose>
</xsl:template>

<xsl:template name="_tokenize-caractères">
  <xsl:param name="chaîne" />
  <xsl:if test="$chaîne">
    <token><xsl:value-of select="substring($chaîne, 1, 1)" /></token>
    <xsl:call-template name="_tokenize-caractères">
      <xsl:with-param name="chaîne" select="substring($chaîne, 2)" />
    </xsl:call-template>
  </xsl:if>
</xsl:template>

<xsl:template name="_tokenize-délimiteurs">
  <xsl:param name="chaînes" />
  <xsl:param name="délimiteurs" />
  <!-- Extraire un délimiteur -->
  <xsl:variable name="délimiteur" select="substring($delimiteurs, 1, 1)" />
  <xsl:choose>
    <!-- Si le délimiteur est vide nous avons une unité lexicale -->
    <xsl:when test="not($delimiteur)">
      <token><xsl:value-of select="$string"/></token>
    </xsl:when>
      <!-- Si la chaîne contient au moins un délimiteur il faut la scinder -->
    <xsl:when test="contains($chaîne, $délimiteur)">
      <!-- Si elle débute par le délimiteur inutile de s'occuper de la partie qui
```

```
        le précède -->
       <xsl:if test="not(starts-with($chaîne, $délimiteur))">
         <!-- Traiter la partie qui précède le délimiteur avec le délimiteur
          suivant. S'il n'y pas de délimiteur suivant le premier test détectera
          une unité lexicale -->
         <xsl:call-template name="_tokenize-délimiteurs">
           <xsl:with-param name="chaîne"
            select="substring-before($chaîne, $délimiteur)" />
         <xsl:with-param name="délimiteurs" select="substring($délimiteurs, 2)" />
       </xsl:call-template>
     </xsl:if>
       <!-- Traiter la partie qui suit le délimiteur a l'aide du délimiteur
        courant -->
       <xsl:call-template name="_tokenize-délimiteurs">
         <xsl:with-param name="chaîne"
          select="substring-after($chaîne, $délimiteur)" />
         <xsl:with-param name="délimiteurs" select="$délimiteurs" />
       </xsl:call-template>
     </xsl:when>
     <xsl:otherwise>
       <!-- Pas d'occurrence du délimiteur courant, on passe au suivant -->
       <xsl:call-template name="_tokenize-délimiteurs">
         <xsl:with-param name="chaîne" select="$chaîne" />
         <xsl:with-param name="délimiteurs" select="substring($délimiteurs, 2)" />
       </xsl:call-template>
     </xsl:otherwise>
   </xsl:choose>
</xsl:template>

</xsl:stylesheet>
```

Discussion

L'analyse lexicale est un traitement très fréquent pour les chaînes de caractères. Dans les langages qui disposent d'un moteur d'expressions régulières, cette opération est immédiate. Dans ce domaine, les langages comme Perl, Python, JavaScript ou Tcl font de l'ombre à XSLT. Cependant, cette recette montre que XSLT est capable de régler ce genre de problèmes, si vous êtes contraint de vous y restreindre. Si vous pouvez utiliser des extensions, alors vous pouvez également sous-traiter à un autre langage les opérations de bas niveau telles que l'analyse lexicale.

Si vous utilisez l'approche XSLT et que votre processeur ne fait pas d'optimisation de la récursivité terminale, alors vous pouvez utiliser un algorithme de la famille diviser pour régner pour l'analyse lexicale caractère par caractère :

```
<xsl:template name="_tokenize-caractères">
  <xsl:param name="chaîne" />
  <xsl:param name="lg" select="string-length($chaîne)"/>
  <xsl:choose>
    <xsl:when test="$lg = 1">
    <token><xsl:value-of select="$chaîne"/></token>
    </xsl:when>
```

```
      <xsl:otherwise>
      <xsl:call-template name="_tokenize-caractères">
        <xsl:with-param name="chaîne"
         select="substring($chaîne, 1, floor($lg div 2))" />
        <xsl:with-param name="lg" select="floor($lg div 2)"/>
      </xsl:call-template>
      <xsl:call-template name="_tokenize-caractères">
        <xsl:with-param name="chaîne"
         select="substring($chaîne, floor($lg div 2) + 1)" />
        <xsl:with-param name="lg" select="ceiling($lg div 2)"/>
      </xsl:call-template>
      </xsl:otherwise>
    </xsl:choose>
  </xsl:template>
```

Pour aller plus loin

Le chapitre 12 indique comment utiliser la bibliothèque RegEx de JavaScript, si votre processeur vous donne accès aux extensions écrites dans ce langage. Java dispose également d'un analyseur intégré (`java.util.StringTokenizer`).

1.10 S'en sortir sans expressions régulières

Problème

Vous aimeriez faire des manipulations avec des expressions régulières, mais vous ne voulez pas utiliser d'extension non standard.

Solution

Certaines correspondances d'expressions régulières fréquemment utilisées peuvent être simulées facilement en XSLT. Le tableau 1-1 donne la liste des correspondances en utilisant la syntaxe des expressions régulières de Perl, ainsi que l'expression XPath/XSLT équivalente. Le caractère « C » peut être remplacé par n'importe quel caractère, et la chaîne de caractères « abc » par n'importe quelle chaîne non vide.

Tableau 1-1. Correspondance des expressions régulières

`$chaîne =~ /^C*$/`	`translate($chaîne,'C','') = ''`
`$chaîne =~ /^C+$/`	`$chaîne and translate($chaîne,'C', '') = ''`
`$chaîne =~ /C+/`	`contains($chaîne,'C')`
`$chaîne =~ /C{2,4}/`	`contains($chaîne,'CC') and not(contains($chaîne,'CCCCC'))`
`$chaîne =~ /^abc/`	`starts-with($chaîne,'abc')`
`$chaîne =~ /abc$/`	`substring($chaîne, string-length($chaîne) - string-length('abc') + 1) = 'abc'`
`$chaîne =~ /abc/`	`contains($chaîne,'abc')`
`$chaîne =~ /^[^C]*$/`	`translate($chaîne,'C','') = $chaîne`
`$chaîne =~ /^\s$/`	`not(normalize-space($chaîne))`
`$chaîne =~ /\s/`	`translate(normalize-space($chaîne),' ','') != $chaîne`
`$chaîne =~ /^\S$/`	`translate(normalize-space($chaîne),' ','') = $chaîne`

Discussion

Lorsqu'il est question de concision et de puissance, rien ne peut rivaliser avec un bon moteur d'expressions régulières. Cependant, beaucoup de correspondances simples peuvent être émulées par des expressions XPath obscures quoiqu'efficaces. La plupart de ces correspondances sont facilitées par l'utilisation de `translate()`, qui supprime les caractères inutiles, de façon que la correspondance devienne un test d'égalité. La même fonction est également utile pour sa capacité à compter le nombre d'occurrences d'un caractère particulier, ou d'un ensemble de caractères. Par exemple, le code ci-dessous compte le nombre de caractères numériques dans une chaîne :

```
string-length(translate($chaîne,
    translate($chaîne,'0123456789',''),''))
```

Si ce que fait ce code n'est pas clair, reportez-vous à « Supprimer certains caractères d'une chaîne », page 3. Vous pouvez aussi écrire :

```
string-length($chaîne) -
string-length(translate($chaîne,'0123456789',''))
```

Ce code échange un appel de `translate()` contre un deuxième appel de `string-length()` et une soustraction. Il se pourrait qu'il soit un peu plus rapide.

Il y a une différence importante entre ces expressions XPath et leur équivalent en Perl. En effet, dans Perl, certaines variables spéciales conservent des sous-chaînes pendant l'appariement. Ces variables permettent des traitements puissants, qui sont actuellement bien hors de portée de XSLT. Si quiconque tentait de combiner Perl et XSLT en un langage hybride, j'aimerais être un des premiers alpha-testeurs !

La bonne nouvelle est que XPath 2.0 intégrera la gestion des expressions régulières.

1.11 Utiliser les extensions EXSLT pour les chaînes de caractères

Problème

Vous avez de bonnes raisons d'utiliser des fonctions d'extension pour le traitement des chaînes de caractères, mais vous vous inquiétez pour la portabilité.

Solution

Il se peut que votre processeur XSLT fournisse les fonctions de traitement de chaînes caractères définies par la communauté EXSLT (*http://www.exslt.org/*). Au moment où nous écrivons, ces fonctions sont :

`node-set str:tokenize(string entrée, string délimiteurs?)`

La fonction `str:tokenize` scinde une chaîne de caractères, et renvoie un ensemble de nœuds contenant des éléments token contenant chacun l'un des mots de la chaîne.

Le premier argument est la chaîne à traiter. Le second argument est une chaîne dont chaque caractère est considéré comme un délimiteur. La chaîne donnée en premier argument est scindée à chaque apparition d'une séquence non vide de caractères présents dans la chaîne donnée en second argument.

Si le second argument est omis, sa valeur par défaut est `	

 `, c'est-à-dire les caractères blancs.

Si le second argument est la chaîne vide, la fonction renvoie un ensemble d'éléments `token` contenant chacun un unique caractère.

`node-set str:replace(string entrée, object cherche, object remplace)`

La fonction `str:replace` remplace toute occurrence d'une des chaînes recherchées dans une chaîne d'entrée par des nœuds de remplacement, et crée un ensemble de nœuds.

Le premier argument donne la chaîne dans laquelle des sous-chaînes seront remplacées.

Le second argument est un objet indiquant une liste de chaînes à rechercher. Si le second argument est un ensemble de nœuds, alors la liste des sous-chaînes recherchées est la liste des résultats de la conversion de chaque nœud de l'ensemble à l'aide de la fonction `string()`, dans l'ordre d'apparition des nœuds dans le document. Si le second argument n'est pas un ensemble de nœuds, alors il est converti en une chaîne de caractères à l'aide de la fonction `string()`, et la liste des sous-chaînes recherchées consiste en cette seule chaîne de caractères.

Le troisième argument est un objet indiquant la liste des chaînes de remplacement. Si le troisième argument est un ensemble de nœuds, alors la liste des nœuds de remplacement est la liste des nœuds dans l'ordre d'apparition dans le document. Si le troisième argument n'est pas un ensemble de nœuds, alors la liste des nœuds de remplacement est une liste comportant une seule chaîne de caractères, obtenue en convertissant le troisième argument en une chaîne de caractères à l'aide la fonction `string()`.

`string str:padding(number n, string remplissage?)`

La fonction `str:padding` crée une chaîne de remplissage d'une longueur donnée.

Le premier argument donne la longueur de la chaîne à créer.

Le second argument donne une chaîne pour construire la chaîne de remplissage. Cette chaîne est répétée autant de fois que nécessaire pour aboutir à une chaîne de la longueur demandée. Si la chaîne est de longueur supérieure à 1, il se peut qu'elle doive être tronquée pour aboutir à la longueur demandée. Si le second argument est omis, sa valeur par défaut est une chaîne contenant un caractère espace (« »). Si le second argument est la chaîne vide, `str:padding` renvoie une chaîne vide.

`string str:align(string cible, string remplissage, string alignement?)`

La fonction `str:align` aligne une chaîne de caractères à l'intérieur d'une autre chaîne.

Le premier argument indique la chaîne cible à aligner. Le second argument donne la chaîne de remplissage à l'intérieur de laquelle elle sera alignée.

Si la chaîne destination est plus courte que la chaîne de remplissage, alors certains caractères de la chaîne de remplissage seront remplacés par ceux de la chaîne cible. Les caractères qui seront remplacés dépendent de la valeur du troisième argument, qui donne le type d'alignement. Cette valeur peut être `left`, `right`, ou `center`. Si le troisième argument est omis, ou si sa valeur est différente de ces trois valeurs, alors le comportement par défaut est un alignement à gauche.

Dans un alignement à gauche, la suite des caractères remplacés par ceux de la chaîne cible commence au premier caractère de la chaîne de remplissage. Dans un alignement à droite, la suite des caractères remplacés par ceux de la chaîne cible se termine par le dernier caractère de la chaîne de remplissage. Dans un alignement centré, la suite des caractères remplacés par la chaîne cible est au centre de la chaîne de remplissage de telle façon que soit le nombre de caractères non remplacés est le même des deux cotés soit il y a un caractère non remplacé de moins à gauche qu'à droite.

Si la chaîne cible est plus longue que la chaîne de remplissage, alors elle est tronquée de façon à être de la même longueur que la chaîne cible, et le résultat de cette troncature est renvoyé.

`string str:encode-uri(string chaîne)`

La fonction `str:encode-uri` renvoie un URI encodé. Cette fonction n'encode pas les caractères suivants : « : », « / », « ; », et « ? ».

Une chaîne URI-encodée voit ses caractères réservés convertis en un caractère « % », immédiatement suivi de deux chiffres hexadécimaux (0-9, A-F) indiquant le code ISO Latin 1 de ce caractère.

`string str:decode-uri(string chaîne)`

La fonction `str:decode-uri` décode une chaîne URI-encodée. Voir `str:encode-uri` pour une explication.

`string str:concat(node-set noeuds)`

La fonction `str:concat` prend en argument un ensemble de nœuds et renvoie la concaténation des valeurs textuelles des nœuds de l'ensemble. Si l'ensemble de nœuds est vide, la fonction renvoie la chaîne vide.

`node-set str:split(string cible, string motif?)`

La fonction `str:split` scinde une chaîne et renvoie un ensemble de nœuds contenant des éléments `token`, contenant chacun un mot de la chaîne. Le premier argument est la chaîne à scinder. Le second argument est un motif. La chaîne donnée est scindée à chaque occurrence de ce motif.

Si le second argument est omis, sa valeur par défaut est ` `, c'est-à-dire un espace.

Si le second argument est une chaîne vide, la fonction renvoie un ensemble d'éléments `token` contenant chacun un unique caractère.

Discussion

L'utilisation des fonctions EXSLT ne garantit pas la portabilité, puisqu'actuellement aucune mise en œuvre ne les inclut toutes. En outre, d'après le site web d'EXSLT, certaines fonctions n'ont pas encore d'implémentation. L'équipe EXSLT compense cela en fournissant des versions en XSLT, en JavaScript et/ou en MSXML lorsque c'est possible.

La meilleure raison d'utiliser EXSLT est que les membres de l'équipe EXSLT sont très actifs dans la communauté XSLT, et que la plupart des processeurs offriront ces extensions tôt ou tard. Il est aussi possible qu'une partie de leur travail soit incorporé dans des versions ultérieures du standard XSLT.

2

Nombres et opérations mathématiques

L'arithmétique, c'est savoir compter jusqu'à vingt sans ôter ses chaussures.
Mickey Mouse

Au chapitre 1, nous avons regretté l'absence de fonctionnalités sophistiquées pour le traitement des chaînes de caractères en XSLT. En comparaison, la gestion des calculs numériques par XSLT est vraiment du niveau de « Mickey Mouse » ! XSLT 1.0 permet d'effectuer les opérations arithmétiques de base, à savoir compter, additionner et formater des nombres. Pour les autres opérations mathématiques, vous devrez faire preuve d'ingéniosité. Heureusement, comme pour les chaînes, la puissance de la récursivité de XSLT permet, avec un peu d'effort, d'effectuer des prouesses mathématiques.

N'espérez pas trouver ici des recettes de multiplication de matrices ou de transformation de Fourier. Si vous avez vraiment besoin d'appliquer ces opérations sur des données XML, XSLT n'est pas le langage qui vous convient : utilisez plutôt un convertisseur XSLT, ou une interface SAX ou DOM, pour passer ces données à un programme C, C++ ou Fortran. Cela dit, la page web « Gallery of Stupid XSL and XSLT Tricks »[1] (*http://www.incrementaldevelopment.com/xsltrick/*) contient quelques curiosités mathématiques intéressantes, écrites en XSLT, comme la recherche de nombres premiers ou le calcul de la dérivée d'un polynôme. Ces astuces peuvent être instructives car elles vous permettront d'étendre votre compréhension de XSLT. Ce chapitre est plutôt consacré aux recettes permettant de confectionner des opérations mathématiques courantes en restant sagement dans les limites de XSLT.

Les premiers exemples de ce chapitre sont plutôt des didacticiels sur l'utilisation des fonctionnalités natives de XSLT. Je les ai ajoutés car ils présentent des possibilités de XSLT qui sont souvent mal comprises.

1. N.d.T. : Galerie des astuces stupides en XSL et XSLT.

La plupart des recettes qui suivent sont des implémentations des définitions mathématiques d'EXSLT. Lorsqu'une solution en XSLT pur est disponible à EXSLT.org, nous la présenterons d'abord, avant d'étudier les autres possibilités[2]. Nous fournissons des implémentations en XSLT pur pour toutes les extensions définies dans EXSLT math, sauf pour les fonctions trigonométriques (`sin`, `cos`, etc.). Si vous avez désespérément besoin d'une implémentation des fonctions trigonométriques en XSLT pur, la recette « Implémenter des fonctions mathématiques classiques », page 42, vous mettra dans la bonne direction.

Dans ce chapitre nous étudierons plusieurs implémentations possibles d'une même solution. Nous conseillons aux lecteurs qui ne sont pas intéressés par les détails techniques d'utiliser simplement l'exemple de la solution, car celle-ci sera aussi bonne, voire meilleure, que les autres.

2.1 Formatage des nombres

Problème

Vous devez afficher des nombres sous différents formats.

Solution

Ce problème a deux solutions générales.

Utilisez `xsl:decimal-format` avec `format-number()`

L'élément de premier niveau `xsl:decimal-format` met en place une règle de formatage nommée, qui pourra être utilisée par la fonction `format-number()` à chaque fois que cette règle de format est nécessaire. `xsl:decimal-format` utilise un grand nombre d'attributs permettant de décrire les règles de formatage. Le tableau 2-1 décrit chacun d'eux et donne entre parenthèses sa valeur par défaut.

2. Les implémentations EXSLT sont présentées telles qu'elles existent au moment où ce livre est écrit. Elles peuvent naturellement s'améliorer avec le temps, ou être abandonnées si une nouvelle version de XPath ou XSLT voit le jour.

Tableau 2-1. Attributs de l'élément `xsl:decimal-format`

Attribut	Rôle
name	Nom éventuel de la règle. S'il n'est pas présent, cette règle devient la règle par défaut. Il ne peut y avoir qu'une règle par défaut et tous les noms doivent être uniques (même lorsque les priorités d'importation sont différentes).
decimal-separator (.)	Caractère servant à séparer les parties entière et fractionnaire d'un nombre.
infinity (Infinity)	Chaîne de caractères représentant la valeur infinie.
minus-sign (-)	Caractère servant à représenter le signe moins.
NaN (NaN)	Chaîne de caractères servant à représenter une valeur non numérique (« *Not a Number* »).
percent (%)	Caractère servant à représenter le signe pourcent.
per-mille (?)	Caractère servant à représenter le signe « pour mille ».
zero-digit (0)	Caractère utilisé dans les motifs de formatage pour indiquer où placer un zéro de tête ou un zéro terminal. La configuration de ce caractère réinitialise l'origine du système de numérotation. Voir l'exemple 2-1 de la section *Discussion*.
digit (#)	Caractère utilisé dans les motifs de formatage pour indiquer où placer un chiffre significatif.
pattern-separator (;)	Caractère utilisé dans les motifs de formatage pour séparer un sous-motif positif d'un sous-motif négatif.

La fonction `format-number()` utilise les paramètres décrits dans le tableau 2-2.

Tableau 2-2. Paramètres de `format-number()`

Paramètre	Rôle
valeur	Valeur à formater.
format	Chaîne de format.
nom (facultatif)	Nom d'un élément `xsl:decimal-format`.

Utilisez `xsl:number`

L'utilisation la plus courante de `xsl:number` consiste à numéroter les nœuds en séquence, mais cet élément peut également formater des nombres. Dans ce dernier cas, les attributs utilisés sont ceux décrits dans le tableau 2-3.

Tableau 2-3. Attributs de `xsl:number`

Nom	Rôle
value	Nombre à formater.
format	Chaîne de format (voir plus loin).
lang	Code de la langue, tel qu'il est défini par l'attribut `xml:lang`.
letter-value	Vaut `alphabetic` ou `traditional` et sert à distinguer les différents types de numérotations.
grouping-separator	Caractère servant à séparer les groupes de chiffres. Les Anglo-saxons, par exemple, utilisent la virgule (`,`), tandis que les Français utilisent l'espace.
grouping-size	Nombre de chiffres formant un groupe.

Le tableau 2-4 montre comment utiliser les spécificateurs de format avec un attribut de format.

Tableau 2-4. Exemple de comportement des spécificateurs de format avec un attribut de format

Spécificateur de format	Exemple de valeur	Résultat produit
1	1	1
1	99	99
01	1	01
001	1	001
a	1	a
a	10	j
a	27	aa
A	1	A
A	27	AA
i	1	i
i	10	x
I	1	I
I	11	XI

La chaîne de format est une suite de spécificateurs de format et de ponctuation. L'utilisation de plusieurs spécificateurs de format n'a de sens que si la valeur contient plusieurs nombres.

Discussion

Avec l'artillerie de formatage que nous venons de présenter, vous pouvez effectuer quasiment toutes les opérations de formatage des nombres.

Formatage de nombres en colonnes de taille fixe

Nous pouvons ici utiliser un remplissage à gauche et à droite par des zéros, puis convertir ces zéros en espaces et utiliser un signe - terminal. Cette solution produit une belle sortie en colonnes, justifiée à droite lorsque l'affichage final utilise une police à chasse fixe. Les exemples 2-1 à 2-3 présentent des méthodes de remplissage plus conventionnelles et illustrent le comportement du chiffre 0 lorsqu'il est utilisé comme caractère de format.

Exemple 2-1. Entrée

```
<nombres>
    <nombre>10</nombre>
    <nombre>3.5</nombre>
    <nombre>4.44</nombre>
    <nombre>77.7777</nombre>
    <nombre>-8</nombre>
    <nombre>1</nombre>
    <nombre>444</nombre>
    <nombre>1.1234</nombre>
    <nombre>7.77</nombre>
    <nombre>3.1415927</nombre>
    <nombre>10</nombre>
    <nombre>9</nombre>
    <nombre>8</nombre>
    <nombre>7</nombre>
    <nombre>666</nombre>
    <nombre>5555</nombre>
    <nombre>-4444444</nombre>
    <nombre>22.33</nombre>
    <nombre>18</nombre>
    <nombre>36.54</nombre>
    <nombre>43</nombre>
    <nombre>99999</nombre>
    <nombre>999999</nombre>
    <nombre>9999999</nombre>
    <nombre>32</nombre>
    <nombre>64</nombre>
    <nombre>-64.0001</nombre>
  </nombres>
```

Exemple 2-2. format-nombres-en-colonnes.xslt

```
<xsl:stylesheet version="1.0" xmlns:xsl="http://www.w3.org/1999/XSL/Transform">
     <xsl:output method="text" />

<xsl:variable name="nbCols" select="3"/>

<xsl:template match="nombres">
      <xsl:for-each select="nombre[position( ) mod $nbCols = 1]">
         <xsl:apply-templates
             select=". | following-sibling::nombre[position( ) &lt; $nbCols]"
             mode="format"/>
```

```
        <xsl:text>&#xa;</xsl:text>
      </xsl:for-each>
    </xsl:template>

<xsl:template match="nombre" name="format" mode="format">
      <xsl:param name="nombre" select="." />
        <xsl:call-template name="zéro-tête-en-espace">
            <xsl:with-param name="entrée"
                select="format-number($nombre,
                                        '0000000.0000  ;0000000.0000- ')"/>
        </xsl:call-template>
</xsl:template>

<xsl:template name="zéro-tête-en-espace">
      <xsl:param name="entrée"/>
      <xsl:choose>
        <xsl:when test="starts-with($entrée,'0')">
          <xsl:value-of select="' '"/>
          <xsl:call-template name="zéro-tête-en-espace">
            <xsl:with-param name="entrée" select="substring-after($entrée,'0')"/>
          </xsl:call-template>
        </xsl:when>
      <xsl:otherwise>
        <xsl:value-of select="$entrée"/>
      </xsl:otherwise>
      </xsl:choose>
</xsl:template>

</xsl:stylesheet>
```

Exemple 2-3. Résultat :

```
      10.0000        3.5000       4.4400
      77.7777        8.0000-      1.0000
     444.0000        1.1234       7.7700
       3.1416       10.0000       9.0000
       8.0000        7.0000     666.0000
    5555.0000  4444444.0000-     22.3300
      18.0000       36.5400      43.0000
   99999.0000   999999.0000  9999999.0000
      32.0000       64.0000      64.0001-
```

Formater des montants selon les règles monétaires américaines

L'exemple 2-4 est une variante de la règle `format` précédente ; elle fera plaisir aux comptables américains.

Exemple 2-4. Format pour la comptabilité

```
<xsl:template match="nombre" name="format" mode="format">
   <xsl:param name="nombre" select="." />
   <xsl:text> $ </xsl:text>
      <xsl:call-template name="zéro-tête-en-espace">
         <xsl:with-param name="entrée"
```

```
                select="format-number($nombre,
                                              ' 0000000.00 ;(0000000.00)')"/>
      </xsl:call-template>
   </xsl:template>
```

Résultat :

```
$      10.00 $         3.50 $        4.44
$      77.78 $       (8.00) $        1.00
$     444.00 $         1.12 $        7.77
$       3.14 $        10.00 $        9.00
$       8.00 $         7.00 $      666.00
$    5555.00 $ (4444444.00) $       22.33
$      18.00 $        36.54 $       43.00
$   99999.00 $    999999.00 $  9999999.00
$      32.00 $        64.00 $      (64.00)
```

Formatage des valeurs monétaires pour la plupart des pays européens

L'exemple 2-5 montre comment utiliser un format nommé.

Exemple 2-5. Format monétaire européen

```
<?xml version="1.0" encoding="iso-8859-1"?>
<xsl:stylesheet version="1.0"
      xmlns:xsl="http://www.w3.org/1999/XSL/Transform"
      xmlns:str="http://www.ora.com/XSLTCookbook/namespaces/strings">

<xsl:output method="text" />

<!-- D'après la recette 1.5... -->
<xsl:include href="/str.dup.xslt"/>

<xsl:variable name="nbCols" select="3"/>

<xsl:decimal-format name="WesternEurope"
                    decimal-separator="," grouping-separator="."/>

<xsl:template match="nombres">
   <xsl:for-each select="nombre[position( ) mod $nbCols = 1]">
     <xsl:apply-templates
          select=". | following-sibling::nombre[position( ) &lt; $nbCols]"
          mode="format"/>
     <xsl:text>&#xa;</xsl:text>
   </xsl:for-each>
</xsl:template>

<xsl:template match="nombre" name="format" mode="format">
   <xsl:param name="nombre" select="." />
   <xsl:call-template name="pad">
     <xsl:with-param name="chaîne"
                    select="format-number($nombre,'#.###,00','WesternEurope')"/>
   </xsl:call-template>
```

```
</xsl:template>

<xsl:template name="pad">
   <xsl:param name="chaîne"/>
   <xsl:param name="largeur" select="16"/>
   <xsl:call-template name="str:dup">
     <xsl:with-param name="entree" select="' '"/>
     <xsl:with-param name="compte" select="$largeur - string-length($chaîne)"/>
   </xsl:call-template>
   <xsl:value-of select="$chaîne"/>
</xsl:template>

</xsl:stylesheet>
```

Résultat :

```
          10,00            3,50            4,44
          77,78           -8,00            1,00
         444,00            1,12            7,77
           3,14           10,00            9,00
           8,00            7,00          666,00
       5.555,00   -4.444.444,00           22,33
          18,00           36,54           43,00
      99.999,00      999.999,00    9.999.999,00
          32,00           64,00          -64,00
```

Convertir des nombres en chiffres romains

L'exemple 2-6 utilise `xsl:number` pour numéroter les lignes et les colonnes en chiffres romains.

Exemple 2-6. Format en chiffres romains

```
<?xml version="1.0" encoding="iso-8859-1"?>
<xsl:stylesheet version="1.0" xmlns:xsl="http://www.w3.org/1999/XSL/Transform"
  xmlns:str="http://www.ora.com/XSLTCookbook/namespaces/strings">
     <xsl:output method="text" />

<xsl:include href="../strings/str.dup.xslt"/>

<xsl:variable name="nbCols" select="3"/>

<xsl:template match="nombres">
  <xsl:for-each select="nombre[position( ) &lt;= $nbCols]">
    <xsl:text>            </xsl:text>
    <xsl:number value="position( )" format="I"/><xsl:text>    </xsl:text>
  </xsl:for-each>
  <xsl:text>&#xa;      </xsl:text>
  <xsl:for-each select="nombre[position( ) &lt;= $nbCols]">
    <xsl:text>----------------  </xsl:text>
  </xsl:for-each>
  <xsl:text>&#xa;</xsl:text>
  <xsl:for-each select="nombre[position( ) mod $nbCols = 1]">
    <xsl:call-template name="pad">
```

```
        <xsl:with-param name="chaîne">
          <xsl:number value="position( )" format="i"/>
        </xsl:with-param>
        <xsl:with-param name="largeur" select="4"/>
      </xsl:call-template>|<xsl:text/>
      <xsl:apply-templates
          select=". | following-sibling::nombre[position( ) &lt;= $nbCols]"
          mode="format"/>
      <xsl:text>&#xa;</xsl:text>
    </xsl:for-each>
  </xsl:template>

  <xsl:template match="nombre" name="format" mode="format">
    <xsl:param name="nombre" select="." />
    <xsl:call-template name="pad">
      <xsl:with-param name="chaîne" select="format-number(.,'#,###.00')"/>
    </xsl:call-template>
  </xsl:template>

  <xsl:template name="pad">
    <xsl:param name="chaîne"/>
    <xsl:param name="largeur" select="16"/>
    <xsl:call-template name="str:dup">
      <xsl:with-param name="entrée" select="' '"/>
      <xsl:with-param name="compte" select="largeur - string-length($chaîne)"/>
    </xsl:call-template>
    <xsl:value-of select="$chaîne"/>
  </xsl:template>

  </xsl:stylesheet>
```

Résultat :

```
              I                 II              III
       ---------------- -------------- --------------
     i|         10.00           3.50           4.44
    ii|         77.78          -8.00           1.00
   iii|        444.00           1.12           7.77
    iv|          3.14          10.00           9.00
     v|          8.00           7.00         666.00
    vi|      5,555.00  -4,444,444.00          22.33
   vii|         18.00          36.54          43.00
  viii|     99,999.00     999,999.00   9,999,999.00
    ix|         32.00          64.00         -64.00
```

Créer des numéros de colonnes comme dans un tableur

Les tableurs numérotent les colonnes avec la suite de lettres A, B, C, …, ZZ. Nous pouvons obtenir le même résultat avec `xsl:number` (voir l'exemple 2-7).

Exemple 2-7. Numérotation des colonnes comme dans un tableur

```
  <xsl:template match="nombres">
    <xsl:for-each select="nombre[position( ) &lt;= $nbCols]">
```

```
      <xsl:text>          </xsl:text>
      <xsl:number value="position( )" format="A"/><xsl:text>    </xsl:text>
      <xsl:text>      </xsl:text>
    </xsl:for-each>
      <xsl:text>&#xa;</xsl:text>
    <xsl:for-each select="nombre[position( ) &lt;= $nbCols]">
      <xsl:text> ---------------- </xsl:text>
    </xsl:for-each>
      <xsl:text>&#xa;</xsl:text>
    <xsl:for-each select="nombre[position( ) mod $nbCols = 1]">
      <xsl:value-of select="position( )"/><xsl:text>|</xsl:text>
      <xsl:apply-templates
           select=". | following-sibling::nombre[position( ) &lt; $nbCols]"
           mode="format"/>
      <xsl:text>&#xa;</xsl:text>
    </xsl:for-each>
  </xsl:template>

  <xsl:template match="nombre" name="format" mode="format">
    <xsl:param name="nombre" select="." />
    <xsl:call-template name="pad">
      <xsl:with-param name="chaîne" select="format-number(.,'#,###.00')"/>
    </xsl:call-template>
    <xsl:text>   </xsl:text>
  </xsl:template>
```

Résultat :

```
            A               B              C
       ------------  ------------  ------------
  1|        10.00            3.50          4.44
  2|        77.78           -8.00          1.00
  3|       444.00            1.12          7.77
  4|         3.14           10.00          9.00
  5|         8.00            7.00        666.00
  6|      5555.00   -4,444,444.00         22.33
  7|        18.00           36.54         43.00
  8|    99,999.00      99,9999.00  9,999,999.00
  9|        32.00           64.00        -64.00
```

Formater des nombres en utilisant des caractères arabes

On peut utiliser les caractères numériques d'autres langues en initialisant l'attribut `zero-digit` de `xsl:decimal-format` avec le caractère représentant zéro dans cette langue. L'exemple suivant utilise le caractère Unicode 0x660 (le chiffre zéro de la langue arabe):

```
  <?xml version="1.0" encoding="iso-8859-1"?>
  <xsl:stylesheet version="1.0" xmlns:xsl="http://www.w3.org/1999/XSL/Transform"
   xmlns:str="http://www.ora.com/XSLTCookbook/namespaces/strings">

  <xsl:output method="text"  encoding="UTF-8"/>
```

```
<xsl:include href="../strings/str.dup.xslt"/>

<!-- Fixe le zéro au caractère 0x660, ce qui implique que 1 est 0x661, etc. -->
<xsl:decimal-format name="Arabe" zero-digit="&#x660;"/>

<xsl:template match="nombres">
  <xsl:for-each select="nombre">
      <xsl:call-template name="pad">
        <xsl:with-param name="chaîne" select="format-number(.,'#,###.00')"/>
      </xsl:call-template> = <xsl:text/>
      <xsl:value-of select="format-number(.,'#,###.&#x660;&#x660;','Arabe')"/>
     <xsl:text>&#xa;</xsl:text>
  </xsl:for-each>
</xsl:template>

<xsl:template name="pad">
  <xsl:param name="chaîne"/>
  <xsl:param name="largeur" select="16"/>
  <xsl:value-of select="$chaîne"/>
  <xsl:call-template name="str:dup">
    <xsl:with-param name="entrée" select="' '"/>
    <xsl:with-param name="compte" select="$width - string-length($chaîne)"/>
  </xsl:call-template>
</xsl:template>

</xsl:stylesheet>
```

2.2 Arrondir des nombres selon une précision donnée

Problème

Vous voulez arrondir des nombres pour qu'ils aient un nombre donné de décimales. Cependant, les fonctions `round()`, `ceiling()` et `floor()` de XSLT renvoient toujours des valeurs entières.

Solution

Multipliez, arrondissez et divisez par la puissance de dix qui correspond au nombre de décimales que vous voulez obtenir. Si l'on suppose que `$pi = 3.1415926535897932`:

```
<xsl:value-of select="round($pi * 10000) div 10000"/>
```

produira 3.1416. De même:

```
<xsl:value-of select="ceiling($pi * 10000) div 10000"/>
```

donnera 3.1416 et:

```
<xsl:value-of select="floor($pi * 10000) div 10000"/>
```

produira 3.1415.

On peut également arrondir à un nombre donné de décimales en utilisant la fonction `format-number()` :

```
<xsl:value-of select="format-number($pi,'#.####')"/>
```

Cela produira 3.1416 et fonctionnera même s'il y a plus d'un chiffre significatif dans la partie entière car `format-number()` n'utilise jamais une spécification de format pour supprimer les chiffres significatifs de la partie entière :

```
<xsl:value-of select="format-number($pi * 100,'#.####')"/>
```

donnera bien 314.1593.

Vous pouvez utiliser `format-number()` pour tronquer au lieu d'arrondir. Il suffit d'indiquer une décimale de plus que ce qui est requis, puis de supprimer ce dernier chiffre :

```
<xsl:variable name="pi-5-décimales" select="format-number($pi,'#.#####')"/>
<xsl:value-of select="substring
 ($pi-5-décimales,1,string-length($pi-5-décimales) -1)"/>
```

Vous obtiendrez 3.1415.

Discussion

Cette technique de multiplication, arrondi puis division fonctionne bien tant que les nombres concernés restent dans les limites de la représentation des points flottants IEEE. Si vous tentez de capturer trop de décimales, les règles du point flottant auront un impact sur le résultat. Si, par exemple, vous essayez d'obtenir les 16 décimales de pi, vous n'en obtiendrez que 15 :

```
<xsl:value-of select="round($pi * 10000000000000000) div 10000000000000000"/>
```

Le résultat sera 3.141592653589793, pas 3.1415926535897932.

Une autre technique consiste à manipuler le nombre comme une chaîne, que l'on peut alors tronquer :

```
<xsl:value-of select="concat(substring-before($pi,'.'),
                             '.',
                             substring(substring-after($pi,'.'),1,4))"/>
```

renverra 3.1415.

Cette technique permet d'obtenir les effets de `ceiling()` et de `round()`, au prix d'une plus grande complexité.

```
<xsl:variable name="entière" select="substring-before($pi,'.')"/>
<xsl:variable name="fraction" select="substring-after($pi,'.')"/>
<xsl:value-of select="concat($entière,
                             '.',
                             substring($fraction,1,3),
                             round(substring($fraction,4,2) div 10))"/>
```

produira 3.1416.

2.3 Convertir des chiffres romains en nombres

Problème

Vous devez convertir en décimal un nombre exprimé en chiffres romains.

Solution

Les nombres romains n'utilisent pas un système où la valeur dépend du rang. Dans le système romain, un nombre est composé par addition ou soustraction de la valeur attribuée à un caractère numérique. Si le caractère suivant a une valeur inférieure ou égale au caractère courant, on additionne ; sinon, on soustrait :

```
<?xml version="1.0" encoding="iso-8859-1"?>
<xsl:stylesheet version="1.0" xmlns:xsl="http://www.w3.org/1999/XSL/Transform"
     xmlns:math="http://www.ora.com/XSLTCookbook/math">

<math:romains>
  <math:romain valeur="1">i</math:romain>
  <math:romain valeur="1">I</math:romain>
  <math:romain valeur="5">v</math:romain>
  <math:romain valeur="5">V</math:romain>
  <math:romain valeur="10">x</math:romain>
  <math:romain valeur="10">X</math:romain>
  <math:romain valeur="50">l</math:romain>
  <math:romain valeur="50">L</math:romain>
  <math:romain valeur="100">c</math:romain>
  <math:romain valeur="100">C</math:romain>
  <math:romain valeur="500">d</math:romain>
  <math:romain valeur="500">D</math:romain>
  <math:romain valeur="1000">m</math:romain>
  <math:romain valeur="1000">M</math:romain>
</math:romains>

<xsl:variable name="math:chiffres-romains"select="document('')/*/*/math:romain"/>

<xsl:template name="math:romain-en-décimal">
  <xsl:param name="romain"/>

  <xsl:variable name="car-romains-ok">
    <xsl:value-of select="document('')/*/math:romains"/>
  </xsl:variable>

  <xsl:choose>
    <xsl:when test="translate($romain,$car-romains-ok,'')">NaN</xsl:when>
    <xsl:otherwise>
      <xsl:call-template name="math:romain-en-décimal-impl">
        <xsl:with-param name="romain" select="$romain"/>
      </xsl:call-template>
    </xsl:otherwise>
  </xsl:choose>
</xsl:template>
```

```
<xsl:template name="math:romain-en-décimal-impl">
  <xsl:param name="romain"/>
  <xsl:param name="valeur" select="0"/>

  <xsl:variable name="longueur" select="string-length($romain)"/>

  <xsl:choose>
    <xsl:when test="not($longueur)">
      <xsl:value-of select="$valeur"/>
    </xsl:when>
    <xsl:when test="$longueur = 1">
      <xsl:value-of select="$valeur +
       $math:chiffres-romains[. = $romain]/@valeur"/>
    </xsl:when>
    <xsl:otherwise>
      <xsl:variable name="chiffre-romain"
          select="$math:chiffres-romains[. = substring($romain, 1, 1)]"/>
      <xsl:choose>
        <xsl:when test="$chiffre-romain/following-sibling::math:romain =
           substring($romain, 2, 1)">
          <xsl:call-template name="math:romain-en-décimal-impl">
            <xsl:with-param name="romain"
             select="substring($romain,2,$longueur - 1)"/>
            <xsl:with-param name="valeur" select="$valeur - $roman-num/@valeur"/>
          </xsl:call-template>
        </xsl:when>
        <xsl:otherwise>
          <xsl:call-template name="math:romain-en-décimal-impl">
            <xsl:with-param name="romain"
             select="substring($romain,2,$longueur - 1)"/>
            <xsl:with-param name="valeur" select="$valeur + $roman-num/@valeur"/>
          </xsl:call-template>
        </xsl:otherwise>
      </xsl:choose>
    </xsl:otherwise>
  </xsl:choose>

</xsl:template>
</xsl:stylesheet>
```

Discussion

L'élément `xsl:number` est un moyen pratique pour convertir des nombres décimaux en nombres romains ; pour la conversion inverse, par contre, vous devez vous débrouiller seul. La règle récursive utilisée ci-dessus est évidente et ressemble beaucoup à celle qui se trouve dans le livre de Jeni Tennison, *XSLT and XPath on the Edge* (M&T Books, 2001).

Il y a deux petits points à surveiller, qui ne devraient pas vous gêner dans la plupart des cas. Le premier est que la solution que nous venons de proposer ne fonctionnera pas avec des nombres romains exprimés en casse mixte (`IiI`, par exemple). Ces chaînes devrait être rares dans des sources de données raisonnables, mais ce code ne rejettera pas une telle entrée, ni ne produira la valeur « correcte ». L'ajout de code pour convertir tous les caractères dans une même casse permet de rejetter ou de traiter correctement ces nombres romains mixtes.

Le second est lié au fait qu'il n'existe pas de représentation standard des nombres supérieurs à 1000 en chiffres romains. Saxon et Xalan mettront des `M`, mais un autre processeur pourrait se comporter autrement.

Si, pour une raison ou une autre, vous ne souhaitez pas stocker les données sur les chiffres romains dans la feuille de style, vous pouvez utiliser le XPath suivant, qui permet de les décoder :

```
<xsl:variable name="valeur-romain"
   select="($c = 'i' or $c = 'I') * 1 +
           ($c = 'v' or $c = 'V') * 5 +
           ($c = 'x' or $c = 'X') * 10 +
           ($c = 'l' or $c = 'L') * 50 +
           ($c = 'c' or $c = 'C') * 100 +
           ($c = 'd' or $c = 'D') * 500 +
           ($c = 'm' or $c = 'M') * 1000)"/>
```

2.4 Conversion d'une base vers une autre

Problème

Vous devez convertir des chaînes représentant des nombres dans une base donnée en leurs équivalents dans une autre base.

Solution

Cet exemple est une solution générale pour la conversion d'une base comprise entre 2 et 36 vers n'importe quelle autre base de ce même intervalle. Elle utilise deux variables globales pour encoder la valeur de tous les caractères en base 36 comme des déplacements dans la chaîne – la première sert à l'encodage des minuscules, la seconde à celui des majuscules :

```
<xsl:variable name="math:base-min"
    select="'0123456789abcdefghijklmnopqrstuvwxyz'"/>

<xsl:variable name="math:base-maj"
    select="'0123456789ABCDEFGHIJKLMNOPQRSTUVWXYZ'"/>

<xsl:template name="math:conversion-base">
  <xsl:param name="nombre"/>
  <xsl:param name="de-base"/>
  <xsl:param name="vers-base"/>

  <xsl:variable name="nombre-base10">
    <xsl:call-template name="math:conversion-en-base-10">
      <xsl:with-param name="nombre" select="$nombre"/>
      <xsl:with-param name="de-base" select="$de-base"/>
    </xsl:call-template>
```

```
    </xsl:variable>
    <xsl:call-template name="math:conversion-de-base-10">
      <xsl:with-param name="nombre" select="$nombre-base10"/>
      <xsl:with-param name="vers-base" select="$vers-base"/>
    </xsl:call-template>
  </xsl:template>
```

Cette règle réduit le problème général à deux sous-problèmes : la conversion *de* et *vers* la base 10. Il est plus facile d'effectuer des conversions avec la base 10, car c'est la base utilisée par les nombres XPath.

La règle `math:conversion-en-base-10` met le nombre traité en minuscules. Le nombre hexadécimal `ffff`, par exemple, sera donc traité comme `FFFF`, qui est la convention classique. Cette règle effectue deux tests d'erreur pour s'assurer que la base est dans l'intervalle autorisé et pour vérifier que le nombre ne contient pas de caractères non permis dans cette base. La conversion triviale, de base 10 en base 10, est également prise en compte :

```
<xsl:template name="math:conversion-en-base-10">
  <xsl:param name="nombre"/>
  <xsl:param name="de-base"/>

  <xsl:variable name="nb"
        select="translate($nombre,$math:base-maj, $math:base-min)"/>
  <xsl:variable name="cars-ok"
     select="substring($math:base-min,1,$de-base)"/>

  <xsl:choose>
    <xsl:when test="$de-base &lt; 2 or $de-base > 36">NaN</xsl:when>
    <xsl:when test="not($nb) or translate($nb,$cars-ok,'')">NaN</xsl:when>
    <xsl:when test="$de-base = 10">
      <xsl:value-of select="$nombre"/>
    </xsl:when>
    <xsl:otherwise>
      <xsl:call-template name="math:impl-conversion-en-base-10">
        <xsl:with-param name="nombre" select="$nb"/>
        <xsl:with-param name="de-base" select="$de-base"/>
        <xsl:with-param name="de-cars" select="$cars_ok"/>
      </xsl:call-template>
    </xsl:otherwise>
  </xsl:choose>
</xsl:template>
```

Après cette vérification, vous pouvez utiliser une autre règle récursive, qui se chargera d'effectuer la véritable conversion. Cette règle recherche la valeur décimale de chaque caractère sous la forme d'un déplacement dans la chaîne de caractères qu'elle a reçu de l'appelant. La récursivité continue de multiplier le résultat par la base et d'y ajouter la valeur du premier caractère jusqu'à ce que la longueur de la chaîne soit égale à 1 :

```
<xsl:template name="math:impl-conversion-en-base-10">
  <xsl:param name="nombre"/>
  <xsl:param name="de-base"/>
  <xsl:param name="de-cars"/>
```

```
    <xsl:param name="résultat" select="0"/>

    <xsl:variable name="valeur"
        select="string-length(substring-before($de-cars,substring($nombre,1,1)))"/>

    <xsl:variable name="total" select="$résultat * $de-base + $valeur"/>

    <xsl:choose>
      <xsl:when test="string-length($nombre) = 1">
        <xsl:value-of select="$total"/>
      </xsl:when>
      <xsl:otherwise>
        <xsl:call-template name="math:impl-conversion-en-base-10">
          <xsl:with-param name="nombre" select="substring($nombre,2)"/>
          <xsl:with-param name="de-base" select="$de-base"/>
          <xsl:with-param name="de-cars" select="$de-cars"/>
          <xsl:with-param name="résultat" select="$total"/>
        </xsl:call-template>
      </xsl:otherwise>
    </xsl:choose>
  </xsl:template>
```

La seconde partie du problème consiste à convertir de la base 10 vers une base quelconque. Ici encore, séparez le contrôle d'erreur de la conversion à proprement parler :

```
  <xsl:template name="math:conversion-de-base-10">
    <xsl:param name="nombre"/>
    <xsl:param name="vers-base"/>

    <xsl:choose>
      <xsl:when test="$vers-base &lt; 2 or $vers-base > 36">NaN</xsl:when>
      <xsl:when test="number($nombre) != number($nombre)">NaN</xsl:when>
      <xsl:when test="$vers-base = 10">
        <xsl:value-of select="$nombre"/>
      </xsl:when>
      <xsl:otherwise>
        <xsl:call-template name="math:impl-conversion-de-base-10">
          <xsl:with-param name="nombre" select="$nombre"/>
          <xsl:with-param name="vers-base" select="$vers-base"/>
       </xsl:call-template>
      </xsl:otherwise>
    </xsl:choose>
  </xsl:template>
```

La véritable conversion consiste simplement à prendre chaque chiffre de `$math:base-min` en fonction du reste (c'est-à-dire du modulo) de la division du nombre par `$vers_base`. La récursivité a lieu sur le reste de la partie entière et on concatène le chiffre obtenu devant le résultat. Cette récursivité s'arrête lorsque le nombre est inférieur à la base :

```
  <xsl:template name="math:impl-conversion-de-base-10">
    <xsl:param name="nombre"/>
```

```
    <xsl:param name="vers-base"/>
    <xsl:param name="résultat"/>

    <xsl:variable name="chiffre-vers-base"
        select="substring($math:base-min,$nombre mod $vers-base + 1,1)"/>

    <xsl:choose>
      <xsl:when test="$nombre >= $vers-base">
        <xsl:call-template name="math:impl-conversion-de-base-10">
          <xsl:with-param name="nombre" select="floor($nombre div $vers-base)"/>
          <xsl:with-param name="vers-base" select="$vers-base"/>
          <xsl:with-param name="résultat"
           select="concat($chiffre-vers-base,$resultat)"/>
        </xsl:call-template>
      </xsl:when>
      <xsl:otherwise>
        <xsl:value-of select="concat($chiffre-vers-digit,$resultat)"/>
        </xsl:otherwise>
    </xsl:choose>
  </xsl:template>
```

Discussion

Les conversions de bases sont fréquentes en programmation et la plupart des développeurs savent déjà comment les effectuer. De nombreux langages disposent de mécanismes intégrés pour les réaliser, ce qui n'est pas le cas de XSLT. Comme XPath et XSLT ne disposent d'aucun moyen permettant d'obtenir la valeur entière d'un caractère Unicode, l'écriture de ces conversions dans ces langages n'est pas évidente. Vous devez donc jouer avec les chaînes, qui agiront comme des tables de conversion. Ces manipulations ne sont pas efficaces, mais suffisent dans la plupart des cas.

Le code suppose que les bases supérieures à 10 utiliseront la convention standard consistant à utiliser des lettres pour représenter les chiffres supérieurs à 9. Si vous travaillez avec un encodage non conventionnel, vous devrez ajuster les chaînes de conversion en conséquence. Vous pouvez améliorer ce code pour qu'il puisse gérer les bases supérieures à 36 en ajoutant les caractères qui serviront à représenter les chiffres supérieurs à Z.

2.5 Implémenter des fonctions mathématiques classiques

Problème

Vous devez effectuer des opérations mathématiques que ne prévoit pas XSLT 1.0.

Solution

Nous fournirons ici des implémentations en XSLT pur de fonctions permettant de calculer des valeurs absolues, des racines carrées, des logarithmes, des puissances et des factorielles.

Valeur absolue : `math:abs(x)`

La solution évidente, mais longue, pour déterminer la valeur absolue d'une nombre est donnée par le code suivant :

```
<xsl:template name="math:abs">
     <xsl:param name="x"/>

     <xsl:choose>
          <xsl:when test="$x &lt; 0">
               <xsl:value-of select="$x * -1"/>
          </xsl:when>
          <xsl:otherwise>
               <xsl:value-of select="$x"/>
          </xsl:otherwise>
     </xsl:choose>"

</xsl:template>
```

La solution courte, mais non triviale, repose sur le fait que `true` est toujours converti en 1 et `false` en 0 :

```
<xsl:template name="math:abs">
  <xsl:param name="x"/>
  <xsl:value-of select="(1 - 2 *($x &lt; 0)) * $x"/>
</xsl:template>
```

Je préfère la deuxième solution car elle est concise. Par ailleurs, vous pouvez utiliser une fonction d'extension (voir le chapitre 12).

Racine carrée : `math:sqrt(x)`

Nate Austin à ajouté à EXSLT une fonction `sqrt()`, écrite en XSLT, qui utilise la méthode de Newton :

```
<xsl:template name="math:sqrt">
     <!-- Le nombre dont on cherche la racine carrée -->
     <xsl:param name="nombre" select="0"/>
     <!-- L'essai en cours. Utilisé en interne -->
     <xsl:param name="essai" select="1"/>
     <!-- L'itération en cours, comparée à itermax pour limiter le
     nombre de boucles -->
     <xsl:param name="iter" select="1"/>
     <!-- Limite pour éviter les boucles sans fin -->
     <xsl:param name="itermax" select="20"/>
     <!-- Cette règle a été écrite par Nate Austin. Elle utilise la
     méthode de recherche des racines d'Isaac Newton -->
     <xsl:choose>
       <xsl:when test="$essai * $essai = $nombre or $iter > $itermax">
         <xsl:value-of select="$essai"/>
       </xsl:when>
       <xsl:otherwise>
         <xsl:call-template name="math:sqrt">
          <xsl:with-param name="nombre" select="$nombre"/>
```

```
        <xsl:with-param name="essai" select="$essai -
                    (($essai * $essai - $nombre) div (2 * $essai))"/>
        <xsl:with-param name="iter" select="$iter + 1"/>
        <xsl:with-param name="itermax" select="$itermax"/>
      </xsl:call-template>
    </xsl:otherwise>
  </xsl:choose>
</xsl:template>
```

En modifiant la valeur initiale de `essai`, vous pouvez améliorer la rapidité de calcul de façon significative :

```
<xsl:template name="math:sqrt">
    <!-- Le nombre dont on cherche la racine carrée -->
    <xsl:param name="nombre" select="0"/>
    <!-- L'essai en cours. Utilisé en interne -->
    <xsl:param name="essai" select="($nombre &lt; 100) +
                        ($nombre >= 100 and $nombre &lt; 1000) * 10 +
                        ($nombre >= 1000 and $nombre &lt; 10000) * 31 +
                        ($nombre >= 10000) * 100"/>
    <!-- Le reste du code est identique -->
```

Cette petite astuce (qui utilise encore une conversion d'un booléen vers un entier) force `essai` à mieux approcher la racine carrée dès la première itération. Sur un test calculant toutes les racines carrées des nombres de 1 à 10000, on gagne 10% en temps d'exécution. Plus encore, cette modification réduit l'erreur moyenne de 1×10^{-5} à 6×10^{-13}, ce qui signifie que vous pouvez diminuer le nombre d'itérations pour aller encore plus vite, tout en gardant le même taux d'erreur moyen. J'ai pu, par exemple, passer de 10 à 6 itérations, tout en gardant la même erreur moyenne de 10^{-5}, mais en diminuant de moitié le temps de calcul pour le même test. Si vous devez calculer les racines carrées de nombres bien supérieurs à 10000, conservez au moins 10 itérations, ou utilisez des valeurs plus grandes pour `essai`.

Logarithmes : `math:log10(nbre)`, `math:log(nbre)` et `math:logN(nbre, base)`

Si votre processeur XSLT supporte la fonction `math:log()` (logarithme naturel) d'EXSLT, il devient facile d'implémenter des logarithmes dans n'importe quelle base. En pseudo-code, cela donne :

```
<!-- Une règle fondamentale des logarithmes -->
math:logN(x,base) = math:log(x) div math:log(base)
```

Malheureusement, les processeurs XSLT qui sont cités sur EXSLT.org n'implémentent pas `math:log()`. Notre prochain pari consiste à implémenter une fonction d'extension à l'aide de la méthode de classe `java.lang.Math.log` de Java ou de la fonction `Math.log` de JavaScript. Enfin, si vous devez éviter les extensions, l'implémentation en XSLT pur qui suit permet de calculer un logarithme décimal avec une précision et une vitesse suffisantes pour la plupart des applications (saines). Lorsque vous disposerez de `log10()`, la fonction `log()` pourra être déduite de la règle sur les algorithmes :

```
<?xml version="1.0" encoding="iso-8859-1"?>
<xsl:template name="math:log10">
    <xsl:param name="nombre" select="1"/>
```

```
     <xsl:param name="n" select="0"/> <!-- Pour la partie entière du
                          résultat -->

     <xsl:choose>
       <xsl:when test="$nombre &lt;= 0"> <!-- Les logarithmes ne sont
                       pas définis pour 0 et les nombres négatifs. -->
         <xsl:value-of select="'NaN'"/>
       </xsl:when>
       <xsl:when test="$nombre &lt; 1">  <!-- Les nombres
                             fractionnaires ont des logs négatifs. -->
         <xsl:call-template name="math:log10">
          <xsl:with-param name="nombre" select="$nombre * 10"/>
          <xsl:with-param name="n" select="$n - 1"/>
         </xsl:call-template>
       </xsl:when>
       <xsl:when test="$nombre > 10"> <!-- Les nombres supérieurs à 10
                                        ont des logs supérieurs à 1 -->
         <xsl:call-template name="math:log10">
          <xsl:with-param name="nombre" select="$nombre div 10"/>
          <xsl:with-param name="n" select="$n + 1"/>
         </xsl:call-template>
       </xsl:when>
       <xsl:when test="$nombre = 10">
         <xsl:value-of select="$n + 1"/>
       </xsl:when>
       <xsl:otherwise>   <!-- Il suffit de savoir comment
                      faire pour les nombres compris entre 1 et 10. -->
         <xsl:call-template name="math:log10-util">
           <xsl:with-param name="nombre" select="$nombre"/>
           <xsl:with-param name="n" select="$n"/>
         </xsl:call-template>
       </xsl:otherwise>
     </xsl:choose>
</xsl:template>

<!-- Calcul du logarithme naturel d'un nombre -->
<xsl:template name="math:log">
     <xsl:param name="nombre" select="1"/>

     <xsl:variable name="log10-e" select="0.4342944819"/>
     <xsl:variable name="log10">
       <xsl:call-template name="math:log10">
         <xsl:with-param name="nombre" select="$nombre"/>
       </xsl:call-template>
     </xsl:variable>
     <xsl:value-of select="$log10 div $log10-e"/>
</xsl:template>

<!-- Calcule le log en base b d'un nombre -->
<xsl:template name="math:log-b">
     <xsl:param name="nombre" select="1"/>
```

```
    <xsl:param name="base" select="2"/>

    <xsl:variable name="log10-base">
       <xsl:call-template name="math:log10">
        <xsl:with-param name="nombre" select="$base"/>
      </xsl:call-template>
    </xsl:variable>

    <xsl:variable name="log10">
      <xsl:call-template name="math:log10">
        <xsl:with-param name="nombre" select="$nombre"/>
      </xsl:call-template>
    </xsl:variable>
    <xsl:value-of select="$log10 div $log10-base"/>
</xsl:template>

<!-- Calcule le log décimal des nombres compris entre 1 et 10, et
    renvoie le résultat + n -->
<xsl:template name="math:log10-util">
    <xsl:param name="nombre"/>

    <xsl:param name="n"/>
    <xsl:param name="frac" select="0"/> <!-- Pour la partie fractionnaire -->
    <xsl:param name="k" select="0"/>    <!-- Compteur d'itérations -->
    <xsl:param name="diviseur" select="2"/>
       <!-- Puissances successives de 2 utilisées pour construire la
            partie fractionnaire -->
    <xsl:param name="maxiter" select="38"/>
       <!-- Nombre d'itérations. 38 est plus que suffisant pour
            obtenir au moins 10 décimales. -->

    <xsl:variable name="x" select="$nombre * $nombre"/>

    <xsl:choose>
      <xsl:when test="$k >= $maxiter">
        <!-- Arrondit à 10 décimales -->
        <xsl:value-of select="$n + round($frac * 10000000000) div
             10000000000"/>
      </xsl:when>
      <xsl:when test="$x &lt; 10">
        <xsl:call-template name="math:log10-util">
         <xsl:with-param name="nombre" select="$x"/>
         <xsl:with-param name="n" select="$n"/>
         <xsl:with-param name="k" select="$k + 1"/>
         <xsl:with-param name="diviseur" select="$diviseur * 2"/>
         <xsl:with-param name="frac" select="$frac"/>
         <xsl:with-param name="maxiter" select="$maxiter"/>
         </xsl:call-template>
       </xsl:when>
       <xsl:otherwise>
         <xsl:call-template name="math:log10-util">
         <xsl:with-param name="nombre" select="$x div 10"/>
```

```
          <xsl:with-param name="n" select="$n"/>
          <xsl:with-param name="k" select="$k + 1"/>
          <xsl:with-param name="diviseur" select="$diviseur * 2"/>
          <xsl:with-param name="frac" select="$frac + (1 div $divisor)"/>
          <xsl:with-param name="maxiter" select="$maxiter"/>
          </xsl:call-template>
        </xsl:otherwise>
      </xsl:choose>
  </xsl:template>
```

Le rôle principal de `math:log10()` consiste à réduire le problème du calcul de `log10(x)` au problème plus simple de calcul de `log10(x : 1 <= x < 10)`. Pour ce faire, on observe que `log10(x : x > 10) = log10(x div 10) + 1` et `log10(x : x < 1) = log10(x * 10) - 1`. On teste également les cas d'erreurs, car les logarithmes ne sont pas définis pour les nombres inférieurs à zéro ou nuls.

La règle utilitaire, `math:log10-util` effectue le gros du travail ; c'est une implémentation récursive terminale d'une technique itérative que l'on trouve chez Knuth[3]. Pour que l'implémentation soit récursive terminale, et la plus simple possible, on définit plusieurs paramètres pour stocker les informations nécessaires :

n
: La partie entière de la réponse fournie par `math:log10`. Ce paramètre n'est pas vraiment nécessaire car il aurait pu être conservé jusqu'à ce que `math:log10-util` ait fait son travail. Cependant, il évite de devoir récupérer le résultat de `math:log10-util` dans une variable.

frac
: La partie fractionnaire de la réponse. C'est elle que nous recherchons vraiment.

k
: Un compteur de boucle, qui est incrémenté à chaque appel récursif. La récursivité se termine lorsque `$k > $maxiter`.

diviseur
: Un nombre initialisé à la prochaine plus grande puissance de deux à chaque appel récursif (2, 4, 8, 16, ...). La valeur `1 div $diviseur` est ajoutée à `frac` à chaque fois que l'on fait une approximation du logarithme.

maxiter
: Le nombre d'itérations utilisé pour calculer `frac`. Plus il est élevé, plus le résultat sera précis (dans les limites des points flottants IEEE). Ce paramètre n'est pas nécessaire, mais il permet à l'appelant de déterminer le nombre voulu d'itérations et donc de jouer avec la vitesse d'exécution ou la précision.

3. Les mathématiques sortent du cadre de ce livre. Pour plus de détails, voir l'ouvrage de D.E. Knuth, *The Art of Computer Programming*, Vol. 1, p. 24 (Addison Wesley, 1973).

Puissance: `math:power(base,puissance)`

Actuellement, EXSLT.org ne cite pas d'implémentation disposant de `math:power()`. Cependant, telle qu'elle est définie par EXSLT, cette fonction est facile à implémenter en XSLT pur. Jeni Tennison propose l'écriture suivante :

```
<xsl:template name="math:power">
     <xsl:param name="base"/>
     <xsl:param name="puissance"/>
     <xsl:choose>
       <xsl:when test="$puissance = 0">
         <xsl:value-of select="1"/>
       </xsl:when>
         <xsl:otherwise>
         <xsl:variable name="temp">
           <xsl:call-template name="math:power">
           <xsl:with-param name="base" select="$base"/>
           <xsl:with-param name="puissance" select="$puissance - 1"/>
           </xsl:call-template>
         </xsl:variable>
         <xsl:value-of select="$base * $temp"/>
       </xsl:otherwise>
     </xsl:choose>
</xsl:template>
```

Ce code fonctionnera très bien dans la plupart des cas. Cependant, il n'est pas récursif terminal et n'utilise pas l'algorithme le plus efficace. L'implémentation qui suit est récursive terminale et réduit le nombre de multiplications de `O($puissance)` à `O(log2($puissance))`. Elle ajoute également un contrôle d'erreur, pour empêcher une récursion sans fin si `$puissance` est NaN :

```
<xsl:template name="math:power">
   <xsl:param name="base"/>
   <xsl:param name="puissance"/>
   <xsl:param name="résultat" select="1"/>
   <xsl:choose>
     <xsl:when test="number($base) != $base or number($puissance) != $puissance">
       <xsl:value-of select="'NaN'"/>
     </xsl:when>
     <xsl:when test="$puissance = 0">
       <xsl:value-of select="$résultat"/>
     </xsl:when>
     <xsl:otherwise>
       <xsl:call-template name="math:power">
        <xsl:with-param name="base" select="$base * $base"/>
        <xsl:with-param name="puissance" select="floor($puissance div 2)"/>
        <xsl:with-param name="résultat"
             select="$résultat * $base * ($puissance mod 2) +
                     $résultat * not($puissance mod 2)"/>
       </xsl:call-template>
     </xsl:otherwise>
   </xsl:choose>
</xsl:template>
```

Cette section introduit un paramètre de mémorisation, `$résultat`, pour construire la réponse finale : c'est lui qui permet de rendre la fonction récursive terminale. À chaque appel récursif, on élève la base au carré et on divise par deux la puissance. Comme on utilise `floor()`, `$resultat` atteindra 0 en `ceiling(log2($puissance))` récursions, ce qui est plus efficace que la solution précédente. La partie épineuse est le calcul de `$résultat` à chaque étape.

Analysons l'expression en étudiant chaque côté de l'addition. L'expression `$résultat * $base * ($puissance mod 2)` sera égale à `$résultat * $base` lorsque `$puissance` est impaire, elle vaudra 0 sinon. Inversement, `$résultat * not($puissance mod 2)` vaudra 0 lorsque `$puissance` est impaire, `$résultat` sinon. En C ou en Java, cette expression s'écrirait `(puissance % 2) ? resultat * base : resultat`. XPath 1.0 ne dispose pas de l'opérateur `? :`, vous devez donc le simuler avec ce bricolage en XLST[4]. Le résultat évident est que cette règle calcule $b_1 * base + b_2 * base^2 + b_3 * base^4 + b_4 * base^8 ...$, où b_i vaut soit 0, soit 1. Il devrait être assez facile de constater que cette somme peut aller jusqu'à $base^{puissance}$ pour une puissance entière quelconque en configurant les b_i avec les valeurs adéquates – ce que détermine justement l'expression `$puissance mod 2`. Si tout cela n'est pas suffisamment clair, faites quelques calculs à la main pour vous convaincre que cela fonctionne.[5]

La fonction `power()` que nous venons de voir ne calcule que les puissances entières positives. Cependant, comme tout étudiant vous le dira, x^y est un nombre réel pour tout x et y réels, pas simplement entiers positifs. Il serait appréciable d'avoir une version généralisée de `power()` sous la main, au cas où vous en auriez besoin : la voici. Pour ne pas la confondre avec `power()`, cette règle est nommée `power-f()`, le `f` voulant dire « point flottant ». Si vous préférez que cette version généralisée s'appelle `power()`, renommez-la dans votre propre code, mais disposer de la version réduite comme fonction séparée peut quand même être utile.

```
<xsl:template name="math:power-f">
     <xsl:param name="base"/>
     <xsl:param name="puissance"/>

     <xsl:choose>
       <xsl:when test="number($base)
        != $base or number($puissance) != $puissance">
         <xsl:value-of select="'NaN'"/>
       </xsl:when>
       <xsl:when test="$puissance &lt; 0">
         <xsl:variable name="résultat">
         <xsl:call-template name="math:power-f">
```

---

4. XPath 2.0 aura probablement une construction équivalente. Selon le document de travail de XPath 2.0, cet exemple ressemblerait à `if ($puissance mod 2) then $resultat * $base else $resultat`.

5. Bien que les preuves formelles soient importantes pour établir qu'un algorithme est correct, je les trouve ennuyeuses à lire : vous n'en trouverez donc pas dans ce livre. Je leur préfère l'intuition et les tests du code. Le chapitre 12 montre comment la nature homoïconique de XSLT (où la forme du programme est la même que celles des données qu'il traite) facilite beaucoup les tests. Un véritable informaticien prouverait tout par induction et n'aurait pas besoin de tests.

```
          <xsl:with-param name="base" select="$base"/>
          <xsl:with-param name="puissance" select="-1 * $puissance"/>
         </xsl:call-template>
         </xsl:variable>
         <xsl:value-of select="1 div $résultat"/>
       </xsl:when>
       <xsl:otherwise>
         <xsl:variable name="puissanceN" select="floor($puissance)"/>
          <xsl:variable name="resultatN">
          <xsl:call-template name="math:power">
            <xsl:with-param name="base" select="$base"/>
            <xsl:with-param name="puissance" select="$puissanceN"/>
          </xsl:call-template>
         </xsl:variable>
         <xsl:choose>
          <xsl:when test="$puissance - $puissanceN">
            <xsl:variable name="résultatF">
              <xsl:call-template name="math:power-frac">
               <xsl:with-param name="base" select="$base"/>
               <xsl:with-param name="puissance"
                select="$puissance - $puissanceN"/>
              </xsl:call-template>
            </xsl:variable>
            <xsl:value-of select="$résultatN * $résultatF"/>
          </xsl:when>
          <xsl:otherwise>
            <xsl:value-of select="$résultatN"/>
           </xsl:otherwise>
         </xsl:choose>
       </xsl:otherwise>
     </xsl:choose>
</xsl:template>

<xsl:template name="math:power-frac">
     <xsl:param name="base"/>
     <xsl:param name="puissance"/>

     <xsl:param name="n" select="1"/>
     <xsl:param name="ln_base">
       <xsl:call-template name="math:log">
         <xsl:with-param name="number" select="$base"/>
       </xsl:call-template>
     </xsl:param>
     <xsl:param name="ln_base_n" select="$ln_base"/>
     <xsl:param name="puissance_n" select="$puissance"/>
     <xsl:param name="n_fact" select="$n"/>
     <xsl:param name="résultat" select="1"/>

     <xsl:choose>
       <xsl:when test="20 >= $n">
         <xsl:call-template name="math:power-frac">
           <xsl:with-param name="base" select="$base"/>
```

```
              <xsl:with-param name="puissance" select="$puissance"/>
              <xsl:with-param name="n" select="$n + 1"/>
              <xsl:with-param name="ln_base" select="$ln_base "/>
              <xsl:with-param name="ln_base_n" select="$ln_base_n * $ln_base"/>
              <xsl:with-param name="puissance_n" select="$puissance_n * $puissance"/>
              <xsl:with-param name="n_fact" select="$n_fact * ($n+1)"/>
              <xsl:with-param name="résultat" select="$résultat +
                          ($puissance_n * $ln_base_n) div $n_fact"/>
            </xsl:call-template>
          </xsl:when>
        <xsl:otherwise>
          <xsl:value-of select="round($résultat * 1000000000) div 1000000000"/>
        </xsl:otherwise>
    </xsl:choose>
  </xsl:template>
```

La règle `math:power-f` n'est pas le plat de résistance du calcul. Elle se contente de contrôler les erreurs, puis de calculer le résultat en utilisant la règle existante, `math:power` et une nouvelle règle, `math:power-frac`. La règle `math:power-f` tire parti des deux règles mathématiques suivantes sur les puissances :

- $\texttt{base}^{\texttt{-y}} = 1 / \texttt{base}^{\texttt{y}}$, qui permet de traiter facilement les puissances négatives.
- $\texttt{base}^{\texttt{puissance1 + puissance2}} = \texttt{base}^{\texttt{puissance1}} * \texttt{base}^{\texttt{puissance2}}$, qui permet de réutiliser la précision et l'efficacité de `math:power` pour la partie entière de `$puissance` et d'utiliser une bonne approximation pour la partie fractionnaire.

La règle `math:power-frac` est une implémentation récursive de la suite de *Maclaurin* pour $\texttt{base}^{\texttt{puissance}}$, comme le montre la figure 2-1.

$$\text{puissance}\,[\text{base}, \text{puissance}] := 1.0 + \sum_{i=1}^{n} \frac{\text{Log}\,[\text{base}]^{i}\ \text{puissance}^{i}}{i\,!}$$

Figure 2-1. Séries de Maclaurin pour base^{puissance}

Une façon d'implémenter les fonctions trigonométriques consiste à créer des implémentations récursives similaires de leur représentation par les suites de Maclaurin.

Factorielle

Malheureusement, EXSLT ne définit pas de fonction factorielle. Elle est, bien sûr, facile à implémenter :

```
<xsl:template name="math:fact">
     <xsl:param name="nombre" select="0"/>
     <xsl:param name="résultat" select="1"/>
     <xsl:choose>
       <xsl:when test="$nombre &lt; 0 or floor($nombre) != $nombre">
         <xsl:value-of select="'NaN'"/>
       </xsl:when>
       <xsl:when test="$nombre &lt; 2">
```

```
          <xsl:value-of select="$résultat"/>
        </xsl:when>
        <xsl:otherwise>
          <xsl:call-template name="math:fact">
           <xsl:with-param name="nombre" select="$nombre - 1"/>
           <xsl:with-param name="résultat" select="$nombre * $résultat"/>
          </xsl:call-template>
        </xsl:otherwise>
      </xsl:choose>
  </xsl:template>
```

Une généralisation utile de la factorielle est une fonction calculant le produit de tous les nombres d'un intervalle :

```
<xsl:template name="math:prod-intervalle">
     <xsl:param name="début" select="1"/>
     <xsl:param name="fin" select="1"/>
     <xsl:param name="résultat" select="1"/>
     <xsl:choose>
       <xsl:when test="$début > $fin">
         <xsl:value-of select="$résultat"/>
       </xsl:when>
       <xsl:otherwise>
         <xsl:call-template name="math:prod-intervalle">
          <xsl:with-param name="début" select="$début + 1"/>
          <xsl:with-param name="fin" select="$fin"/>
          <xsl:with-param name="résultat" select="$début * $résultat"/>
         </xsl:call-template>
       </xsl:otherwise>
     </xsl:choose>
</xsl:template>
```

Discussion

On estime qu'au moins 80% des applications XSLT classiques n'utiliseront jamais plus que ce que fournit XPath 1.0 comme possibilités mathématiques. Lorsque les 20% restants ne s'en satisfont pas, il y a de fortes chances que l'une ou plusieurs des fonctions précédentes soient utiles.

Le plus gros défaut d'une implémentation en XSLT 1.0 pure est que les règles ne peuvent pas être invoquées comme des fonctions de premier niveau à partir d'une expression XPath. Cela rend les opérations mathématiques obscures et légèrement moins efficaces, car vous devez créer des variables artificielles pour récupérer les résultats des règles sous forme de fragments d'arbres-résultats. En interne, le processeur XSLT doit convertir ces fragments en nombres lorsque vous les utilisez par la suite dans d'autres calculs.

En outre, l'interface publique de ces règles est polluée par les paramètres de mémorisation, qui obscurcissent la nature de la fonction. Ces paramètres sont souvent nécessaires pour que l'implémentation soit récursive terminale et évitent un travail supplémentaire. L'implémentation de `power-frac`, par exemple, doit calculer le logarithme de la base et en disposer tout le temps. Si `ln_base` n'était pas un paramètre, il faudrait appeler `log` à chaque appel récursif, ce qui dégraderait les performances de façon inacceptable.

EXSLT définit les extensions `func:function` et `func:result`, qui résolvent le premier problème en permettant aux programmeurs de définir des fonctions de premier niveau. Si votre processeur XSLT 1.0 implémente ces éléments, utilisez-les, sauf si le respect absolu du standard W3C est essentiel. Le document de travail de XSLT 2.0 propose les éléments `xsl:function` et `xsl:result`, qui ressemblent beaucoup aux deux extensions d'EXSLT que nous venons de citer.

Le second problème sera levé si une prochaine version de XSLT autorise les paramètres privés, utilisables uniquement dans un appel récursif.

L'exemple 2-8 montre à quoi ressemblerait `power-frac` si `function`, `if-else` et les paramètres *privés* étaient disponibles.

Exemple 2-8. XSLT 1.0 non standard

```
<xsl:function name="math:power-frac">
     <xsl:param name="base"/>
     <xsl:param name="puissance"/>

     <xsl:private name="n" select="1"/>
     <xsl:private name="ln_base" select="math:log($base)"/>
     <xsl:private name="ln_base_n" select="$ln_base"/>
     <xsl:private name="puissance_n" select="$puissance"/>
     <xsl:private name="n_fact" select="$n"/>
     <xsl:private name="résultat" select="1"/>

     <xsl:result select="if (20 >= $n)
       then
         math:power-frac($base,$puissance,$n + 1,ln_base,
               $ln_base_n * $ln_base,$puissance_n * $puissance,
               $n_fact * ($n+1),
               $résultat + $puissance_n * $ln_base_n) div $n_fact)
       else
         round($résultat * 1000000000) div 1000000000"/>
</xsl:function>
```

2.6 Calcul de sommes et de produits

Problème

Vous devez additionner ou multiplier des nombres contenus dans un même nœud.

Solution

La forme abstraite de l'addition, pour les processeurs autorisant l'élimination de la récursivité terminale, est la suivante :

```
<xsl:template name="math:sum">
  <!-- Initialise les noeuds avec le noeud ensemble vide -->
  <xsl:param name="noeuds" select="/.."/>
```

```
  <xsl:param name="résultat" select="0"/>
  <xsl:choose>
    <xsl:when test="not($noeuds)">
      <xsl:value-of select="$résultat"/>
    </xsl:when>
    <xsl:otherwise>
        <!-- appelle ou applique la règle qui déterminera la valeur du
        noeud, sauf si le noeud est la valeur littérale à
        additionner. -->
      <xsl:variable name="valeur">
        <xsl:call-template name="une-fonction-sur-un-noeud">
          <xsl:with-param name="noeud" select="$noeuds[1]"/>
        </xsl:call-template>
      </xsl:variable>
       <!-- récursivité pour additionner le reste. -->
      <xsl:call-template name="math:sum">
        <xsl:with-param name="noeuds" select="$noeuds[position( ) != 1]"/>
        <xsl:with-param name="résultat" select="$résultat + $valeur"/>
      </xsl:call-template>
    </xsl:otherwise>
  </xsl:choose>
</xsl:template>
```

En l'absence d'optimisation de la récursivité terminale, deux techniques permettent de traiter un grand nombre de nœuds. La première est habituellement appelée *diviser pour régner*. Elle consiste à diviser le travail au moins par deux à chaque étape de la récursivité :

```
<xsl:template name="math:sum-dvc">
  <xsl:param name="noeuds" select="/.."/>
  <xsl:param name="résultat" select="0"/>
  <xsl:param name="limite-divise" select="100"/>
  <xsl:choose>
    <xsl:when test="count($noeuds) &lt;= $limite-divise">
        <xsl:call-template name="math:sum">
          <xsl:with-param name="noeuds" select="$noeuds"/>
          <xsl:with-param name="résultat" select="$résultat"/>
        </xsl:call-template>
    </xsl:when>
    <xsl:otherwise>
      <xsl:variable name="moitié" select="floor(count($noeuds) div 2)"/>
      <xsl:variable name="somme1">
        <xsl:call-template name="math:sum-dvc">
          <xsl:with-param name="noeuds"
           select="$noeuds[position(  ) <= $moitié]"/>
         <xsl:with-param name="résultat" select="$résultat"/>
          <xsl:with-param name="limite-divise" select="$limite-divise"/>
        </xsl:call-template>
      </xsl:variable>
      <xsl:call-template name="math:sum-dvc">
         <xsl:with-param name="noeuds" select="$noeuds[position(  ) > $moitié]"/>
         <xsl:with-param name="résultat" select="$somme1"/>
          <xsl:with-param name="limite-divise" select="$limite-divise"/>
```

```
      </xsl:call-template>
    </xsl:otherwise>
  </xsl:choose>
</xsl:template>
```

La deuxième s'appelle *traitement par lots*, elle utilise deux niveaux de récursivité. Le premier divise le problème initial en lots de taille raisonnable. Le second traite chaque lot de façon récursive.

```
<xsl:template name="math:sum-batcher">
  <xsl:param name="noeuds" select="/.."/>
  <xsl:param name="résultat" select="0"/>
  <xsl:param name="taille-lot" select="500"/>
  <xsl:choose>
    <xsl:when test="not($noeuds)">
      <xsl:value-of select="$résultat"/>
    </xsl:when>
    <xsl:otherwise>
      <xsl:variable name="somme-lot">
        <xsl:call-template name="math:sum">
          <xsl:with-param name="noeuds"
               select="$noeuds[position( ) < $taille-lot]"/>
          <xsl:with-param name="résultat" select="$résultat"/>
        </xsl:call-template>
      </xsl:variable>
      <xsl:call-template name="math:sum-batcher">
          <xsl:with-param name="noeuds"
           select="$noeuds[position( ) >= $taille-lot]"/>
          <xsl:with-param name="résultat" select="$somme-lot"/>
          <xsl:with-param name="taille-lot" select="$taille-lot"/>
      </xsl:call-template>
    </xsl:otherwise>
  </xsl:choose>
</xsl:template>
```

Les solutions pour le produit sont similaires :

```
 <xsl:template name="math:product">
  <xsl:param name="noeuds" select="/.."/>
  <xsl:param name="résultat" select="1"/>
  <xsl:choose>
    <xsl:when test="not($noeuds)">
      <xsl:value-of select="$résultat"/>
    </xsl:when>
    <xsl:otherwise>
        <!-- appelle ou applique la règle qui déterminera la valeur du
        noeud, sauf si ce noeud est littéralement la valeur à
        multiplier. -->
      <xsl:variable name="valeur">
        <xsl:call-template name="une-fonction-sur-un-noeud">
          <xsl:with-param name="noeud" select="$noeuds[1]"/>
        </xsl:call-template>
      </xsl:variable>
      <xsl:call-template name="math:product">
```

```
        <xsl:with-param name="noeuds" select="$noeuds[position( ) != 1]"/>
        <xsl:with-param name="résultat" select="$résultat * $valeur"/>
      </xsl:call-template>
    </xsl:otherwise>
  </xsl:choose>
</xsl:template>

<xsl:template name="math:product-batcher">
  <xsl:param name="noeuds" select="/.."/>
  <xsl:param name="résultat" select="1"/>
  <xsl:param name="taille-lot" select="500"/>
  <xsl:choose>
    <xsl:when test="not($noeuds)">
      <xsl:value-of select="$résultat"/>
    </xsl:when>
    <xsl:otherwise>
      <xsl:variable name="batch-product">
        <xsl:call-template name="math:product">
          <xsl:with-param name="noeuds"
           select="$noeuds[position( ) < $taille-lot]"/>
          <xsl:with-param name="résultat" select="$résultat"/>
        </xsl:call-template>
      </xsl:variable>
      <xsl:call-template name="math:product-batcher">
          <xsl:with-param name="noeuds"
           select="$noeuds[position( ) >= $taille-lot]"/>
          <xsl:with-param name="résultat" select="$batch-product"/>
          <xsl:with-param name="taille-lot" select="$taille-lot"/>
      </xsl:call-template>
    </xsl:otherwise>
  </xsl:choose>
</xsl:template>

<xsl:template name="math:product-dvc">
  <xsl:param name="noeuds" select="/.."/>
  <xsl:param name="resultat" select="1"/>
  <xsl:param name="limite-divise" select="100"/>
  <xsl:choose>
    <xsl:when test="count($noeuds) <= $limite-divise">
        <xsl:call-template name="math:product">
          <xsl:with-param name="noeuds" select="$noeuds"/>
          <xsl:with-param name="résultat" select="$résultat"/>
        </xsl:call-template>
    </xsl:when>
    <xsl:otherwise>
      <xsl:variable name="moitié" select="floor(count($noeuds) div 2)"/>
      <xsl:variable name="produit1">
        <xsl:call-template name="math:product-dvc">
          <xsl:with-param name="noeuds"
           select="$noeuds[position( ) <= $moitié]"/>
         <xsl:with-param name="résultat" select="$résultat"/>
          <xsl:with-param name="limite-divise" select="$limite-divise"/>
```

```
        </xsl:call-template>
      </xsl:variable>
      <xsl:call-template name="math:product-dvc">
         <xsl:with-param name="noeuds" select="$noeuds[position( ) > $moitié]"/>
         <xsl:with-param name="résultat" select="$produit1"/>
          <xsl:with-param name="limite-divise" select="$limite-divise"/>
      </xsl:call-template>
    </xsl:otherwise>
  </xsl:choose>
</xsl:template>
```

L'utilisation de la fonction `sum()`, intégrée à XPath, est le moyen le plus simple d'effectuer des sommes simples. Cependant, si vous voulez faire la somme des différentes fonctions sur les nœuds d'un ensemble, vous devez soit :

- Utiliser l'une des recettes de cette section.
- Calculer d'abord la fonction sur les nœuds, récupérer le résultat dans une variable sous la forme d'un fragment d'arbre résultat, puis utiliser une fonction d'extension pour convertir ce fragment en un ensemble pouvant être passé à `sum()`. Avec XSLT 2.0, les sommes généralisées deviendront triviales par suite de l'abandon des fragments d'arbres résultats.

Discussion

Le traitement par lot et la division pour régner sont deux techniques de gestion de la récursivité bien adaptées lorsque vous devez traiter un ensemble potentiellement important de nœuds. L'expérience montre que, même avec un processeur XSLT reconnaissant la récursivité terminale, ces approches ont de meilleures performances.

Le chapitre 14 montre comment créer des pilotes réutilisables pour ces deux techniques.

Pour aller plus loin

Dimitre Novatchev et Slawomir Tyszko comparent le traitement par lot et la division pour régner sur la page *http://www.vbxml.com/xsl/articles/recurse*.

2.7 Recherche de minima et de maxima

Problème

Vous devez trouver le(s) plus petit(s) (ou le(s) plus grand(s) nœud(s) numérique(s) dans un ensemble de nœuds.

Solution

Les fonctions EXSLT réalisant ces opérations sont `math:min()`, `math:max()`, `math:lowest()` et `math:highest()`. Les deux premières trouvent, respectivement, la valeur numérique du nœud minimal et maximal. EXSLT définit `math:min()` de la façon suivante :

> « la valeur minimale est définie comme suit. L'ensemble de nœuds passé en paramètre est trié par ordre croissant, comme le ferait `xsl:sort` avec des données de type numérique. Le minimum est le résultat de la conversion par la fonction `number()` de la chaîne du premier nœud de cette liste triée.
>
> Si l'ensemble de nœuds est vide, ou si le résultat de la conversion numérique des chaînes de tous les nœuds est NaN, le minimum sera NaN. »

`math:max` est définie de la même façon. EXSLT fournit des implémentations en XSLT pur qui sont des écritures littérales de cette définition, comme le montre l'exemple 2-9.

Exemple 2-9. Implémentations EXSLT littérales de min( ) et max( )

```
<xsl:template name="math:min">
   <xsl:param name="noeuds" select="/.." />
   <xsl:choose>
      <xsl:when test="not($noeuds)">NaN</xsl:when>
      <xsl:otherwise>
         <xsl:for-each select="$noeuds">
            <xsl:sort data-type="number" />
            <xsl:if test="position( ) = 1">
               <xsl:value-of select="number(.)" />
            </xsl:if>
         </xsl:for-each>
      </xsl:otherwise>
   </xsl:choose>
</xsl:template>

<xsl:template name="math:max">
   <xsl:param name="noeuds" select="/.." />
   <xsl:choose>
      <xsl:when test="not($noeuds)">NaN</xsl:when>
      <xsl:otherwise>
         <xsl:for-each select="$noeuds">
            <xsl:sort data-type="number" order="descending" />
            <xsl:if test="position( ) = 1">
               <xsl:value-of select="number(.)" />
            </xsl:if>
         </xsl:for-each>
      </xsl:otherwise>
   </xsl:choose>
</xsl:template>
```

Vous vous poserez peut-être des questions à propos de la valeur par défaut du paramètre `noeuds` (`select="/.."`). Il s'agit simplement d'un moyen idiomatique d'initialiser noeuds avec un ensemble vide de nœuds (car le père de la racine est vide, par définition).

Bien que les définitions de `math:min()` et `math:max()` utilisent `xsl:sort`, leurs implémentations ne sont pas tenues de le faire : elles peuvent donc être plus efficaces si votre processeur XSLT sait réaliser la récursivité terminale (voir l'exemple 2-10).

Exemple 2-10. min( ) et max( ) avec la méthode « diviser pour régner »

```
   <xsl:template name="math:max">
     <xsl:param name="noeuds" select="/.."/>
     <xsl:param name="max"/>
  <xsl:variable name="nbNoeuds" select="count($noeuds)"/>
  <xsl:variable name="unNoeud" select="$noeuds[ceiling($nbNoeuds div 2)]"/>
  <xsl:choose>
    <xsl:when test="not($nbNoeuds)">
      <xsl:value-of select="number($max)"/>
    </xsl:when>
    <xsl:when test="number($unNoeud) != number($unNoeud)">
      <xsl:value-of select="number($unNoeud)"/>
    </xsl:when>
    <xsl:otherwise>
      <xsl:call-template name="math:max">
        <xsl:with-param name="noeuds"
         select="$noeuds[not(. &lt;= number($unNoeud))]"/>
        <xsl:with-param name="max">
          <xsl:choose>
            <xsl:when test="not($max) or $unNoeud > $max">
              <xsl:value-of select="$unNoeud"/>
            </xsl:when>
            <xsl:otherwise>
              <xsl:value-of select="$max"/>
            </xsl:otherwise>
          </xsl:choose>
        </xsl:with-param>
      </xsl:call-template>
    </xsl:otherwise>
  </xsl:choose>
</xsl:template>

<xsl:template name="math:min">
  <xsl:param name="noeuds" select="/.."/>
  <xsl:param name="min"/>
  <xsl:variable name="nbNoeuds" select="count($noeuds)"/>
  <xsl:variable name="unNoeud" select="$noeuds[ceiling($nbNoeuds div 2)]"/>
  <xsl:choose>
    <xsl:when test="not($nbNoeuds)">
      <xsl:value-of select="number($min)"/>
    </xsl:when>
    <xsl:when test="number($unNoeud) != number($unNoeud)">
      <xsl:value-of select="number($unNoeud)"/>
    </xsl:when>
    <xsl:otherwise>
      <xsl:call-template name="math:min">
        <xsl:with-param name="noeuds"
         select="$noeuds[not(. >= number($unNoeud))]"/>
```

```
        <xsl:with-param name="min">
          <xsl:choose>
            <xsl:when test="not($min) or $unNoeud &lt; $min">
              <xsl:value-of select="$unNoeud"/>
            </xsl:when>
            <xsl:otherwise>
              <xsl:value-of select="$min"/>
            </xsl:otherwise>
          </xsl:choose>
        </xsl:with-param>
      </xsl:call-template>
    </xsl:otherwise>
  </xsl:choose>
</xsl:template>
```

Généralement, les implémentations que nous venons de donner sont plus rapides que les versions utilisant `xsl:sort` sauf dans certains cas particuliers. En effet, cette efficacité est liée à la diminution de moitié de l'espace de recherche (en moyenne) à chaque étape récursive. On peut concevoir une situation dans laquelle, à chaque passe, `unNoeud` est le nœud minimal [dans le cas de `math:max()`] ou maximal [dans le cas de `math:min()`]. Dans ce cas, chaque passe ne supprimerait qu'un seul nœud, ce qui serait peu efficace. Heureusement dans la majorité des cas, les données sont déjà triées ou distribuées aléatoirement. Dans les deux cas, ces implémentations tiendront leurs promesses.

Bien que vous deviez explicitement faire attention aux données non numériques, les implémentations de EXSLT laissent `xsl:sort` s'en occuper. Le standard XSLT précise, en effet, que les données non numériques sont placées en premier par le tri lorsque `data-type='number'`.

Ne soyez pas tenté d'écrire `not(number($var))` pour tester `NaN` ! Je me fais souvent piéger moi-même, parce que cela « semble » correct. Cependant, la fonction `number()` ne teste pas un nombre, mais tente de convertir son paramètre *en* un nombre. Ce n'est pas ce que vous vouliez faire – ce test conclura que 0 n'est pas un nombre à cause de la conversion de 0 en `false`. La façon correcte de procéder consiste à tester si `number($var) != number($var)`. En effet, `NaN` n'est jamais égal à `NaN`, mais tous les nombres sont égaux à eux-mêmes. Ne soyez pas non plus tenté de raccourcir cet idiome en `number($var) != $var` : cela fonctionnera dans la plupart des cas, mais si `$var` est un ensemble vide de nœuds, ce test échouera. L'approche plus directe, `string(number($var)) = 'NaN'` fonctionne également.

EXSLT définit `math:lowest()` de la façon suivante :

> « La fonction `math:lowest()` s'applique à un ensemble de nœuds et renvoie ceux pour lesquels la valeur est minimale. Cette valeur minimale est la même que celle qui est calculée par `math:min()`. Un nœud a cette valeur si le résultat de la conversion de sa chaîne en nombre par la fonction `number()` est égal à la valeur minimale. L'opérateur d'égalité est défini comme une comparaison numérique utilisant =.

Si l'un des nœuds de l'ensemble a une valeur non numérique, la fonction `math:min()` renverra `NaN`. La définition des comparaisons numériques précise que `NaN != NaN`; par conséquent, si l'un des nœuds de l'ensemble a une valeur non numérique, `math:lowest()` renverra un ensemble vide. »

L'implémentation EXSLT utilise littéralement cette définition et peut ne pas être très efficace :

```
<xsl:template name="math:lowest">
   <xsl:param name="noeuds" select="/.." />
   <xsl:if test="$noeuds and not($noeuds[number(.) != number(.)])">
      <xsl:variable name="min">
         <xsl:for-each select="$noeuds">
            <xsl:sort data-type="number" />
            <xsl:if test="position( ) = 1">
               <xsl:value-of select="number(.)" />
            </xsl:if>
         </xsl:for-each>
      </xsl:variable>
      <xsl:copy-of select="$noeuds[. = $min]" />
   </xsl:if>
</xsl:template>
```

Le test `xsl:if` vérifie tous les nœuds pour traiter le cas où l'un d'entre eux ne serait pas numérique. Puis, il trie pour trouver le `min` et collecte tous les nœuds qui ont cette valeur. L'exemple 2-11 réutilise `math:min()` pour faire la même chose, sans avoir recours au tri.

Exemple 2-11. Implémentation de `lowest` utilisant `mat:min( )`

```
<xsl:template name="math:lowest">
     <xsl:param name="noeuds" select="/.."/>

     <xsl:variable name="min">
       <xsl:call-template name="math:min">
         <xsl:with-param name="noeuds" select="$noeuds"/>
       </xsl:call-template>
     </xsl:variable>
     <xsl:choose>
       <xsl:when test="number($min) = number($min)">
         <xsl:copy-of select="$noeuds[. = $min]"/>
       </xsl:when>
     </xsl:choose>
</xsl:template>
```

Enfin, vous pouvez implémenter `mat:lowest()` en n'effectuant qu'un seul parcours des nœuds, si vous êtes prêt à vous passer de `mat:min()`. C'est ce que nous allons voir dans l'exemple suivant.

Exemple 2-12. Implémentation de `lowest` sans réutiliser `mat:min()`

```
<xsl:template name="math:lowest">
  <xsl:param name="noeuds" select="/.."/>
  <xsl:param name="lowest" select="/.."/>
  <xsl:variable name="index" select="ceiling(count($noeuds) div 2)"/>
```

```
    <xsl:variable name="unNoeud" select="$noeuds[$index]"/>
    <xsl:choose>
      <xsl:when test="not($index)">
        <xsl:copy-of select="$lowest"/>
      </xsl:when>
      <xsl:when test="number($unNoeud) != number($unNoeud)"/>
      <xsl:otherwise>
        <xsl:choose>
          <xsl:when test="not($lowest) or $unNoeud &lt; $lowest">
             <xsl:call-template name="math:lowest">
              <xsl:with-param name="noeuds"
               select="$noeuds[not(. >= $unNoeud)]"/>
              <xsl:with-param name="lowest" select="$noeuds[. = $unNoeud]"/>
            </xsl:call-template>
          </xsl:when>
          <xsl:when test="$unNoeud = $lowest">
             <xsl:call-template name="math:lowest">
              <xsl:with-param name="noeuds"
               select="$noeuds[not(. >= $unNoeud)]"/>
              <xsl:with-param name="lowest" select="$lowest|$noeuds[$index]"/>
            </xsl:call-template>
          </xsl:when>
          <xsl:otherwise>
             <xsl:call-template name="math:lowest">
              <xsl:with-param name="noeuds"
               select="$noeuds[not(. >= $unNoeud)]"/>
              <xsl:with-param name="lowest" select="$lowest"/>
            </xsl:call-template>
          </xsl:otherwise>
        </xsl:choose>
      </xsl:otherwise>
    </xsl:choose>
  </xsl:template>
```

Il est intéressant de noter que cette implémentation est moins efficace que la précédente, à cause des copies supplémentaires qu'elle réalise. Si l'on effectue des tests sur 10000 éléments en utilisant des distributions de données différentes (triées par ordre croissant, par ordre décroissant, semi-aléatoire et aléatoire), la méthode utilisant `math:min()` est plus rapide d'à peu près 40% en moyenne (parfois plus) que celle basée sur `xsl:sort`. L'implémentation récursive qui n'utilise pas `math:min()` est 24% plus lente que celle qui l'utilise.

La définition et les implémentations de `math:highest()` sont tout à fait similaires, sauf qu'elles ordonnent dans l'ordre inverse de `math:lowest()` ; nous ne les traiterons donc pas ici.

Discussion

Les valeurs minimales et maximales d'un ensemble de nœuds peuvent être déterminées par les simples expressions XPath `<xsl:value-of select="$noeuds[not($noeuds < .)]"/>` et `<xsl:value-of select="$noeuds[not($noeuds > .)]"/>`. En français, la première énonce « Sélectionner tous les nœuds pour lesquels il n'existe pas de nœud inférieur à leur valeur », la seconde : « Sélectionner tous les nœuds pour lesquels il n'existe pas de nœud supérieur à leur valeur ».

Bien qu'elles soient très simples, ces expressions ont une complexité en $O(N^2)$, où N est le nombre de nœuds. Par conséquent, sauf si vous êtes sûr qu'il y a peu de nœuds, évitez-les dans la mesure du possible. Parfois, vous serez contraint de les utiliser car vous devrez trouver le min/max dans l'attribut select de xsl:sort, par exemple, ou dans l'attribut use de xsl:key, dans lesquels vous ne pouvez pas appeler de règle.

Dans une autre publication XSLT, l'implémentation récursive suivante est décrite comme plus efficace que celle qui utilise xsl:sort pour rechercher les minima :

```
<xsl:template name="math:min">
  <xsl:param name="noeuds" select="/.."/>
  <xsl:param name="min" select="number('NaN')"/>
  <xsl:choose>
    <xsl:when test="not($noeuds)">
      <xsl:value-of select="number($min)"/>
    </xsl:when>
    <xsl:otherwise>
      <xsl:variable name="unNoeud" select="$noeuds[1]"/>
      <xsl:call-template name="math:min">
        <xsl:with-param name="noeuds" select="$noeuds[position(  ) > 1]"/>
        <xsl:with-param name="min">
          <xsl:choose>
            <xsl:when test="$unNoeud &lt; $min or string($min) = 'NaN'">
              <xsl:value-of select="$unNoeud"/>
            </xsl:when>
            <xsl:otherwise>
              <xsl:value-of select="$min"/>
            </xsl:otherwise>
          </xsl:choose>
        </xsl:with-param>
      </xsl:call-template>
    </xsl:otherwise>
  </xsl:choose>
</xsl:template>
```

C'est tout simplement faux sur toutes les implémentations XSLT que j'ai testées, et je ne vois pas comment il pourrait en être autrement. La raison pour laquelle cette implémentation est plus lente est, qu'à chaque étape, seul un nœud est ôté de l'espace de recherche. Même avec la récursivité terminale, il y aura de nombreuses copies de nœuds. On peut facilement être trompé en pensant que cette solution récursive est aussi efficace que la solution qui boucle sur les indices, telle qu'on l'écrirait en C ou en Java. Cependant, l'utilisation d'indices n'est pas la même chose que la création d'un ensemble de nœuds tout neuf, sans le premier élément, comme cela est fait par]$noeuds[position() > 1].

Dans de nombreux cas, lorsque vous recherchez le minimum d'un ensemble de données, vous avez également besoin du maximum. Il serait pratique de disposer d'une fonction nous donnant les deux pour le prix d'un seul. C'est ce que fait le code suivant, au prix d'une complexité un peu plus grande :

```
<xsl:template name="math:min-max">
  <xsl:param name="noeuds" select="/.."/>
  <xsl:param name="noeuds-pour-max" select="$noeuds"/>
  <xsl:param name="min"/>
  <xsl:param name="max"/>
  <xsl:variable name="nb1" select="count($noeuds)"/>
  <xsl:variable name="unNoeud1" select="$noeuds[ceiling($nb1 div 2)]"/>
  <xsl:variable name="nb2" select="count($noeuds-pour-max)"/>
  <xsl:variable name="unNoeud2" select="$noeuds-pour-max[ceiling($nb2 div 2)]"/>
  <xsl:choose>
    <xsl:when test="not($nb1) and not($nb2)">
      <xsl:value-of select="concat(number($min),',',number($max))"/>
    </xsl:when>
    <xsl:when test="number($unNoeud1) != number($unNoeud1) and
              number($unNoeud2) != number($unNoeud2)">
      <xsl:value-of select="concat(number($unNoeud1),',',number($unNoeud2))"/>
    </xsl:when>
    <xsl:otherwise>
      <xsl:call-template name="math:min-max">
        <xsl:with-param name="noeuds"
          select="$noeuds[not(. >= number($unNoeud1))]"/>
        <xsl:with-param name="noeuds-pour-max"
          select="$noeuds-pour-max[not(. &lt;= number($unNoeud2))]"/>
        <xsl:with-param name="min">
          <xsl:choose>
            <xsl:when test="not($min) or $unNoeud1 &lt; $min">
              <xsl:value-of select="$unNoeud1"/>
            </xsl:when>
            <xsl:otherwise>
              <xsl:value-of select="$min"/>
            </xsl:otherwise>
          </xsl:choose>
        </xsl:with-param>
        <xsl:with-param name="max">
          <xsl:choose>
            <xsl:when test="not($max) or $unNoeud2 > $max">
              <xsl:value-of select="$unNoeud2"/>
            </xsl:when>
            <xsl:otherwise>
              <xsl:value-of select="$max"/>
            </xsl:otherwise>
          </xsl:choose>
        </xsl:with-param>
      </xsl:call-template>
    </xsl:otherwise>
    </xsl:choose>
</xsl:template>
```

Les tests montrent que cette approche est plus efficace qu'une solution utilisant un tri.

Lorsque nous nous sommes intéressé aux minima et aux maxima, nous n'avons traité que le seul cas où les nœuds sont littéralement les nombres que l'on souhaite traiter. Un problème plus général consiste à trouver le minimum ou le maximum d'une fonction appliquée aux nœuds d'un ensemble. Considérons, par exemple, le cas où l'on a un ensemble de nombres positifs et négatifs et que l'on souhaite trouver le minimum du carré de leurs valeurs. Modifier les implémentations précédentes pour mettre au carré les valeurs est relativement simple, mais une unique implémentation réutilisable serait préférable. Le chapitre 14 revisite ce problème et décrit plusieurs possibilités pour créer des solutions génériques.

2.8 Écrire des fonctions statistiques

Problème

Vous devez calculer des moyennes, des variances et des écarts-types.

Solution

Les statisticiens utilisent trois types de moyennes : la moyenne (moyenne du profane), la médiane et le mode.

La moyenne est triviale : il suffit d'additionner en utilisant la recette 2-6 et de diviser par le nombre d'éléments.

La médiane est le nombre situé au milieu d'un ensemble de nombres triés. Si le nombre d'éléments est pair, on prend généralement la moyenne des deux nombres du milieu.

```
<xsl:template name="math:median">
 <xsl:param name="noeuds" select="/.."/>
 <xsl:variable name="nb" select="count($noeuds)"/>
 <xsl:variable name="milieu" select="ceiling($nb div 2)"/>
 <xsl:variable name="pair" select="not($nb mod 2)"/>

 <xsl:variable name="m1">
   <xsl:for-each select="$noeuds">
     <xsl:sort data-type="number"/>
     <xsl:if test="position( ) = $milieu">
       <xsl:value-of select=". + ($pair * ./following-sibling::*[1])"/>
     </xsl:if>
   </xsl:for-each>
 </xsl:variable>

 <!-- La médiane -->
 <xsl:value-of select="$m1 div ($pair + 1)"/>
</xsl:template>
```

La gestion du cas où le nombre de nœuds est pair utilise l'astuce de la conversion d'un booléen en entier, déjà utilisée dans plusieurs autres exemples de ce livre. Si le nombre de nœuds est impair, `$m1` sera égal au nœud du milieu et vous le diviserez par 1 pour avoir le résultat final. Par contre, si le nombre de nœuds est pair, `$m1` sera la somme des deux nœuds du milieu et vous le diviserez par deux.

Le mode est le ou les éléments qui apparaissent le plus souvent dans un ensemble, qui n'est pas nécessairement un ensemble de nombres. Si des nœuds identiques sont tels que leurs chaînes sont égales, la solution suivante peut faire l'affaire :

```
<xsl:template name="math:mode">
  <xsl:param name="noeuds" select="/.."/>
  <xsl:param name="max" select="0"/>
  <xsl:param name="mode" select="/.."/>

  <xsl:choose>
    <xsl:when test="not($noeuds)">
      <xsl:copy-of select="$mode"/>
    </xsl:when>
    <xsl:otherwise>
      <xsl:variable name="premier" select="$noeuds[1]"/>
     <xsl:variable name="essai" select="$noeuds[. = $premier]"/>
      <xsl:variable name="nb" select="count($essai)"/>
      <!-- Récursivité avec les noeuds différents de premier -->
      <xsl:call-template name="math:mode">
        <xsl:with-param name="noeuds" select="$noeuds[not(. = $premier)]"/>
        <!-- Si l'on a trouvé un noeud plus fréquent, on passe cette nouvelle
             fréquence ; sinon on passe l'ancienne. -->
         <xsl:with-param name="max"
          select="($nb &gt; $max) * $nb + not($nb &gt; $max) * $max"/>
        <!-- Calcule le nouveau mode comme étant... -->
        <xsl:with-param name="mode">
          <xsl:choose>
            <!-- le premier élément de essai si on a trouvé un nouveau max -->
            <xsl:when test="$nb &gt; $max">
             <xsl:copy-of select="$essai[1]"/>
            </xsl:when>
            <!-- l'ancien mode union le premier élément de essai si l'on a
                 trouvé une fréquence équivalent au max courant -->
            <xsl:when test="$nb = $max">
             <!-- Attention : vous devez convertir $mode en un -->
             <!-- ensemble de noeuds si vous utilisez une version de -->
             <!-- XSLT qui ne fait pas automatiquement cette conversion -->
             <xsl:copy-of select="$mode | $essai[1]"/>
            </xsl:when>
            <!-- Sinon, l'ancien mode ne change pas... -->
            <xsl:otherwise>
              <xsl:copy-of select="$mode"/>
            </xsl:otherwise>
          </xsl:choose>
        </xsl:with-param>
      </xsl:call-template>
    </xsl:otherwise>
  </xsl:choose>
</xsl:template>
```

Sinon, remplacez les comparaisons par le test adéquat. Si l'égalité dépend, par exemple, d'un attribut nommé `age`, le test serait `./@age = $premier/@age`.

La variance et l'écart-type sont des mesures statistiques classiques de dispersion ou de répartition des valeurs par rapport à la moyenne. La façon la plus simple de calculer une variance consiste à obtenir trois valeurs : `somme`, la somme des nombres, `somme-carres`, la somme des carrés des nombres et `nb`, la taille de l'ensemble des nombres. La variance est alors égale à `somme-carres - somme`^{2} `/ nb) / nb - 1`. La règle récursive terminale suivante vous permet de tout calculer d'un coup :

```
<xsl:template name="math:variance">
  <xsl:param name="noeuds" select="/.."/>
  <xsl:param name="somme" select="0"/>
  <xsl:param name="somme-carrés" select="0"/>
  <xsl:param name="nb" select="0"/>
  <xsl:choose>
    <xsl:when test="not($noeuds)">
      <xsl:value-of select="($somme-carrés - ($somme * $somme) div $nb) div
                                                    ($nb - 1)"/>
    </xsl:when>
    <xsl:otherwise>
      <xsl:variable name="value" select="$noeuds[1]"/>
      <xsl:call-template name="math:variance">
        <xsl:with-param name="noeuds" select="$noeuds[position( ) != 1]"/>
        <xsl:with-param name="somme" select="$somme + $value"/>
        <xsl:with-param name="somme-carrés" select="$somme-carrés +
                                                 ($value * $value)"/>
    <xsl:with-param name="nb" select="$nb + 1"/>
      </xsl:call-template>
    </xsl:otherwise>
  </xsl:choose>
</xsl:template>
```

Vous reconnaîtrez peut-être dans cette règle une variante de `math:sum`, étendue pour calculer les deux autres composantes entrant dans le calcul de la variance. Par conséquent, une implémentation de XSLT ne sachant traiter la récursion terminale aura des problèmes avec de grands ensembles. En ce cas, vous devrez utiliser une autre stratégie, fondée sur la définition standard de la variance : calculez d'abord la moyenne en utilisant les formes « diviser pour régner » ou « traitement par lots » de `sum` et divisez le résultat par le nombre de nœuds. Puis faites de même pour calculer la somme des carrés de la différence entre cette moyenne et chaque nombre. Enfin, divisez le résultat par le nombre de nœuds - 1.

Une fois que vous savez calculer la variance, vous pouvez utilisez la recette « Implémenter des fonctions mathématiques classiques », page 42, pour calculer sa racine carrée, et obtenir ainsi l'écart-type.

Discussion

Les fonctions statistiques sont des outils fréquemment employés pour analyser les données numériques, il peut donc être judicieux d'ajouter ces règles à votre boîte à outils. Cependant, XSLT n'a pas été conçu pour être un outil d'analyse statistique. Une autre approche consisterait à utiliser XSLT pour convertir des données XML en données délimitées par des virgules ou des tabulations, puis d'importer ces données formatées dans un tableur ou un logiciel de statistiques.

2.9 Écrire des fonctions combinatoires

Problème

Vous devez calculer le nombre de permutations ou de combinaisons de taille r dans un ensemble donné.

Solution

Si vous savez que la formule des permutations de taille r est `N! / r!` et que celle des combinaisons est `N! / r! * (N - r)!`, vous pouvez abandonner cet exemple car ce livre a déjà donné un exemple pour le calcul de la factorielle. Cependant, comme les factorielles croissent rapidement, vous devez ruser un peu pour optimiser votre calcul :

```
<xsl:template name="math:P">
    <xsl:param name="n" select="1"/>
    <xsl:param name="r" select="1"/>
     <xsl:choose>
       <xsl:when test="$n &lt; 0 or $r &lt; 0">NaN</xsl:when>
       <xsl:when test="$n = 0">0</xsl:when>
       <xsl:otherwise>
              <xsl:call-template name="prod-intervalle">
              <xsl:with-param name="début" select="$r + 1"/>
              <xsl:with-param name="fin" select="$n"/>
         </xsl:call-template>
       </xsl:otherwise>
     </xsl:choose>
</xsl:template>

<xsl:template name="math:C">
    <xsl:param name="n" select="1"/>
    <xsl:param name="r" select="1"/>
     <xsl:choose>
       <xsl:when test="$n &lt; 0 or $r &lt; 0">NaN</xsl:when>
       <xsl:when test="$n = 0">0</xsl:when>
       <xsl:otherwise>
         <xsl:variable name="min"
              select="($r &lt;= $n - $r) * $r +  ($r &gt; $n - $r) * $n - $r"/>
         <xsl:variable name="max"
              select="($r &gt;= $n - $r) * $r +  ($r &lt; $n - $r) * $n - $r"/>
         <xsl:variable name="numérateur">
           <xsl:call-template name="prod-intervalle">
                <xsl:with-param name="début" select="$max + 1"/>
                <xsl:with-param name="fin" select="$n"/>
           </xsl:call-template>
         </xsl:variable>
         <xsl:variable name="dénominateur">
           <xsl:call-template name="math:fact">
             <xsl:with-param name="nombre" select="$min"/>
           </xsl:call-template>
         </xsl:variable>
         <xsl:value-of select="$numérateur div $dénominateur"/>
```

```
        </xsl:otherwise>
      </xsl:choose>
</xsl:template>
```

Discussion

Ces solutions sont conçues pour réduire le nombre de multiplications : si vous divisez une factorielle par une factorielle plus petite, cette dernière annule autant de multiplications dans la première. Il est donc préférable d'implémenter ces fonctions avec `prod-intervalle` (voir la recette « Implémenter des fonctions mathématiques classiques », page 42) plutôt qu'avec une factorielle. La combinatoire est un peu plus complexe, car il vous faut éliminer le plus grand de `r` et de `(n - r)`.

2.10 Tester des bits

Problème

Vous voulez traiter des nombres comme des masques de bits, bien que XSLT n'ait pas de type entier, ni d'opérateurs de manipulation de bits.

> Lorsque vous travaillez avec XML, ne sortez pas de la route en encodant les informations sous formes de bits. N'utilisez cette solution que si vous n'avez pas moyen de contrôler l'encodage des données.

Solution

La solution suivante fonctionne avec des nombres sur 16 bits, mais peut facilement être étendue à ceux sur 32 bits :

```
<?xml version="1.0" encoding="iso-8859-1"?>
<xsl:stylesheet xmlns:xsl="http://www.w3.org/1999/XSL/Transform"
     version="1.0" id="bittesting">

<!-- Puissances de deux -->
<xsl:variable name="bit15" select="32768"/>
<xsl:variable name="bit14" select="16384"/>
<xsl:variable name="bit13" select="8192"/>
<xsl:variable name="bit12" select="4096"/>
<xsl:variable name="bit11" select="2048"/>
<xsl:variable name="bit10" select="1024"/>
<xsl:variable name="bit9"  select="512"/>
<xsl:variable name="bit8"  select="256"/>
<xsl:variable name="bit7"  select="128"/>
<xsl:variable name="bit6"  select="64"/>
<xsl:variable name="bit5"  select="32"/>
<xsl:variable name="bit4"  select="16"/>
<xsl:variable name="bit3"  select="8"/>
<xsl:variable name="bit2"  select="4"/>
<xsl:variable name="bit1"  select="2"/>
<xsl:variable name="bit0"  select="1"/>
```

```
<xsl:template name="testBit">
  <xsl:param name="nbre"/>
  <xsl:param name="bit" select="$bit0"/>
  <xsl:choose>
    <xsl:when test="( $nbre mod ( $bit * 2 ) ) -
                    ( $nbre mod ( $bit ) )">1</xsl:when>
    <xsl:otherwise>0</xsl:otherwise>
  </xsl:choose>
</xsl:template>

<xsl:template name="bitAnd">
  <xsl:param name="nbre1"/>
  <xsl:param name="nbre2"/>
  <xsl:param name="résultat" select="0"/>
  <xsl:param name="test" select="$bit15"/>

  <xsl:variable name="suivantN1"
      select="($nbre1 &gt;= $test) * ($nbre1 - $test) + not($nbre1 &gt;= $test) *
      $nbre1"/>
  <xsl:variable name="suivantN2"
      select="($nbre2 &gt;= $test) * ($nbre2 - $test) + not($nbre2 &gt;= $test) *
      $nbre2"/>

  <xsl:choose>
    <xsl:when test="$test &lt; 1">
      <xsl:value-of select="$résultat"/>
    </xsl:when>
    <xsl:when test="$nbre1 &gt;= $test and $nbre2 &gt;= $test">
      <xsl:call-template name="bitAnd">
        <xsl:with-param name="nbre1" select="$suivantN1"/>
        <xsl:with-param name="nbre2" select="$suivantN2"/>
        <xsl:with-param name="résultat" select="$résultat + $test"/>
        <xsl:with-param name="test" select="$test div 2"/>
      </xsl:call-template>
    </xsl:when>
    <xsl:otherwise>
      <xsl:call-template name="bitAnd">
        <xsl:with-param name="nbre1" select="$suivantN1"/>
        <xsl:with-param name="nbre2" select="$suivantN2"/>
        <xsl:with-param name="résultat" select="$résultat"/>
        <xsl:with-param name="test" select="$test div 2"/>
      </xsl:call-template>
    </xsl:otherwise>
  </xsl:choose>
</xsl:template>

<xsl:template name="bitOr">
  <xsl:param name="nbre1"/>
  <xsl:param name="nbre2"/>
  <xsl:param name="résultat" select="0"/>
  <xsl:param name="test" select="$bit15"/>
```

```
    <xsl:variable name="suivantN1"
        select="($nbre1 &gt;= $test) * ($nbre1 - $test) + not($nbre1 &gt;= $test) *
        $nbre1"/>
    <xsl:variable name="suivantN2"
        select="($nbre2 &gt;= $test) * ($nbre2 - $test) + not($nbre2 &gt;= $test) *
        $nbre2"/>

    <xsl:choose>
      <xsl:when test="$test &lt; 1">
        <xsl:value-of select="$résultat"/>
      </xsl:when>
      <xsl:when test="$nbre1 &gt;= $test or $nbre2 &gt;= $test">
        <xsl:call-template name="bitOr">
          <xsl:with-param name="nbre1" select="$suivantN1"/>
          <xsl:with-param name="nbre2" select="$suivantN2"/>
          <xsl:with-param name="résultat" select="$résultat + $test"/>
          <xsl:with-param name="test" select="$test div 2"/>
        </xsl:call-template>
      </xsl:when>
      <xsl:otherwise>
        <xsl:call-template name="bitOr">
          <xsl:with-param name="nbre1" select="$suivantN1"/>
          <xsl:with-param name="nbre2" select="$suivantN2"/>
          <xsl:with-param name="résultat" select="$résultat"/>
          <xsl:with-param name="test" select="$test div 2"/>
        </xsl:call-template>
      </xsl:otherwise>
    </xsl:choose>
  </xsl:template>

  <xsl:template name="bitXor">
    <xsl:param name="nbre1"/>
    <xsl:param name="nbre2"/>
    <xsl:param name="résultat" select="0"/>
    <xsl:param name="test" select="$bit15"/>

    <xsl:variable name="suivantN1"
        select="($nbre1 &gt;= $test) * ($nbre1 - $test) + not($nbre1 &gt;= $test) *
        $nbre1"/>
    <xsl:variable name="suivantN2"
        select="($nbre2 &gt;= $test) * ($nbre2 - $test) + not($nbre2 &gt;= $test) *
        $nbre2"/>

    <xsl:choose>
      <xsl:when test="$test &lt; 1">
        <xsl:value-of select="$résultat"/>
      </xsl:when>
      <xsl:when test="$nbre1 &gt;= $test and not($nbre2 &gt;= $test)
          or not($nbre1 &gt;= $test) and $nbre2 &gt;= $test">
        <xsl:call-template name="bitXor">
          <xsl:with-param name="nbre1" select="$suivantN1"/>
```

```
        <xsl:with-param name="nbre2" select="$suivantN2"/>
        <xsl:with-param name="résultat" select="$résultat + $test"/>
        <xsl:with-param name="test" select="$test div 2"/>
      </xsl:call-template>
    </xsl:when>
    <xsl:otherwise>
      <xsl:call-template name="bitXor">
        <xsl:with-param name="nbre1" select="$suivantN1"/>
        <xsl:with-param name="nbre2" select="$suivantN2"/>
        <xsl:with-param name="résultat" select="$résultat"/>
        <xsl:with-param name="test" select="$test div 2"/>
      </xsl:call-template>
    </xsl:otherwise>
  </xsl:choose>
</xsl:template>

<xsl:template name="bitNot">
  <xsl:param name="nbre"/>
  <xsl:param name="résultat" select="0"/>
  <xsl:param name="test" select="$bit15"/>

  <xsl:choose>
    <xsl:when test="$test &lt; 1">
      <xsl:value-of select="$résultat"/>
    </xsl:when>
    <xsl:when test="$nbre &gt;= $test">
      <xsl:call-template name="bitNot">
        <xsl:with-param name="nbre" select="$nbre - $test"/>
        <xsl:with-param name="résultat" select="$résultat"/>
        <xsl:with-param name="test" select="$test div 2"/>
      </xsl:call-template>
    </xsl:when>
    <xsl:otherwise>
      <xsl:call-template name="bitNot">
        <xsl:with-param name="nbre" select="$nbre"/>
        <xsl:with-param name="résultat" select="$résultat + $test"/>
        <xsl:with-param name="test" select="$test div 2"/>
      </xsl:call-template>
    </xsl:otherwise>
  </xsl:choose>
</xsl:template>

</xsl:stylesheet>
```

Discussion

Cette solution pour tester des bits (règle `testBit`) repose sur l'arithmétique des modulos, qui a été discutée lors du XML DevCon de Londres, en février 2001. Nous avons implémenté les opérations logiques sur les bits de façon récursive, en utilisant des comparaisons et des soustractions, mais vous pourriez également utiliser des divisions et des modulos, comme dans le code suivant :

```
<xsl:template name="bitAnd">
```

```
    <xsl:param name="nbre1"/>
    <xsl:param name="nbre2"/>
    <xsl:param name="résultat" select="0"/>
    <xsl:param name="puiss2" select="$bit0"/>

    <xsl:choose>
      <xsl:when test="$nbre1 < 1 or $nbre2 < 1">
        <xsl:value-of select="$résultat"/>
      </xsl:when>
      <xsl:when test="$nbre1 mod 2 and $nbre2 mod 2">
        <xsl:call-template name="bitAnd">
          <xsl:with-param name="nbre1" select="floor($nbre1 div 2)"/>
          <xsl:with-param name="nbre2" select="floor($nbre2 div 2)"/>
          <xsl:with-param name="résultat" select="$résultat + $puiss2"/>
          <xsl:with-param name="puiss2" select="$puiss2 * 2"/>
        </xsl:call-template>
      </xsl:when>
      <xsl:otherwise>
        <xsl:call-template name="bitAnd">
          <xsl:with-param name="nbre1" select="floor($nbre1 div 2)"/>
          <xsl:with-param name="nbre2" select="floor($nbre2 div 2)"/>
          <xsl:with-param name="résultat" select="$résultat"/>
          <xsl:with-param name="puiss2" select="$puiss2 * 2"/>
        </xsl:call-template>
      </xsl:otherwise>
    </xsl:choose>
  </xsl:template>

  <xsl:template name="bitOr">
    <xsl:param name="nbre1"/>
    <xsl:param name="nbre2"/>
    <xsl:param name="résultat" select="0"/>
    <xsl:param name="puiss2" select="$bit0"/>

    <xsl:choose>
      <xsl:when test="$nbre1 < 1 and $nbre2 < 1">
        <xsl:value-of select="$résultat"/>
      </xsl:when>
      <xsl:when test="boolean($nbre1 mod 2) or boolean($nbre2 mod 2)">
        <xsl:call-template name="bitOr">
          <xsl:with-param name="nbre1" select="floor($nbre1 div 2)"/>
          <xsl:with-param name="nbre2" select="floor($nbre2 div 2)"/>
          <xsl:with-param name="résultat" select="$résultat + $puiss2"/>
          <xsl:with-param name="puiss2" select="$puiss2 * 2"/>
        </xsl:call-template>
      </xsl:when>
      <xsl:otherwise>
        <xsl:call-template name="bitOr">
          <xsl:with-param name="nbre1" select="floor($nbre1 div 2)"/>
          <xsl:with-param name="nbre2" select="floor($nbre2 div 2)"/>
          <xsl:with-param name="résultat" select="$résultat"/>
          <xsl:with-param name="puiss2" select="$puiss2 * 2"/>
```

```
      </xsl:call-template>
    </xsl:otherwise>
  </xsl:choose>
</xsl:template>

<xsl:template name="bitXor">
  <xsl:param name="nbre1"/>
  <xsl:param name="nbre2"/>
  <xsl:param name="résultat" select="0"/>
  <xsl:param name="puiss2" select="$bit0"/>

  <xsl:choose>
    <xsl:when test="$nbre1 < 1 and $nbre2 < 1">
      <xsl:value-of select="$résultat"/>
    </xsl:when>
    <xsl:when test="$nbre1 mod 2 + $nbre2 mod 2 = 1">
      <xsl:call-template name="bitXor">
        <xsl:with-param name="nbre1" select="floor($nbre1 div 2)"/>
        <xsl:with-param name="nbre2" select="floor($nbre2 div 2)"/>
        <xsl:with-param name="résultat" select="$résultat + $puiss2"/>
        <xsl:with-param name="puiss2" select="$puiss2 * 2"/>
      </xsl:call-template>
    </xsl:when>
    <xsl:otherwise>
      <xsl:call-template name="bitXor">
        <xsl:with-param name="nbre1" select="floor($nbre1 div 2)"/>
        <xsl:with-param name="nbre2" select="floor($nbre2 div 2)"/>
        <xsl:with-param name="résultat" select="$résultat"/>
        <xsl:with-param name="puiss2" select="$puiss2 * 2"/>
      </xsl:call-template>
    </xsl:otherwise>
  </xsl:choose>
</xsl:template>
```

3

Dates et heure

Quelqu'un sait-il vraiment l'heure qu'il est ?
Quelqu'un s'en soucie-t-il ?
Chicago

XSLT 1.0 natif ne sait pas quelle heure il est, et ne semble pas s'en soucier. Cependant, les dates et l'heure sont des aspects nécessaires dans la vie de tous les jours. On a souvent besoin de les manipuler dans les programmes, notamment dans le cas des développements web. Il est donc suprenant et malheureux que le XSLT standard ne dispose pas de mécanismes intégrés pour les gérer.

Les exemples de cette section peuvent aider à compenser cette absence. Malheureusement, l'obtention de la date et de l'heure courants ne peut pas être implémentée en XSLT. Pour ce faire, vous devez faire appel à un autre langage dont la bibliothèque permet d'interagir avec l'horloge du système, ce qui est le cas de Java et JavaScript. Si votre application a simplement besoin de formater des dates et des heures déjà présents dans un document, les règles que nous donnons ici devraient convenir dans la plupart des cas.

La manipulation et la conversion des dates et de l'heure peut s'avérer difficile, mais il s'agit presque tout le temps d'un pur exercice d'arithmétique entière, effectuant des conversions dans un système utilisant plusieurs bases. Le travail avec des calendriers non grégoriens et le calcul des dates fériées nécessite également de connaître un peu l'histoire, les religions et les cultures. Les lecteurs n'ayant pas besoin de manipuler des dates ni des heures peuvent passer ce chapitre, car ces algorithmes n'utilisent pas de technique XSLT particulière. Ceux que la théorie de ces calculs intéresse devraient consulter les articles cités dans la section *Pour aller plus loin*.

Je remercie Jason Diamond pour avoir gracieusement contribué à la plupart des règles manipulant le calendrier grégorien. Le code XSLT pour gérer les calendriers non grégoriens est adapté de l'implémentation de Lisp du domaine public, écrite par Edward M. Reingold. Certains de ces algorithmes ont été adaptés pour mieux convenir à XSLT et ont été construits sur la base fournie par le code de Jason Diamond.

Ne soyez pas troublé par la technique utilisée pour passer une date à la plupart des règles. Elle a été conçue pour être la plus pratique possible. Vous pouvez passer la date de deux façons : en utilisant une chaîne formatée selon le format ISO des dates et de l'heure, ou en utilisant des paramètres distincts pour l'année, le mois et le jour. L'exemple qui suit devrait vous éclairer sur ce point :

```
<xsl:call-template name="date:calcul-jour-de-la-semaine">
     <xsl:with-param name="date-heure" select="'2002-01-01T01:00:00'"/>
</xsl:call-template>

<xsl:call-template name="date:calcul-jour-de-la-semaine">
     <xsl:with-param name="date" select="'2002-01-01'"/>
</xsl:call-template>

<xsl:call-template name="date:calcul-jour-de-la-semaine">
     <xsl:with-param name="année" select="2002"/>
     <xsl:with-param name="mois" select="01"/>
     <xsl:with-param name="jour" select="01"/>
</xsl:call-template>
```

Chacun de ces appels calcule le jour de la semaine correspondant au 1er janvier 2002. Les deux premières variantes sont les plus pratiques si la date est déjà au format ISO. La troisième sera utilisée lorsque les composantes de la date sont stockées séparément. Vous pouvez également combiner les deux pour surcharger des parties de la chaîne représentant la date ISO :

```
<xsl:call-template name="date:calcul-jour-de-la-semaine">
     <xsl:with-param name="date" select="'2002-01-01'"/>
     <xsl:with-param name="jour" select="25"/>
</xsl:call-template>
```

Dans toutes les règles, sauf mention contraire, les dates sont, par défaut, grégoriennes. Ce système de calendrier civil est celui qui est utilisé par la plupart des pays occidentaux.

Pour aller plus loin

La FAQ sur les calendriers, de Claus Tøndering (*http://www.pauahtun.org/CalendarFAQ/cal/calendar24.pdf*) présente la théorie lumineuse utilisée par tous les calculs de ce chapitre.

L'implémentation originale en XSLT, de Jason Diamond, se trouve sur *http://xsltsl.sourceforge.net/date-time.html*.

Calendrical Calculations (*http://emr.cs.iit.edu/~reingold/calendar.ps*), de Nachum Dershowitz et Edward M. Reingold fournit des informations supplémentaires. Leur article présente les calendriers non grégoriens que nous ne traiterons pas ici.

Ce chapitre ne traite pas des calendriers chinois ou indiens, car ils sont plus complexes. Vous trouverez des informations concernant leurs calculs sur *http://www.math.nus.edu.sg/aslaksen/calendar/chinese.shtml* et *http://www.math.nus.edu.sg/aslaksen/calendar/indian.shtml*, respectivement.

Si vous devez utiliser le calendrier maya, celui de la révolution française, ou l'ancien calendrier hindouiste, lisez *Calendrical Calculations II* (*http://emr.cs.iit.edu/~reingold/calendar2.ps*).

EXSLT.org met à disposition des modules qui fournissent l'essentiel des fonctionnalités offertes par les règles sur le calendrier grégorien de ce chapitre. Ils offrent également des règles de calcul de durées (différences entre dates et heures).

XForms (*http://www.w3.org/MarkUp/Forms/*) dispose de quelques fonctionnalités pour les dates et l'heure. Il utilise les représentations lexicales de XML Schema (ISO) (ou les durées sont subdivisées en variantes `dateTime` et `yearMonth`). Les nouvelles fonctions sont `now()`, `days-from-date()`, `seconds-from-dateTime()`, `seconds()` et `months()`.

3.1 Calculer le jour de la semaine

Problème

Vous connaissez le jour, le mois et l'année, et vous voulez connaître le jour de la semaine.

Solution

Le calcul suivant renvoie un entier compris entre 0 et 6, où 0 signifie dimanche.

```
<xsl:template name="date:calcul-jour-de-la-semaine">
    <xsl:param name="date-heure"/>
    <xsl:param name="date" select="substring-before($date-heure,'T')"/>
    <xsl:param name="année" select="substring-before($date,'-')"/>
    <xsl:param name="mois"
          select="substring-before(substring-after($date,'-'),'-')"/>
    <xsl:param name="jour"
          select="substring-after(substring-after($date,'-'),'-')"/>

    <xsl:variable name="a" select="floor((14 - $mois) div 12)"/>
    <xsl:variable name="y" select="$année - $a"/>
    <xsl:variable name="m" select="$mois + 12 * $a - 2"/>

   <xsl:value-of select="($jour + $y + floor($y div 4) - floor($y div 100)
                  + floor($y div 400) + floor((31 * $m) div 12)) mod 7"/>

</xsl:template>
```

Discussion

Vous remarquerez que ces équations et celles des autres exemples utilisent judicieusement la fonction `floor()` de XPath. C'est la seule façon de simuler l'arithmétique sur les entiers en XSLT car, en interne, tous les nombres sont représentés en point flottant. La raison pour laquelle ce calcul fonctionne est liée aux subtilités du calendrier grégorien, qui n'ont pas grand chose à voir avec XSLT. Le calcul final, par exemple, part du fait qu'il y a 97 années bissextiles tous les 400 ans et, qu'en conséquence, toute année divisible par 4 est bissextile, sauf si elle est divisible par 100 mais pas par 400. Pour plus d'informations, voir l'encadré « *La logique derrière les mathématiques.* ».

La logique derrière les mathématiques

Claus Tøndering a gentiment accepté de clarifier le mystère entourant ces calculs.

Pour que les formules fonctionnent, effectuez d'abord ces calculs :

```
a = (14 - mois) / 12
y = annee - a
m = mois + 12*a - 2
```

Ces calculs déplacent le début de l'année du premier janvier au premier mars. Comme `a = 1` pour janvier et février, et 0 pour tous les autres mois, on soustrait 1 de l'année pour ces deux mois. De même, `m` devient 1 pour mars, 2 pour avril, ..., 10 pour décembre, 11 pour janvier et 12 pour février.

Une fois que ces calculs sont faits, l'année commence le premier mars, ce qui offre deux avantages : cela signifie d'abord que le jour en plus d'une année bissextile est le dernier jour de l'année, ce qui simplifie les calculs. Cela signifie aussi que la longueur des mois obéit à un motif simple :

```
31 30 31 30 31 (mars-juillet)
31 30 31 30 31 (août-décembre)
31 X (janvier-février)
```

Cette configuration permet d'utiliser l'expression `(31 * m) / 12` pour calculer le déplacement du jour de la semaine dans chaque mois.

3.2 Déterminer le dernier jour du mois

Problème

Étant donnés un mois et une année, vous voulez connaître le dernier jour du mois.

Solution

```
<xsl:template name="date:dernier-jour-du-mois">
     <xsl:param name="mois"/>
     <xsl:param name="année"/>
     <xsl:choose>
       <xsl:when test="$mois = 2 and
                       not($année mod 4) and
                      ($année mod 100 or not($année mod 400))">
          <xsl:value-of select="29"/>
       </xsl:when>
       <xsl:otherwise>
          <xsl:value-of
              select="substring('312831303130313130313031',
                                 2 * $mois - 1,2)"/>
       </xsl:otherwise>
    </xsl:choose>
</xsl:template>
```

Discussion

Cette fonction peut servir à construire les pages d'un calendrier. Une fois que vous avez compris les règles qui gouvernent l'apparition d'une année bissextile, tout devient simple à comprendre. Le code est une traduction d'un code Lisp, dans lequel on extrait d'une liste le nombre de jours de chaque mois. J'ai choisi d'utiliser `substring()` pour faire la même chose, mais vous pouvez également utiliser des éléments `when`. Vous pourriez également stocker les informations sur chaque mois, dont leur longueur, en XML.

Pour aller plus loin

Voir la recette 3-4 pour savoir comment stocker les métadonnées des calendriers en XML.

3.3 Obtenir les noms des jours et des mois

Problème

Vous voulez convertir les valeurs numériques des jours et des mois en noms.

Solution

Si votre application n'a pas besoin d'être internationalisée, le code ci-dessous suffira :

```
<xsl:template name="date:nom-jour-de-la-semaine">
    <xsl:param name="jour-de-la-semaine"/>

    <xsl:choose>
      <xsl:when test="$jour-de-la-semaine = 0">dimanche</xsl:when>
      <xsl:when test="$jour-de-la-semaine = 1">lundi</xsl:when>
      <xsl:when test="$jour-de-la-semaine = 2">mardi</xsl:when>
      <xsl:when test="$jour-de-la-semaine = 3">mercredi</xsl:when>
      <xsl:when test="$jour-de-la-semaine = 4">jeudi</xsl:when>
      <xsl:when test="$jour-de-la-semaine = 5">vendredi</xsl:when>
      <xsl:when test="$jour-de-la-semaine = 6">samedi</xsl:when>
      <xsl:otherwise>
          error: <xsl:value-of select="$jour-de-la-semaine"/>
        </xsl:otherwise>
    </xsl:choose>

</xsl:template>

<xsl:template name="date:abrev-jour-de-la-semaine">
    <xsl:param name="jour-de-la-semaine"/>

    <xsl:choose>
      <xsl:when test="$jour-de-la-semaine = 0">dim</xsl:when>
      <xsl:when test="$jour-de-la-semaine = 1">lun</xsl:when>
      <xsl:when test="$jour-de-la-semaine = 2">mar</xsl:when>
      <xsl:when test="$jour-de-la-semaine = 3">mer</xsl:when>
      <xsl:when test="$jour-de-la-semaine = 4">jeu</xsl:when>
```

```
      <xsl:when test="$jour-de-la-semaine = 5">ven</xsl:when>
      <xsl:when test="$jour-de-la-semaine = 6">sam</xsl:when>
      <xsl:otherwise>
          error: <xsl:value-of select="$jour-de-la-semaine"/>
        </xsl:otherwise>
    </xsl:choose>

</xsl:template>

<xsl:template name="date:nom-du-mois">
    <xsl:param name="mois"/>

    <xsl:choose>
      <xsl:when test="$mois = 1">janvier</xsl:when>
      <xsl:when test="$mois = 2">février</xsl:when>
      <xsl:when test="$mois = 3">mars</xsl:when>
      <xsl:when test="$mois = 4">avril</xsl:when>
      <xsl:when test="$mois = 5">mai</xsl:when>
      <xsl:when test="$mois = 6">juin</xsl:when>
      <xsl:when test="$mois = 7">juillet</xsl:when>
      <xsl:when test="$mois = 8">août</xsl:when>
      <xsl:when test="$mois = 9">septembre</xsl:when>
      <xsl:when test="$mois = 10">octobre</xsl:when>
      <xsl:when test="$mois = 11">novembre</xsl:when>
      <xsl:when test="$mois = 12">décembre</xsl:when>
      <xsl:otherwise>error: <xsl:value-of select="$mois"/></xsl:otherwise>
    </xsl:choose>

</xsl:template>

<xsl:template name="date:abrev-mois">
    <xsl:param name="mois"/>

    <xsl:choose>
      <xsl:when test="$mois = 1">jan</xsl:when>
      <xsl:when test="$mois = 2">fév</xsl:when>
      <xsl:when test="$mois = 3">mar</xsl:when>
      <xsl:when test="$mois = 4">avr</xsl:when>
      <xsl:when test="$mois = 5">mai</xsl:when>
      <xsl:when test="$mois = 6">juin</xsl:when>
      <xsl:when test="$mois = 7">juil</xsl:when>
      <xsl:when test="$mois = 8">aoû</xsl:when>
      <xsl:when test="$mois = 9">sep</xsl:when>
      <xsl:when test="$mois = 10">oct</xsl:when>
      <xsl:when test="$mois = 11">nov</xsl:when>
      <xsl:when test="$mois = 12">déc</xsl:when>
      <xsl:otherwise>error: <xsl:value-of select="$mois"/></xsl:otherwise>
    </xsl:choose>

</xsl:template>
```

Discussion

Ces règles sont parfaites si votre application est toujours utilisée dans un environnement francophone. Cependant, pour la rendre plus portable, vous pouvez utilisez une approche par tableaux :

```
<?xml version="1.0" encoding="iso-8859-1"?>
<xsl:stylesheet  version="1.0"
  xmlns:xsl="http://www.w3.org/1999/XSL/Transform"
  xmlns:date="http://www.ora.com/XSLTCookbook/NS/dates">

<!-- États-Unis : us -->
<date:mois pays="us" m="1"  nom="January" abrev="Jan" />
<date:mois pays="us" m="2"  nom="February" abrev="Feb"/>
<date:mois pays="us" m="3"  nom="March" abrev="Mar"/>
<date:mois pays="us" m="4"  nom="April" abrev="Apr"/>
<date:mois pays="us" m="5"  nom="May" abrev="May"/>
<date:mois pays="us" m="6"  nom="June" abrev="Jun"/>
<date:mois pays="us" m="7"  nom="July" abrev="Jul"/>
<date:mois pays="us" m="8"  nom="August" abrev="Aug"/>
<date:mois pays="us" m="9"  nom="September" abrev="Sep"/>
<date:mois pays="us" m="10" nom="October" abrev="Oct"/>
<date:mois pays="us" m="11" nom="November" abrev="Nov"/>
<date:mois pays="us" m="12" nom="December" abrev="Dec"/>

<!-- Allemagne : de -->
<date:mois pays="de" m="1"  nom="Januar" abrev="Jan"/>
<date:mois pays="de" m="2"  nom="Februar" abrev="Feb"/>
<date:mois pays="de" m="3"  nom="März" abrev="Mär"/>
<date:mois pays="de" m="4"  nom="April" abrev="Apr"/>
<date:mois pays="de" m="5"  nom="Mai" abrev="Mai"/>
<date:mois pays="de" m="6"  nom="Juni" abrev="Jun"/>
<date:mois pays="de" m="7"  nom="Juli" abrev="Jul"/>
<date:mois pays="de" m="8"  nom="August" abrev="Aug"/>
<date:mois pays="de" m="9"  nom="September" abrev="Sep"/>
<date:mois pays="de" m="10" nom="Oktober" abrev="Okt"/>
<date:mois pays="de" m="11" nom="November" abrev="Nov"/>
<date:mois pays="de" m="12" nom="Dezember" abrev="Dez"/>

<!-- Vous avez compris... -->

<!-- Stocke l'élément dans une variable pour faciliter l'accès -->
<xsl:variable nom="date:lesMois" select="document('')/*/date:mois"/>

</xsl:stylesheet>

<xsl:stylesheet
  version="1.0"
  xmlns:xsl="http://www.w3.org/1999/XSL/Transform"
  xmlns:date="http://www.ora.com/XSLTCookbook/dates">

<xsl:include href="conversion-date.xsl"/>
```

```
<xsl:template nom="date:nom-mois">
     <xsl:param nom="mois"/>
     <xsl:param nom="pays" select=" 'us' "/>

     <xsl:value-of select="$date:lesMois[@pays=$pays and
         @m=$mois]/@nom"/>
</xsl:template>

</xsl:stylesheet>
```

3.4 Calculer les numéros du jour julien et absolu correspondant à une date donnée

Problème

Vous avez une date et vous voudriez connaître le numéro du jour julien et/ou absolu qui lui correspond.

> **Jours juliens et dates juliennes**
>
> Ne confondez pas les jours juliens avec le calendrier julien. Joseph J. Scaliger a inventé la période julienne pour que l'on puisse associer un nombre positif à chaque année, qu'elle soit située avant ou après J.C. Cette période commence le 1er janvier 4713 avant J.C. (selon le calendrier julien) et dure 7980 ans. Les astronomes ont utilisé la période julienne pour affecter un nombre unique à chaque année depuis le 1er janvier 4713 avant J.C.: c'est le *jour julien*. Ainsi, au moment où ce chapitre est écrit, le jour julien est le 2452637 (le lecteur curieux pourra utiliser le code de cette section pour déterminer la date courante). N. Dershowitz et E. Reingold, dans leurs algorithmes sur les calendriers, utilisent un autre schéma de numérotation absolue, commençant le 1er janvier 1 après J.C. Je désignerai un nombre de leur système sous le terme de *numéro de jour absolu*: le jour absolu 1 correspond au jour julien 1721426.

Solution

La règle suivante produit le jour julien d'après une année, un mois et un jour:

```
<xsl:template name="date:calcul-jour-julien">
     <xsl:param name="année"/>
     <xsl:param name="mois"/>
     <xsl:param name="jour"/>

    <xsl:variable name="a" select="floor((14 - $mois) div 12)"/>
    <xsl:variable name="y" select="$année + 4800 - $a"/>
    <xsl:variable name="m" select="$mois + 12 * $a - 3"/>
```

```
      <xsl:value-of select="$jour + floor((153 * $m + 2) div 5) + $y * 365 +
                            floor($y div 4) - floor($y div 100) +
                            floor($y div 400) -  32045"/>
  </xsl:template>
```

Maintenant que vous savez trouver le numéro de jour julien, il est facile de créer une règle calculant le nombre de jour entre deux dates :

```
<xsl:template name="date:différence-dates">
     <xsl:param name="année-début"/>
     <xsl:param name="mois-début"/>
     <xsl:param name="jour-début"/>
     <xsl:param name="année-fin"/>
     <xsl:param name="mois-fin"/>
     <xsl:param name="jour-fin"/>

     <xsl:variable name="jj1">
        <xsl:call-template name="date:calcul-jour-julien">
           <xsl:with-param name="année" select="$année-début"/>
           <xsl:with-param name="mois" select="$mois-début"/>
           <xsl:with-param name="jour" select="$jour-début"/>
       </xsl:call-template>
     </xsl:variable>

     <xsl:variable name="jj2">
        <xsl:call-template name="date:calcul-jour-julien">
           <xsl:with-param name="année" select="$année-fin"/>
           <xsl:with-param name="mois" select="$mois-fin"/>
           <xsl:with-param name="jour" select="$jour-fin"/>
       </xsl:call-template>
     </xsl:variable>

     <xsl:value-of select="$jj2 - $jj1"/>
</xsl:template>
```

Les règles suivantes convertissent un jour julien en date grégorienne de la forme JJ/MM/AAAA. Si vous souhaitez analyser et convertir selon les conventions correspondant à une localisation particulière, utilisez les fonctions `substring-before()`, `substring-after()` et `translate()` :

```
<xsl:template name="date:jour-julien-en-date-julienne">
     <xsl:param name="jour-j"/>

     <xsl:call-template name="date:élém-date-jul-ou-grég">
          <xsl:with-param name="b" select="0"/>
          <xsl:with-param name="c" select="$jour-j + 32082"/>
     </xsl:call-template>

</xsl:template>

<xsl:template name="date:jour-jul-en-date-grég">
     <xsl:param name="jour-j"/>
```

```
        <xsl:variable name="a" select="$jour-j + 32044"/>
        <xsl:variable name="b" select="floor((4 * $a + 3) div 146097)"/>
        <xsl:variable name="c" select="$a - 146097 * floor($b div 4)"/>

        <xsl:call-template name="date:élém-date-jul-ou-grég">
            <xsl:with-param name="b" select="$b"/>
            <xsl:with-param name="c" select="$c"/>
        </xsl:call-template>

    </xsl:template>

    <!-- Utilitaire pour les calendriers julien et grégorien -->
    <xsl:template name="date:élém-date-jul-ou-grég">
        <xsl:param name="b"/>      <xsl:param name="c"/>

        <xsl:variable name="d" select="floor((4 * $c + 3) div 1461)"/>
        <xsl:variable name="e" select="$c - floor((1461 * $d) div 4)"/>
        <xsl:variable name="m" select="floor((5 * $e + 2) div 153)"/>

        <xsl:variable name="jour"
            select="$e - floor((153 * $m + 2) div 5) + 1"/>

        <xsl:variable name="mois"
            select="$m + 3 - (12 * floor($m div 10))"/>

        <xsl:variable name="année"
            select="100 * $b + $d - 4800 + floor($m div 10)"/>

        <xsl:value-of select="concat($jour,'/',$mois,'/',$année)"/>

    </xsl:template>
```

Vous pouvez facilement effectuer des conversions entre jours juliens et absolus à l'aide des deux règles suivantes :

```
    <xsl:template name="date:jour-jul-en-jour-abs">
        <xsl:param name="jour-j"/>
        <xsl:value-of select="$jour-j - 1721425"/>
    </xsl:template>

    <xsl:template name="date:jour-abs-en-jour-jul">
        <xsl:param name="jour-abs"/>
        <xsl:value-of select="$jour-abs + 1721425"/>
    </xsl:template>
```

Vous pouvez alors exprimer les conversions jour absolu/grégorien en utilisant les conversions jour julien/grégorien déjà vues :

```
    <xsl:template name="date-grég-en-jour-abs">
       <xsl:param name="année"/>
       <xsl:param name="mois"/>
       <xsl:param name="jour"/>

       <xsl:call-template name="jour-jul-en-jour-abs">
```

```
        <xsl:with-param name="jour-j">
          <xsl:call-template name="calcul-jour-julien">
            <xsl:with-param name="année" select="$année"/>
            <xsl:with-param name="mois" select="$mois"/>
            <xsl:with-param name="jour" select="$jour"/>
          </xsl:call-template>
        </xsl:with-param>
    </xsl:call-template>
  </xsl:template>

  <xsl:template name="jour-abs-en-date-grég">
    <xsl:param name="jour-abs"/>

    <xsl:call-template name="jour-jul-en-date-grég">
         <xsl:with-param name="jour-j">
              <xsl:call-template name="jour-abs-en-jour-jul">
                   <xsl:with-param name="jour-abs" select="$jour-abs"/>
              </xsl:call-template>
         </xsl:with-param>
    </xsl:call-template>
  </xsl:template>
```

Discussion

Les jours juliens et absolus sont pratiques car ils simplifient beaucoup les algorithmes sur les dates. Les autres exemples de ce chapitre réutilisent largement ces conversions : ces schémas de numérotation agissent comme monnaie commune à tous les calendriers de ce chapitre. Si, par exemple, vous souhaitez convertir une date juive en date de l'Hégire, la séquence de conversion « juive vers absolu » et « absolu vers Hégire » fera l'affaire.

3.5 Calculer le numéro de la semaine correspondant à une date donnée

Problème

Vous disposez d'une date et vous voulez trouver le numéro de la semaine correspondante cette année-là.

Solution

Les semaines sont numérotées de 1 à 53. Quasiment toutes les années ont 52 semaines, celles qui ont 53 mardi en ont 53.

La solution réutilise la règle de calcul du jour julien :

```
<xsl:template name="date:calcul-num-semaine">
   <xsl:param name="année"/>
   <xsl:param name="mois"/>
   <xsl:param name="jour"/>
```

```
    <xsl:variable name="date:jour-j">
      <xsl:call-template name="date:calcul-jour-julien">
        <xsl:with-param name="année" select="$année"/>
        <xsl:with-param name="mois" select="$mois"/>
        <xsl:with-param name="jour" select="$jour"/>
      </xsl:call-template>
    </xsl:variable>

    <xsl:variable name="d4"
          select="($jour-j + 31741 - ($jour-j mod 7))
               mod 146097 mod 36524 mod 1461"/>

    <xsl:variable name="L" select="floor($d4 div 1460)"/>

    <xsl:variable name="d1" select="(($d4 - $L) mod 365) + $L"/>

    <xsl:value-of select="floor($d1 div 7) + 1"/>

  </xsl:template>
```

Cette règle suppose que lundi est le premier jour de la semaine. La plupart des autres règles de ce chapitre utilisent la convention plus fréquente, consistant à faire débuter la semaine un dimanche. Étudiez les recettes du calendrier ISO pour avoir l'explication de cette particularité.

Discussion

Le numéro de semaine est le nombre affecté à chaque semaine d'une année. La première semaine de l'année est celle qui contient le 4 janvier ou, ce qui revient au même, celle qui contient le premier mardi de janvier. Une semaine qui se termine l'année suivante appartient à celle-ci lorsque la majorité de ses jours y appartiennent. C'est ce qui se passera lorsque l'année commence un mardi ou un mercredi d'une année bissextile. Les États-Unis n'utilisent pas ce système de numérotation.

Pour aller plus loin

Voir la recette 3.7, plus loin dans ce chapitre.

3.6 Travailler avec le calendrier julien

Problème

Vous devez travailler dans l'ancien système des dates juliennes.

Solution

```
<xsl:template name="date:date-jul-en-jour-jul">
    <xsl:param name="année"/>
    <xsl:param name="mois"/>
    <xsl:param name="jour"/>
```

```
    <xsl:variable name="a" select="floor((14 - $mois) div 12)"/>
    <xsl:variable name="y" select="$année + 4800 - $a"/>
    <xsl:variable name="m" select="$mois + 12 * $a - 3"/>

    <xsl:value-of
        select="$jour + floor((153 * $m + 2) div 5) + 365 * $y
                     + floor($y div 4) - 32083"/>

  </xsl:template>
```

Une fois que vous avez le jour julien, vous pouvez utiliser les autres recettes de ce chapitre pour formater les dates, effectuer des calculs sur les dates ou les convertir vers d'autres calendriers.

Discussion

Le système julien n'est plus guère utilisé de nos jours (hormis par l'Église orthodoxe). Le calendrier julien a été abandonné au profit du calendrier grégorien car il estimait la longueur d'une année à 365 jours et un quart, alors que la longueur moyenne est de 365,2425 jours : au cours du temps, avec le système julien, les saisons ont tendance à se décaler.

3.7 Travailler avec le calendrier ISO

Problème

Vous devez travailler avec les dates du calendrier international ISO-8601 normalisé[1].

> Les lecteurs connaissant XML Schema ne doivent pas confondre le calendrier ISO avec le format ISO des dates grégoriennes (2002-04-12 ou 2002-04-12T09:26:00, par exemple). La norme 8601 couvre à la fois le calendrier et le formatage, mais cette recette ne concerne que le calendrier ISO.

Solution

Pour travailler avec les dates ISO (et, plus tard, pour connaître les dates de certaines fêtes), vous aurez besoin d'un utilitaire de base : une fonction permettant de trouver le jour absolu du jour d'ordre k dans la semaine avant un jour absolu donné. Ainsi, le premier lundi (k = 1) avant le 4 janvier 2004 (jour absolu 731584) est le 29 décembre 2003 (jour absolu 731578).

```
<xsl:template name="date:jour-k-avant-jour-abs">
    <xsl:param name="jour-abs"/>
    <xsl:param name="k"/>
    <xsl:value-of select="$jour-abs - (($jour-abs - $k) mod 7)"/>
```

1. ISO signifie *International Organization for Standardization* (je suppose que ses dirigeants ont pensé qu'ISO se prononçait mieux qu'IOS).

```
</xsl:template>
```

Vous pouvez maintenant convertir une date ISO en jour absolu : il s'agit simplement de trouver le nombre de jours absolus dans les années précédentes et d'ajouter les jours restants dans la date ISO concernée :

```
<xsl:template name="date:date-iso-en-jour-abs">
     <xsl:param name="sem-iso"/>
     <xsl:param name="jour-iso"/>
     <xsl:param name="année-iso"/>

     <xsl:variable name="janv-4">
        <xsl:call-template name="date:date-grég-en-jour-abs">
         <xsl:with-param name="année" select="$année-iso"/>
          <xsl:with-param name="mois" select="1"/>
          <xsl:with-param name="jour" select="4"/>
         </xsl:call-template>
     </xsl:variable>

     <xsl:variable name="jours-dans-années-préc">
       <xsl:call-template name="date:jour-k-avant-jour-abs">
         <xsl:with-param name="jour-abs" select="$janv-4"/>
         <xsl:with-param name="k" select="1"/>
       </xsl:call-template>
     </xsl:variable>

     <xsl:variable name="jours-dans-sem-préc-cette-année"
          select="7 * ($sem-iso - 1)"/>

     <xsl:variable name="jours-préc-cette-semaine"  select="$jour-iso - 1"/>

     <xsl:value-of select="$jours-dans-années-préc +
          $jours-dans-sem-préc-cette-année + $jours-préc-cette-semaine"/>
</xsl:template>
```

Pour convertir un jour absolu en date ISO, le code essaiera d'abord de trouver l'année en supposant que c'est la même date que la date grégorienne moins trois jours. Cette supposition ne sera fausse que si le jour absolu est compris entre le 1er janvier et le 3 janvier de l'année suivante. Pour corriger cette erreur possible, on compare avec le 1er janvier de l'année suivante en utilisant la règle `date-iso-en-jour-abs` que l'on vient d'écrire. Une fois qu'on est sûr de l'année ISO, on trouve la semaine et le jour en calculant le décalage par rapport au 1er janvier de cette année. On renvoie la date ISO sous la forme `année-semaine-jour`. Ce format est une convention ISO permettant d'empêcher la confusion avec les dates grégoriennes :

```
<xsl:template name="date:jour-abs-en-date-iso">
     <xsl:param name="jour-abs"/>

     <xsl:variable name="d">
       <xsl:call-template name="date:jour-abs-en-date-greg">
         <xsl:with-param name="jour-abs" select="$jour-abs - 3"/>
       </xsl:call-template>
     </xsl:variable>
```

```
    <xsl:variable name="approx" select="substring($d,7,4)"/>

    <xsl:variable name="année-iso">
      <xsl:variable name="a">
        <xsl:call-template name="date:date-iso-en-jour-abs">
         <xsl:with-param name="sem-iso" select="1"/>
         <xsl:with-param name="jour-iso" select="1"/>
         <xsl:with-param name="année-iso" select="$approx + 1"/>
        </xsl:call-template>
      </xsl:variable>
      <xsl:choose>
        <xsl:when test="$jour-abs >= $a">
         <xsl:value-of select="$approx + 1"/>
        </xsl:when>
        <xsl:otherwise>
         <xsl:value-of select="$approx"/>
        </xsl:otherwise>
      </xsl:choose>
    </xsl:variable>

    <xsl:variable name="sem-iso">
      <xsl:variable name="a">
        <xsl:call-template name="date:date-iso-en-jour-abs">
          <xsl:with-param name="sem-iso" select="1"/>
          <xsl:with-param name="jour-iso" select="1"/>
          <xsl:with-param name="année-iso" select="$année-iso"/>
        </xsl:call-template>
     </xsl:variable>
      <xsl:value-of select="1 + floor(($jour-abs - $a) div 7)"/>
    </xsl:variable>

    <xsl:variable name="jour-iso">
      <xsl:variable name="a" select="$jour-abs mod 7"/>
        <xsl:choose>
         <xsl:when test="not($a)">
           <xsl:value-of select="7"/>
         </xsl:when>
         <xsl:otherwise>
                <xsl:value-of select="$a"/>
             </xsl:otherwise>
         </xsl:choose>
    </xsl:variable>

    <xsl:value-of select="concat($année-iso,'-W',$sem-iso,'-',$jour-iso)"/>

 </xsl:template>
```

Discussion

Les applications commerciales et industrielles européennes font souvent référence au numéro de semaine dans l'année. Le calendrier ISO indique les dates en utilisant l'année grégorienne, le numéro de semaine dans l'année (entre 1 et 53) et le numéro du jour dans la semaine (entre 1 et 7, l'ISO exigeant que le lundi soit le premier jour de la semaine). Une semaine à cheval sur deux années appartient à l'année dans laquelle elle a le plus de jours. Selon cette règle, la première semaine du calendrier ISO peut commencer au plus tard le 4 janvier ou au plus tôt le 29 décembre de l'année précédente. De même, la dernière semaine du calendrier ISO peut se terminer au plus tôt le 28 décembre et au plus tard le 3 janvier de l'année suivante. En 2004, par exemple, la première semaine ISO commencera le 29 décembre 2003[2] ! Par conséquent, pour connaître la première semaine ISO, vous devez trouver le lundi avant le 4 janvier, ou le lundi 4 janvier.

Pour aller plus loin

Le calendrier ISO en action sur la page `http://personal.ecu.edu/mccartyr/isowdcal.html`.

3.8 Travailler avec le calendrier de l'Hégire

Problème

Vous devez travailler avec le système du calendrier de l'Hégire, utilisé par les musulmans.

Il est difficile, voire impossible de concevoir un algorithme universel pour le calendrier musulman. En effet, chaque mois commence lorsque le croissant de Lune devient visible par un humain après la nouvelle Lune. Les dates des pleines lunes peuvent être calculées assez précisément mais la visibilité réelle du croissant dépend de facteurs comme le temps et l'emplacement de l'observateur. Il est donc très difficile de calculer avec précision et à l'avance quand démarrera une nouvelle Lune. De plus, certains musulmans dépendent d'une vision locale de la Lune, tandis que d'autres dépendent d'un rapport établi par des autorités du monde musulman. L'Arabie Saoudite est une exception, car elle utilise des calculs d'astronomie au lieu de rapports visuels. Les algorithmes que nous fournissons ici peuvent dévier de quelques jours lorsque l'on calcule des dates musulmanes lointaines.

2. Vous pensiez que les normes étaient là pour vous simplifier la vie ?

Solution

Le dernier jour d'un mois musulman peut être estimé assez précisément en considérant qu'il y a 30 jours les mois impairs et 29 jours les mois pairs, sauf pendant les années dites abondantes.

```
<xsl:template name="date:dernier-jour-mois-musulman">
     <xsl:param name="mois"/>
     <xsl:param name="annee"/>

     <xsl:variable name="annee-abondante-musulmane"
          select="(11 * $annee + 14) mod 30 < 11"/>

     <xsl:choose>
       <xsl:when test="$mois mod 2 or
            ($mois = 12 and $annee-abondante-musulmane)">
         <xsl:value-of select="30"/>
       </xsl:when>
       <xsl:otherwise>
         <xsl:value-of select="29"/>
       </xsl:otherwise>
     </xsl:choose>
</xsl:template>
```

Le calendrier musulman commence à l'Hégire, la date où Mahomet, chassé de la Mecque, est parti pour Médine. Pour la plupart des musulmans, cette date correspond au 15 juillet 622 après J.C. (calendrier julien). Cette date correspond au jour absolu 227015, d'où le décalage 227014 dans le calcul du jour absolu correspondant à une date musulmane :

```
<xsl:template name="date:date-hégire-en-jour-absolu">
    <xsl:param name="année"/>
    <xsl:param name="mois"/>
    <xsl:param name="jour"/>

    <xsl:value-of select="$jour + 29 * ($mois - 1) + floor($mois div 2) + 354
        * ($année - 1) + floor((11 * $année + 3) div 30) + 227014"/>
</xsl:template>
```

La conversion d'un jour absolu en date musulmane diffère du code Lisp original dont elle provient : j'utilise une arithmétique des nombres flottants pour éviter une technique de recherche utilisée dans l'implémentation Lisp. Les auteurs du code Lisp voulaient conserver tous les calculs dans la limite des entiers sur 24 bits, tout en restant le plus lisible possible, mais leurs techniques ne se traduisent pas bien en XSLT. Comme XSLT n'effectue que des calculs sur les nombres flottant, cela n'aurait aucun sens d'effectuer des opérations complexes pour les éviter. Les nombres utilisés découlent du mois lunaire moyen de 29,530555... jours. On fait une approximation du mois et on l'ajuste s'il donnait un jour inférieur à 1. Lorsque l'année et le mois sont obtenus, on calcule le jour comme étant un décalage à partir du premier jour de l'année :

```
<xsl:template name="date:jour-abs-en-date-hegire">
    <xsl:param name="jour-abs"/>
```

```
    <xsl:variable name="annee"
         select="floor(($jour-abs - 227014) div 354.36667) + 1"/>

    <xsl:variable name="mois">
      <xsl:variable name="a"
         select="$jour-abs - 227014 - floor((11 * $annee + 3) div 30) -
                354 * ($annee - 1)"/>
      <xsl:variable name="approx" select="floor($a div 29.53056)+1"/>
      <xsl:choose>
        <xsl:when test="(29 * ($approx - 1) + floor($approx div 2)) -
         $a < 1">
         <xsl:value-of select="$approx - 1"/>
        </xsl:when>
        <xsl:otherwise>
         <xsl:value-of select="$approx"/>
        </xsl:otherwise>
      </xsl:choose>
     </xsl:variable>
    <xsl:variable name="jour">
      <xsl:variable name="a">
        <xsl:call-template name="date:date-hegire-en-jour-absolu">
         <xsl:with-param name="annee" select="$annee"/>
         <xsl:with-param name="mois" select="$mois"/>
         <xsl:with-param name="jour" select="1"/>
        </xsl:call-template>
      </xsl:variable>
      <xsl:value-of select="$jour-abs - $a + 1"/>
     </xsl:variable>

    <xsl:value-of select="concat($jour,'/',$mois,'/',$annee)"/>

</xsl:template>
```

Discussion

Le calendrier de l'Hégire, ou calendrier musulman, est intéressant car il repose entièrement sur des cycles purement lunaires : les mois musulmans ne sont donc pas liés aux saisons. Une année musulmane est formée d'approximativement 354,36 jours, la première année de ce calendrier est notée 1 A.H (Après l'Hégire), la date où Mahomet à quitté la Mecque pour Médine. Le calendrier musulman a une signification profondément religieuse pour les pratiquants de cette religion et est quasiment toujours fondé sur des observations visuelles de la Lune. On peut utiliser des algorithmes pour calculer à l'avance des calendriers approximatifs, mais ils ne seront généralement utilisables que pour des planifications grossières.

Pour aller plus loin

Le calendrier musulman en action sur la page *http://www.sufisattari.com/calendar.html.*

Les différences de conventions entre les différents pays musulmans sur la page *http://www.math.nus.edu.sg/aslaksen/calendar/islamic.shtml.*

3.9 Travailler avec le calendrier juif

Problème

Vous devez travailler avec des dates du calendrier juif.

Solution

Vous devez mettre en place quelques utilitaires de base, qui vous permettront de travailler efficacement avec le calendrier juif. Les années juives normales ont 12 mois, les années embolismiques en ont 13. Les années embolismiques sont les 3e, 6e, 8e, 11e, 14e, 17e et 19e années d'un *cycle métonique*. Un cycle métonique (du nom de l'astronome grec Méton) comporte 12 années simples et 7 années embolismiques. Un moyen simple pour les trouver est donné par la relation `7y + 1 mod 19 < 7`. À partir de là, vous pouvez aisément écrire une fonction pour connaître le dernier mois d'une année juive :

```
<xsl:template name="date:dernier-mois-annee-juive">
     <xsl:param name="annee"/>
     <xsl:choose>
          <xsl:when test="(7 * $annee + 1) mod 19 < 7">
               <xsl:value-of select="13"/>
          </xsl:when>
          <xsl:otherwise>
               <xsl:value-of select="12"/>
          </xsl:otherwise>
     </xsl:choose>
</xsl:template>
```

Avant de pouvoir déterminer le nombre de jours d'un mois ou d'une année donnés, vous devez encapsuler les règles complexes qui déterminent le début de la nouvelle année juive. Consultez l'article de Dershowitz et Reingold pour les explications détaillées.

```
  <!-- Nombre de jours passés depuis le dimanche avant le début du calendrier juif
jusqu'à la conjonction moyenne du mois Tishri de l'année juive -->

  <xsl:template name="date:calendrier-juif-jours-passés">
     <xsl:param name="année"/>

     <xsl:variable name="année-embolismique"
          select="(7 * $année + 1) mod 19 &lt; 7"/>
     <xsl:variable name="année-embolismique-année-préc"
          select="(7 * ($année - 1) + 1) mod 19 &lt; 7"/>

     <xsl:variable name="mois-passés"
          select="235 * floor(($année -1) div 19) +
               12 * (($année -1) mod 19) +
               floor((7 * (($année - 1) mod 19) + 1) div 19)"/>

     <xsl:variable name="parties-passées"
          select="13753 * $mois-passés + 5604"/>
```

```
    <xsl:variable name="jour" select="1 + 29 * $mois-passés +
                  floor($parties-passées div 25920)"/>

    <xsl:variable name="parties" select="$parties-passées mod 25920"/>

    <xsl:variable name="autre-jour">
      <xsl:choose>
        <xsl:when test="$parties &gt;= 19440">
         <xsl:value-of select="$jour + 1"/>
        </xsl:when>
        <xsl:when test="$jour mod 7 = 2 and $parties &gt;= 9924 and
              not($année-embolismique)">
         <xsl:value-of select="$jour + 1"/>
        </xsl:when>
        <xsl:when test="$jour mod 7 = 1 and $parties &gt;= 16789 and
              $année-embolismique-année-préc">
         <xsl:value-of select="$jour + 1"/>
        </xsl:when>
        <xsl:otherwise>
         <xsl:value-of select="$jour"/>
        </xsl:otherwise>
      </xsl:choose>
    </xsl:variable>

    <xsl:choose>
      <xsl:when test="$autre-jour mod 7 = 0">
        <xsl:value-of select="$autre-jour + 1"/>
      </xsl:when>
      <xsl:when test="$autre-jour mod 7 =3">
        <xsl:value-of select="$autre-jour + 1"/>
      </xsl:when>
      <xsl:when test="$autre-jour mod 7 = 5">
        <xsl:value-of select="$autre-jour + 1"/>
      </xsl:when>
      <xsl:otherwise>
        <xsl:value-of select="$autre-jour"/>
      </xsl:otherwise>
    </xsl:choose>

</xsl:template>
```

Le nombre de jours d'une année juive est calculé en faisant la différence entre les jours écoulés dans deux années consécutives :

```
<xsl:template name="date:jours-année-juive">
    <xsl:param name="année"/>

    <xsl:variable name="e1">
      <xsl:call-template name="date:calendrier-juif-jours-passés">
        <xsl:with-param name="année" select="$année + 1"/>
      </xsl:call-template>
    </xsl:variable>
```

```
        <xsl:variable name="e2">
          <xsl:call-template name="date:calendrier-juif-jours-passés">
            <xsl:with-param name="année" select="$année"/>
          </xsl:call-template>
        </xsl:variable>

        <xsl:value-of select="$e1 - $e2"/>
    </xsl:template>
```

Heshvan et Kislev sont les huitième et neuvième mois de l'année juive et leurs nombres de jours peut varier. Pour savoir si Heshvan est long et si Kislev est court, vous devez créer deux règles prédicats.

```
    <xsl:template name="heshvan-long">
         <xsl:param name="année"/>

         <xsl:variable name="jours">
              <xsl:call-template name="jours-année-juive">
                   <xsl:with-param name="année" select="$année"/>
              </xsl:call-template>
         </xsl:variable>

         <xsl:if test="$jours mod 10 = 5">
              <xsl:value-of select="true(  )"/>
         </xsl:if> </xsl:template>

    <xsl:template name="kislev-court">
         <xsl:param name="année"/>

         <xsl:variable name="jours">
              <xsl:call-template name="jours-année-juive">
                   <xsl:with-param name="année" select="$année"/>
              </xsl:call-template>
         </xsl:variable>

         <xsl:if test="$jours mod 10 = 3">
              <xsl:value-of select="true(  )"/>
         </xsl:if>
    </xsl:template>
```

Si vous écrivez des règles prédicats en XSLT, vous devez faire en sorte qu'elles renvoient `true()` (ou `'true'`) pour indiquer que le test a réussi, ou `''` (la chaîne vide) s'il a échoué. Le problème avec ces règles est qu'elles retournent des arbres, et tous les arbres, y compris ceux qui ne contiennent qu'un seul nœud à `false()` ou `''`, sont évaluées à `true()`. L'avantage d'un arbre contenant `''` est qu'il peut être évalué comme un booléen à l'aide de la conversion `string()`. C'est l'un des inconvénients de XSLT.

L'essentiel de la machinerie est maintenant en place pour écrire les fonctions standard des autres recettes. La première fournit le dernier jour d'un mois, pour un mois et une année juive donnés :

```
<xsl:template name="date:dernier-jour-mois-juif">
    <xsl:param name="mois"/>
    <xsl:param name="année"/>

    <xsl:variable name="année-embolismique"
         select="(7 * $année + 1) mod 19 < 7"/>

    <xsl:variable name="heshvan-long">
      <xsl:call-template name="date:heshvan-long">
        <xsl:with-param name="année" select="$année"/>
      </xsl:call-template>
    </xsl:variable>

    <xsl:variable name="kislev-court">
      <xsl:call-template name="date:kislev-court">
        <xsl:with-param name="année" select="$année"/>
      </xsl:call-template>
    </xsl:variable>

    <xsl:choose>
      <xsl:when test="$mois=12 and $année-embolismique">
        <xsl:value-of select="30"/>
      </xsl:when>
      <xsl:when test="$mois=8 and string($heshvan-long)">
        <xsl:value-of select="30"/>
      </xsl:when>
      <xsl:when test="$mois=9 and string($kislev-court)">
        <xsl:value-of select="29"/>
      </xsl:when>
      <xsl:when test="$mois=13">
        <xsl:value-of select="29"/>
      </xsl:when>
      <xsl:when test="$mois mod 2 = 0">
        <xsl:value-of select="29"/>
      </xsl:when>
      <xsl:otherwise>
        <xsl:value-of select="30"/>
      </xsl:otherwise>
    </xsl:choose>
</xsl:template>
```

Cette fonction utilitaire récursive permet d'additionner les derniers jours d'un ensemble de mois juifs pour une année donnée. Elle sert à convertir une date juive en jour absolu.

```
<xsl:template name="date:additionne-derniers-jours-du-mois">
    <xsl:param name="année"/>
    <xsl:param name="mois-départ"/>
    <xsl:param name="mois-fin"/>
    <xsl:param name="accum" select="0"/>

    <xsl:choose>
      <xsl:when test="$mois-départ &lt;= $mois-fin">
```

```
          <xsl:call-template name="date:additionne-derniers-jours-du-mois">
           <xsl:with-param name="année" select="$année"/>
           <xsl:with-param name="mois-départ" select="$mois-départ+1"/>
           <xsl:with-param name="mois-fin" select="$mois-fin"/>
           <xsl:with-param name="accum">
             <xsl:variable name="temp">
               <xsl:call-template name="date:dernier-jour-mois-juif">
                <xsl:with-param name="année" select="$année"/>
                <xsl:with-param name="mois" select="$mois-départ"/>
               </xsl:call-template>
             </xsl:variable>
             <xsl:value-of select="$temp + $accum"/>
           </xsl:with-param>
          </xsl:call-template>
        </xsl:when>
        <xsl:otherwise>
          <xsl:value-of select="$accum"/>
        </xsl:otherwise>
      </xsl:choose>
</xsl:template>

<xsl:template name="date:date-juive-en-jour-absolu">
    <xsl:param name="année"/>
    <xsl:param name="mois"/>
    <xsl:param name="jour"/>

     <xsl:variable name="jours-mois-préc">
       <xsl:choose>
         <xsl:when test="7 &gt; $mois"> <!-- avant Tishri -->
          <xsl:variable name="dernier-mois-année">
            <xsl:call-template name="date:dernier-mois-année-juive">
              <xsl:with-param name="année" select="$année"/>
            </xsl:call-template>
          </xsl:variable>
          <!-- Ajoute les jours avant et après Nisan -->
          <xsl:variable name="jours-avant-nisan">
            <xsl:call-template name="date:additionne-derniers-jours-du-mois">
              <xsl:with-param name="année" select="$année"/>
              <xsl:with-param name="mois-départ" select="7"/>
              <xsl:with-param name="mois-fin"
               select="$dernier-mois-année"/>
            </xsl:call-template>
          </xsl:variable>
          <xsl:call-template name="date:additionne-derniers-jours-du-mois">
            <xsl:with-param name="année" select="$année"/>
            <xsl:with-param name="mois-départ" select="1"/>
            <xsl:with-param name="mois-fin" select="$mois - 1"/>
            <xsl:with-param name="accum" select="$jours-avant-nisan"/>
          </xsl:call-template>
         </xsl:when>
         <xsl:otherwise>
          <!-- jours dans les mois précédents de cette année -->
```

```
          <xsl:call-template name="date:additionne-derniers-jours-du-mois">
            <xsl:with-param name="année" select="$année"/>
            <xsl:with-param name="mois-départ" select="7"/>
            <xsl:with-param name="mois-fin" select="$mois - 1"/>
          </xsl:call-template>
        </xsl:otherwise>
      </xsl:choose>
    </xsl:variable>

    <xsl:variable name="jours-années-préc">
      <xsl:call-template name="date:calendrier-juif-jours-passés">
        <xsl:with-param name="année" select="$année"/>
      </xsl:call-template>
    </xsl:variable>

    <!--  1373429 jours avant le jour absolu 1 -->
    <xsl:value-of select="$jour + $jours-mois-préc +
         $jours-années-préc - 1373429"/>
</xsl:template>
```

Pour implémenter `jour-abs-en-date-juive`, vous devez écrire deux opérations d'addition récursives, qui vous aideront à trouver l'année et le mois correspondant à un jour absolu par approximations :

```
<xsl:template name="date:correction-année-juive">
     <xsl:param name="année-départ"/>
     <xsl:param name="jour-abs"/>

     <xsl:param name="accum" select="0"/>

     <xsl:variable name="suivante">
       <xsl:call-template name="date:date-juive-en-jour-absolu">
         <xsl:with-param name="mois" select="7"/>
         <xsl:with-param name="jour" select="1"/>
         <xsl:with-param name="année" select="$année-départ + 1"/>
       </xsl:call-template>
     </xsl:variable>

     <xsl:choose>
       <xsl:when test="$jour-abs &gt;= $suivante">
         <xsl:call-template name="date:correction-année-juive">
          <xsl:with-param name="année-depart" select="$année-départ + 1"/>
          <xsl:with-param name="jour-abs" select="$jour-abs"/>
          <xsl:with-param name="accum" select="$accum + 1"/>
         </xsl:call-template>
       </xsl:when>
       <xsl:otherwise>
         <xsl:value-of select="$accum"/>
       </xsl:otherwise>
     </xsl:choose>
</xsl:template>

<xsl:template name="date:correction-mois-juif">
```

```
      <xsl:param name="année"/>
      <xsl:param name="mois-départ"/>
      <xsl:param name="jour-abs"/>

      <xsl:param name="accum" select="0"/>

      <xsl:variable name="suivante">
        <xsl:call-template name="date:date-juive-en-jour-absolu">
          <xsl:with-param name="mois" select="$mois-départ"/>
          <xsl:with-param name="jour">
            <xsl:call-template name="date:dernier-jour-mois-juif">
             <xsl:with-param name="mois" select="$mois-départ"/>
             <xsl:with-param name="année" select="$année"/>
            </xsl:call-template>
          </xsl:with-param>
          <xsl:with-param name="année" select="$année"/>
        </xsl:call-template>
      </xsl:variable>

      <xsl:choose>
        <xsl:when test="$jour-abs &gt; $suivante">
          <xsl:call-template name="date:correction-mois-juif">
           <xsl:with-param name="année" select="$année"/>
           <xsl:with-param name="mois-départ" select="$mois-départ + 1"/>
           <xsl:with-param name="jour-abs" select="$jour-abs"/>
           <xsl:with-param name="accum" select="$accum + 1"/>
          </xsl:call-template>
        </xsl:when>
        <xsl:otherwise>
          <xsl:value-of select="$accum"/>
        </xsl:otherwise>
      </xsl:choose>
  </xsl:template>

  <xsl:template name="date:jour-abs-en-date-juive">
      <xsl:param name="jour-abs"/>

      <xsl:variable name="année">
        <xsl:variable name="approx"
           select="floor(($jour-abs + 1373429) div 366)"/>
        <xsl:variable name="correction">
          <xsl:call-template name="date:correction-année-juive">
            <xsl:with-param name="année-départ" select="$approx"/>
            <xsl:with-param name="jour-abs" select="$jour-abs"/>
          </xsl:call-template>
        </xsl:variable>
        <xsl:value-of select="$approx + $correction"/>
      </xsl:variable>

      <xsl:variable name="mois">
        <xsl:variable name="premier-jour-année">
        <xsl:call-template name="date:date-juive-en-jour-absolu">
```

```
          <xsl:with-param name="mois" select="1"/>
           <xsl:with-param name="jour" select="1"/>
           <xsl:with-param name="année" select="$année"/>
          </xsl:call-template>
        </xsl:variable>

        <xsl:variable name="approx">
          <xsl:choose>
           <xsl:when test="$jour-abs &lt; $premier-jour-année">
             <xsl:value-of select="7"/>
           </xsl:when>
           <xsl:otherwise>
             <xsl:value-of select="1"/>
           </xsl:otherwise>
          </xsl:choose>
        </xsl:variable>

        <xsl:variable name="correction">
          <xsl:call-template name="date:correction-mois-juif">
           <xsl:with-param name="année" select="$année"/>
           <xsl:with-param name="mois-départ" select="$approx"/>
           <xsl:with-param name="jour-abs" select="$jour-abs"/>
          </xsl:call-template>
        </xsl:variable>

        <xsl:value-of select="$approx + $correction"/>
      </xsl:variable>

      <xsl:variable name="jour">
        <xsl:variable name="jours-avant-premier-du-mois">
          <xsl:call-template name="date:date-juive-en-jour-absolu">
            <xsl:with-param name="mois" select="$mois"/>
            <xsl:with-param name="jour" select="1"/>
            <xsl:with-param name="année" select="$année"/>
          </xsl:call-template>
        </xsl:variable>

        <xsl:value-of select="$jour-abs - ($jours-avant-premier-du-mois - 1)"/>
      </xsl:variable>

      <xsl:value-of select="concat($jour,'-',$mois,'-',$année)"/>

  </xsl:template>
```

Dans les deux exemples précédents, vous avez créé trois règles distinctes, bien que similaires, qui calculent la somme d'une fonction. Il serait bien préférable de créer un utilitaire générique pouvant sommer une fonction quelconque. Les lecteurs connaissant Lisp auront sûrement deviné que le code Lisp dont on a tiré ce code XSLT utilise une macro. Le chapitre 13 montre comment écrire des règles génériques en XSLT et la simplification qu'elles induisent dans cette recette.

Discussion

Le calendrier juif est le plus complexe de tous ceux qui ont été présentés ici. Le code pour le gérer est donc à la mesure de cette complexité. Ce calendrier est compliqué parce que ses mois sont strictement lunaires, mais qu'il exige que Pessah ait lieu au printemps. Alors que la plupart des autres calendriers ont un nombre fixe de mois, la calendrier juif en a 12 les années normales et 13 les années embolismiques.

3.10 Formater les dates et les heures

Problème

Vous voulez formater des dates et des heures selon une chaîne contenant des spécificateurs de format.

Solution

Les règles qui suivent réutilisent de nombreuses règles de ce chapitre. `format-date-heure` utilise une chaîne de format où `%x` est un spécificateur de format (voir plus loin) et où tout le reste est produit littéralement. Le format par défaut est le format ISO pour les dates grégoriennes :

```
<xsl:template name="format-date-heure">
    <xsl:param name="année"/>
    <xsl:param name="mois"/>
    <xsl:param name="jour"/>
    <xsl:param name="heure"/>
    <xsl:param name="minute"/>
    <xsl:param name="seconde"/>
    <xsl:param name="zone-horaire"/>
    <xsl:param name="format" select="'%Y-%m-%dT%H:%M:%S%z'"/>

     <xsl:choose>
       <xsl:when test="contains($format, '%')">
        <xsl:value-of select="substring-before($format, '%')"/>
      </xsl:when>
       <xsl:otherwise>
        <xsl:value-of select="$format"/>
       </xsl:otherwise>
     </xsl:choose>
```

```
<xsl:variable name="code"
              select="substring(substring-after($format, '%'), 1, 1)"/>
<xsl:choose>

  <!-- Nom abrégé du jour  -->
  <xsl:when test="$code='a'">
    <xsl:variable name="jour-de-la-semaine">
      <xsl:call-template name="calcul-jour-de-la-semaine">
        <xsl:with-param name="année" select="$année"/>
        <xsl:with-param name="mois" select="$mois"/>
        <xsl:with-param name="jour" select="$jour"/>
      </xsl:call-template>
    </xsl:variable>
    <xsl:call-template name="abrev-jour-de-la-semaine">
      <xsl:with-param name="jour-de-la-semaine"
         select="$jour-de-la-semaine"/>
    </xsl:call-template>
  </xsl:when>

  <!-- Nom complet du jour -->
  <xsl:when test="$code='A'">
    <xsl:variable name="jour-de-la-semaine">
      <xsl:call-template name="calcul-jour-de-la-semaine">
        <xsl:with-param name="année" select="$année"/>
        <xsl:with-param name="mois" select="$mois"/>
        <xsl:with-param name="jour" select="$jour"/>
      </xsl:call-template>
    </xsl:variable>
    <xsl:call-template name="nom-jour-de-la-semaine">
      <xsl:with-param name="jour-de-la-semaine"
                      select="$jour-de-la-semaine"/>
    </xsl:call-template>
  </xsl:when>

  <!-- Nom abrégé du mois  -->
  <xsl:when test="$code='b'">
    <xsl:call-template name="abrev-mois">
      <xsl:with-param name="mois" select="$mois"/>
    </xsl:call-template>
  </xsl:when>

  <!-- Nom complet du mois-->
  <xsl:when test="$code='B'">
    <xsl:call-template name="nom-du-mois">
      <xsl:with-param name="mois" select="$mois"/>
    </xsl:call-template>
  </xsl:when>

  <!-- Représentations de la date et de l'heure selon
                        les paramètres de localisation -->
  <xsl:when test="$code='c'">
    <xsl:text>[non implémenté]</xsl:text>
```

```
</xsl:when>

<!-- Jour du mois sous forme de nombre décimal (01 - 31) -->
<xsl:when test="$code='d'">
  <xsl:value-of select="format-number($jour,'00')"/>
</xsl:when>

<!-- Heure au format 24 heures (00 - 23) -->
<xsl:when test="$code='H'">
  <xsl:value-of select="format-number($heure,'00')"/>
</xsl:when>

<!-- Heure au format 12 heures (01 - 12) -->
<xsl:when test="$code='I'">
  <xsl:choose>
    <xsl:when test="$heure = 0">12</xsl:when>
    <xsl:when test="$heure &lt; 13">
      <xsl:value-of select="format-number($heure,'00')"/>
     </xsl:when>
    <xsl:otherwise>
      <xsl:value-of select="format-number($heure - 12,'00')"/>
   </xsl:otherwise>
  </xsl:choose>
</xsl:when>

<!-- Jour de l'année sous forme de nombre décimal (001 - 366) -->
<xsl:when test="$code='j'">
   <xsl:variable name="diff">
   <xsl:call-template name="différence-dates">
     <xsl:with-param name="année-départ" select="$année"/>
      <xsl:with-param name="mois-départ" select="1"/>
      <xsl:with-param name="jour-départ" select="1"/>
      <xsl:with-param name="année-fin" select="$année"/>
      <xsl:with-param name="mois-fin" select="$mois"/>
      <xsl:with-param name="jour-fin" select="$jour"/>
   </xsl:call-template>
   </xsl:variable>
  <xsl:value-of select="format-number($diff + 1, '000')"/>
</xsl:when>

<!-- Mois sous forme de nombre décimal (01 - 12) -->
<xsl:when test="$code='m'">
  <xsl:value-of select="format-number($mois,'00')"/>
</xsl:when>

<!-- Minute sous forme de nombre décimal (00 - 59) -->
<xsl:when test="$code='M'">
  <xsl:value-of select="format-number($minute,'00')"/>
</xsl:when>

<!-- Indicateur local A.M./P.M. pour l'horloge sur 12 heures -->
<xsl:when test="$code='p'">
```

```
    <xsl:choose>
      <xsl:when test="$heure &lt; 12">AM</xsl:when>
      <xsl:otherwise>PM</xsl:otherwise>
    </xsl:choose>
  </xsl:when>

  <!-- Seconde sous forme de nombre décimal (00 - 59) -->
  <xsl:when test="$code='S'">
    <xsl:value-of select="format-number($seconde,'00')"/>
  </xsl:when>

  <!-- Semaine de l'année sous forme de nombre décimal (00 - 53)
       avec dimanche comme premier jour de la semaine -->
  <xsl:when test="$code='U'">
    <!-- ajoute 1 au jour -->
    <xsl:call-template name="calcul-numéro-semaine">
      <xsl:with-param name="année" select="$année"/>
      <xsl:with-param name="mois" select="$mois"/>
      <xsl:with-param name="jour" select="$jour + 1"/>
    </xsl:call-template>
  </xsl:when>

  <!-- Jour de la semaine sous forme de nombre décimal (0 - 6)
       dimanche a le numéro 0 -->
  <xsl:when test="$code='w'">
    <xsl:call-template name="calcul-jour-de-la-semaine">
      <xsl:with-param name="année" select="$année"/>
      <xsl:with-param name="mois" select="$mois"/>
      <xsl:with-param name="jour" select="$jour"/>
    </xsl:call-template>
  </xsl:when>

  <!-- Semaine de l'année sous forme de nombre décimal (00 - 53)
       avec lundi comme premier jour de la semaine -->
  <xsl:when test="$code='W'">
    <xsl:call-template name="calcul-numéro-semaine">
      <xsl:with-param name="année" select="$année"/>
      <xsl:with-param name="mois" select="$mois"/>
      <xsl:with-param name="jour" select="$jour"/>
    </xsl:call-template>
  </xsl:when>

  <!-- Représentation de la date dans la localisation courante -->
  <xsl:when test="$code='x'">
    <xsl:text>[non implémenté]</xsl:text>
  </xsl:when>

  <!-- Représentation de l'heure dans la localisation courante -->
  <xsl:when test="$code='X'">
    <xsl:text>[non implémenté]</xsl:text>
  </xsl:when>
```

```
        <!-- Année sous forme de nombre décimal, sans le siècle (00-99) -->
        <xsl:when test="$code='y'">
          <xsl:value-of select="format-number($année mod 100,'00')"/>
        </xsl:when>

        <!-- Année sous forme de nombre décimal, avec le siècle -->
        <xsl:when test="$code='Y'">
           <xsl:value-of select="format-number($année,'0000')"/>
        </xsl:when>

        <!-- Nom ou abréviation de la zone horaire. Si cette zone est
        inconnue, aucun caractère n'est produit -->
        <xsl:when test="$code='z'">
          <xsl:value-of select="$zone-horaire"/>
        </xsl:when>

        <!-- Signe pourcent -->
        <xsl:when test="$code='%'">
          <xsl:text>%</xsl:text>
        </xsl:when>

      </xsl:choose>

      <xsl:variable name="reste"
                    select="substring(substring-after($format, '%'), 2)"/>

      <xsl:if test="$reste">
        <xsl:call-template name="format-date-heure">
          <xsl:with-param name="année" select="$année"/>
          <xsl:with-param name="mois" select="$mois"/>
          <xsl:with-param name="jour" select="$jour"/>
          <xsl:with-param name="heure" select="$heure"/>
          <xsl:with-param name="minute" select="$minute"/>
          <xsl:with-param name="seconde" select="$seconde"/>
          <xsl:with-param name="zone-horaire" select="$zone-horaire"/>
          <xsl:with-param name="format" select="$reste"/>
        </xsl:call-template>
      </xsl:if>

  </xsl:template>

  <xsl:template name="format-jour-julien">
      <xsl:param name="jour-julien"/>
      <xsl:param name="format" select="'%Y-%m-%d'"/>

      <xsl:variable name="a" select="$jour-julien + 32044"/>
      <xsl:variable name="b" select="floor((4 * $a + 3) div 146097)"/>
      <xsl:variable name="c" select="$a - floor(($b * 146097) div 4)"/>

      <xsl:variable name="d" select="floor((4 * $c + 3) div 1461)"/>
      <xsl:variable name="e" select="$c - floor((1461 * $d) div 4)"/>
      <xsl:variable name="m" select="floor((5 * $e + 2) div 153)"/>
```

```
      <xsl:variable name="jour" select="$e - floor((153 * $m + 2) div 5) + 1"/>
      <xsl:variable name="mois" select="$m + 3 - 12 * floor($m div 10)"/>
      <xsl:variable name="année" select="$b * 100 + $d - 4800 + floor($m div 10)"/>

      <xsl:call-template name="format-date-heure">
        <xsl:with-param name="année" select="$année"/>
        <xsl:with-param name="mois" select="$mois"/>
        <xsl:with-param name="jour" select="$jour"/>
        <xsl:with-param name="format" select="$format"/>
      </xsl:call-template>

   </xsl:template>
```

Discussion

Cet exemple a été rendu possible par tout le travail sur les dates effectué dans les exemples précédents. Les options utilisant les paramètres de localisation ne sont pas implémentées mais pourraient l'être en utilisant des fonctions d'extension (voir le chapitre 12).

3.11 Connaître les dates des fêtes laïques et religieuses

Problème

Vous voulez savoir si une date donnée correspond à une fête.

Solution

Le premier type de fêtes comprend celles qui ont lieu le même jour tous les ans. Une fonction permettant, par exemple, de connaître le jour absolu de la prise de la Bastille, pour une année donnée, est tout simplement :

```
<xsl:template name="date:prise-bastille">
     <xsl:param name="année"/>
     <xsl:call-template name="date:date-grég-en-jour-abs">
        <xsl:with-param name="jour" select="14"/>
        <xsl:with-param name="mois" select="7"/>
        <xsl:with-param name="année" select="$année"/>
    </xsl:call-template>
</xsl:template>
```

Le second type de fêtes comprend celles qui tombent le même jour de la semaine, par rapport au début ou à la fin d'un mois. Pour les calculer, vous pouvez vous aider de l'utilitaire suivant, qui enveloppe la règle `jour-k-avant-jour-abs` de la recette 3.7 :

```
<xsl:template name="date:nième-jour-k">
    <!-- La nième occurence de k dans le mois donné-->
    <!-- Un nombre n positif part du début du mois, un négatif de la fin -->
     <xsl:param name="n"/>
```

```
    <!-- k = le jour de la semaine (0 = dimanche) -->
    <xsl:param name="k"/>

    <xsl:param name="mois"/>
    <xsl:param name="année"/>

    <xsl:choose>
      <xsl:when test="$n &gt; 0">
        <xsl:variable name="jour-k-avant">
         <xsl:variable name="jour-abs">
           <xsl:call-template name="date:date-greg-en-jour-abs">
             <xsl:with-param name="mois" select="$mois"/>
             <xsl:with-param name="jour" select="7"/>
             <xsl:with-param name="année" select="$année"/>
           </xsl:call-template>
         </xsl:variable>
         <xsl:call-template name="date:jour-k-avant-jour-abs">
           <xsl:with-param name="jour-abs" select="$jour-abs"/>
           <xsl:with-param name="k" select="$k"/>
         </xsl:call-template>
        </xsl:variable>
        <xsl:value-of select="$jour-k-avant + 7 * ($n - 1)"/>
      </xsl:when>
      <xsl:otherwise>
        <xsl:variable name="jour-k-avant">
         <xsl:variable name="jour-abs">
           <xsl:call-template name="date:date-grég-en-jour-abs">
             <xsl:with-param name="mois" select="$mois"/>
             <xsl:with-param name="jour">
              <xsl:call-template name="date:dernier-jour-du-mois">
                <xsl:with-param name="mois" select="$mois"/>
                <xsl:with-param name="année" select="$année"/>
              </xsl:call-template>
             </xsl:with-param>
             <xsl:with-param name="année" select="$année"/>
           </xsl:call-template>
         </xsl:variable>
         <xsl:call-template name="date:jour-k-avant-jour-abs">
           <xsl:with-param name="jour-abs" select="$jour-abs"/>
           <xsl:with-param name="k" select="$k"/>
         </xsl:call-template>
        </xsl:variable>
        <xsl:value-of select="$jour-k-avant + 7 * ($n + 1)"/>
      </xsl:otherwise>
    </xsl:choose>
  </xsl:template>
```

Cette fonction suppose que les dates appartiennent au calendrier grégorien. Si vous devez trouver des dates relatives dans d'autres systèmes de calendrier, vous devrez écrire des fonctions équivalentes pour ces systèmes.

Il est maintenant facile de traiter des fêtes comme celles de l'*American Labor* et de *Memorial day* (qui ont lieu, respectivement, le premier lundi de septembre et le dernier lundi de mai).

```
<xsl:template name="date:labor-day">
    <xsl:param name="année"/>
    <xsl:call-template name="date:nième-jour-k">
        <xsl:with-param name="n" select="1"/>
        <xsl:with-param name="k" select="1"/>
        <xsl:with-param name="mois" select="9"/>
        <xsl:with-param name="année" select="$année"/>
    </xsl:call-template>
</xsl:template>

<xsl:template name="date:memorial-day">
    <xsl:param name="année"/>
    <xsl:call-template name="date:nième-jour-k ">
        <xsl:with-param name="n" select="-1"/>
        <xsl:with-param name="k" select="1"/>
        <xsl:with-param name="mois" select="5"/>
        <xsl:with-param name="année" select="$année"/>
    </xsl:call-template>
</xsl:template>
```

Bien que ce ne soit pas une fête, on peut également traiter le passage à l'heure d'été dans les pays de l'Union européenne :

```
<xsl:template name="date:début-heure-été">
    <xsl:param name="année"/>
    <xsl:call-template name="date:nième-jour-k ">
        <xsl:with-param name="n" select="-1"/>
        <xsl:with-param name="k" select="0"/>
        <xsl:with-param name="mois" select="4"/>
        <xsl:with-param name="année" select="$année"/>
    </xsl:call-template>
</xsl:template>

<xsl:template name="date:fin-heure-été">
    <xsl:param name="année"/>
    <xsl:call-template name="date:nième-jour-k ">
        <xsl:with-param name="n" select="-1"/>
        <xsl:with-param name="k" select="0"/>
        <xsl:with-param name="mois" select="10"/>
        <xsl:with-param name="année" select="$année"/>
    </xsl:call-template>
</xsl:template>
```

Discussion

Il est impossible de traiter toutes les fêtes laïques et religieuses pour chaque pays et chaque année. Cependant, la plupart des fêtes peuvent être classées en deux types : celles qui tombent le même jour tous les ans dans leurs calendriers respectifs (la fête nationale, qui a toujours lieu le 14 juillet, par exemple) et celles qui sont relatives au début où à la fin d'un mois (la fête du travail américaine, par exemple). Les fêtes religieuses sont souvent simples à calculer dans leurs systèmes de calendriers, mais ce calcul peut s'avérer complexe à partir d'un autre système. Le Noël orthodoxe, par exemple, a toujours lieu le 25 décembre du calendrier julien : il peut donc tomber au début ou à la fin d'une année grégorienne. Comme nous ne pouvons traiter toutes les fêtes religieuses de chaque confession, je vous invite à consulter les références mentionnées dans ce chapitre.

4

Sélection et parcours

Je choisis un bloc de marbre et j'enlève tout ce dont je n'ai pas besoin.
François-Auguste Rodin

J'ai [parcouru] ce pays en long et en large, parlé aux personnes compétentes, et je peux vous assurer que le traitement informatique des données est une mode qui ne finira pas l'année.
L'éditeur responsable des ouvrages sur le commerce pour un grand éditeur, 1957.

Effectuer un traitement intéressant en XSLT implique deux opérations intimement liées : déterminer les éléments à consulter (sélection) et connaître l'ordre dans lequel le faire (parcours). La sélection est essentiellement du ressort de XPath, une spécification distincte, mais intimement liée à XSLT. Le parcours dépend des structures de contrôles intégrées à XSLT et de la façon dont vous avez organisé vos règles pour tirer parti de ces structures.

Les vétérans de XSLT ne trouveront probablement pas de révélations fracassantes dans ce chapitre, mais il est important pour deux raisons. D'une part les idées contenues dans ses recettes permettent de distinguer XSLT des autres langages de programmation et permettent donc de guider les novices dans leurs premières tentatives de compréhension de XSLT. D'autre part les exemples de cette section sont les pierres angulaires de nombreuses autres recettes plus complexes, présentées dans les derniers chapitres. Quasiment tout ce que fait XSLT implique une sélection et un parcours. Par analogie avec la cuisine, savoir faire un fond brun est essentiel pour confectionner une sauce espagnole[1] ! Ce chapitre est formé d'exemples de « roux » qu'il faut maîtriser avant de se lancer dans des applications XSLT plus complexes.

Bien que ce chapitre présente plusieurs exemples de base, il ne s'agit pas d'un didacticiel XPath ou XSLT. Le lecteur est censé connaître les bases ; je suppose que vous connaissez la syntaxe de XPath et la signification des expressions XPath classiques. Je suppose également que vous connaissez les règles de traitement XSLT et la façon dont XSLT choisit celle qui sera appliquée. Si vous sentez que vous avez besoin d'aide sur ces points, je vous recommande la lecture de *XSLT Programmer's Reference*, de Michael Kay (Wrox Press,

1. La sauce espagnole est un fond brun lié avec un roux auquel on ajoute du concentré de tomates. Le fond brun est à base de pieds de veau et de bœuf. La sauce espagnole entre dans la composition de nombreuses autres sauces brunes. Les chefs n'ont pas attendu les progrès du développement logiciel pour pratiquer la « réutilisabilité » !

2001) ou de *XSLT*, de Doug Tidwell (O'Reilly, 2002). Le lecteur francophone pourra se référer à *Comprendre XSLT*, de Bernd Amann et Philippe Rigaux (O'Reilly, 2002).

Plusieurs exemples de ce chapitre utilisent une terminologie informatique couramment employée dans les algorithmes utilisant des structures de données arborescentes. Le profane pourrait se demander ce que viennent faire les arbres dans XML ; la réponse est que XML peut être considéré comme un langage permettant de spécifier des arbres et XSLT comme un langage de traitement de ces arbres. En fait, on peut traiter des données non XML avec un processeur XSLT en lui faisant croire qu'il s'agit d'un arbre à l'aide d'un pilote SAX. Michael Kay présente cette technique dans *Professional XSLT* (Wrox, 2001), Eric M. Burke fait de même dans *Java et XSLT* (O'Reilly, 2001). Dans tous les cas, penser en termes d'arbres permet de découvrir plusieurs techniques de traitement XML.

Les exemples de ce chapitre utilisent beaucoup les deux documents suivants. Pour éviter de les répéter à chaque recette, je les donne ici, dans les exemples 4-1 et 4-2.

Exemple 4-1. VentesParVendeur.xml

```
<?xml version="1.0" encoding="iso-8859-1"?>
<ventesParVendeur>
  <vendeur nom="John Adams" ancienneté="1">
    <produit clé="10000" ventesTotales="10000.00"/>
    <produit clé="20000" ventesTotales="50000.00"/>
    <produit clé="25000" ventesTotales="920000.00"/>
  </vendeur>
  <vendeur nom="Wendy Long" ancienneté="5">
    <produit clé="10000" ventesTotales="990000.00"/>
    <produit clé="20000" ventesTotales="150000.00"/>
    <produit clé="30000" ventesTotales="5500.00"/>
  </vendeur>
  <vendeur nom="Willie B. Aggressive" anciennete="10">
    <produit clé="10000" ventesTotales="1110000.00"/>
    <produit clé="20000" ventesTotales="150000.00"/>
    <produit clé="25000" ventesTotales="2920000.00"/>
    <produit clé="30000" ventesTotales="115500.00"/>
    <produit clé="70000" ventesTotales="10000.00"/>
  </vendeur>
  <vendeur nom="Arty Outtolunch" ancienneté="10"/>
</ventesParVendeur>
```

Exemple 4-2. organigramme.xml

```
<?xml version="1.0" encoding="iso-8859-1"?>
<employé nom="Jil Michel" sexe="féminin">
     <employé nom="Nancy Pratt" sexe="féminin">
          <employé nom="Phill McKraken" sexe="masculin"/>
          <employé nom="Ima Little" sexe="féminin">
               <employé nom="Betsy Ross" sexe="féminin"/>
          </employé>
     </employé>
     <employé nom="Jane Doe" sexe="féminin">
          <employé nom="Walter H. Potter" sexe="masculin"/>
```

```
        <employé nom="Wendy B.K. McDonald" sexe="féminin">
            <employé nom="Craig F. Frye" sexe="masculin"/>
            <employé nom="Hardy Hamburg" sexe="masculin"/>
            <employé nom="Rich Shaker" sexe="masculin"/>
        </employé>
    </employé>
    <employé nom="Mike Rosenbaum" sexe="masculin">
        <employé nom="Cindy Post-Kellog" sexe="féminin">
            <employé nom="Allen Bran" sexe="masculin"/>
            <employé nom="Frank N. Berry" sexe="masculin"/>
            <employé nom="Jack Apple" sexe="masculin"/>
        </employé>
        <employé nom="Oscar A. Winner" sexe="masculin">
            <employé nom="Jack Nickolas" sexe="masculin">
                <employé nom="R.P. McMurphy" sexe="masculin"/>
            </employé>
            <employé nom="Tom Hanks" sexe="masculin">
                <employé nom="Forest Gump" sexe="masculin"/>
                <employé nom="Andrew Beckett" sexe="masculin"/>
            </employé>
            <employé nom="Susan Sarandon" sexe="féminin">
                <employé nom="Helen Prejean" sexe="féminin"/>
            </employé>
        </employé>
    </employé>
</employé>
```

4.1 Optimiser la sélection des nœuds

Problème

Vous voulez améliorer l'efficacité de votre feuille de style lorsque vous sélectionnez et que vous parcourez les nœuds d'un gros document XML.

Solution

Vous pouvez optimiser XSLT de plusieurs façons et, à chaque fois que cela est nécessaire, les exemples de ce livre prennent en compte les problèmes de performance. Cet exemple explique en particulier plusieurs stratégies permettant de minimiser le nombre d'éléments que votre feuille de style traitera lorsque vous sélectionnez et parcourez les nœuds d'un document.

Ne faites pas confiance aux règles de traitement par défaut lorsque cela n'est pas nécessaire

Si vous savez exactement ce que vous voulez traiter et son emplacement dans la structure du document, vous gagnerez à passer directement aux modes adéquats. Considérez le document complexe produit par Microsoft Visio XML, présenté dans l'exemple 4-3, ainsi que les deux feuilles de styles permettant d'extraire les formes, présentées dans les exemples 4-4 et 4-5.

Exemple 4-3. Extrait d'un document Visio XML

```
<?xml version="1.0" encoding="iso-8859-1"?>
<VisioDocument xmlns="urn:schemas-microsoft-com:office:visio">
     <DocumentProperties>
          <!-- éléments omis -->
     <DocumentSettings TopPage="0" DefaultTextStyle="26" DefaultLineStyle="26"
          DefaultFillStyle="26" DefaultGuideStyle="4">
          <!--éléments omis -->
     </DocumentSettings>
     <Colors>
          <!--éléments omis -->
     </Colors>
     <PrintSetup>
          <!--éléments omis -->
     </PrintSetup>
     <Fonts>
          <!--éléments omis -->
     </Fonts>
     <StyleSheets>
          <!--éléments omis -->
     </StyleSheets>
     <DocumentSheet NameU="LeDoc" LineStyle="0" FillStyle="0" TextStyle="0">
          <!--éléments omis -->
     </DocumentSheet>
     <Masters>
          <!--éléments omis -->
     </Masters>
     <Pages>
          <Page ID="0" NameU="Page-1" ViewScale="1" ViewCenterX="1.484375"
               ViewCenterY="2.2552083333333">
            <!--éléments omis -->
            <Shapes>
               <Shape ID="1" NameU="Square" Type="Shape" Master="0">
                 <!--éléments omis -->
               </Shape>
               <Shape ID="2" Type="Shape" Master="0">
                 <!--éléments omis -->
               </Shape>
            </Shapes>
          </Page>
     </Pages>
     <!--éléments omis -->
</VisioDocument>
```

Exemple 4-4. Feuille de style utilisant les règles par défaut

```
<xsl:stylesheet version="1.0"
     xmlns:xsl="http://www.w3.org/1999/XSL/Transform"
     xmlns:vxd="urn:schemas-microsoft-com:office:visio">

<xsl:output method="text" />
```

```
<xsl:strip-space elements="*"/>

<xsl:template match="vxd:Shape">
     <xsl:value-of select="@ID"/>-<xsl:value-of
                         select="@NameU"/><xsl:text>&#xa;</xsl:text>
</xsl:template>

<xsl:template match="text()"/>

</xsl:stylesheet>
```

Exemple 4-5. Feuille de style n'utilisant pas les règles par défaut

```
<xsl:stylesheet version="1.0"
     xmlns:xsl="http://www.w3.org/1999/XSL/Transform"
     xmlns:vxd="urn:schemas-microsoft-com:office:visio">

<xsl:output method="text" />

<xsl:strip-space elements="*"/>

<xsl:template match="/">
     <xsl:apply-templates
         select="vxd:VisioDocument/vxd:Pages/vxd:Page/vxd:Shapes/vxd:Shape"/>
</xsl:template>

<xsl:template match="vxd:Shape">
     <xsl:value-of select="@ID"/>-<xsl:value-of
     select="@NameU"/><xsl:text>&#xa;</xsl:text>
</xsl:template>

<xsl:template match="text()"/>

</xsl:stylesheet>
```

En ne sélectionnant que les éléments concernés (Shapes, par exemple), la seconde feuille de style évite de traiter tout le document.

N'utilisez les axes descendant, descendant-or-self, preceding, ou following que lorsque cela est nécessaire

Avec les très gros documents, vous noterez une nette amélioration des performances si vous utilisez des expressions XPath explicites au lieu d'expressions qui sélectionnent les nœuds situés à un emplacement quelconque dans l'arbre. Les axes `descendant`, `descendant-or-self`, `preceding`, ou `following` font partie de cette dernière catégorie.

En conséquence, préférez :

```
<xsl:template match="/">
     <xsl:apply-templates
         select="vxd:VisioDocument/vxd:Pages/vxd:Page/vxd:Shapes/vxd:Shape"/>
</xsl:template>
```

à :

```
<xsl:template match="/">
     <xsl:apply-templates select="//vxd:Shape"/>
</xsl:template>
```

Cela dit, de nombreux gourous XSLT surestiment la dégradation de performance due à ces axes. Si vous mesurez les performances sur des documents de taille moyenne (50 000 éléments ou moins) sur un grand nombre d'implémentations de processeurs, vous noterez peu de perte de performanccs. Par conséquent, si vous avez besoin de la souplesse fournie par ces chemins relatifs, n'hésitez pas à les utiliser tant que cette perte ne se fait pas sentir. Par contre, si vous ne pouvez prévoir la taille des documents que votre feuille de style sera amenée à traiter, ce serait une erreur d'utiliser la méthode traditionnelle.

Préférez les « sélections » et les « mises en correspondances » aux « filtrages »

Si vous devez traiter des nœuds selon un critère particulier, essayer de sélectionner ces nœuds plutôt que de les filtrer avec `<xsl:if>` ou `<xsl:choose>`. Considérez, par exemple, les trois fragments XSLT présentés dans les exemples 4-6 à 4-8, qui recherchent un élément `personne` nommé « John Smith » et affiche son âge.

Exemple 4-6. Traitement d'une personne par filtrage

```
<xsl:stylesheet version="1.0" xmlns:xsl="http://www.w3.org/1999/XSL/Transform">
     <xsl:output method="text" />

     <xsl:template match="/">
          <xsl:apply-templates select="gens"/>
     </xsl:template>

     <xsl:template match="gens">
          <xsl:for-each select="personne">
               <xsl:if test="@nom='John Smith' ">
                    <xsl:value-of select="@age"/>
               </xsl:if>
          </xsl:for-each>
     </xsl:template>
</xsl:stylesheet>
```

Exemple 4-7. Traitement d'une personne par correspondance

```
<xsl:stylesheet version="1.0" xmlns:xsl="http://www.w3.org/1999/XSL/Transform">

     <xsl:output method="text" />

     <xsl:template match="/">
          <xsl:apply-templates select="gens/personne"/>
     </xsl:template>

     <xsl:template match="personne[@nom='John Smith']">
          <xsl:value-of select="@age"/>
```

```
    </xsl:template>

    <xsl:template match="personne"/>
</xsl:stylesheet>
```

Exemple 4-8. Traitement d'une personne par sélection

```
<xsl:stylesheet version="1.0" xmlns:xsl="http://www.w3.org/1999/XSL/Transform">

    <xsl:output method="text" />

    <xsl:template match="/">
        <xsl:apply-templates select="gens"/>
    </xsl:template>

    <xsl:template match="gens">
        <xsl:for-each select="personne[@nom='John Smith']">
            <xsl:value-of select="@age"/>
        </xsl:for-each>
    </xsl:template>
</xsl:stylesheet>
```

Si l'on utilise Saxon avec un document de 100 000 éléments pour comparer ces trois feuilles de styles, on constate que la méthode par sélection est 30% plus rapide que la méthode par correspondance et 44% plus rapide que la méthode par filtrage. Cependant, avec Xalan et XT, les résultats sont bien plus serrés, bien que la méthode par sélection ait toujours un léger avantage. Bizarrement, avec Xalan, la méthode par filtrage est un peu plus rapide (12%) que celle par correspondance.

Mettez en cache dans des variables les ensembles de nœuds que vous utilisez souvent

Les feuilles de style font souvent référence au même ensemble de nœuds. Plutôt que de sélectionner plusieurs fois ces nœuds, il est peut être préférable de les stocker dans une variable. Je dis « peut » car tout dépend du travail nécessaire pour accéder à ces nœuds et du nombre de fois où vous y accédez. Il faut également prendre en compte le surcoût en mémoire de cette mise en cache. En fait, certains processeurs peuvent ne pas mettre en cache une donnée, sauf si elle est référencée plusieurs fois.

Une variable est clairement nécessaire lorsque le résultat a été obtenu au prix d'un traitement coûteux, un tri, par exemple :

```
<xsl:variable name="produits">
  <xsl:for-each select="//produit">
    <xsl:sort select="@clé"/>
    <xsl:copy-of select="."/>
  </xsl:for-each>
</xsl:variable>
```

Les exemples 4-9 à 4-11 montrent des variables qui ne servent à *rien* :

Exemple 4-9. Chargement en ligne d'une table externe de recherche

```
<?xml version="1.0" encoding="iso-8859-1"?>
```

```
<xsl:stylesheet version="1.0" xmlns:xsl="http://www.w3.org/1999/XSL/Transform"
       xmlns:us="http://www.ora.com/XSLTCookbook/namespaces/us">

    <xsl:strip-space elements="*"/>

    <xsl:output method="text" />

    <xsl:template match="personne">
         <xsl:value-of select="@nom"/>
         <xsl:text>&#xa;</xsl:text>
         <xsl:apply-templates/>
    </xsl:template>

    <xsl:template match="adresse">
         <xsl:variable name="état" select="@état"/>
         <xsl:value-of select="@ligne1"/>
         <xsl:text>&#xa;</xsl:text>
         <xsl:if test="@ligne2">
            <xsl:value-of select="@ligne2"/>
            <xsl:text>&#xa;</xsl:text>
         </xsl:if>
         <xsl:value-of select="@ville"/>
         <xsl:text>, </xsl:text>
         <xsl:value-of select="document('etats.xml')
         /*/us:état[@abrev=$état]/@nom"/>
         <xsl:text> </xsl:text>
         <xsl:value-of select="@codePostal"/>
         <xsl:text>&#xa;&#xa;</xsl:text>
    </xsl:template>

    <xsl:template match="text()"/>

</xsl:stylesheet>
```

Exemple 4-10. Chargement d'une table externe de recherche dans une variable

```
<?xml version="1.0" encoding="iso-8859-1"?>
<xsl:stylesheet version="1.0"
       xmlns:xsl="http://www.w3.org/1999/XSL/Transform"
       xmlns:us="http://www.ora.com/XSLTCookbook/namespaces/us">

    <xsl:strip-space elements="*"/>

    <xsl:output method="text" />

    <xsl:variable name="états" select="document('etats.xml')/*/us:état"/>

    <xsl:template match="personne">
         <xsl:value-of select="@nom"/>
         <xsl:text>&#xa;</xsl:text>
         <xsl:apply-templates/>
    </xsl:template>
```

```
    <xsl:template match="adresse">
         <xsl:variable name="état" select="@état"/>
         <xsl:value-of select="@ligne1"/>
         <xsl:text>&#xa;</xsl:text>
         <xsl:if test="@ligne2">
            <xsl:value-of select="@ligne2"/>
            <xsl:text>&#xa;</xsl:text>
         </xsl:if>
         <xsl:value-of select="@ville"/>
         <xsl:text>, </xsl:text>
         <xsl:value-of select="$états[@abrev=$état]/@nom"/>
         <xsl:text> </xsl:text>
         <xsl:value-of select="@codePostal"/>
         <xsl:text>&#xa;&#xa;</xsl:text>
    </xsl:template>

    <xsl:template match="text()"/>

</xsl:stylesheet>
```

Exemple 4-11. Extrait de etats.xml

```
<?xml version="1.0" encoding="iso-8859-1"?>
<us:etats xmlns:us="http://www.ora.com/XSLTCookbook/namespaces/us">
     <us:état nom="ALABAMA" abrev="AL"/>
     <us:état nom="ALASKA" abrev="AK"/>
     <us:état nom="AMERICAN SAMOA" abrev="AS"/>
     <us:état nom="ARIZONA" abrev="AZ"/>
     <us:état nom="ARKANSAS" abrev="AR"/>
     <us:état nom="CALIFORNIA" abrev="CA"/>
     <us:état nom="COLORADO" abrev="CO"/>
     <us:état nom="CONNECTICUT" abrev="CT"/>
     <!--- omissions -->
     <us:état nom="WEST VIRGINIA" abrev="WV"/>
     <us:état nom="WISCONSIN" abrev="WI"/>
     <us:état nom="WYOMING" abrev="WY"/>
</us:etats>
```

Vous pourriez penser que la deuxième règle est plus rapide parce qu'elle ne charge *etats.xml* qu'une seule fois. Cependant, pour un processeur XSLT qui maîtrise ses effets de bord, le chargement d'un document n'a lieu qu'une seule fois dans tous les cas : la variable n'offre donc, au mieux, qu'une amélioration esthétique.

Utilisez `xsl:key` si les nœuds sont souvent sélectionnés selon des critères statiques

Lorsque l'ensemble de nœuds est constant, l'utilisation d'une variable pour mettre en cache les nœuds convient très bien. Cependant, si l'on accède souvent aux nœuds en fonction de certains critères, il est préférable de créer un index. Pour ce faire, XSLT dispose de l'élément `xsl:key` et de la fonction `key()`. Le standard XSLT ne garantit pas que cette solution améliorera les performances mais c'est l'effet obtenu sur la plupart des implémentations, lorsqu'elle est bien utilisée. « Bien » signifie ici que le coût de construction de l'index est négligeable par rapport à son utilisation. Si votre feuille de style n'utilise la clé qu'une ou deux fois, ne vous attendez pas à noter une amélioration des performances ; vous pourriez même constater une dégradation.

L'utilisation d'une clé améliore de façon significative la feuille de style suivante, lorsqu'elle est utilisée pour traiter un document contenant beaucoup d'éléments gens :

```
<?xml version="1.0" encoding="iso-8859-1"?> <xsl:stylesheet version="1.0"
      xmlns:xsl="http://www.w3.org/1999/XSL/Transform"
      xmlns:us="http://www.ora.com/XSLTCoobook/namespaces/us">

    <xsl:strip-space elements="*"/>

    <xsl:output method="text" />

    <xsl:key name="état" match="us:état" use="@abrev"/>

    <xsl:template match="personne">
        <xsl:value-of select="@nom"/>
        <xsl:text>&#xa;</xsl:text>
        <xsl:apply-templates/>
    </xsl:template>

    <xsl:template match="adresse">
        <xsl:variable name="état" select="@état"/>
        <xsl:value-of select="@ligne1"/>
        <xsl:text>&#xa;</xsl:text>
        <xsl:if test="@ligne2">
          <xsl:value-of select="@ligne2"/>
          <xsl:text>&#xa;</xsl:text>
        </xsl:if>
        <xsl:value-of select="@ville"/>
        <xsl:text>, </xsl:text>
        <!-- On utilise for-each pour que le contexte soit le
        document etats.xml, car key() ne trouve que les éléments dans
        le même document que le nœud de contexte -->
        <xsl:for-each select="document('etats.xml')">
            <xsl:value-of select="key('état',$état)/@nom"/>
        </xsl:for-each>
        <xsl:text> </xsl:text>
        <xsl:value-of select="@codePostal"/>
        <xsl:text>&#xa;&#xa;</xsl:text>
    </xsl:template>

    <xsl:template match="text()"/>

</xsl:stylesheet>
```

Discussion

Ne faites pas confiance aux règles de traitement par défaut lorsque cela n'est pas nécessaire

Comme vous le savez, XSLT comporte des règles de traitement intégrées, qui sont invoquées lorsque XSLT est appelé pour traiter un nœud pour lequel aucune règle de la feuille de style ne correspond. Les deux points suivants sont à considérer :

- Si aucune règle ne correspond à la racine (/) dans le mode d'appel courant, `<xsl:apply-templates/>` est automatiquement invoquée pour traiter les fils de la racine dans ce mode d'appel.
- Si aucune règle ne correspond à un élément dans le mode d'appel courant, `<xsl:apply-templates/>` est automatiquement invoquée pour traiter les fils de cet élément dans ce mode d'appel.

Ces règles sont importantes car ce sont elles qui forcent XSLT à descendre dans l'arborescence du document jusqu'à ce qu'il trouve quelque chose à faire. Il est conseillé de leur faire confiance si vous voulez créer des feuilles de style robustes, insensibles aux éventuelles modifications apportées à la structure du document. Cependant, lorsque vous traitez des documents dont la structure ne changera probablement jamais, il est préférable d'éliminer les traitements inutiles en sélectionnant les nœuds concernés le plus tôt possible.

Préférez les « sélections » et les « mises en correspondances » aux « filtrages »

Ce conseil est sûrement le moins important des quatre, du point de vue de l'optimisation pure. Au fur et à mesure que les processeurs XSLT évoluent, les différences de performances entre ces trois styles deviennent de plus en plus négligeables. Lorsqu'il s'agit de préférer une forme à une autre, la lisibilité et la facilité de maintenance sont meilleures conseillères que la recherche de rapidité.

Mettez en cache dans des variables les ensembles de nœuds que vous utilisez souvent

Bien qu'un emploi judicieux de variables puisse améliorer les performances, vous ne devez pas en faire une obsession. Utilisez plutôt les variables lorsqu'elles permettent de clarifier le code ou qu'elles facilitent sa maintenance. Les variables sont obligatoires dans deux situations, uniquement à cause de la nature de XSLT. Michael Kay les appelle variables *sensibles au contexte* et *arbres temporaires*. Les variables sensibles au contexte interviennent dans les boucles `for-each` imbriquées, lorsque la boucle interne doit faire référence au contexte de la boucle externe. Dans l'exemple 4-12, qui emprunte un fragment de code à l'exemple 4-14 de la recette 4-2, `$produit1` est une variable sensible au contexte, tandis que `$produit2` ne sert qu'à clarifier le code.

Exemple 4-12. Variable sensible au contexte

```
<xsl:template name="traite-produits">
     <xsl:param name="produits"/>
```

```
    <xsl:for-each select="$produits">
      <xsl:variable name="produit1" select="."/>
      <xsl:for-each select="$produits">
        <xsl:variable name="produit2" select="."/>
         <-- On ne compare pas le produit avec lui-même -->
         <xsl:if test="generate-id($produit1) != generate-id($produit2)">
           <xsl:call-template name="montre-produits-vendus-ensembles">
             <xsl:with-param name="produit1" select="$produit1"/>
             <xsl:with-param name="produit2" select="$produit2"/>
           </xsl:call-template>
         </xsl:if>
      </xsl:for-each>
    </xsl:for-each>
</xsl:template>
```

Les variables arbres temporaires interviennent lorsque vous voulez stocker les résultats du code XSLT dans une variable. le plus souvent, cette situation a lieu lorsque vous capturez la valeur renvoyée par un appel à une règle (voir l'exemple 4-13).

Exemple 4-13. Stokage d'un arbre temporaire

```
<xsl:variable name="arbre-résultat">
     <xsl:call-template name="traiter-qqchose"/>
</xsl:variable>
```

XSLT 2.0 (et 1.1 pour les processeurs qui le permettent) permet de traiter ces variables comme des ensembles de nœuds, ce qui peut se révéler très pratique. XSLT 1.0 les appelle *fragments d'arbres résultats* et vous ne pourrez pas faire grand chose de plus que les afficher à moins d'avoir d'abord appliqué une fonction d'extension `node-set()` non standard. A posteriori, les fragments d'arbres résultats sont l'exemple classique d'une très mauvaise idée. Cependant, lorsque XSLT 1.0 a été développé, on ne savait pas très bien comment il serait utilisé et si des problèmes techniques empêcheraient la création d'arbres de nœuds temporaires.

Utilisez `xsl:key` si les nœuds sont souvent sélectionnés selon des critères statiques

De toutes les méthodes d'optimisation, c'est l'utilisation de `xsl:key` qui, si elle est utilisée à bon escient, donne sûrement les meilleurs résultats. Bien sûr, rien dans le standard XSLT n'indique que ces clés produiront un index, mais toute implémentation décente en créera un. Avec Saxon et Xalan, on constate un gain de performances significatif lorsque l'on utilise ces clés.

4.2 Savoir si deux nœuds sont le même

Problème

Vous devez déterminer si deux références distinctes à un nœud désigne le même nœud.

Solution

Si les nœuds comparés sont des nœuds d'éléments avec un attribut unique, de type ID, la comparaison la plus simple consiste à comparer ces attributs. Dans le cas contraire, utilisez la fonction `generate-id()` :

```
<xsl:if test="generate-id($noeux1) = generate-id($noeux2)">
```

Nous supposons ici que `$noeud1` et `$noeud2` sont des ensembles de nœuds ne contenant qu'un seul nœud.

Une généralisation intéressante de ce test est de vérifier que tous les nœuds d'un ensemble sont les mêmes que tous les nœuds d'un autre. Pour cela, vous ne pouvez pas utiliser `generate-id()`, car cette fonction ne produit un ID que pour le premier nœud dans l'ordre du document. Vous devez plutôt tirer parti des facultés de l'opérateur d'union d'XPath (`|`) pour déterminer l'égalité de nœuds.

```
<xsl:if test="count($ns1|$ns2) = count($ns1) and
              count($ns1) = count($ns2)">
```

En d'autres termes, si deux ensembles de nœuds ont le même nombre de nœuds, et que le nombre de nœuds de l'union de ces deux ensembles est le même que celui-ci, alors ces deux ensembles sont le même. Dans le cas contraire, l'union doit contenir au moins un nœud de plus que l'un des ensembles de départ.

Si tout ce qui vous importe est de savoir si `$ns2` est égal à, ou est un sous-ensemble de, `$ns1`, vous pouvez vous contenter d'écrire :

```
<xsl:if test="count($ns1|$ns2) = count($ns1)">
```

Par contre, si vous voulez tester si `$ns2` est un sous-ensemble *propre* de `$ns1`, vous devez écrire[2] :

```
<xsl:if test="count($ns1|$ns2) = count($ns1) and count($ns1) > count(ns2)">
```

A partir de ces exemples, vous devriez également pouvoir conclure qu'au lieu d'utiliser `generate-id()` pour tester l'égalité de nœuds uniques, vous pouvez écrire :

```
<xsl:if test="count($ns1|$ns2) = 1">
```

Discussion

Vous pouvez appliquer ces techniques pour écrire des requêtes élaborées sur un document. Considérez, par exemple, la feuille de style de l'exemple 4-14, qui analyse le fichier *VentesParVendeur.xml* pour trouver les produits vendus en commun par les vendeurs. Son résultat est montré dans l'exemple 4-15.

Exemple 4-14. produits-vendus-en-commun.xslt

```
<?xml version="1.0" encoding="iso-8859-1"?>
<xsl:stylesheet version="1.0" xmlns:xsl="http://www.w3.org/1999/XSL/Transform">

<xsl:output method="text"/>
```

---

2. Un sous-ensemble propre ne contient pas l'ensemble de départ.

```
<!-- Extrait l'ensemble des produits -->
<xsl:template match="/">
     <xsl:call-template name="traite-produits">
          <xsl:with-param name="produits"
          select="/*/vendeur/produit[not(@clé=preceding::produit/@clé)]"/>
     </xsl:call-template>
</xsl:template>

<!-- Traite toutes les paires de produits -->
<xsl:template name="traite-produits">
     <xsl:param name="produits"/>
     <xsl:for-each select="$produits">
       <xsl:variable name="produit1" select="."/>
       <xsl:for-each select="$produits">
         <xsl:variable name="produit2" select="."/>
          <-- On ne compare pas le produit à lui-même -->
          <xsl:if test="generate-id($produit1) != generate-id($produit2)">
            <xsl:call-template name="affiche-produits-vendus-en-commun">
              <xsl:with-param name="produit1" select="$produit1"/>
              <xsl:with-param name="produit2" select="$produit2"/>
            </xsl:call-template>
          </xsl:if>
       </xsl:for-each>
     </xsl:for-each>
</xsl:template>

<!-- Teste si deux produits ont un vendeur en commun. -->
<xsl:template name="affiche-produits-vendus-en-commun">
     <xsl:param name="produit1"/>
     <xsl:param name="produit2"/>
     <xsl:variable name="vendeurs-de-p1"
          select="//vendeur[produit/@clé = $produit1/@clé]"/>
     <xsl:variable name="vendeurs-de-p2"
          select="//vendeur[produit/@clé = $produit2/@clé]"/>

     <!-- Si ceux qui ont vendu produit2 est un sous-ensemble de ceux
     qui ont vendu produit1, ces produits ont un vendeur en commun -->
     <xsl:if test="count($vendeurs-de-p1|$vendeurs-de-p2)
      = count($vendeurs-de-p1)">
       <xsl:text>Tous les vendeurs qui ont vendu le produit </xsl:text>
       <xsl:value-of select="$produit2/@clé"/>
       <xsl:text> ont aussi vendu le produit </xsl:text>
       <xsl:value-of select="$produit1/@clé"/>
       <!-- Si les cardinaux des deux ensembles sont égaux, ces deux
       ensembles sont le même. -->
       <xsl:if test="count($vendeurs-de-p1) = count($vendeurs-de-p2)">
         <xsl:text> et vice-versa.</xsl:text>
       </xsl:if>
       <xsl:text>.&#xa;</xsl:text>
     </xsl:if>
</xsl:template>
```

```
</xsl:stylesheet>
```

Exemple 4-15. Résultat

```
Tous les vendeurs qui ont vendu le produit 20000 ont aussi vendu le produit 10000
et vice-versa.
Tous les vendeurs qui ont vendu le produit 25000 ont aussi vendu le produit 10000.
Tous les vendeurs qui ont vendu le produit 30000 ont aussi vendu le produit 10000.
Tous les vendeurs qui ont vendu le produit 70000 ont aussi vendu le produit 10000.
Tous les vendeurs qui ont vendu le produit 10000 ont aussi vendu le produit 20000
et vice-versa.
Tous les vendeurs qui ont vendu le produit 25000 ont aussi vendu le produit 20000.
Tous les vendeurs qui ont vendu le produit 30000 ont aussi vendu le produit 20000.
Tous les vendeurs qui ont vendu le produit 70000 ont aussi vendu le produit 20000.
Tous les vendeurs qui ont vendu le produit 70000 ont aussi vendu le produit 25000.
Tous les vendeurs qui ont vendu le produit 70000 ont aussi vendu le produit 30000.
```

En ce qui concerne le test de l'identité d'un nœud, cet exemple n'offre pas la solution la plus efficace. Dans ce cas précis, la solution suivante est préférable :

```
<xsl:template name="traite-produits">
  <xsl:param name="produits"/>
  <xsl:for-each select="$produits">
     <xsl:variable name="produit1" select="."/>
     <xsl:variable name="pos" select="position()"/>
     <xsl:for-each select="$produits[position() > $pos]">
      <xsl:variable name="produit2" select="."/>
      <xsl:call-template name="affiche-produits-vendus-en-commun">
           <xsl:with-param name="produit1" select="$produit1"/>
           <xsl:with-param name="produit2" select="$produit2"/>
      </xsl:call-template>
     </xsl:for-each>
  </xsl:for-each>
</xsl:template>
```

Vous remarquerez que cette solution évite les appels à generate-id() en se fiant à l'unicité de la position dans un même ensemble de nœuds. Cependant, s'il y avait deux ensembles de nœuds indépendants au lieu d'un seul, vous ne pourriez pas vous fier à la position pour déterminer l'identité.

De plus, les tests comme :

```
<xsl:variable name="vendeurs-de-p1"
 select="//vendeur[produit/@clé = $produit1/@clé]"/>
```

peuvent être faits de façon plus efficace en utilisant une clé, comme nous l'avions suggéré dans la recette 4-1 :

```
<xsl:key name="clé_vendeur" match="vendeur" use="produit/@clé"/>

<xsl:variable name="vendeurs-de-p1" select="key('clé-vendeur',$produit1/@clé)"/>
```

Pour aller plus loin

Tester l'égalité des nœuds est un aspect important des problèmes de regroupement, abordés dans le chapitre 5.

4.3 Ignorer les éléments dupliqués

Problème

Vous voulez sélectionner tous les nœuds uniques dans un contexte reposant sur un critère d'unicité.

Solution

Sélectionner les nœuds uniques est une application courante des axes `preceding` et `preceding-sibling`. Si les éléments que vous sélectionnez ne sont pas tous frères, utilisez `preceding`. Le code suivant produit une liste unique des produits de *VentesParVendeur.xml* :

```
<?xml version="1.0" encoding="iso-8859-1"?>
<xsl:stylesheet xmlns:xsl="http://www.w3.org/1999/XSL/Transform"
                version="1.0">

  <xsl:output method="xml" version="1.0" encoding="iso-8859-1" indent="yes"/>

  <xsl:template match="/">
    <produits>
      <xsl:for-each select="//produit[not(@clé=preceding::produit/@clé)]">
        <xsl:copy-of select="."/>
      </xsl:for-each>
    </produits>
  </xsl:template>
</xsl:stylesheet>
```

Si les éléments sont tous frères, utilisez `preceding-sibling`.

```
<?xml version="1.0" encoding="iso-8859-1"?>
<xsl:stylesheet xmlns:xsl="http://www.w3.org/1999/XSL/Transform"
                version="1.0">

  <xsl:output method="xml" version="1.0" encoding="iso-8859-1" indent="yes"/>

  <xsl:template match="/">
    <produits>
     <xsl:for-each select="//produit[not(@clé=preceding-sibling::produit/@clé)]">
        <xsl:copy-of select="."/>
     </xsl:for-each>
    </produits>
  </xsl:template>
</xsl:stylesheet>

<?xml version="1.0" encoding="iso-8859-1"?>
<produits>
```

```
  <produit clé="10000" ventesTotales="10000.00"/>
  <produit clé="20000" ventesTotales="50000.00"/>
  <produit clé="25000" ventesTotales="920000.00"/>
  <produit clé="10000" ventesTotales="990000.00"/>
  <produit clé="20000" ventesTotales="150000.00"/>
  <produit clé="30000" ventesTotales="5500.00"/>
  <produit clé="10000" ventesTotales="1110000.00"/>
  <produit clé="20000" ventesTotales="150000.00"/>
  <produit clé="25000" ventesTotales="2920000.00"/>
  <produit clé="30000" ventesTotales="115500.00"/>
  <produit clé="70000" ventesTotales="10000.00"/>
</produits>
```

Pour éviter d'utiliser `preceding`, qui peut être peu efficace, remontez aux ancêtres *frères*, puis utilisez `preceding-sibling` et redescendez sur les nœuds que vous voulez tester :

```
<xsl:for-each select="//produit[not(@clé=../preceding-sibling::*/produit/@clé)]">
  <xsl:copy-of select="."/>
</xsl:for-each>
```

Si vous êtes certain que les éléments sont triés de telle sorte que les nœuds dupliqués sont adjacents, vous n'avez plus à prendre en compte que le frère immédiatement précédent :

```
<xsl:for-each
     select="/vendeur/produit[not(@nom=preceding-sibling::produit[1]/@nom)]">
 <!-- traiter chaque produit unique -->
</xsl:for-each>
```

Discussion

Avec XSLT 2.0 (ou 1.0 et la fonction d'extension `node-set()`), vous pouvez également écrire :

```
<?xml version="1.0" encoding="iso-8859-1"?> <xsl:stylesheet version="1.1"
xmlns:xsl="http://www.w3.org/1999/XSL/Transform">

  <xsl:output method="xml" version="1.0" encoding="iso-8859-1" indent="yes"/>

  <xsl:template match="/">

  <xsl:variable name="produits">
     <xsl:for-each select="//produit">
          <xsl:sort select="@clé"/>
          <xsl:copy-of select="."/>
     </xsl:for-each>
  </xsl:variable>

  <produits>
     <xsl:for-each select="$produits/produit">
          <xsl:variable name="pos" select="position()"/>
          <xsl:if test="$pos = 1 or not
           (@clé = $produits/preceding-sibling::produit[1]/@clé)">
              <xsl:copy-of select="."/>
```

```
        </xsl:if>
    </xsl:for-each>
  </produits>

</xsl:template>
</xsl:stylesheet>
```

Cependant, je n'ai jamais trouvé que cette technique était plus rapide que l'utilisation de l'axe `preceding`. Elle a par contre un avantage dans les situations où le test des doublons n'est pas évident. Considérez, par exemple, un cas où les doublons sont déterminés par la concaténation de deux attributs :

```
<?xml version="1.0" encoding="iso-8859-1"?>
<xsl:stylesheet version="1.1" xmlns:xsl="http://www.w3.org/1999/XSL/Transform">
    <xsl:output method="xml" version="1.0" encoding="iso-8859-1" indent="yes"/>

<xsl:template match="/">

<xsl:variable name="gens">
    <xsl:for-each select="//personne">
        <xsl:sort select="concat(@nom,@prénom)"/>
        <xsl:copy-of select="."/>
    </xsl:for-each>
</xsl:variable>

<produits>
    <xsl:for-each select="$gens/personne">
        <xsl:variable name="pos" select="position()"/>
        <xsl:if test="$pos = 1 or
            concat(@nom,@prénom) !=
                    concat(gens/personne[$pos - 1]/@nom,
                           gens/personne[$pos - 1]/@prénom)">
            <xsl:copy-of select="."/>
        </xsl:if>
    </xsl:for-each>
</produits>

</xsl:template>
</xsl:stylesheet>
```

Si vous tentez de supprimer les nœuds dupliqués, les exemples suivants ne fonctionneront *pas* :

```
<xsl:template match="/">
<produits>
    <xsl:for-each select="//produit[not(@clé=preceding::produit[1]/@clé)]">
        <xsl:sort select="@clé"/>
        <xsl:copy-of select="."/>
    </xsl:for-each>
</produits>
</xsl:template>
```

Ne triez pas pour éviter de prendre en compte tous les éléments sauf le précédent, car l'axe est relatif à l'ordre original du nœud dans le document et c'est la même chose pour `preceding-sibling`. Le code suivant échouera également à coup sûr :

```
<xsl:template match="/">

<xsl:variable name="produits">
     <xsl:for-each select="//produit">
     <!-- on a ôté le tri -->
          <xsl:copy-of select="."/>
     </xsl:for-each>
</xsl:variable>

<produits>
     <xsl:for-each select="$produits/produit">
          <xsl:sort select="@clé"/>
          <xsl:variable name="pos" select="position()"/>
          <xsl:if test="$pos = 1 or
               @sku != $produits/produit[$pos - 1]/@clé">
               <xsl:copy-of select="."/>
          </xsl:if>
     </xsl:for-each>
</produits>
</xsl:template>
```

Ce code échoue parce que `position()` renvoie la position après le tri, mais que le contenu de `$produits` n'a pas été trié : c'est une copie inaccessible qui l'a été.

Pour aller plus loin

La FAQ XSLT (*http://www.dpawson.co.uk/xsl/sect2/N2696.html*) décrit une solution utilisant des clés et des solutions aux problèmes qui y sont liés.

4.4 Sélectionner tous les éléments sauf un

Problème

Vous voulez sélectionner tous les éléments d'un contexte particulier, sauf ceux que vous avez choisi d'exclure.

Solution

Le meilleur moyen de sélectionner tous les éléments sauf un consiste à écrire :

```
<xsl:apply-templates select="*[not(self::element-à-ignorer)]"/>
```

ou, si l'on itère :

```
<xsl:for-each select="*[not(self::element-à-ignorer)]">
  ... </xsl:for-each>
```

Discussion

Quand les débutants en XSLT doivent sélectionner tous les éléments sauf un, ils commencent par imaginer la construction suivante :

```
<xsl:apply-templates select="*[name() != 'element-à-ignorer']">
```

Dans la plupart des cas, ce code fonctionne, mais il peut poser des problèmes si le document utilise les espaces de noms. N'oubliez pas que la fonction `name()` renvoie le nom qualifié (*QName*) du nœud, c'est-à-dire le préfixe de l'espace de noms concaténé à la partie locale du nom. Or, dans un document XML, rien ne force l'auteur à utiliser un préfixe particulier :

```
<-- Ce code échouera si l'auteur a décidé d'utiliser VENTES:produit
        au lieu de ventes:produit -->
<xsl:apply-templates select="*[name() != 'ventes:produit']"/>
```

Vous pourriez aussi utiliser `local-name()` mais cette fonction ignorerait les éléments portant ce nom local quel que soit l'espace de noms, ce qui n'est peut-être pas ce que vous vouliez.

Ce conseil ne s'applique qu'aux éléments, pas aux attributs. Si vous devez sélectionner tous les attributs, sauf un, utilisez `local-name()`. L'axe `self`, lorsqu'il s'applique à un nom, ne désigne que des éléments : en d'autres termes, utilisez `<xsl:copy-of select=@*[local-name() != 'attribut-ignoré']/>`, et non `<xsl:copy-of select=@* [not(self::attribut-ignoré)]/>`.

Enfin, pour éviter toute confusion, sélectionner tous les éléments sauf un seul est différent de sélectionner tous les éléments sauf une seule *instance* d'élément. Ce dernier cas est utilisé dans un exemple présenté plus haut dans ce chapitre :

```
<xsl:apply-templates select="*[generate-id() !=
    generate-id($noeud-à-ignorer)]"/>
```

Pour aller plus loin

Le livre de Jeni Tennison, *XSLT and XPath on the Edge* (M&T Books, 2001), précise quand on doit et quand on ne doit pas utiliser `name()` et `local-name()`.

4.5 Effectuer un parcours préfixe

Problème

Vous voulez récursivement traiter un élément, puis ses fils.

Solution

Les solutions de cette recette ont la forme générale suivante :

```
<xsl:template match="node()">
    <!-- Traiter le noeud courant -->

    <!-- Traiter les fils -->
    <xsl:apply-templates/>
```

```
</xsl:template>
```

Discussion

L'expression *parcours préfixe d'un arbre* appartient au jargon informatique, elle indique que l'on visite la racine et les fils de celle-ci, de façon récursive et dans un ordre préfixe. Ce procédé est sûrement la façon la plus courante de traiter un document XML. Parmi les nombreuses applications de ce parcours, nous en étudierons deux. En découvrant les recettes des sections suivantes, vous verrez que ce mode de parcours est fréquemment utilisé.

Soit un organigramme (voir l'exemple 4-2) encodé de façon très simple et tel qu'un élément `employé` *B* est le fils d'un autre élément `employé` *A* si *A* est le supérieur hiérarchique de *B*. L'exemple 4-16 utilise un parcours préfixe pour montrer qui dirige qui. L'exemple 4-17 montre le résultat obtenu.

Exemple 4-16. Feuille de style

```
<?xml version="1.0" encoding="iso-8859-1"?>
<xsl:stylesheet version="1.0" xmlns:xsl="http://www.w3.org/1999/XSL/Transform">

<xsl:output method="text"/>
<xsl:strip-space elements="*"/>

<xsl:template match="/employé" priority="10">
     <xsl:value-of select="@nom"/><xsl:text> est à la tête de la société.
                                 </xsl:text>
     <xsl:call-template name="il-ou-elle"/><xsl:text> dirige </xsl:text>
     <xsl:call-template name="dirige"/>
     <xsl:apply-templates/>
</xsl:template>

<xsl:template match="employé[employé]">
     <xsl:value-of select="@nom"/><xsl:text> est cadre. </xsl:text>
     <xsl:call-template name="il-ou-elle"/> <xsl:text> dirige </xsl:text>
     <xsl:call-template name="dirige"/>
     <xsl:apply-templates/>
</xsl:template>

<xsl:template match="employé">
     <xsl:value-of select="@nom"/><xsl:text> n'a pas de souci. </xsl:text>
     <xsl:text>&#xa;&#xa;</xsl:text>
</xsl:template>

<xsl:template name="il-ou-elle">
     <xsl:choose>
          <xsl:when test="@sexe = 'masculin' ">
               <xsl:text>Il</xsl:text>
          </xsl:when>
          <xsl:otherwise>
               <xsl:text>Elle</xsl:text>
          </xsl:otherwise>
     </xsl:choose>
```

```
</xsl:template>

<xsl:template name="dirige">
     <xsl:for-each select="*">
          <xsl:choose>
            <xsl:when test="position() != last() and last() > 2">
              <xsl:value-of select="@nom"/><xsl:text>, </xsl:text>
            </xsl:when>
            <xsl:when test="position() = last() and last() > 1">
              <xsl:text> et </xsl:text><xsl:value-of
                         select="@nom"/><xsl:text>. </xsl:text>
            </xsl:when>
            <xsl:when test="last() = 1">
              <xsl:value-of select="@nom"/><xsl:text>. </xsl:text>
            </xsl:when>
            <xsl:otherwise>
              <xsl:value-of select="@nom"/>
            </xsl:otherwise>
          </xsl:choose>
     </xsl:for-each>
     <xsl:text>&#xa;&#xa;</xsl:text>
</xsl:template>
</xsl:stylesheet>
```

Exemple 4-17. Résultat

```
Jil Michel est à la tête de la société. Elle dirige Nancy Pratt,
    Jane Doe, et Mike Rosenbaum.

Nancy Pratt est cadre. Elle dirige Phill McKraken et Ima Little.

Phill McKraken n'a pas de souci.

Ima Little est cadre. Elle dirige Betsy Ross.

Betsy Ross n'a pas de souci.

Jane Doe est cadre. Elle dirige Walter H. Potter et Wendy B.K. McDonald.

Walter H. Potter n'a pas de souci.

Wendy B.K. McDonald est cadre. Elle dirige Craig F. Frye, Hardy Hamburg,
    et Rich Shaker.

Craig F. Frye n'a pas de souci.

Hardy Hamburg n'a pas de souci.

Rich Shaker n'a pas de souci.

Mike Rosenbaum est cadre. Il dirige Cindy Post-Kellog et Oscar A. Winner.

Cindy Post-Kellog est cadre. Elle dirige Allen Bran, Frank N. Berry,  et
```

```
   Jack Apple.

Allen Bran n'a pas de souci.

Frank N. Berry n'a pas de souci.

Jack Apple n'a pas de souci.

Oscar A. Winner est cadre. Il dirige Jack Nickolas, Tom Hanks,  et Susan
   Sarandon.

Jack Nickolas est cadre. Il dirige R.P. McMurphy.

R.P. McMurphy n'a pas de souci.

Tom Hanks est cadre. Il dirige Forest Gump et Andrew Beckett.

Forest Gump n'a pas de souci.

Andrew Beckett n'a pas de souci.
```

Une application plus sérieuse du parcours préfixe est la conversion d'un arbre d'expression en notation préfixe. Ainsi, étant donné le fragment de contenu MathML de l'exemple 4-18, le code de l'exemple 4-19 ous permet de le transformer vers une syntaxe à la Lisp. L'exemple 4-20 montre le résultat obtenu.

Exemple 4-18. Fragment MathML représentant $x^2 + 4x + 4 = 0$

```
<apply>
     <eq/>
     <apply>
          <plus/>
          <apply>
               <power/>
               <ci>x</ci>
               <cn>2</cn>
          </apply>
          <apply>
               <times/>
               <cn>4</cn>
               <ci>x</ci>
          </apply>
          <cn>4</cn>
     </apply>
     <cn>0</cn>
</apply>
```

Exemple 4-19. Feuille de style pour convertir un fragment MathML en notation préfixe

```
<?xml version="1.0" encoding="UTF-8"?>
<xsl:stylesheet version="1.0"
     xmlns:xsl="http://www.w3.org/1999/XSL/Transform">
     <xsl:output method="text"/>
     <xsl:strip-space elements="*"/>
```

```
    <xsl:template match="apply">
        <xsl:value-of select="local-name(*[1])"/>
        <xsl:text>(</xsl:text>
        <xsl:apply-templates/>
        <xsl:text>)</xsl:text>
        <xsl:if test="following-sibling::*">,</xsl:if>
    </xsl:template>

    <xsl:template match="ci|cn">
        <xsl:value-of select="."/>
        <xsl:if test="following-sibling::*">,</xsl:if>
    </xsl:template> </xsl:stylesheet>
```

Exemple 4-20. Résultat

```
eq(plus(power(x,2),times(4,x),4),0)
```

Le convertisseur MathML n'est pas l'exemple le plus pur de parcours préfixe, principalement parce que MathML encode les expressions mathématiques de façon non conventionnelle. Il s'agit quand même d'un parcours préfixe, car le code traite d'abord l'élément `apply` (et produit le nom de son premier élément fils), puis traite récursivement ses fils (via `<xsl:apply-templates/>`). Le code qui suit `apply-templates` ferme les parenthèses, insère des virgules si nécessaire et n'effectue plus de parcours.

4.6 Effectuer un parcours postfixe

Problème

Vous voulez d'abord traiter récursivement les fils d'un élément, puis l'élément lui-même.

Solution

Les solutions de cette recette ont la forme générale suivante :

```
<xsl:template match="node()">
    <!-- Traitement des fils -->
    <xsl:apply-templates/>

    <!-- Traitement du noeud courant -->

</xsl:template>
```

Discussion

L'expression *parcours postfixe d'un arbre* appartient au jargon informatique, elle indique que l'on visite récursivement les fils de la racine, dans un ordre postfixe, puis la racine elle-même. Cet algorithme produit une feuille de style qui traite les feuilles les plus extérieures et remonte jusqu'à la racine du document.

Vous pouvez effectuer un parcours postfixe de l'organigramme que nous avons utilisé à la recette précédente afin d'afficher qui obéit à qui, en partant du bas de l'échelle. Le code de la feuille de style est donné dans l'exemple 4-21 et le résultat est montré dans l'exemple 4-22.

Exemple 4-21. Feuille de style

```
<?xml version="1.0" encoding="iso-8859-1"?>
<xsl:stylesheet version="1.0" xmlns:xsl="http://www.w3.org/1999/XSL/Transform">

<xsl:output method="text"/>
<xsl:strip-space elements="*"/>

<xsl:template match="/employé" priority="10">
     <xsl:apply-templates/>
     <xsl:value-of select="@nom"/><xsl:text>
          est à la tête de la société. </xsl:text>
     <xsl:call-template name="obéir"/>
     <xsl:text>&#xa;&#xa;</xsl:text>
</xsl:template>

<xsl:template match="employé[employé]">
     <xsl:apply-templates/>
     <xsl:value-of select="@nom"/><xsl:text> est cadre. </xsl:text>
     <xsl:call-template name="obéir"/>
     <xsl:text>&#xa;&#xa;</xsl:text>
</xsl:template>

<xsl:template match="employé">
     <xsl:text>Personne n'est sous les ordres de </xsl:text>
     <xsl:value-of select="@nom"/><xsl:text>. &#xa;</xsl:text>
</xsl:template>

<xsl:template name="obéir">
     <xsl:for-each select="*">
       <xsl:choose>
         <xsl:when test="position() &lt; last() - 1 and last() > 2">
          <xsl:value-of select="@nom"/><xsl:text>, </xsl:text>
         </xsl:when>
         <xsl:when test="position() = last() - 1  and last() > 1">
          <xsl:value-of select="@nom"/><xsl:text> et </xsl:text>
         </xsl:when>
         <xsl:when test="position() = last() and last() = 1">
          <xsl:value-of select="@nom"/><xsl:text> est sous ses ordres.</xsl:text>
         </xsl:when>
         <xsl:when test="position() = last()">
         <xsl:value-of select="@nom"/><xsl:text> sont sous ses ordres.</xsl:text>
         </xsl:when>
         <xsl:otherwise>
          <xsl:value-of select="@nom"/>
         </xsl:otherwise>
       </xsl:choose>
     </xsl:for-each>
</xsl:template>
```

```
</xsl:stylesheet>
```

Exemple 4-22. Résultat

```
Personne n'est sous les ordres de Phill McKraken.
Personne n'est sous les ordres de Betsy Ross.
Ima Little est cadre.
Betsy Ross est sous ses ordres.

Nancy Pratt est cadre. Phill McKraken et Ima Little sont sous ses ordres.

Personne n'est sous les ordres de Walter H. Potter.
Personne n'est sous les ordres de Craig F. Frye.
Personne n'est sous les ordres de Hardy Hamburg.
Personne n'est sous les ordres de Rich Shaker.
Wendy B.K. McDonald est cadre.
Craig F. Frye, Hardy Hamburg et Rich Shaker sont sous ses ordres.

Jane Doe est cadre.
Walter H. Potter et Wendy B.K. McDonald sont sous ses ordres.

Personne n'est sous les ordres de Allen Bran.
Personne n'est sous les ordres de Frank N. Berry.
Personne n'est sous les ordres de Jack Apple.
Cindy Post-Kellog est cadre.
Allen Bran, Frank N. Berry et Jack Apple sont sous ses ordres.

Personne n'est sous les ordres de R.P. McMurphy.
Jack Nickolas est cadre. R.P. McMurphy est sous ses ordres.

Personne n'est sous les ordres de Forest Gump.
Personne n'est sous les ordres de Andrew Beckett.
Tom Hanks est cadre.
Forest Gump et Andrew Beckett sont sous ses ordres.

Personne n'est sous les ordres de Helen Prejean.
Susan Sarandon est cadre.
Helen Prejean est sous ses ordres.

Oscar A. Winner est cadre.
Jack Nickolas, Tom Hanks et Susan Sarandon sont sous ses ordres.

Mike Rosenbaum est cadre.
Cindy Post-Kellog et Oscar A. Winner sont sous ses ordres.

Jil Michel est à la tête de la société.
Nancy Pratt, Jane Doe et Mike Rosenbaum sont sous ses ordres.
```

4.7 Effectuer un parcours infixe

Problème

Vous voulez traiter de façon infixe un document ou un fragment XML representant une expression.

Solution

Un parcours infixe s'applique essentiellement à un arbre binaire. En ce cas, la forme générale de l'algorithme est le suivant :

```
<xsl:template match="node()">
     <!-- Traitement du sous-arbre gauche -->
     <xsl:apply-templates select="*[1]"/>

     <!-- Traitement du noeud courant -->

     <!-- Traitement du sous-arbre droit -->
     <xsl:apply-templates select="*[2]"/>
</xsl:template>
```

Cependant, avec l'algorithme suivant, le parcours infixe peut s'appliquer à des arbres n-aires :

```
<xsl:template match="node()">
     <xsl:variable name="noeud-courant" select="."/>
     <!-- Traitement du sous-arbre gauche -->
     <xsl:apply-templates select="*[1]"/>

     <!-- Traitement de $noeud-courant -->

     <!-- Récursion sur les fils du milieu -->
     <xsl:for-each select="*[position() > 1 and position() &lt; last()">

          <!-- Traitement du sous-arbre "gauche" -->
          <xsl:apply-templates select="."/>

          <!-- Traitement de $noeud-courant -->

     </xsl:for-each>

     <!-- Traitement du sous-arbre droit -->
     <xsl:apply-templates select="*[last()]"/>

</xsl:template>
```

Le raisonnement derrière cet algorithme sera peut être mieux saisi en étudiant la figure 4-1, qui montre l'équivalent binaire d'un arbre n-aire. Le parcours infixe n-aire généralisé produit le même résultat que le parcours infixe binaire sur l'arbre binaire équivalent.

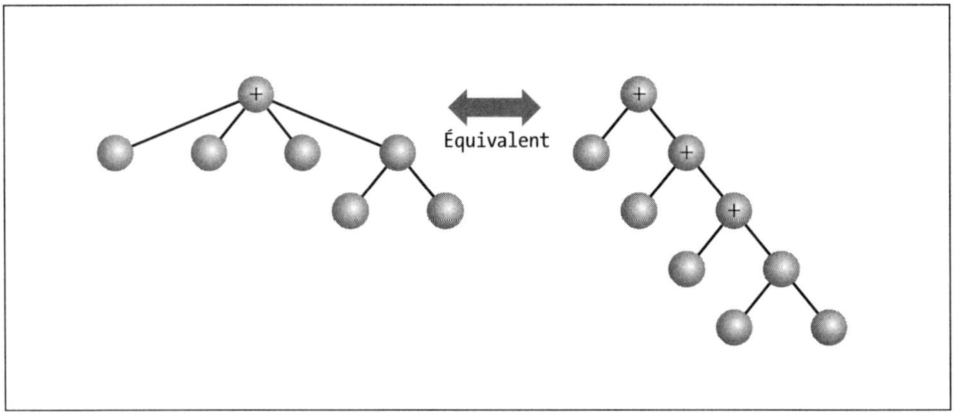

Figure 4-1. Arbre binaire équivalent à un arbre n-aire

Discussion

Cette forme de parcours a moins d'applications que les autres exemples de parcours de ce chapitre. Une application notable, montrée dans les exemples 4-23 et 4-24, est son utilisation comme composant d'une feuille de style chargée de convertir un fragment MathML en expressions infixes, telles que C ou Java les utilisent. L'exemple 4-25 montre le résultat obtenu.

Exemple 4-23. Fragment MathML

```
<apply>
     <eq/>
     <apply>
          <plus/>
          <apply>
               <minus/>
               <ci>y</ci>
               <cn>2</cn>
          </apply>
          <apply>
               <times/>
               <cn>4</cn>
               <apply>
                    <plus/>
                    <ci>x</ci>
                    <cn>1</cn>
               </apply>
          </apply>
          <cn>8</cn>
     </apply>
     <cn>0</cn>
</apply>
```

Exemple 4-24. Parcours infixe d'un fragment MathML pour, produire une expression C

```
<?xml version="1.0" encoding="iso-8859-1"?>
<xsl:stylesheet version="1.0" xmlns:xsl="http://www.w3.org/1999/XSL/Transform"
                xmlns:C="http://www.ora.com/XSLTCookbook/namespaces/C">
     <xsl:output method="text"/>
     <xsl:strip-space elements="*"/>

     <!-- Table de conversion des opérations MathML en opérateurs C -->
     <C:operateur mathML="plus" c="+" priorite="2"/>
     <C:operateur mathML="minus" c="-" priorite="2"/>
     <C:operateur mathML="times" c="*" priorite="3"/>
     <C:operateur mathML="div" c="/" priorite="3"/>
     <C:operateur mathML="mod" c="%" priorite="3"/>
     <C:operateur mathML="eq" c="==" priorite="1"/>

     <!-- Charge la table de conversion dans une variable -->
     <xsl:variable name="ops" select="document('')/*/C:operateur"/>

     <xsl:template match="apply">
          <xsl:param name="priorité-parent" select="0"/>

          <!-- Fait correspondre l'opération mathML au nom et à la
          priorité de l'opérateur -->
          <xsl:variable name="nomOp-mathML" select="local-name(*[1])"/>
          <xsl:variable name="nomOp-C"
               select="$ops[@mathML=$nomOp-mathML]/@c"/>
          <xsl:variable name="prioritéOp-C"
               select="$ops[@mathML=$nomOp-mathML]/@priorite"/>

          <!-- Il faut des parenthèses si la priorité de l'expression
          contenante est supérieure à celle de la sous-expression
          courante -->
          <xsl:if test="$priorité-parent > $prioritéOp-C">
          <xsl:text>(</xsl:text>
          </xsl:if>

          <!-- Traite récursivement le sous-arbre gauche, qui est à la
          position 2 dans l'élément apply de MathML -->
          <xsl:apply-templates select="*[2]">
               <xsl:with-param name="priorité-parent"
                    select="$prioritéOp-C"/>
          </xsl:apply-templates>

          <!-- Traite le noeud courant (i.e. l'operateur à la position
          1 dans l'élément apply de MathML -->
          <xsl:value-of select="concat(' ',$nomOp-C,' ')"/>

          <!-- Traite récursivement les fils du milieu -->
          <xsl:for-each select="*[position()> 2 and
                              position() &lt; last()]">
               <xsl:apply-templates select=".">
                    <xsl:with-param name="priorité-parent"
```

```
                    select="$prioritéOp-C"/>
          </xsl:apply-templates>
          <xsl:value-of select="concat(' ',$nomOp-C,' ')"/>
     </xsl:for-each>

     <!-- Traite récursivement le sous-arbre droit -->
     <xsl:apply-templates select="*[last()]">
          <xsl:with-param name="priorité-parent"
                    select="$prioritéOp-C"/>
     </xsl:apply-templates>

     <!-- Il faut des parenthèses si la priorité de l'expression
     contenante est supérieure à celle de la sous-expression
     courante -->
     <xsl:if test="$priorité-parent > $prioritéOp-C">
          <xsl:text>)</xsl:text>
     </xsl:if>

</xsl:template>

<xsl:template match="ci|cn">
     <xsl:value-of select="."/>
</xsl:template>

</xsl:stylesheet>
```

Exemple 4-25. Résultat

```
y - 2 + 4 * (x + 1) + 8 == 0
```

Cette feuille de style n'est évidemment pas un traducteur complet de MathML vers C. Le chapitre 9 aborde ce problème plus en détail.

4.8 Effectuer un parcours en largeur

Problème

Vous voulez ordonner les éléments par niveau croissant (selon la profondeur de l'arbre). En d'autres termes, vous voulez parcourir l'arbre en largeur d'abord.

Solution

Cette forme de parcours est faite sur mesure pour la combinaison `xsl:for-each` et `xsl:sort`:

```
<xsl:for-each select="//*">
     <xsl:sort select="count(ancestor::*)" data-type="number"/>
     <!--  Traitement de l'élément courant -->
</xsl:for-each>
```

Cette solution récursive est plus longue et moins évidente :

```
<xsl:template match="/*">
     <xsl:call-template name="parcours-largeur"/>
```

```
</xsl:template>

<xsl:template name="parcours-largeur">
<xsl:param name="niveau-max" select="10"/>
<xsl:param name="niveau-courant" select="1"/>

<xsl:choose>
     <xsl:when test="$niveau-courant &lt;= $niveau-max">
          <!-- Traitement du niveau courant -->
          <xsl:call-template name="parcours-largeur-aux">
               <xsl:with-param name="niveau"
                         select="$niveau-courant"/>
               <xsl:with-param name="niveau-réel"
                         select="$niveau-courant"/>
          </xsl:call-template>
          <!-- Traitement du niveau suivant -->
          <xsl:call-template name="parcours-largeur">
               <xsl:with-param name="niveau-courant"
                         select="$niveau-courant + 1"/>
          </xsl:call-template>
     </xsl:when>
</xsl:choose>

</xsl:template>

<xsl:template name="parcours-largeur-aux">
     <xsl:param name="niveau" select="1"/>
     <xsl:param name="niveau-reel" select="1"/>
     <xsl:choose>
          <xsl:when test="$niveau = 1">
               <!-- Traiter ici  l'élément courant -->
               <!-- $niveau-réel est le numéro du niveau courant -->
          </xsl:when>
          <xsl:otherwise>
               <!-- On descend récursivement au niveau suivant sur
               tous les fils  -->
               <xsl:for-each select="*">
                    <xsl:call-template name="parcours-largeur-aux">
                         <xsl:with-param name="niveau"
                              select="$niveau - 1"/>
                         <xsl:with-param name="niveau-réel"
                              select="$niveau-réel"/>
                    </xsl:call-template>
               </xsl:for-each>
          </xsl:otherwise>
     </xsl:choose>
</xsl:template>
```

Cette solution nécessite soit que vous fixiez une limite arbitraire à la profondeur maximale de l'arbre, soit que vous calculiez cette profondeur maximale. Une façon de faire consiste à trouver le nœud qui n'a pas de fils et qui a plus d'ancêtres que tous les autres nœuds sans fils :

```
<xsl:param name="niveau-max">
  <xsl:for-each select="//*[not(*)]">
    <xsl:sort select="count(ancestor::*)" data-type="number" order="descending" />
    <xsl:if test="position() = 1">
      <xsl:value-of select="count(ancestor::*) + 1" />
    </xsl:if>
  </xsl:for-each>
</xsl:param>
```

Discussion

On pourrait faire remarquer qu'il est rare de devoir traverser un document XML en largeur. Le regroupement de nœuds par profondeur ou par distance par rapport à la racine ne convient pas au déroulement naturel de XSLT, qui est organisé pour exprimer des parcours qui descendent dans l'arborescence du document. Cela apparaît dans le fait que vous deviez utiliser `xsl:sort` pour forcer la feuille de style à traiter les nœuds selon leur profondeur ou, ce qui revient au même, selon leur nombre d'ancêtres. La complexité de la solution récursive fournit une autre preuve de ce processus non naturel.

Pourtant, cette forme de parcours est parfois pratique. Vous pouvez l'utiliser, par exemple, pour traiter un organigramme et énumérer les employés en fonction de leur distance par rapport au sommet, comme le montre l'exemple 4-26, qui produit le résultat montré dans l'exemple 4-27.

Exemple 4-26. Parcours en largeur de organigramme.xml, en utilisant sort

```
<?xml version="1.0" encoding="iso-8859-1"?>
<xsl:stylesheet version="1.0" xmlns:xsl="http://www.w3.org/1999/XSL/Transform">
     <xsl:output method="text"/>

<xsl:template match="/">
  <xsl:for-each select="//employé">
    <xsl:sort select="count(ancestor::*)" order="ascending"/>
    <xsl:variable name="niveau" select="count(ancestor::*)"/>
    <xsl:choose>
      <xsl:when test="$niveau = 0">
        <xsl:value-of select="@nom"/>
        <xsl:text> est le grand patron.&#xA;</xsl:text>
      </xsl:when>
       <xsl:otherwise>
         <xsl:value-of select="@nom"/>
       <xsl:text> a </xsl:text>
       <xsl:value-of select="$niveau"/>
       <xsl:text> chef(s) à liquider.&#xA;</xsl:text>
     </xsl:otherwise>
    </xsl:choose>
  </xsl:for-each>
</xsl:template>

</xsl:stylesheet>
```

Exemple 4-27. Résultat

```
Jil Michel est le grand patron.
Nancy Pratt a 1 chef(s) à liquider.
Jane Doe a 1 chef(s) à liquider.
Mike Rosenbaum a 1 chef(s) à liquider.
Phill McKraken a 2 chef(s) à liquider.
Ima Little a 2 chef(s) à liquider.
Walter H. Potter a 2 chef(s) à liquider.
Wendy B.K. McDonald a 2 chef(s) à liquider.
Cindy Post-Kellog a 2 chef(s) à liquider.
Oscar A. Winner a 2 chef(s) à liquider.
Betsy Ross a 3 chef(s) à liquider.
Craig F. Frye a 3 chef(s) à liquider.
Hardy Hamburg a 3 chef(s) à liquider.
Rich Shaker a 3 chef(s) à liquider.
Allen Bran a 3 chef(s) à liquider.
Frank N. Berry a 3 chef(s) à liquider.
Jack Apple a 3 chef(s) à liquider.
Jack Nickolas a 3 chef(s) à liquider.
Tom Hanks a 3 chef(s) à liquider.
Susan Sarandon a 3 chef(s) à liquider.
R.P. McMurphy a 4 chef(s) à liquider.
Forest Gump a 4 chef(s) à liquider.
Andrew Beckett a 4 chef(s) à liquider.
Helen Prejean a 4 chef(s) à liquider.
```

Un avantage de la variante récursive est qu'il est facile de noter lorsque que l'on passe d'un niveau au suivant. Vous pouvez utiliser cette information pour mieux formater votre résultat, comme le montrent les exemples 4-28 et 4-29.

Exemple 4-28. Parcours en largeur de organigramme.xml, par récursion

```
<?xml version="1.0" encoding="iso-8859-1"?>
<xsl:stylesheet version="1.0" xmlns:xsl="http://www.w3.org/1999/XSL/Transform">

<xsl:output method="text" version="1.0" encoding="iso-8859-1"/>

<xsl:strip-space elements="*"/>

<xsl:template match="/employé">
     <xsl:call-template name="parcours-largeur"/>
</xsl:template>

<xsl:template name="parcours-largeur">
<xsl:param name="profondeur-max" select="10"/>
<xsl:param name="profondeur-courante" select="0"/>

<xsl:choose>
  <xsl:when test="$profondeur-courante &lt;= $profondeur-max">
    <xsl:variable name="text">
      <xsl:call-template name="parcours-largeur-aux">
         <xsl:with-param name="niveau" select="$profondeur-courante"/>
        <xsl:with-param name="niveau-réel" select="$profondeur-courante"/>
```

```
      </xsl:call-template>
    </xsl:variable>
    <xsl:if test="normalize-space($text)">
      <xsl:value-of select="$text"/>
      <xsl:text>&#xa;</xsl:text>
      <xsl:call-template name="parcours-largeur">
        <xsl:with-param name="profondeur-courante"
             select="$profondeur-courante + 1"/>
        </xsl:call-template>
    </xsl:if>
  </xsl:when>
</xsl:choose>

</xsl:template>

<xsl:template name="parcours-largeur-aux">
  <xsl:param name="niveau" select="0"/>
  <xsl:param name="niveau-reel" select="0"/>
  <xsl:choose>
    <xsl:when test="$niveau = 0">
      <xsl:choose>
        <xsl:when test="$niveau-réel = 0">
      <xsl:value-of select="@nom"/>
      <xsl:text> est le grand patron.&#xA;</xsl:text>
     </xsl:when>
     <xsl:otherwise>
       <xsl:value-of select="@nom"/>
       <xsl:text> a </xsl:text>
       <xsl:value-of select="$niveau-réel"/>
       <xsl:text> chef(s) à liquider.&#xA;</xsl:text>
     </xsl:otherwise>
    </xsl:choose>
   </xsl:when>
   <xsl:otherwise>
      <xsl:for-each select="employé">
         <xsl:call-template name="parcours-largeur-aux">
           <xsl:with-param name="niveau" select="$niveau - 1"/>
           <xsl:with-param name="niveau-réel" select="$niveau-réel"/>
         </xsl:call-template>
      </xsl:for-each>
   </xsl:otherwise>
  </xsl:choose>
</xsl:template>

</xsl:stylesheet>
```

Exemple 4-29. Résultat

```
Jil Michel est le grand patron.

Nancy Pratt a 1 chef(s) à liquider.
Jane Doe a 1 chef(s) à liquider.
Mike Rosenbaum a 1 chef(s) à liquider.
```

```
Phill McKraken a 2 chef(s) à liquider.
Ima Little a 2 chef(s) à liquider.
Walter H. Potter a 2 chef(s) à liquider.
Wendy B.K. McDonald a 2 chef(s) à liquider.
Cindy Post-Kellog a 2 chef(s) à liquider.
Oscar A. Winner a 2 chef(s) à liquider.

Betsy Ross a 3 chef(s) à liquider.
Craig F. Frye a 3 chef(s) à liquider.
Hardy Hamburg a 3 chef(s) à liquider.
Rich Shaker a 3 chef(s) à liquider.
Allen Bran a 3 chef(s) à liquider.
Frank N. Berry a 3 chef(s) à liquider.
Jack Apple a 3 chef(s) à liquider.
Jack Nickolas a 3 chef(s) à liquider.
Tom Hanks a 3 chef(s) à liquider.
Susan Sarandon a 3 chef(s) à liquider.

R.P. McMurphy a 4 chef(s) à liquider.
Forest Gump a 4 chef(s) à liquider.
Andrew Beckett a 4 chef(s) à liquider.
Helen Prejean a 4 chef(s) à liquider.
```

Si, pour une raison ou une autre, vous vouliez accéder directement aux nœuds d'un niveau donné, vous pourrier définir une clé de la façon suivante :

```
<xsl:key name="niveau" match="employé" use="count(ancestor::*)"/gt;

<xsl:template match="/">
     <xsl:for-each select="key('niveau',3)">
          <!-- Faire quelque chose avec les noeuds du niveau 3 -->
     </xsl:for-each>
</xsl:template>
```

Vous pouvez également rendre cette correspondance plus spécifique, ou utiliser un prédicat avec la fonction `key()` :

```
<xsl:key name="niveau" match="//employe" use="count(ancestor::*)"/gt;

<xsl:template match="/">
     <xsl:for-each select="key('niveau',3)[@sexe='féminin']">
          <!-- Faire quelque chose avec les employées du niveau 3 -->
     </xsl:for-each>
</xsl:template>
```

L'utilisation de la fonction `key()` de XSLT n'est pas obligatoire car vous pouvez toujours écrire `select="//*[count(ancestors::*)=3]"` quand vous avez besoin d'accéder aux éléments du niveau 3, mais les performances s'en ressentiront si votre feuille de style évalue souvent cette expression. En fait, si votre feuille de style a une structure correctement définie, vous auriez intérêt à aller explicitement au niveau désiré, `select="/employé/employé/employé"` par exemple, bien que cette navigation puisse devenir assez peu maniable.

4.9 Traiter les nœuds par position

Problème

Vous voulez traiter les nœuds en fonction de leurs positions dans un document ou un ensemble de nœuds.

Solution

Utilisez `xsl:sort` en initialisant l'attribut `select` avec les fonctions `position()` ou `last()`. L'application la plus simple consiste à traiter les nœuds en sens inverse du document :

```
<xsl:apply-templates>
     <xsl:sort select="position()" order="descending" data-type="number"/>
</xsl:apply-templates>
```

ou :

```
<xsl:for-each select="*">
   <xsl:sort select="position()" order="descending" data-type="number"/>
   <!-- ... -->
</xsl:for-each>
```

Une autre version courante de cet exemple parcourt un ensemble de nœuds comme s'il s'agissait d'une matrice ayant un nombre donné de colonnes. Ici, vous traitez tous les nœuds de la première colonne, puis de la deuxième et, enfin, de la troisième :

```
<xsl:for-each select="*">
   <xsl:sort select="position()  - 1)  mod 3" />
   <!-- ... -->
</xsl:for-each>
```

Ou, de façon peut-être plus propre :

```
<xsl:for-each select="*[position() mod 3 = 1]">
  <xsl:apply-templates
          select=". | following-sibling::*[position() &lt; 3]" />
</xsl:for-each>
```

Parfois, vous devez utiliser `position()` pour séparer le premier nœud des autres nœuds d'un ensemble. Cela permet d'effectuer des opérations d'agrégation complexes sur un document en utilisant la récursivité. J'appelle ce type d'application *agrégation récursive* ; en voici la forme abstraite :

```
<?xml version="1.0" encoding="iso-8859-1"?>
<xsl:template name="agrégation">
     <xsl:param name="ens-noeuds"/>
     <xsl:choose>
       <xsl:when test="$ens-noeuds">
         <!-- On calcule une fonction du premier élément, qui produit une
         valeur que l'on veut agréger. Cette fonction peut dépendre du
         type de l'élément (i.e. être polymorphe). -->
         <xsl:variable name="premier">
          <xsl:apply-templates select="$ens-noeuds[1]" mode="calc"/>
```

```
          </xsl:variable>
          <!-- On traite récursivement les noeuds restants en
          utilisant position() -->
          <xsl:variable name="reste">
           <xsl:call-template name="agrégation">
             <xsl:with-param name="ens-noeuds"
               select="$ens-noeuds[position()!=1]"/>
             </xsl:call-template>
          </xsl:variable>
          <!-- On effectue une opération d'agrégation, qui peut ne pas
          nécessiter un appel à une règle. Cela pourrait être, par exemple :
             $premier + $reste
           ou
             $premier * $reste
           ou
             concat($premier, $reste)      etc. -->
          <xsl:call-template name="fct-agrégation">
           <xsl:with-param name="a" select="$premier"/>
           <xsl:with-param name="b" select="$reste"/>
          </xsl:call-template>
        </xsl:when>
        <!-- Ici, VALEUR-NEUTRE doit être remplacée par l'élément neutre
        de la fonction d'agrégation. Ainsi, 0 est l'identité de l'addition,
        1 celui de la multiplication, "" celui de la concaténation, etc. -->
        <xsl:otherwise>VALEUR-NEUTRE</xsl:otherwise>
</xsl:template>
```

Discussion

La tendance naturelle de XSLT consiste à traiter les nœuds dans l'ordre du document, ce qui revient à dire qu'ils sont traités dans l'ordre de leurs positions. Les deux fragments suivants sont donc équivalents (le tri est redondant) :

```
<xsl:for-each select="*">
  <xsl:sort select="position()"/>
  <!-- ... -->
</xsl:for-each>

<xsl:for-each select="*">
  <!-- ... -->
</xsl:for-each>
```

En utilisant cette idée, vous pouvez formater votre organigramme en deux colonnes, comme le montrent les exemples 4-30 et 4-31.

Exemple 4-30. Feuille de style pour formater organigramme.xml en deux colonnes

```
<?xml version="1.0" encoding="iso-8859-1"?>
<xsl:stylesheet version="1.0" xmlns:xsl="http://www.w3.org/1999/XSL/Transform">

<xsl:output method="text" />
<xsl:strip-space elements="*"/>

<xsl:template match="employé[employé]">
```

```
<xsl:value-of select="@nom"/>
<xsl:text>&#xA;</xsl:text>
<xsl:call-template name="dup">
     <xsl:with-param name="entrée" select=" '-' "/>
     <xsl:with-param name="nbre" select="80"/>
</xsl:call-template>
<xsl:text>&#xA;</xsl:text>
<xsl:for-each select="employé[(position() - 1) mod 2 = 0]">
     <xsl:value-of select="@nom"/>
     <xsl:call-template name="dup">
          <xsl:with-param name="entrée" select=" ' ' "/>
          <xsl:with-param name="nbre" select="40 - string-length(@nom)"/>
     </xsl:call-template>
     <xsl:value-of select="following-sibling::*[1]/@nom"/>
     <xsl:text>&#xA;</xsl:text>
</xsl:for-each>
<xsl:text>&#xA;</xsl:text>
<xsl:apply-templates/>
</xsl:template>

<xsl:template name="dup">
<xsl:param name="entrée"/>
<xsl:param name="nbre" select="1"/>
<xsl:choose>
     <xsl:when test="not($nbre) or not($entrée)"/>
     <xsl:when test="$nbre = 1">
          <xsl:value-of select="$entrée"/>
     </xsl:when>
     <xsl:otherwise>
          <xsl:if test="$nbre mod 2">
               <xsl:value-of select="$entrée"/>
          </xsl:if>
          <xsl:call-template name="dup">
               <xsl:with-param name="entrée"
                    select="concat($entrée,$entrée)"/>
               <xsl:with-param name="nbre"
                    select="floor($nbre div 2)"/>
          </xsl:call-template>
     </xsl:otherwise>
</xsl:choose>
</xsl:template>

</xsl:stylesheet>
```

Exemple 4-31. Résultat

```
Jil Michel
--------------------------------------------------------------------------------
Nancy Pratt                             Jane Doe Mike Rosenbaum

Nancy Pratt
--------------------------------------------------------------------------------
Phill McKraken                          Ima Little
```

```
Ima Little
----------------------------------------------------------------------
Betsy Ross

Jane Doen
----------------------------------------------------------------------
Walter H. Potter                       Wendy B.K. McDonald

Wendy B.K. McDonald
----------------------------------------------------------------------
Craig F. Frye                          Hardy Hamburg Rich Shaker

Mike Rosenbaum
----------------------------------------------------------------------
Cindy Post-Kellog                      Oscar A. Winner

Cindy Post-Kellog
----------------------------------------------------------------------
Allen Bran                             Frank N. Berry Jack Apple

Oscar A. Winner
----------------------------------------------------------------------
Jack Nickolas                          Tom Hanks Susan Sarandon

Jack Nickolas
----------------------------------------------------------------------
R.P. McMurphy

Tom Hanks
----------------------------------------------------------------------
Forest Gump                            Andrew Beckett

Susan Sarandon
----------------------------------------------------------------------
Helen Prejean
```

Comme exemple d'*agrégation récursive*, on peut écrire une feuille de style calculant la commission totale payée aux vendeurs dont la commission est fonction du total de leurs ventes pour tous les produits. Cette feuille de style et son résultat sont donnés dans les exemples 4-32 et 4-33.

Exemple 4-32. Feuille de style calculant le total des commissions

```
<?xml version="1.0" encoding="iso-8859-1"?>
<xsl:stylesheet version="1.0"
xmlns:xsl="http://www.w3.org/1999/XSL/Transform">
      <xsl:output method="text"/>

 <xsl:template match="ventesParVendeur">
      <xsl:text>Commission totale = </xsl:text>
      <xsl:call-template name="commission-totale">
           <xsl:with-param name="unVendeur" select="*"/>
```

```
    </xsl:call-template>
</xsl:template>

<!-- Par défaut, un vendeur touche une commission de 2% et n'a pas de  salaire -->
<xsl:template match="vendeur" mode="commission">
    <xsl:value-of select="0.02 * sum(produit/@ventesTotales)"/>
</xsl:template>

<!-- Un vendeur ayant plus de 4 ans d'ancienneté a un salaire de 10000
euros + 0.5% de commission -->
<xsl:template match="vendeur[@ancienneté > 4]" mode="commission" priority="1">
    <xsl:value-of select="10000.00 + 0.05 * sum(produit/@ventesTotales)"/>
</xsl:template>

<!-- Un vendeur ayant plus de 8 ans d'ancienneté a un salaire de
(ancienneté * $2000) euros + 0.8% de commission -->
<xsl:template match="vendeur[@ancienneté > 8]" mode="commission" priority="2">
    <xsl:value-of select="@ancienneté * 2000.00 + 0.08 *
        sum(produit/@ventesTotales)"/>
</xsl:template>

<xsl:template name="commission-totale">
    <xsl:param name="unVendeur"/>
    <xsl:choose>
      <xsl:when test="$unVendeur">
        <xsl:variable name="premier">
         <xsl:apply-templates select="$unVendeur[1]" mode="commission"/>
        </xsl:variable>
        <xsl:variable name="reste">
         <xsl:call-template name="commission-totale">
           <xsl:with-param name="unVendeur"
             select="$unVendeur[position()!=1]"/>
         </xsl:call-template>
        </xsl:variable>
        <xsl:value-of select="$premier + $reste"/>
      </xsl:when>
      <xsl:otherwise>0</xsl:otherwise>
    </xsl:choose>
</xsl:template>

</xsl:stylesheet>
```

Exemple 4-33. Résultat

```
Commission totale = 471315
```

Pour aller plus loin

Vous trouverez un bel exemple d'agrégation récursive à la page 535 du livre de Michael Kay, *XSLT Programmers Reference* (Wrox Press, 2001). Il utilise cet exemple pour calculer la surface totale de différentes formes en utilisant, pour chacune d'elle, la formule adaptée au calcul de leur surface.

Dans *XSLT and XPath on the Edge* (M&T Books, 2001), Jeni Tennison donne également des exemples d'agrégation récursive et d'autres moyens d'effectuer des traitements similaires.

5

XML vers du texte

Le traitement de texte a permis de justifier à droite n'importe quelles idées, même celles qui ne peuvent être justifiées sur aucun autre fondement.
J. Finegan

À l'ère de l'Internet, HTML, XHTML, XML et PDF sont les formats de sortie les plus souvent produits par des transformations XSL et XSLT. Cependant, le bon vieux texte brut ne deviendra jamais obsolète car il est le plus petit dénominateur commun des formats reconnus à la fois par les machines et par les humains. XML est souvent converti en texte lorsqu'il s'agit d'importer des informations dans les applications qui ne savent pas lire du XML ou ne l'interprètent pas de la façon voulue. Les sorties texte sont également employées lorsqu'un résultat doit être envoyé à un terminal, ou traité par un tube Unix, par exemple.

De nombreux exemples de cette section s'intéressent aux techniques XSLT permettant de créer des convertisseurs génériques XML vers texte. Générique signifie ici que la transformation peut être aisément personnalisée pour fonctionner sur des entrées XML différentes, produire des résultats différents, ou les deux. Les techniques employées dans ces exemples s'appliquent au-delà des spécificités d'une recette particulière et débordent souvent du domaine du traitement des textes. Étudiez notamment les recettes 5-2 à 5-5, même si elles ne correspondent pas à l'un de vos besoins actuels.

De tous les formats de sortie reconnus par `xsl:output`, `text` est celui qui demande le plus d'attention pour la gestion des espaces. Pour cette raison, ce chapitre traite ce problème séparément, dans la recette 5-1. Les développeurs qui ont peu d'expérience de XML avec XSLT sont souvent fâchés par ce qui leur semble être un traitement inconstant des espaces. Cependant, une fois que vous avez compris les règles et les techniques pour exploiter ces règles, il est plus facile de créer des sorties correctement formatées.

On pourrait objecter que la production de code source à partir de XML appartient au domaine des transformations XML vers texte. Cependant, cette opération induit des problèmes qui dépassent la simple transformation ou le simple formatage. C'est pourquoi, le chapitre 10 sera consacré à cette génération de code.

5.1 Gérer les espaces

Problème

Vous devez convertir un document XML vers un texte formaté, mais les problèmes avec les espaces ruinent vos espérances.

Solution

Soit le fragment XML suivant, que l'on a annoté. Les symboles ↵ (retour à la ligne), → (tabulation) et ❐ (espace) marquent des nœuds texte ne contenant que des espaces. Ces nœuds sont souvent négligés, mais ils peuvent être copiés dans le résultat :

```
<relecture>↵
→<auteur>↵
→→<nom>Sal Mangano</nom>↵
→→<email>smangano@somewhere.com</email>↵
→</auteur>↵
<titre>XSLT en action</title>↵
<relecteur>↵
→→<nom>❐<anonyme/>r</nom>]↵
→→<email>smangano@somewhere.com</email>↵
→→<commentaire>↵
Totalement époustouflant. <b>Il vaut largement son prix !</b>❐<i>C'est un↵
must car je connais personnellement l'auteur et il saura utiliser cet argent.</i>↵
→→</commentaire>↵
→</relecteur>↵
</relecture>↵
```

Trop d'espaces

1. Utilisez `xsl:strip-space` pour vous débarasser des nœuds qui ne contiennent que des espaces.

   Cet élément de premier niveau utilise un seul attribut, `elements`, à qui l'on affecte une liste des noms d'éléments que l'on veut débarasser des espaces superflus. Les noms d'éléments sont séparés par des espaces dans la liste. Ici, les espaces superflus sont les nœuds texte qui ne contiennent que des espaces. Cela signifie, par exemple, que les espaces séparant les mots dans l'élément `commentaire` sont significatifs puisque ce ne sont pas que des espaces. Par contre, les espaces représentés par les symboles ne sont bien que des espaces.

   Un idiome courant consiste à utiliser `<xsl:strip-space elements="*"/>` pour supprimer par défaut les espaces et `xsl:preserve-space` (voir plus loin) pour traiter différemment certains éléments.

2. Utilisez la fonction XPath`normalize-space()` pour supprimer les espaces superflus.

   Une erreur classique est de supposer que `xsl:strip-space` s'occupe des espaces « superflus » comme ceux qui servent à aligner le texte dans l'élément `commentaire`. Ce n'est pas le cas : le processeur considère toujours que les espaces mélangés à des caractères non-espace dans le texte d'un élément sont significatifs. Pour les supprimer, utilisez `normalize-space()`: `<xsl:value-of select="normalize-space(commentaire)"/>`.

3. Utilisez `translate` pour supprimer tous les espaces.

   Une autre erreur courante est de croire que `normalize-space()` supprime tous les espaces. Ce n'est pas non plus le cas: elle ne supprime que les espaces de tête et de fin et convertit les caractères espaces internes consécutifs en un espace unique. Si vous voulez supprimer tous les espaces, faites quelque chose comme `translate(qqchose, '

	', '')`.

4. Utilisez un élément `xsl:text` vide pour éviter qu'un espace de fin dans la feuille de style soit considéré comme significatif.

   `xsl:text` est normalement considéré comme un moyen de préserver les espaces. Cependant, un élément `xsl:text` placé à un endroit stratégique permet d'empêcher un espace terminal de la feuille de style d'être considéré comme significatif.

Étudiez les résultats des deux modes dans le document et la feuille de style, montrés dans les exemples 5-1 à 5-3.

Exemple 5-1. Entrée

```
<nombres>
  <nombre>10</nombre>
  <nombre>3.5</nombre>
  <nombre>4.44</nombre>
  <nombre>77.7777</nombre>
</nombres>
```

Exemple 5-2. Traitement de nombres avec et sans élément xsl:text vide

```
<xsl:stylesheet version="1.0" xmlns:xsl="http://www.w3.org/1999/XSL/Transform">

<xsl:output method="text"/>
<xsl:strip-space elements="*"/>

<xsl:template match="nombres">
Sans élément text vide : <xsl:apply-templates mode="sans"/>
Avec élément text vide : <xsl:apply-templates mode="avec"/>
</xsl:template>

<xsl:template match="nombre" mode="sans">
   <xsl:value-of select="."/>,
</xsl:template>

<xsl:template match="nombre" mode="avec">
   <xsl:value-of select="."/>,<xsl:text/>
</xsl:template>

</xsl:stylesheet>
```

Exemple 5-3. Résultat

```
Sans élément text vide :
10,
3.5,
4.44,
77.7777,

  Avec élément text vide :
10,3.5,4.44,77.7777,
```

Notez qu'il n'y a rien de magique dans cette façon d'utiliser `xsl:text`. Cela ferait exactement pareil si vous remplaciez `<xsl:text/>` par `<xsl:if test="0"/>` (mais ne le faites pas, sauf si vous aimez brouiller les pistes). L'effet obtenu est le placement d'un nœud élément entre la virgule et le caractère de retour à la ligne, pour lequel est créé un nœud ne contenant qu'un espace, qui sera ignoré.

Trop peu d'espaces

1. Utilisez `xsl:preserve-space` pour annuler l'effet de `xsl:strip-space` sur des éléments spécifiques.

   L'utilisation de `xsl:preserve-space` n'a pas beaucoup d'intérêt, sauf si vous utilisez également `xsl:strip-space`, car le comportement par défaut préserve les espaces dans le document d'entrée et dans les documents chargés par la fonction `document()`.

> MSXML et MSXML2 suppriment par défaut les nœuds texte qui ne contiennent que des espaces. En ce cas, vous pouvez utiliser `xsl:preserve-space` pour contrer ce comportement non conforme.

2. Utilisez `xsl:text` pour indiquer précisément les espacements dans le texte produit.

   Tous les espaces contenus dans un élément `xsl:text` sont préservés. Cela permet de contrôler précisément le placement des espaces. Vous pouvez même utiliser `xsl:text` pour simplement provoquer des coupures de ligne :

```
<!--<xsl:stylesheet version="1.0" xmlns:xsl="http://www.w3.org/1999/XSL/Transform">

<xsl:output method="text"/>
<xsl:strip-space elements="*"/>

<xsl:template match="number">
   <xsl:value-of select="."/>
   <xsl:text>&#xa;</xsl:text>
</xsl:template>
</xsl:stylesheet>-->
```

   La production directe de coupure de ligne peut poser un problème avec certaines plates-formes (celles de Microsoft) qui considèrent qu'une coupure de ligne doit être représentée par un caractère retour à la ligne, suivi d'un caractère nouvelle ligne. Cependant, comme les processeurs XML doivent convertir ces deux caractères en un seul, de nouvelle ligne, il n'est pas possible de créer une feuille de style indépendante de la plate-forme. Heureusement, la plupart des éditeurs de texte de Windows, ainsi que sa ligne de commande, gèrent correctement les caractères simples de nouvelle ligne. La seule exception est le bloc-notes, qui est fourni avec Windows.

3. Utilisez des espaces insécables.

   XSLT ne traite pas le caractère &A0; (espace insécable) comme un espace normal. En particulier, `xsl:strip-space` et `normalize-space()` l'ignoreront. Si vous devez supprimer les espaces la plupart du temps, mais que vous voulez en laisser en place dans certains cas, utilisez ce caractère dans le document XML aux emplacements concernés. L'espace insécable est particulièrement utile pour les sorties HTML, mais peut être moins nécessaire dans d'autres contextes.

Discussion

La section *Solution* énumère les techniques de gestion des espaces. Cependant, il est également utile de connaître les règles XSLT sous-jacentes.

Les règles les plus importantes à connaître s'appliquent *à la fois* à la feuille de style et aux documents d'entrée :

1. Un nœud de texte n'est jamais supprimé, sauf s'il ne contient que des espaces (caractères #x20, #x9, #xD, ou #xA).

   Bien qu'ils ne soient pas si courants,vous devez également comprendre l'effet des attributs `xml:space` sur la feuille de style et les documents d'entrées.

2. Si un élément ancêtre d'un nœud texte a un attribut `xml:space` valant `preserve` et qu'aucun élément ancêtre plus proche n'a de `xml:space` valant `default`, les nœuds texte ne contenant que des espaces ne sont pas supprimés.

   Nous examinons maintenant séparément les règles pour les feuilles de style et celles pour les documents. Pour les premières, les possibilités sont simples.

3. Les seuls éléments de feuilles de style pour lesquels les nœuds ne contenant que des espaces sont préservés par défaut sont les éléments `xsl:text`. Sauf mention contraire, « par défaut » signifie ici que l'on utilise `xml:space="preserve"` comme on l'a indiqué plus haut, à l'étape 2. Voir les exemples 5-4 et 5-5.

Exemple 5-4. Feuille de style montrant l'effet de xsl:text et xml:space="preserve"

```
<xsl:stylesheet version="1.0" xmlns:xsl="http://www.w3.org/1999/XSL/Transform">

<xsl:output method="text"/>

<xsl:strip-space elements="*"/>

<xsl:template match="nombres">
Sans xml:space="preserve" :
<xsl:apply-templates mode="sans-preserve"/>
Avec xml:space="preserve" :
<xsl:apply-templates mode="avec-preserve"/>
```

```
</xsl:template>

<xsl:template match="nombre" mode="sans-preserve">
  <xsl:value-of select="."/><xsl:text>
</xsl:text> </xsl:template>

<xsl:template match="nombre" mode="avec-preserve" xml:space="preserve">
  <xsl:value-of select="."/><xsl:text> </xsl:text>
</xsl:template>

</xsl:stylesheet>
```

Exemple 5-5. Résultat

```
Sans xml:space="preserve" :
10 3.5 4.44 77.7777
Avec xml:space="preserve" :

  10

  3.5

  4.44

  77.7777
```

Le seul espace introduit par la première règle pour un nombre est celui contenu dans l'élément xsl:text. Cependant, lorsque vous utilisez xml:space="preserve" dans la seconde règle, vous capturez tous les espaces contenus dans l'élément, y compris les deux coupures de ligne (la première est après <xsl:template ...> et la seconde après </xsl:text>.

Pour les documents sources, les règles sont les suivantes :

- Initialement, la liste des éléments pour lesquels les espaces sont préservés contient tous les éléments du document.
- Si un nom d'élément correspond à un test TestNom de xsl:strip-space, il est supprimé de la liste des noms d'éléments pour lesquels les espaces sont préservés.
- Si un nom d'élément correspond à un test TestNom de xsl:preserve-space, il est ajouté à la liste des noms d'éléments pour lesquels les espaces sont préservés.

Un TestNom est soit un nom simple (doc, par exemple), soit un nom avec un préfixe d'espace de noms (mon:doc, par exemple), soit un caractère joker (*, par exemple), soit un joker avec un préfixe d'espace de noms (mon:*, par exemple). La priorité par défaut et les règles de priorité des importations s'appliquent lorsqu'il y a des conflits entre xml:strip-space et xml:preserve-space :

```
<xsl:stylesheet version="1.0" xmlns:xsl="http://www.w3.org/1999/XSL/Transform"
              xmlns:my="http://www.ora.com/XSLTCookbook/ns/mon">

<!-- Supprime les espaces de tous les éléments --> <xsl:strip-space="*"/>

<!-- sauf ceux de l'espace de noms "mon" --> <xsl:preserve-space="mon:*"/>
```

```
<!-- et ceux nommés truc --> <xsl:preserve-space="truc"/>

</xsl:stylesheet>
```

Pour aller plus loin

L'une des présentations les plus complètes sur la gestion des espaces se trouve dans *XSLT Programmer's Reference*, de Michael Kay (Wrox, 2001). Ce livre contient également une bonne présentation des règles de priorités des importations.

5.2 Exporter du XML vers des données délimitées

Problème

Vous devez convertir un document XML en données qui doivent pouvoir être importées dans une application, comme un tableur.

Solution

De nombreuses applications savent importer des données délimitées. Le format le plus courant s'appelle CSV (*Comma Separated Values*), il est reconnnu par la plupart des tableurs et bases de données. La transformation d'un document XML en données délimitées est plus ou moins compliquée suivant la nature du document d'origine et le résultat escompté. Cette section commence par étudier des cas simples et progresse vers des scénarios plus complexes.

Créer un fichier CSV à partir d'un fichier plat formé d'éléments avec attributs

Vous avez, ici, un fichier plat XML, dont les éléments correspondent aux lignes et les attributs au colonnes.

Ce problème est trivial pour tout fichier XML au format approprié. La feuille de style de l'exemple 5-7, par exemple, traite le fichier XML de l'exemple 5-6 pour produire le résultat montré en 5-8.

Exemple 5-6. personnes.xml

```
<?xml version="1.0" encoding="UTF-8"?>

<personnes>
  <personne nom="Al Zehtooney" age="33" sexe="m" fumeur="non"/>
  <personne nom="Brad York" age="38" sexe="m" fumeur="oui"/>
  <personne nom="Charles Xavier" age="32" sexe="m" fumeur="non"/>
  <personne nom="David Willimas" age="33" sexe="m" fumeur="non"/>
  <personne nom="Edward Ulster" age="33" sexe="m" fumeur="oui"/>
  <personne nom="Frank Townsend" age="35" sexe="m" fumeur="non"/>
  <personne nom="Greg Sutter" age="40" sexe="m" fumeur="non"/>
  <personne nom="Harry Rogers" age="37" sexe="m" fumeur="non"/>
```

```
  <personne nom="John Quincy" age="43" sexe="m" fumeur="oui"/>
  <personne nom="Kent Peterson" age="31" sexe="m" fumeur="non"/>
  <personne nom="Larry Newell" age="23" sexe="m" fumeur="non"/>
  <personne nom="Max Milton" age="22" sexe="m" fumeur="non"/>
  <personne nom="Norman Lamagna" age="30" sexe="m" fumeur="non"/>
  <personne nom="Ollie Kensinton" age="44" sexe="m" fumeur="non"/>
  <personne nom="John Frank" age="24" sexe="m" fumeur="non"/>
  <personne nom="Mary Williams" age="33" sexe="f" fumeur="non"/>
  <personne nom="Jane Frank" age="38" sexe="f" fumeur="oui"/>
  <personne nom="Jo Peterson" age="32" sexe="f" fumeur="non"/>
  <personne nom="Angie Frost" age="33" sexe="f" fumeur="non"/>
  <personne nom="Betty Bates" age="33" sexe="f" fumeur="non"/>
  <personne nom="Connie Date" age="35" sexe="f" fumeur="non"/>
  <personne nom="Donna Finster" age="20" sexe="f" fumeur="non"/>
  <personne nom="Esther Gates" age="37" sexe="f" fumeur="non"/>
  <personne nom="Fanny Hill" age="33" sexe="f" fumeur="oui"/>
  <personne nom="Geta Iota" age="27" sexe="f" fumeur="non"/>
  <personne nom="Hillary Johnson" age="22" sexe="f" fumeur="non"/>
  <personne nom="Ingrid Kent" age="21" sexe="f" fumeur="non"/>
  <personne nom="Jill Larson" age="20" sexe="f" fumeur="non"/>
  <personne nom="Kim Mulrooney" age="41" sexe="f" fumeur="non"/>
  <personne nom="Lisa Nevins" age="21" sexe="f" fumeur="non"/>
</personnes>
```

Exemple 5-7. Une transformation simple en CSV, mais spécifique

```
<xsl:stylesheet version="1.0" xmlns:xsl="http://www.w3.org/1999/XSL/Transform">
     <xsl:output method="text"/>
     <xsl:strip-space elements="*"/>

     <xsl:template match="personne">
       <xsl:value-of select="@nom"/>,<xsl:text/>
       <xsl:value-of select="@age"/>,<xsl:text/>
       <xsl:value-of select="@sexe"/>,<xsl:text/>
       <xsl:value-of select="@fumeur"/>
       <xsl:text>&#xa;</xsl:text>
     </xsl:template>

</xsl:stylesheet>
```

Exemple 5-8. Résultat

```
Al Zehtooney,33,m,non
Brad York,38,m,oui
Charles Xavier,32,m,non
David Willimas,33,m,non
Edward Ulster,33,m,oui
Frank Townsend,35,m,non
Greg Sutter,40,m,non
...
```

Bien que la solution soit simple, il serait préférable de créer une feuille de style générique pour ce type de conversion. qui pourrait ensuite être aisément adaptée.

L'exemple 5-9 propose une telle solution et l'exemple 5-10 montre comment l'adapter à *personnes.xml*.

Exemple 5-9. generic-att-vers-csv.xslt

```
<?xml version="1.0" encoding="iso-8859-1"?>
<xsl:stylesheet version="1.0" xmlns:xsl="http://www.w3.org/1999/XSL/Transform"
 xmlns:csv="http://www.ora.com/XSLTCookbook/namespaces/csv">

<xsl:param name="séparateur" select=" ',' "/>

<xsl:output method="text" />

<xsl:strip-space elements="*"/>

<xsl:template match="/">
  <xsl:for-each select="$colonnes">
    <xsl:value-of select="@nom"/>
    <xsl:value-of select="$séparateur"/>
  </xsl:for-each>
  <xsl:text>&#xa;</xsl:text>
  <xsl:apply-templates/>
</xsl:template>

<xsl:template match="/*/*">
  <xsl:variable name="ligne" select="."/>

  <xsl:for-each select="$colonnes">
    <xsl:apply-templates select="$ligne/@*[local-name(.)=current()/@attr]"
                         mode="csv:valeur-corresp"/>
    <xsl:if test="position() != last()">
    <xsl:value-of select="$séparateur"/>
    </xsl:if>
  </xsl:for-each>

  <xsl:text>&#xa;</xsl:text>

</xsl:template>

<xsl:template match="@*" mode="csv:valeur-corresp">
  <xsl:value-of select="."/>
</xsl:template>

</xsl:stylesheet>
```

Exemple 5-10. Utilisation de la solution générique pour traiter personnes.xml

```
<?xml version="1.0" encoding="iso-8859-1"?>
<xsl:stylesheet version="1.0" xmlns:xsl="http://www.w3.org/1999/XSL/Transform"
 xmlns:csv="http://www.ora.com/XSLTCookbook/namespaces/csv">

<xsl:import href="generic-att-vers-csv.xslt"/>

<!--Définit la correspondance entre attributs et colonnes -->
```

```
<xsl:variable name="colonnes" select="document('')/*/csv:colonne"/>

<csv:colonne nom="Nom" attr="nom"/> <csv:colonne nom="Age" attr="age"/>
<csv:colonne nom="Sexe" attr="sexe"/> <csv:colonne nom="Fumeur" attr="fumeur"/>
 <!-- Traitement personnalisé de correspondances d'attributs -->

<xsl:template match="@sexe" mode="csv:valeur-corresp">
  <xsl:choose>
    <xsl:when test=".='m'">masculin</xsl:when>
    <xsl:when test=".='f'">féminin</xsl:when>
    <xsl:otherwise>erreur</xsl:otherwise>
  </xsl:choose>
</xsl:template>

</xsl:stylesheet>
```

Cette solution utilise une table. La feuille de style générique utilise une variable contenant les éléments `cvs:colonne` définis dans la feuille de style qui l'importera. La feuille de style qui importe la feuille générique doit simplement arranger les éléments `cvs:colonne` dans l'ordre d'apparition des colonnes concernées dans le résultat. Ces éléments définissent les correspondances entre une colonne nommée et un nom d'attribut dans le document XML. La feuille de style qui importe la feuille générique peut éventuellement traduire les valeurs de certains attributs en fournissant une règle adéquate, utilisant le mode `csv:valeur-corresp` : on l'utilise ici pour traduire les valeurs abrégées de `@sexe` qui apparaissent dans *personnes.xml*. Les ensembles de correspondances communes peuvent être placés dans une troisième feuille de style et aussi être importés. Cette solution permet à quelqu'un connaissant très peu XSLT, de définir facilement une nouvelle correspondance CSV. De plus, la feuille de style générique définit un paramètre de premier niveau, permettant de modifier le caractère de séparation en autre chose qu'une virgule.

Créer un fichier CSV à partir d'un document comportant des données contenues dans des éléments.

Ici, vous avez un document XML plat, où les éléments correspondent à des lignes et les fils à des colonnes.

Ce problème ressemble au précédent, sauf qu'XML utilise des éléments plutôt que des attributs pour encoder les colonnes. Vous pouvez également fournir ici une solution générique, comme le montrent les exemples 5-11 à 5-14.

Exemple 5-11. Personnes encodées par des éléments

```
<personnes>
  <personne>
    <nom>Al Zehtooney</nom>
    <age>33</age>
    <sexe>m</sexe>
    <fumeur>non</fumeur>
  </personne>
  <personne>
    <nom>Brad York</nom>
```

```
      <age>38</age>
      <sexe>m</sexe>
      <fumeur>oui</fumeur>
    </personne>
    <personne>
      <nom>Charles Xavier</nom>
      <age>32</age>
      <sexe>m</sexe>
      <fumeur>non</fumeur>
    </personne>
    <personne>
      <nom>David Willimas</nom>
      <age>33</age>
      <sexe>m</sexe>
      <fumeur>non</fumeur>
    </personne> ... </personnes>
```

Exemple 5-12. generic-elem-vers-csv.xslt

```
<?xml version="1.0" encoding="iso-8859-1"?>
<xsl:stylesheet version="1.0" xmlns:xsl="http://www.w3.org/1999/XSL/Transform"
    xmlns:csv="http://www.ora.com/XSLTCookbook/namespaces/csv">

<xsl:param name="séparateur" select=" ',' "/>

<xsl:output method="text" />

<xsl:strip-space elements="*"/>

<xsl:template match="/">
  <xsl:for-each select="$colonnes">
    <xsl:value-of select="@nom"/>
   <xsl:if test="position() != last()">
      <xsl:value-of select="$séparateur"/>
    </xsl:if>
  </xsl:for-each>
  <xsl:text>&#xa;</xsl:text>
  <xsl:apply-templates/>
</xsl:template>

<xsl:template match="/*/*">
  <xsl:variable name="ligne" select="."/>

  <xsl:for-each select="$colonnes">
    <xsl:apply-templates
        select="$ligne/*[local-name(.)=current()/@élém]"
        mode="csv:valeur-corresp"/>
    <xsl:if test="position() != last()">
    <xsl:value-of select="$séparateur"/>
    </xsl:if>
  </xsl:for-each>

  <xsl:text>&#xa;</xsl:text>
```

```
</xsl:template>

<xsl:template match="node()" mode="csv:valeur-corresp">
  <xsl:value-of select="."/>
</xsl:template>

</xsl:stylesheet>
```

Exemple 5-13. Solution utilisant la feuille générique

```
<?xml version="1.0" encoding="iso-8859-1"?>
<xsl:stylesheet version="1.0" xmlns:xsl="http://www.w3.org/1999/XSL/Transform"
    xmlns:csv="http://www.ora.com/XSLTCookbook/namespaces/csv">

<xsl:import href="generic-elem-vers-csv.xslt"/>

<!--Définit les correspondances des fils en colonnes -->
<xsl:variable name="colonnes" select="document('')/*/csv:colonne"/>

<csv:colonne nom="Nom" élém="nom"/>
<csv:colonne nom="Age" élém="age"/>
<csv:colonne nom="Sexe" élém="sexe"/>
<csv:colonne nom="Fumeur" élém="fumeur"/>

</xsl:stylesheet>
```

Exemple 5-14. Résultat

```
Nom,Age,Sexe,Fumeur
Al Zehtooney,33,m,non
Brad York,38,m,oui
Charles Xavier,32,m,non
David Willimas,33,m,non
```

Gérer des correspondances plus complexes

Dans ce scénario, vous devez gérer des correspondances quelconques entre attributs ou éléments, et lignes et colonnes. Ici, l'ordre du document ne s'accorde plus à l'ordre des lignes et des colonnes. De plus, certaines correspondances peuvent être manquantes, car de nombreuses valeurs vides doivent être produites dans les données CSV.

Soit, par exemple, la représentation XML du rapport des dépenses d'un employé qui ne va pas tarder à se faire licencier :

```
<?xml version="1.0" encoding="iso-8859-1"?>
<RapportDépenses num="123">
  <Employé>
    <Nom>Salvatore Mangano</Nom>
    <INSEE>99999999999-99</INSEE>
    <Dépt>Développement XSLT</Dépt>
    <NoEmp>1</NoEmp>
    <Position>Cuisinier</Position>
    <Supérieur>Big Boss O'Reilly</Supérieur>
```

```
  </Employé>
  <PériodePaye>
    <Du>1/1/02</Du>
    <Au>1/31/02</Au>
  </PériodePaye>
  <Dépenses>
    <Dépense>
      <Date>12/20/01</Date>
      <Compte>12345</Compte>
      <Desc>Tirer au flan au lieu d'assister à la conférence.</Desc>
      <Logement>500.00</Logement>
      <Transport>50.00</Transport>
      <Essence>0</Essence>
      <Repas>300.00</Repas>
      <Téléphone>100</Téléphone>
      <Divertissements>1000.00</Divertissements>
      <Autres>300.00</Autres>
    </Dépense>
    <Dépense>
      <Date>12/20/01</Date>
      <Compte>12345</Compte>
      <Desc>Bronzette sur la plage</Desc>
      <Logement>500.00</Logement>
      <Transport>50.00</Transport>
      <Essence>0</Essence>
      <Repas>200.00</Repas>
      <Téléphone>20</Téléphone>
      <Divertissements>300.00</Divertissements>
      <Autres>100.00</Autres>
    </Dépense>
  </Dépenses>
</RapportDépenses>
```

Supposons maintenant que vous deviez importer ce code XML dans un tableur de telle sorte que, lorsque les styles de ce tableur auront été appliqués, le résultat ressemble à la figure 5-1.

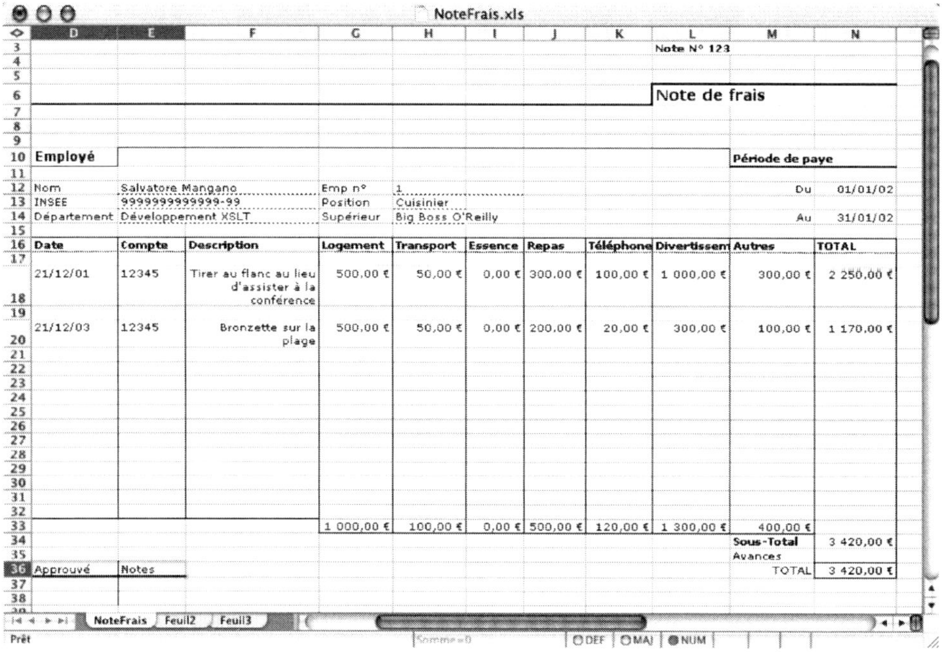

Figure 5-1. Feuille de calcul pour le rapport des dépenses

Pour placer correctement les données dans les cellules de façon à ce qu'il ne reste plus au tableur qu'à appliquer sa feuille de style, il faut produire le fichier CSV suivant :

```
,,,,,,,,,,,,Note N°,123,

,,,,,,,,,,,Note de frais,

,,,Employé,,,,,,,,,Période de paye,

,,,Nom,Salvatore Mangano,,Emp n°,1,,,,,Du,1/1/02,
,,,INSEE,9999999999999-99,,Poste,Cuisinier,
,,,Département,Développement XSLT,,,,,,,,Au,1/31/02,

,,,Date,Compte,Description,Logement,Transport,Essence,Repas,Téléphone,
Divertissements,Autres,Total,

,,,12/20/01,12345,Tirer au flan au lieu d'assister à la conférence.,
500.00,50.00,0,300.00,100,1000.00,300.00,

,,,12/20/01,12345,Bronzette sur la plage,500.00,50.00,0,200.00,20,300.00,
100.00,Sous-Total,
,,,Approuvé,,Notes,,,,,,,Avances,
,,,,,,,,,,,,Total,
```

Comme vous pouvez le constater, cette correspondance XML vers données délimitées n'a plus cette uniformité qui simplifiait l'implémentation des exemples précédents. Cela ne signifie pas que l'on ne peut pas écrire une feuille de style effectuant les correspondances voulues mais, si vous attaquez le problème de front, vous finirez sûrement avec une feuille de style complexe et ad hoc.

Lorsque vous êtes confronté à des transformations complexes, essayez de simplifier le problème en transformant d'abord le document source sous une forme intermédiaire, que vous transformerez ensuite pour obtenir le résultat voulu. En d'autres termes, essayez de diviser les problèmes de transformations complexes en deux (ou plus) problèmes moins compliqués.

En lisant ces lignes, vous verrez que le problème de la transformation d'XML vers la feuille de calcul consiste, en fait, à mettre le contenu XML dans les cellules de la feuille. Vous pouvez donc inventer une forme intermédiaire d'*éléments cellules*. Un élément cellule qui place la valeur « truc » dans la cellule A1 serait, par exemple, `<cell col="A" lig="1" val="truc"/>`. Votre but consiste à créer une feuille de style qui fait correspondre un élément cellule à chaque élément significatif du document source. Comme vous n'avez plus à vous soucier de l'ordre, cette mise en correspondance est simple :

```
<xsl:template match="RapportDépenses">
    <c:cell col="M" lig="3" val="Note N°"/>
    <c:cell col="N" lig="3" val="{@num}"/>
    <c:cell col="L" lig="6" val="Note de frais"/>
    <xsl:apply-templates/>
    <xsl:variable name="offset" select="count(Dépenses/Dépense)+18"/>
    <c:cell col="M" lig="{$offset}" val="Sous-Total"/>
    <c:cell col="D" lig="{$offset + 1}" val="Approuvé"/>
    <c:cell col="F" lig="{$offset + 1}" val="Notes"/>
    <c:cell col="M" lig="{$offset + 1}" val="Avances"/>
    <c:cell col="M" lig="{$offset + 2}" val="Total"/>
  </xsl:template>

  <xsl:template match="Employé">
    <c:cell col="D" lig="10" val="Employé"/>
    <xsl:apply-templates/>
  </xsl:template>

  <xsl:template match="Employé/Nom">
    <c:cell col="D" lig="12" val="Nom"/>
    <c:cell col="E" lig="12" val="{.}"/>
  </xsl:template>

  <xsl:template match="Employé/INSEE">
    <c:cell col="D" lig="13" val="INSEE"/>
    <c:cell col="E" lig="13" val="{.}"/>
  </xsl:template>

  <xsl:template match="Employé/Dept">
    <c:cell col="D" lig="14" val="Département"/>
    <c:cell col="E" lig="14" val="{.}"/>
  </xsl:template>
```

```
<xsl:template match="Employé/NoEmp">
  <c:cell col="G" lig="12" val="Emp n°"/>
  <c:cell col="H" lig="12" val="{.}"/>
</xsl:template>

<xsl:template match="Employé/Poste">
  <c:cell col="G" lig="13" val="Poste"/>
  <c:cell col="H" lig="13" val="{.}"/>
</xsl:template>

<xsl:template match="Employé/Supérieur">
  <c:cell col="G" lig="14" val="Supérieur"/>
  <c:cell col="H" lig="14" val="{.}"/>
</xsl:template>

<xsl:template match="PériodePaye">
  <c:cell col="M" lig="10" val="Période de paye"/>
  <xsl:apply-templates/>
</xsl:template>

<xsl:template match="PériodePaye/Du">
  <c:cell col="M" lig="12" val="Du"/>
  <c:cell col="N" lig="12" val="{.}"/>
</xsl:template>

<xsl:template match="PériodePaye/Au">
  <c:cell col="M" lig="14" val="Au"/>
  <c:cell col="N" lig="14" val="{.}"/>
</xsl:template>

<xsl:template match="Dépenses">
  <c:cell col="D" lig="16" val="Date"/>
  <c:cell col="E" lig="16" val="Compte"/>
  <c:cell col="F" lig="16" val="Description"/>
  <c:cell col="G" lig="16" val="Logement"/>
  <c:cell col="H" lig="16" val="Transport"/>
  <c:cell col="I" lig="16" val="Essence"/>
  <c:cell col="J" lig="16" val="Repas"/>
  <c:cell col="K" lig="16" val="Téléphone"/>
  <c:cell col="L" lig="16" val="Divertissements"/>
  <c:cell col="M" lig="16" val="Autres"/>
  <c:cell col="N" lig="16" val="Total"/>
  <xsl:apply-templates/>
</xsl:template>

<xsl:template match="Dépenses/Dépense">
  <xsl:apply-templates>
    <xsl:with-param name="lig" select="poste()+16"/>
  </xsl:apply-templates>
</xsl:template>
```

```
<xsl:template match="Dépense/Date">
  <xsl:param name="lig"/>
  <c:cell col="D" lig="{$lig}" val="{.}"/>
</xsl:template>

<xsl:template match="Dépense/Compte">
  <xsl:param name="lig"/>
  <c:cell col="E" lig="{$lig}" val="{.}"/>
</xsl:template>

<xsl:template match="Dépense/Desc">
  <xsl:param name="lig"/>
  <c:cell col="F" lig="{$lig}" val="{.}"/>
</xsl:template>

<xsl:template match="Dépense/Logement">
  <xsl:param name="lig"/>
  <c:cell col="G" lig="{$lig}" val="{.}"/>
</xsl:template>

<xsl:template match="Dépense/Transport">
  <xsl:param name="lig"/>
  <c:cell col="H" lig="{$lig}" val="{.}"/>
</xsl:template>

<xsl:template match="Dépense/Essence">
  <xsl:param name="lig"/>
  <c:cell col="I" lig="{$lig}" val="{.}"/>
</xsl:template>

<xsl:template match="Dépense/Repas">
  <xsl:param name="lig"/>
  <c:cell col="J" lig="{$lig}" val="{.}"/>
</xsl:template>

<xsl:template match="Dépense/Téléphone">
  <xsl:param name="lig"/>
  <c:cell col="K" lig="{$lig}" val="{.}"/>
</xsl:template>

<xsl:template match="Dépense/Divertissements">
  <xsl:param name="lig"/>
  <c:cell col="L" lig="{$lig}" val="{.}"/>
</xsl:template>

<xsl:template match="Dépense/Autres">
  <xsl:param name="lig"/>
  <c:cell col="M" lig="{$lig}" val="{.}"/>
</xsl:template>
```

Le principal intérêt d'employer un attribut pour encoder la valeur d'une cellule est que cela vous permet d'utiliser des règles attribut-valeur : le schéma de traduction est donc très concis. Dans cette feuille de style, on trouve deux types de correspondances. Le premier est absolu : on fait correspondre, par exemple, le nom de l'employé à la cellule E12. Le second relatif : on fait correspondre chaque type de dépense à la ligne 16, d'après sa position dans le document source.

Lorsque vous appliquez cette feuille de style au document source, vous obtenez le résultat suivant :

```
<c:cells xmlns:c="http://www.ora.com/XSLTCookbook/namespaces/cells" >
  <c:cell col="M" lig="3" val="Note N°"/>
  <c:cell col="N" lig="3" val="123"/>
  <c:cell col="L" lig="6" val="Note de frais"/>
  <c:cell col="D" lig="10" val="Employé"/>
  <c:cell col="D" lig="12" val="Nom"/>
  <c:cell col="E" lig="12" val="Salvatore Mangano"/>
  <c:cell col="D" lig="13" val="INSEE"/>
  <c:cell col="E" lig="13" val="9999999999999-99"/>
  <c:cell col="D" lig="14" val="Département"/>
  <c:cell col="E" lig="14" val="Développement XSLT"/>
  <c:cell col="G" lig="12" val="Emp n°"/>
  <c:cell col="H" lig="12" val="1"/>
  <c:cell col="G" lig="13" val="Poste"/>
  <c:cell col="H" lig="13" val="Cuisinier"/>
  <c:cell col="G" lig="14" val="Supérieur"/>
  <c:cell col="H" lig="14" val="Big Boss O'Reilly"/>
  <c:cell col="M" lig="10" val="Période de paye"/>
  <c:cell col="M" lig="12" val="Du"/>
  <c:cell col="N" lig="12" val="1/1/02"/>
  <c:cell col="M" lig="14" val="Au"/>
  <c:cell col="N" lig="14" val="1/31/02"/>
  <c:cell col="D" lig="16" val="Date"/>
  <c:cell col="E" lig="16" val="Compte"/>
  <c:cell col="F" lig="16" val="Description"/>
  <c:cell col="G" lig="16" val="Logement"/>
  <c:cell col="H" lig="16" val="Transport"/>
  <c:cell col="I" lig="16" val="Essence"/>
  <c:cell col="J" lig="16" val="Repas"/>
  <c:cell col="K" lig="16" val="Téléphone"/>
  <c:cell col="L" lig="16" val="Divertissements"/>
  <c:cell col="M" lig="16" val="Autres"/>
  <c:cell col="N" lig="16" val="Total"/>
  <c:cell col="D" lig="18" val="12/20/01"/>
  <c:cell col="E" lig="18" val="12345"/>
  <c:cell col="F" lig="18"
    val="Tirer au flan au lieu d'assister à la conférence."/>
  <c:cell col="G" lig="18" val="500.00"/>
  <c:cell col="H" lig="18" val="50.00"/>
  <c:cell col="I" lig="18" val="0"/>
  <c:cell col="J" lig="18" val="300.00"/>
  <c:cell col="K" lig="18" val="100"/>
  <c:cell col="L" lig="18" val="1000.00"/>
  <c:cell col="M" lig="18" val="300.00"/>
  <c:cell col="D" lig="20" val="12/20/01"/>
```

```
    <c:cell col="E" lig="20" val="12345"/>
    <c:cell col="F" lig="20" val="Bronzette sur la plage"/>
    <c:cell col="G" lig="20" val="500.00"/>
    <c:cell col="H" lig="20" val="50.00"/>
    <c:cell col="I" lig="20" val="0"/>
    <c:cell col="J" lig="20" val="200.00"/>
    <c:cell col="K" lig="20" val="20"/>
    <c:cell col="L" lig="20" val="300.00"/>
    <c:cell col="M" lig="20" val="100.00"/>
    <c:cell col="M" lig="20" val="Sous-Total"/>
    <c:cell col="D" lig="21" val="Approuvé"/>
    <c:cell col="F" lig="21" val="Notes"/>
    <c:cell col="M" lig="21" val="Avances"/>
    <c:cell col="M" lig="22" val="Total"/>
</c:cells>
```

Ce n'est bien sûr pas le résultat final que vous recherchez, mais il est facile de constater qu'en triant ces cellules d'abord sur `@lig`, puis sur `@col`, leur traduction sous forme CSV devient simple. En fait, si vous utilisez l'extension *node-set* d'EXSLT, vous pouvez obtenir votre résultat en une seule passe. Notez également que la correspondance cellule vers CSV est totalement générique : vous pouvez donc la réutiliser plus tard pour d'autres correspondances XML vers CSV. Voir les exemples 5-15 et 5-16.

Exemple 5-15. cellules-vers-csv.xslt

```
<?xml version="1.0" encoding="iso-8859-1"?>
<xsl:stylesheet version="1.0"
     xmlns:xsl="http://www.w3.org/1999/XSL/Transform"
     xmlns:c="http://www.ora.com/XSLTCookbook/namespaces/cells"
      xmlns:exsl="http://exslt.org/common" extension-element-prefixes="exsl">

  <xsl:output method="text"/>

  <!-- Pour faire correspondre les lettres de colonnes à des nombres -->
  <xsl:variable name="colonnes" select=" '_ABCDEFGHIJKLMNOPQRSTUVWXYZ' "/>

  <xsl:template match="/">

     <!-- Capture les cellules dans une variable -->
    <xsl:variable name="cellules">
      <xsl:apply-templates/>
    </xsl:variable>

     <!-- Trie par ligne-colonne -->
    <xsl:variable name="cellules-triées">
      <xsl:for-each select="exsl:node-set($cellules)/c:cell">
        <xsl:sort select="@lig" data-type="number"/>
        <xsl:sort select="@col" data-type="text"/>
        <xsl:copy-of select="."/>
      </xsl:for-each>
    </xsl:variable>

    <xsl:apply-templates select="exsl:node-set($cellules-triées)/c:cell"/>
```

```
</xsl:template>

<xsl:template match="c:cellule">
  <xsl:choose>
      <!-- Détecte un changement de ligne -->
    <xsl:when test="preceding-sibling::c:cell[1]/@lig != @lig">
       <!-- Calcule le nombre de lignes à sauter, s'il y en a -->
      <xsl:variable name="lignes-sautées">
        <xsl:choose>
          <xsl:when test="preceding-sibling::c:cell[1]/@lig">
            <xsl:value-of
             select="@lig - preceding-sibling::c:cell[1]/@lig"/>
          </xsl:when>
          <xsl:otherwise>
            <xsl:value-of select="@lig - 1"/>
          </xsl:otherwise>
        </xsl:choose>
      </xsl:variable>
      <xsl:call-template name="saute-lignes">
        <xsl:with-param name="saut" select="$lignes-sautées"/>
      </xsl:call-template>

      <xsl:variable name="col-courante"
             select="string-length(substring-before($colonnes,@col))"/>
      <xsl:call-template name="saute-colonnes">
        <xsl:with-param name="saut" select="$col-courante - 1"/>
      </xsl:call-template>
      <xsl:value-of select="@val"/>,<xsl:text/>
    </xsl:when>

    <xsl:otherwise>
       <!-- Calcule le nombre de colonnes à sauter, s'il y en a -->
      <xsl:variable name="colonnes-sautées">
        <xsl:variable name="col-courante"
             select="string-length(substring-before($colonnes,@col))"/>

        <xsl:choose>
          <xsl:when test="preceding-sibling::c:cell[1]/@col">
            <xsl:variable name="col-préc"
             select="string-length(substring-before($colonnes,
                       preceding-sibling::c:cell[1]/@col))"/>
            <xsl:value-of select="$col-courante - $col-préc - 1"/>
          </xsl:when>
          <xsl:otherwise>
            <xsl:value-of select="$col-courante - 1"/>
          </xsl:otherwise>
        </xsl:choose>
      </xsl:variable>

      <xsl:call-template name="saute-colonnes">
        <xsl:with-param name="saut" select="$colonnes-sautées"/>
```

```
      </xsl:call-template>
      <!-- Produit la valeur de la cellule et une virgule -->
      <xsl:value-of select="@val"/>,<xsl:text/>
    </xsl:otherwise>
  </xsl:choose>
</xsl:template>

<!-- Insère des lignes vides pour les lignes non contigües -->
<xsl:template name="saute-lignes">
  <xsl:param name="saut"/>
  <xsl:choose>
    <xsl:when test="$saut &gt; 0">
      <xsl:text>&#xa;</xsl:text>
      <xsl:call-template name="saute-lignes">
        <xsl:with-param name="saut" select="$saut - 1"/>
      </xsl:call-template>
    </xsl:when>
    <xsl:otherwise/>
  </xsl:choose>
</xsl:template>

<!-- Insère des virgules pour les colonnes non contigües -->
<xsl:template name="saute-colonnes">
  <xsl:param name="saut"/>
  <xsl:choose>
    <xsl:when test="$saut &gt; 0">
      <xsl:text>,</xsl:text>
      <xsl:call-template name="saute-colonnes">
        <xsl:with-param name="saut" select="$saut - 1"/>
      </xsl:call-template>
    </xsl:when>
    <xsl:otherwise/>
  </xsl:choose>
</xsl:template>

</xsl:stylesheet>
```

Exemple 5-16. depenses-vers-csv.xslt

```
<?xml version="1.0" encoding="iso-8859-1"?>
<xsl:stylesheet version="1.0" xmlns:xsl="http://www.w3.org/1999/XSL/Transform"
  xmlns:c="http://www.ora.com/XSLTCookbook/namespaces/cells"
  xmlns:exsl="http://exslt.org/common" extension-element-prefixes="exsl">

  <xsl:include href="cellules-vers-csv.xslt"/>

  <xsl:template match="RapportDépenses">
    <c:cell col="M" lig="3" val="État N°"/>
    <c:cell col="N" lig="3" val="{@num}"/>
    <c:cell col="L" lig="6" val="État des dépenses"/>
    <xsl:apply-templates/>
    <xsl:variable name="offset" select="count(Dépenses/Dépense)+18"/>
    <c:cell col="M" lig="{$offset}" val="Sous-Total"/>
```

```
    <c:cell col="D" lig="{$offset + 1}" val="Approuvé"/>
    <c:cell col="F" lig="{$offset + 1}" val="Notes"/>
    <c:cell col="M" lig="{$offset + 1}" val="Avances"/>
    <c:cell col="M" lig="{$offset + 2}" val="Total"/>
  </xsl:template>

  <xsl:template match="Employé">
    <c:cell col="D" lig="10" val="Employé"/>
    <xsl:apply-templates/>
  </xsl:template>

  <xsl:template match="Employé/Nom">
    <c:cell col="D" lig="12" val="Nom"/>
    <c:cell col="E" lig="12" val="{.}"/>
  </xsl:template>

   <!-- Le reste est omis, il est identique à la feuille de style
  originale présentée plus haut -->

</xsl:stylesheet>
```

La feuille de style réutilisable de l'exemple 5-15 capture dans une variable les cellules produites par la feuille de style spécifique à l'application, puis les trie. Elle transforme ensuite ces cellules en données CSV : pour ce faire, elle considère chaque cellule par rapport à celle qui la précède dans la liste triée. Si la cellule précédente est sur une ligne différente, il faut alors produire une ou plusieurs lignes blanches. Si la cellule précédente est sur une colonne non adjacente, il faut produire une ou plusieurs virgules supplémentaires. Vous devez également gérer le cas où la première ligne ou colonne d'une ligne n'est pas la première ligne ou colonne de la feuille de calcul. Une fois que tous ces détails ont été réglés, il vous suffit de produire la valeur de la cellule, suivie d'une virgule.

Discussion

La plupart des transformations XML vers données délimitées que vous rencontrerez sont assez simples pour quiconque connaît bien XSLT. L'intérêt des exemples précédents est qu'ils montrent que ces problèmes peuvent être divisés en deux parties : une partie réutilisable qui nécessite une expertise XSLT et une partie spécifique à l'application qui n'a pas besoin d'une grande compétence en XSLT, une fois que ses conventions ont été comprises.

Le véritable intérêt de cette technique est qu'elle permet à ceux qui connaissent moins XSLT de quand même se rendre utiles. Supposons, par exemple, que vous deviez convertir une grosse base XML en données CSV et qu'il fallait le faire pour hier : montrer à quelqu'un comment réutiliser ces solutions génériques serait bien plus facile que de lui apprendre XSLT pour qu'il puisse écrire ses propres scripts.

5.3 Créer un rapport en colonnes

Problème

Vous voulez formater les données en colonnes, pour une meilleure présentation.

Solution

Il existe deux types généraux de transformations XML en colonnes. Le premier fait correspondre des colonnes distinctes aux différents éléments ou attributs. Le second fait correspondre les éléments selon leurs positions relatives.

Avant de décortiquer ces variantes, vous avez besoin d'une règle générique qui vous aidera à justifier le texte dans une colonne de largeur donnée. Pour écrire cette règle, montrée dans l'exemple 5-17, vous pouvez utiliser la règle `str:dup` que vous avez créé dans la recette 1-5.

Exemple 5-17. texte-justifie.xslt

```
<?xml version="1.0" encoding="iso-8859-1"?>
<xsl:stylesheet version="1.0" xmlns:xsl="http://www.w3.org/1999/XSL/Transform"
  xmlns:str="http://www.ora.com/XSLTCookbook/namespaces/strings"
  xmlns:text="http://www.ora.com/XSLTCookbook/namespaces/text"
  extension-element-prefixes="text">

<xsl:include href="/str.dup.xslt"/>

<xsl:template name="text:justifie">
  <xsl:param name="valeur" />
  <xsl:param name="largeur" select="10"/>
  <xsl:param name="align" select=" 'gauche' "/>

  <!-- On tronque si c'est trop long -->
  <xsl:variable name="output" select="substring($valeur,1,$largeur)"/>

  <xsl:choose>
    <xsl:when test="$align = 'gauche'">
      <xsl:value-of select="$output"/>
      <xsl:call-template name="str:dup">
        <xsl:with-param name="input" select=" ' ' "/>
        <xsl:with-param name="cpteur"
          select="$largeur - string-length($output)"/>
      </xsl:call-template>
    </xsl:when>
    <xsl:when test="$align = 'droite'">
      <xsl:call-template name="str:dup">
        <xsl:with-param name="input" select=" ' ' "/>
        <xsl:with-param name="cpteur"
              select="$largeur - string-length($output)"/>
      </xsl:call-template>
      <xsl:value-of select="$output"/>
    </xsl:when>
    <xsl:when test="$align = 'centre'">
```

```
        <xsl:call-template name="str:dup">
          <xsl:with-param name="input" select=" ' ' "/>
          <xsl:with-param name="cpteur"
            select="floor(($largeur - string-length($output)) div 2)"/>
        </xsl:call-template>
        <xsl:value-of select="$output"/>
        <xsl:call-template name="str:dup">
          <xsl:with-param name="input" select=" ' ' "/>
          <xsl:with-param name="cpteur"
            select="ceiling(($largeur - string-length($output)) div 2)"/>
        </xsl:call-template>
      </xsl:when>
      <xsl:otherwise>ALIGNEMENT INCORRECT</xsl:otherwise>
    </xsl:choose>
  </xsl:template>

  </xsl:stylesheet>
```

Avec cette règle, produire un rapport en colonnes consiste simplement à décider de l'ordre et de la disposition des colonnes pour les données. C'est ce que font les exemples 5-18 et 5-19 pour les attributs des personnes du fichier *personnes.xml*. Une solution similaire aurait pu servir pour traiter le fichier *personnes2.xml*, où les personnes sont encodées par des éléments.

Exemple 5-18. personnes-vers-colonnes.xslt

```
<?xml version="1.0" encoding="iso-8859-1"?>
<xsl:stylesheet version="1.0" xmlns:xsl="http://www.w3.org/1999/XSL/Transform"
  xmlns:str="http://www.ora.com/XSLTCookbook/namespaces/strings"
  xmlns:text="http://www.ora.com/XSLTCookbook/namespaces/text">

<xsl:include href="texte-justifie.xslt"/>

<xsl:output method="text" />

<xsl:strip-space elements="*"/>

<xsl:template match="personnes">
Nom                  Age   Sexe   Fumeur
--------------------|------|-----|---------
<xsl:apply-templates/>
</xsl:template>

<xsl:template match="personne">
  <xsl:call-template name="text:justifie">
    <xsl:with-param name="valeur" select="@nom"/>
    <xsl:with-param name="largeur" select="20"/>
  </xsl:call-template>
 <xsl:text>|</xsl:text>
  <xsl:call-template name="text:justifie">
    <xsl:with-param name="valeur" select="@age"/>
    <xsl:with-param name="largeur" select="6"/>
    <xsl:with-param name="align" select=" 'droite' "/>
```

```
    </xsl:call-template>
   <xsl:text>|</xsl:text>
    <xsl:call-template name="text:justifie">
      <xsl:with-param name="valeur" select="@sexe"/>
      <xsl:with-param name="largeur" select="6"/>
      <xsl:with-param name="align" select=" 'centre' "/>
    </xsl:call-template>
   <xsl:text>|</xsl:text>
    <xsl:call-template name="text:justifie">
      <xsl:with-param name="value" select="@fumeur"/>
      <xsl:with-param name="largeur" select="9"/>
      <xsl:with-param name="align" select=" 'centre' "/>
    </xsl:call-template>
    <xsl:text>
  </xsl:text>
  </xsl:template>

  </xsl:stylesheet>
```

Exemple 5-19. Résultat

```
Nom                     Age   Sexe   Fumeur
--------------------|------|-----|---------
Al Zehtooney        |    33|  m  |   non
Brad York           |    38|  m  |   oui
Charles Xavier      |    32|  m  |   non
David Willimas      |    33|  m  |   non
Edward Ulster       |    33|  m  |   oui
Frank Townsend      |    35|  m  |   non
Greg Sutter         |    40|  m  |   non
Harry Rogers        |    37|  m  |   non
John Quincy         |    43|  m  |   oui
Kent Peterson       |    31|  m  |   non
Larry Newell        |    23|  m  |   non
Max Milton          |    22|  m  |   non
Norman Lamagna      |    30|  m  |   non
Ollie Kensinton     |    44|  m  |   non
John Frank          |    24|  m  |   non
Mary Williams       |    33|  f  |   non
Jane Frank          |    38|  f  |   oui
Jo Peterson         |    32|  f  |   non
Angie Frost         |    33|  f  |   non
Betty Bates         |    33|  f  |   non
Connie Date         |    35|  f  |   non
Donna Finster       |    20|  f  |   non
Esther Gates        |    37|  f  |   non
Fanny Hill          |    33|  f  |   oui
Geta Iota           |    27|  f  |   non
Hillary Johnson     |    22|  f  |   non
Ingrid Kent         |    21|  f  |   non
Jill Larson         |    20|  f  |   non
Kim Mulrooney       |    41|  f  |   non
Lisa Nevins         |    21|  f  |   non
```

Pour transformer les données en fonction de leur position dans le document, vous devez adopter une approche légèrement différente. Décidez d'abord du nombre de colonnes que vous souhaitez : vous pouvez utiliser un paramètre spécifiant ce nombre et calculer le nombre de lignes d'après le nombre d'éléments, ou indiquer le nombre de lignes et laisser le nombre de colonnes varier. Puis, décidez comment faire correspondre la position de l'élément avec les colonnes : les deux choix les plus courants sont priorité à la ligne et priorité à la colonne. Dans le premier cas, le premier élément correspond à la première colonne, le second à la deuxième et ainsi de suite jusqu'à avoir épuisé toutes les colonnes, auquel cas on ouvre une nouvelle ligne. Dans le deuxième cas, les premiers (N div nb-colonnes) éléments vont dans la première colonne, les suivants (N div nb-colonnes) dans la seconde, etc. Ce concept peut être vu en termes de transposition de lignes en colonnes.

Vous pouvez créer deux règles, qui produisent des colonnes selon ces deux modes, comme le montre l'exemple 5-20.

Exemple 5-20. texte-matrice.xslt

```
<?xml version="1.0" encoding="iso-8859-1"?>
<xsl:stylesheet version="1.0" xmlns:xsl="http://www.w3.org/1999/XSL/Transform"
  xmlns:text="http://www.ora.com/XSLTCookbook/namespaces/text"
  extension-element-prefixes="text">

  <xsl:output method="text"/>

  <xsl:include href="texte-justifie.xslt"/>

  <xsl:template name="text:priorité-ligne">
    <xsl:param name="noeuds" select="/.."/>
    <xsl:param name="nb-cols" select="2"/>
    <xsl:param name="largeur" select="10"/>
    <xsl:param name="align" select=" 'gauche' "/>
    <xsl:param name="filet" select=" ' ' "/>

    <xsl:if test="$noeuds">
        <xsl:call-template name="text:ligne">
          <xsl:with-param name="noeuds"
               select="$noeuds[position() &lt;= $nb-cols]"/>
          <xsl:with-param name="largeur" select="$largeur"/>
          <xsl:with-param name="align" select="$align"/>
          <xsl:with-param name="filet" select="$filet"/>
        </xsl:call-template>
        <!-- Traite les lignes restantes -->
        <xsl:call-template name="text:priorité-ligne">
          <xsl:with-param name="noeuds"
               select="$noeuds[position() &gt; $nb-cols]"/>
          <xsl:with-param name="nb-cols" select="$nb-cols"/>
          <xsl:with-param name="largeur" select="$largeur"/>
          <xsl:with-param name="align" select="$align"/>
          <xsl:with-param name="filet" select="$filet"/>
        </xsl:call-template>
    </xsl:if>
```

```
  </xsl:template>

  <xsl:template name="text:priorité-colonne">
    <xsl:param name="noeuds" select="/.."/>
    <xsl:param name="nb-cols" select="2"/>
    <xsl:param name="largeur" select="10"/>
    <xsl:param name="align" select=" 'gauche' "/>
    <xsl:param name="filet" select=" ' ' "/>

    <xsl:if test="$noeuds">
        <xsl:call-template name="text:ligne">
          <xsl:with-param name="noeuds"
               select="$noeuds[(position() - 1) mod
                         ceiling(last() div $nb-cols) = 0]"/>
          <xsl:with-param name="largeur" select="$largeur"/>
          <xsl:with-param name="align" select="$align"/>
          <xsl:with-param name="filet" select="$filet"/>
  </xsl:call-template>

        <!-- Traite les lignes restantes -->
        <xsl:call-template name="text:priorité-colonne">
          <xsl:with-param name="noeuds"
               select="$noeuds[(position() - 1) mod
                         ceiling(last() div $nb-cols) != 0]"/>
          <xsl:with-param name="nb-cols" select="$nb-cols"/>
          <xsl:with-param name="largeur" select="$largeur"/>
          <xsl:with-param name="align" select="$align"/>
          <xsl:with-param name="filet" select="$filet"/>
        </xsl:call-template>
    </xsl:if>

  </xsl:template>

<xsl:template name="text:ligne">
    <xsl:param name="noeuds" select="/.."/>
    <xsl:param name="largeur" select="10"/>
    <xsl:param name="align" select=" 'left' "/>
    <xsl:param name="filet" select=" ' ' "/>

   <xsl:for-each select="$noeuds">
    <xsl:call-template name="text:justifie">
      <xsl:with-param name="value" select="."/>
      <xsl:with-param name="largeur" select="$largeur"/>
      <xsl:with-param name="align" select="$align"/>
    </xsl:call-template>
    <xsl:value-of select="$filet"/>
  </xsl:for-each>

  <xsl:text>&#xa;</xsl:text>

</xsl:template>
```

```
</xsl:stylesheet>
```

Les exemples 5-21 à 5-23 montrent une utilisation de ces règles.

Exemple 5-21. Source

```
<nombres>
  <nombre>10</nombre>
  <nombre>3.5</nombre>
  <nombre>4.44</nombre>
  <nombre>77.7777</nombre>
  <nombre>-8</nombre>
  <nombre>1</nombre>
  <nombre>444</nombre>
  <nombre>1.1234</nombre>
  <nombre>7.77</nombre>
  <nombre>3.1415927</nombre>
  <nombre>10</nombre>
  <nombre>9</nombre>
  <nombre>8</nombre>
  <nombre>7</nombre>
  <nombre>666</nombre>
  <nombre>5555</nombre>
  <nombre>-4444444</nombre>
  <nombre>22.33</nombre>
  <nombre>18</nombre>
  <nombre>36.54</nombre>
  <nombre>43</nombre>
  <nombre>99999</nombre>
  <nombre>999999</nombre>
  <nombre>9999999</nombre>
  <nombre>32</nombre>
  <nombre>64</nombre>
  <nombre>-64.0001</nombre>
</nombres>
```

Exemple 5-22. Feuille de style

```
<?xml version="1.0" encoding="iso-8859-1"?>
<xsl:stylesheet version="1.0" xmlns:xsl="http://www.w3.org/1999/XSL/Transform"
  xmlns:text="http://www.ora.com/XSLTCookbook/namespaces/text">

<xsl:output method="text" />

<xsl:include href="texte-justifie.xslt"/>

<xsl:template match="nombres">
Cinq colonnes de nombres rangées par ligne :
<xsl:text/>
  <xsl:call-template name="text:priorité-ligne">
    <xsl:with-param name="noeuds" select="nombre"/>
    <xsl:with-param name="align" select=" 'droite' "/>
    <xsl:with-param name="nb-cols" select="5"/>
    <xsl:with-param name="filet" select=" ' | ' "/>
```

```
    </xsl:call-template>

  Cinq colonnes de nombres rangées par colonne :
  <xsl:text/>
    <xsl:call-template name="text:priorité-colonne">
      <xsl:with-param name="noeuds" select="nombre"/>
      <xsl:with-param name="align" select=" 'droite' "/>
      <xsl:with-param name="nb-cols" select="5"/>
      <xsl:with-param name="filet" select=" ' | ' "/>
    </xsl:call-template>

  </xsl:template>

  </xsl:stylesheet>
```

Exemple 5-23. Résultat

```
Cinq colonnes de nombres rangées par ligne :
        10 |       3.5 |      4.44 |   77.7777 |        -8 |
         1 |       444 |    1.1234 |      7.77 | 3.1415927 |
        10 |         9 |         8 |         7 |       666 |
      5555 |  -4444444 |     22.33 |        18 |     36.54 |
        43 |     99999 |    999999 |   9999999 |        32 |
        64 |  -64.0001 |

Cinq colonnes de nombres rangées par colonne :
        10 |       444 |         8 |        18 |        32 |
       3.5 |    1.1234 |         7 |     36.54 |        64 |
      4.44 |      7.77 |       666 |        43 |  -64.0001 |
   77.7777 | 3.1415927 |      5555 |     99999 |        -8 |
        10 |  -4444444 |    999999 |         1 |         9 |
     22.33 |   9999999 |
```

Discussion

Le problème de la transformation des données encodées par des éléments ou des attributs en colonnes est structurellement similaire au problème présenté dans la recette 5-2 pour les données CSV. La principale différence est que, pour ces dernières, vous préparez les données afin qu'elles puissent être traitées par une machine, alors qu'ici vous les préparez pour un traitement humain. Par certains aspects, les hommes sont plus pointilleux que les machines, notamment lorsqu'il s'agit d'alignement et autres aspects visuels qui facilitent la lecture. Vous pourriez appliquer la même approche générique, pilotée par les données, que l'on a utilisée dans l'exemple des données CSV mais, pour garantir un formatage correct, vous devriez fournir plus d'informations sur chaque colonne. Les exemples 5-24 à 5-26 présentent une solution utilisant les attributs.

Exemple 5-24. generic-att-vers-colonnes.xslt

```
<?xml version="1.0" encoding="iso-8859-1"?>
<xsl:stylesheet version="1.0" xmlns:xsl="http://www.w3.org/1999/XSL/Transform"
  xmlns:str="http://www.ora.com/XSLTCookbook/namespaces/strings"
 xmlns:text="http://www.ora.com/XSLTCookbook/namespaces/text">
```

```
<xsl:include href="texte-justifie.xslt"/>

<xsl:param name="filet" select=" ' ' "/>

<xsl:output method="text"/>

<xsl:strip-space elements="*"/>

<xsl:variable name="colonnes" select="/.."/>

<xsl:template match="/">
  <xsl:for-each select="$colonnes">
    <xsl:call-template name="text:justifie" >
      <xsl:with-param name="valeur" select="@nom"/>
      <xsl:with-param name="largeur" select="@largeur"/>
      <xsl:with-param name="align" select=" 'gauche' "/>
    </xsl:call-template>
    <xsl:value-of select="$filet"/>
  </xsl:for-each>
  <xsl:text>&#xa;</xsl:text>
  <xsl:for-each select="$colonnes">
    <xsl:call-template name="str:dup">
      <xsl:with-param name="input" select=" '-' "/>
      <xsl:with-param name="cpteur" select="@largeur"/>
    </xsl:call-template>
    <xsl:call-template name="str:dup">
      <xsl:with-param name="input" select=" '-' "/>
      <xsl:with-param name="cpteur" select="string-length($filet)"/>
    </xsl:call-template>
  </xsl:for-each>
  <xsl:text>&#xa;</xsl:text>
  <xsl:apply-templates/>
</xsl:template>

<xsl:template match="/*/*">
  <xsl:variable name="ligne" select="."/>

  <xsl:for-each select="$colonnes">
    <xsl:variable name="valeur">
      <xsl:apply-templates
      select="$ligne/@*[local-name(.)=current()/@attr]"
      mode="text:corresp-col-valeur"/>
    </xsl:variable>
    <xsl:call-template name="text:justifie" >
      <xsl:with-param name="valeur" select="$valeur"/>
      <xsl:with-param name="largeur" select="@largeur"/>
      <xsl:with-param name="align" select="@align"/>
    </xsl:call-template>
    <xsl:value-of select="$filet"/>
  </xsl:for-each>

  <xsl:text>&#xa;</xsl:text>
```

```
</xsl:template>

<xsl:template match="@*" mode="text:corresp-col-valeur">
  <xsl:value-of select="."/>
</xsl:template>

</xsl:stylesheet>
```

Exemple 5-25. Utilisation de la feuille de style générique

```
<?xml version="1.0" encoding="iso-8859-1"?>
<xsl:stylesheet version="1.0" xmlns:xsl="http://www.w3.org/1999/XSL/Transform"
  xmlns:str="http://www.ora.com/XSLTCookbook/namespaces/strings"
  xmlns:text="http://www.ora.com/XSLTCookbook/namespaces/text">

<xsl:import href="generic-att-vers-colonnes.xslt"/>

<!-- Définit les correspondances entre attributs et colonnes -->
<xsl:variable name="colonnes" select="document('')/*/text:colonne"/>

<text:colonne nom="Nom" largeur="20" align="gauche" attr="nom"/>
<text:colonne nom="Age" largeur="6" align="droite" attr="age"/>
<text:colonne nom="Sexe" largeur="8" align="gauche" attr="sexe"/>
<text:colonne nom="Fumeur" largeur="6" align="gauche" attr="fumeur"/>

<!-- Traitement des correspondances particulières -->

<xsl:template match="@sexe" mode="text:corresp-col-valeur">
  <xsl:choose>
    <xsl:when test=".='m'">masculin</xsl:when>
    <xsl:when test=".='f'">féminin</xsl:when>
    <xsl:otherwise>erreur</xsl:otherwise>
  </xsl:choose>
</xsl:template>

</xsl:stylesheet>
```

Exemple 5-26. Résultat avec filet = " | "

```
Nom                  | Age    | Sexe     | Fumeur |
---------------------------------------------------
Al Zehtooney         |     33 | masculin | non    |
Brad York            |     38 | masculin | oui    |
Charles Xavier       |     32 | masculin | non    |
David Willimas       |     33 | masculin | non    |
Edward Ulster        |     33 | masculin | oui    |
Frank Townsend       |     35 | masculin | non    |
Greg Sutter          |     40 | masculin | non    |
Harry Rogers         |     37 | masculin | non    |
John Quincy          |     43 | masculin | oui    |
Kent Peterson        |     31 | masculin | non    |
Larry Newell         |     23 | masculin | non    |
Max Milton           |     22 | masculin | non    |
```

```
Norman Lamagna       |    30 | masculin | non    |
Ollie Kensinton      |    44 | masculin | non    |
John Frank           |    24 | masculin | non    |
Mary Williams        |    33 | féminin  | non    |
Jane Frank           |    38 | féminin  | oui    |
Jo Peterson          |    32 | féminin  | non    |
Angie Frost          |    33 | féminin  | non    |
Betty Bates          |    33 | féminin  | non    |
Connie Date          |    35 | féminin  | non    |
Donna Finster        |    20 | féminin  | non    |
Esther Gates         |    37 | féminin  | non    |
Fanny Hill           |    33 | féminin  | oui    |
Geta Iota            |    27 | féminin  | non    |
Hillary Johnson      |    22 | féminin  | non    |
Ingrid Kent          |    21 | féminin  | non    |
Jill Larson          |    20 | féminin  | non    |
Kim Mulrooney        |    41 | féminin  | non    |
Lisa Nevins          |    21 | féminin  | non    |
```

5.4 Afficher une arborescence

Problème

Vous voulez produire une sortie texte indentée ou annotée, reflètant la nature hiérarchique du document source XML.

Solution

La représentation hiérarchique la plus évidente utilise l'indentation pour imiter la structure arborescente du source XML. Pour ce faire, créez une feuille de style générique comme celle de l'exemple 5-27, qui permettra de produire le résultat montré par l'exemple 5-28 ; elle utilise des choix raisonnables pour faire correspondre une sortie hiérarchisée au document fourni en entrée.

Exemple 5-27. texte-hierarchie.xslt

```
<?xml version="1.0" encoding="iso-8859-1"?>
<xsl:stylesheet version="1.0" xmlns:xsl="http://www.w3.org/1999/XSL/Transform"
  xmlns:str="http://www.ora.com/XSLTCookbook/namespaces/strings">

<xsl:include href="str.dup.xslt"/>
<xsl:include href="str.rechercher-remplacer.xslt"/>

<xsl:output method="text"/>

<!-- Indente les niveaux de deux espaces par défaut -->
<xsl:param name="indent" select="'  '"/>

<xsl:template match="*">
  <xsl:param  name="niveau" select="count(./ancestor::*)"/>

  <!-- Indente cet élément -->
```

```
  <xsl:call-template name="str:dup" >
    <xsl:with-param name="input" select="$indent"/>
    <xsl:with-param name="cpteur" select="$niveau"/>
  </xsl:call-template>

  <!-- Traite le nom de l'élément. Par défaut, ce sera son nom local -->
  <xsl:apply-templates select="." mode="nom">
    <xsl:with-param name="niveau" select="$niveau"/>
  </xsl:apply-templates>

  <!-- Signale le début du traitement des attributs.
       Par défaut, ce sera '(' -->
  <xsl:apply-templates select="." mode="début-attributs">
    <xsl:with-param name="niveau" select="$niveau"/>
  </xsl:apply-templates>

  <!-- Traite les attributs.
       Par défaut, ce sera nom="valeur" -->
  <xsl:apply-templates select="@*">
    <xsl:with-param name="élément" select="."/>
    <xsl:with-param name="niveau" select="$niveau"/>
  </xsl:apply-templates>

  <!-- Signale la fin du traitement des attributs.
      Par défaut, ce sera ')' -->
  <xsl:apply-templates select="." mode="fin-attributs">
    <xsl:with-param name="niveau" select="$niveau"/>
  </xsl:apply-templates>

  <!-- Traite les valeurs des éléments.
   Par défaut, formate la valeur d'une feuille pour qu'elle soit
   indentée sur la ligne suivante. -->
  <xsl:apply-templates select="." mode="valeur">
  <xsl:with-param name="niveau" select="$niveau"/>
  </xsl:apply-templates>

  <xsl:apply-templates select="." mode="coupure-ligne">
    <xsl:with-param name="niveau" select="$niveau"/>
  </xsl:apply-templates>

  <!-- Traite les fils -->
  <xsl:apply-templates select="*">
    <xsl:with-param name="niveau" select="$niveau + 1"/>
  </xsl:apply-templates>

</xsl:template>

<!-- Traitement par défaut des noms d'éléments. -->
<xsl:template match="*"     mode="nom">[<xsl:value-of
                                select="local-name(.)"/></xsl:template>

<!-- Traitement par défaut du début des attributs -->
```

```
<xsl:template match="*" mode="début-attributs">
  <xsl:if test="@*"><xsl:text> </xsl:text></xsl:if>
</xsl:template>

<!-- Traitement par défaut des attributs. -->
<xsl:template match="@*">
  <xsl:value-of select="local-name(.)"/>="<xsl:value-of select="."/>"<xsl:text/>
  <xsl:if test="position() != last()">
    <xsl:text> </xsl:text>
  </xsl:if>
</xsl:template>

<!-- Traitement par défaut de la fin des attributs. -->
<xsl:template match="*" mode="fin-attributs">]</xsl:template>

<!-- Traitement par défaut de la valeur des éléments. -->
<xsl:template match="*" mode="valeur">
  <xsl:param name="niveau"/>

  <!-- N'affiche que la valeur des feuilles. -->
  <xsl:if test="not(*)">
    <xsl:variable name="indent-str">
      <xsl:call-template name="str:dup" >
        <xsl:with-param name="input" select="$indent"/>
        <xsl:with-param name="cpteur" select="$niveau"/>
      </xsl:call-template>
    </xsl:variable>

    <xsl:text>&#xa;</xsl:text>

    <xsl:value-of select="$indent-str"/>

    <xsl:call-template name="str:rechercher-remplacer">
      <xsl:with-param name="input" select="."/>
      <xsl:with-param name="search-string" select=" '&#xa;' "/>
      <xsl:with-param name="replace-string"
                      select="concat('&#xa;',$indent-str)"/>
    </xsl:call-template>
  </xsl:if>
</xsl:template>

<xsl:template match="*" mode="coupure-ligne">
  <xsl:text>&#xa;</xsl:text>
</xsl:template>

</xsl:stylesheet>
```

Exemple 5-28. Résultat du traitement de la note de frais

```
[RapportDépenses num="123"]
   [Employé]
     [Nom]
     Salvatore Mangano
```

```
    [INSEE]
    9999999999999-99
    [Dépt]
    Développement XSLT
    [NoEmp]
    1
    [Poste]
    Cuisinier
    [Supérieur]
    Big Boss O'Reilly
  [PériodePaye]
    [Du]
    1/1/02
    [Au]
    1/31/02
  [Dépenses]
    [Dépense]
      [Date]
      12/20/01
      [Compte]
      12345
      [Desc]
      Tirer au flan au lieu d'assister à la conférence.
      [Logement]
      500.00
      [Transport]
      50.00
      [Essence]
      0
      [Repas]
      300.00
      [Téléphone]
      100
      [Divertissements]
      1000.00
      [Autres]
      300.00
    [Dépense]
      [Date]
      12/20/01
      [Compte]
      12345
      [Desc]
      Bronzette sur la plage
      [Logement]
      500.00
      [Transport]
      50.00
      [Essence]
      0
      [Repas]
      200.00
```

```
[Téléphone]
20
[Divertissements]
300.00
[Autres]
100.00
```

Discussion

Vous pourriez ne pas vouloir des choix particuliers faits par cette feuille pour représenter la hiérarchie des informations. Cette objection n'est pas un problème car cette feuille de style a été conçue pour être personnalisée. Vous pourriez préférer, par exemple, le résultat obtenu en 5-30 grâce aux personnalisations présentées dans l'exemple 5-29.

Exemple 5-29. Feuille de style personnalisée pour le rapport des dépenses

```
<?xml version="1.0" encoding="iso-8859-1"?>
<xsl:stylesheet version="1.0" xmlns:xsl="http://www.w3.org/1999/XSL/Transform">

 <xsl:import href="texte-hierarchie.xslt"/>

 <!-- Ignore les attributs -->
 <xsl:template match="@*"/>
 <xsl:template match="*" mode="début-attributs"/>
 <xsl:template match="*" mode="fin-attributs"/>

 <xsl:template match="*"     mode="nom">
   <!-- Affiche le nom local de l'élément -->
   <xsl:value-of select="local-name(.)"/>
   <!-- suivi d'un deux-points et d'un espace si c'est une feuille. -->
   <xsl:if test="not(*)">: </xsl:if>
 </xsl:template>

 <xsl:template match="*" mode="valeur">
   <xsl:if test="not(*)">
     <xsl:value-of select="."/>
   </xsl:if>
 </xsl:template>

 </xsl:stylesheet>
```

Exemple 5-30. Résultat avec personnalisation

```
RapportDépenses
   Employé
     Nom: Salvatore Mangano
     INSEE: 9999999999999-99
     Dépt: Développement XSLT
     NoEmp: 1
     Position: Cuisinier
     Supérieur: Big Boss O'Reilly
   PériodePaye
     Du: 1/1/02
     Au: 1/31/02
```

```
Dépenses
  Dépense
    Date: 12/20/01
    Compte: 12345
    Desc: Tirer au flan au lieu d'assister à la conférence.
    Logement: 500.00
    Transport: 50.00
    Essence: 0
    Repas: 300.00
    Téléphone: 100
    Divertissements: 1000.00
    Autres: 300.00
  Dépense
    Date: 12/20/01
    Compte: 12345
    Desc: Bronzette sur la plage
    Logement: 500.00
    Transport: 50.00
    Essence: 0
    Repas: 200.00
    Téléphone: 20
    Divertissements: 300.00
    Autres: 100.00
```

Ou, peut-être, préférez-vous le format inspiré par Jeni Tennison, montré dans les exemples 5-31 et 5-32.

Exemple 5-31. Autre personnalisation

```
<?xml version="1.0" encoding="iso-8859-1"?>
<xsl:stylesheet version="1.0" xmlns:xsl="http://www.w3.org/1999/XSL/Transform">

 <xsl:import href="texte-hierarchie.xslt"/>

 <!-- Ignore les attributs -->
 <xsl:template match="@*"/>
 <xsl:template match="*" mode="début-attributs"/>
 <xsl:template match="*" mode="fin-attributs"/>

 <xsl:template match="*"     mode="nom">
   <!-- Affiche le nom local du nom -->
   <xsl:text>[</xsl:text>
   <xsl:value-of select="local-name(.)"/>
   <!-- suivi d'un deux-points et d'un espace si c'est une feuille. -->
   <xsl:text>] </xsl:text>
 </xsl:template>

 <xsl:template match="*" mode="valeur">
   <xsl:if test="not(*)">
     <xsl:value-of select="."/>
   </xsl:if>
 </xsl:template>
```

```
<xsl:template match="*" mode="indent">
  <xsl:for-each select="ancestor::*">
    <xsl:choose>
      <xsl:when test="following-sibling::*"> | </xsl:when>
      <xsl:otherwise><xsl:text>
 </xsl:text></xsl:otherwise>
    </xsl:choose>
  </xsl:for-each>
  <xsl:choose>
    <xsl:when test="*"> o-</xsl:when>
    <xsl:when test="following-sibling::*"> +-</xsl:when>
    <xsl:otherwise> '-</xsl:otherwise>
  </xsl:choose>
</xsl:template>

<xsl:template match="*" mode="coupure-ligne">
  <xsl:text>&#xa;</xsl:text>  </xsl:template>

</xsl:stylesheet>
```

Exemple 5-32. Résultat avec la personnalisation précédente

```
o-[RapportDépenses]
     o-[Employé]
     |  +-[Nom] Salvatore Mangano
     |  +-[INSEE] 9999999999999-99
     |  +-[Dépt] Développement XSLT
     |  +-[NoEmp] 1
     |  +-[Position] Cuisinier
     |  '-[Supérieur] Big Boss O'Reilly
     o-[PériodePaye]
     |  +-[Du] 1/1/02
     |  '-[Au] 1/31/02
     o-[Dépenses]
        o-[Dépense]
        |  +-[Date] 12/20/01
        |  +-[Compte] 12345
        |  +-[Desc] Tirer au flan au lieu d'assister à la conférence.
        |  +-[Logement] 500.00
        |  +-[Transport] 50.00
        |  +-[Essence] 0
        |  +-[Repas] 300.00
        |  +-[Téléphone] 100
        |  +-[Divertissements] 1000.00
        |  '-[Autres] 300.00
        o-[Dépense]
           +-[Date] 12/20/01
           +-[Compte] 12345
           +-[Desc] Bronzette sur la plage
           +-[Logement] 500.00
           +-[Transport] 50.00
           +-[Essence] 0
           +-[Repas] 200.00
```

```
        +-[Téléphone] 20
        +-[Divertissements] 300.00
        '-[Autres] 100.00
```

Vous pouvez encore pousser cette idée en créant une feuille de style important celle de l'exemple 5-31 et prenant un paramètre contenant une liste de noms d'éléments devant être repliés. Les niveaux repliés sont indiqués par un préfixe x. Tout cela est présenté dans les exemples 5-33 et 5-34.

Exemple 5-33. Feuille de style pour replier des niveaux

```
<xsl:stylesheet version="1.0" xmlns:xsl="http://www.w3.org/1999/XSL/Transform">

 <xsl:import href="texte-hierarchie.xslt"/>

 <xsl:param name="repli"/>
 <xsl:variable name="test-repli" select="concat(' ',$repli,' ')"/>

 <xsl:template match="*"     mode="nom">
     <xsl:if test="not(ancestor::*[contains($test-repli,
                                    concat(' ',local-name(.),' '))])">
       <xsl:apply-imports/>
     </xsl:if>
 </xsl:template>

 <xsl:template match="*" mode="valeur">
     <xsl:if test="not(ancestor::*[contains($test-repli,
                                    concat(' ',local-name(.),' '))])">
       <xsl:apply-imports/>
     </xsl:if>
 </xsl:template>

 <xsl:template match="*" mode="coupure-ligne">
     <xsl:if test="not(ancestor::*[contains($test-repli,
                                    concat(' ',local-name(.),' '))])">
       <xsl:apply-imports/>
     </xsl:if>
 </xsl:template>

 <xsl:template match="*" mode="indent">
   <xsl:choose>
     <xsl:when test="self::*[contains($test-repli,
                                        concat(' ',local-name(.),' '))]">
       <xsl:for-each select="ancestor::*">
         <xsl:text>   </xsl:text>
       </xsl:for-each>
       <xsl:text> x-</xsl:text>
     </xsl:when>
     <xsl:when test="ancestor::*[contains($test-repli,
                                  concat(' ',local-name(.),' '))]"/>
     <xsl:otherwise>
       <xsl:apply-imports/>
     </xsl:otherwise>
```

```
    </xsl:choose>
  </xsl:template>

  </xsl:stylesheet>
```

Exemple 5-34. Résultat avec $repli="Employe PeriodePaye"

```
 o-[RapportDepenses]
      x-[Employe]
          x-[PeriodePaye]
          o-[Depenses]
         o-[Depense]
         |  +-[Date] 12/20/01
         |  +-[Compte] 12345
         |  +-[Desc] Tirer au flan au lieu d'assister à la conférence.
         |  +-[Logement] 500.00
         |  +-[Transport] 50.00
         |  +-[Essence] 0
         |  +-[Repas] 300.00
         |  +-[Telephone] 100
         |  +-[Divertissements] 1000.00
         |  '-[Autres] 300.00
         o-[Depense]
            +-[Date] 12/20/01
            +-[Compte] 12345
            +-[Desc] Bronzette sur la plage
            +-[Logement] 500.00
            +-[Transport] 50.00
            +-[Essence] 0
            +-[Repas] 200.00
            +-[Telephone] 20
            +-[Divertissements] 300.00
            '-[Autres] 100.00
```

À partir de feuilles de style de base pour les arborescences, il n'y a littéralement aucune limite à la variété des formats personnalisés que vous pouvez créer. Dans les cercles de la programmation orientée objet, cette technique est appelée *patron de méthode*: elle implique la création du squelette d'un algorithme et permet aux sous-classes de redéfinir certaines étapes sans changer la structure de cet algorithme. Pour XSLT, les sous-classes sont remplacées par l'importation de feuilles de styles. La force de cet exemple ne provient pas de la difficulté de représenter une arborescence, car ce n'est pas difficile, elle vient de la possibilité de réutiliser la structure de l'exemple tout en ne prenant en compte que les aspects que vous souhaitez modifier.

5.5 Numéroter les sorties texte

Problème

Vous voulez numéroter en séquence votre sortie texte.

Solution

Comme on peut numéroter la sortie de différentes façons, cette recette présente une suite d'exemples de plus en plus complexes, traitant les besoins de numérotation les plus fréquents (et certains moins courants).

Numéroter les frères séquentiellement

Cette catégorie est la forme de numérotation la plus simple. Vous pouvez, par exemple, produire une liste numérotée de personnes comme celle de l'exemple 5-36 en utilisant la feuille de style de l'exemple 5-35.

Exemple 5-35. Feuille de style

```
<xsl:stylesheet version="1.0" xmlns:xsl="http://www.w3.org/1999/XSL/Transform">
  <xsl:output method="text"/>

  <xsl:template match="personne">
    <xsl:number count="*" format="1. "/>
    <xsl:value-of select="@nom"/>
  </xsl:template>

</xsl:stylesheet>
```

Exemple 5-36. Résultat

```
1. Al Zehtooney
2. Brad York
3. Charles Xavier
4. David Willimas
5. Edward Ulster
6. Frank Townsend
7. Greg Sutter
8. Harry Rogers
9. John Quincy
10. Kent Peterson
...
```

Si vous voulez justifier les nombres à droite, utilisez la règle `justifie`, étudiée dans la recette 5-3.

Débuter la numérotation par un nombre quelconque

`xsl:number` ne dispose pas d'une méthode standard pour partir d'un autre nombre que un, ou incrémenter d'une autre valeur, mais vous pouvez régler ce problème en faisant un peu de mathématiques. Pour illustrer cette solution, la feuille de style de l'exemple 5-37 commence la numérotation à dix et incrémente par pas de cinq afin de produire le résultat de l'exemple 5-38.

Exemple 5-37. Feuille de style utilisant une numérotation non séquentielle

```
<xsl:stylesheet version="1.0" xmlns:xsl="http://www.w3.org/1999/XSL/Transform">
  <xsl:output method="text"/>
  <xsl:strip-space elements="*"/>
```

```
  <xsl:template match="personne">
    <xsl:variable name="num">
      <xsl:number count="*"/>
    </xsl:variable>
    <xsl:number value="($num - 1) * 5 + 10" format="1. "/>
    <xsl:value-of select="@nom"/>
    <xsl:text>&#xa;</xsl:text>
  </xsl:template>

</xsl:stylesheet>
```

Exemple 5-38. Résultat

```
10. Al Zehtooney
15. Brad York
20. Charles Xavier
25. David Willimas
30. Edward Ulster
35. Frank Townsend
40. Greg Sutter
45. Harry Rogers
50. John Quincy
55. Kent Peterson
...
```

Ce scénario fonctionne même si vous souhaitez utiliser un format non numérique pour la numérotation. L'exemple 5-39, par exemple, utilise la même technique, mais pour numéroter à partir de la lettre L.

Exemple 5-39. Feuille de style pour numéroter à partir de L

```
<xsl:stylesheet version="1.0" xmlns:xsl="http://www.w3.org/1999/XSL/Transform">
  <xsl:output method="text"/>
  <xsl:strip-space elements="*"/>

  <xsl:template match="personne">
    <xsl:variable name="num">
      <xsl:number count="*"/>
    </xsl:variable>
    <xsl:number value="$num + 11" format="A. "/>
    <xsl:value-of select="@nom"/>
    <xsl:text>&#xa;</xsl:text>
  </xsl:template>

</xsl:stylesheet>
```

Exemple 5-40. Personnes numérotées à partir de L

```
L. Al Zehtooney
M. Brad York
N. Charles Xavier
O. David Willimas
P. Edward Ulster
Q. Frank Townsend
```

```
R. Greg Sutter
S. Harry Rogers
T. John Quincy
U. Kent Peterson
...
```

Numéroter globalement les éléments

Parfois, vous pouvez avoir besoin de numéroter séquentiellement les éléments, quel que soit leur contexte. L'exemple le plus courant est celui d'un document contenant des notes de bas de page : celles-ci peuvent apparaître à n'importe quel niveau de la structure du document, mais doivent pourtant être numérotées séquentiellement. Pour continuer dans la foulée de nos exemples précédents, voici un document divisant les personnes en différents groupes et sous-groupes :

```
<personnes>
  <groupe>
    <personne nom="Al Zehtooney" age="33" sexe="m" fumeur="non"/>
    <personne nom="Brad York" age="38" sexe="m" fumeur="oui"/>
    <personne nom="Charles Xavier" age="32" sexe="m" fumeur="non"/>
    <personne nom="David Willimas" age="33" sexe="m" fumeur="non"/>
    <personne nom="Edward Ulster" age="33" sexe="m" fumeur="oui"/>
    <personne nom="Frank Townsend" age="35" sexe="m" fumeur="non"/>
  </groupe>
  <groupe>
    <personne nom="Greg Sutter" age="40" sexe="m" fumeur="non"/>
    <personne nom="Harry Rogers" age="37" sexe="m" fumeur="non"/>
    <groupe>
      <personne nom="John Quincy" age="43" sexe="m" fumeur="oui"/>
      <personne nom="Kent Peterson" age="31" sexe="m" fumeur="non"/>
      <personne nom="Larry Newell" age="23" sexe="m" fumeur="non"/>
      <groupe>
        <personne nom="Max Milton" age="22" sexe="m" fumeur="non"/>
        <personne nom="Norman Lamagna" age="30" sexe="m" fumeur="non"/>
        <personne nom="Ollie Kensinton" age="44" sexe="m" fumeur="non"/>
      </groupe>
      <personne nom="John Frank" age="24" sexe="m" fumeur="non"/>
    </groupe>
    <groupe>
      <personne nom="Mary Williams" age="33" sexe="f" fumeur="non"/>
      <personne nom="Jane Frank" age="38" sexe="f" fumeur="oui"/>
      <personne nom="Jo Peterson" age="32" sexe="f" fumeur="non"/>
      <personne nom="Angie Frost" age="33" sexe="f" fumeur="non"/>
      <personne nom="Betty Bates" age="33" sexe="f" fumeur="non"/>
      <personne nom="Connie Date" age="35" sexe="f" fumeur="non"/>
      <personne nom="Donna Finster" age="20" sexe="f" fumeur="non"/>
    </groupe>
    <groupe>
      <personne nom="Esther Gates" age="37" sexe="f" fumeur="non"/>
      <personne nom="Fanny Hill" age="33" sexe="f" fumeur="oui"/>
      <personne nom="Geta Iota" age="27" sexe="f" fumeur="non"/>
      <personne nom="Hillary Johnson" age="22" sexe="f" fumeur="non"/>
      <personne nom="Ingrid Kent" age="21" sexe="f" fumeur="non"/>
```

```
        <personne nom="Jill Larson" age="20" sexe="f" fumeur="non"/>
        <personne nom="Kim Mulrooney" age="41" sexe="f" fumeur="non"/>
        <personne nom="Lisa Nevins" age="21" sexe="f" fumeur="non"/>
      </groupe>
    </groupe>
  </personnes>
```

La seule modification nécessaire consiste à utiliser l'attribut `level="any"` de `xsl:number`, qui demande au processeur XSLT de prendre en compte toutes les occurrences précédentes de l'élément `personne` lorsqu'il établira la numérotation. C'est ce que fait l'exemple 5-41 pour produire le résultat de l'exemple 5-42.

Exemple 5-41. Feuille de style avec level="any"

```
<xsl:stylesheet version="1.0" xmlns:xsl="http://www.w3.org/1999/XSL/Transform">
  <xsl:output method="text"/>
  <xsl:strip-space elements="*"/>

  <xsl:template match="personne">
    <xsl:number count="personne" level="any" format="1. "/>
    <xsl:value-of select="@nom"/>
    <xsl:text>&#xa;</xsl:text>
  </xsl:template>

</xsl:stylesheet>
```

Exemple 5-42. Résultat avec level="any"

```
1. Al Zehtooney
2. Brad York
3. Charles Xavier
4. David Willimas
5. Edward Ulster
6. Frank Townsend
7. Greg Sutter
8. Harry Rogers
9. John Quincy
10. Kent Peterson
11. Larry Newell
12. Max Milton
13. Norman Lamagna
14. Ollie Kensinton
15. John Frank
16. Mary Williams
17. Jane Frank
18. Jo Peterson
19. Angie Frost
20. Betty Bates
21. Connie Date
22. Donna Finster
23. Esther Gates
24. Fanny Hill
25. Geta Iota
26. Hillary Johnson
```

```
27. Ingrid Kent
28. Jill Larson
29. Kim Mulrooney
30. Lisa Nevins
```

Numéroter globalement les éléments dans un sous-contexte

Vous pouvez avoir besoin de restreindre la numérotation globale à un contexte précis. Supposons, par exemple, que vous vouliez numéroter les personnes dans leur propre groupe et ignorer les sous-groupes.

```
<xsl:stylesheet version="1.0" xmlns:xsl="http://www.w3.org/1999/XSL/Transform">
  <xsl:output method="text"/>
  <xsl:strip-space elements="*"/>

  <xsl:template match="personnes/groupe">
    <xsl:text>Groupe </xsl:text>
    <xsl:number count="groupe"/>
    <xsl:text>&#xa;</xsl:text>
    <xsl:apply-templates/>
    <xsl:text>&#xa;</xsl:text>
  </xsl:template>

  <xsl:template match="personne">
    <xsl:number count="personne" level="any" from="personnes/groupe" format="1. "/>
    <xsl:value-of select="@nom"/>
    <xsl:text>&#xa;</xsl:text>
  </xsl:template>

</xsl:stylesheet>
```

```
Groupe 1
1. Al Zehtooney
2. Brad York
3. Charles Xavier
4. David Willimas
5. Edward Ulster
6. Frank Townsend

Groupe 2
1. Greg Sutter
2. Harry Rogers
3. John Quincy
4. Kent Peterson
5. Larry Newell
6. Max Milton
7. Norman Lamagna
8. Ollie Kensinton
9. John Frank
10. Mary Williams
11. Jane Frank
12. Jo Peterson
13. Angie Frost
```

```
14. Betty Bates
15. Connie Date
16. Donna Finster
17. Esther Gates
18. Fanny Hill
19. Geta Iota
20. Hillary Johnson
21. Ingrid Kent
22. Jill Larson
23. Kim Mulrooney
24. Lisa Nevins
```

Numéroter en faisant apparaître la hiérarchie des éléments

Dans les documents administratifs, les éléments sont souvent numérotés selon leur niveau dans une hiérarchie, puis leur position dans ce niveau. Pour obtenir ce résultat, utilisez l'attribut `level="multiple"` de `xsl:number`, comme le montrent les exemples 5-43 à 5-45.

Exemple 5-43. Numérotation hiérarchique sur le groupe puis la personne

```
<xsl:stylesheet version="1.0" xmlns:xsl="http://www.w3.org/1999/XSL/Transform">
  <xsl:output method="text"/>
  <xsl:strip-space elements="*"/>

  <xsl:template match="personnes/groupe">
    <xsl:text>Groupe </xsl:text>
    <xsl:number count="groupe"/>
    <xsl:text>&#xa;</xsl:text>
    <xsl:apply-templates/>
    <xsl:text>&#xa;</xsl:text>
  </xsl:template>

  <xsl:template match="personne">
    <xsl:number count="groupe | personne" level="multiple" format="1.1.1 "/>
    <xsl:value-of select="@nom"/>
    <xsl:text>&#xa;</xsl:text>
  </xsl:template>

</xsl:stylesheet>
```

La numérotation effectuée par la feuille de style de l'exemple 5-43 n'est pas terrible mais illustre bien l'effet de l'attribut `count` lorsqu'il est utilisé avec `level="multiple"` : il ne fait qu'indiquer les éléments ancêtres qui feront partie de la numérotation hiérarchique. La feuille de style affecte des numéros aux personnes d'après les éléments `groupe` ou `personne`. Ainsi, Bard York a le numéro 1.2 parce qu'il appartient au groupe 1, et que c'est la seconde personne de ce groupe. De même, Max Milton a le numéro 2.3.4.1 car il appartient au groupe 2 si l'on ne tient compte que des groupes de premier niveau, au groupe 3 si l'on considère les groupes de premier *et* de second niveaux, au groupe 4 si l'on considère les groupes de premier, de second *et* de troisième niveaux et que c'est la première personne de son groupe :

```
Groupe 1
```

```
1.1 Al Zehtooney
1.2 Brad York
1.3 Charles Xavier
1.4 David Willimas
1.5 Edward Ulster
1.6 Frank Townsend

Groupe 2
2.1 Greg Sutter
2.2 Harry Rogers
2.3.1 John Quincy
2.3.2 Kent Peterson
2.3.3 Larry Newell
2.3.4.1 Max Milton
2.3.4.2 Norman Lamagna
2.3.4.3 Ollie Kensinton
2.3.5 John Frank
2.4.1 Mary Williams
2.4.2 Jane Frank
2.4.3 Jo Peterson
2.4.4 Angie Frost
2.4.5 Betty Bates
2.4.6 Connie Date
2.4.7 Donna Finster
2.5.1 Esther Gates
2.5.2 Fanny Hill
2.5.3 Geta Iota
2.5.4 Hillary Johnson
2.5.5 Ingrid Kent
2.5.6 Jill Larson
2.5.7 Kim Mulrooney
2.5.8 Lisa Nevins
```

Généralement, les applications utilisent un schéma de numérotation dans lequel le numéro d'un niveau est *relatif* au niveau immédiatement supérieur. Vous pouvez établir cette relation en utilisant plusieurs éléments `xsl:number` adjacents, comme le montrent les exemples 5-44 et 5-45.

Exemple 5-44. Feuille de style pour numéroter sur plusieurs niveaux

```
<xsl:stylesheet version="1.0" xmlns:xsl="http://www.w3.org/1999/XSL/Transform">
  <xsl:output method="text"/>
  <xsl:strip-space elements="*"/>

  <xsl:template match="groupe">
    <xsl:text>Groupe </xsl:text>
    <xsl:number count="groupe" level="multiple"/>
    <xsl:text>&#xa;</xsl:text>
    <xsl:apply-templates/>
  </xsl:template>

  <xsl:template match="personne">
    <xsl:number count="groupe" level="multiple" format="1.1.1."/>
```

```
    <xsl:number count="personne" level="single" format="1 "/>
    <xsl:value-of select="@nom"/>
    <xsl:text>&#xa;</xsl:text>
  </xsl:template>

</xsl:stylesheet>
```

Exemple 5-45. Résultat

```
Groupe 1
1.1 Al Zehtooney
1.2 Brad York
1.3 Charles Xavier
1.4 David Willimas
1.5 Edward Ulster
1.6 Frank Townsend Groupe
2 2.1 Greg Sutter
2.2 Harry Rogers
Groupe 2.1
2.1.1 John Quincy
2.1.2 Kent Peterson
2.1.3 Larry Newell
Groupe 2.1.1
2.1.1.1 Max Milton
2.1.1.2 Norman Lamagna
2.1.1.3 Ollie Kensinton
2.1.4 John Frank
Groupe 2.2
2.2.1 Mary Williams
2.2.2 Jane Frank
2.2.3 Jo Peterson
2.2.4 Angie Frost
2.2.5 Betty Bates
2.2.6 Connie Date
2.2.7 Donna Finster
Groupe 2.3
2.3.1 Esther Gates
2.3.2 Fanny Hill
2.3.3 Geta Iota
2.3.4 Hillary Johnson
2.3.5 Ingrid Kent
2.3.6 Jill Larson
2.3.7 Kim Mulrooney
2.3.8 Lisa Nevins
```

Discussion

En utilisant un ou plusieurs éléments `xsl:number` avec les attributs appropriés, vous pouvez obtenir quasiment tous les schémas de numérotation que vous souhaitez. Cependant, l'utilisation intensive de `xsl:number` (notamment avec `level="multiple"`) peut ralentir l'exécution de vos feuilles de style. Si vous avez une numérotation fortement hiérarchisée, sur de nombreux niveaux, vous pouvez améliorer les performances en passant en paramètre la numérotation du niveau parent au fils. C'est ce que l'on fait ici, sans jamais utiliser `xsl:number` :

```
<?xml version="1.0" encoding="iso-8859-1"?>
<xsl:stylesheet version="1.0" xmlns:xsl="http://www.w3.org/1999/XSL/Transform">
  <xsl:output method="text"/>
  <xsl:strip-space elements="*"/>

  <xsl:template match="groupe">
    <xsl:param name="niveau-parent" select=" '' "/>

    <xsl:variable name="numéro" select="concat($niveau-parent,position())"/>

    <xsl:text>Groupe </xsl:text>
    <xsl:value-of select="$numéro"/>
    <xsl:text>&#xa;</xsl:text>

    <xsl:apply-templates>
      <xsl:with-param name="niveau-parent" select="concat($numéro,'.')"/>
    </xsl:apply-templates>

  </xsl:template>

  <xsl:template match="personne">
    <xsl:param name="niveau-parent" select=" '' "/>

    <xsl:variable name="numéro">
      <xsl:value-of select="concat($niveau-parent,position(),' ')"/>
    </xsl:variable>

     <xsl:value-of select="$numéro"/>
    <xsl:value-of select="@nom"/>
    <xsl:text>&#xa;</xsl:text>
  </xsl:template>

</xsl:stylesheet>
```

Cela dit, l'utilisation de `position()` est moins pratique lorsque l'on souhaite numéroter avec des lettres ou des chiffres romains.

5.6 Formater du texte dans une largeur et avec un alignement donnés

Problème

Vous voulez formater un texte de plusieurs lignes, se trouvant dans un document XML, dans un format de largeur fixe et aligné en vous assurant que les coupures de lignes ont lieu entre les mots.

Solution

Voici une solution qui gère à la fois les coupures de ligne et l'alignement en réutilisant la règle `text:justifie` de la recette 5-3. Pour plus de souplesse, vous pouvez permettre que l'on précise la largeur d'alignement séparément de la largeur des lignes, tout en la fixant à celle-ci par défaut si elle n'est pas spécifiée :

```
<xsl:stylesheet version="1.0"
  xmlns:xsl="http://www.w3.org/1999/XSL/Transform" id="text.wrap"
  xmlns:str="http://www.ora.com/XSLTCookbook/namespaces/strings"
  xmlns:text="http://www.ora.com/XSLTCookbook/namespaces/text"
  exclude-result-prefixes="text">

<xsl:include href="../strings/str.find-last.xslt"/>
<xsl:include href="exemple-5-17.xslt"/>

<xsl:template match="node() | @*" mode="text:coupe" name="text:coupe">
  <xsl:param name="input" select="normalize-space()"/>
  <xsl:param name="largeur" select="70"/>
  <xsl:param name="largeur-alignement" select="$largeur"/>
  <xsl:param name="align" select=" 'gauche' "/>

  <xsl:if test="$input">
    <xsl:variable name="ligne">
      <xsl:choose>
        <xsl:when test="string-length($input) &gt; $largeur">
          <xsl:call-template name="str:substring-before-last">
              <xsl:with-param name="input"
               select="substring($input,1,$largeur)"/>
              <xsl:with-param name="substr" select=" ' ' "/>
          </xsl:call-template>
        </xsl:when>
        <xsl:otherwise>
          <xsl:value-of select="$input"/>
        </xsl:otherwise>
      </xsl:choose>
    </xsl:variable>

    <xsl:if test="$ligne">
      <xsl:call-template name="text:justifie">
        <xsl:with-param name="valeur" select="$ligne"/>
        <xsl:with-param name="largeur" select="$largeur-alignement"/>
        <xsl:with-param name="align" select="$align"/>
      </xsl:call-template>
      <xsl:text>&#xa;</xsl:text>
    </xsl:if>

    <xsl:call-template name="text:coupe">
      <xsl:with-param name="input"
          select="substring($input, string-length($ligne) + 2)"/>
      <xsl:with-param name="largeur" select="$largeur"/>
      <xsl:with-param name="largeur-alignement" select="$largeur-alignement"/>
```

```
      <xsl:with-param name="align" select="$align"/>
    </xsl:call-template>
  </xsl:if>

</xsl:template>

</xsl:stylesheet>
```

Cette solution réutilise la règle `str:substring-before-last` de la recette 1.4. L'idée de base consiste à extraire une ligne contenant `$largeur` caractères maximum, moins si la ligne ne se termine pas par un espace. Le reste est ensuite traité récursivement. La partie épineuse est celle qui vérifie que si l'on rencontre un mot de plus de `$largeur` caractères, on permette de le couper.

L'exemple suivant montre comment utiliser cette recette pour couper et centrer un texte. Il utilise des largeurs d'alignement et de coupures différentes, afin de montrer l'effet de ces paramètres :

```
<xsl:stylesheet version="1.0" xmlns:xsl="http://www.w3.org/1999/XSL/Transform"
   xmlns:text="http://www.ora.com/XSLTCookbook/namespaces/text">

 <xsl:include href="coupe-lignes.xslt"/>

 <xsl:strip-space elements="*"/>
 <xsl:output method="text"/>

 <xsl:template match="p">
   <xsl:apply-templates select="." mode="text:coupe">
     <xsl:with-param name="largeur" select="40"/>
     <xsl:with-param name="align" select=" 'centre' "/>
     <xsl:with-param name="largeur-alignement" select="60"/>
   </xsl:apply-templates>
   <xsl:text>&#xa;</xsl:text>
 </xsl:template>

 </xsl:stylesheet>
```

Texte en entrée :

```
<doc>
  <p>À l'ère de l'Internet, les formats comme HTML, XHTML, XML et PDF dominent
clairement les sorties des applications XSL et XSLT. Cependant, le bon vieux texte
brut ne deviendra jamais obsolète car il est le plus petit dénominateur commun des
formats reconnus à la fois par les machines et par les humains. XML est souvent
converti en texte lorsqu'il s'agit d'importer des informations dans les
applications qui ne savent pas lire du XML ou ne l'interprètent pas de la façon
dont vous le souhaitez. Les sorties texte sont également employées lorsqu'un
résultat doit être envoyé à un terminal, ou traité par un tube Unix, par
exemple.
De nombreux exemples de cette section s'intéressent aux techniques XSLT permettant
de créer des convertisseurs génériques XML vers texte. Générique signifie ici que
la transformation peut être aisément personnalisée pour fonctionner sur des
entrées XML différentes, produire des résultats différents, ou les deux. Les
techniques employées dans ces exemples s'appliquent au-delà des spécificités d'une
```

```
recette particulière et débordent souvent du domaine du traitement des textes.
Étudiez notamment les recettes 5-2 à 5-5, même si elles ne correspondent pas à
l'un de vos besoins actuels.
</p>
</doc>
```

Résultat

```
     À l'ère de l'Internet, les formats comme HTML, XHTML, XML et PDF dominent
clairement les sorties des applications XSL et XSLT. Cependant, le bon vieux texte
brut ne deviendra jamais obsolète car il est le plus petit dénominateur commun des
  formats reconnus à la fois par les machines et par les humains. XML est souvent
       converti en texte lorsqu'il s'agit d'importer des informations dans les
  applications qui ne savent pas lire du XML ou ne l'interprètent pas de la façon
    dont vous le souhaitez. Les sorties texte sont également employées lorsqu'un
      résultat doit être envoyé à un terminal, ou traité par un tube Unix, par
                                     exemple.
De nombreux exemples de cette section s'intéressent aux techniques XSLT permettant
de créer des convertisseurs génériques XML vers texte. Générique signifie ici que
   la transformation peut être aisément personnalisée pour fonctionner sur des
    entrées XML différentes, produire des résultats différents, ou les deux. Les
techniques employées dans ces exemples s'appliquent au-delà des spécificités d'une
 recette particulière et débordent souvent du domaine du traitement des textes.
   Étudiez notamment les recettes 5-2 à 5-5, même si elles ne correspondent pas à
                            l'un de vos besoins actuels.
```

Discussion

Dans la plupart des conversions de texte, le périphérique de sortie final ne sait pas traiter les lignes de longueur quelconques. La plupart de ces périphériques (c'est le cas des terminaux) coupent le texte qui excède la limite horizontale de sa zone d'affichage, ce qui donne un résultat peu agréable à lire. Cet exemple vous permet de gérer plus intelligemment le formatage dans une largeur donnée.

Pour aller plus loin

Le livre de Jeni Tennison, *XSLT and XPath on the Edge* (M&T 2001), propose une règle de coupure du texte qui ressemble à la nôtre. Cependant, notre solution ajoute la possibilité d'aligner le texte et de gérer le cas des mots plus longs que la largeur voulue.

6

XML vers XML

Changer et changer pour mieux sont deux choses différentes.
Proverbe allemand

L'un des avantages de XML, c'est que, si quelque chose ne vous plaît pas, vous pouvez le changer. Comme il est impossible de plaire à tout le monde, il est très fréquent de transformer du XML en XML. Cela dit, on ne transforme pas du XML simplement pour améliorer la structure d'un schéma mal conçu : vous devrez parfois fusionner des documents XML disparates en un seul. D'autres fois, vous voudrez diviser un gros document en plusieurs, plus petits. Vous pouvez également avoir envie de pré-traiter un document pour n'en extraire que les informations qui vous intéressent, sans modifier sa structure, avant de continuer son traitement.

La *transformation à l'identique* est un outil simple, mais important, des transformations XML vers XML. Il s'agit d'une feuille de style qui copie un document source en un autre document, sans le modifier. Cette tâche pourrait sembler mieux convenir à l'opération de copie fournie par le système d'exploitation mais, comme le montrent les exemples suivants, cette feuille de style peut être importée dans d'autres feuilles pour produire des types de transformations très courantes, avec un minimum de codage supplémentaire.

L'exemple 6-1 présente la feuille de style identité. En fait, je préfère appeler cette feuille *feuille de copie* et les techniques qui l'utilisent *surcharge de l'idiome de copie*.

Exemple 6-1. copie.xslt

```
<xsl:stylesheet version="1.0" xmlns:xsl="http://www.w3.org/1999/XSL/Transform">

<xsl:template match="node() | @*">
   <xsl:copy>
     <xsl:apply-templates select="@* | node()"/>
   </xsl:copy>
 </xsl:template>
</xsl:stylesheet>
```

6.1 Convertir des attributs en éléments

Problème

Vous avez un document dans lequel les informations sont encodées par des attributs et vous voudriez utiliser des éléments fils à la place.

Solution

Ce problème est fait sur mesure pour ce que l'introduction de ce chapitre appelait la *surcharge de l'idiome de copie*. L'exemple suivant transforme, de façon globale, les attributs en éléments :

```
<xsl:stylesheet version="1.0" xmlns:xsl="http://www.w3.org/1999/XSL/Transform">

<xsl:import href="copie.xslt"/>

<xsl:output method="xml" version="1.0" encoding="UTF-8" indent="yes"/>

<xsl:template match="@*">
   <xsl:element name="{local-name(.)}" namespace="{namespace-uri(..)}">
     <xsl:value-of select="."/>
   </xsl:element>
</xsl:template>

</xsl:stylesheet>
```

Cette feuille de style surcharge le comportement de la copie pour les attributs. Elle remplace ce comportement par une règle qui convertit un attribut en élément de même nom, dont la valeur est celle de l'attribut. Elle suppose également que ce nouvel élément sera dans le même espace de noms que celui du parent de l'attribut. Si vous préférez ne pas faire de supposition, utilisez plutôt le code suivant :

```
<xsl:template match="@*">
   <xsl:variable name="namespace">
     <xsl:choose>
       <!-- Utilise l'espace de noms de l'attribut, s'il y en a un -->
       <xsl:when test="namespace-uri()">
         <xsl:value-of select="namespace-uri()" />
       </xsl:when>
       <!--Otherwise use parents namespace -->
       <xsl:otherwise>
         <xsl:value-of select="namespace-uri(..)" />
       </xsl:otherwise>
     </xsl:choose>
   </xsl:variable>
   <xsl:element name="{name()}" namespace="{$namespace}">
     <xsl:value-of select="." />
   </xsl:element>
</xsl:template>
```

Lorsque vous transformerez des attributs en éléments, vous voudrez souvent être sélectif. Les exemples 6-2 à 6-4 en sont une illustration.

Exemple 6-2. Fichier source XML

```
<personnes qui="MoiEtMesAmis">
   <personne prénom="Sal" nom="Mangano" âge="38" taille="1.75"/>
   <personne prénom="Mike" nom="Palmieri" âge="28" taille="1.55"/>
   <personne prénom="Vito" nom="Palmieri" âge="38" taille="1.82"/>
   <personne prénom="Vinny" nom="Mari" âge="37" taille="1.76"/>
</personnes>
```

Exemple 6-3. Feuille de style ne transformant que les attributs des éléments personne

```
<xsl:stylesheet version="1.0" xmlns:xsl="http://www.w3.org/1999/XSL/Transform">

<xsl:import href="copie.xslt"/>

<xsl:output method="xml" version="1.0" encoding="iso-8859-1" indent="yes"/>

<xsl:template match="personne/@*">
   <xsl:element name="{local-name(.)}" namespace="{namespace-uri(..)}">
     <xsl:value-of select="."/>
   </xsl:element>
</xsl:template>

</xsl:stylesheet>
```

Exemple 6-4. Résultat

```
<?xml version="1.0" encoding="UTF-8"?>
 <personnes qui="MoiEtMesAmis">

   <personne>
     <ns_1:prénom xmlns:ns_1="">Sal</ns_1:prénom>
     <ns_2:nom xmlns:ns_2="">Mangano</ns_2:nom>
     <ns_3:âge xmlns:ns_3="">38</ns_3:âge>
     <ns_4:taille xmlns:ns_4="">1.75</ns_4:taille>
   </personne>
   <personne>
     <ns_5:prénom xmlns:ns_5="">Mike</ns_5:prénom>
     <ns_6:nom xmlns:ns_6="">Palmieri</ns_6:nom>
     <ns_7:âge xmlns:ns_7="">28</ns_7:âge>
     <ns_8:taille xmlns:ns_8="">1.55</ns_8:taille>
   </personne>
   <personne>
     <ns_9:prénom xmlns:ns_9="">Vito</ns_9:prénom>
     <ns_10:nom xmlns:ns_10="">Palmieri</ns_10:nom>
     <ns_11:âge xmlns:ns_11="">38</ns_11:âge>
     <ns_12:taille xmlns:ns_12="">1.82</ns_12:taille>
   </personne>
   <personne>
     <ns_13:prénom xmlns:ns_13="">Vinny</ns_13:prénom>
     <ns_14:nom xmlns:ns_14="">Mari</ns_14:nom>
     <ns_15:âge xmlns:ns_15="">37</ns_15:âge>
     <ns_16:taille xmlns:ns_16="">1.76</ns_16:taille>
   </personne>
```

```
</personnes>
```

Discussion

Cette section et la recette 6-2 traitent des problèmes qui surviennent lorsque le concepteur d'un document a fait le mauvais choix entre encoder les informations comme des attributs ou comme des éléments. Cette décision est d'ailleurs l'un des aspects les plus controversés de la conception[1]. Ces exemples sont utiles, car ils vous permettent de corriger vos propres erreurs, ou celles que vous percevez chez les autres.

6.2 Convertir des éléments en attributs

Problème

Vous disposez d'un document qui encode les informations dans des éléments fils et vous voudriez utiliser des attributs à la place.

Solution

Comme pour la recette 6-1, vous pouvez utiliser la surcharge de l'idiome de copie. Cependant, lorsque l'on transforme des éléments en attributs, il faut préciser les éléments pour lesquels on souhaite appliquer la transformation : la transformation de tous les éléments en attributs n'aurait aucun sens. La feuille de style suivante fait la transformation inverse de celle qui transformait les attributs en éléments dans la recette 6-1 :

```
<xsl:stylesheet version="1.0" xmlns:xsl="http://www.w3.org/1999/XSL/Transform">

<xsl:import href="copie.xslt"/>

<xsl:output method="xml" version="1.0" encoding="UTF-8"/>

<xsl:template match="personne">
  <xsl:copy>
    <xsl:for-each select="*">
      <xsl:attribute name="{local-name(.)}">
        <xsl:value-of select="."/>
      </xsl:attribute>
    </xsl:for-each>
  </xsl:copy>
</xsl:template>

</xsl:stylesheet>
```

Discussion

La conversion d'éléments en attributs n'est pas toujours aussi évidente que la transformation inverse. Si les éléments à convertir en attributs ont eux-mêmes des attributs,

1. Le seul autre problème stylistique que je connaisse et qui déchaîne autant les développeurs est le choix de l'emplacement des accolades dans les codes sources C, C++ ou Java.

vous devez décidez de ce qu'il en adviendra. Dans la solution précédente, ils seraient perdus. Une autre possibilité consisterait à les transmettre au nouveau parent :

```
<xsl:stylesheet version="1.0" xmlns:xsl="http://www.w3.org/1999/XSL/Transform">

<xsl:import href="copie.xslt"/>

<xsl:output method="xml" version="1.0" encoding="UTF-8"/>

<xsl:template match="personne">
   <xsl:copy>
     <xsl:for-each select="*">
       <xsl:attribute name="{local-name(.)}">
         <xsl:value-of select="."/>
       </xsl:attribute>
       <xsl:copy-of select="@*"/>
     </xsl:for-each>
   </xsl:copy>
</xsl:template>

</xsl:stylesheet>
```

Cependant, cela ne fonctionnera que si tous les noms des attributs en question sont uniques. Si tel n'est pas le cas, vous devrez renommer les attributs, comme dans cet exemple :

```
<xsl:stylesheet version="1.0" xmlns:xsl="http://www.w3.org/1999/XSL/Transform">

<xsl:import href="copie.xslt"/>

<xsl:output method="xml" version="1.0" encoding="UTF-8"/>

<xsl:template match="personne">
   <xsl:copy>
     <xsl:for-each select="*">
       <xsl:attribute name="{local-name(.)}">
         <xsl:value-of select="."/>
       </xsl:attribute>
       <xsl:variable name="nom-élém" select="local-name(.)"/>
       <xsl:for-each select="@*">
         <xsl:attribute name="{concat($nom-élém,'-',local-name(.))}">
           <xsl:value-of select="."/>
         </xsl:attribute>
       </xsl:for-each>
     </xsl:for-each>
   </xsl:copy>
</xsl:template>

</xsl:stylesheet>
```

Une autre complication intervient si les éléments frères n'ont pas des noms uniques car, en ce cas, ils entreront en conflit en devenant des attributs. Une autre stratégie possible consiste à créer un attribut à partir d'un élément uniquement si cet élément n'a pas d'attribut ni d'élément fils, s'il ne se répète pas dans son élément parent et s'il a des parents sans attributs :

```
<xsl:stylesheet version="1.0" xmlns:xsl="http://www.w3.org/1999/XSL/Transform">

<xsl:import href="copie.xslt"/>

<xsl:output method="xml" indent="yes" version="1.0" encoding="iso-8859-1"/>

<!-- Correspond aux éléments parents -->
<xsl:template match="*[*]">
   <xsl:choose>
     <!-- Ne convertit les fils que si cet élément n'a pas d'attributs -->
     <xsl:when test="not(@*)">
       <xsl:copy>
         <!-- Convertit les fils en attributs si le fils n'a pas de
         fils ni d'attributs, et s'il a un nom unique parmi ses frères -->
         <xsl:for-each select="*">
           <xsl:choose>
             <xsl:when test="not(*) and not(@*) and
                             not(preceding-sibling::*[name() =
                                                      name(current())])
                             and
                             not(following-sibling::*[name() =
                                                      name(current())])">
               <xsl:attribute name="{local-name(.)}">
                 <xsl:value-of select="."/>
               </xsl:attribute>
             </xsl:when>
             <xsl:otherwise>
               <xsl:apply-templates select="."/>
             </xsl:otherwise>
           </xsl:choose>
         </xsl:for-each>
       </xsl:copy>
     </xsl:when>
     <xsl:otherwise>
       <xsl:copy>
         <xsl:apply-templates/>
       </xsl:copy>
     </xsl:otherwise>
   </xsl:choose>
</xsl:template>

</xsl:stylesheet>
```

6.3 Renommer des éléments ou des attributs

Problème

Vous devez renommer ou changer l'espace de noms des éléments ou des attributs d'un document XML.

Solution

Si vous devez renommer un petit nombre d'éléments ou d'attributs, utilisez la version évidente de la surcharge de l'idiome de copie, comme le montre l'exemple 6-5.

Exemple 6-5. Renomme personne en individu

```
<xsl:stylesheet version="1.0" xmlns:xsl="http://www.w3.org/1999/XSL/Transform">

<xsl:import href="copie.xslt"/>

<xsl:output method="xml" version="1.0" encoding="UTF-8"/>

<xsl:template match="personne">
   <individu>
     <xsl:apply-templates/>
   </individu>
</xsl:template>

</xsl:stylesheet>
```

Vous pouvez également utiliser `xsl:element` :

```
...
<xsl:template match="personne">
   <xsl:element name="individu">
     <xsl:apply-templates/>
   </xsl:element>
</xsl:template>
...
```

Renommer les attributs est tout aussi facile :

```
<xsl:stylesheet version="1.0" xmlns:xsl="http://www.w3.org/1999/XSL/Transform">

<xsl:import href="copie.xslt"/>

<xsl:output method="xml" version="1.0" encoding="UTF-8"/>

<xsl:template match="@nom">
   <xsl:attribute name="patronyme">
      <xsl:value-of select="."/>
   </xsl:attribute>
</xsl:template>

</xsl:stylesheet>
```

Comme le montrent les exemples 6-6 à 6-8, vous pouvez aussi changer d'espace de noms, au lieu de renommer.

Exemple 6-6. Document utilisant l'espace de noms truc

```
<truc:unElément xmlns:truc="http://www.ora.com/XMLCookbook/namespaces/truc">
   <truc:unFils>
     <truc:unPetitFils/>
```

```
    <truc:unPetitFils>
    </truc:unPetitFils>
  </truc:unFils>
</truc:unElément>
```

L'exemple 6-7 crée un nouvel élément dans l'espace de noms `machin` pour chaque élément de l'espace de noms `truc`. Le résultat produit est celui de l'exemple 6-8.

Exemple 6-7. Une feuille de style qui remplace truc par machin

```
<xsl:stylesheet version="1.0"  xmlns:xsl="http://www.w3.org/1999/XSL/Transform"
  xmlns:truc="http://www.ora.com/XMLCookbook/namespaces/truc"
  xmlns:machin="http://www.ora.com/XMLCookbook/namespaces/machin">

<xsl:import href="copie.xslt"/>

<xsl:output method="xml" version="1.0" encoding="iso-8859-1" indent="yes"/>

<xsl:strip-space elements="*"/>

<xsl:template match="truc:*">
   <xsl:element name="machin:{local-name()}">
     <xsl:apply-templates/>
   </xsl:element>
</xsl:template>

</xsl:stylesheet>
```

Exemple 6-8. Résultat

```
<?xml version="1.0" encoding="iso-8859-1"?>
<machin:unElément xmlns:machin="http://www.ora.com/XMLCookbook/namespaces/bar">
    <machin:unFils>
       <machin:unPetitFils>
       </machin:unPetitFils>
       <machin:unPetitFils>
       </machin:unPetitFils>
    </machin:unFils>
</machin:unElément>
```

Discussion

Attribuer un nom requiert des compétences que peu de personnes possèdent[2]. Vous devez donc savoir comment renommer les choses qui portent un nom qui ne convient pas.

S'il faut renommer beaucoup d'éléments ou d'attributs, utilisez une approche générique, par table, comme le montrent les exemples 6-9 à 6-11.

2. Une preuve de mon incompétence en ce domaine est qu'il m'a fallu deux jours pour trouver un nom à mon fils. Ma femme et moi ne pouvions tout simplement pas en trouver un qui nous plaisait à tous les deux. À notre décharge, nous connaissions l'importance de ce choix et nous espérons que Leonardo, lorsqu'il sera plus âgé, sera d'accord et saura faire la différence.

Exemple 6-9. Feuille de style générique utilisant une table pour renommer

```
<xsl:stylesheet version="1.0" xmlns:xsl="http://www.w3.org/1999/XSL/Transform"
  xmlns:ren="http://www.ora.com/namespaces/rename">

<xsl:import href="copie.xslt"/>

<!-- Surchargé dans la feuille de style qui importera cette feuille -->
<xsl:variable name="recherche"  select="/.."/>

<xsl:output method="xml" version="1.0" encoding="iso-8859-1" indent="yes"/>

<xsl:template match="*">
   <xsl:choose>
     <xsl:when test="$recherche/ren:élément[@de=name(current())]">
       <xsl:element
           name="{$recherche/ren:élément[@de=local-name(current())]/@vers}">
         <xsl:apply-templates select="@*"/>
         <xsl:apply-templates/>
       </xsl:element>
     </xsl:when>
     <xsl:otherwise>
       <xsl:apply-imports/>
     </xsl:otherwise>
   </xsl:choose>
</xsl:template>

<xsl:template match="@*">
   <xsl:choose>
     <xsl:when test="$recherche/ren:attribut[@de=name(current())]">
       <xsl:attribute name="{$recherche/ren:attribut[@de=name(current())]/@vers}">
         <xsl:value-of select="."/>
       </xsl:attribute>
     </xsl:when>
     <xsl:otherwise>
       <xsl:apply-imports/>
     </xsl:otherwise>
   </xsl:choose>
</xsl:template>

</xsl:stylesheet>
```

Exemple 6-10. Utilisation de la feuille générique

```
<xsl:stylesheet version="1.0"
  xmlns:xsl="http://www.w3.org/1999/XSL/Transform"
  xmlns:ren="http://www.ora.com/namespaces/rename">

<xsl:import href="renommage-par-table.xlst"/>

<!-- Charge la table de recherche. On la définit localement, mais elle pourrait
 aussi provenir d'un fichier externe -->
<xsl:variable name="recherche"  select="document('')/*[ren:*]"/>
```

```
<!-- Définition des règles de renommage -->
<ren:élément de="personne" vers="individu"/>
<ren:attribut de="prénom" vers="surnom"/>
<ren:attribut de="nom" vers="patronyme"/>
<ren:attribut de="âge" vers="ancienneté"/>

</xsl:stylesheet>
```

Exemple 6-11. Résultat

```
<?xml version="1.0" encoding="iso-8859-1"?>
<personnes qui="MoiEtMesAmis">
   <individu surnom="Sal" patronyme="Mangano" ancienneté="38" taille="1.75"/>
   <individu surnom="Mike" patronyme="Palmieri" ancienneté="28" taille="1.55"/>
   <individu surnom="Vito" patronyme="Palmieri" ancienneté="38" taille="1.82"/>
   <individu surnom="Vinny" patronyme="Mari" ancienneté="37" taille="1.76"/>
</personnes>
```

Vous pouvez aussi utiliser cette approche si certains éléments ou attributs nécessitent un traitement dépendant du contexte. Soit, par exemple, le fragment de document suivant :

```
<clubs>
   <club nom="Le club des 500">
     <membres>
        <membre nom="Joe Smith">
          <position nom="président"/>
        </membre>
        <membre nom="Jill McFonald">
          <position nom="trésorier"/>
        </membre>
        <!-- ... -->
     </membres>
   </club>
   <!-- ... -->
</clubs>
```

Supposons que vous vouliez renommer l'attribut `@nom` en `@titre`, mais uniquement pour les éléments `position` : si vous utilisez l'approche précédente, tous les éléments ayant un attribut `nom` seront modifiés. La solution consiste à créer une règle qui surcharge le comportement par défaut pour tous les éléments, sauf `position` :

```
<xsl:stylesheet version="1.0" xmlns:xsl="http://www.w3.org/1999/XSL/Transform"
  xmlns:ren="http://www.ora.com/namespaces/rename">

<xsl:import href="exemple-6-9.xslt"/>

<!-- Charge la table de recherche. On la définit localement, mais elle pourrait
 aussi provenir d'un fichier externe -->

<xsl:variable name="recherche"  select="document('')/*[ren:*]"/>

<!-- Définit les règles de renommage --> <ren:attribut de="nom" vers="titre"/>
```

```
<!-- SURCHARGE : On recopie simplement tous les noms qui ne sont pas des attributs
 de l'élément position --> <xsl:template match="@nom[name(..) != 'position']">
      <xsl:copy/>
</xsl:template>

</xsl:stylesheet>
```

Lorsque l'on change d'espace de noms par copie, l'ancien espace peut s'obstiner à rester, même s'il n'est plus nécessaire. Reprenons le document `truc` avec un élément supplémentaire, appartenant à un espace de noms doc :

```
<truc:unElément
     xmlns:truc="http://www.ora.com/XMLCookbook/namespaces/truc"
     xmlns:doc="http://www.ora.com/XMLCookbook/namespaces/doc">
   <truc:unFils>
     <truc:unPetitFils/>
     <truc:unPetitFils>
        <doc:doc>
           Cette documentation ne doit ni être modifiée, ni ôtée
        </doc:doc>
     </truc:unPetitFils>
   </truc:unFils>
</truc:unElément>
```

Si vous appliquez la feuille de style de renommage de `truc` en `machin` à ce document, l'espace de noms `truc` est transporté avec l'élément doc :

```
<machin:unElément xmlns:machin="http://www.ora.com/XMLCookbook/namespaces/machin">
   <machin:unFils>
     <machin:unPetitFils/>
     <machin:unPetitFils>
       <doc:doc xmlns:doc="http://www.ora.com/XMLCookbook/namespaces/doc"
          xmlns:truc="http://www.ora.com/XMLCookbook/namespaces/truc">
        Cette documentation ne doit ni être modifiée, ni ôtée.
        </doc:doc>
     </machin:unPetitFils>
   </machin:unFils>
</machin:unElément>
```

La raison de ce phénomène est que l'élément doc est traité par `xsl:copy` qui, comme `xsl:copy-of` copie toujours tous les espaces de noms associés à un élément. Comme l'élément doc est contenu dans des éléments appartenant à l'espace de noms `truc`, il a un nœud d'espace de noms `truc`, même s'il n'est pas directement visible dans le document source. Pour éviter de copier cet espace de noms indésirable, utilisez `xsl:element` pour vous assurer que les éléments sont recréés et non recopiés :

```
<xsl:stylesheet version="1.0" xmlns:xsl="http://www.w3.org/1999/XSL/Transform"
  xmlns:truc="http://www.ora.com/XMLCookbook/namespaces/truc"
  xmlns:machin="http://www.ora.com/XMLCookbook/namespaces/machin">

<xsl:import href="copie.xslt"/>

<xsl:output method="xml" version="1.0" encoding="UTF-8" indent="yes"/>
```

```
<xsl:strip-space elements="*"/>

<!-- Pour chaque élément, on crée un élément de même nom
    dans son propre espace de nommage -->

<xsl:template match="*">
   <xsl:element name="{name()}" namespace="{namespace-uri()}">
     <xsl:apply-templates/>
   </xsl:element>
</xsl:template>

<xsl:template match="truc:*">
   <xsl:element name="machin:{local-name()}">
     <xsl:apply-templates/>
   </xsl:element>
</xsl:template>

</xsl:stylesheet>
```

Vous pouvez également utiliser cette technique pour ôter tous les espaces de noms d'un document :

```
<xsl:stylesheet version="1.0" xmlns:xsl="http://www.w3.org/1999/XSL/Transform">
 <xsl:import href="copie.xslt"/>

<xsl:output method="xml" version="1.0" encoding="UTF-8" indent="yes"/>

<xsl:strip-space elements="*"/>

<xsl:template match="*">
   <xsl:element name="{local-name()}">
     <xsl:apply-templates/>
   </xsl:element>
</xsl:template>

</xsl:stylesheet>
```

6.4 Fusionner des documents de schémas identiques

Problème

Vous avez deux documents ou plus, avec la même structure, et vous voudriez les fusionner en un seul document.

Solution

Si les documents ont des contenus différents, ou si la duplication des informations n'est pas un problème, la solution est simple :

```
<xsl:stylesheet version="1.0"
```

```
      xmlns:xsl="http://www.w3.org/1999/XSL/Transform">

<xsl:output method="xml" indent="yes"/>

<xsl:param name="doc2"/>

<xsl:template match="/*">
   <xsl:copy>
     <xsl:copy-of select="* | document($doc2)/*/*"/>
   </xsl:copy>
</xsl:template>

</xsl:stylesheet>
```

S'il existe des entrées dupliquées parmi les documents fusionnés, mais que vous voulez que le document final ne contienne que des entrées uniques, vous pouvez utiliser les techniques de la recette 4-3 pour supprimer les redondances. Considérons les deux documents des exemples 6-12 et 6-13.

Exemple 6-12. Document 1

```
<personnes qui="MoiEtMesAmis">
   <personne prénom="Sal" nom="Mangano" âge="38" taille="1.75"/>
   <personne prénom="Mike" nom="Palmieri" âge="28" taille="1.55"/>
   <personne prénom="Vito" nom="Palmieri" âge="38" taille="1.82"/>
   <personne prénom="Vinny" nom="Mari" âge="37" taille="1.76"/>
</personnes>
```

Exemple 6-13. Document 2

```
<personnes qui="MoiEtMesCollègues">
      <personne prénom="Sal" nom="Mangano" âge="38" taille="1.75"/>
      <personne prénom="Al" nom="Zehtooney" âge="33" taille="1.61"/>
      <personne prénom="Brad" nom="York" âge="38" taille="1.82"/>
      <personne prénom="Charles" nom="Xavier" âge="32" taille="1.76"/>
</personnes>
```

La feuille de style suivante fusionne et supprime les éléments dupliqués en utilisant `xsl:sort` et l'extension `exsl:node-set`:

```
<xsl:stylesheet version="1.0"
     xmlns:xsl="http://www.w3.org/1999/XSL/Transform"
     xmlns:exsl="http://exslt.org/common">

<xsl:output method="xml" version="1.0" encoding="UTF-8" indent="yes"/>

<xsl:param name="doc2"/>
<!-- On introduit ici un attribut "clé" pour faciliter
 la suppression des doublons -->
<xsl:variable name="tous">
   <xsl:for-each select="/*/personne | document($doc2)/*/personne">
     <xsl:sort select="concat(@nom,@prénom)"/>
     <personne clé="{concat(@nom, @prénom)}">
       <xsl:copy-of select="@* | node()" />
     </personne>
```

```
    </xsl:for-each>
</xsl:variable>

<xsl:template match="/">

<personnes>
      <xsl:for-each
          select="exsl:node-set($tous)/personne[not(@clé =
                           preceding-sibling::personne[1]/@clé)]">
           <xsl:copy-of select="."/>
      </xsl:for-each>
</personnes>

</xsl:template>

</xsl:stylesheet>
```

Cette méthode de suppression des éléments a trois défauts. Le premier est qu'elle modifie l'ordre des éléments, ce qui peut être malvenu. Le deuxième est qu'elle nécessite l'emploi de `node-set` ou de XSLT 1.1 ou supérieur. Enfin, elle n'est pas générique, car vous devez récrire toute la feuille de style pour chaque situation dans laquelle vous voulez une fusion sans doublons.

Ces trois problèmes peuvent être résolus par l'emploi de `xsl:key` :

```
<!-- Importer cette feuille dans celle qui définit la clé -->

<xsl:stylesheet version="1.0" xmlns:xsl="http://www.w3.org/1999/XSL/Transform"
  xmlns:fusion="http:www.ora.com/XSLTCookbook/namespaces/fusion">

<xsl:param name="doc2"/>

<xsl:template match="/*">
   <!-- Copie l'élément racine du document source -->
   <xsl:copy>
     <!-- Pour chaque fils de la source, on détermine s'il pourrait
     être copié vers la destination en fonction de son existence dans
     l'autre document. -->
     <xsl:for-each select="*">

      <!-- Appel d'une règle donnant une clé unique à cet
       élément. Elle doit être définie dans la feuille de style
       qui l'importe -->
           <xsl:variable name="valeur-clé">
         <xsl:call-template name="fusion:valeur-clé"/>
       </xsl:variable>

      <xsl:variable name="élément" select="."/>
           <!-- Ce for-each permet simplement de changer de contexte pour
            le second document -->
         <xsl:for-each select="document($doc2)/*">
                <!-- Utilise key pour tester la présence de l'élément dans le
                 second document. La clé doit être définie dans la feuille de
```

```
                style important celle-ci -->
              <xsl:if test="not(key('fusion:clé', $valeur-clé))">
          <xsl:copy-of select="$élément"/>
        </xsl:if>
      </xsl:for-each>

    </xsl:for-each>

    <!-- Copie tous les éléments du second document -->
     <xsl:copy-of select="document($doc2)/*/*"/>

  </xsl:copy>
</xsl:template>

</xsl:stylesheet>
```

La feuille de style suivante importe la précédente et définit la clé, ainsi qu'un règle pour obtenir sa valeur :

```
<!-- Cette feuille de style définit l'unicité des éléments à l'aide d'une clé -->
 <xsl:stylesheet version="1.0"  xmlns:xsl="http://www.w3.org/1999/XSL/Transform"
  xmlns:fusion="http:www.ora.com/XSLTCookbook/namespaces/fusion">

<xsl:include href="fusion3.xslt"/>

<!-- Une personne est définie de façon unique par la concaténation
 de son nom et de son prénom -->
 <xsl:key name="fusion:clé" match="personne"
         use="concat(@nom,@prénom)"/>

<xsl:output method="xml" indent="yes"/>

<!-- Cette règle produit la clé d'un élément -->
<xsl:template name="fusion:valeur-clé">
   <xsl:value-of select="concat(@nom,@prénom)"/>
</xsl:template>

</xsl:stylesheet>
```

Une autre méthode pour fusionner et supprimer les doublons consiste à utiliser les opérations ensemblistes sur les valeurs, présentées dans la recette 7-2. Nous montrons ici la solution, mais nous renvoyons le lecteur à cette recette pour plus d'informations. Les exemples 6-14 et 6-15 incluent d'autres feuilles de styles.

Exemple 6-14. Feuille de style réutilisable, implémentant la fusion par une union

```
<xsl:stylesheet version="1.0" xmlns:xsl="http://www.w3.org/1999/XSL/Transform"
   xmlns:vset="http:/www.ora.com/XSLTCookbook/namespaces/vset">

<xsl:import href="vset.ops.xslt"/>

<xsl:output method="xml" indent="yes"/>

<xsl:param name="doc2"/>
```

```
<xsl:template match="/*">
  <xsl:copy>
    <xsl:call-template name="vset:union">
      <xsl:with-param name="nodes1" select="*"/>
      <xsl:with-param name="nodes2" select="document($doc2)/*/*"/>
    </xsl:call-template>
  </xsl:copy>
</xsl:template>

</xsl:stylesheet>
```

Exemple 6-15. Feuille de style définissant la notion d'égalité pour un élément

```
<xsl:stylesheet version="1.0" xmlns:xsl="http://www.w3.org/1999/XSL/Transform"
  xmlns:vset="http:/www.ora.com/XSLTCookbook/namespaces/vset">

<xsl:import href="fusion4.xslt"/>

<xsl:template match="personne" mode="vset:element-equality">
  <xsl:param name="autre"/>
  <xsl:if test="concat(@nom,@prénom) =
              concat($autre/@nom,$autre/@prénom)">
    <xsl:value-of select="true()"/>
  </xsl:if>
</xsl:template>

</xsl:stylesheet>
```

La solution utilisant `vset:union` implique moins de nouveau code que celle utilisant une clé mais, pour de gros documents, la solution avec `xsl:key` est sûrement plus rapide.

Discussion

La fusion de documents est une opération qui est souvent nécessaire lorsque plusieurs personnes, ou processus, collaborent pour produire des parties d'un document. La fusion est également nécessaire lorsque l'on reconstitue un très gros document qui a été coupé pour être traité en parallèle ou parce qu'il était trop pénible à traiter d'un seul coup.

Les exemples de cette section ont présenté le cas simple d'une fusion de deux documents uniquement. Si l'on doit en fusionner un nombre quelconque, on a besoin d'un mécanisme permettant de passer une liste de documents à la feuille de style. Une solution possible consiste à utiliser un paramètre contenant tous les noms de fichiers séparés par des espaces, puis à les extraire par une manipulation de chaîne (voir la recette 1-9). Une autre technique consiste à passer tous les noms de fichiers dans le document source, comme le montrent les exemples 6-16 et 6-17.

Exemple 6-16. Code XML contenant les noms des documents à fusionner

```
<fusionDocs>
  <doc chemin="personnes1.xml"/>
  <doc chemin="personnes2.xml"/>
```

```
    <doc chemin="personnes3.xml"/>
    <doc chemin="personnes4.xml"/>
</fusionDocs>
```

Exemple 6-17. Feuille de style pour fusionner les documents (on suppose qu'il n'y a pas de doublons)

```
<xsl:stylesheet version="1.0" xmlns:xsl="http://www.w3.org/1999/XSL/Transform">

<xsl:output method="xml" indent="yes"/>

<xsl:variable name="docs" select="/*/doc"/>

<xsl:template match="fusionDocs">
      <xsl:apply-templates select="doc[1]"/>
</xsl:template>

<!-- Correspond au premier doc, pour créer l'élément de plus haut niveau -->
 <xsl:template match="doc">
   <xsl:variable name="chemin" select="@chemin"/>
   <xsl:for-each select="document($chemin)/*">
     <xsl:copy>
        <!-- Fusionne les fils du doc 1 -->
       <xsl:copy-of select="@* | *"/>
        <!-- Boucle sur les autres documents pour fusionner leurs fils -->
       <xsl:for-each select="$docs[position() > 1]">
          <xsl:copy-of select="document(@chemin)/*/*"/>
       </xsl:for-each>
     </xsl:copy>
   </xsl:for-each>
</xsl:template>

</xsl:stylesheet>
```

6.5 Fusionner des documents ayant des schémas différents

Problème

Vous avez deux documents de structures différentes, ou plus, et vous voudriez les fusionner en un seul.

Solution

Le traitement de la fusion de données dissemblables peut varier selon les applications. Cette recette ne peut donc pas présenter une unique solution générique ; nous préférons présenter les situations classiques, dans lesquelles on fusionne deux documents de structures différentes, et fournir des solutions pour chaque cas.

Incorporer un document comme une sous-partie d'un document parent

L'incorporation d'un document dans un autre est l'interprétation la plus triviale qui soit de ce type de fusion. L'idée de base consiste à utiliser `xsl:copy-of` pour copier un document, ou une partie de celui-ci, dans la partie appropriée d'un autre document. L'exemple qui suit fusionne deux documents dans un document conteneur qui utilise le nom de ses éléments pour indiquer les fichiers à fusionner :

```
<MonCarnet>
   <amis>
   </amis>
   <collegues>
   </collegues>
   <projets>
     <projet>Remplacer mapML par XSLT en utilisant Xalan C++</projet>
     <projet>Trouver un sens à ma vie.</projet>
     <projet>Trouver les chaussettes perdues dans le sèche-linge.</projet>
   </projets>
</MonCarnet>

<xsl:stylesheet version="1.0" xmlns:xsl="http://www.w3.org/1999/XSL/Transform">

  <xsl:import href="copie.xslt"/>

  <xsl:output method="xml" version="1.0" encoding="iso-8859-1" indent="yes"/>
   <xsl:strip-space elements="*"/>

  <xsl:template match="amis | collegues">
     <xsl:copy>
       <xsl:variable name="fichier" select="concat(local-name(),'.xml')"/>
       <xsl:copy-of select="document($fichier)/*/*"/>
     </xsl:copy>
   </xsl:template>
...
</xsl:stylesheet>

<MonCarnet>
   <amis>
     <personne prénom="Sal" nom="Mangano" âge="38" taille="1.75"/>
     <personne prénom="Mike" nom="Palmieri" âge="28" taille="1.55"/>
     <personne prénom="Vito" nom="Palmieri" âge="38" taille="1.82"/>
     <personne prénom="Vinny" nom="Mari" âge="37" taille="1.76"/>
   </amis>
   <collegues>
     <personne prénom="Sal" nom="Mangano" âge="38" taille="1.75"/>
     <personne prénom="Al" nom="Zehtooney" âge="33" taille="1.61"/>
     <personne prénom="Brad" nom="York" âge="38" taille="1.82"/>
     <personne prénom="Charles" nom="Xavier" âge="32" taille="1.76"/>
   </collegues>
   <projets>
     <projet>Remplacer mapML par XSLT en utilisant Xalan C++</projet>
     <projet>Trouver un sens à ma vie.</projet>
```

```
    <projet>Trouver les chaussettes perdues dans le sèche-linge.</project>
  </projets>
<MonCarnet>
```

Une variante intéressante est un document signalant l'inclusion en ligne d'un autre document. Le W3C définit une méthode standard pour cette opération, appelée *XInclude* (*http://www.w3.org/TR/xinclude/*), que vous pouvez implémenter en XSLT en étendant la feuille de style de copie de l'exemple 6-1 :

```
<xsl:stylesheet version="1.0" xmlns:xsl="http://www.w3.org/1999/XSL/Transform">

<xsl:import href="copie.xslt"/>

<xsl:output method="xml" indent="yes"/>
<xsl:strip-space elements="*"/>

<xsl:template match="xi:include" xmlns:xi="http://www.w3.org/2001/XInclude">
  <xsl:for-each select="document(@href)">
    <xsl:apply-templates/>
  </xsl:for-each>
</xsl:template>

</xsl:stylesheet>
```

Le `xsl:for-each` se place dans le contexte de chaque document à inclure, puis `xsl:apply-templates` poursuit la copie du contenu de celui-ci.

Joindre deux documents

Une variante de l'inclusion simple consiste à combiner des éléments fils d'éléments parents communs. Considérez deux biologistes ayant réuni, chacun de leur côté, des informations sur des animaux. Souhaitant créer une base de données unique, leur première tâche consistera à joindre leurs données dans une structure commune.

Supposons que le premier biologiste ait créé ce fichier :

```
<animaux>
  <mammifères>
    <animal nom-commun="Chimpanzé" espèce="Pan troglodytes" ordre="Primates"/>
    <animal nom-commun="Homme" espèce="Homo sapiens" ordre="Primates"/>
  </mammifères>
  <reptiles>
    <animal nom-commun="Boa constricteur"
     espèce="Boa constrictor" ordre="Squamates"/>
    <animal nom-commun="Gecko" espèce="Gekko gecko" ordre="Squamates"/>
  </reptiles>
  <oiseaux>
    <animal nom-commun="Goéland" espèce="Larus occidentalis"
     ordre="Charadriiformes"/>
    <animal nom-commun="Pic à dos noir" espèce="Picoides arcticus"
     ordre="Piciformes"/>
  </oiseaux>
</animaux>
```

Le second biologiste a créé ce fichier :

```
<animaux>
  <mammifères>
    <animal nom-commun="Hippopotame" espèce="Hippopotamus amphibius"
    famille="Hippopotamidés"/>
    <animal nom-commun="Dromadaire" espèce="Camelus dromedarius"
    famille="Camélidés"/>
  </mammifères>
  <insectes>
    <animal nom-commun="Coccinelle" espèce="Adalia bipunctata"
    famille="Coccinellidés"/>
    <animal nom-commun="Bousier" espèce="Onthophagus australis"
    famille="Scarabés"/>
  </insectes>
  <amphibiens>
    <animal nom-commun="Tortue verte"
    espèce="Chelonia mydas" famille="Chélonidés"/>
    <animal nom-commun="Rainette verte de la Caroline"
    espèce="Hyla cinerea" famille="Hylidés "/>
  </amphibiens>
</animaux>
```

Ces deux fichiers ont des schémas similaires, mais pas identiques. Tous les deux contiennent la classe *mammifères* mais diffèrent dans les autres niveaux de leur structure. Au niveau d'un animal, un des biologistes a enregistré des informations sur l'ordre, tandis que l'autre s'est intéressé à sa famille. La feuille de style suivante joint ces documents au niveau de l'élément animal (le second niveau de la structure des documents) :

```
<xsl:stylesheet version="1.0" xmlns:xsl="http://www.w3.org/1999/XSL/Transform">

<xsl:output method="xml" version="1.0" encoding="iso-8859-1" indent="yes"/>
 <xsl:strip-space elements="*"/>

  <xsl:param name="fichier-doc2"/>

  <xsl:variable name="doc2"
      select="document($fichier-doc2)"/>
   <xsl:variable name="classesCeDoc" select="/*/*"/>

<xsl:template match="/*">
   <xsl:copy>
     <!-- Fusionne les sections communes au doc source et au
     doc2. Inclut également les sections uniques au doc source. -->

    <xsl:for-each select="*">
       <xsl:copy>
         <xsl:copy-of select="*"/>
         <xsl:copy-of select="$doc2/*/*[name() = name(current())]/*"/>
       </xsl:copy>
     </xsl:for-each>

    <!-- Fusionne les sections uniques au doc2. -->
```

```
      <xsl:for-each select="$doc2/*/*">
        <xsl:if test="not($classesCeDoc[name() = name(current())])">
          <xsl:copy-of select="."/>
        </xsl:if>
      </xsl:for-each>
    </xsl:copy>
</xsl:template>

</xsl:stylesheet>
```

L'application de cette feuille de style produit un document, qui pourra ensuite être normalisé manuellement ou automatiquement :

```
<animaux>
  <mammifères>
    <animal nom-commun="Chimpanzé" espèce="Pan troglodytes" ordre="Primates"/>
    <animal nom-commun="Homme" espèce="Homo sapiens" ordre="Primates"/>
    <animal nom-commun="Hippopotame" espèce="Hippopotamus amphibius"
    famille="Hippopotamidés"/>
    <animal nom-commun="Dromadaire" espèce="Camelus dromedarius"
    famille="Camélidés"/>
  </mammifères>
  <reptiles>
    <animal nom-commun="Boa constricteur"
    espèce="Boa constrictor" ordre="Squamates"/>
    <animal nom-commun="Gecko" espèce="Gekko gecko" ordre="Squamates"/>
  </reptiles>
  <oiseaux>
    <animal nom-commun="Goéland" espèce="Larus occidentalis"
    ordre="Charadriiformes"/>
    <animal nom-commun="Pic a dos noir" espèce="Picoides arcticus"
    ordre="Piciformes"/>
  </oiseaux>
  <insectes>
    <animal nom-commun="Coccinelle" espèce="Adalia bipunctata"
    famille="Coccinel lidés"/>
    <animal nom-commun="Bousier" espèce="Onthophagus australis"
    famille="Scarabés"/>
  </insectes>
  <amphibiens>
    <animal nom-commun="Tortue verte" espèce="Chelonia mydas"
    famille="Cheloniidés"/>
    <animal nom-commun="Rainette cendrée" espèce="Hyla cinerea"
    famille="Hylidés "/>
  </amphibiens>
</animaux>
```

Joindre les éléments de deux documents pour créer de nouveaux éléments

Une fusion moins évidente est celle qui intervient lorsqu'un document est juxtaposé à un autre, ou produit des enfants pour ses propres éléments, selon leurs caractéristiques de correspondance. Considérons, par exemple, cette fusion portant sur des documents contenant différentes informations sur des personnes :

```
<?xml version="1.0" encoding="iso-8859-1"?>
<xsl:stylesheet version="1.0" xmlns:xsl="http://www.w3.org/1999/XSL/Transform">

  <xsl:import href="copie.xslt"/>

  <xsl:output method="xml" version="1.0" encoding="iso-8859-1" indent="yes"/>

  <xsl:param name="fichier-doc2"/>

  <xsl:variable name="doc2" select="document($fichier-doc2)"/>

  <xsl:template match="personne">
    <xsl:copy>
      <xsl:for-each select="@*">
        <xsl:element name="{local-name()}">
          <xsl:value-of select="."/>
        </xsl:element>
      </xsl:for-each>
      <xsl:variable name="personne-corresp"
          select="$doc2/*/personne[@name=concat(current()/@prénom,' ',
                                   current()/@nom)]"/>
      <xsl:element name="fumeur">
        <xsl:value-of select="$personne-corresp/@fumeur"/>
      </xsl:element>
      <xsl:element name="sexe">
        <xsl:value-of select="$personne-corresp/@sexe"/>
      </xsl:element>
    </xsl:copy>
</xsl:template>

</xsl:stylesheet>
```

Cette feuille de style effectue deux opérations. Elle convertit les informations encodées dans les attributs en éléments et fusionne les informations de `$doc2` absentes du document source.

Discussion

La fusion de documents XML ayant des schémas différents est moins bien définie que celle des documents de schémas identiques. Cette recette a présenté trois interprétations de ce type de fusion, mais d'autres, plus complexes, pourraient exister. On pourrait, par exemple, considérer une fusion comme le rassemblement des documents pour que l'inclusion, la jointure et la fusion d'éléments jouent toutes un rôle dans le résultat final : il serait alors difficile de créer un utilitaire XSLT, simple et générique, capable de résoudre les problèmes particuliers de fusion de chacun. Cela dit, les exemples de cette recette fournissent un bon point de départ pour s'attaquer à des types de fusion plus ambitieux.

Pour aller plus loin

Les exemples de cette recette se sont intéressés à la fusion des éléments dans une relation 1-1. La recette 7-5 montre comment joindre des informations de documents XML de structures diverses pour pouvoir effectuer des requêtes comme dans une base de données. Ces techniques s'appliquent également à la fusion dans une relation 1-n.

6.6 Diviser des documents

Problème

Vous voulez partitionner des éléments d'un même document en plusieurs sous-documents.

Solution

Avec XSLT 1.0, vous pouvez utiliser une extension largement répandue, mais non standard, qui permet de produire plusieurs documents en sortie[3]. La solution consiste à déterminer le niveau à sérialiser dans la structure du document et à en déduire le nom du fichier résultant. La feuille de style suivante divise le document *VentesParVendeur.xml* du chapitre 4 en autant de fichiers qu'il y a de vendeurs. Cette feuille fonctionne avec Saxon, qui permet d'utiliser l'élément `xsl:document` de XSLT 1.1 lorsque la version de la feuille de style annonce 1.1[4]. Si vous préférez ne pas utiliser la version 1.1, utilisez plutôt l'extension `saxon:output` :

```
<?xml version="1.0" encoding="iso-8859-1"?> <xsl:stylesheet version="1.1"
 xmlns:xsl="http://www.w3.org/1999/XSL/Transform">

   <xsl:include href="copie.xslt"/>

<xsl:output method="xml" version="1.0" encoding="iso-8859-1" indent="yes"/>
<xsl:strip-space elements="*"/>

<xsl:template match="vendeur">
   <xsl:variable name="ficSortie"
   select="concat('vendeur.',translate(@nom,' ','_'),'.xml')"/>
   <!-- élément xsl:document de XSLT 1.1 !
         Ne fonctionne qu'avec un processeur XSLT
         compatible avec la spécification XSLT 1.1 -->
   <xsl:document href="{$ficSortie}">
        <xsl:copy>
              <xsl:copy-of select="@*"/>
            <xsl:apply-templates/>
        </xsl:copy>
   </xsl:document>
</xsl:template>
```

3. Cette fonctionnalité existe dans XSLT 2.0 et utilise un nouvel élément : `xsl:result-document`.
4. XSLT 1.1 n'est plus une version officielle : elle a été abandonnée au profit de XSLT 2.0.

```
<xsl:template match="ventesParVendeur">
   <xsl:apply-templates/>
</xsl:template>

</xsl:stylesheet>
```

Discussion

Bien que la feuille de style précédente soit spécifique à XSLT 1.1, cette technique fonctionne avec la plupart des processeurs XSLT 1.0, au prix de quelques modifications mineures. Saxon dispose également de l'extension `saxon:output` (`xmlns:saxon = "http://icl.com/saxon"`). Xalan utilise `xalan:redirect` (`xmlns:xalan = "http://xml.apache.org/xalan"`).

Une variante intéressante de la division consiste à également produire un fichier qui *xinclut* les sous-fichiers générés :

```
<?xml version="1.0" encoding="utf-8"?>
<xsl:stylesheet version="1.1" xmlns:xsl="http://www.w3.org/1999/XSL/Transform">

  <xsl:include href="copie.xslt"/>

<xsl:output method="xml" version="1.0" encoding="UTF-8" indent="yes"/>
<xsl:strip-space elements="*"/>

<xsl:template match="vendeur">
   <xsl:variable name="ficSortie"
   select="concat('vendeur.',translate(@nom,' ','_'),'.xml')"/>
    <xsl:document href="{$ficSortie}">
        <xsl:copy>
               <xsl:copy-of select="@*"/>
             <xsl:apply-templates/>
        </xsl:copy>
   </xsl:document>
     <xi:include href="{$ficSortie}"
                     xmlns:xi="http://www.w3.org/2001/XInclude"/>
</xsl:template>

</xsl:stylesheet>
```

Si vous craignez que votre processeur XSLT reconnaisse un jour `XInclude` et qu'il essaie par erreur d'inclure le fichier qu'il vient de produire, remplacez l'élément `xi:include` par `xsl:element` :

```
<xsl:element name="xi:include"
        xmlns:xi="http://www.w3.org/2001/XInclude">
    <xsl:attribute name="href">
      <xsl:value-of select="$outFile"/>
    </xsl:attribute>
</xsl:element>
```

Pour aller plus loin

La recette 12.1 contient d'autres exemples, utilisant des extensions pour produire plusieurs documents.

6.7 Mettre à plat une arborescence XML

Problème

Vous disposez d'un document dont les éléments sont trop imbriqués à votre goût et vous souhaitez aplatir cette arborescence.

Solution

Si votre but est simplement d'aplatir l'arborescence, quelles que soient les informations encodées par la structure interne, il vous suffit de surcharger la règle de copie, en appliquant les règles sans copier les éléments dont vous ne voulez plus.

Soit le document suivant, qui classe des personnes en deux catégories, les associés et les salariés :

```
<personnes>
  <associé>
    <personne>
      <prénom>Warren</prénom>
      <nom>Rosenbaum</nom>
      <âge>37</âge>
      <taille>1.75</taille>
    </personne>
    <personne>
      <prénom>Dror</prénom>
      <nom>Seagull</nom>
      <âge>28</âge>
      <taille>1.55</taille>
    </personne>
    <personne>
      <prénom>Mike</prénom>
      <nom>Heavyman</nom>
      <âge>45</âge>
      <taille>1.82</taille>
    </personne>
    <personne>
      <prénom>Theresa</prénom>
      <nom>Archul</nom>
      <âge>37</âge>
      <taille>1.67</taille>
    </personne>
  </associé>
  <salarié>
    <personne>
      <prénom>Sal</prénom>
      <nom>Mangano</nom>
```

```
      <âge>37</âge>
      <taille>1.75</taille>
    </personne>
    <personne>
      <prénom>Jane</prénom>
      <nom>Smith</nom>
      <âge>28</âge>
      <taille>1.55</taille>
    </personne>
    <personne>
      <prénom>Rick</prénom>
      <nom>Winters</nom>
      <âge>45</âge>
      <taille>1.82</taille>
    </personne>
    <personne>
      <prénom>James</prénom>
      <nom>O'Riely</nom>
      <âge>33</âge>
      <taille>1.67</taille>
    </personne>
  </salarié>
</personnes>
```

La feuille de style suivante supprime simplement la structure en trop :

```
<xsl:stylesheet version="1.0" xmlns:xsl="http://www.w3.org/1999/XSL/Transform">

  <xsl:import href="copie.xslt"/>

  <xsl:output method="xml" version="1.0" encoding="UTF-8"/>

  <xsl:template match="personnes">
    <xsl:copy>
      <!-- Supprime les parents des éléments personne -->
      <xsl:apply-templates select="*/personne" />
    </xsl:copy>
  </xsl:template>

</xsl:stylesheet>
```

Discussion

Disposer d'une structure supplémentaire dans un document est, généralement, une bonne chose car cela facilite son traitement par XSLT. Cependant, trop de structuration étouffe le document et le rend difficile à lire. Les humains préfèrent généralement déduire les relations par l'organisation spatiale du texte plutôt que par un arsenal syntaxique supplémentaire.

L'exemple suivant montre que la structure supplémentaire n'est pas superflue, mais qu'elle encode des informations additionnelles. Si vous souhaitez gardez ces informations tout en aplatissant la structure, vous devrez sûrement créer un attribut ou un élément fils pour les capturer.

Cette feuille de style crée un attribut :

```
xsl:stylesheet version="1.0" xmlns:xsl="http://www.w3.org/1999/XSL/Transform">

  <xsl:import href="copie.xslt"/>

  <xsl:output method="xml" version="1.0" encoding="UTF-8"
   omit-xml-declaration="yes"/>

  <!-- Supprime les parents des éléments personne -->
   <xsl:template match="*[personne]">
      <xsl:apply-templates/>
    </xsl:template>

  <xsl:template match="personne">
     <xsl:copy>
           <xsl:apply-templates select="@*"/>
        <xsl:attribute name="classe">
          <xsl:value-of select="local-name(..)"/>
        </xsl:attribute>
        <xsl:apply-templates/>
     </xsl:copy>
   </xsl:template>

</xsl:stylesheet>
```

Cette variante crée un élément :

```
<xsl:stylesheet version="1.0" xmlns:xsl="http://www.w3.org/1999/XSL/Transform">

  <xsl:import href="copie.xslt"/>

  <xsl:output method="xml" version="1.0" encoding="iso-8859-1"
   indent="yes"/>

  <!-- Supprime les parents des éléments personne -->
   <xsl:template match="*[personne]">
      <xsl:apply-templates/>
    </xsl:template>

  <xsl:template match="personne">
     <xsl:copy>
           <xsl:copy-of select="@*"/>
        <xsl:element name="classe">
          <xsl:value-of select="local-name(..)"/>
        </xsl:element>
        <xsl:apply-templates/>
     </xsl:copy>
   </xsl:template>

</xsl:stylesheet>
```

Vous pouvez utiliser `xsl:strip-space` et `indent="yes"` avec l'élément `xsl:output` afin que le résultat ne contienne pas les lignes blanches qui apparaissent ci-dessous :

```
<personnes>
...
    <personne>
      <classe>associé</classe>
      <prénom>Theresa</prénom>
      <nom>Archul</nom>
      <âge>37</âge>
      <taille>1.67</taille>
    </personne>
                                              <!-- Blancs ici ! -->
      <personne><classe>salarié</classe>
      <prénom>Sal</prénom>
      <nom>Mangano</nom>
      <âge>37</âge>
      <taille>1.75</taille>
    </personne>
...
</personnes>
```

6.8 Rendre une arborescence XML plus profonde

Problème

Vous avez un document mal conçu et vous aimeriez le structurer un peu plus[5].

Solution

Il s'agit du problème inverse de celui que nous avons résolu dans la recette 6-7. Ici, vous devez enrichir la structure d'un document pour, par exemple, organiser ses éléments selon certains critères supplémentaires.

Ajouter une structure en fonction des données existantes

Ce type de transformation fait le contraire de l'opération de mise à plat réalisée dans la recette 6-7 :

```
<xsl:stylesheet version="1.0" xmlns:xsl="http://www.w3.org/1999/XSL/Transform">

  <xsl:import href="copie.xslt"/>

  <xsl:output method="xml" version="1.0" encoding="iso-8859-1"
     indent="yes"/>
   <xsl:strip-space elements="*"/>
    <xsl:template match="personnes">
     <associé>
           <xsl:apply-templates select="personne[@classe = 'associé']" />/>
      </associé>
      <salarié>
```

5. Il peut être bien conçu pour un certain but, mais qui n'est pas le vôtre.

```
      <xsl:apply-templates select="personne[@classe = 'salarié']" />/>
    </salarié>
  </xsl:template>

</xsl:stylesheet>
```

Ajouter une structure pour corriger un document mal conçu

Afin d'alléger les documents XML, certains se fourvoient en encodant les informations par insertion d'éléments frères, plutôt que d'éléments parents[6]. Supposons, par exemple, que l'on distingue les employés associés et salariés de la façon suivante :

```
<personnes>
     <classe nom="associé"/>
     <personne>
       <prénom>Warren</prénom>
       <nom>Rosenbaum</nom>
       <âge>37</âge>
       <taille>1.75</taille>
     </personne>
...
     <personne>
       <prénom>Theresa</prénom>
       <nom>Archul</nom>
       <âge>37</âge>
       <taille>1.67</taille>
     </personne>

    <classe nom="salarié"/>
     <personne>
       <prénom>Sal</prénom>
       <nom>Mangano</nom>
       <âge>37</âge>
       <taille>1.75</taille>
     </personne>
...
     <personne>
       <prénom>James</prénom>
       <nom>O'Riely</nom>
       <âge>33</âge>
       <taille>1.67</taille>
     </personne>
</personnes>
```

Vous remarquerez que les éléments pour indiquer les associés et les salariés sont, maintenant, vides. L'intention, ici, est que tous les frères suivants d'un élément classe appartiennent à cette classe jusqu'à ce que l'on rencontre un autre élément classe, ou qu'il n'y ait plus de frères. Ce type d'encodage est facile à comprendre mais plus difficile à traiter par un programme XSLT. Pour corriger cette représentation, vous devez créer une

6. Pour être honnête, cette technique n'est pas toujours incongrue. La conception consiste à naviguer entre différents compromis.

feuille de style qui calcule la différence ensembliste entre tous les éléments personne suivant la première occurrence d'un élément classe et les éléments personne situés après l'occurrence suivante d'un élément classe. XSLT 1.0 ne dispose pas d'une opération explicite de différence ensembliste, mais vous pouvez obtenir le même effet, avec plus d'efficacité, en prenant en compte tous les éléments situés après un élément classe dont les positions sont inférieures à celle des éléments situés après le classe suivant :

```
<xsl:stylesheet version="1.0" xmlns:xsl="http://www.w3.org/1999/XSL/Transform">

  <xsl:import href="copie.xslt"/>

  <xsl:output method="xml" version="1.0" encoding="UTF-8" indent="yes"/>
   <xsl:strip-space elements="*"/>

  <!-- Le nombre total de personnes -->
   <xsl:variable name="nb-personnes" select="count(/*/personne)"/>

  <xsl:template match="classe">
     <!-- La dernière position à considérer -->
     <xsl:variable name="pos"
              select="$nb-personnes -
                count(following-sibling::classe/following-sibling::personne)"/>
     <xsl:element name="{@nom}">
           <!-- On copie les personnes qui suivent cette classe, mais dont la
            position est inférieure ou égale à $pos -->
        <xsl:copy-of select="following-sibling::personne[position() &lt;= $pos]"/>
     </xsl:element>
   </xsl:template>

<!-- On ignore les éléments personne, ils ont été copiés au-dessus. -->
   <xsl:template match="personne"/>

</xsl:stylesheet>
```

Pour être plus subtil, on peut utiliser une clé :

```
<xsl:key name="personnes" match="personne"
                              use="preceding-sibling::classe[1]/@nom" />

  <xsl:template match="personnes">
     <personnes>
        <xsl:apply-templates select="classe" />
     </personnes>
   </xsl:template>
    <xsl:template match="classe">
     <xsl:element name="{@nom}">
       <xsl:copy-of select="key('personnes', @nom)" />
     </xsl:element>
   </xsl:template>
```

On peut également utiliser une approche itérative :

```
<xsl:template match="personnes">
     <personnes>
```

```
        <xsl:apply-templates select="classe[1]" />
      </personnes>
    </xsl:template>
     <xsl:template match="classe">
      <xsl:element name="{@nom}">
        <xsl:apply-templates select="following-sibling::*[1][self::personne]" />
      </xsl:element>
      <xsl:apply-templates select="following-sibling::classe[1]" />
    </xsl:template>

   <xsl:template match="personne">
      <xsl:copy-of select="." />
      <xsl:apply-templates select="following-sibling::*[1][self::personne]" />
    </xsl:template>
```

Discussion

Ajouter une structure en fonction des données existantes

Lorsque vous avez ajouté une structure en fonction des données existantes, vous avez explicitement fait référence aux critères qui vous intéressaient (c'est-à-dire, les catégories `associé` et `salarié`). Il aurait été préférable que la feuille de style devine d'elle-même ces catégories ; cela la rend plus générique au prix d'une complexité plus grande :

```
<xsl:stylesheet version="1.0" xmlns:xsl="http://www.w3.org/1999/XSL/Transform">

   <xsl:import href="copie.xslt"/>

   <xsl:output method="xml" version="1.0" encoding="UTF-8" indent="yes"/>
    <xsl:strip-space elements="*"/>

   <!-- Construit une liste unique de toutes les classes -->
    <xsl:variable name="classes"
            select="/*/*/@classe[not(. = ../preceding-sibling::*/@classe)]"/>
    <xsl:template match="/*">
      <!-- Pour chaque classe, on crée un élément portant son nom et contenant
      les éléments de celle-ci. -->
      <xsl:for-each select="$classes">
        <xsl:variable name="nom-classe" select="."/>
        <xsl:element name="{$nom-classe}">
          <xsl:for-each select="/*/*[@classe=$nom-classe]">
            <xsl:copy>
              <xsl:apply-templates/>
            </xsl:copy>
          </xsl:for-each>
        </xsl:element>
     </xsl:for-each>
    </xsl:template>

</xsl:stylesheet>
```

Bien qu'elle ne soit pas générique à 100%, cette feuille de style évite de faire des suppositions sur les classes qui existent dans le document. Ici, la seule information spécifique à l'application est le fait que les catégories sont encodées dans un attribut `@classe` et qu'il apparaît dans les éléments situés deux niveaux au-dessous de la racine.

Ajouter une structure pour corriger un document mal conçu

La solution peut être implémentée explicitement en terme de différence d'ensembles : c'est élégant mais impraticable pour les gros documents contenant beaucoup de catégories. L'astuce utilisée ici pour calculer la différence des ensembles est expliquée dans la recette 7-1 :

```
<xsl:stylesheet version="1.0" xmlns:xsl="http://www.w3.org/1999/XSL/Transform">

  <xsl:import href="copie.xslt"/>

  <xsl:output method="xml" version="1.0" encoding="UTF-8" indent="yes"/>
   <xsl:strip-space elements="*"/>

  <xsl:template match="classe">
     <!-- Toutes les personnes suivant cet élément classe -->
     <xsl:variable name="noeuds1" select="following-sibling::personne"/>
     <!-- Toutes les personnes après l'élément classe suivant -->
     <xsl:variable name="noeuds2"
          select="following-sibling::classe/following-sibling::personne"/>
     <xsl:element name="{@nom}">
       <xsl:copy-of select="$noeuds1[count(. | $noeuds2) != count($noeuds2)]"/>
      </xsl:element>
   </xsl:template>

<xsl:template match="personne"/>

</xsl:stylesheet>
```

6.9 Réorganiser une arborescence XML

Problème

Vous devez réorganiser un document XML pour que certaines informations implicites deviennent explicites et que certaines informations explicites deviennent implicites.

Solution

Considérons à nouveau le document *VentesParVendeur.xml* du chapitre 4 :

```
<ventesParVendeur>
   <vendeur nom="John Adams" ancienneté="1">
      <produit clé="10000" ventesTotales="10000.00"/>
      <produit clé="20000" ventesTotales="50000.00"/>
      <produit clé="25000" ventesTotales="920000.00"/>
   </vendeur>
   <vendeur nom="Wendy Long" ancienneté="5">
      <produit clé="10000" ventesTotales="990000.00"/>
      <produit clé="20000" ventesTotales="150000.00"/>
```

```
      <produit clé="30000" ventesTotales="5500.00"/>
   </vendeur>
   <vendeur nom="Willie B. Aggressive" ancienneté="10">
      <produit clé="10000" ventesTotales="1110000.00"/>
      <produit clé="20000" ventesTotales="150000.00"/>
      <produit clé="25000" ventesTotales="2920000.00"/>
      <produit clé="30000" ventesTotales="115500.00"/>
      <produit clé="70000" ventesTotales="10000.00"/>
   </vendeur>
   <vendeur nom="Arty Outtolunch" ancienneté="10"/>
</ventesParVendeur>
```

Les informations explicites sont les produits qui ont été vendus, par quel vendeur, ainsi que le montant des ventes d'un produit par un vendeur. Par contre, le montant total des ventes d'un produit et le nom des vendeurs ayant vendu tous les produits sont implicites.

Pour réorganiser ce document, vous devrez donc le convertir en une vue montrant les ventes par produit. C'est ce que fait cette feuille de style :

```
<xsl:stylesheet version="1.0" xmlns:xsl="http://www.w3.org/1999/XSL/Transform">

<xsl:output method="xml" version="1.0" encoding="iso-8859-1" indent="yes"/>

<xsl:key name="clé_vente" match="vendeur" use="produit/@clé"/>

<xsl:variable name="produits" select="//produit"/>
<xsl:variable name="produits-uniques"
     select="$produits[not(@clé = preceding::produit/@clé)]"/>

<xsl:template match="/">
   <ventesParProduit>
      <xsl:for-each select="$produits-uniques">
        <xsl:variable name="clé" select="@clé"/>
        <xsl:copy>
          <xsl:copy-of select="$clé"/>
          <xsl:attribute name="ventesTotales">
            <xsl:value-of select="sum($produits[@clé=$clé]/@ventesTotales)"/>
          </xsl:attribute>
          <xsl:for-each select="key('clé_vente',$clé)">
            <xsl:copy>
              <xsl:copy-of select="@*"/>
              <xsl:attribute name="vendu">
                <xsl:value-of select="produit[@clé=$clé]/@ventesTotales"/>
              </xsl:attribute>
            </xsl:copy>
          </xsl:for-each>
        </xsl:copy>
      </xsl:for-each>
   </ventesParProduit>
</xsl:template>

</xsl:stylesheet>
```

qui produit le résultat suivant :

```
<ventesParProduit>
   <produit clé="10000" ventesTotales="2110000">
     <vendeur nom="John Adams" ancienneté="1" vendu="10000.00"/>
     <vendeur nom="Wendy Long" ancienneté="5" vendu="990000.00"/>
     <vendeur nom="Willie B. Aggressive" ancienneté="10" vendu="1110000.00"/>
   </produit>
   <produit clé="20000" ventesTotales="350000">
     <vendeur nom="John Adams" ancienneté="1" vendu="50000.00"/>
     <vendeur nom="Wendy Long" ancienneté="5" vendu="150000.00"/>
     <vendeur nom="Willie B. Aggressive" ancienneté="10" vendu="150000.00"/>
   </produit>
   <produit clé="25000" ventesTotales="3840000">
     <vendeur nom="John Adams" ancienneté="1" vendu="920000.00"/>
     <vendeur nom="Willie B. Aggressive" ancienneté="10" vendu="2920000.00"/>
   </produit>
   <produit clé="30000" ventesTotales="121000">
     <vendeur nom="Wendy Long" ancienneté="5" vendu="5500.00"/>
     <vendeur nom="Willie B. Aggressive" ancienneté="10" vendu="115500.00"/>
   </produit>
   <produit clé="70000" ventesTotales="10000">
     <vendeur nom="Willie B. Aggressive" ancienneté="10" vendu="10000.00"/>
   </produit>
</ventesParProduit>
```

Une autre solution utilise la méthode muenchienne, de Steve Muench, qui utilise un `xsl:key` pour faciliter l'extraction des produits uniques. L'expression `$produits[count(.|key('clé_produit', @clé)[1]) = 1]` sélectionne le premier produit dans le groupe particulier, où le groupement est fait selon clé :

```
<xsl:stylesheet version="1.0" xmlns:xsl="http://www.w3.org/1999/XSL/Transform">

<xsl:output method="xml" version="1.0" encoding="UTF-8" indent="yes"/>

<xsl:variable name="doc" select="/"/>

<xsl:key name="clé_produit" match="produit" use="@clé"/>
<xsl:key name="clé_vente" match="vendeur" use="produit/@clé"/>

<xsl:variable name="produits" select="//produit"/>

<xsl:template match="/">
   <ventesParProduit>
     <xsl:for-each select="$produits[count(.|key('clé_produit',@clé)[1])
                          = 1]">
       <xsl:variable name="clé" select="@clé"/>
       <xsl:copy>
         <xsl:copy-of select="$clé"/>
         <xsl:attribute name="ventesTotales">
           <xsl:value-of select="sum(key('clé_produit',$clé)/@ventesTotales)"/>
         </xsl:attribute>
         <xsl:for-each select="key('clé_vente',$clé)">
```

```
          <xsl:copy>
            <xsl:copy-of select="@*"/>
            <xsl:attribute name="vendu">
              <xsl:value-of select="produit[@clé=$clé]/@ventesTotales"/>
            </xsl:attribute>
          </xsl:copy>
        </xsl:for-each>
      </xsl:copy>
    </xsl:for-each>
  </ventesParProduit>
</xsl:template>

</xsl:stylesheet>
```

Discussion

La solution présente un exemple d'application très spécifique. Ce scénario ne peut pas être amélioré : présenter une feuille de style de réorganisation est une tâche difficile, voire impossible, car ces types de réorganisation varient selon la nature même du document à transformer.

Cela dit, certains idiomes courant apparaîtront sûrement dans ces réorganisations.

Tout d'abord, comme vous réorganisez complètement l'arborescence du document, il est peu probable que la solution reposera essentiellement sur des règles de correspondance et d'application. Ces types de feuilles de styles utilisent plutôt un style itératif. En d'autres termes, les solutions reposeront sûrement beaucoup sur `xsl:for-each`.

Deuxièmement, les recettes de cette classe intialisent quasiment toujours des variables globales qui contiennent les élément extraits des profondeurs de la structure XML. De plus, vous devrez sûrement déterminer un sous-ensemble unique de ces éléments. Consultez la recette 4-3 pour une présentation complète des techniques permettant de construire des ensembles uniques d'éléments.

Enfin, la réorganisation implique souvent une réaggrégation des données à l'aide de sommes, de produits ou autres aggrégations complexes. Les chapitres 2 et 14 présentent des techniques élaborées pour construire ces aggrégations.

7

Requêtes XML

<xsl:template name="requête-d-enfant">
<xsl:with-param name="parent" select=" 'Papa' "/>
<xsl:value-of select="concat('Mais, pourquoi ',$parent,' ?')">
<xsl:apply-templates select="réponse-raisonnable"/>
<xsl:call-template name="requête-d-enfant">
<xsl:with-param name="parent" select="$parent"/>
</xsl:call-template>
</xsl:template>

Les parents qui ne reconnaissent pas la récursivité terminale
risquent de faire déborder leur pile

Ce chapitre contient des recettes d'utilisation de XSLT comme langage de requêtes XML. Faire des requêtes XML signifie extraire de l'information d'un ou plusieurs documents XML, pour répondre à des questions sur les faits et les relations qu'entretiennent les données de ces documents. Par analogie, faire des requêtes dans un document XML revient à poser en XSLT des questions sur les données XML, ce qui est essentiellement équivalent à poser en SQL des questions sur une base de données relationnelle.

Le langage de requête « officiel » pour XML, promulgué par le W3C, n'est pas XSLT, mais XQuery (*http://www.w3.org/TR/xquery/*). XSLT et XQuery se ressemblent beaucoup, mais présentent aussi des différences importantes. Par exemple, XSLT et XQuery reposent tous deux sur XPath. Cependant, un script XSLT respecte toujours la syntaxe XML, alors qu'un script XQuery peut aussi bien s'écrire avec une syntaxe plus lisible qu'une syntaxe XML (*http://www.w3.org/TR/xqueryx*).

Lorsque l'idée d'un langage de requête XML distinct de XSLT a émergé, elle a été très controversée. Beaucoup de membres de la communauté XML estimait qu'il y aurait trop de points communs entre les deux langages. De fait, toute requête formulée en XQuery pourrait également être écrite en XSLT, et dans la plupart des cas, la solution XSLT est aussi concise que la solution XQuery. L'avantage de XQuery est qu'il est en général plus facilement compréhensible que le code équivalent en XSLT. De fait, XQuery devrait demander un apprentissage moindre aux programmeurs connaissant déjà SQL. Bien sûr, la compréhension est également facteur de ce que vous connaissez, donc ce critère n'est pas absolu.

Expliquer XQuery en détail, ou fournir une comparaison détaillée avec XSLT est hors de la portée de ce chapitre. Nous y donnons plutôt des exemples de requêtes pour ceux qui ont déjà investi du temps dans XSLT et ne veulent pas forcément apprendre un autre langage lié à XML.

Il serait impossible de créer des exemples qui fourniraient *tous* les types de requêtes que vous pourriez vouloir appliquer à des données XML. Ce chapitre préfère une double approche. Premièrement, il présente des exemples simples et applicables dans un grand nombre de cas. Ces exemples forment des composants de base, qui peuvent être adaptés et combinés pour résoudre des requêtes plus complexes. Deuxièmement, il fournit une recette qui donne des solutions aux études de cas présentées dans le document *XML Query Use Cases* (*http://www.w3.org/TR/xmlquery-use-cases*) du W3C. Dans la plupart des cas, vous trouverez une solution à une étude de cas qui ressemble suffisamment à votre problème pour pouvoir l'adapter. Il ne reste plus alors qu'à tenir compte des particularités de vos données XML.

7.1 Effectuer des opérations ensemblistes sur des ensembles de nœuds

Problème

Vous devez calculer l'union, l'intersection, la différence (simple ou symétrique) de deux ensembles de nœuds. Ou bien vous devez tester l'égalité ou l'inclusion de deux ensembles de nœuds.

Solution

L'union est immédiate, puisque XPath dispose d'un opérateur pour la calculer :

```
<xsl:copy-of select="$ens-noeuds1 | $ens-noeuds2"/>
```

L'intersection de deux ensembles de nœuds nécessite une expression plus complexe :

```
<xsl:copy-of select="$ens-noeuds1[count(. | $ens-noeuds2)
 = count($ens-noeuds2)]"/>
```

Cela signifie que tous les éléments de `node-set1` qui sont également présent dans `node-set2` sont les éléments pour lequels former l'union avec `node-set2` ne change pas ce dernier ensemble.

La différence ensembliste (les éléments présents dans le premier ensemble mais pas dans le second) s'écrit :

```
<xsl:copy-of select="$ens-noeuds1[count(. | $ens-noeuds2)
 != count($ens-noeuds2)]"/>
```

Cela signifie que tous les éléments de `node-set1` qui ne sont pas présents dans `node-set2` sont les éléments pour lesquels former l'union avec `node-set2` produit un ensemble contenant plus d'éléments que ce dernier ensemble.

Un exemple de différence symétrique (les éléments sont dans un ensemble mais pas dans l'autre) s'écrit alors :

```
<xsl:copy-of select="$ens-noeuds1[count(. | $ens-noeuds2) != count($ens-noeuds2)] |
 $ens-noeuds2[count(. | $ens-noeuds1) != count($ens-noeuds1)] "/>
```

La différence symétrique ensembliste est simplement l'union des deux différences entre les ensembles impliqués.

Pour tester si `node-set1` est égal à `node-set2`, on écrira :

```
<xsl:if test="count($ens-noeuds1|$ens-noeuds2) = count($ens-noeuds1) and
              count($ens-noeuds1) = count($ens-noeuds2)">
```

Deux ensembles sont égaux si leur union produit un ensemble avec le même nombre d'éléments que pour chacun des ensembles pris individuellement.

Pour tester si `node-set1` est un sous-ensemble de `node-set2`, on écrira :

```
<xsl:if test="count($ens-noeuds1|$ens-noeuds2) = count($ens-noeuds1)">
```

Pour tester si `node-set1` est un sous-ensemble propre de `node-set2` :

```
<xsl:if test="count($ens-noeuds1|$ens-noeuds2) = count($ens-noeuds1) and
              count($ens-noeuds1) > count($ens-noeuds2)">
```

Discussion

Vous pourriez vous demander ce que les opérations ensemblistes ont à faire avec les requêtes XML. Ces opérations ensemblistes fournissent des moyens pour découvrir des ressemblances et des dissemblances entre ensembles d'éléments extraits d'un document. La plupart des questions simples que l'on peut poser à propos d'un jeu de données s'expriment en termes de traits communs ou distincts.

Par exemple, imaginez que nous voulions extraire des éléments du fichier *personnes.xml* de la façon suivante :

```
<xsl:variable name="hommes" select="//personne[@sexe='m']"/>
 <xsl:variable name="femmes" select="//personne[@sexe='f']"/>
 <xsl:variable name="fumeurs" select="//personne[@fumeur='oui']"/>
 <xsl:variable name="non-fumeurs" select="//personne[@fumeur='non']"/>
```

Maintenant, si vous êtes assureur, vous pourriez vouloir varier vos tarifs pour les groupes de personnes suivants :

```
<!-- Hommes qui fument -->
<xsl:variable name="risque-max"
     select="$hommes[count(. | $fumeurs) = count($fumeurs)]"/>
<!-- Femmes qui fument -->
<xsl:variable name="risque-élevé"
     select="$femmes[count(. | $fumeurs) = count($fumeurs)]"/>
<!-- Hommes qui ne fument pas -->
<xsl:variable name="risque-modéré"
     select="$hommes[count(. | $non-fumeurs) = count($non-fumeurs)]"/>
<!-- Femmes qui ne fument pas -->
<xsl:variable name="risque-faible"
     select="$femmes[count(. | $non-fumeurs) = count($non-fumeurs)]"/>
```

Vous avez sûrement remarqué que des réponses identiques peuvent être obtenues plus directement, en utilisant la logique plutôt que la théorie des ensembles :

```
<!-- Hommes qui fument -->
```

```
<xsl:variable name="risque-max"
     select="//personne[@sexe='m' and @fumeur='oui']"/>
<!-- Femmes qui fument -->
<xsl:variable name="risque-élevé"
     select="//personne[@sexe='f' and @fumeur='oui']"/>
<!-- Hommes qui ne fument pas -->
<xsl:variable name="risque-modéré"
     select="//personne[@sexe='m' and @fumeur='non']"/>
<!-- Femmes qui ne fument pas -->
<xsl:variable name="risque-faible"
     select="//personne[@sexe='f' and @fumeur='non']"/>
```

Mieux, si vous avez déjà extrait les ensembles d'hommes et de femmes, il serait plus efficace d'écrire :

```
<!-- Hommes qui fument -->
<xsl:variable name="risque-max"
     select="$hommes[@fumeur='oui']"/>
<!-- Femmes qui fument -->
<xsl:variable name="risque-élevé"
     select="$femmes[@fumeur='oui']"/>
<!-- Hommes qui ne fument pas -->
<xsl:variable name="risque-modéré"
     select="$hommes[@fumeur='non']"/>
<!-- Femmes qui ne fument pas -->
<xsl:variable name="risque-faible"
     select="$femmes[@fumeur='non']"/>
```

Ces remarques ne réduisent pas l'utilité de l'approche ensembliste. Notez que les opérations ensemblistes fonctionnent sans rien savoir de ce que les ensembles contiennent. Elles travaillent à un plus haut niveau d'abstraction. Imaginez que vous disposez d'un document XML complexe et que vous vous intéressez aux quatre ensembles suivants :

```
<!-- Tous les éléments qui ont des éléments c1 ou c2 comme enfants -->
<xsl:variable name="ens1" select="//*[c1 or c2]"/>
<!-- Tous les éléments qui ont des éléments c3 et c4 comme enfants-->
<xsl:variable name="ens2" select="//*[c3 and c4]"/>
<!-- Tous les éléments dont le parent a un attribut a1-->
<xsl:variable name="ens3" select="//*[../@a1]"/>
<!-- Tous les éléments dont le parent a un attribut a2-->
<xsl:variable name="ens4" select="//*[../@a2]"/>
```

Dans l'exemple initial, il était évident que les ensembles d'hommes et de femmes (et de fumeurs et non fumeurs) étaient disjoints. Dans ce nouveau cas, vous n'avez pas d'information de ce type. Les ensembles peuvent être totalement disjoints, totalement identiques, ou bien peuvent partager quelques éléments. Il n'y a que deux moyens de trouver ce qui est commun entre, par exemple, `ens1` et `ens3`. Le premier est de prendre leur intersection. Le second est de traverser à nouveau le document en utilisant l'opérateur logique `and` entre leurs prédicats. Dans notre cas, il est clair qu'il est préférable d'utiliser l'intersection.

EXSLT définit un module *set* qui comporte des fonctions de calcul des opérations dont nous parlons ici. Ce module utilise une technique intéressante pour renvoyer le résultat de ces opérations. Plutôt que de renvoyer le résultat directement, il applique des modèles sur le résultat, dans un mode particulier au type d'opération. Par exemple, après que la fonction set:intersection de EXSLT a calculé une intersection, elle applique <xsl:apply-templates mode="set:intersection"/> sur le résultat. Un modèle par défaut existe dans EXSLT avec ce mode, qui renverra une copie du résultat sous la forme d'un fragment d'arbre résultat. Ce moyen indirect de renvoyer un résultat permet aux utilisateurs du module *set* d'EXSLT de modifier le comportement par défaut. Cette technique est utile mais limitée. Elle est utile parce qu'elle dispense d'utiliser la fonction d'extension node-set pour convertir le résultat en un ensemble de nœuds. Elle est limitée parce qu'il peut n'y avoir qu'un seul modèle de traitement par type d'élément et par opération dans une feuille de style : or vous pourriez avoir besoin de faire des choses très différentes avec des résultats d'intersection calculés dans différentes parties d'une même feuille de style.

> Ne vous inquiétez pas si vous ne saisissez pas toutes les subtilités de la technique utilisée par EXSLT ici. Le chapitre 14 parlera plus en détail de cette technique et d'autres techniques qui permettent de rendre du code XSLT plus facilement réutilisable.

Pour aller plus loin

Vous trouverez une explication des opérations ensemblistes d'EXSLT à *http://www.exslt.org/set/index.html*.

7.2 Effectuer des opérations ensemblistes par valeur sur des ensembles de nœuds

Problème

Il se peut que vous ayez à calculer l'union, l'intersection, la différence ou la différence symétrique entre deux ensembles d'éléments alors que, dans votre cas, l'*égalité* n'est pas définie par *l'identité de nœuds*. En d'autres termes, l'*égalité* est une fonction de la valeur des nœuds impliqués.

Solution

On peut avoir besoin de cette solution lorsqu'on travaille avec plusieurs documents. Imaginez deux documents de même DTD mais pouvant contenir des valeurs identiques. Les éléments provenant de documents distincts sont distincts pour XSLT, même s'ils contiennent des éléments de même espace de noms, des attributs identiques et des valeurs textuelles égales. Voir les exemples 7-1 à 7-4.

Exemple 7-1. personnes1.xml

```
<personnes>
  <personne nom="Brad York" age="38" sexe="m" fumeur="oui"/>
  <personne nom="Charles Xavier" age="32" sexe="m" fumeur="non"/>
  <personne nom="David Willimas" age="33" sexe="m" fumeur="non"/>
```

```
</personnes>
```

Exemple 7-2. personnes2.xml

```
<personnes>
  <personne nom="Al Zehtooney" age="33" sexe="m" fumeur="non"/>
  <personne nom="Brad York" age="38" sexe="m" fumeur="oui"/>
  <personne nom="Charles Xavier" age="32" sexe="m" fumeur="non"/>
</personnes>
```

Exemple 7-3. Tentative malheureuse d'utiliser l'union XSLT pour obtenir un ensemble de personnes sans répétition

```
<xsl:template match="/">
  <personnes>
    <xsl:copy-of select="//personne | document('personnes2.xml')//personne"/>
  </personnes>
</xsl:template>
```

Exemple 7-4. Résultat sur le document personnes1.xml

```
<personnes>
   <personne nom="Brad York" age="38" sexe="m" fumeur="oui"/>
   <personne nom="Charles Xavier" age="32" sexe="m" fumeur="non"/>
   <personne nom="David Willimas" age="33" sexe="m" fumeur="non"/>
   <personne nom="Al Zehtooney" age="33" sexe="m" fumeur="non"/>
   <personne nom="Brad York" age="38" sexe="m" fumeur="oui"/>
   <personne nom="Charles Xavier" age="32" sexe="m" fumeur="non"/>
</personnes>
```

Se baser sur l'identité de nœuds peut aussi poser des problèmes dans un document unique, par exemple si vous voulez que l'égalité de nœuds soit une fonction de leur valeur textuelle, ou de la valeur de leurs attributs.

La feuille de style ci-dessous fournit une implémentation réutilisable de l'union, de l'intersection et de la différence, implémentation basée sur les valeurs. L'idée est qu'une feuille de style qui importe cette feuille va redéfinir le modèle avec `mode=" vset:égalité-élément"`. Cela permet à la feuille de style qui importe de définir le sens de l'égalité en fonction des données traitées :

```
<?xml version="1.0" encoding="iso-8859-1"?>
  <xsl:stylesheet version="1.0" xmlns:xsl="http://www.w3.org/1999/XSL/Transform"
   xmlns:vset="http:/www.ora.com/XSLTCookbook/namespaces/vset">

  <xsl:output method="xml" version="1.0" encoding="iso-8859-1" indent="yes"/>

  <!-- L'égalité d'éléments par défaut. Redéfinissez ce modèle dans la
  feuille de style qui importe celle-ci si nécessaire. -->
  <xsl:template match="node() | @*" mode="vset:égalité-élément">
    <xsl:param name="autre"/>
    <xsl:if test=". = $autre">
      <xsl:value-of select="true()"/>
    </xsl:if>
  </xsl:template>
```

```
<!-- Le test d'appartenance à un ensemble utilise l'égalité
d'élément. Vous ne devrez que rarement redéfinir ce modèle dans la
feuille de style qui importe celle-ci. -->
<xsl:template match="node() | @*" mode="vset:membre-de">
  <xsl:param name="élém"/>
  <xsl:variable name="membre-de">
    <xsl:for-each select=".">
      <xsl:apply-templates select="." mode="vset:égalité-élément">
        <xsl:with-param name="autre" select="$élém"/>
      </xsl:apply-templates>
    </xsl:for-each>
  </xsl:variable>
  <xsl:value-of select="string($membre-de)"/>
</xsl:template>

<!-- Calcul de l'union de deux ensembles en utilisant l'égalité de valeurs. -->
<xsl:template name="vset:union">
  <xsl:param name="noeuds1" select="/.." />
  <xsl:param name="noeuds2" select="/.." />
  <!-- à usage interne -->
  <xsl:param name="noeuds" select="$noeuds1 | $noeuds2" />
  <xsl:param name="union" select="/.." />
  <xsl:choose>
    <xsl:when test="$noeuds">
      <xsl:variable name="test">
        <xsl:apply-templates select="$union" mode="vset:membre-de">
          <xsl:with-param name="élém" select="$noeuds[1]" />
        </xsl:apply-templates>
      </xsl:variable>
      <xsl:call-template name="vset:union">
        <xsl:with-param name="noeuds" select="$noeuds[position() > 1]" />
        <xsl:with-param name="union"
                        select="$union | $noeuds[1][not(string($test))]" />
      </xsl:call-template>
    </xsl:when>
    <xsl:otherwise>
      <xsl:apply-templates select="$union" mode="vset:union" />
    </xsl:otherwise>
  </xsl:choose>
</xsl:template>

<!-- Renvoyer une copie, par défaut. Redéfinissez dans la feuille de
style qui importe celle-ci pour recevoir les résultats de l'union. -->
<xsl:template match="/ | node() | @*" mode="vset:union">
  <xsl:copy-of select="."/>
</xsl:template>

<!-- Calcul de l'intersection de deux ensembles en utilisant l'égalité de
valeurs. -->
<xsl:template name="vset:intersection">
  <xsl:param name="noeuds1" select="/.."/>
  <xsl:param name="noeuds2" select="/.."/>
```

```
  <!-- à usage interne -->
  <xsl:param name="intersect" select="/.."/>

  <xsl:choose>
    <xsl:when test="not($noeuds1)">
      <xsl:apply-templates select="$intersect" mode="vset:intersection"/>
    </xsl:when>
    <xsl:when test="not($noeuds2)">
      <xsl:apply-templates select="$intersect" mode="vset:intersection"/>
    </xsl:when>
    <xsl:otherwise>
      <xsl:variable name="test1">
        <xsl:apply-templates select="$noeuds2" mode="vset:membre-de">
          <xsl:with-param name="élém" select="$noeuds1[1]"/>
        </xsl:apply-templates>
      </xsl:variable>
      <xsl:variable name="test2">
        <xsl:apply-templates select="$intersect" mode="vset:membre-de">
          <xsl:with-param name="élém" select="$noeuds1[1]"/>
        </xsl:apply-templates>
      </xsl:variable>
      <xsl:choose>
        <xsl:when test="string($test1) and not(string($test2))">
          <xsl:call-template name="vset:intersection">
            <xsl:with-param name="noeuds1"
                    select="$noeuds1[position() > 1]"/>
            <xsl:with-param name="noeuds2" select="$noeuds2"/>
            <xsl:with-param name="intersect"
                    select="$intersect | $noeuds1[1]"/>
          </xsl:call-template>
        </xsl:when>
        <xsl:otherwise>
          <xsl:call-template name="vset:intersection">
            <xsl:with-param name="noeuds1"
                    select="$noeuds1[position() > 1]"/>
            <xsl:with-param name="noeuds2" select="$noeuds2"/>
            <xsl:with-param name="intersect" select="$intersect"/>
          </xsl:call-template>
        </xsl:otherwise>
      </xsl:choose>
    </xsl:otherwise>
  </xsl:choose>
</xsl:template>

<!-- Renvoyer une copie, par défaut. Redéfinissez dans la feuille de
style qui importe celle-ci pour recevoir les résultats de l'intersection. -->
<xsl:template match="/ | node() | @*" mode="vset:intersection">
  <xsl:copy-of select="."/>
</xsl:template>

<!-- Calcul de la différence de deux ensembles (noeuds1 - noeuds2) en utilisant
l'égalité de valeurs. -->
```

```
<xsl:template name="vset:différence">
  <xsl:param name="noeuds1" select="/.."/>
  <xsl:param name="noeuds2" select="/.."/>
  <!-- à usage interne -->
  <xsl:param name="différence" select="/.."/>

  <xsl:choose>
    <xsl:when test="not($noeuds1)">
      <xsl:apply-templates select="$différence" mode="vset:différence"/>
    </xsl:when>
    <xsl:when test="not($noeuds2)">
      <xsl:apply-templates select="$noeuds1" mode="vset:différence"/>
    </xsl:when>
    <xsl:otherwise>
      <xsl:variable name="test1">
        <xsl:apply-templates select="$noeuds2" mode="vset:membre-de">
          <xsl:with-param name="élém" select="$noeuds1[1]"/>
        </xsl:apply-templates>
      </xsl:variable>
      <xsl:variable name="test2">
        <xsl:apply-templates select="$différence" mode="vset:membre-de">
          <xsl:with-param name="élém" select="$noeuds1[1]"/>
        </xsl:apply-templates>
      </xsl:variable>
      <xsl:choose>
        <xsl:when test="string($test1) or string($test2)">
          <xsl:call-template name="vset:différence">
            <xsl:with-param name="noeuds1"
                    select="$noeuds1[position() > 1]"/>
            <xsl:with-param name="noeuds2" select="$noeuds2"/>
            <xsl:with-param name="différence" select="$différence"/>
          </xsl:call-template>
        </xsl:when>
        <xsl:otherwise>
          <xsl:call-template name="vset:différence">
            <xsl:with-param name="noeuds1"
                    select="$noeuds1[position() > 1]"/>
            <xsl:with-param name="noeuds2" select="$noeuds2"/>
            <xsl:with-param name="différence"
                    select="$différence | $noeuds1[1]"/>
          </xsl:call-template>
        </xsl:otherwise>
      </xsl:choose>
    </xsl:otherwise>
  </xsl:choose>
</xsl:template>

<!-- Renvoyer une copie, par défaut. Redéfinissez dans la feuille de
style qui importe celle-ci pour recevoir les résultats de la différence. -->
<xsl:template match="/ | node() | @*" mode="vset:différence">
  <xsl:copy-of select="."/>
</xsl:template>
```

```
</xsl:stylesheet>
```

Ces modèles récursifs sont écrits d'après les définitions suivantes :

*Union(*noeuds1,noeuds2*)*

L'union inclut tout ce qui se trouve dans noeuds2 plus tout ce qui se trouve dans noeuds1 et qui n'est pas déjà présent dans noeuds2.

*Intersection(*noeuds1,noeuds2*)*

L'intersection inclut tout ce qui se trouve dans noeuds1 et qui est aussi dans noeuds2.

*Difference(*noeuds1,noeuds2*)*

La différence inclut tout ce qui se trouve dans noeuds1 et qui n'est pas dans noeuds2.

Dans tous les cas, l'appartenance est définie par défaut comme étant l'égalité des valeurs textuelles, mais la feuille de style qui importe celle-ci peut modifier ce comportement.

À l'aide de ces opérations basées sur les valeurs, vous pouvez obtenir la solution recherchée pour *personnes1.xml* et *personnes2.xml* à l'aide de la feuille de style suivante :

```
<?xml version="1.0" encoding="iso-8859-1"?>
  <xsl:stylesheet version="1.0" xmlns:xsl="http://www.w3.org/1999/XSL/Transform"
   xmlns:vset="http:/www.ora.com/XSLTCookbook/namespaces/vset">

  <xsl:import href="set.ops.xslt"/>

  <xsl:output method="xml" version="1.0" encoding="UTF-8" indent="yes"/>

  <xsl:template match="/">
    <personnes>
      <xsl:call-template name="vset:union">
        <xsl:with-param name="noeuds1" select="//personne"/>
        <xsl:with-param name="noeuds2"
             select="document('personnes2.xml')//personne"/>
      </xsl:call-template>
    </personnes>
  </xsl:template>

  <!--Définir l'égalité de deux personnes comme étant l'homonymie-->
  <xsl:template match="personne" mode="vset:égalité-élément">
    <xsl:param name="autre"/>
    <xsl:if test="@nom = $autre/@nom">
      <xsl:value-of select="true()"/>
    </xsl:if>
  </xsl:template>

  </xsl:stylesheet>
```

Discussion

Vous pourriez penser que l'égalité est une notion bien maîtrisée : deux choses sont soit égales soit différentes. Cependant, en programmation (comme en politique), l'égalité est dans l'œil de celui qui regarde. Dans un document typique, un élément est associé à un unique objet identifiable. Par exemple, un élément paragraphe `<p>...</p>` est distinct des autres éléments paragraphes placés à d'autres endroits du document, même s'ils ont le même contenu. C'est pourquoi les opérations ensemblistes basées sur l'identité unique sont la norme. Donc, quand nous utilisons des opérations XSLT manipulant plusieurs documents, ou des données qui résultent de l'application de `xsl:copy`, nous devons soigneusement définir ce que signifie l'égalité.

Voici quelques exemples dans lesquels l'égalité de valeur est nécessaire :

1. Vous avez deux documents en provenance de différents espaces de noms. Les exemples 7-5 à 7-8 vous aident à déterminer tous les noms (locaux) d'éléments que ces documents ont en commun, ainsi que tous ceux qui sont spécifiques à chaque espace de noms.

Exemple 7-5. doc1.xml

```
<doc xmlns:doc1="doc1" xmlns="doc1">
  <chapitre numero="1">
    <section numero="1">
      <p>
        Il était une fois...
      </p>
    </section>
  </chapitre>
  <chapitre numero="2">
    <note to="editeur">J'attends toujours mon avance de 100000 euros>.</note>
    <section numero="1">
      <p>
        ... ils se marièrent et eurent beaucoup d'enfants.
      </p>
    </section>
  </chapitre>
</doc>
```

Exemple 7-6. doc2.xml

```
<doc xmlns:doc1="doc2" xmlns="doc2">
  <chapitre numero="1">
    <section numero="1">
      <sub>
        <p>
          Il était une fois...
          <ref type="footnote" numero="1"/>
        </p>
      </sub>
      <fig>Figure1</fig>
    </section>
    <footnote numero="1">
```

```
      Quand la clochette sonne, tourne la page.
    </footnote>
  </chapitre>
  <chapitre numero="2">
    <section numero="1">
      <p>
        ... ils se marièrent et eurent beaucoup d'enfants.
      </p>
    </section>
  </chapitre>
</doc>
```

Exemple 7-7. noms-elements-uniques.xslt

```
<?xml version="1.0" encoding="iso-8859-1"?>
  <xsl:stylesheet version="1.0" xmlns:xsl="http://www.w3.org/1999/XSL/Transform"
    xmlns:doc1="doc1" xmlns:doc2="doc2"
    xmlns:vset="http:/www.ora.com/XSLTCookbook/namespaces/vset"
    extension-element-prefixes="vset">

    <xsl:import href="set.ops.xslt"/>

    <xsl:output method="text" />

    <xsl:template match="/">
      <xsl:text>&#xa;Les éléments communs sont: </xsl:text>
      <xsl:call-template name="vset:intersection">
        <xsl:with-param name="noeuds1" select="//*"/>
        <xsl:with-param name="noeuds2" select="document('doc2.xml')//*"/>
      </xsl:call-template>

      <xsl:text>&#xa;Les éléments uniquement dans doc1 sont : </xsl:text>
      <xsl:call-template name="vset:difference">
        <xsl:with-param name="noeuds1" select="//*"/>
        <xsl:with-param name="noeuds2" select="document('doc2.xml')//*"/>
      </xsl:call-template>

      <xsl:text>&#xa;Les éléments uniquement dans doc2 sont :</xsl:text>
      <xsl:call-template name="vset:différence">
        <xsl:with-param name="noeuds1" select="document('doc2.xml')//*"/>
        <xsl:with-param name="noeuds2" select="//*"/>
      </xsl:call-template>
      <xsl:text>&#xa;</xsl:text>

    </xsl:template>

    <xsl:template match="*" mode="vset:intersection">
       <xsl:value-of select="local-name(.)"/>
       <xsl:if test="position() != last()">
         <xsl:text>, </xsl:text>
       </xsl:if>
    </xsl:template>
```

```
    <xsl:template match="*" mode="vset:différence">
      <xsl:value-of select="local-name(.)"/>
      <xsl:if test="position() != last()">
        <xsl:text>, </xsl:text>
      </xsl:if>
   </xsl:template>

   <xsl:template match="doc1:* | doc2:*" mode="vset:égalité-élément">
    <xsl:param name="autre"/>
     <xsl:if test="local-name(.) = local-name($autre)">
       <xsl:value-of select="true()"/>
     </xsl:if>
   </xsl:template>

 </xsl:stylesheet>
```

Exemple 7-8. Résultat

```
Les éléments communs sont : doc, chapter, section, p
Les éléments uniquement dans doc1 sont : note
Les éléments uniquement dans doc2 sont : sub, ref, fig, footnote
```

2. Un document XML Visio contient des modèles de formes, des instances de ces modèles, et des formes définies par l'utilisateur qui n'ont pas de modèle correspondant. Vous aimeriez extraire les données pour toutes les formes uniques. Pour cette requête, deux formes sont égales si l'une des deux conditions suivantes est vérifiée :
   a. Les deux formes ont un attribut `@Master`, et ces valeurs sont égales.
   b. Au moins une des deux formes n'a pas d'attribut @Master, mais leur description géométrique, dans l'élément `Geom`, sont égales. Deux descriptions géométriques sont égales si les valeurs de tous les attributs de tous les descendants de `Geom` sont égales.

Dans le cas contraire, elles ne sont pas égales.

Cette requête peut être implémentée en prenant l'intersection de l'ensemble de toutes les formes avec lui-même, avec une définition de l'égalité correspondant aux règles données ci-dessus[1]. Vous pouvez également utiliser le modèle `vset:union` avec son paramètre `noeuds` :

```
<?xml version="1.0" encoding="iso-8859-1"?>
 <xsl:stylesheet version="1.0" xmlns:xsl="http://www.w3.org/1999/XSL/Transform"
   xmlns:vxd="urn:schemas-microsoft-com:office:visio"
   xmlns:vset="http:/www.ora.com/XSLTCookbook/namespaces/vset"
   extension-element-prefixes="vset">
```

1. Un mathématicien vous dira que l'intersection d'un ensemble avec lui-même a toujours pour résultat l'ensemble lui-même. C'est vrai pour des ensembles propres (sans doublon). Cependant, vous utilisez ici une notion d'égalité spécifique à l'application, et les ensembles de nœuds ne seront probablement pas des ensembles propres selon cette notion d'égalité. Toutefois, les opérations utilisant des valeurs produisent toujours des ensembles propres, et constituent donc un moyen de supprimer les doublons.

```
<xsl:import href="set.ops.xslt"/>

<xsl:output method="xml" version="1.0" encoding="UTF-8" indent="yes"/>

<xsl:template match="/">
<FormesUniques>
    <xsl:call-template name="vset:intersection">
      <xsl:with-param name="noeuds1" select="//vxd:Pages/*/*/vxd:Shape"/>
      <xsl:with-param name="noeuds2" select="//vxd:Pages/*/*/vxd:Shape"/>
    </xsl:call-template>
  </FormesUniques>
</xsl:template>

<xsl:template match="vxd:Shape" mode="vset:intersection">
  <xsl:copy-of select="." />
</xsl:template>

<xsl:template match="vxd:Shape" mode="vset:égalité-élément">
  <xsl:param name="autre"/>
  <xsl:choose>
    <xsl:when test="@Master and $autre/@Master and @Master = $autre/@Master">
      <xsl:value-of select="true()"/>
    </xsl:when>
    <xsl:when test="not(@Master) or not($autre/@Master)">
      <xsl:variable name="geom1">
        <xsl:for-each select="vxd:Geom//*/@*">
          <xsl:sort select="name()"/>
          <xsl:value-of select="."/>
        </xsl:for-each>
     </xsl:variable>
      <xsl:variable name="geom2">
        <xsl:for-each select="$autre/vxd:Geom//*/@*">
          <xsl:sort select="name()"/>
          <xsl:value-of select="."/>
        </xsl:for-each>
     </xsl:variable>
      <xsl:if test="$geom1 = $geom2">
        <xsl:value-of select="true()"/>
      </xsl:if>
    </xsl:when>
  </xsl:choose>
</xsl:template>
</xsl:stylesheet>
```

7.3 Calculer l'égalité d'ensembles par valeur

Problème

Vous devez déterminer si les nœuds d'un ensemble de nœuds sont égaux (par valeur) aux nœuds d'un autre ensemble (en ignorant l'ordre).

Solution

Ce problème est légèrement plus subtil qu'il n'y paraît. Considérons une solution évidente qui fonctionne dans la plupart des cas :

```
<xsl:template name="vset:valeurs-textuelles-égales">
    <xsl:param name="noeuds1" select="/.."/>
    <xsl:param name="noeuds2" select="/.."/>
    <xsl:choose>
      <!-- Deux ensembles vides ont même valeur -->
      <xsl:when test="not($noeuds1) and not($noeuds2)">
        <xsl:value-of select="true()"/>
        </xsl:when>
      <!-- Deux ensembles de tailles différentes ne peuvent être égaux -->
      <xsl:when test="count($noeuds1) != count($noeuds2)"/>
      <!-- Si un élément de noeuds1 est présent dans noeuds2 alors les
      deux ensembles sont égaux si les deux ensembles sans cet élément
      sont égaux -->
      <xsl:when test="$noeuds1[1] = $noeuds2">
        <xsl:call-template name="vset:valeurs-textuelles-égales">
            <xsl:with-param name="noeuds1" select="$noeuds1[position( )>1]"/>
            <xsl:with-param name="noeuds2"
                           select="$noeuds2[not(. = $noeuds1[1])]"/>
        </xsl:call-template>
      </xsl:when>
      <xsl:otherwise/>
    </xsl:choose>
  </xsl:template>
```

Nous avons choisi pour ce test d'égalité un nom qui met en avant le contexte dans lequel il doit être appliqué. C'est-à-dire quand l'égalité de valeur signifie l'égalité de chaînes de caractères. Clairement, ce modèle ne donnera pas un résultat correct quand l'égalité sera basée sur des valeurs d'attributs ou des critères plus complexes. Cependant, il existe un autre problème plus subtil. Le code fait l'hypothèse implicite que les ensembles de nœuds comparés sont des nœuds sans doublon d'après l'égalité de valeur textuelle. Dans certaines circonstances ce ne sera pas le cas. Considérez le document XML suivant, qui représente les personnes ayant emprunté des livres dans une bibliothèque :

```
<?xml version="1.0" encoding="iso-8859-1"?>
<bibliotheque>
  <livre>
    <nom>High performance Java programming.</nom>
    <emprunts>
      <emprunt>James Straub</emprunt>
    </emprunts>
  </livre>
  <livre>
    <nom>Exceptional C++</nom>
    <emprunts>
      <emprunt>Steven Levitt</emprunt>
    </emprunts>
  </livre>
  <livre>
```

```
      <nom>Design Patterns</nom>
      <emprunts>
        <emprunt>Steven Levitt</emprunt>
        <emprunt>James Straub</emprunt>
        <emprunt>Steven Levitt</emprunt>
      </emprunts>
    </livre>
    <livre>
      <nom>The C++ Programming Language</nom>
      <emprunts>
        <emprunt>James Straub</emprunt>
        <emprunt>James Straub</emprunt>
        <emprunt>Steven Levitt</emprunt>
      </emprunts>
    </livre>
  </bibliotheque>
```

Si le nom d'une personne apparaît plusieurs fois, cela signifie simplement qu'il a emprunté le livre plusieurs fois. Si nous écrivons maintenant une requête pour déterminer tous les livres empruntés par les mêmes personnes, tout le monde sera d'accord sur le fait que *Design Patterns* et *The C++ Programming Language* font partie du résultat attendu. Cependant, si vous utilisez `vset:valeurs-textuelles-égales` dans la réalisation de cette requête, vous n'obtiendrez pas ce résultat parce que le modèle fait l'hypothèse que les ensembles ne contiennent pas de doublon. Vous pouvez adapter `vset:valeurs-textuelles-égales` pour qu'il tolère les doublons en faisant les modifications suivantes :

```
<xsl:template name="vset:valeurs-textuelles-égales-ignore-doublons">
    <xsl:param name="noeuds1" select="/.."/>
    <xsl:param name="noeuds2" select="/.."/>
    <xsl:choose>
      <!-- Deux ensembles vides ont même valeur -->
      <xsl:when test="not($noeuds1) and not($noeuds2)">
        <xsl:value-of select="true( )"/>
        </xsl:when>
      <!-- Si un élément de noeuds1 est présent dans noeuds2 alors les
      deux ensembles sont égaux si les deux ensembles sans cet élément
      sont égaux -->
      <!-- Supprimez cette ligne
            <xsl:when test="count($noeuds1) != count($noeuds2)"/> -->
      <xsl:when test="$noeuds1[1] = $noeuds2">
        <xsl:call-template name="vset:valeurs-textuelles-égales-ignore-doublons">
            <xsl:with-param name="noeuds1"
                        select="$noeuds1[not(. = $noeuds1[1])]"/>
            <xsl:with-param name="noeuds2"
                 select="$noeuds2[not(. = $noeuds1[1])]"/>
       </xsl:call-template>
      </xsl:when>
      <xsl:otherwise/>
    </xsl:choose>
  </xsl:template>
```

Notez que nous avons supprimé le test de tailles différentes, parce que ce test n'est plus valide en présence de doublons. Par exemple, il se pourrait qu'un ensemble contienne trois occurrences d'un élément de valeur textuelle `foo`, alors que l'autre contient un seul élément de valeur `foo`. Ces ensembles devraient être considérés comme égaux si nous ignorons les doublons. Vous devez également faire plus que supprimer uniquement le premier élément dans l'appel récursif: vous devez supprimer tous les éléments de même valeur que le premier élément, comme vous le faites pour le second ensemble. Cela garantira que les doublons sont correctement traités à chaque appel récursif. Ces modifications rendent tous les tests d'égalité basés sur la valeur corrects, au prix de traitements supplémentaires sur des ensembles qui sont différents de façon évidente.

Ces tests d'égalité ne sont pas aussi généraux que les opérations basées sur les valeurs dans la recette 7-2 parce qu'ils font l'hypothèse que la seule notion d'égalité prise en compte est l'égalité de valeur textuelle. Vous pouvez les généraliser en utilisant la même technique que celle employée pour tester l'appartenance selon un test d'égalité d'élément, test qui peut être redéfini dans une feuille de style :

```
<xsl:template name="vset:égal">
  <xsl:param name="noeuds1" select="/.."/>
  <xsl:param name="noeuds2" select="/.."/>
  <xsl:if test="count($noeuds1) = count($noeuds2)">
    <xsl:call-template name="vset:égal-impl">
      <xsl:with-param name="noeuds1" select="$noeuds1"/>
      <xsl:with-param name="noeuds2" select="$noeuds2"/>
    </xsl:call-template>
  </xsl:if>
</xsl:template>

<!-- Lorsqu'on sait que deux ensembles ont le même nombre -->
<!-- d'éléments il suffit de tester si chaque membre du -->
<!-- premier ensemble est membre du second -->
<xsl:template name="vset:égal-impl">
  <xsl:param name="noeuds1" select="/.."/>
  <xsl:param name="noeuds2" select="/.."/>
  <xsl:choose>
    <xsl:when test="not($noeuds1)">
      <xsl:value-of select="true()"/>
    </xsl:when>
    <xsl:otherwise>
      <xsl:variable name="test">
        <xsl:apply-templates select="$noeuds2" mode="vset:membre-de">
          <xsl:with-param name="élém" select="$noeuds1[1]"/>
        </xsl:apply-templates>
      </xsl:variable>
      <xsl:if test="string($test)">
        <xsl:call-template name="vset:égal-impl">
          <xsl:with-param name="noeuds1" select="$noeuds1[position() > 1]"/>
          <xsl:with-param name="noeuds2" select="$noeuds2"/>
        </xsl:call-template>
      </xsl:if>
    </xsl:otherwise>
  </xsl:choose>
```

```
</xsl:template>
```

Si vous voulez une égalité généralisée qui fonctionne en présence de doublons, alors vous devez adopter une approche qui réalise deux passes sur les ensembles :

```
<xsl:template name="vset:égal-ignore-doublons">
  <xsl:param name="noeuds1" select="/.."/>
  <xsl:param name="noeuds2" select="/.."/>

  <xsl:variable name="conflit1">
    <xsl:for-each select="$noeuds1">
      <xsl:variable name="test-élém">
        <xsl:apply-templates select="$noeuds2" mode="vset:membre-de">
          <xsl:with-param name="élém" select="."/>
        </xsl:apply-templates>
      </xsl:variable>
      <xsl:if test="not(string($test-élém))">
        <xsl:value-of select=" 'false' "/>
      </xsl:if>
    </xsl:for-each>
  </xsl:variable>
  <xsl:if test="not($conflit1)">
    <xsl:variable name="conflit2">
      <xsl:for-each select="$noeuds2">
        <xsl:variable name="test-élém">
          <xsl:apply-templates select="$noeuds1" mode="vset:membre-de">
            <xsl:with-param name="élém" select="."/>
          </xsl:apply-templates>
        </xsl:variable>
        <xsl:if test="not(string($test-élém))">
          <xsl:value-of select=" 'false' "/>
        </xsl:if>
      </xsl:for-each>
    </xsl:variable>
    <xsl:if test="not($conflit2)">
      <xsl:value-of select="true()"/>
    </xsl:if>
  </xsl:if>
</xsl:template>
```

Ce modèle fonctionne en parcourant les éléments du premier ensemble et en cherchant des éléments qui ne sont pas membres du second ensemble. S'il ne trouve pas un tel élément, la variable `$conflit1` sera vide. Dans ce cas, il faut répéter le test dans l'autre direction, en parcourant le second ensemble.

Discussion

Il est souvent nécessaire de calculer l'égalité d'ensembles dans les requêtes. Considérez les questions suivantes :

- Déterminez tous les livres ayant les mêmes auteurs.
- Déterminez tous les fournisseurs qui fournissent les mêmes ensembles de pièces.
- Trouver toutes les familles ayant des enfants du même âge.

Lorsque vous rencontrez une association multiple (*1 à N*) et que vous vous intéressez aux éléments ayant le même ensemble d'éléments associés, il vous faudra tester l'égalité d'ensembles.

7.4 Requêtes préservant la structure

Problème

Vous avez besoin d'interroger un document XML de façon que la réponse ait une structure identique à l'original.

Solution

Les requêtes *préservant la structure* supprime les informations non pertinentes tout en conservant la majeure partie de la structure du document. Le degré de ressemblance entre la structure résultante et la structure d'entrée est la mesure de l'applicabilité de cette technique. Plus ces structures sont similaires, mieux cet exemple s'appliquera.

Cet exemple a deux composantes ; l'une est réutilisable, l'autre est spécifique. La composante réutilisable est une feuille de style qui copie tous les nœuds (une transformation identité). Nous avons beaucoup utilisé cette feuille de style, donnée dans l'exemple 7-9, dans le chapitre 6.

Exemple 7-9. copie.xslt

```
<xsl:stylesheet version="1.0" xmlns:xsl="http://www.w3.org/1999/XSL/Transform">

<xsl:template match="/ | node() | @*">
  <xsl:copy>
    <xsl:apply-templates select="@*"/>
    <xsl:apply-templates/>
  </xsl:copy>
</xsl:template>

</xsl:stylesheet>
```

La composante spécifique est une feuille de style qui importe copie.xslt et contient des règles qui redéfinissent son comportement par défaut. Par exemple, la feuille de style suivante produit un résultat de structure identique à celle de *personnes.xml*, mais contenant uniquement les femmes qui fument :

```
<?xml version="1.0" encoding="iso-8859-1"?>
 <xsl:stylesheet version="1.0" xmlns:xsl="http://www.w3.org/1999/XSL/Transform">

     <xsl:import href="copie.xslt"/>

    <!-- Supprimer les blancs laissés par les éléments personne supprimés -->
    <xsl:strip-space elements="personnes"/>

     <xsl:output method="xml" version="1.0" encoding="UTF-8" indent="yes"/>

     <xsl:template match="personne[@sexe = 'f' and @fumeur='oui']">
       <!-- Appliquer le traitement par défaut, à savoir recopier -->
```

```
    <xsl:apply-imports/>
  </xsl:template>

  <!-- Ignorer les autres personnes -->
  <xsl:template match="personne"/>

</xsl:stylesheet>
```

Une autre façon de faire consiste à définir un unique modèle, auquel correspondent les éléments que vous voulez supprimer, et qui ne fait rien :

```
<xsl:template match="personne[@sexe != 'f' or @fumeur != 'oui']" />
```

Discussion

Cet exemple est extrêmement utile parce qu'il permet de préserver la structure d'un document XML sans nécessairement la connaître dans le détail. Tout ce que vous devez connaître est le type des éléments que vous désirez supprimer.

Cet exemple s'applique dans des contextes que la plupart des programmeurs ne décriraient pas comme des requêtes. Par exemple, supposez que vous vouliez cloner un document XML, mais supprimer les attributs appelés sexe pour les remplacer par des attributs appelés genre :

```
<xsl:stylesheet version="1.0" xmlns:xsl="http://www.w3.org/1999/XSL/Transform">

  <xsl:import href="copie.xslt"/>

  <xsl:output method="xml" version="1.0" encoding="UTF-8" indent="yes"/>

  <xsl:template match="@sexe">
    <xsl:attribute name="genre">
      <xsl:value-of select="."/>
    </xsl:attribute>
  </xsl:template>

</xsl:stylesheet>
```

La beauté de cet exemple est qu'il fonctionne avec n'importe quel document XML, quel que soit son schéma. Si le document comporte des éléments munis d'un attribut appelé sexe, cet attribut deviendra genre :

Pouvez-vous deviner ce que la variation ci-dessous fait ?[2]

```
<xsl:stylesheet version="1.0" xmlns:xsl="http://www.w3.org/1999/XSL/Transform">

  <xsl:import href="copie.xslt"/>

  <xsl:output method="xml" version="1.0" encoding="UTF-8" indent="yes"/>

  <xsl:template match="@sexe">
    <xsl:attribute name="genre">
```

2. Elle produit les deux attributs sexe et genre, mais vous le saviez déjà.

```
        <xsl:value-of select="."/>
      </xsl:attribute>
    <xsl:apply-imports/>
    </xsl:template>

</xsl:stylesheet>
```

7.5 Jointures

Problème

Vous voulez mettre en correspondance des éléments d'un document avec d'autres éléments, placés dans le même ou dans un autre document.

Solution

Une *jointure* est une opération qui examine toutes les paires d'éléments liées (c'est-à-dire un produit cartésien) et retient celles qui vérifient la relation de jointure (en général une égalité).

À titre d'exemple, nous avons adapté à XML la base de données fournisseurs-pièces du livre *An Introduction to Database Systems* de Date (Addison Wesley, 1986) :

```
<?xml version="1.0" encoding="iso-8859-1"?>
 <données>
   <fournisseurs>
     <fournisseur id="S1" nom="Smith"  status="20" ville="Londres"/>
     <fournisseur id="S2" nom="Dupont" status="10" ville="Paris"/>
     <fournisseur id="S3" nom="Martin" status="30" ville="Paris"/>
     <fournisseur id="S4" nom="Clark"  status="20" ville="Londres"/>
     <fournisseur id="S5" nom="Poulos" status="30" ville="Athènes"/>
   </fournisseurs>
   <pièces>
     <pièce id="P1" nom="Ecrou"    couleur="Rouge" poids="12" ville="Londres"/>
     <pièce id="P2" nom="Boulon"   couleur="Vert"  poids="17" ville="Paris"/>
     <pièce id="P3" nom="Vis"      couleur="Bleu"  poids="17" ville="Rome"/>
     <pièce id="P4" nom="Vis"      couleur="Rouge" poids="14" ville="Londres"/>
     <pièce id="P5" nom="Clou"     couleur="Bleu"  poids="12" ville="Paris"/>
     <pièce id="P6" nom="Cheville" couleur="Rouge" poids="19" ville="Londres"/>
   </pièces>
   <inventaire>
     <entrée sid="S1" pid="P1" qte="300"/>
     <entrée sid="S1" pid="P2" qte="200"/>
     <entrée sid="S1" pid="P3" qte="400"/>
     <entrée sid="S1" pid="P4" qte="200"/>
     <entrée sid="S1" pid="P5" qte="100"/>
     <entrée sid="S1" pid="P6" qte="100"/>
     <entrée sid="S2" pid="P1" qte="300"/>
     <entrée sid="S2" pid="P2" qte="400"/>
     <entrée sid="S3" pid="P2" qte="200"/>
     <entrée sid="S4" pid="P2" qte="200"/>
     <entrée sid="S4" pid="P4" qte="300"/>
```

```
    <entrée sid="S4" pid="P5" qte="400"/>
  </inventaire>
</données>
```

La jointure envisagée répondra à la question : « quelles sont les fournisseurs et les pièces qui sont localisées dans la même ville ? »

Vous pouvez utiliser deux techniques pour aborder ce problème en XSLT. La première utilise deux boucles for-each imbriquées :

```
<xsl:template match="/">
  <résultat>
    <xsl:for-each select="données/fournisseurs/*">
      <xsl:variable name="fournisseur" select="."/>
      <xsl:for-each select="/données/pièces/*[@ville=current()/@ville]">
      <même-ville>
        <xsl:copy-of select="$fournisseur"/>
        <xsl:copy-of select="."/>
      </même-ville>
      </xsl:for-each>
    </xsl:for-each>
  </résultat>
</xsl:template>
```

La seconde approche utilise apply-templates :

```
<xsl:template match="/">
  <resultat>
    <xsl:apply-templates select="données/fournisseurs/fournisseur" />
  </resultat>
</xsl:template>

<xsl:template match="fournisseur">
  <xsl:apply-templates select="/données/pièces/pièce[@ville = current()/@ville]">
    <xsl:with-param name="fournisseur" select="." />
  </xsl:apply-templates>
</xsl:template>

<xsl:template match="pièce">
  <xsl:param name="fournisseur" select="/.." />
  <meme-ville>
    <xsl:copy-of select="$fournisseur" />
    <xsl:copy-of select="." />
  </meme-ville>
</xsl:template>
```

Si l'un des ensembles d'éléments à joindre comporte un grand nombre d'éléments, alors il peut être intéressant d'utiliser xsl:key pour améliorer les performances :

```
<xsl:key name="pièce-ville" match="pièce" use="@ville"/>

<xsl:template match="/">
  <resultat>
    <xsl:for-each select="données/fournisseurs/*">
      <xsl:variable name="fournisseur" select="."/>
```

```
      <xsl:for-each select="key('pièce-ville',$fournisseur/@ville)">
      <meme-ville>
        <xsl:copy-of select="$fournisseur"/>
        <xsl:copy-of select="."/>
      </meme-ville>
      </xsl:for-each>
    </xsl:for-each>
  </resultat>
</xsl:template>
```

Toutes ces feuilles de style produisent le même résultat :

```
<résultat>
   <même-ville>
      <fournisseur id="S1" nom="Smith" status="20" ville="Londres"/>
      <pièce id="P1" nom="Ecrou" couleur="Rouge" poids="12" ville="Londres"/>
   </même-ville>
   <même-ville>
      <fournisseur id="S1" nom="Smith" status="20" ville="Londres"/>
      <pièce id="P4" nom="Vis" couleur="Rouge" poids="14" ville="Londres"/>
   </même-ville>
   <même-ville>
      <fournisseur id="S1" nom="Smith" status="20" ville="Londres"/>
      <pièce id="P6" nom="Cheville" couleur="Rouge" poids="19" ville="Londres"/>
   </même-ville>
   <même-ville>
      <fournisseur id="S2" nom="Dupont" status="10" ville="Paris"/>
      <pièce id="P2" nom="Boulon" couleur="Vert" poids="17" ville="Paris"/>
   </même-ville>
   <même-ville>
      <fournisseur id="S2" nom="Dupont" status="10" ville="Paris"/>
      <pièce id="P5" nom="Clou" couleur="Bleu" poids="12" ville="Paris"/>
   </même-ville>
   <même-ville>
      <fournisseur id="S3" nom="Martin" status="30" ville="Paris"/>
      <pièce id="P2" nom="Boulon" couleur="Vert" poids="17" ville="Paris"/>
   </même-ville>
   <même-ville>
      <fournisseur id="S3" nom="Martin" status="30" ville="Paris"/>
      <pièce id="P5" nom="Clou" couleur="Bleu" poids="12" ville="Paris"/>
   </même-ville>
   <même-ville>
      <fournisseur id="S4" nom="Clark" status="20" ville="Londres"/>
      <pièce id="P1" nom="Ecrou" couleur="Rouge" poids="12" ville="Londres"/>
   </même-ville>
   <même-ville>
      <fournisseur id="S4" nom="Clark" status="20" ville="Londres"/>
      <pièce id="P4" nom="Vis" couleur="Rouge" poids="14" ville="Londres"/>
   </même-ville>
   <même-ville>
      <fournisseur id="S4" nom="Clark" status="20" ville="Londres"/>
      <pièce id="P6" nom="Cheville" couleur="Rouge" poids="19" ville="Londres"/>
   </même-ville>
```

```
</résultat>
```

Discussion

Les jointures ainsi réalisées s'appellent des *équi-jointures* parce que les éléments sont liés par une relation d'égalité. Plus généralement, les jointures peuvent être formées avec d'autres relations, par exemple dans la requête « Quels sont tous les couples de fournisseur et pièce dans lesquels la ville du fournisseur suit celle de la ville dans l'ordre alphabétique ? »

Il serait agréable de pouvoir simplement écrire la feuille de style suivante, mais XSLT 1.0 n'autorise pas les opérations de comparaison sur le type chaînes de caractères :

```
<xsl:template match="/">
  <résultat>
    <xsl:for-each select="données/fournisseurs/*">
      <xsl:variable name="fournisseur" select="."/>
       <!-- Cela ne fonctionne pas ! -->
      <xsl:for-each select="/données/pièces/*[current()/@ville > @ville]">
      <même-ville>
        <xsl:copy-of select="$fournisseur"/>
        <xsl:copy-of select="."/>
      </même-ville>
      </xsl:for-each>
    </xsl:for-each>
  </résultat>
</xsl:template>
```

À la place, vous devez créer une table en utilisant `xsl:sort`, table qui fait correspondre aux noms de ville un nombre entier reflétant l'ordre. Ici nous nous basons sur la possibilité qu'offre Saxon de traiter des variables contenant des fragments d'arbre résultat comme des ensembles de nœuds lorsque la version est 1.1. Cependant, vous pouvez également utiliser la fonction `node-set` de votre processeur XSLT 1.0, ou utiliser un processeur XSLT 2.0 :

```
<?xml version="1.0" encoding="iso-8859-1"?>
 <xsl:stylesheet version="1.1" xmlns:xsl="http://www.w3.org/1999/XSL/Transform">
      <xsl:output method="xml" version="1.0" encoding="iso-8859-1" indent="yes"/>

 <xsl:variable name="villes-unique"
      select="//@ville[not(. = ../preceding::*/@ville)]"/>

 <xsl:variable name="ordre-villes">
   <xsl:for-each select="$villes-unique">
     <xsl:sort select="."/>
     <ville nom="{.}" ordre="{position()}"/>
   </xsl:for-each>
 </xsl:variable>

 <xsl:template match="/">
   <résultat>
     <xsl:for-each select="données/fournisseurs/*">
       <xsl:variable name="s" select="."/>
```

```
      <xsl:for-each select="/données/pièces/*">
        <xsl:variable name="p" select="."/>
        <xsl:if
          test="$ordre-villes/*[@nom = $s/@ville]/@ordre &gt;
                $ordre-villes/*[@nom = $p/@ville]/@ordre">
          <ville-fournisseur-après-ville-pièce>
            <xsl:copy-of select="$s"/>
            <xsl:copy-of select="$p"/>
          </ville-fournisseur-après-ville-pièce>
        </xsl:if>
      </xsl:for-each>
    </xsl:for-each>
  </résultat>
</xsl:template>

</xsl:stylesheet>
```

Le résultat de cette requête est :

```
<résultat>
   <ville-fournisseur-après-ville-pièce>
      <fournisseur id="S2" nom="Dupont" status="10" ville="Paris"/>
      <pièce id="P1" nom="Ecrou" couleur="Rouge" poids="12" ville="Londres"/>
   </ville-fournisseur-après-ville-pièce>
   <ville-fournisseur-après-ville-pièce>
      <fournisseur id="S2" nom="Dupont" status="10" ville="Paris"/>
      <pièce id="P4" nom="Vis" couleur="Rouge" poids="14" ville="Londres"/>
   </ville-fournisseur-après-ville-pièce>
   <ville-fournisseur-après-ville-pièce>
      <fournisseur id="S2" nom="Dupont" status="10" ville="Paris"/>
      <pièce id="P6" nom="Cheville" couleur="Rouge" poids="19" ville="Londres"/>
   </ville-fournisseur-après-ville-pièce>
   <ville-fournisseur-après-ville-pièce>
      <fournisseur id="S3" nom="Martin" status="30" ville="Paris"/>
      <pièce id="P1" nom="Ecrou" couleur="Rouge" poids="12" ville="Londres"/>
   </ville-fournisseur-après-ville-pièce>
   <ville-fournisseur-après-ville-pièce>
      <fournisseur id="S3" nom="Martin" status="30" ville="Paris"/>
      <pièce id="P4" nom="Vis" couleur="Rouge" poids="14" ville="Londres"/>
   </ville-fournisseur-après-ville-pièce>
   <ville-fournisseur-après-ville-pièce>
      <fournisseur id="S3" nom="Martin" status="30" ville="Paris"/>
      <pièce id="P6" nom="Cheville" couleur="Rouge" poids="19" ville="Londres"/>
   </ville-fournisseur-après-ville-pièce>
</résultat>
```

7.6 Les études de cas W3C XML Query en XSLT

Problème

Vous avez besoin d'effectuer des requêtes similaires à celles données en exemple dans *http://www.w3.org/TR/2001/WD-xmlquery-use-cases-20011220*, mais vous voulez utiliser XSLT plutôt que XQuery (*http://www.w3.org/TR/xquery/*).

Solution

Les exemples suivants sont des solutions XSLT à la plupart des études de cas XML Query présentées dans le document du W3C. La description de chaque étude de cas est recopiée presque littéralement du document du W3C.

1. Cas « XMP » : expériences et exemplaires

Cette étude de cas contient plusieurs exemples de requêtes qui illustrent certains besoins recensés par le W3C dans les communautés spécialisées dans les bases de données et les documents. Les données utilisées dans ces requêtes ressemblent à celles des exemples 7-10 à 7-13.

Exemple 7-10. bib.xml

```
<?xml version="1.0" encoding="iso-8859-1"?>
 <bib>
     <livre année="1994">
         <titre>TCP/IP Illustrated</titre>
         <auteur><nom>Stevens</nom><prénom>W.</prénom></auteur>
         <éditeur>Addison-Wesley</éditeur>
         <prix> 65.95</prix>
     </livre>

     <livre année="1992">
         <titre>Advanced Programming in the Unix environment</titre>
         <auteur><nom>Stevens</nom><prénom>W.</prénom></auteur>
         <éditeur>Addison-Wesley</éditeur>
         <prix>65.95</prix>
     </livre>

     <livre année="2000">
         <titre>Data on the Web</titre>
         <auteur><nom>Abiteboul</nom><prénom>Serge</prénom></auteur>
         <auteur><nom>Buneman</nom><prénom>Peter</prénom></auteur>
         <auteur><nom>Suciu</nom><prénom>Dan</prénom></auteur>
         <éditeur>Morgan Kaufmann Publishers</éditeur>
         <prix> 39.95</prix>
     </livre>

     <livre année="1999">
         <titre>The Economics of Technology and Content for Digital TV</titre>
         <coordinateur>
                <nom>Gerbarg</nom><prénom>Darcy</prénom>
```

```
            <affiliation>CITI</affiliation>
        </coordinateur>
        <éditeur>Kluwer Academic Publishers</éditeur>
        <prix>129.95</prix>
    </livre>

</bib>
```

Exemple 7-11. commentaires.xml

```
<?xml version="1.0" encoding="iso-8859-1"?>
<commentaires>
    <entrée>
        <titre>Data on the Web</titre>
        <prix>34.95</prix>
        <commentaire>
               Très bonne présentation des bases de données
               semi-structurées et de XML.
        </commentaire>
    </entrée>
    <entrée>
        <titre>Advanced Programming in the Unix environment</titre>
        <prix>65.95</prix>
        <commentaire>
               Présentation claire et détaillée de la programmation UNIX.
        </commentaire>
    </entrée>
    <entrée>
        <titre>TCP/IP Illustrated</titre>
        <prix>65.95</prix>
        <commentaire>
               Un des meilleurs livres sur TCP/IP.
        </commentaire>
    </entrée>
</commentaires>
```

Exemple 7-12. livres.xml

```
<chapitre>
    <titre>Data Model</titre>
    <section>
        <titre>Syntax For Data Model</titre>
    </section>
    <section>
        <titre>XML</titre>
        <section>
            <titre>Basic Syntax</titre>
        </section>
        <section>
            <titre>XML and Semistructured Data</titre>
        </section>
    </section>
</chapitre>
```

Exemple 7-13. tarifs.xml

```
<tarifs>
    <livre>
        <titre>Advanced Programming in the Unix environment</titre>
        <source>www.amazon.com</source>
        <prix>65.95</prix>
    </livre>
    <livre>
        <titre>Advanced Programming in the Unix environment </titre>
        <source>www.bn.com</source>
        <prix>65.95</prix>
    </livre>
    <livre>
        <titre> TCP/IP Illustrated </titre>
        <source>www.amazon.com</source>
        <prix>65.95</prix>
    </livre>
    <livre>
        <titre> TCP/IP Illustrated </titre>
        <source>www.bn.com</source>
        <prix>65.95</prix>
    </livre>
    <livre>
        <titre>Data on the Web</titre>
        <source>www.amazon.com</source>
        <prix>34.95</prix>
    </livre>
    <livre>
        <titre>Data on the Web</titre>
        <source>www.bn.com</source>
        <prix>39.95</prix>
    </livre>
</tarifs>
```

Question 1. Donnez la liste des livres de *bib.xml* publiés par Addison-Wesley après 1991, avec année et titre :

```
<?xml version="1.0" encoding="iso-8859-1"?>
<xsl:stylesheet version="1.0"
  xmlns:xsl="http://www.w3.org/1999/XSL/Transform">

<xsl:import href="copie.xslt"/>

<xsl:template match="livre[éditeur = 'Addison-Wesley' and @année > 1991]">
  <xsl:copy-of select="."/>
</xsl:template>

<xsl:template match="livre"/>

</xsl:stylesheet>
```

Question 2. Créer un fichier contenant la liste des couples titre-auteur de *bib.xml*, chaque couple étant placé dans un élément « résultat » :

```
<xsl:template match="/">
<résultats>
  <xsl:apply-templates select="bib/livre/auteur"/>
</résultats>
</xsl:template>

<xsl:template match="auteur">
  <résultat>
    <xsl:copy-of select="preceding-sibling::titre"/>
    <xsl:copy-of select="."/>
  </résultat>
</xsl:template>
```

Question 3. Pour chaque livre de *bib.xml*, donnez le titre et les auteurs, regroupés dans un élément « résultat » :

```
<xsl:template match="bib">
  <résultats>
    <xsl:for-each select="livre">
    <résultat>
      <xsl:copy-of select="titre"/>
      <xsl:copy-of select="auteur"/>
    </résultat>
   </xsl:for-each>
  </résultats>
</xsl:template>
```

Question 4. Pour chaque auteur de *bib.xml*, donnez le nom de l'auteur et la liste des livres qu'il a écrits, groupés dans un élément « résultat » :

```
<xsl:template match="/">
<résultats>
  <xsl:for-each select="//auteur[not(.=preceding::auteur)]">
    <résultat>
      <xsl:copy-of select="."/>
      <xsl:for-each select="/bib/livre[auteur=current()]">
        <xsl:copy-of select="titre"/>
      </xsl:for-each>
    </résultat>
  </xsl:for-each>
</résultats>
```

Question 5. Pour chaque livre présent à la fois sur *http://www.bn.com* (*bib.xml*) et sur *http://www.amazon.com* (*commentaires.xml*), donnez le titre du livre et le prix pour chaque source :

```
<xsl:variable name="bn" select="document('bib.xml')"/>
<xsl:variable name="amazon" select="document('commentaires.xml')"/>

<!--Solution 1 -->
<xsl:template match="/">
  <livres-et-prix>
  <xsl:for-each select="$bn//livre[titre = $amazon//entrée/titre]">
    <livre-et-prix>
```

```
        <xsl:copy-of select="titre"/>
        <prix-amazon><xsl:value-of
        select="$amazon//entrée[titre=current()/titre]/prix"/></prix-amazon>
        <prix-bn><xsl:value-of select="prix"/></prix-bn>
      </livre-et-prix>
    </xsl:for-each>
    </livres-et-prix>
  </xsl:template>

  <!--Solution 2-->
  <xsl:template match="/">
    <livres-et-prix>
    <xsl:for-each select="$bn//livre">
      <xsl:variable name="livre-bn" select="."/>
      <xsl:for-each select="$amazon//entrée[titre=$livre-bn/titre]">
        <livre-et-prix>
          <xsl:copy-of select="titre"/>
          <prix-amazon><xsl:value-of select="prix"/></prix-amazon>
          <prix-bn><xsl:value-of select="$livre-bn/prix"/></prix-bn>
        </livre-et-prix>
      </xsl:for-each>
    </xsl:for-each>
    </livres-et-prix>
  </xsl:template>
```

Question 6. Pour chaque livre ayant au moins un auteur, donnez le titre et les deux premiers auteurs, ainsi qu'un élément *et al.* vide si le livre a d'autres auteurs :

```
  <xsl:template match="bib">
    <xsl:copy>
      <xsl:for-each select="livre[auteur]">
        <xsl:copy>
          <xsl:copy-of select="titre"/>
          <xsl:copy-of select="auteur[position() &lt;= 2]"/>
          <xsl:if test="auteur[3]">
            <etc/>
          </xsl:if>
        </xsl:copy>
      </xsl:for-each>
    </xsl:copy>
  </xsl:template>
```

Question 7. Donnez les titres et années de tous les livres publiés par Addison-Wesley après 1991, dans l'ordre alphabétique :

```
  <xsl:template match="bib">
    <xsl:copy>
      <xsl:for-each select="livre[éditeur = 'Addison-Wesley' and @année > 1991]">
        <xsl:sort select="titre"/>
        <xsl:copy>
          <xsl:copy-of select="@année"/>
          <xsl:copy-of select="titre"/>
        </xsl:copy>
      </xsl:for-each>
```

```
  </xsl:copy>
</xsl:template>
```

Question 8. Dans le document *livres.xml*, trouvez tous les titres de section ou chapitre qui contiennent le mot XML, quelle qu'en soit la profondeur :

```
<xsl:template match="/" mode="solution-1">
<resultats>
  <xsl:copy-of select="(//chapitre/titre | //section/titre)[contains(.,'XML')]"/>
</resultats>
</xsl:template>
```

Question 9. Dans le document *tarifs.xml*, trouvez le plus faible prix de chaque livre, sous la forme d'un élément « prix-min » avec un attribut « titre » pour le titre du livre :

```
<xsl:include href="math.min.xslt"/>

<xsl:template match="/" mode="solution-2">
<résultats>
  <xsl:for-each select="//livre/titre[not(. = ./preceding::titre)]">
    <xsl:variable name="prix-min">
      <xsl:call-template name="math:min">
        <xsl:with-param name="noeuds" select="//livre[titre = current()]/prix"/>
      </xsl:call-template>
    </xsl:variable>
    <prix-min titre="{.}">
      <prix><xsl:value-of select="$prix-min"/></prix>
    </prix-min>
  </xsl:for-each>
</résultats>
</xsl:template>
```

Question 10. Pour chaque livre ayant un auteur, renvoyez le livre avec son titre et son auteur. Pour chaque livre avec un coordinateur, renvoyez une référence avec le titre du livre et l'affiliation de l'auteur :

```
<xsl:template match="bib">
<xsl:copy>
  <xsl:for-each select="livre[auteur]">
    <xsl:copy>
      <xsl:copy-of select="titre"/>
      <xsl:copy-of select="auteur"/>
    </xsl:copy>
  </xsl:for-each>

  <xsl:for-each select="livre[coordinateur]">
    <reference>
      <xsl:copy-of select="titre"/>
      <org><xsl:value-of select="coordinateur/affiliation"/></org>
    </reference>
  </xsl:for-each>
  </xsl:copy>
</xsl:template>
```

Question 11. Déterminez tous les couples de livres ayant des titres différents mais le même ensemble d'auteurs (éventuellement dans un ordre différent) :

```
<xsl:include href="query.equal-values.xslt"/>

<xsl:template match="bib">
  <xsl:copy>
    <xsl:for-each select="livre[auteur]">
      <xsl:variable name="livre1" select="."/>
      <xsl:for-each select="./following-sibling::livre[auteur]">
        <xsl:variable name="même-auteurs">
          <xsl:call-template name="vset:égal">
            <xsl:with-param name="noeuds1" select="$livre1/auteur"/>
            <xsl:with-param name="noeuds2" select="auteur"/>
          </xsl:call-template>
        </xsl:variable>
        <xsl:if test="string($même-auteurs)">
          <couple-livres>
            <xsl:copy-of select="$livre1/titre"/>
            <xsl:copy-of select="titre"/>
          </couple-livres>
        </xsl:if>
      </xsl:for-each>
    </xsl:for-each>
  </xsl:copy>
</xsl:template>
```

2. Cas « TREE » : requêtes préservant la hiérarchie

Certains types de documents XML ont une structure très flexible, dans laquelle le texte et les éléments se mélangent, et dans laquelle beaucoup d'éléments sont optionnels. Ces types de documents provoquent de grandes variations de structure d'un document à l'autre. Dans ce cas, les différentes façons d'ordonner et d'imbriquer les éléments sont très importantes. Un langage de requête pour XML doit pouvoir extraire des éléments de ces documents en préservant leur hiérarchie initiale. Cette étude de cas illustre cette contrainte avec l'exemple d'un type de document très flexible appelé `Livre`.

Les DTD et document utilisés par ces requêtes se trouvent dans les exemples 7-14 à 7-15.

Exemple 7-14. livre.dtd

```
<!ELEMENT livre (titre, auteur+, section+)>
<!ELEMENT titre (#PCDATA)> <!ELEMENT auteur (#PCDATA)>
<!ELEMENT section (titre, (p | figure | section)* )>
<!ATTLIST section     id          ID     #IMPLIED     niveau CDATA #IMPLIED>
<!ELEMENT p (#PCDATA)> <!ELEMENT figure (titre, image)>
<!ATTLIST figure      largeur   CDATA   #REQUIRED     hauteur  CDATA   #REQUIRED >
<!ELEMENT image EMPTY>
<!ATTLIST image      source  CDATA   #REQUIRED >
```

Exemple 7-15. livre.xml

```
<?xml version="1.0" encoding="UTF-8"?>
<!DOCTYPE livre SYSTEM "livre.dtd">
```

```
<livre>
  <titre>Data on the Web</titre>
  <auteur>Serge Abiteboul</auteur>
  <auteur>Peter Buneman</auteur>
  <auteur>Dan Suciu</auteur>
  <section id="intro" niveau="facile" >
    <titre>Introduction</titre>
    <p>Text ... </p>
    <section>
      <titre>Audience</titre>
      <p>Text ... </p>
    </section>
    <section>
      <titre>Web Data and the Two Cultures</titre>
      <p>Text ... </p>
      <figure hauteur="400" largeur="400">
        <titre>Traditional client/server architecture</titre>
        <image source="archi-cs.gif"/>
      </figure>
      <p>Text ... </p>
    </section>
  </section>
  <section id="syntax" niveau="moyen" >
    <titre>A Syntax For Data</titre>
    <p>Text ... </p>
    <figure hauteur="200" largeur="500">
      <titre>Graph representations of structures</titre>
      <image source="graphes.gif"/>
    </figure>
    <p>Text ... </p>
    <section>
      <titre>Base Types</titre>
      <p>Text ... </p>
    </section>
    <section>
      <titre>Representing Relational Databases</titre>
      <p>Text ... </p>
      <figure hauteur="250" largeur="400">
        <titre>Examples of Relations</titre>
        <image source="relations.gif"/>
      </figure>
    </section>
    <section>
      <titre>Representing Object Databases</titre>
      <p>Text ... </p>
    </section>
  </section>
</livre>
```

Question 1. Préparez une table des matières (imbriquée) pour *Livre1*, indiquant toutes les sections et leur titre. Conservez les attributs originaux de chaque élément `<section>` s'il en a :

```
<xsl:template match="livre">
  <tdm>
    <xsl:apply-templates/>
  </tdm>
</xsl:template>

<!-- Copier l'élément de la table des matières -->
<xsl:template match="section | section/titre | section/titre/text()">
  <xsl:copy>
    <xsl:copy-of select="@*"/>
      <xsl:apply-templates/>
  </xsl:copy>
</xsl:template>

<!-- Supprimer les autres éléments -->
<xsl:template match="* | text()"/>
```

Question 2. Préparer une liste linéaire des figures de *Livre1*, avec leurs titres. Conserver les attributs des éléments `<figure>` s'ils en ont :

```
<xsl:template match="livre">
  <liste-figures>
    <xsl:for-each select=".//figure">
      <xsl:copy>
        <xsl:copy-of select="@*"/>
        <xsl:copy-of select="titre"/>
      </xsl:copy>
    </xsl:for-each>
  </liste-figures>
</xsl:template>
```

Question 3. Combien y a-t-il de sections dans *Livre1*, et combien de figures ?

```
<xsl:template match="/">
  <nombre-sections><xsl:value-of select="count(//section)"/></nombre-sections>
  <nombre-figures><xsl:value-of select="count(//figure)"/></nombre-figures>
</xsl:template>
```

Question 4. Combien y a-t-il de sections de premier niveau dans *Livre1* ?

```
<xsl:template match="livre">
  <nombre-sections-premier-niveau>
     <xsl:value-of select="count(section)"/>
  </nombre-sections-premier-niveau>
</xsl:template>
```

Question 5. Produisez une liste des éléments `<section>` de *Livre1*. À la place des attributs originaux, chaque élément doit avoir deux attributs, contenant le titre de la section et le nombre de figures que contient la section :

```
<xsl:template match="livre">
<liste-sections>
  <xsl:for-each select=".//section">
    <section titre="{titre}" nombre-fig="{count(figure)}"/>
  </xsl:for-each>
```

```
</liste-sections>
</xsl:template>
```

Question 6. Produisez une liste d'éléments `<section>` de *Livre1*, en conservant leurs attributs originaux ainsi que leur hiérarchie. Dans chaque élément, incluez le titre de la section et un élément qui contient le nombre de figures que la section contient. Voir les exemples 7-16 et 7-17.

Exemple 7-16. La solution de ce que nous pensons être la question

```
<xsl:template match="livre">
<tdm>
  <xsl:apply-templates select="section"/>
</tdm>
</xsl:template>

<xsl:template match="section">
  <xsl:copy>
    <xsl:copy-of select="@*"/>
    <xsl:copy-of select="titre"/>
    <nombre-figures><xsl:value-of select="count(figure)"/></nombre-figures>
    <xsl:apply-templates select="section"/>
  </xsl:copy>
</xsl:template>
```

Exemple 7-17. Ce que veut le W3C d'après un exemple de requête et de résultat

```
<xsl:template match="livre">
<tdm>
  <xsl:for-each select="//section">
    <xsl:sort select="count(ancestor::section)"/>
    <xsl:apply-templates select="."/>
  </xsl:for-each>
</tdm>
</xsl:template>

<xsl:template match="section">
  <xsl:copy>
    <xsl:copy-of select="@*"/>
    <xsl:copy-of select="titre"/>
    <nombre-figures><xsl:value-of select="count(figure)"/></nombre-figures>
    <xsl:apply-templates select="section"/>
  </xsl:copy>
</xsl:template>
```

3. Cas « SEQ » : requêtes basées sur des séquences

Cette étude de cas illustre les requêtes basées sur l'ordre dans lequel les éléments apparaissent dans un document. Bien que cet ordre ne soit pas significatif dans la plupart des systèmes de gestion de bases de données relationnelles ou orientées objet, il peut être très important dans des documents structurés. Cette étude de cas présente une série de requêtes basées sur un rapport médical :

```
<?xml version="1.0" encoding="iso-8859-1"?>
```

```
<!DOCTYPE rapport [   <!ELEMENT rapport (section*)>
  <!ELEMENT section (section.titre, section.contenu)>
  <!ELEMENT section.titre  (#PCDATA )>
  <!ELEMENT section.contenu  (#PCDATA | anesthésie | prép
                             | incision | action | observation )*>
  <!ELEMENT anesthésie (#PCDATA)>
  <!ELEMENT prép (#PCDATA | action)* )>
  <!ELEMENT incision (#PCDATA | géographie | instrument)* )>
  <!ELEMENT action (#PCDATA | instrument )* )>
  <!ELEMENT observation (#PCDATA)>
  <!ELEMENT géographie (#PCDATA)>
  <!ELEMENT instrument (#PCDATA)> ]>
<rapport>
  <section>
    <section.titre>Procédure</section.titre>
     <section.contenu>
      Entrée de la patiente en salle d'opération. Installation de la patiente en
      décubitus dorsal et
      <anesthésie>induction d'une anesthésie générale.</anesthésie>
      <prép>
        <action>Vidange de la vessie à l'aide d'une sonde de Foley</action>
        et préparation de la paroi abdominale avec pose de champs stériles.
      </prép>
      <incision>
        Incision curviligne pratiquée
        <géographie>sur la ligne médiane en sous ombilical immédiat </géographie>
        et section du tissu sous-cutané
        <instrument>par électrocoagulation.</instrument>
      </incision>
      Identification du fascia et
      <action>sutures de fixation au Maxon 2-0 sur les berges de l'incision.
      </action>
      <incision>
        Section du fascia <instrument>par électrocoagulation</instrument>
        et pénétration de la cavité péritonéale.
      </incision>
      <observation>Indentification de l'intestin grêle.</observation>
      et
      <action>pose du<instrument>trocart d'Hasson</instrument>
      en visualisation directe.
      </action>
      <action>Fixation du <instrument>trocart</instrument>
      au fascia à l'aide de sutures.
      </action>
     </section.contenu>
  </section>
</rapport>
```

Question 1. Dans la partie *procédure* de *Rapport1*, quels instruments on été utilisés pour la seconde incision ?

```
<xsl:template match="section[section.titre = 'Procédure']">
```

```
<xsl:copy-of select="(.//incision)[2]/instrument"/>
</xsl:template>
```

Question 2. Dans la partie *procédure* de *Rapport1*, quels ont été les deux premiers instruments utilisés ?

```
<xsl:template match="section[section.titre = 'Procédure']">
<xsl:copy-of select="(.//instrument)[position() &lt;= 2]"/>
</xsl:template>
```

Question 3. Dans *Rapport1*, quels instruments ont été utilisés dans les deux premières actions après la seconde incision ?

```
<xsl:template match="rapport">
<!-- i2 = seconde incision dans le rapport -->
<xsl:variable name="i2" select="(.//incision)[2]"/>
<!-- De toutes les actions après i2
     obtenir les instruments utilisés par les deux premières -->
<xsl:copy-of
     select="($i2/following::action)[position() &lt;= 2]/instrument"/>
</xsl:template>
```

Question 4. Dans *Rapport1*, trouvez les sections « Procedure » pour lesquelles il n'y a pas eu d'anesthésie avant la première incision :

```
<xsl:template match="section[section.titre = 'Procedure']">
  <xsl:variable name="i1" select="(.//incision)[1]"/>
  <xsl:if test=".//anesthésie[preceding::incision = $i1]">
    <xsl:copy-of select="current()"/>
  </xsl:if>
</xsl:template>
```

Si le résultat n'est pas vide, le chirurgien risque un procès retentissant !

Question 5. Dans *Rapport1*, qu'est-il arrivé entre la première et la seconde incision ?

```
<xsl:template match="rapport">
<séquence-critique>
  <!-- i1 = première incision dans le rapport -->
  <xsl:variable name="i1" select="(.//incision)[1]"/>
  <!-- i2 = deuxième incision dans le rapport -->
  <xsl:variable name="i2" select="(.//incision)[2]"/>
  <!-- copier tous les noeuds frères suivant i1 et qui n'ont pas
       i2 pour élément précédent et ne sont eux-mêmes i2 -->
  <xsl:for-each select="$i1/following-sibling::node()
               [not(./preceding::incision = $i2) and not(. = $i2)]">
    <xsl:copy-of select="."/>
  </xsl:for-each>
</séquence-critique>
</xsl:template>
```

Dans les deux dernières questions, j'ai fait l'hypothèse que les valeurs textuelles des éléments <incision> sont uniques. C'est vrai dans les données de l'exemple, mais cela ne le sera peut-être pas dans le cas général. Pour être précis, vous devriez appliquer la recette 4-2. Par exemple, dans l'avant-dernière question, le test devrait être :

```
test=".//anesthésie[
  count(./preceding::incision | $i1)
  = count(./preceding::incision)]"
```

4. Cas « R » : accès à des données relationnelles

Une application importante d'un langage de requête XML est l'accès à des données stockées dans une base de données relationnelle. Cette étude de cas décrit une façon possible de réaliser cet accès. Un système de gestion de bases de données relationnelles pourrait présenter chacune des tables sous la forme d'un document XML. Une façon de représenter une table sous la forme d'un document XML consiste à utiliser l'élément document pour représenter la table en elle-même, et un élément imbriqué pour chaque ligne (chaque *tuple*, ou n-uplet) de la table. Dans ces éléments de données, chaque colonne est elle-même représentée par un élément imbriqué. Les colonnes qui autorisent les valeurs `NULL` sont alors représentées par des éléments optionnels, et un élément absent dénote la valeur `NULL`.

Imaginons une base de données utilisée par un site de ventes aux enchères en ligne. Le site conserve une table `UTILISATEURS` contenant les informations concernant les utilisateurs enregistrés, identifiés chacun par un identificateur unique, et qui peut soit offrir des produits à la vente, soit surenchérir sur certains produits. Une table `PRODUITS` contient la liste des produits soit actuellement en vente soit récemment vendus, avec pour chaque produit l'identificateur de l'utilisateur qui propose le produit à la vente. Une table `ENCHERES` contient toutes les enchères passées, identifiées par l'identificateur de l'utilisateur et le numéro du produit auquel s'applique l'enchère.

Du fait du grand nombre de requêtes de cette étude de cas, nous n'en implémenterons que quelques unes. Programmer les autres est un bon exercice si vous désirez renforcer vos compétences en XSLT. Examinez les exemples 7-18 à 7-20.

Exemple 7-18. utilisateurs.xml

```
<utilisateurs>
  <ligne-utilisateur>
    <uid>U01</uid>
    <nom>Thomas Dubois</nom>
    <note>B</note>
  </ligne-utilisateur>
  <ligne-utilisateur>
    <uid>U02</uid>
    <nom>Marie Martin</nom>
    <note>A</note>
  </ligne-utilisateur>
  <ligne-utilisateur>
```

```
    <uid>U03</uid>
    <nom>Jacques Bontout</nom>
    <note>D</note>
  </ligne-utilisateur>
  <ligne-utilisateur>
    <uid>U04</uid>
    <nom>Ramon Perez</nom>
    <note>C</note>
  </ligne-utilisateur>
  <ligne-utilisateur>
    <uid>U05</uid>
    <nom>Fritz Wurscht</nom>
    <note>B</note>
  </ligne-utilisateur>
  <ligne-utilisateur>
    <uid>U06</uid>
    <nom>Rip Van Winkle</nom>
    <note>B</note>
  </ligne-utilisateur>
</utilisateurs>
```

Exemple 7-19. produits.xml

```
<?xml version="1.0" encoding="iso-8859-1"?>
<produits>
  <ligne-produit>
    <pno>1001</pno>
    <description>Bicyclette Rouge</description>
    <vendeur>U01</vendeur>
    <date-début>99-01-05</date-début>
    <date-fin>99-01-20</date-fin>
    <prix-réserve>40</prix-réserve>
  </ligne-produit>
  <ligne-produit>
    <pno>1002</pno>
    <description>Mobylette</description>
    <vendeur>U02</vendeur>
    <date-début>99-02-11</date-début>
    <date-fin>99-03-15</date-fin>
    <prix-réserve>500</prix-réserve>
  </ligne-produit>
  <ligne-produit>
    <pno>1003</pno>
    <description>Vieille Bicyclette</description>
    <vendeur>U02</vendeur>
    <date-début>99-01-10</date-début>
    <date-fin>99-02-20</date-fin>
    <prix-réserve>25</prix-réserve>
  </ligne-produit>
  <ligne-produit>
    <pno>1004</pno>
    <description>Tricycle</description>
    <vendeur>U01</vendeur>
```

```
      <date-début>99-02-25</date-début>
      <date-fin>99-03-08</date-fin>
      <prix-réserve>15</prix-réserve>
    </ligne-produit>
    <ligne-produit>
      <pno>1005</pno>
      <description>Raquette de Tennis</description>
      <vendeur>U03</vendeur>
      <date-début>99-03-19</date-début>
      <date-fin>99-04-30</date-fin>
      <prix-réserve>20</prix-réserve>
    </ligne-produit>
    <ligne-produit>
      <pno>1006</pno>
      <description>Hélicoptère</description>
      <vendeur>U03</vendeur>
      <date-début>99-05-05</date-début>
      <date-fin>99-05-25</date-fin>
      <prix-réserve>50000</prix-réserve>
    </ligne-produit>
    <ligne-produit>
      <pno>1007</pno>
      <description>Bicyclette de Compétition</description>
      <vendeur>U04</vendeur>
      <date-début>99-01-20</date-début>
      <date-fin>99-02-20</date-fin>
      <prix-réserve>200</prix-réserve>
    </ligne-produit>
    <ligne-produit>
      <pno>1008</pno>
      <description>Bicyclette Volée</description>
      <vendeur>U01</vendeur>
      <date-début>99-02-05</date-début>
      <date-fin>99-03-06</date-fin>
      <prix-réserve>25</prix-réserve>
    </ligne-produit>
  </produits>
```

Exemple 7-20. encheres.xml

```
<?xml version="1.0" encoding="iso-8859-1"?>
  <enchères>
    <ligne-enchère>
      <uid>U02</uid>
      <pno>1001</pno>
      <enchère> 35</enchère>
      <date-enchère>99-01-07 </date-enchère>
    </ligne-enchère>
    <ligne-enchère>
      <uid>U04</uid>
      <pno>1001</pno>
      <enchère>40</enchère>
      <date-enchère>99-01-08</date-enchère>
```

```
</ligne-enchère>
<ligne-enchère>
  <uid>U02</uid>
  <pno>1001 </pno>
  <enchère>45</enchère>
  <date-enchère>99-01-11</date-enchère>
</ligne-enchère>
<ligne-enchère>
  <uid>U04</uid>
  <pno>1001</pno>
  <enchère>50</enchère>
  <date-enchère>99-01-13</date-enchère>
</ligne-enchère>
<ligne-enchère>
  <uid>U02</uid>
  <pno>1001</pno>
  <enchère>55</enchère>
  <date-enchère>99-01-15</date-enchère>
</ligne-enchère>
<ligne-enchère>
  <uid>U01</uid>
  <pno>1002</pno>
  <enchère>400</enchère>
  <date-enchère>99-02-14</date-enchère>
</ligne-enchère>
<ligne-enchère>
  <uid>U02</uid>
  <pno>1002</pno>
  <enchère>600</enchère>
  <date-enchère>99-02-16</date-enchère>
</ligne-enchère>
<ligne-enchère>
  <uid>U03</uid>
  <pno>1002</pno>
  <enchère>800</enchère>
  <date-enchère>99-02-17</date-enchère>
</ligne-enchère>
<ligne-enchère>
  <uid>U04</uid>
  <pno>1002</pno>
  <enchère>1000</enchère>
  <date-enchère>99-02-25</date-enchère>
</ligne-enchère>
<ligne-enchère>
  <uid>U02</uid>
  <pno>1002</pno>
  <enchère>1200</enchère>
  <date-enchère>99-03-02</date-enchère>
</ligne-enchère>
<ligne-enchère>
  <uid>U04</uid>
  <pno>1003</pno>
```

```
      <enchère>15</enchère>
      <date-enchère>99-01-22</date-enchère>
    </ligne-enchère>
    <ligne-enchère>
      <uid>U05</uid>
      <pno>1003</pno>
      <enchère>20</enchère>
      <date-enchère>99-02-03</date-enchère>
    </ligne-enchère>
    <ligne-enchère>
      <uid>U01</uid>
      <pno>1004</pno>
      <enchère>40</enchère>
      <date-enchère>99-03-05</date-enchère>
    </ligne-enchère>
    <ligne-enchère>
      <uid>U03</uid>
      <pno>1007</pno>
      <enchère>175</enchère>
      <date-enchère>99-01-25</date-enchère>
    </ligne-enchère>
    <ligne-enchère>
      <uid>U05</uid>
      <pno>1007</pno>
      <enchère>200</enchère>
      <date-enchère>99-02-08</date-enchère>
    </ligne-enchère>
    <ligne-enchère>
      <uid>U04</uid>
      <pno>1007</pno>
      <enchère>225</enchère>
      <date-enchère>99-02-12</date-enchère>
    </ligne-enchère>
  </enchères>
```

Question 1. Donnez le numéro de produit et la description de toutes les bicyclettes pour lesquelles une enchère est ouverte. La liste doit être triée par numéro de produit :

```
<xsl:include href="date.date-time.xslt"/>

<!-- Pour obtenir le même résultat que le W3C -->
<xsl:param name="aujourdhui" select="'1999-01-21'"/>

<xsl:template match="produits">

  <xsl:variable name="aujourdhui-abs">
    <xsl:call-template name="date-grég-en-jour-abs">
      <xsl:with-param name="date" select="$aujourdhui"/>
    </xsl:call-template>
  </xsl:variable>

<resultat>
  <xsl:for-each select="ligne-produit">
```

```
<xsl:sort select="pno" data-type="number"/>

<xsl:variable name="début-abs">
  <xsl:call-template name="date-grég-en-jour-abs">
    <xsl:with-param name="date" select="date-début"/>
  </xsl:call-template>
</xsl:variable>

<xsl:variable name="fin-abs">
  <xsl:call-template name="date-grég-en-jour-abs">
    <xsl:with-param name="date" select="date-fin"/>
  </xsl:call-template>
</xsl:variable>

<xsl:if test="$début-abs &lt;= $aujourdhui-abs and $fin-abs >=
    $aujourdhui-abs and contains(description, 'Bicyclette')">
  <xsl:copy>
    <xsl:copy-of select="pno"/>
    <xsl:copy-of select="description"/>
  </xsl:copy>
</xsl:if>

</xsl:for-each>
</resultat>
</xsl:template>
```

Question 2. Pour toutes les bicyclettes, donnez le numéro de produit, la description, et la plus haute enchère (s'il y en a). La liste doit être triée par ordre de numéro de produit:

```
<xsl:include href="math.max.xslt"/>

<xsl:template match="produits">

<résultat>
  <xsl:for-each select="ligne-produit[contains(description,'Bicyclette')]">
    <xsl:sort select="pno" data-type="number"/>

  <xsl:variable name="enchères"
  select="document('encheres.xml')//ligne-enchère[pno=current()/pno]/enchère"/>

  <xsl:variable name="enchère-max">
    <xsl:call-template name="math:max">
      <xsl:with-param name="noeuds" select="$enchères"/>
    </xsl:call-template>
  </xsl:variable>

  <xsl:copy>
    <xsl:copy-of select="pno"/>
    <xsl:copy-of select="description"/>
    <enchère-max><xsl:if test="$enchères"><xsl:value-of
          select="$enchère-max"/></xsl:if></enchère-max>
  </xsl:copy>
```

```
  </xsl:for-each>
</résultat>
</xsl:template>
```

Question 3. Trouvez les cas dans lesquels un utilisateur avec une note inférieure (c'est-à-dire alphabétiquement supérieure) à « C » offre un produit avec un prix de réserve supérieur à 1000.:

```
<!-- Pas strictement nécessaire mais le système de notation n'étant pas défini,
nous le calculons dynamiquement ! -->
<xsl:variable name="notes">
  <xsl:for-each select="document('utilisateurs.xml')//ligne-utilisateur/note">
    <xsl:sort select="." data-type="text"/>
    <xsl:if test="not(. = ./preceding::note)">
      <xsl:value-of select="."/>
    </xsl:if>
  </xsl:for-each>
</xsl:variable>

<xsl:template match="produits">
<résultat>
  <xsl:for-each select="ligne-produit[prix-réserve > 1000]">

  <xsl:variable name="u" select="document('utilisateurs.xml')//
   ligne-utilisateur[uid = current()/vendeur]"/>

  <xsl:if test="string-length(substring-before($notes,$u/note)) >
              string-length(substring-before($notes,'C'))">
    <attention>
      <xsl:copy-of select="$u/nom"/>
      <xsl:copy-of select="$u/note"/>
      <xsl:copy-of select="description"/>
      <xsl:copy-of select="prix-réserve"/>
    </attention>
  </xsl:if>
  </xsl:for-each>
</résultat>
</xsl:template>
```

Question 4. Donnez la liste des numéros et description de produits pour lesquels il n'y a pas d'enchère :

```
<xsl:template match="produits">
<résultat>
  <xsl:for-each select="ligne-produit">

  <xsl:if test="not(document('encheres.xml')//ligne-enchère[pno =
  current()/pno])">
    <produit-sans-enchère>
      <xsl:copy-of select="pno"/>
      <xsl:copy-of select="description"/>
    </produit-sans-enchère>
  </xsl:if>
```

```
  </xsl:for-each>
</résultat>
</xsl:template>
```

5. Cas « SGML » : Standard Generalized Markup Language

Cet exemple de document et de requêtes a été créé en 1992 pour une conférence sur SGML (Standard Generalized Markup Language). Pour votre usage, la définition de type de documents (DTD) et un exemple de document ont été traduits de SGML vers XML.

Ce chapitre ne donne pas de solution pour ce cas, les requêtes n'étant pas significativement différentes des requêtes des autres cas.

6. Cas « TEXT » : recherche en texte intégral (full text)

Cette étude de cas est basée sur des profils de sociétés et sur un ensemble de documents d'informations contenant des données sur des fusions et des acquisitions. Étant donné une société, l'étude de cas illustre plusieurs requêtes différentes pour rechercher du texte dans les documents d'information et plusieurs façons de fournir des résultats en faisant correspondre les données du profil de la société et le contenu des informations.

Dans cette étude de cas, les recherches de noms de sociétés sont interprétées comme des recherches de mots. Les mots du nom d'une société peuvent dans tous les cas être séparés par tout type de caractères blancs.

Toutes les requêtes peuvent s'exprimer en XSLT 1.0. Cependant, le faire risque de nécessiter toute une batterie de tests de recherche dans du texte. Par exemple, les requêtes les plus difficiles nécessitent un moyen de tester la présence de n'importe quel élément d'un ensemble à l'intérieur d'une chaîne de caractères. De plus, la plupart des requêtes nécessite de tester des sous-unités de texte, comme les fins de phrase.

À l'aide des techniques décrites dans le chapitre 1, il devrait être clair que ces problèmes ont des solutions en XSLT. Toutefois, si vous vous préparez à faire beaucoup de requêtes textuelles en XSLT, vous aurez besoin d'une bibliothèque générique de fonctions utilitaires. Le développement de ce type de bibliothèque est le sujet du chapitre 14, qui revisitera certaines des requêtes en texte intégral les plus complexes. En attendant, nous allons résoudre deux des problèmes de recherche de texte les plus simples du document du W3C. Ce chapitre donne également la liste des autres, pour donner une idée de la raison pour laquelle ces requêtes sont des défis en XSLT 1.0. Les parties les plus difficiles sont indiquées.

Question 1. Trouvez toutes les nouvelles dans le titre desquelles apparaît le nom « Foobar Corporation » :

```
<xsl:template match="nouvelles">
<résultat>
  <xsl:copy-of select="nouvelle/titre[contains(., 'Foobar Corporation')]"/>
</résultat>
</xsl:template>
```

Question 2. Pour chaque nouvelle qui concerne la Gorilla Corporation, créer un élément de résumé. Le contenu de cet élément est le titre, la date et le premier paragraphe de la nouvelle, séparés par des points. Une nouvelle concerne la société si le nom de celle-ci apparaît dans son contenu :

```
<xsl:template match="nouvelles">
<résultat>
  <xsl:for-each select="nouvelle[contains(contenu,'Gorilla Corporation')]">
    <résumé>
      <xsl:value-of select="normalize-space(titre)"/>. <xsl:text/>
      <xsl:value-of select="normalize-space(date)"/>. <xsl:text/>
      <xsl:value-of select="normalize-space(contenu/par[1])"/>
   </résumé>
  </xsl:for-each>
</résultat>
</xsl:template>
```

7. Cas « PARTS » : décomposition récursive

Cette étude de cas illustre la façon dont une requête récursive peut construire un document hiérarchisé de profondeur quelconque à partir des structures plates stockées dans une base de données.

Cette étude de cas utilise une base de données d'« explosion de pièces », dans laquelle sont conservées les informations sur les pièces utilisées dans la composition d'autres pièces.

Les données initiales de cette étude de cas sont conservées dans un document « plat » contenant pour chaque pièce un élément `<pièce>` ayant des attributs `pid` et `nom`. Chaque pièce peut ou non faire partie d'une pièce plus complexe. Si c'est le cas, la valeur de `pid` de la pièce complexe apparaît dans la valeur de l'attribut `dans` de la pièce la plus simple. Ce document d'entrée peut provenir d'un système de gestion de bases de données relationnelles dans lequel chaque pièce est représentée par une ligne dans laquelle `pid` est la clé primaire et `dans` une clé étrangère référençant `pid`.

Le défi de cette étude de cas est d'écrire une requête qui convertit cette représentation « plate », basée sur des clés étrangères, en une représentation hiérarchisée dans laquelle la structure des pièces est représentée par la structure du document.

Les données d'entrée utilisent la DTD suivante :

```
<?xml version="1.0" encoding="iso-8859-1"?>
 <!DOCTYPE liste-pièces [
     <!ELEMENT liste-pièces (pièce*)>
     <!ELEMENT pièce EMPTY>
     <!ATTLIST pièce
           pid  CDATA  #REQUIRED
           dans CDATA  #IMPLIED
           nom  CDATA  #REQUIRED>
```

Bien que les attributs `pid` et `dans` aient pu être respectivement de type ID et IDREF, dans ce schéma ils sont traités comme des valeurs textuelles, potentiellement extraites directement d'une base de données relationnelle. Chaque attribut `dans` correspond à exactement un attribut `pid`. Les pièces n'ayant pas d'attribut `dans` ne sont contenues dans aucune autre pièce.

Les données de sortie se conforment à la DTD suivante :

```
<?xml version="1.0" encoding="iso-8859-1"?>
<!DOCTYPE arbre-pièces [
    <!ELEMENT arbre-pièces (pièce*)>
    <!ELEMENT pièce (pièce*)>
    <!ATTLIST pièce
          pid  CDATA  #REQUIRED
          nom  CDATA  #REQUIRED>
```

Un échantillon de données conformes à la DTD d'entrée peut ressembler au document suivant :

```
<?xml version="1.0" encoding="ISO-8859-1"?>
<liste-pièces>
  <pièce pid="0" nom="voiture"/>
  <pièce pid="1" dans="0" nom="moteur"/>
  <pièce pid="2" dans="0" nom="porte"/>
  <pièce pid="3" dans="1" nom="piston"/>
  <pièce pid="4" dans="2" nom="fenêtre"/>
  <pièce pid="5" dans="2" nom="serrure"/>
  <pièce pid="10" nom="skateboard"/>
  <pièce pid="11" dans="10" nom="planche"/>
  <pièce pid="12" dans="10" nom="roue"/>
  <pièce pid="20" nom="canoë"/>
</liste-pièces>
```

Question 1. Transformez le document plat d'une « liste-pièces » vers le format « arbre-pièces » (voir les DTD pour des définitions de ces formats). Dans le document résultat, la structure des pièces est représentée par l'imbrication des éléments <pièce>. Chaque pièce qui ne fait partie d'aucune autre doit apparaître dans un élément de premier niveau dans le document résultat :

```
<xsl:template match="liste-pièces">
  <arbre-pièces>
     <!-- Commencez par la pièce qui ne fait partie d'aucune autre pièce -->
    <xsl:apply-templates select="pièce[not(@dans)]"/>
  </arbre-pièces>
</xsl:template>

<xsl:template match="pièce">
  <pièce pid="{@pid}" nom="{@nom}">
    <xsl:apply-templates select="../pièce[@dans = current()/@pid]"/>
  </pièce>
</xsl:template>
```

Il apparaît que cette sorte de transformation est plus simple à écrire et à comprendre en XSLT qu'en XQuery. À titre de comparaison, voici la solution XQuery proposée par le document du W3C :

```
define function une_pièce (element $p) returns element
{
    <pièce pid="{ $p/@pid }"
           nom="{ $p/@nom }" >
```

```
        {
            for $s in document("liste-pieces.xml")//pièce
            where $s/@dans = $p/@pid
            return une_pièce($s)
        }
    </pièce>
}

<arbre-pièces>
  {
    for $p in document("liste-pieces.xml")//pièce[empty(@dans)]
    return une_pièce($p)
  }
</arbre-pièces>
```

Même sans comprendre les détails de XQuery, vous devriez être capable de voir que la solution XQuery doit implémenter explicitement la récursivité, alors que le mécanisme d'appel des modèles `xsl:apply-templates` et d'appariement de XSLT autorise une solution plus déclarative. Je vous accorde que la différence n'est pas spectaculaire, mais je trouve que XSLT est plus élégant pour ce type de problèmes.

8. Cas « REF » : requêtes basées sur les références

Les références[3] sont un aspect important de XML. Cette étude de cas décrit une base de données dans laquelle les références jouent un rôle significatif, et contient plusieurs requêtes représentatives de l'exploitation de ces références.

Supposons que le fichier *recensement.xml* contienne un élément pour chaque personne recensée récemment. Pour chaque élément représentant une personne le nom, l'emploi et le conjoint (s'il existe) sont conservés dans des attributs. L'attribut `conjoint` est de type IDREF, et correspond au type ID de l'attribut `nom` sur l'élément représentant les personnes.

Les relations parent-enfant entre personnes sont traduites par la hiérarchie des éléments. En d'autres termes, l'élément représentant un enfant est contenu dans l'élément représentant le père ou la mère de l'enfant. Du fait des décès, des divorces et des remariages, un enfant peut être placé soit dans le contenu de son père, soit dans celui de sa mère (mais pas dans les deux). Dans cet exemple, le terme « enfant de X » inclut la notion d'« enfant du conjoint de ». Par exemple, si Joe et Martha sont conjoints, si l'élément de Joe contient un élément Sam et celui de Martha contient un élément Dave, alors les enfants de Joe comme ceux de Martha sont Sam et Dave. Chaque personne recensée a zéro, un ou deux parents.

Cette étude de cas est basée sur les données du document appelé *recensement.xml*, qui respecte la DTD suivante :

```
<!DOCTYPE recensement [
  <!ELEMENT recensement (personne*)>
  <!ELEMENT personne (personne*)>
  <!ATTLIST personne
```

3. Ce cas a été supprimé de la dernière version du document du W3C.

```
        nom      ID      #REQUIRED
        conjoint IDREF   #IMPLIED
        emploi   CDATA   #IMPLIED >
]>
```

Les données recensées suivantes décrivent deux familles amies dans lesquelles il y a eu plusieurs intermariages :

```
<?xml version="1.0" encoding="iso-8859-1"?>
<recensement>
  <personne nom="Eugène" emploi="Instituteur">
    <personne nom="Pierre" emploi="Peintre" conjoint="Martha">
      <personne nom="Alice" emploi="Infirmière">
        <personne nom="Frédéric" emploi="Sénateur" conjoint="Julie">
        </personne>
      </personne>
      <personne nom="Karine" emploi="Médecin" conjoint="Stéphane">
      </personne>
    </personne>
    <personne nom="Marie" emploi="Pilote">
      <personne nom="Suzanne" emploi="Pilote" conjoint="David">
      </personne>
    </personne>
  </personne>
  <personne nom="Frank" emploi="Écrivain">
    <personne nom="Martha" emploi="Programmeur" conjoint="Pierre">
      <personne nom="David" emploi="Athlète" conjoint="Suzanne">
      </personne>
    </personne>
    <personne nom="Jean" emploi="Artiste">
      <personne nom="Hélène" emploi="Athlète">
      </personne>
      <personne nom="Stéphane" emploi="Comptable" conjoint="Karine">
        <personne nom="Julie" emploi="Médecin" conjoint="Frédéric">
        </personne>
      </personne>
    </personne>
  </personne>
</recensement>
```

Question 1. Trouvez le conjoint de Martha :

```
<xsl:strip-space elements="*"/>

<xsl:template match="personne[@conjoint='Martha']">
  <xsl:copy>
    <xsl:copy-of select="@*"/>
  </xsl:copy>
</xsl:template>
```

Question 2. Trouvez les parents d'athlètes :

```
<xsl:template match="recensement">
  <xsl:variable name="tous"  select="//personne"/>
  <résultat>
```

```
    <!-- Pour chaque personne avec des enfants -->
   <xsl:for-each select="$tous[personne]">
     <xsl:variable name="conjoint"
         select="$tous[@conjoint=current()/@nom]"/>
     <xsl:if test="./personne/@emploi = 'Athlète' or
              $conjoint/personne/@emploi = 'Athlète'">
       <xsl:copy>
         <xsl:copy-of select="@*"/>
       </xsl:copy>
     </xsl:if>
   </xsl:for-each>
  </résultat>
</xsl:template>
```

Question 3. Trouvez les personnes qui ont le même emploi qu'un de leurs parents.

Essayez de trouver la réponse vous-même.

Question 4. Donnez les noms des parents et enfants qui ont le même emploi, et indiquez leur emploi :

```
<xsl:template match="recensement">
  <xsl:variable name="tous"  select="//personne"/>
  <résultat>
    <!-- Pour chaque personne ayant des enfants -->
   <xsl:for-each select="$tous[personne]">

     <xsl:variable name="conjoint"
         select="$tous[@conjoint=current()/@nom]"/>

     <xsl:apply-templates select="personne[@emploi = current()/@emploi]">
       <xsl:with-param name="parent" select="@nom"/>
     </xsl:apply-templates>

     <xsl:apply-templates select="personne[@emploi = $conjoint/@emploi]">
       <xsl:with-param name="parent" select="$conjoint/@nom"/>
     </xsl:apply-templates>

   </xsl:for-each>
  </résultat>
</xsl:template>

<xsl:template match="personne">
  <xsl:param name="parent"/>
  <même-emploi parent="{$parent}"  enfant="{@nom}" emploi="{@emploi}"/>
</xsl:template>
```

Question 5. Donnez la liste des couples de grand-parents et petits-enfants :

```
<xsl:template match="recensement">
  <xsl:variable name="tous"  select="//personne"/>
  <résultat>
   <!-- Pour chaque petit-enfant -->
   <xsl:for-each select="$tous[../../../personne]">
```

```
        <!-- grand-parent1 (for-each garantit qu'il existe) -->
        <grand-parent nom="{../../@nom}" petit-enfant="{@nom}"/>
        <!-- grand-parent2 est conjoint de grand-parent1 s'il est présent -->
        <xsl:if test="../../@conjoint">
          <grand-parent nom="{../../@conjoint}" petit-enfant="{@nom}"/>
        </xsl:if>
        <!-- Obtenir le nom du conjoint du parent de cette personne
             (père ou mère selon les cas) -->
        <xsl:variable name="conjoint-du-parent" select="../@conjoint"/>
        <!-- Parents du conjoint du parent, s'il y en a -->
        <xsl:variable name="gp3"
          select="$tous[personne/@nom=$conjoint-du-parent]"/>
        <xsl:if test="$gp3">
          <grand-parent nom="{$gp3/@nom}" petit-enfant="{@nom}"/>
          <xsl:if test="$gp3/@conjoint">
            <grand-parent nom="{$gp3/@conjoint}" petit-enfant="{@nom}"/>
          </xsl:if>
        </xsl:if>
    </xsl:for-each>
  </résultat>
</xsl:template>
```

Question 6. Trouvez les personnes qui n'ont pas d'enfant :

```
<xsl:strip-space elements="*"/>
<xsl:template match="recensement">
  <xsl:variable name="tous"  select="//personne"/>
  <résultat>
    <xsl:for-each select="$tous[not(./personne)]">
      <xsl:variable name="conjoint"
        select="$tous[@nom = current()/@conjoint]"/>
      <xsl:if test="not ($conjoint) or not($conjoint/personne)">
        <xsl:copy-of select="."/>
      </xsl:if>
    </xsl:for-each>
  </résultat>
</xsl:template>
```

Question 7. Donnez la liste des noms de tous les descendants de Pierre. Chaque descendant sera représenté par un élément contenant son nom, et deux attributs décrivant son statut marital et le nombre de ses enfants. Triez les descendants dans l'ordre décroissant du nombre de leurs enfants, puis par ordre alphabétique de leur nom :

```
<xsl:variable name="tous" select="//personne"/>

<xsl:template match="recensement">
  <résultat>
    <xsl:apply-templates select="//personne[@nom='Pierre']"/>
  </résultat>
</xsl:template>

<xsl:template match="personne">

  <xsl:variable name="tous-desc">
```

```
      <xsl:call-template name="descendants">
        <xsl:with-param name="noeuds" select="."/>
      </xsl:call-template>
    </xsl:variable>

    <xsl:for-each select="exsl:node-set($tous-desc)/*">
      <xsl:sort select="count(./* | $tous[@nom = current()/@conjoint]/*)"
                order="descending" data-type="number"/>
      <xsl:sort select="@nom"/>
      <xsl:variable name="m-statut"
            select="normalize-space(
                 substring('OuiNon',boolean(@conjoint)* 3+1,3))"/>
      <personne statut="{$m-statut}"
            enfants="{count(./* | $tous[@nom = current()/@conjoint]/*)}">
            <xsl:value-of select="@nom"/>
      </personne>
    </xsl:for-each>
  </xsl:template>

  <xsl:template name="descendants">
    <xsl:param name="noeuds"/>
    <xsl:param name="descendants" select="/.."/>

    <xsl:choose>
      <xsl:when test="not($noeuds)">
        <xsl:copy-of select="$descendants"/>
      </xsl:when>
      <xsl:otherwise>
        <xsl:call-template name="descendants">
          <xsl:with-param name="noeuds" select="$noeuds[position() > 1] |
            $noeuds[1]/personne | id($noeuds[1]/@conjoint)/personne"/>
          <xsl:with-param name="descendants" select="$descendants |
            $noeuds[1]/personne | id($noeuds[1]/@conjoint)/personne"/>
        </xsl:call-template>
      </xsl:otherwise>
    </xsl:choose>

  </xsl:template>
```

Cet exemple répond à la requête, mais il n'est pas très élégant ! La complexité vient du besoin de collecter tous les descendants dans un ensemble de nœuds, de façon à pouvoir les trier. Cela nécessite l'utilisation de la fonction d'extension `node-set`. Cela signifie aussi que la fonction `id()` ne nous aidera pas à trouver le conjoint, parce qu'elle fonctionne seulement relativement au document du nœud. Cependant, les nœuds traités ici sont des copies des nœuds originaux et donc n'appartiennent pas au même document. Cette situation nous oblige à rechercher les conjoints d'une façon beaucoup moins simple, en recherchant dans une variable contenant tous les éléments représentant des personnes. Comparez cette solution à la solution XQuery suivante :

```
define function descrip (element $e) returns element
{
    let $enfants := $e/* union $e/@conjoint=>personne/*
```

```
    let $mstatut :=  if ($e[@conjoint]) then "Oui" else "Non"
    return
        <personne statut={ $mstatut }
          enfants={ count($enfants) }>{ $e/@nom/text() }</personne>
}

define function descendants (element $e)
{
    if (empty($e/* union $e/@conjoint=>personne/*))
    then $e
    else $e union descendants($e/* union $e/@conjoint=>personne/*)
}

descrip(descendants(//personne[@nom = "Pierre"])) sortby(@enfants descending, .)
```

Discussion

Contrairement à la plupart des autres exemples de ce livre, celui-ci est un « buffet de plats préparés ». Interroger un document XML peut signifier tant de choses qu'il est difficile de fournir une solution. Le W3C a fait un bon travail de classification des types de requêtes qui apparaissent dans divers domaines. La programmation de ces requêtes en XSLT devrait fournir une base solide pour s'attaquer à divers types de problèmes d'interrogation.

Pour des raisons de place, ce chapitre n'a pas toujours donné les solutions XQuery aux problèmes résolus. Il est toutefois instructif de comparer les deux approches, et nous encourageons le lecteur à examiner le document du W3C.

Commenter individuellement les différentes requêtes programmées dans ce chapitre serait impossible. Cependant, la plupart des lecteurs ayant des compétences de base en XSLT devraient les décrypter sans difficulté. La plupart des solutions fournies ont des variantes en XSLT. Certaines de ces variantes peuvent même être meilleures que les solutions données dans ce chapitre, qui ont toutes été très fortement influencées par la solution XQuery correspondante, donnée dans le document du W3C. J'ai toutefois essayé de varier les constructions XSLT utilisées, favorisant dans certains exemples un style itératif (`xsl:for-each`), et dans d'autre un style déclaratif autorisé par le mécanisme d'appariement et `xsl:apply-templates`.

8

XML vers HTML

Que les gens soient prêts à écrire laborieusement du HTML fut, pour moi, une surprise.
Tim Berners-Lee

Si je devais me hasarder à faire une estimation, je dirais qu'au minimum 60% du code HTML disponible sur l'Internet est, au moins en partie, généré automatiquement. Ce n'est pas parce que HTML est pénible à écrire, commme le dit Tim Berners-Lee dans la citation ci-dessus (il l'est, mais il existe des éditeurs HTML bien pratiques), mais parce que le code HTML produit dynamiquement offre bien plus de possibilités.

Il existe de nombreux outils, libres ou propriétaires, permettant de produire des contenus HTML à partir de données stockées sous d'autres formes. Cependant, lorsque ces données sont en XML, XSLT est l'un des outils les plus importants et les développeurs web ne peuvent se permettre de l'ignorer.

XSLT peut produire du HTML de trois façons :

Il peut transformer du XML en HTML et stocker statiquement le code HTML produit sur un serveur web ou un disque dur local afin qu'il puisse être consulté par un navigateur. Cette méthode est également pratique pour tester les transformations.

Vous pouvez également utiliser XSLT comme une solution de scripts s'exécutant sur le serveur : le code XML est extrait de fichiers plats ou de bases de données et est transformé dynamiquement en HTML par le serveur web lorsqu'il est interrogé par le navigateur client. Cette solution est nécessaire lorsque les données sous-jacentes évoluent fréquemment. Cependant, on utilise parfois une méthode hybride, dans laquelle le HTML est produit à la demande, mais placé ensuite dans un cache sur le serveur afin d'éviter de nouvelles transformations si les données concernées n'ont pas été modifiées.

Enfin, XSLT peut être utilisé comme une feuille de style côté client, pourvu que le navigateur sache traiter XSLT. Actuellement, seules les dernières versions de Microsoft Internet Explorer (version 6.0) et de Netscape Navigator (version 6.1) reconnaissent directement XSLT. Les versions antérieures de MS-IE nécessitent l'installation de MSXML 2.3.0.De plus, XSmiles (*http://www.x-smiles.org/*) et le formateur XSL Antenna

House (*http://www.antennahouse.com/*) savent traiter XSLT côté client et afficher le résultat. XSmiles peut gérer toutes sortes de résultats, dont SVG et XSL-FO, bien que la gestion de HTML ne soit pas parfaite ; Antenna House ne produit que du XSL-FO. Comme l'état de l'art évolue rapidement dans ce domaine, je vous conseille de consulter la dernière documentation en ligne de votre navigateur favori, ou de votre greffon.

8.1 Utiliser XSLT comme un langage pour les styles

Problème

Vous voulez que le navigateur présente dynamiquement un document XML en HTML.

Solution

Voici un exemple permettant de publier un fragment d'un document DocBook en HTML à l'aide d'une feuille de style XSLT. Le document source est un extrait de ce chapitre :

```
<?xml version="1.0" encoding="iso-8859-1"?>
<?xml-stylesheet type="application/xml" href="chapitre.xsl"?>
<chapter label="8">
  <chapterinfo>
    <author>
      <surname>Mangano</surname>
      <firstname>Sal</firstname>
    </author>
    <copyright>
      <year>2003</year>
      <holder>O'Reilly</holder>
    </copyright>
  </chapterinfo>
  <title>XML vers HTML</title>
  <epigraph>
    <para>Que les gens soient prêts à écrire laborieusement du HTML fut, pour
    moi, une surprise.</para>
    <attribution>Tim Berners-Lee</attribution>
  </epigraph>
  <sect1>
    <title>Utiliser XSLT comme un langage pour les styles</title>
    <sect2>
      <title>Problème</title>
      <para>Vous voulez que le navigateur stylise dynamiquement un document
      XML en HTML..</para>
    </sect2>
    <sect2>
      <title>Solution</title>
      <para>Voici un exemple permettant de publier un fragment
      d'un document   DocBook en HTML à l'aide d'une feuille de style XSLT. Le
      document source est un extrait de ce chapitre :</para>
    </sect2>
```

```
      <sect2>
        <title>Discussion</title>
        <para>DocBook est une DTD qui permet de créer et de stocker le
    contenu d'un document sous une forme neutre, qui capture la
    structure logique du contenu. L'intérêt de créer des
    documents (notamment techniques) sous cette forme est que
    vous pouvez utiliser XSLT pour transformer une unique
    spécification de contenu en plusieurs formats de
    visualisation, comme HTML, PDF, le format des fichiers
    d'aide de Microsoft et le format des pages de manuel
    d'Unix. Bien que nous présentions ici cet exemple avec
    DocBook, les techniques sont les mêmes pour tout autre
    schéma de document, qu'il soit de votre propre création ou
    du domaine public.</para>
      </sect2>
    </sect1>
  </chapter>
```

Vous remarquerez que la deuxième ligne de ce document contient une instruction de traitement, `xml-stylesheet`, qui demande au navigateur d'appliquer la feuille de style indiquée au code XML. Le navigateur devra alors afficher le résultat de cette feuille de style et non le code XML (rappelez-vous que cette instruction ne fonctionne qu'avec les navigateurs les plus récents) :

```
<?xml version="1.0" encoding="iso-8859-1"?> <xsl:stylesheet version="1.0"
xmlns:xsl="http://www.w3.org/1999/XSL/Transform">
  <xsl:output method="html" indent="yes"
              encoding ="ISO-8859-1"/>

 <xsl:template match="/">
    <html>
      <head>
        <xsl:apply-templates mode="head"/>
      </head>
      <!-- Vous pouvez aussi utiliser les styles dans un élément de
      style CSS, plutôt que de les coder en dur, comme je le fais
      ici. -->
      <body style="margin-left:100;margin-right:100;margin-top:50;
       margin-bottom:50">
        <xsl:apply-templates/>
        <xsl:apply-templates select="chapter/chapterinfo/*" mode="copyright"/>
      </body>
    </html>

 </xsl:template>

 <!-- En-tête de la page -->

 <xsl:template match="chapter" mode="head">
    <xsl:apply-templates select="chapterinfo" mode="head" />
    <xsl:apply-templates select="title" mode="head" />
  </xsl:template>
```

```
 <xsl:template match="chapter/title" mode="head">
       <title><xsl:value-of select="."/></title>
 </xsl:template>

<xsl:template match="author" mode="head">
       <meta name="author" content="{concat(firstname,' ', surname)}"/>
 </xsl:template>

<xsl:template match="copyright" mode="head">
       <meta name="copyright" content="{concat(holder,' ',year)}"/>
 </xsl:template>

<xsl:template match="text()" mode="head"/>

<!-- Corps de la page -->

<xsl:template match="chapter">
   <div align="right" style="font-size : 48pt; font-family: Times serif;
    font-weight : bold; padding-bottom:10; color:red" ><xsl:value-of
    select="@label"/></div>
   <xsl:apply-templates/>
 </xsl:template>

<xsl:template match="chapter/title">
   <div align="right" style="font-size : 24pt; font-family: Times serif;
    padding-bottom:150; color:red"><xsl:value-of select="."/></div>
 </xsl:template>

<xsl:template match="epigraph/para">
   <div align="right" style="font-size : 10pt; font-family: Times serif;
    font-style : italic; padding-top:4; padding-bottom:4"><xsl:value-of
    select="."/></div>
 </xsl:template>

<xsl:template match="epigraph/attribution">
   <div align="right" style="font-size : 10pt; font-family: Times serif;
    padding-top:4; padding-bottom:4"><xsl:value-of select="."/></div>
 </xsl:template>

 <xsl:template match="sect1">
   <h1 style="font-size : 18pt; font-family: Times serif; font-weight : bold">
     <xsl:value-of select="title"/>
   </h1>
   <xsl:apply-templates/>
 </xsl:template>

<xsl:template match="sect2">
   <h2 style="font-size : 14pt; font-family: Times serif; font-weight : bold">
   <xsl:value-of select="title"/>
   </h2>
    <xsl:apply-templates/>
 </xsl:template>
```

```
  <xsl:template match="para">
    <p style="font-size : 12pt; font-family: Times serif">
      <xsl:value-of select="."/>
    </p>
  </xsl:template>

  <xsl:template match="text()"/>

<xsl:template match="copyright" mode="copyright">
   <div style="font-size : 10pt; font-family: Times serif; padding-top : 100">
     <xsl:text>Copyright </xsl:text>
     <xsl:value-of select="holder"/>
     <xsl:text> </xsl:text>
     <xsl:value-of select="year"/>
     <xsl:text>. Tous droits réservés.</xsl:text>
   </div>
 </xsl:template>

<xsl:template match="*" mode="copyright"/>

</xsl:stylesheet>
```

Au final, le navigateur voit le code HTML suivant :

```
<html>
  <head>
       <meta name="author" content="Sal Mangano">
     <meta name="copyright" content="O'Reilly 2003">
     <title>XML vers HTML</title>
  </head>
  <body style=
  "margin-left:100;margin-right:100;margin-top:50;margin-bottom:50">
     <div align="right" style="font-size : 48pt; font-family: Times serif;
      font-weight : bold; padding-bottom:10; color:red">8</div>
     <div align="right" style="font-size : 24pt; font-family: Times serif;
      padding-bottom:150; color:red">XML vers HTML</div>
     <div align="right" style="font-size : 10pt; font-family: Times serif;
      font-style : italic; padding-top:4; padding-bottom:4">
       Que les gens soient prêts à écrire laborieusement du HTML fut,
       pour moi, une surprise.</div>
     <div align="right" style="font-size : 10pt; font-family: Times serif;
      padding-top:4; padding-bottom:4">Tim Berners-Lee</div>
     <h1 style="font-size : 18pt; font-family: Times serif; font-weight : bold">
     Utiliser XSLT comme un langage pour les styles</h1>
     <h2 style="font-size : 14pt; font-family: Times serif; font-weight : bold">
     Problème</h2>
     <p style="font-size : 12pt; font-family: Times serif">Vous
     voulez que le navigateur stylise dynamiquement un document XML
     en HTML.</p>
     <h2 style="font-size : 14pt; font-family: Times serif; font-weight : bold">
     Solution</h2>
     <p style="font-size : 12pt; font-family: Times serif">Voici un
```

```
      exemple permettant de publier un fragment d'un document DocBook
      en HTML à l'aide d'une feuille de style XSLT. Le
      document source est un extrait de ce chapitre :</p>
      <h2 style="font-size : 14pt; font-family: Times serif; font-weight : bold">
      Discussion</h2>
      <p style="font-size : 12pt; font-family: Times serif">DocBook est
      une DTD qui permet de créer et de stocker le
      contenu d'un document sous une forme neutre, qui capture la
      structure logique du contenu. L'intérêt de créer des
      documents (notamment techniques) sous cette forme et que
      vous pouvez utiliser XSLT pour transformer une unique
      spécification de contenu en plusieurs formats de
      visualisation, comme HTML, PDF, le format des fichiers
      d'aide de Microsoft et le format des pages de manuel
      d'Unix. Bien que nous présentions ici cet exemple avec
      DocBook, les techniques sont les mêmes pour tout autre
      schéma de document, qu'il soit de votre propre création ou
      du domaine public.</p>
      <div style="font-size : 10pt; font-family: Times serif; padding-top : 100">
        Copyright O'Reilly 2003. Tous droits réservés.</div>
    </body>
  </html>
```

Discussion

DocBook est une DTD qui permet de créer et de stocker le contenu d'un document sous une forme neutre, qui capture la structure logique du contenu. L'intérêt de créer des documents (notamment techniques) sous cette forme et que vous pouvez utiliser XSLT pour transformer une unique spécification de contenu en plusieurs formats de visualisation, comme HTML, PDF, le format des fichiers d'aide de Microsoft et le format des pages de manuel d'Unix. Bien que nous présentions ici cet exemple avec DocBook, les techniques sont les mêmes pour tout autre schéma de document, qu'il soit de votre propre création ou du domaine public.

Comme vous n'avez utilisé qu'un sous-ensemble de la DTD DocBook, la création d'une unique feuille de style monolithique suffisait. Cependant, une solution professionnelle modulariserait la gestion des nombreux éléments DocBook en utilisant des feuilles de styles distinctes et des règles modales.

Pour aller plus loin

La meilleure source d'informations sur DocBook est *http://www.docbook.org/*. Norman Walsh a développé un ensemble de feuilles de style open source pour convertir des fichiers au format DocBook vers différents formats de publication : vous les trouverez dans *http://docbook.sourceforge.net/projects/xsl/*.

La recette 14-1 présente plusieurs techniques pour créer des feuilles de style plus modulaires et plus extensibles.

8.2 Créer des documents contenant des liens hypertextes

Problème

Vous voulez convertir un document XML en HTML contenant des liens hypertextes.

Solution

Une situation classique, lorsque l'on convertit du XML en HTML consiste à effectuer deux passes, ou plus sur le document XML afin de pouvoir créer des pages de menu, d'index ou de tables des matières. Ces pages contiennent des liens vers les pages du contenu proprement dit. La solution suivante génère un index et des pages de résumé pour *VentesParVendeur.xml* (voir le chapitre 2) :

```
<?xml version="1.0" encoding="iso-8859-1"?> <xsl:stylesheet version="1.0"
 xmlns:xsl="http://www.w3.org/1999/XSL/Transform"
 xmlns:saxon="http://icl.com/saxon"
 extension-element-prefixes="saxon">

<xsl:output method="html"/>

<xsl:template match="/">
   <xsl:apply-templates select="*" mode="index"/>
   <xsl:apply-templates select="*" mode="contenu"/>
 </xsl:template>

 <!-- ============================================================ -->
 <!--               Crée index.html  (mode = "index")              -->
 <!-- ============================================================ -->
 <xsl:template match="ventesParVendeur" mode="index">
   <saxon:output href="index.html">
     <html>
      <head>
        <title>Index des ventes par vendeur</title>
      </head>

     <body bgcolor="#FFFFFF" text="#000000">
       <h1>Ventes par vendeur</h1>
       <xsl:apply-templates mode="index"/>
      </body>
     </html>
   </saxon:output>
 </xsl:template>

<xsl:template match="vendeur" mode="index">
   <h2>
     <a href="{concat(@nom,'.html')}">
       <xsl:value-of select="@nom"/>
     </a>
   </h2>
```

```
</xsl:template>

<!-- ============================================================ -->
<!--              Crée @nom.html  (mode = "contenu")              -->
<!-- ============================================================ -->
<xsl:template match="vendeur" mode="contenu">
  <saxon:output href="{@nom}.html">
    <html>
     <head>
        <title>Ventes de <xsl:value-of select="@nom"/></title>
     </head>

    <body bgcolor="#FFFFFF" text="#000000">
      <h1>Ventes de <xsl:value-of select="@nom"/></h1>
      <ol>
          <xsl:apply-templates mode="contenu"/>
      </ol>
     </body>
    </html>
  </saxon:output>
</xsl:template>

<xsl:template match="produit" mode="contenu">
     <li><xsl:value-of select="@clé"/>      $
         <xsl:value-of select="@ventesTotales"/></li>
</xsl:template>

</xsl:stylesheet>
```

Vous remarquerez qu'en spécifiant un mode dans `<xsl:apply-templates>`, vous pouvez séparer la transformation des éléments XML en contenu d'index de celle en contenu d'information pour chaque vendeur. Les modes sont souvent utilisés dans les transformations HTML, car ils permettent de présenter les données de plusieurs façons à l'aide d'une même feuille de style.

Telle qu'elle est conçue, cette feuille de style est limitée au traitement par lots. Vous pouvez la paramétrer pour contrôler les documents à créer ; l'extension `saxon:output`, non standard, n'est alors plus nécessaire :

```
<?xml version="1.0" encoding="iso-8859-1"?>
<xsl:stylesheet version="1.0"
 xmlns:xsl="http://www.w3.org/1999/XSL/Transform">

<xsl:output method="html"/>
 <!-- Sert à indiquer le document à produire -->
 <!-- INDEX : crée un index  -->
 <!-- nom du vendeur : page html de ce vendeur -->
 <xsl:param name="quoi" select="'INDEX'"/>

<xsl:template match="/">
   <xsl:choose>
     <xsl:when test="$quoi='INDEX'">
        <xsl:apply-templates select="*" mode="index"/>
```

```
      </xsl:when>
      <xsl:otherwise>
         <xsl:apply-templates select="*/vendeur[@nom = $quoi]" mode="contenu"/>
      </xsl:otherwise>
    </xsl:choose>
  </xsl:template>

 <xsl:template match="ventesParVendeur" mode="index">
  <!-- saxon:output a été ôté, le reste est identique... -->
  ...
  </xsl:template>

  <xsl:template match="vendeur" mode="contenu">
    <!-- saxon:output a été oté, le reste est identique... -->
  ...
     </xsl:template>
  ...
  </xsl:stylesheet>
```

Cette technique serait un peu plus robuste si chaque vendeur était désigné par un identifiant unique plutôt que par son nom.

Discussion

Notre solution ne produit pas de contenus chatoyants, mais illustre les mécanismes de base pour produire du code HTML contenant des liens. Pour produire toutes les pages web à l'aide d'une seule feuille de style, nous avons été obligé d'utiliser un élément non standard dans XSLT 1.0 (`saxon:output`). La plupart des processeurs disposent d'extensions similaires.

La feuille de style produit des liens relatifs, ce qui est ce que l'on souhaite avoir la plupart du temps. Cependant, si vous avez besoin de liens absolus, au lieu de coder en dur une URL, incorporez plutôt un paramètre de premier niveau, qui pourra recevoir cette URL :

```
  <xsl:stylesheet version="1.1" xmlns:xsl="http://www.w3.org/1999/XSL/Transform">

 <xsl:output method="html"/>

 <xsl:param name="URL" select="http://www.masociete.com/"/>

 <!-- coupé ... -->

 <xsl:template match="vendeur" mode="index">
    <h2>
      <a href="{$URL}{@nom}.html'">
        <xsl:value-of select="@nom"/>
      </a>
    </h2>
  </xsl:template>

 </xsl:stylesheet>
```

Pour aller plus loin

Étudiez la recette 6-6 pour plus d'informations sur la production de documents multiples.

Le contenu produit par ces transformations n'est pas très convivial. Les recettes 8-3 et 8-4 vous montreront comment améliorer l'esthétique du résultat.

8.3 Créer des tableaux HTML

Problème

Vous voulez transformer un contenu XML en tableaux HTML.

Solution

Les tableaux sont souvent créés en deux étapes. On génère d'abord les balises de premier niveau du tableau, puis on applique des règles pour créer les lignes et les champs. La solution est une modification d'une partie de la feuille de style de la recette 8-2. La portion modifiée est signalée par un commentaire.

```
<?xml version="1.0" encoding="iso-8859-1"?>
<xsl:stylesheet version="1.1" xmlns:xsl="http://www.w3.org/1999/XSL/Transform">

<xsl:output method="html"/>

<xsl:param name="URL"/>

<xsl:template match="/">
  <xsl:apply-templates select="*" mode="index"/>
  <xsl:apply-templates select="*" mode="contenu"/>
</xsl:template>

<!-- ============================================================== -->
<!--             Crée index.html  (mode = "index")                  -->
<!-- ============================================================== -->
<xsl:template match="ventesParVendeur" mode="index">
  <!-- Élément saxon non standard : xsl:document ! -->
  <xsl:document href="index.html">
    <html>
     <head>
      <title>Ventes par vendeur</title>
     </head>

     <body bgcolor="#FFFFFF" text="#000000">
      <h1>Ventes par vendeur</h1>
      <xsl:apply-templates mode="index"/>
     </body>
    </html>
  </xsl:document>
</xsl:template>
```

```
<xsl:template match="vendeur" mode="index">
  <h2>
    <a href="{concat($URL,@nom,'.html')}">
      <xsl:value-of select="@nom"/>
    </a>
  </h2>
</xsl:template>

<!-- ============================================================ -->
<!--           Crée @nom.html  (mode = "contenu")                 -->
<!-- ============================================================ -->
<xsl:template match="vendeur" mode="contenu">
  <!-- Partie modifiée -->
  <xsl:document href="{concat(@nom,'.html')}">
    <html>
     <head>
      <title><xsl:value-of select="@nom"/></title>
     </head>

     <body bgcolor="#FFFFFF" text="#000000">
      <h1>Ventes de <xsl:value-of select="@nom"/></h1>
      <table border="1" cellpadding="3">
        <tbody >
          <tr>
            <th>Clé</th>
            <th>Ventes (en dollars)</th>
          </tr>
          <xsl:apply-templates mode="contenu"/>
        </tbody>
      </table>
      <h2><a href="{concat($URL,'index.html')}">Retour à l'index</a></h2>
     </body>
    </html>
  </xsl:document>
  <!-- Fin de la partie modifiée -->
</xsl:template>

<xsl:template match="produit" mode="contenu">
  <!-- Partie modifiée -->
    <tr>
      <td><xsl:value-of select="@cle"/></td>
      <td><xsl:value-of select="@ventesTotales"/></td>
    </tr>
  <!-- Fin de la partie modifiée -->
</xsl:template>

</xsl:stylesheet>
```

Discussion

Lorsque l'on crée des tableaux, on doit souvent regrouper les données en fonction de critères spécifiques. La difficulté du regroupement dépend du fait que les données d'entrée soient déjà groupées et de l'étendue (bornée ou illimitée) des critères de groupement. Supposons, par exemple, que vous deviez regrouper les ventes par région :

```
<ventes>
  <produit clé="10000" ventes="90000.00" région="NE"/>
  <produit clé="10000" ventes="10000.00" région="NO"/>
  <produit clé="10000" ventes="55000.00" région="SE"/>
  <produit clé="10000" ventes="32000.00" région="SO"/>
  <produit clé="10000" ventes="95000.00" région="CN"/>
  <produit clé="10000" ventes="88000.00" région="CS"/>
  <produit clé="20000" ventes="77000.00" région="NE"/>
  <produit clé="20000" ventes="11100.00" région="NO"/>
  <produit clé="20000" ventes="33210.00" région="SE"/>
  <produit clé="20000" ventes="78000.00" région="SO"/>
  <produit clé="20000" ventes="105000.00" région="CN"/>
  <produit clé="20000" ventes="12300.00" région="CS"/>
  <produit clé="30000" ventes="1000.00" région="NE"/>
  <produit clé="30000" ventes="5100.00" région="NO"/>
  <produit clé="30000" ventes="3210.00" région="SE"/>
  <produit clé="30000" ventes="8000.00" région="SO"/>
  <produit clé="30000" ventes="5000.00" région="CN"/>
  <produit clé="30000" ventes="11300.00" région="CS"/>
</ventes>
```

Ici, vous savez à l'avance qu'il y a six régions. Vous pourriez résoudre le problème du regroupement par une sélection explicite :

```
<?xml version="1.0" encoding="iso-8859-1"?>
<xsl:stylesheet version="1.0" xmlns:xsl="http://www.w3.org/1999/XSL/Transform">
  <xsl:output method="html"/>

<xsl:template match="ventes">
  <html>
    <head>
      <title>Ventes par région</title>
    </head>
    <body>
      <h1>Ventes par région</h1>
      <table border="1" cellpadding="3">
        <tbody>
          <tr>
            <th>Clé</th>
            <th>Ventes</th>
          </tr>
          <xsl:call-template name="groupe-région">
            <xsl:with-param name="région" select=" 'NE' "/>
            <xsl:with-param name="titre" select="'Ventes pour le Nord-Est'"/>
          </xsl:call-template>
          <xsl:call-template name="groupe-région">
            <xsl:with-param name="région" select=" 'NO' "/>
            <xsl:with-param name="titre" select="'Ventes pour le Nord-Ouest'"/>
          </xsl:call-template>
          <xsl:call-template name="groupe-région">
```

```
              <xsl:with-param name="région" select=" 'CN' "/>
              <xsl:with-param name="titre" select="'Ventes pour le Centre-Nord'"/>
            </xsl:call-template>
            <xsl:call-template name="groupe-région">
              <xsl:with-param name="région" select=" 'SE' "/>
              <xsl:with-param name="titre" select="'Ventes pour le Sud-Est'"/>
            </xsl:call-template>
            <xsl:call-template name="groupe-région">
              <xsl:with-param name="région" select=" 'CS' "/>
              <xsl:with-param name="titre" select="'Ventes pour le Centre-Sud'"/>
            </xsl:call-template>
            <xsl:call-template name="groupe-région">
              <xsl:with-param name="région" select=" 'SO' "/>
              <xsl:with-param name="titre" select="'Ventes pour le Sud-Ouest'"/>
            </xsl:call-template>
          </tbody>
        </table>
      </body>
    </html>
  </xsl:template>

  <xsl:template name="groupe-région">
      <xsl:param name="région"/>
      <xsl:param name="titre"/>
      <xsl:variable name="produits" select="produit[@région = $région]" />
      <tr>
        <th colspan="2"><xsl:value-of select="$titre" /></th>
      </tr>
      <xsl:apply-templates select="$produits"/>
      <tr style="font-weight:bold">
        <td >Total</td>
        <td align="right">
          <xsl:value-of
               select="format-number(sum($produits/@ventes), '#.00')"/>
        </td>
       </tr>
    </xsl:template>

    <xsl:template match="produit">
      <tr>
        <td><xsl:value-of select="@clé"/></td>
        <td align="right"><xsl:value-of select="@ventes"/></td>
      </tr>
    </xsl:template>

  </xsl:stylesheet>
```

Si vous n'aimez pas le codage en dur des noms de groupes, utilisez une approche par table :

```
  <?xml version="1.0" encoding="iso-8858-1"?> <xsl:stylesheet version="1.0"
  xmlns:xsl="http://www.w3.org/1999/XSL/Transform" xmlns:ventes="ventes">
```

```
  <ventes:région code="NE" nom="Nord-Est"/>
  <ventes:région code="CN" nom="Centre-Nord"/>
  <ventes:région code="NO" nom="Nord-Ouest"/>
  <ventes:région code="SE" nom="Sud-Est"/>
  <ventes:région code="CS" nom="Centre-Sud"/>
  <ventes:région code="SO" nom="Sud-Ouest"/>

  <xsl:variable name="produits" select="/ventes/produit"/>

  <xsl:output method="html"/>

  <xsl:template match="ventes">
  <html>
    <head>
      <title>Ventes par région</title>
    </head>
    <body>
      <h1>Ventes par région</h1>
      <table border="1" cellpadding="3">
        <tbody>
          <tr>
            <th>Clé</th>
            <th>Ventes</th>
          </tr>
          <xsl:for-each select="document('')/*/ventes:région">
              <tr>
                <th colspan="2">Ventes du <xsl:value-of select="@nom"/></th>
              </tr>
              <xsl:call-template name="groupe-région">
                <xsl:with-param name="région" select="@code"/>
              </xsl:call-template>
            </xsl:for-each>
        </tbody>
      </table>
    </body>
  </html>
</xsl:template>

<xsl:template name="groupe-région">
    <xsl:param name="région"/>
    <xsl:apply-templates select="$produits[@région=$région]"/>
    <tr style="font-weight:bold">
      <td >Total</td>
      <td align="right">
        <xsl:value-of
             select="format-number(sum($produits[@région=$région]/@ventes),
             '#.00')"/>
      </td>
     </tr>
  </xsl:template>

  <xsl:template match="produit">
```

```
      <tr>
        <td><xsl:value-of select="@clé"/></td>
        <td align="right"><xsl:value-of select="@ventes"/></td>
      </tr>
    </xsl:template>

  </xsl:stylesheet>
```

De nombreux problèmes de groupement ne sont, bien sûr, pas aussi faciles à résoudre. Imaginez que vous deviez concevoir une feuille de style pouvant être utilisée par de nombreuses sociétés, ou divisions d'une grande société, qui utilisent chacune leurs propres conventions pour désigner les régions de ventes. Vous pouvez régler ce problème de plusieurs façons, mais l'une des plus efficaces est la technique de groupement muenchienne (inventée par Steve Muench, d'Oracle) :

```
<?xml version="1.0" encoding="iso-8859-1"?>
<xsl:stylesheet version="1.0" xmlns:xsl="http://www.w3.org/1999/XSL/Transform">

  <xsl:output method="html"/>
  <xsl:key name="clé-région" match="produit" use="@région"/>

  <xsl:variable name="produits" select="/ventes/produits"/>
  <xsl:template match="ventes">
  <html>
    <head>
      <title>Ventes par région</title>
    </head>
    <body>
      <h1>Ventes par région</h1>
      <table border="1" cellpadding="3">
        <tbody>
          <tr>
            <th>Clé</th>
            <th>Ventes</th>
          </tr>
          <xsl:variable name="régions-uniques"
               select="/ventes/produit[generate-id(.) =
                                  generate-id(key('clé-région',@région))]
                            /@région"/>
          <xsl:for-each select="$régions-uniques">
            <tr>
              <th colspan="2">Ventes du <xsl:value-of select="."/></th>
            </tr>
            <xsl:call-template name="groupe-région">
              <xsl:with-param name="région" select="."/>
            </xsl:call-template>
          </xsl:for-each>
        </tbody>
      </table>
    </body>
  </html>
</xsl:template>
```

```
<xsl:template name="groupe-région">
    <xsl:param name="région"/>
    <xsl:apply-templates select="$produits[@région=$région]"/>
    <tr style="font-weight:bold">
      <td >Total</td>
      <td align="right">
        <xsl:value-of
          select="format-number(sum($produits[@région=$région]/@ventes),'#.00')"/>
      </td>
     </tr>
  </xsl:template>

  <xsl:template match="produit">
    <tr>
      <td><xsl:value-of select="@clé"/></td>
      <td align="right"><xsl:value-of select="@ventes"/></td>
    </tr>
  </xsl:template>

</xsl:stylesheet>
```

Structurellement, cette solution est similaire à l'approche par table. La différence principale réside dans la façon de déterminer l'ensemble unique des groupes. Dans le cas de l'approche par table, les régions de ventes uniques sont littéralement encodées dans les éléments `ventes:région`, alors que la technique muenchienne utilise une clé pour définir la valeur de groupement. L'expression `key('clé-région',@région)` renvoie un ensemble de nœuds contenant tous les produits pour la région `@région`. `generate-id( )` appliqué à un ensemble de nœuds renvoyant un identifiant unique pour le premier élément de cet ensemble, l'expression `[generate-id(.) = generate-id( key( 'clé-région', @région))]` sera donc vraie uniquement pour le premier nœud de chaque groupe, ce qui vous permet d'obtenir toutes les régions distinctes. Grâce à cette clé, les autres parties de la feuille de style, qui font référence aux produits par région, sont également plus efficaces.

8.4 Créer des cadres

Problème

Vous voulez produire du HTML dont le contenu est réparti dans des cadres.

Solution

Comme dans la recette 8-2, vous utiliserez les modes pour effectuer plusieurs passes sur le code XML. Créez d'abord le document conteneur, le *frameset*. Pour ce faire, utilisez deux cadres : le plus petit, à gauche, contient les noms des vendeurs sous la forme de liens qui activeront le contenu dans le cadre principal. Ce cadre principal contiendra les ventes du vendeur sélectionné par l'utilisateur. L'exemple suivant fournit un cadre principal par défaut, qui s'affiche lorsque la page apparaît :

```
<?xml version="1.0" encoding="iso-8859-1"?> <xsl:stylesheet version="1.1"
xmlns:xsl="http://www.w3.org/1999/XSL/Transform">
```

```
<xsl:output method="html"/>

<xsl:param name="URL"/>

<xsl:template match="/">
  <xsl:apply-templates select="*" mode="frameset"/>
  <xsl:apply-templates select="*" mode="cadre_vendeurs"/>
  <xsl:apply-templates select="*" mode="cadre_ventes"/>
</xsl:template>

<!-- ============================================================  -->
<!--              Crée le conteneur de cadres (mode ="frameset")     -->
<!-- ============================================================  -->
<xsl:template match="ventesParVendeur" mode="frameset">
  <!-- xsl:document de Saxon : non standard ! -->
  <xsl:document href="index.html">
    <html>
     <head>
      <title>Vendeurs et ventes</title>
     </head>
     <frameset rows="100%" cols="25%, 75%" border="0">
       <frame name="vendeur" src="cadre_vendeurs.html" noresize=""/>
       <frame name="cadrePrincipal" src="ventes_defaut.html" noresize=""/>
     </frameset>
     <body bgcolor="#FFFFFF" text="#000000">
     </body>
    </html>
  </xsl:document>
</xsl:template>

<!-- ======================================================  -->
<!--   Crée cadre_vendeurs.html  (mode = "cadre_vendeurs")    -->
<!-- ======================================================  -->
<xsl:template match="ventesParVendeur" mode="cadre_vendeurs">
  <!-- xsl:document de Saxon : non standard !  -->
  <xsl:document href="cadre_vendeurs.html">
    <html>
     <head>
       <title>Vendeur</title>
     </head>
     <body bgcolor="#FFFFFF" text="#000000">
       <table>
        <tbody>
          <xsl:apply-templates mode="index"/>
        </tbody>
      </table>
     </body>
    </html>
  </xsl:document>
</xsl:template>
```

```
<xsl:template match="vendeur" mode="index">
  <tr>
    <td>
      <a href="{concat(@nom,'.html')}"
          target="cadrePrincipal"><xsl:value-of select="@nom"/></a>
    </td>
  </tr>
</xsl:template>

<!-- ============================================================  -->
<!--                  Crée @nom.html  (mode = "contenu")           -->
<!-- ============================================================  -->

<xsl:template match="vendeur" mode="cadre_ventes">

  <xsl:document href="ventes_defaut.html">
    <html>
     <head>
       <title>Défaut</title>
     </head>

     <body bgcolor="#FFFFFF" text="#000000">
     <h1><center>Ventes par vendeur</center></h1>
      <br/>
     Cliquez sur un vendeur à gauche pour charger ses ventes.
     </body>
    </html>
  </xsl:document>

  <xsl:document href="{concat(@nom,'.html')}">
    <html>
     <head>
       <title><xsl:value-of select="@nom"/></title>
     </head>

     <body bgcolor="#FFFFFF" text="#000000">
     <h1><center>Ventes par vendeur</center></h1>
      <h2><xsl:value-of select="@nom"/></h2>
      <table border="1" cellpadding="3">
        <tbody >
          <tr>
            <th>Clé</th>
            <th>Ventes (en dollars)</th>
          </tr>
          <xsl:apply-templates mode="contenu"/>
        </tbody>
      </table>
     </body>
    </html>
  </xsl:document>
</xsl:template>
```

```
<xsl:template match="produit" mode="contenu">
    <tr>
      <td><xsl:value-of select="@clé"/></td>
      <td align="right"><xsl:value-of select="@ventesTotales"/></td>
    </tr>

</xsl:template>

</xsl:stylesheet>
```

Discussion

Les cadres permettent de diviser une page en sections logiques, bien que leur utilisation avec des bordures visibles ou redimensionnables soit un peu passée de mode. Votre feuille de style ne peut pas servir à une transformation côté client car elle produit plusieurs fichiers HTML distincts : un pour le conteneur, un pour le cadre gauche contenant les vendeurs, plus une page par vendeur.

Cette solution est un exemple dynamique et ouvert, en termes de nombre de pages pouvant être produites à partir d'un fichier XML unique. Cependant, les situations où les cadres peuvent être utilisés avec un traitement XSLT côté client sont plus simples. Il suffit de créer une page contenant un *frameset* où les cadres contiendront des documents XML distincts, chacun avec sa propre transformation :

```
<html>
    <head>
       <title>Frameset</title>
    </head>
    <frameset rows="100%" cols="25%, 75%" border="0">
       <frame name="cadreGauche" src="gauche.xml" noresize="">
       <frame name="cadrePrincipal" src="principal.xml" noresize="">
    </frameset>
    <body bgcolor="#FFFFFF" text="#000000"></body>
</html>
```

Vous devez associer des documents XML différents à chaque cadre, car il ne peut y avoir qu'une instruction de traitement `xml-stylesheet` par fichier. Cependant, vous pouvez quand même conserver le contenu dans une seule feuille de style en utilisant un lien `xinclude` et une règle XSLT pour le traiter.

Le fichier *gauche.xml* peut être le suivant :

```
<?xml version="1.0" encoding="iso-8859-1"?>
<?xml-stylesheet type="application/xml" href="gauche.xsl"?>
<xi:include href="VentesParVendeur.xml"
            xmlns:xi="http://www.w3.org/2001/XInclude"/>
```

principal.xml est similaire :

```
<?xml version="1.0" encoding="iso-8859-1"?>
<?xml-stylesheet type="application/xml" href="principal.xsl"?>
<xi:include href="VentesParVendeur.xml"
            xmlns:xi="http://www.w3.org/2001/XInclude"/>
```

gauche.xsl et *principal.xsl* contiennent une règle qui traite l'élément xinclude en utilisant la fonction document() :

```
<?xml version="1.0" encoding="iso-8859-1"?>
<!-- gauche.xsl -->

<xsl:stylesheet version="1.0"
                xmlns:xsl="http://www.w3.org/1999/XSL/Transform">

 <xsl:output method="html"/>

 <xsl:template match="xi:include" xmlns:xi="http://www.w3.org/2001/XInclude">
   <xsl:for-each select="document(@href,.)">
     <xsl:apply-templates/>
   </xsl:for-each>
 </xsl:template>

 <xsl:template match="ventesParVendeur">
   <html>
    <head>
     <title>Vendeurs</title>
    </head>
    <body bgcolor="#FFFFFF" text="#000000">
      <table>
       <tbody>
         <xsl:apply-templates/>
       </tbody>
      </table>
    </body>
   </html>
 </xsl:template>

 <xsl:template match="vendeur">
   <tr>
     <td>
       <a href="{concat('principal.xml#',@nom)}" target="cadrePrincipal">
       <xsl:value-of select="@nom"/></a>
     </td>
   </tr>
 </xsl:template>

 </xsl:stylesheet>

 <?xml version="1.0" encoding="iso-8859-1"?>
<!-- principal.xsl -->

 <xsl:stylesheet version="1.0"
                xmlns:xsl="http://www.w3.org/1999/XSL/Transform">

 <xsl:output method="html"/>

 <xsl:template match="xi:include" xmlns:xi="http://www.w3.org/2001/XInclude">
   <xsl:for-each select="document(@href,.)">
```

```
      <xsl:apply-templates/>
    </xsl:for-each>
  </xsl:template>

  <xsl:template match="ventesParVendeur">
    <html>
     <head>
      <title>Ventes par vendeur</title>
     </head>

     <body bgcolor="#FFFFFF" text="#000000">
     <xsl:apply-templates/>
          </body>
    </html>
  </xsl:template>

  <xsl:template match="vendeur">
    <h1><a name="{@nom}"><center>Ventes par vendeur</center></a></h1>
    <h2><xsl:value-of select="@nom"/></h2>
    <table border="1" cellpadding="3">
      <tbody>
        <tr>
          <th>Clé</th>
          <th>Ventes (en dollars)</th>
        </tr>
        <xsl:apply-templates />
      </tbody>
    </table>
    <div style="padding-top:1000"/>
  </xsl:template>

  <xsl:template match="produit">
     <tr>
       <td><xsl:value-of select="@clé"/></td>
       <td align="right"><xsl:value-of select="@ventesTotales"/></td>
     </tr>

  </xsl:template>

 </xsl:stylesheet>
```

Dans la feuille de style *principal.xsl*, on génère des ancres nommées pour chaque vendeur et on les sépare par un certain nombre d'espaces avec `<div style="padding-top:1000"/>`. On produit les liens dans *gauche.xsl*. Cette génération émule crûment le comportement de l'exemple multi-pages de la section « Solution ».

Pour aller plus loin

XSLT and XPath on the Edge de Jeni Tennison (M&T, 2001) contient une présentation détaillée du traitement XSLT côté client avec des cadres, qui montre comment créer des résultats plus sophistiqués avec JavaScript.

8.5 Créer des feuilles de style dépendantes des données

Problème

Vous voulez produire du HTML dont le style dépend du contenu.

Solution

Les jeux d'attributs de XSLT sont un bon moyen d'encapsuler la complexité de la conception de styles dépendants des données. Soit la description XML suivante d'un portefeuille d'actions :

```
<portefeuille>
  <action>
    <symbole>IBM</symbole>
    <actuel>72.70</actuel>
    <payé>65.00</payé>
    <nb>1000</nb>
  </action>
  <action>
    <symbole>JMAR</symbole>
    <actuel>1.90</actuel>
    <payé>5.10</payé>
    <nb>5000</nb>
  </action>
  <action>
    <symbole>DELL</symbole>
    <actuel>24.50</actuel>
    <payé>18.00</payé>
    <nb>100000</nb>
  </action>
  <action>
    <symbole>P</symbole>
    <actuel>57.33</actuel>
    <payé>63</payé>
    <nb>100</nb>
  </action>
</portefeuille>
```

Vous voulez afficher ce portefeuille dans un tableau, avec une colonne affichant les gains en noir et les pertes en rouge :

```
<?xml version="1.0" encoding="iso-8859-1"?> <xsl:stylesheet version="1.0"
xmlns:xsl="http://www.w3.org/1999/XSL/Transform">

  <xsl:output method="html"/>

  <xsl:attribute-set name="fonte-gain-perte">
    <xsl:attribute name="color">
      <xsl:choose>
        <xsl:when test="(actuel - payé) * nb &gt;= 0">black</xsl:when>
```

```
        <xsl:otherwise>red</xsl:otherwise>
      </xsl:choose>
    </xsl:attribute>
  </xsl:attribute-set>

<xsl:template match="portefeuille">
    <html>
     <head>
      <title>Mon portefeuille</title>
     </head>

     <body bgcolor="#FFFFFF" text="#000000">
      <h1>Portefeuille</h1>
      <table border="1" cellpadding="2">
        <tbody>
          <tr>
            <th>Symbole</th>
            <th>Actuel</th>
            <th>Payé</th>
            <th>Nombre</th>
            <th>Gain/Perte</th>
          </tr>
          <xsl:apply-templates/>
        </tbody>
      </table>
     </body>
    </html>
</xsl:template>

<xsl:template match="action">
  <tr>
    <td><xsl:value-of select="symbole"/></td>
    <td><xsl:value-of select="actuel"/></td>
    <td><xsl:value-of select="payé"/></td>
    <td><xsl:value-of select="nb"/></td>
    <td>
     <font xsl:use-attribute-sets="fonte-gain-perte">
      <xsl:value-of
        select="format-number((actuel - payé) * nb, '#,##0.00')"/>
     </font>
    </td>
  </tr>
</xsl:template>

</xsl:stylesheet>
```

Si la compatibilité avec les anciens navigateurs n'est pas un problème, vous pouvez rendre cet exemple plus propre en utilisant l'attribut `style` de HTML 4.0 au lieu de l'élément `font` :

```
  <xsl:attribute-set name="fonte-gain-perte">
    <xsl:attribute name="style">color:<xsl:text/>
      <xsl:choose>
```

```
        <xsl:when test="(actuel - payé) * nb >= 0">black</xsl:when>
        <xsl:otherwise>red</xsl:otherwise>
      </xsl:choose>
    </xsl:attribute>
  </xsl:attribute-set>
...

<xsl:template match="action">
  <tr>
    <td><xsl:value-of select="symbole"/></td>
    <td><xsl:value-of select="actuel"/></td>
    <td><xsl:value-of select="payé"/></td>
    <td><xsl:value-of select="nb"/></td>
    <!-- Utilisation de l'attribut style -->
    <td xsl:use-attribute-sets="fonte-gain-perte">
      <xsl:value-of
        select="format-number((actuel - payé) * nb, '#,##0.00')"/>
    </td>
  </tr>
</xsl:template>
```

Discussion

Comme c'est généralement le cas avec XSLT, vous pouvez résoudre ce problème de différentes façons. Vous auriez pu intégrer le traitement du style directement dans les balises de création du tableau :

```
<xsl:template match="action">
  <tr>
    <td><xsl:value-of select="symbole"/></td>
    <td><xsl:value-of select="actuel"/></td>
    <td><xsl:value-of select="payé"/></td>
    <td><xsl:value-of select="nb"/></td>
    <td>
      <font>
        <xsl:attribute name="color">
          <xsl:choose>
            <xsl:when test="(actuel - payé) * nb >= 0">black</xsl:when>
            <xsl:otherwise>red</xsl:otherwise>
          </xsl:choose>
        </xsl:attribute>
        <xsl:value-of
          select="format-number((actuel - payé) * nb, '#,##0.00')"/>
      </font>
    </td>
  </tr>
</xsl:template>
```

Bien que cette mise en ligne du calcul de la couleur puisse vous aider à comprendre ce qui se passe, elle complique la création du tableau. Un exemple plus complexe pourrait calculer les attributs de style pour de nombreux éléments : mélanger les aspects structurels de la feuille de style avec les aspects stylistiques rendra chacun d'eux plus difficile à comprendre et à modifier.

Vous pouvez toutefois objecter que le codage en dur des références d'élément dans les jeux d'attributs sont un handicap pour la réutilisabilité. Cependant, vous pouvez généralement remédier à ce problème en déplaçant simplement la logique de détermination de l'attribut en dehors du jeu d'attributs à l'aide de règles et de modes. Soit le portefeuille suivant, contenant différentes actions dont la rentabilité est calculée de plusieurs façons :

```
<portefeuille>
  <action>
    <symbole>IBM</symbole>
    <actuel>72.70</actuel>
    <payé>65.00</payé>
    <nb>1000</nb>
  </action>

  <action>
    <symbole>JMAR</symbole>
    <actuel>1.90</actuel>
    <payé>5.10</payé>
    <nb>5000</nb>
  </action>

  <action>
    <symbole>DELL</symbole>
    <actuel>24.50</actuel>
    <payé>18.00</payé>
    <nb>100000</nb>
  </action>

  <action>
    <symbole>P</symbole>
    <actuel>57.33</actuel>
    <payé>63.00</payé>
    <nb>100</nb>
  </action>

  <propriété>
    <adresse>123 Main St. Anytown NY</adresse>
    <payé>100000</payé>
    <évalué>250000</évalué>
  </propriété>

  <propriété>
    <adresse>13 Skunks Misery Dr. Stinksville NJ</adresse>
    <payé>200000</payé>
    <évalué>50000</évalué>
  </propriété>

</portefeuille>
```

Pour éviter de définir deux jeux d'attributs réalisant la même fonction, vous pouvez placer la logique dans des règles :

```
<?xml version="1.0" encoding="iso-8859-1"?>
<xsl:stylesheet version="1.0" xmlns:xsl="http://www.w3.org/1999/XSL/Transform">

   <xsl:output method="html"/>

   <xsl:attribute-set name="fonte-gain-perte">
     <xsl:attribute name="color">
       <xsl:apply-templates select="." mode="couleur-gain-perte"/>
     </xsl:attribute>
   </xsl:attribute-set>

  <xsl:template match="action" mode="couleur-gain-perte">
     <xsl:choose>
       <xsl:when test="(actuel - payé) * nb &gt;= 0">black</xsl:when>
       <xsl:otherwise>red</xsl:otherwise>
     </xsl:choose>
  </xsl:template>

  <xsl:template match="propriété" mode="couleur-gain-perte">
     <xsl:choose>
       <xsl:when test="évalué - payé  &gt;= 0">black</xsl:when>
       <xsl:otherwise>red</xsl:otherwise>
     </xsl:choose>
  </xsl:template>

 ...

  </xsl:stylesheet>
```

Incorporer des attributs purement stylistiques comme les couleurs, les fontes, etc. dans votre transformation XSLT vous posera peut-être problème. Ce n'est peut-être pas votre travail, mais celui d'un roi du style de votre société, de décider comment rendre au mieux les profits et les pertes. En ce cas, vous pouvez vous contenter de classer les éléments et déplacer les décisions sur les styles dans une feuille séparée :

```
<?xml version="1.0" encoding="iso-8859-1"?>
<xsl:stylesheet version="1.0"
xmlns:xsl="http://www.w3.org/1999/XSL/Transform">

   <xsl:output method="html"/>

   <xsl:attribute-set name="gain-perte">
     <xsl:attribute name="class">
       <xsl:apply-templates select="." mode="gain-perte"/>
     </xsl:attribute>
   </xsl:attribute-set>

  <xsl:template match="action" mode="gain-perte">
     <xsl:choose>
       <xsl:when test="(actuel - payé) * nb &gt;= 0">gain</xsl:when>
       <xsl:otherwise>perte</xsl:otherwise>
     </xsl:choose>
  </xsl:template>
```

```
  <xsl:template match="propriété" mode="gain-perte">
      <xsl:choose>
        <xsl:when test="évalué - payé  &gt;= 0">gain</xsl:when>
        <xsl:otherwise>perte</xsl:otherwise>
      </xsl:choose>
  </xsl:template>

  <xsl:template match="portefeuille">
     <html>
      <head>
       <title>Mon portefeuille</title>
       <link  rel="stylesheet"  type="text/css"  href="portefeuille.css"/>
      </head>

      ...
  </xsl:template>

 <xsl:template match="action">
   <tr>
     <td align="right"><xsl:value-of select="symbole"/></td>
     <td align="right"><xsl:value-of select="actuel"/></td>
     <td align="right"><xsl:value-of select="payé"/></td>
     <td align="right"><xsl:value-of select="nb"/></td>
     <td align="right" xsl:use-attribute-sets="gain-perte">
       <xsl:value-of
         select="format-number((actuel - payé) * nb, '#,##0.00')"/>
     </td>
   </tr>
 </xsl:template>

 <xsl:template match="propriété">
   <tr>
     <td><xsl:value-of select="adresse"/></td>
     <td align="right><xsl:value-of select="évalué"/></td>
     <td align="right><xsl:value-of select="payé"/></td>
     <td align="right xsl:use-attribute-sets="gain-perte">
       <xsl:value-of
         select="format-number((évalué - payé), '#,##0.00')"/>
     </td>
   </tr>
 </xsl:template>

  </xsl:stylesheet>
```

Le roi du style peut alors décider comment rendre `<td class="gain">` et `<td class="perte">` en utilisant un fichier *portefeuille.css* comme celui-ci :

Exemple 8-1. portefeuille.css

```
td.gain
{
     color:black;
```

```
}

td.perte
{
      color:red;
      font-weight:700;
}
```

8.6 Créer une transformation HTML autonome

Problème

Vous voulez empaqueter dans un unique fichier des données XML et la feuille de style pour les convertir en HTML.

Solution

Cette recette suppose que vous ayez un navigateur capable d'effectuer des transformations XSLT (MS-IE 6.0, MS-IE 5.x + MSXML 3.0, Netscape Navigator 6.0, etc.):

```
<?xml version="1.0" encoding="iso-8859-1"?>

<?xml-stylesheet type="application/xml" href="portefeuille-autonome.xslt"?>

<xsl:stylesheet version="1.0" xmlns:xsl="http://www.w3.org/1999/XSL/Transform"
  xmlns:pf="http://www.ora.com/XSLTCookbook/namespaces/portefeuille">

<portefeuille xmlns="http://www.ora.com/XSLTCookbook/namespaces/portefeuille">
   <action>
     <symbole>IBM</symbole>
     <actuel>72.70</actuel>
     <payé>65.00</payé>
     <nb>1000</nb>
   </action>
   <action>
     <symbole>JMAR</symbole>
     <actuel>1.90</actuel>
     <payé>5.10</payé>
     <nb>5000</nb>
   </action>
   <action>
     <symbole>DELL</symbole>
     <actuel>24.50</actuel>
     <payé>18.00</payé>
     <nb>100000</nb>
   </action>
   <action>
     <symbole>P</symbole>
     <actuel>57.33</actuel>
     <payé>63</payé>
     <nb>100</nb>
   </action>
```

```
</portefeuille>

<xsl:output method="html" />

  <xsl:attribute-set name="fonte-gain-perte">
    <xsl:attribute name="color">
      <xsl:choose>
        <xsl:when test="(pf:actuel - pf:payé) * pf:nb &gt;= 0">black</xsl:when>
        <xsl:otherwise>red</xsl:otherwise>
      </xsl:choose>
    </xsl:attribute>
  </xsl:attribute-set>

<xsl:template match="xsl:stylesheet">
  <xsl:apply-templates select="pf:portefeuille"/>
</xsl:template>

<xsl:template match="pf:portefeuille">
    <html>
     <head>
      <title>Mon Portefeuille</title>
     </head>

     <body bgcolor="#FFFFFF" text="#000000">
      <h1>Portefeuille</h1>
      <table border="1" cellpadding="2">
        <tbody>
          <tr>
            <th>Symbole</th>
            <th>Actuel</th>
            <th>Payé</th>
            <th>Nombre</th>
            <th>Gain/Perte</th>
          </tr>
          <xsl:apply-templates/>
        </tbody>
      </table>
     </body>
    </html>
</xsl:template>

<xsl:template match="pf:action">
  <tr>
    <td><xsl:value-of select="pf:symbole"/></td>
    <td><xsl:value-of select="pf:actuel"/></td>
    <td><xsl:value-of select="pf:payé"/></td>
    <td><xsl:value-of select="pf:nb"/></td>
    <td><font xsl:use-attribute-sets="fonte-gain-perte"><xsl:value-of select=
    "format-number((pf:actuel - pf:payé) * pf:nb, '#,##0.00')"/></font></td>
  </tr>
</xsl:template>
```

```
</xsl:stylesheet>
```

Cette feuille de style fonctionne grâce à deux éléments.

Le premier est l'instruction de traitement `xml-stylesheet`, qui indique au navigateur que la feuille de style associée au document qu'il a chargé est ce même document. Vous auriez également pu écrire `href=""` au lieu d'indiquer le nom du fichier : c'est plus pratique si vous le renommez un jour.

Le second est la règle qui correspond à l'élément `xsl:stylesheet` et qui redirige le traitement de la feuille de style vers les données XML internes. Dans ce cas, les éléments sont dans l'espace de noms *http://www.ora.com/XSLTCookbook/namespaces/portefeuille*.

Discussion

Cette recette ressemble un peu à un truc pour épater la galerie. Le mélange du contenu et du style va à l'encontre de l'esprit de la technologie XML/XSLT. Cependant, le fait de ne devoir fournir qu'un seul fichier peut s'avérer pratique : ne vous sentez donc pas coupable d'utiliser cette recette si elle correspond à vos besoins.

La méthode officielle pour obtenir ces résultats consiste à intégrer la feuille de style dans le document, plutôt que le contraire : pour plus de détails, consultez la page *http://www.w3.org/TR/xslt#section-Embedding-Stylesheets*. MS-IE ne reconnaît pas encore les feuilles de style intégrées, notre astuce permet donc de contourner ce problème.

Vous pouvez délivrer le contenu sous cette forme sans nécessairement l'écrire directement sous cette forme. La feuille de style suivante fusionne une feuille de style et un fichier XML pour produire un fichier autonome. Les deux seules restrictions sont que le XML doit se trouver dans un espace de noms et que la feuille de style ne doit pas commencer son traitement au nœud racine (/) :

```
<?xml version="1.0" encoding="iso-8859-1"?>
<xsl:stylesheet version="1.0" xmlns:xsl="http://www.w3.org/1999/XSL/Transform"
    xmlns:xso="bidon">

 <!-- Réutilise la transformation identique -->
 <xsl:import href="copie.xslt"/>

 <!-- Cette feuille de style produira un contenu de feuille de style,
 on utilise donc xso comme alias de xsl -->
 <xsl:namespace-alias stylesheet-prefix="xso" result-prefix="xsl"/>

 <xsl:output method="xml" version="1.0" encoding="iso-8859-1" indent="yes"/>

 <xsl:strip-space elements="*"/>
 <!-- Il est déconseillé d'ôter les espaces des noeuds texte -->
 <xsl:preserve-space elements="xsl:text"/>

 <!-- Le nom du fichier contenant les données XML -->
 <xsl:param name="fichier-données"/>
 <!-- Le nom du fichier résultat -->
 <xsl:param name="fichier-sortie"/>
```

```
  <xsl:template match="/">
    <!-- Insère l'instruction de traitement pour indiquer au navigateur
    que $fichier-sortie est la feuille de style -->
    <xsl:processing-instruction name="xml-stylesheet">
     <xsl:text>type="application/xml" href="</xsl:text>
     <xsl:value-of select="$fichier-sortie"/>"<xsl:text/>
    </xsl:processing-instruction>

   <xsl:apply-templates/>

  </xsl:template>

  <xsl:template match="xsl:stylesheet">

    <xsl:copy>
      <xsl:copy-of select="@*"/>

      <xsl:apply-templates/>

      <xso:template match="xsl:stylesheet">
        <xso:apply-templates select="{name(document($fichier-données)/*)}"/>
      </xso:template>

    <!-- Insère les données -->
    <xsl:copy-of select="document($fichier-données)"/>

    </xsl:copy>

  </xsl:template>

</xsl:stylesheet>
```

Vous pouvez utiliser cette feuille de style pour en produire une autre et ses données afin de former une transformation HTML autonome. La source doit être la feuille de style et `$fichier-données` est fourni en paramètre. Vous avez besoin d'un second paramètre, `$fichier-sortie`, pour permettre une génération correcte de l'instruction de traitement `xml-stylesheet`.

Avec Saxon, la génération pourra être lancée avec :

```
saxon -o autonome.xslt portefeuille.xslt autonomise.xslt
     fichier-données="portefeuille.xml"
     fichier-sortie="autonome.xslt"
```

Où *autonome.xslt* est le nom de la feuille de style résultante et *portefeuille.xslt* la feuille de style qui sera fusionnée avec *portefeuille.xml*.

8.7 Remplir un formulaire

Problème

Vous voulez fusionner des données XML dans un formulaire déjà créé avant de le transmettre au client.

Solution

Si vous utilisez XHTML ou tout autre HTML bien formé, XSLT vous permet de fusionner un document HTML avec des données d'un document XML. Dans cette recette, nous fusionnerons des données XML avec un formulaire HTML à champs fixes. Supposons, par exemple que le concepteur du site web de votre société ait créé un formulaire pour que les clients puissent acheter en ligne. Ce formulaire doit ajouter la TVA d'après l'État[1] choisi par les clients, lorsqu'ils entrent leur adresse de facturation. Comme les États pris en compte par votre société peuvent être amenés à changer, comme les taxes elles-mêmes, les coder en dur dans le formulaire n'est pas conseillé. En utilisant XSLT, vous pourriez plutôt faire en sorte que le serveur fusionne les données sur les taxes dans le formulaire, de façon dynamique.

Ces données pourraient être stockées (ou extraites d'une base de données) sous la forme suivante :

```
<taxes>
   <état>
     <nom>AL</nom>
     <taxe>4</taxe>
   </état>
   <état>
     <nom>AK</nom>
     <taxe>0</taxe>
   </état>
   <état>
     <nom>AZ</nom>
     <taxe>5.6</taxe>
   </état>

...

   <état>
     <nom>WY</nom>
     <taxe>4</taxe>
   </état>
 </taxes>
```

Le formulaire HTML à champs fixes pourrait être celui-ci :

```
<html>
   <head>
    <title>Commande</title>
    <script type="text/javascript" language="JavaScript">
    <!--     /* Initialise la taxe pour l'État par défaut */
    setTaxe(document.infosClient.étatFacture)

    /* Recalcule la taxe lorsque l'État change */
      function setTaxe(champ)
        {
```

1. NdT : Aux États-Unis, chaque État fixe et collecte la TVA.

```
        var valeur = new String(champ.value)
        var posVirgule = valeur.indexOf(",")
        var objTaxe = document.infosClient.taxe
        var taxe = valeur.substr(posVirgule + 1)
        var objSousTotal = document.infosClient.soustotal
        objTaxe.value = taxe
        document.infosClient.total.value =
            parseFloat(objSousTotal.value) +
            (parseFloat(objSousTotal.value) * parseFloat(tax) / 100.00)
      }
    -->
    </script>
  </head>

<body bgcolor="#FFFFFF" text="#000000">
<h1>Commande</h1>
<form name="infosClient" method="post" action="">
  <table width="70%" border="0" cellspacing="3" cellpadding="3">
    <tr>
      <td width="7%"> </td>
      <td width="32%">
        <div align="center"><b>Adresse de livraison</b></div>
      </td>
      <td width="20%"> </td>
      <td width="7%"> </td>
      <td width="34%">
        <div align="center"><b>Adresse de facturation</b></div>
      </td>
    </tr>
    <tr>
      <td width="7%">Nom</td>
      <td width="32%">
        <input type="text" name="nomLivraison" maxlength="40"
               size="50" border="0" align="absmiddle"/>
      </td>
      <td width="20%"> </td>
      <td width="7%">Nom</td>
      <td width="34%">
        <input type="text" name="nomFacture" maxlength="40"
               size="50" border="0" align="absmiddle"/>
      </td>
    </tr>
    <tr>
      <td width="7%">Adresse</td>
      <td width="32%">
        <input type="text" name="adrLivraison" maxlength="40"
               size="50" border="0" align="absmiddle"/>
      </td>
      <td width="20%"> </td>
      <td width="7%">Adresse</td>
      <td width="34%">
        <input type="text" name="adrFacture" maxlength="40"
```

```
            size="50" border="0" align="absmiddle"/>
    </td>
  </tr>
  <tr>
    <td width="7%">Ville</td>
    <td width="32%">
      <input type="text" name="villeLivraison" maxlength="40"
             size="50" border="0" align="absmiddle"/>
    </td>
    <td width="20%"> </td>
    <td width="7%">Ville</td>
    <td width="34%">
      <input type="text" name="villeFacture" maxlength="40"
             size="50" border="0" align="absmiddle"/>
    </td>
  </tr>
  <tr>
    <td width="7%">État</td>
    <td width="32%">
      <select name="étatLivraison" size="1" align="absmiddle">
      </select>
    </td>
    <td width="20%"> </td>
    <td width="7%">État</td>
    <td width="34%">
      <select name="étatFacture" size="1" align="absmiddle"
              onChange="setTaxe(this)">
      </select>
    </td>
  </tr>
  <tr>
    <td width="7%">C.P.</td>
    <td width="32%">
      <input type="text" name="cpLivraison" maxlength="10"
            size="15" border="0" align="absmiddle"/>
    </td>
    <td width="20%"> </td>
    <td width="7%">C.P.</td>
    <td width="34%">
      <input type="text" name="cpFacture" maxlength="10"
             size="15" border="0" align="absmiddle"/>
    </td>
  </tr>
  <tr>
    <td width="7%"> </td>
    <td width="32%"> </td>
    <td width="20%"> </td>
    <td width="7%"> </td>
    <td width="34%"> </td>
  </tr>
  <tr>
    <td width="7%"> </td>
```

```
        <td width="32%"> </td>
        <td width="20%"> </td>
        <td width="7%">Sous-total</td>
        <td width="34%">
          <input type="text" name="soustotal" readonly="1" value="100.00"/>
        </td>
      </tr>
      <tr>
        <td width="7%"> </td>
        <td width="32%"> </td>
        <td width="20%"> </td>
        <td width="7%">Taxe</td>
        <td width="34%">
          <input type="text" name="taxe" readonly="1"/>
        </td>
      </tr>
      <tr>
        <td width="7%"> </td>
        <td width="32%"> </td>
        <td width="20%"> </td>
        <td width="7%">Total</td>
        <td width="34%">
          <input type="text" name="total" readonly="1"/>
        </td>
      </tr>
    </table>
  </form>
  </body>
  </html>
```

La transformation est une fusion où l'action par défaut consiste à copier le contenu du formulaire vers la sortie (voir la recette 6-5). Lorsque l'on rencontre des éléments `select` pour les États de facturation et de livraison, les données sont insérées sous forme d'éléments `option`. Pour que cet exemple reste relativement simple, j'ai encodé le nom de l'État et la taxe dans l'attribut `value` de l'élément `option`, mais vous pourriez utiliser une recherche écrite en JavaScript.

```
<?xml version="1.0" encoding="iso-8859-1"?>
<xsl:stylesheet version="1.0" xmlns:xsl="http://www.w3.org/1999/XSL/Transform">

  <xsl:import href="exemple-6-1.xslt"/>

  <xsl:output method="html"/>

  <xsl:template match="html">
     <xsl:copy>
       <xsl:apply-templates/>
     </xsl:copy>
  </xsl:template>

  <xsl:template match="select[@name='étatLivraison' or @name='étatFacture']">
     <xsl:copy>
       <xsl:copy-of select="@*"/>
```

```
      <xsl:for-each select="document('taxes.xml')/taxes/état">
        <option value="{nom}',',{taxe}">
          <xsl:value-of select="nom"/>
        </option>
      </xsl:for-each>
    </xsl:copy>
  </xsl:template>

</xsl:stylesheet>
```

Discussion

Il est évident que d'autres technologies que XSLT (ASP et JSP viennent à l'esprit) sont peut-être mieux adaptées à l'exemple présenté ici. Cependant, deux aspects peuvent vous faire pencher en faveur d'une solution XSLT :

Vous remarquerez d'abord que le formulaire ne contient que du HTML standard : il n'y a aucun script intégré, que ce soit côté client ou côté serveur. Il y a un peu de script côté client, mais il aurait pu être inséré par la transformation XSLT. L'auteur du formulaire n'a pas besoin de connaître les techniques ou méthodes qui serviront à remplir ce formulaire lorsqu'il sera chargé à partir du serveur. En fait, l'auteur de la page web n'a absolument pas besoin d'avoir de compétences en programmation. De même, celui qui programme la transformation n'a pas besoin de s'y connaître en HTML ou en conception graphique[2] : il suffit qu'ils s'entendent sur le contenu et sur les conventions de nommage. Une solution utilisant une transformation pour produire du contenu dynamique fournit donc une vraie séparation entre les problèmes, absente des autres techniques.

Ensuite, une approche par transformation peut faire bien plus que simplement injecter du contenu : elle peut ôter ou réarranger un contenu existant sans polluer le code HTML par des incantations obscures.

Pour aller plus loin

Le temps et l'espace me manquent pour présenter les XForms dans ce livre, mais les lecteurs intéressés par ce sujet devraient vraiment étudier cette nouvelle technique (*http://www.w3.org/MarkUp/Forms/*). Le W3C décrit les XForms de la façon suivante :

> La conception actuelle des formulaires HTML ne sépare pas le but et la présentation d'un formulaire. Les XForms, par contre, sont formés de sections distinctes, qui décrivent ce que fait le formulaire, et quel est son aspect. Cela permet d'attacher les différentes présentations, dont les formulaires XHTML classiques, à une définition de formulaire XML avec une grande flexibilité.
>
> Les buts essentiels des XForms sont :
>
> - Le support des navigateurs portables, sur télévision et sur ordinateur de bureau, ainsi que des imprimantes et des scanners.

2. Cette phrase me décrit assez bien.

- Une interface utilisateur plus riche, convenant au besoin des applications métier et des utilisateurs, et permettant le contrôle des périphériques.
- Un découplage entre données, logique et présentation.
- Une meilleure internationalisation.
- Le support des formulaires à données structurées.
- Une logique sophistiquée pour les formulaires.
- Plusieurs formulaires par page, et pages par formulaire.
- Une possibilité d'interruption et de reprise.
- Une intégration simple avec les autres jeux de balises XML.

9

XML vers SVG

Vous trouverez des images partout. C'est simplement une façon de remarquer les choses et de les organiser.
Elliott Erwitt

Scalable Vector Graphics (*Graphiques vectoriels multi-résolutions*, noté SVG dans la suite) est un format graphique vectoriel encodé en XML, qui a le potentiel de révolutionner la façon dont le contenu graphique est distribué sur le Web. L'une des meilleures raisons de coder des graphiques en XML est de permettre aux transformations d'en produire. De cette façon, XSLT, qui n'a pas de capacités graphiques propres, est capable de produire des résultats visuels complexes, en laissant le travail de rendu au moteur SVG contenu dans un navigateur.

Ce chapitre part de l'hypothèse que le lecteur connaît déjà SVG, et présente quelques techniques souvent utilisées.

L'une des premières choses à savoir à propos d'un environnement graphique est la façon dont il organise son système de coordonnées. Après des années d'algèbre, de trigonométrie et d'analyse, la plupart des lecteurs trouvent que le système cartésien est le plus naturel. Dans ce système, la valeur de la coordonnée x augmente de la gauche vers la droite, alors que la valeur de la coordonnée y augmente du bas vers le haut du graphique. Hélas, SVG n'utilise pas cette convention, mais inverse la direction de l'axe des y de façon que le point (0,0) soit placé dans le coin en haut à gauche et que la coordonnée y augmente lorsqu'on se déplace vers le bas. Pour la plupart des applications, le système de coordonnées n'a pas de réelle importance. Cependant, pour les cas mettant en jeu une visualisation graphique des données, le système cartésien traditionnel est préférable, dans la mesure où presque tout le monde trouve son orientation de l'espace plus intuitive. SVG dispose d'un outil puissant pour transformer le système de coordonnées et l'adapter aux besoins des applications. Il utilise pour cela des translations, rotations et mises à l'échelle du système de coordonnées, qui s'appliquent soit à des lignes et formes individuelles soit à des groupes d'éléments graphiques. En particulier, vous pouvez choisir de travailler dans un système cartésien traditionnel en précisant la transformation suivante :

```
<g transform="translate(0,{$hauteur}) scale(1,-1)">
```

```
    <!-- Tout le contenu en coordonnées cartésiennes traditionnelles -->
</g>
```

Ici, `$hauteur` est la hauteur totale du graphique SVG, ou la coordonnée x maximale dans le groupe.

En dessinant des nuages de points, vous pouvez translater et mettre à l'échelle le système de coordonnées de façon qu'il corresponde aux différentes valeurs à visualiser :

```
<g transform="scale(1,{$hauteur div $max})">
    <!-- Tout le contenu en coordonnées cartésiennes -->
</g>
```

Dans cet exemple, on met à l'échelle la coordonnée y en fonction de `$hauteur` (la hauteur totale du graphique SVG) et de `$max` (la valeur maximale à tracer).

Convertir en coordonnées cartésiennes traditionnelles et mettre à l'échelle est très pratique pour dessiner des nuages de points, mais pose quelques problèmes lorsqu'on veut placer du texte à l'intérieur du graphique ainsi produit. Ce texte est alors représenté à l'envers à cause de la transformation des coordonnées, et distordu à cause du changement d'échelle. Il faut donc appliquer une transformation inverse au texte :

```
<svg:text x="{$PosX}"
          y="{$PosY}"
          transform="translate({$PosX},{$PosY})
                     scale(1,{-$max div $hauteur})
                     translate({-$PosX},{-$PosY})">
Du texte
</svg:text>
```

De telles transformations donnent le vertige, mais sont quelquefois la façon la plus simple d'atteindre le résultat recherché.

9.1 Transformer un modèle SVG existant

Problème

Vous voulez représenter des données graphiquement en modifiant une image SVG existante en fonction de vos données.

Solution

Imaginez que vous ayez besoin de visualiser des données dans un diagramme à barres. Vous pouvez envisager de créer une transformation XSLT qui construise complètement la représentation SVG du diagramme (voir la recette 9-2). Toutefois, pour ceux qui ne sont pas à l'aise avec les manipulations graphiques, cette tâche peut sembler trop complexe. Dans certains cas, cependant, les données à visualiser ont un nombre de points fixés. Dans ce cas, vous pouvez créer le graphique SVG à l'aide d'un programme quelconque, et l'utiliser comme un modèle qui sera modifié par XSLT en fonction des données que vous devez visualiser. Ce procédé simplifie considérablement la tâche.

Prenons comme exemple le diagramme à barres suivant :

```
<svg width="650" height="500">
```

```
<g id="axes" transform="translate(0 500) scale(1 -1)">
     <line id="axis-y" x1="30" y1="20" x2="30" y2="450"
          style="fill:none;stroke:rgb(0,0,0);stroke-width:2"/>
     <line id="axis-x" x1="30" y1="20" x2="460" y2="20"
          style="fill:none;stroke:rgb(0,0,0);stroke-width:2"/>
</g>
<g id="barres" transform="translate(30 479) scale(1 -430)">
     <rect x="30" y="0" width="50" height="0.25"
          style="fill:rgb(255,0,0);stroke:rgb(0,0,0);stroke-width:0"/>
     <rect x="100" y="0" width="50" height="0.5"
          style="fill:rgb(0,255,0);stroke:rgb(0,0,0);stroke-width:0"/>
     <rect x="170" y="0" width="50" height="0.75"
          style="fill:rgb(255,255,0);stroke:rgb(0,0,0);stroke-width:0"/>
     <rect x="240" y="0" width="50" height="0.9"
          style="fill:rgb(0,255,255);stroke:rgb(0,0,0);stroke-width:0"/>
     <rect x="310" y="0" width="50" height="1"
          style="fill:rgb(0,0,255);stroke:rgb(0,0,0);stroke-width:0"/>
</g>
<g id="échelle" transform="translate(29 60)">
     <text id="échelle1" x="0px" y="320px"
          style="text-anchor:end;fill:rgb(0,0,0);font-size:10;font-family:
          Arial">0.25</text>
     <text id="échelle2" x="0px" y="215px"
          style="text-anchor:end;fill:rgb(0,0,0);font-size:10;font-family:
          Arial">0.50</text>
     <text id="échelle3" x="0px" y="107.5px"
          style="text-anchor:end;fill:rgb(0,0,0);font-size:10;font-family:
          Arial">0.75</text>
     <text id="échelle4" x="0px" y="0px" style="text-anchor:end;fill:
          rgb(0,0,0);font-size:10;font-family:Arial">1.00</text>
</g>
<g id="clés">
     <rect id="clé1" x="430" y="80" width="25" height="15"
          style="fill:rgb(255,0,0);stroke:rgb(0,0,0);stroke-width:1"/>
     <rect id="clé2" x="430" y="100" width="25" height="15"
          style="fill:rgb(0,255,0);stroke:rgb(0,0,0);stroke-width:1"/>
     <rect id="clé3" x="430" y="120" width="25" height="15"
          style="fill:rgb(255,255,0);stroke:rgb(0,0,0);stroke-width:1"/>
     <rect id="clé5" x="430" y="140" width="25" height="15"
          style="fill:rgb(0,255,255);stroke:rgb(0,0,0);stroke-width:1"/>
     <rect id="clé4" x="430" y="160" width="25" height="15"
          style="fill:rgb(0,0,255);stroke:rgb(0,0,0);stroke-width:1"/>
     <text id="clé1-text" x="465px" y="92px"
         style="fill:rgb(0,0,0);font-size:18;font-family:Arial">clé1</text>
     <text id="clé2-text" x="465px" y="112px"
         style="fill:rgb(0,0,0);font-size:18;font-family:Arial">clé2</text>
     <text id="clé3-text" x="465px" y="132px"
         style="fill:rgb(0,0,0);font-size:18;font-family:Arial">clé3</text>
     <text id="clé4-text" x="465px" y="152px"
         style="fill:rgb(0,0,0);font-size:18;font-family:Arial">clé4</text>
     <text id="clé5-text" x="465px" y="172px"
         style="fill:rgb(0,0,0);font-size:18;font-family:Arial">clé5</text>
```

```
    </g>
    <g id="titre">
        <text x="325px" y="20px" style="text-anchor:middle;fill:rgb(0,0,0);font-
size:24;font-family:Arial">Titre</text>
    </g>
</svg>
```

Ce modèle est représenté dans la figure 9-1.

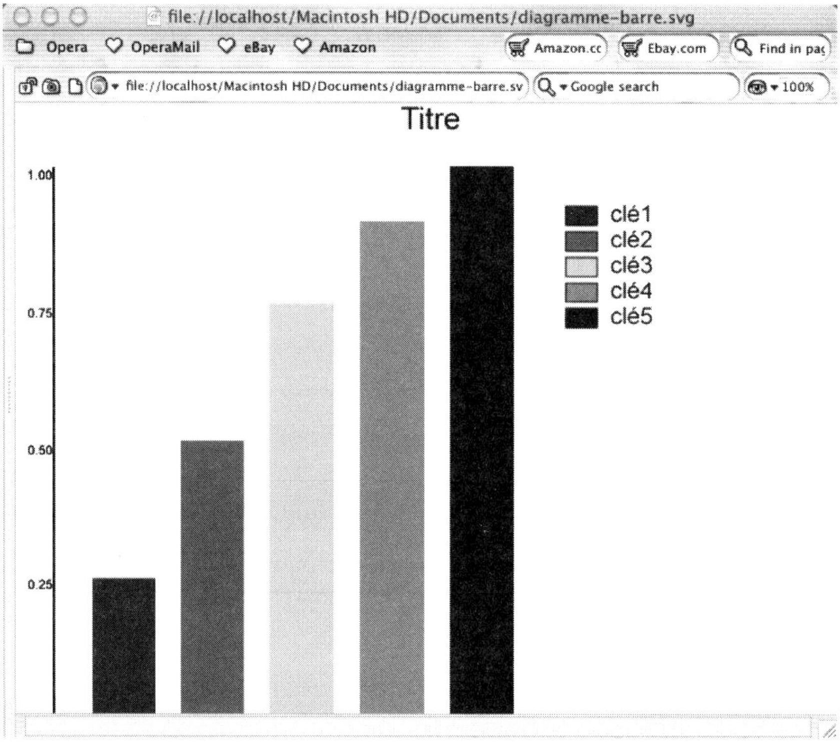

Figure 9-1. Un modèle SVG de diagramme à barres

Ce document SVG a été créé en suivant les recommandations suivantes :

Premièrement, vous saviez que vous alliez avoir besoin de cinq valeurs, et avez donc créé cinq barres. Vous avez placé les barres dans un groupe SVG avec `id="barres"`. Vous avez ensuite fait quelque chose de très important : vous avez transformé le système de coordonnées des barres de façon que la hauteur des barres représente la valeur à visualiser. En particulier, vous avez utilisé `transform="translate(30 479) scale(1 -430)"`. L'opération `translate` déplace l'origine des barres sur l'origine des axes. L'opération `transform` inverse et met à l'échelle l'axe des y de façon qu'un attribut `height="1"` crée une barre de hauteur maximale. La valeur négative réalise l'inversion, et 430 réalise la mise à l'échelle (la valeur 430 provient de la longueur de l'axe des y). La valeur `scale(1,-1)` dans l'attribut `transform` est simplement un exemple qui fonctionne bien pour les données du modèle, mais qui sera remplacée par une valeur appropriée quand votre feuille de style traitera les données réelles.

Deuxièmement, vous avez créé une légende factice à l'intérieur d'un groupe SVG avec `id="clés"`. Vous vous êtes assuré que les éléments de la légende étaient ordonnés de façon à correspondre à l'ordre des barres. Votre transformation va se baser sur cet ordre pour remplir le graphe correctement.

Troisièmement, vous avez créé quatre éléments de texte, espacés de façon appropriée, qui représentent l'échelle de l'axe des y, à l'intérieur d'un groupe avec `id="échelle"`. Vous avez donné à chaque nœud de texte un ID avec un suffixe numérique qui représente le nombre de quarts que sa position désigne. Par exemple, l'élément de texte 0.50 a `id="échelle2"` parce qu'il se place à la position 2/4 (ou 1/2) sur l'échelle. Votre feuille de style va utiliser le nombre lorsqu'elle modifiera l'échelle en fonction de vos données.

Quatrièmement, vous avez créé un élément de texte représentant le titre, également placé dans un groupe. Ce texte est placé au centre horizontal du graphique, ce qui signifie qu'il restera au centre lorsque vous le remplacerez par le titre véritable.

Le fait d'avoir placé chaque composant majeur du diagramme à barres SVG dans un groupe simplifie la feuille de style, qui peut charger le diagramme avec des données réelles.

Les données à visualiser dans un diagramme à barres sont les résultats des ventes des cinq produits les plus vendus de votre entreprise :

```
<ventes description="Les 5 meilleures ventes (en euros)">
  <produit nom="Pistolet à gaufres">
    <ventes multiple="1000" monnaie="EUR">70</ventes>
  </produit>  <produit nom="Repasse-limaces">
    <ventes multiple="1000" monnaie="EUR">880</ventes>
  </produit>
  <produit nom="Ratatine ordures">
    <ventes multiple="1000" monnaie="EUR">1000</ventes>
  </produit>
  <produit nom="Coupe-friture">
    <ventes multiple="1000" monnaie="EUR">532</ventes>
  </produit>
  <produit nom="Chauffe-savates">
    <ventes multiple="1000" monnaie="EUR">100</ventes>
  </produit>
</ventes>
```

La feuille de style fusionne le modèle SVG avec ce fichier de données pour créer un diagramme à barres de ces données :

```
<xsl:stylesheet version="1.0" xmlns:xsl="http://www.w3.org/1999/XSL/Transform"
  xmlns:math="http://www.exslt.org/math"
  exclude-result-prefixes="math">

<!-- Par défaut, copier le SVG en sortie -->
<xsl:import href="copie.xslt"/>

<!-- On a besoin de trouver la valeur maximale des données -->
<!-- qu'on utilisera pour mettre à l'échelle -->
<xsl:include href="../math/math.max.xslt"/>
```

```
<!-- Le nom du fichier de données est un paramètre -->
<xsl:param name="fichier-données"/>

<!-- Le résultat sera un document SVG, contenant une référence à la DTD SVG -->
<xsl:output method="xml" version="1.0" encoding="iso-8859-1" indent="yes"
  doctype-public="-//W3C//DTD SVG 1.0/EN"
  doctype-system="http://www.w3.org/TR/2001/REC-SVG-20010904/DTD/svg10.dtd"/>

<!-- On charge les données dans une variable (en ensemble de noeuds) -->
<!-- pour faciliter l'accès -->
<xsl:variable name="valeurs-barres"
select="document($fichier-données)/*/*/ventes"/>

<!-- On charge les noms de chaque barre dans une variable également -->
<xsl:variable name="noms-barres" select="document($fichier-données)/*/*/@nom"/>

<!-- On détermine la valeur maximale -->
<xsl:variable name="données-max">
  <xsl:call-template name="math:max">
    <xsl:with-param name="nodes" select="$valeurs-barres"/>
  </xsl:call-template>
</xsl:variable>

<!-- Pour des raisons purement esthétiques on met le diagramme à -->
<!-- l'échelle de façon que la valeur maximale acceptable soit -->
<!-- de 10% supérieure à la véritable valeur maximale. -->
<xsl:variable name="barre-max" select="$données-max + $données-max div 10"/>

<!-- Puisque nous avons donné un nom à chaque composant du diagramme, -->
<!-- il est facile de construire notre feuille de style de façon à -->
<!-- traiter chaque groupe, et à y réaliser la transformation appropriée -->

<!-- On copie le groupe "échelle" en remplaçant les valeurs du texte -->
<!-- par des valeurs correspondant aux données. On utilise la partie -->
<!-- numérique de l'id pour créer des multiples corrects de 0.25 -->

<xsl:template match="g[@id='échelle']">
  <xsl:copy>
    <xsl:copy-of select="@*"/>
    <xsl:for-each select="text">
      <xsl:copy>
      <xsl:copy-of select="@*"/>
            <xsl:variable name="facteur"
            select="substring-after(@id,'échelle') * 0.25"/>
            <xsl:value-of select="$facteur * $barre-max"/>
        </xsl:copy>
    </xsl:for-each>
  </xsl:copy>
</xsl:template>

<!-- Pour le composant "légende", on remplace seulement les valeurs du texte -->
```

```
<xsl:template match="g[@id='clés']">
  <xsl:copy>
    <xsl:copy-of select="@*"/>
    <xsl:apply-templates select="rect"/>
    <xsl:for-each select="text">
    <xsl:variable name="pos" select="position()"/>
    <xsl:copy>
      <xsl:copy-of select="@*"/>
      <xsl:value-of select="$noms-barres[$pos]"/>
    </xsl:copy>
    </xsl:for-each>
  </xsl:copy>
</xsl:template>

<!-- On remplace le titre par une description extraite des données. -->
<!-- On aurait aussi pu passer le titre en paramètre. -->
<xsl:template match="g[@id='titre']">
  <xsl:copy>
    <xsl:copy-of select="@*"/>
    <xsl:for-each select="text">
      <xsl:copy>
        <xsl:copy-of select="@*"/>
        <xsl:value-of select="document($fichier-données)/*/@description"/>
      </xsl:copy>
    </xsl:for-each>
  </xsl:copy>
</xsl:template>

<!-- Les barres sont créées en -->
<!-- 1) remplaçant l'attribut transform de façon à mettre à l'échelle -->
<!-- 2) plaçant les valeurs dans la hauteur des barres -->
<xsl:template match="g[@id='barres']">
<xsl:copy>
  <xsl:copy-of select="@id"/>
  <xsl:attribute name="transform">
    <xsl:value-of select="concat('translate(60 479) scale(1 ',
    -430 div $barre-max,')')"/>
  </xsl:attribute>
  <xsl:for-each select="rect">
    <xsl:variable name="pos" select="position()"/>
    <xsl:copy>
      <xsl:copy-of select="@*"/>
      <xsl:attribute name="height">
        <xsl:value-of select="$valeurs-barres[$pos]"/>
      </xsl:attribute>
    </xsl:copy>
  </xsl:for-each>
 </xsl:copy>
</xsl:template>

</xsl:stylesheet>
```

Lorsque vous appliquez cette feuille de style au modèle SVG, elle produit le diagramme de la figure 9-2.

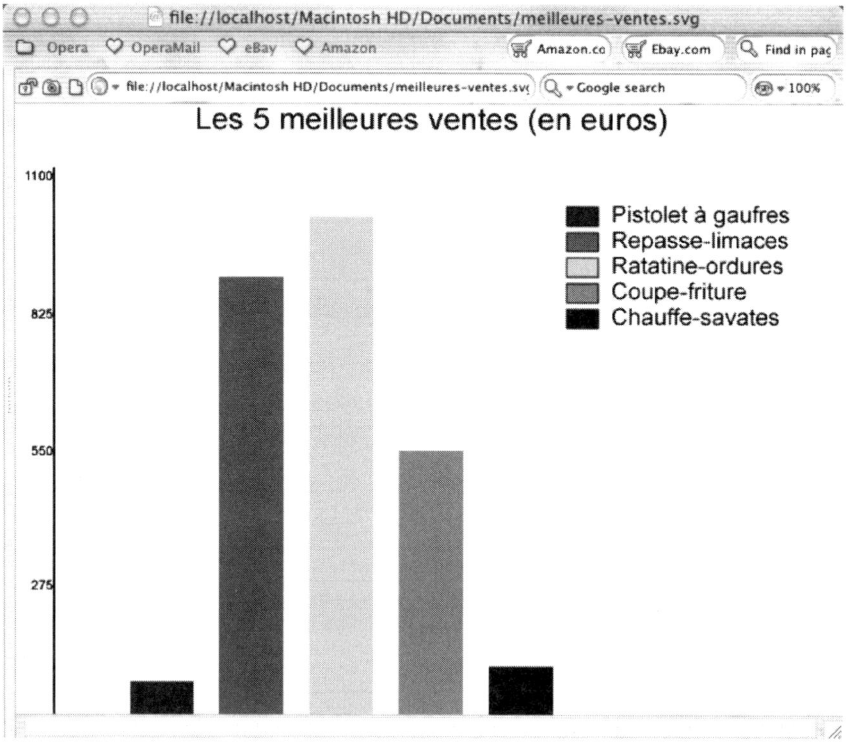

Figure 9-2. Un diagramme à barres SVG généré à l'aide XSLT

Discussion

Créer directement du SVG à partir de données nécessite en général beaucoup de manipulations mathématiques, d'essais et d'erreurs, et peut provoquer une certaine frustration, en particulier si les manipulations graphiques ne sont pas votre tasse de thé. Cette recette propose une façon d'éviter ce problème, par l'utilisation d'un modèle SVG mis au point visuellement plutôt que par la programmation. De plus, les facilités de transformation géométrique de SVG ont été utilisées pour simplifier la conversion de données en graphique.

Bien sûr, cette recette présente quelques limitations évidentes.

Premièrement, vous devez connaître au préalable le nombre de données à représenter. Un mécanisme de construction de graphiques à barres plus général permettrait de calculer ce nombre et de répartir les barres automatiquement, en inspectant les données au moment de la transformation. Vous pouvez résoudre partiellement ce problème en créant un modèle SVG comportant, par exemple, dix barres, et en supprimant ensuite celles dont vous n'avez pas besoin. Cette astuce aura des conséquences sur l'esthétique du résultat, parce qu'il est évident que de larges espaces apparaîtront dans le cas où vous placez deux données dans un diagramme prévu initialement pour dix.

Deuxièmement, bien que vous puissiez créer des graphiques plus élaborés que cet exemple simple, cette technique est limitée à une transformation linéaire des amplitudes. Par exemple, il n'est pas évident que vous puissiez facilement utiliser cette approche pour produire des camemberts, car modifier la surface d'une tranche n'est pas possible en changeant simplement la valeur d'un attribut.

Une troisième limitation de cette approche vient du fait que les données d'entrée, le modèle SVG et la feuille de style ont tendance à être fortement couplées. Ainsi, chaque fois que vous utiliserez cette technique, vous allez devoir créer un nouveau modèle SVG et une nouvelle feuille de style. À la longue, cela demandera plus de temps que de développer une solution générique dès le départ.

Malgré ses inconvénients, cet exemple présente un intérêt certain, parce qu'il fournit un bon point de départ pour quelqu'un qui apprend à exploiter les possibilités de SVG. En particulier, il permet de passer par un éditeur SVG pour régler l'alignement, la répartition et les proportions du graphique.

9.2 Créer des utilitaires réutilisables pour les diagrammes et les graphiques

Problème

Vous voulez créer une bibliothèque de générateurs de SVG qui puissent être combinés et intégrés à des applications qui prévoient de présenter graphiquement des données.

Solution

Si vous prévoyez de générer un nombre significatif de documents SVG à l'aide de XSLT, il est utile de développer une bibliothèque de règles qui produisent des composants graphiques, lesquels peuvent être combinés. Cette section présente plusieurs composants qui peuvent représenter graphiquement des données.

Génération des axes

Cet exemple présente un ensemble général de règles capables de générer des axes horizontaux et verticaux gradués :

```
<!-- Dessiner un axe des x gradué -->
<xsl:template name="svgu:AxeX">
    <xsl:param name="min"
               select="0"/>
  <!-- coordonnée x minimale -->
    <xsl:param name="max"
               select="100"/>
 <!-- coordonnée x maximale -->
    <xsl:param name="déplX"
               select="0"/>
  <!-- déplacement par rapport à l'axe des abscisses -->
```

```
      <xsl:param name="déplY"
                 select="0"/>
    <!-- déplacement par rapport à l'axe des ordonnées -->
      <xsl:param name="largeur"
                 select="500"/>
  <!-- largeur de la surface de dessin -->
      <xsl:param name="hauteur"
                 select="500"/>
  <!-- hauteur de la surface de dessin -->
      <xsl:param name="gradMajeures"
                 select="10"/>
     <!-- nombre de graduations majeures -->
      <xsl:param name="gradMajeureBas"
                 select="4"/>
      <!-- longueur du bas d'une graduation majeure -->
      <xsl:param name="gradMajeureHaut"
                 select="$gradMajeureBas"/>
  <!-- longueur du haut d'une graduation majeure -->
      <xsl:param name="étiqMajeure"
                 select="true()"/>
  <!-- étiqueter les graduations majeures ? -->
      <xsl:param name="gradMineures"
                 select="4"/>
      <!-- nombre de graduations mineures
                                       entre deux graduations majeures -->
      <xsl:param name="gradMineureBas"
                 select="2"/>
      <!-- longueur du bas d'une graduation mineure -->
      <xsl:param name="gradMineureHaut"
                 select="$gradMineureBas"/>
  <!-- longueur du haut d'une graduation mineure -->
      <xsl:param name="contexte"/>
    <!-- indicateur de contexte à la disposition de l'utilisateur. -->

      <!-- Calculer le domaine et le facteur d'échelle -->
      <xsl:variable name="domaine" select="$max - $min"/>
      <xsl:variable name="échelle" select="$largeur div $domaine"/>

      <!-- Établir un repère cartésien avec un déplacement et un -->
      <!-- facteur d'échelle corrects -->
      <svg:g transform="translate({$déplX},{$déplY+$hauteur})
                  scale({$échelle},-1) translate({$min},0)">
        <!-- Tracer une ligne pour l'axe -->
        <svg:line x1="{$min}" y1="0" x2="{$max}"  y2="0">
          <xsl:attribute name="style">
           <!-- Appeler une règle redéfinissable pour -->
           <!-- déterminer le style de l'axe -->
            <xsl:call-template name="styleAxeX">
              <xsl:with-param name="contexte" select="$contexte"/>
            </xsl:call-template>
          </xsl:attribute>
        </svg:line>
```

```
        <!-- Dessiner graduations et étiquettes -->
        <xsl:call-template name="svgu:graduations">
          <xsl:with-param name="xMajeur1" select="$min"/>
          <xsl:with-param name="yMajeur1" select="$gradMajeureHaut"/>
          <xsl:with-param name="xMajeur2" select="$min"/>
          <xsl:with-param name="yMajeur2" select="-$gradMajeureBas"/>
          <xsl:with-param name="étiqMajeure" select="$étiqMajeure"/>
          <xsl:with-param name="fréquence" select="$gradMineures"/>
          <xsl:with-param name="xMineur1" select="$min"/>
          <xsl:with-param name="yMineur1" select="$gradMineureHaut"/>
          <xsl:with-param name="xMineur2" select="$min"/>
          <xsl:with-param name="yMineur2" select="-$gradMineureBas"/>
          <xsl:with-param name="nbGrad"
                          select="$gradMajeures * $gradMineures + 1"/>
          <xsl:with-param name="xIncr"
               select="($max - $min) div ($gradMajeures * $gradMineures)"/>
          <xsl:with-param name="échelle" select="1 div $échelle"/>
        </xsl:call-template>
      </svg:g>

    </xsl:template>

   <xsl:template name="svgu:AxeY">
      <xsl:param name="min"
                 select="0"/>
    <!-- coordonnée y minimale -->
      <xsl:param name="max"
                 select="100"/>
  <!-- coordonnée y maximale -->
      <xsl:param name="déplX"
                 select="0"/>
    <!-- déplacement par rapport à l'axe des abscisses -->
      <xsl:param name="déplY"
                 select="0"/>
    <!-- déplacement par rapport à l'axe des ordonnées -->
      <xsl:param name="largeur"
                 select="500"/>
  <!-- largeur de la surface de dessin -->
      <xsl:param name="hauteur"
                 select="500"/>
  <!-- hauteur de la surface de dessin -->
      <xsl:param name="gradMajeures"
                 select="10"/>
      <!-- nombre de graduations majeures -->
      <xsl:param name="gradMajeureGauche"
                 select="4"/>
      <!-- longueur de la gauche d'une graduation majeure -->
      <xsl:param name="gradMajeureDroite"
                 select="$gradMajeureBas"/>
  <!-- longueur de la droite d'une graduation majeure -->
      <xsl:param name="étiqMajeure"
```

```
                select="true()"/>
<!-- étiqueter les graduations majeures -->
     <xsl:param name="gradMineures"
                select="4"/>
     <!-- nombre de graduations mineures
                                        entre deux graduations majeures -->
     <xsl:param name="gradMineureGauche"
                select="2"/>
     <!-- longueur de la gauche d'une graduation mineure -->
     <xsl:param name="gradMineureDroite"
                select="$gradMineureBas"/>
<!-- longueur de la droite d'une graduation mineure -->
     <xsl:param name="contexte"/>
  <!-- indicateur de contexte à la disposition de l'utilisateur -->

     <xsl:param name="gradMajeureGauche"
                select="4"/>
     <xsl:param name="gradMajeureDroite"
                select="$gradMajeureGauche"/>
     <xsl:param name="gradMineureGauche"
                select="2"/>
     <xsl:param name="gradMineureDroite"
                select="$gradMineureGauche"/>

     <!-- Calculer le domaine et le facteur d'échelle -->
     <xsl:variable name="domaine" select="$max - $min"/>
     <xsl:variable name="échelle" select="$hauteur div $domaine"/>

      <!-- Établir un repère cartésien avec un déplacement et un -->
     <!-- facteur d'échelle corrects -->
     <svg:g transform="translate({$déplX},{$déplY+$hauteur})
                   scale(1,{-$échelle}) translate(0,{-$min})">
       <svg:line x1="0" y1="{$min}" x2="0"  y2="{$max}">
         <xsl:attribute name="style">
           <xsl:call-template name="styleAxeY">
             <xsl:with-param name="contexte" select="$contexte"/>
           </xsl:call-template>
         </xsl:attribute>
       </svg:line>

       <xsl:call-template name="svgu:graduations">
         <xsl:with-param name="xMajeur1" select="-$gradMajeureGauche"/>
         <xsl:with-param name="yMajeur1" select="$min"/>
         <xsl:with-param name="xMajeur2" select="$gradMajeureDroite"/>
         <xsl:with-param name="yMajeur2" select="$min"/>
         <xsl:with-param name="étiqMajeure" select="$étiqMajeure"/>
         <xsl:with-param name="fréquence" select="$gradMineures"/>
         <xsl:with-param name="xMineur1" select="-$gradMineureGauche"/>
         <xsl:with-param name="yMineur1" select="$min"/>
         <xsl:with-param name="xMineur2" select="$gradMineureDroite"/>
         <xsl:with-param name="yMineur2" select="$min"/>
         <xsl:with-param name="nbGrad"
```

```
                    select="$gradMajeures * $gradMineures + 1"/>
    <xsl:with-param name="yIncr"
         select="($max - $min) div ($gradMajeures * $gradMineures)"/>
    <xsl:with-param name="échelle" select="1 div $échelle"/>
  </xsl:call-template>
 </svg:g>

</xsl:template>

<!-- Template récursif pour tracer les graduations et les étiquettes -->
<xsl:template name="svgu:graduations">
  <xsl:param name="xMajeur1" />
  <xsl:param name="yMajeur1" />
  <xsl:param name="xMajeur2" />
  <xsl:param name="yMajeur2" />
  <xsl:param name="étiqMajeure"/>
  <xsl:param name="fréquence" />
  <xsl:param name="xMineur1" />
  <xsl:param name="yMineur1" />
  <xsl:param name="xMineur2" />
  <xsl:param name="yMineur2" />
  <xsl:param name="nbGrad" select="0"/>
  <xsl:param name="xIncr" select="0"/>
  <xsl:param name="yIncr" select="0"/>
  <xsl:param name="i" select="0"/>
  <xsl:param name="échelle"/>
  <xsl:param name="contexte"/>

  <xsl:if test="$i &lt; $nbGrad">
    <xsl:choose>
      <!-- Il est temps de dessiner une graduation majeure -->
      <xsl:when test="$i mod $fréquence = 0">
        <svg:line x1="{$xMajeur1}" y1="{$yMajeur1}"
              x2="{$xMajeur2}" y2="{$yMajeur2}">
        </svg:line>
        <xsl:if test="$étiqMajeure">
          <xsl:choose>
```

Cette partie du code affiche les graduations sur l'axe des x et l'axe des y. Cet exemple code en dur la chaîne de format, pour éviter un paramètre supplémentaire. Bien sûr vous pouvez envisager de passer un paramètre, ou de transmettre la valeur à une autre règle pour la mise en forme :

```
            <!-- Graduer l'axe des abscisses -->
             <xsl:when test="$xIncr > 0">
               <!-- L'étiquette doit compenser la transformation -->
               <svg:text x="{$xMajeur1}" y="{$yMajeur2}"
                     transform="translate({$xMajeur1},{$yMajeur2})
                                scale({$échelle},-1)
                                translate({-$xMajeur1},{-$yMajeur2})">
                         <xsl:attribute name="style">
                           <xsl:call-template name="styleEtiquetteAxeX">
                             <xsl:with-param name="contexte"
```

```
                                    select="$contexte"/>
                     </xsl:call-template>
                   </xsl:attribute>
                <!-- Le format de l'étiquette devrait être un paramètre -->
                <xsl:value-of select="format-number($xMajeur1,'#0.0')"/>
              </svg:text>
            </xsl:when>
           <!-- Graduer l'axe des y -->
            <xsl:otherwise>
              <svg:text x="{$xMajeur1}" y="{$yMajeur1}"
                      transform="translate({$xMajeur1},{$yMajeur1})
                      scale(1,{-$échelle})
                      translate({-$xMajeur1},{-$yMajeur1})">
                <xsl:attribute name="style">
                  <xsl:call-template name="styleEtiquetteAxeY">
                    <xsl:with-param name="contexte" select="$contexte"/>
                  </xsl:call-template>
                </xsl:attribute>
                <xsl:value-of select="format-number($yMajeur1,'#0.0')"/>
              </svg:text>
            </xsl:otherwise>
          </xsl:choose>
        </xsl:if>
      </xsl:when>
       <!-- Il est temps de dessiner une graduation mineure -->
      <xsl:otherwise>
        <svg:line x1="{$xMineur1}" y1="{$yMineur1}"
              x2="{$xMineur2}" y2="{$yMineur2}">
        </svg:line>
      </xsl:otherwise>
    </xsl:choose>

     <!-- Appel récursif pour la graduation suivante -->
    <xsl:call-template name="svgu:graduations">
      <xsl:with-param name="xMajeur1" select="$xMajeur1 + $xIncr"/>
      <xsl:with-param name="yMajeur1" select="$yMajeur1 + $yIncr"/>
      <xsl:with-param name="xMajeur2" select="$xMajeur2 + $xIncr"/>
      <xsl:with-param name="yMajeur2" select="$yMajeur2 + $yIncr"/>
      <xsl:with-param name="étiqMajeure" select="$étiqMajeure"/>
      <xsl:with-param name="fréquence" select="$fréquence"/>
      <xsl:with-param name="xMineur1" select="$xMineur1 + $xIncr"/>
      <xsl:with-param name="yMineur1" select="$yMineur1 + $yIncr"/>
      <xsl:with-param name="xMineur2" select="$xMineur2 + $xIncr"/>
      <xsl:with-param name="yMineur2" select="$yMineur2 + $yIncr"/>
      <xsl:with-param name="nbGrad" select="$nbGrad"/>
      <xsl:with-param name="xIncr" select="$xIncr"/>
      <xsl:with-param name="yIncr" select="$yIncr"/>
      <xsl:with-param name="i" select="$i + 1"/>
      <xsl:with-param name="échelle" select="$échelle"/>
      <xsl:with-param name="contexte" select="$contexte"/>
    </xsl:call-template>
  </xsl:if>
```

```
</xsl:template>

<!-- Redéfinir cette règle pour changer le style de l'axe des abscisses -->
<xsl:template name="styleAxeX">
  <xsl:param name="contexte"/>
   <xsl:text>stroke-width:0.5;stroke:black</xsl:text>
</xsl:template>

<!-- Redéfinir cette règle pour changer le style de l'axe des ordonnées -->
<xsl:template name="styleAxeY">
  <xsl:param name="contexte"/>
   <xsl:text>stroke-width:0.5;stroke:black</xsl:text>
</xsl:template>

<!-- Redéfinir cette règle pour changer le style des étiquettes de l'axe des
     abscisses -->
<xsl:template name="styleEtiquetteAxeX">
  <xsl:param name="contexte"/>
  <xsl:text>text-anchor:middle; font-size:8;
           baseline-shift:-110%</xsl:text>
</xsl:template>

<!-- Redéfinir cette règle pour changer le style des étiquettes de l'axe des
     ordonnées -->
<xsl:template name="styleEtiquetteAxeY">
  <xsl:param name="contexte"/>
  <xsl:text>text-anchor:end;font-size:8;baseline-shift:-50%</xsl:text>
</xsl:template>
```

Cette feuille XSLT produit des axes des abscisses et des ordonnées avec des graduations majeures et mineures, ainsi qu'une numérotation :

```
<xsl:stylesheet version="1.0"
  xmlns:xsl="http://www.w3.org/1999/XSL/Transform"
  xmlns:svg="http://www.w3.org/2000/svg"
  xmlns:svgu="http://www.ora.com/XSLTCookbook/ns/svg-utils"
  xmlns:test="http://www.ora.com/XSLTCookbook/ns/test"
  exclude-result-prefixes="svgu test">

  <xsl:import href="svg-utils.xslt"/>

  <xsl:output method="xml" version="1.0" encoding="UTF-8" indent="yes"
    doctype-public="-//W3C//DTD SVG 1.0/EN"
    doctype-system="http://www.w3.org/TR/2001/REC-SVG-20010904/DTD/svg10.dtd"/>

  <xsl:variable name="largeur" select="300"/>
  <xsl:variable name="hauteur" select="300"/>
  <xsl:variable name="largeur-utile" select="$largeur * 0.8"/>
  <xsl:variable name="hauteur-utile" select="$hauteur * 0.8"/>
  <xsl:variable name="déplX" select="($largeur - $largeur-utile) div 2"/>
  <xsl:variable name="déplY" select="($hauteur - $hauteur-utile) div 2"/>
```

```
  <xsl:template match="/">

    <svg:svg width="{$largeur}" height="{$hauteur}">

     <xsl:call-template name="svgu:AxeX">
       <xsl:with-param name="min" select="0"/>
       <xsl:with-param name="max" select="10"/>
       <xsl:with-param name="déplX" select="$déplX"/>
       <xsl:with-param name="déplY" select="$déplY"/>
       <xsl:with-param name="largeur" select="$largeur-utile"/>
       <xsl:with-param name="hauteur" select="$hauteur-utile"/>
     </xsl:call-template>

     <xsl:call-template name="svgu:AxeY">
       <xsl:with-param name="min" select="0"/>
       <xsl:with-param name="max" select="10"/>
       <xsl:with-param name="déplX" select="$déplX"/>
       <xsl:with-param name="déplY" select="$déplY"/>
       <xsl:with-param name="largeur" select="$largeur-utile"/>
       <xsl:with-param name="hauteur" select="$hauteur-utile"/>
     </xsl:call-template>

    </svg:svg>

  </xsl:template>

</xsl:stylesheet>
```

Cette règle produit les axes qui apparaissent dans la figure 9-3.

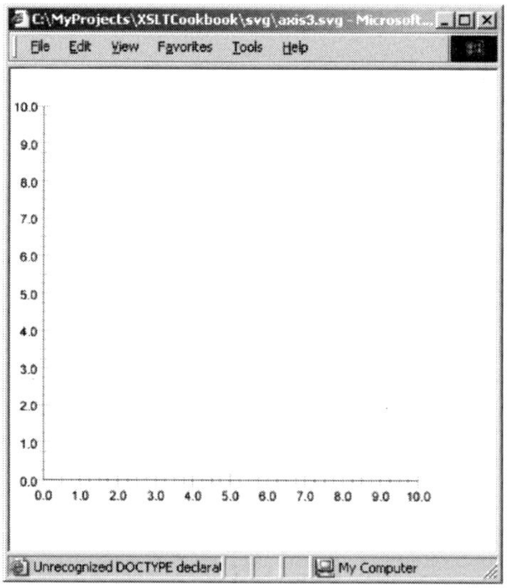

Figure 9-3. Un ensemble d'axes SVG réutilisable

En prolongeant les graduations majeures sur toute la longueur ou la hauteur du graphe, vous pouvez créer une grille, comme dans la figure 9-4.

```
<xsl:call-template name="svgu:AxeX">
  <xsl:with-param name="min" select="0"/>
  <xsl:with-param name="max" select="10"/>
  <xsl:with-param name="déplX" select="$déplX"/>
  <xsl:with-param name="déplY" select="$déplY"/>
  <xsl:with-param name="largeur" select="$largeur-utile"/>
  <xsl:with-param name="hauteur" select="$hauteur-utile"/>
  <xsl:with-param name="gradMajeureHaut" select="$hauteur-utile"/>
</xsl:call-template>

<xsl:call-template name="svgu:AxeY">
  <xsl:with-param name="min" select="0"/>
  <xsl:with-param name="max" select="10"/>
  <xsl:with-param name="déplX" select="$déplX"/>
  <xsl:with-param name="déplY" select="$déplY"/>
  <xsl:with-param name="largeur" select="$largeur-utile"/>
  <xsl:with-param name="hauteur" select="$hauteur-utile"/>
  <xsl:with-param name="gradMajeureDroite" select="$largeur-utile"/>
</xsl:call-template>
```

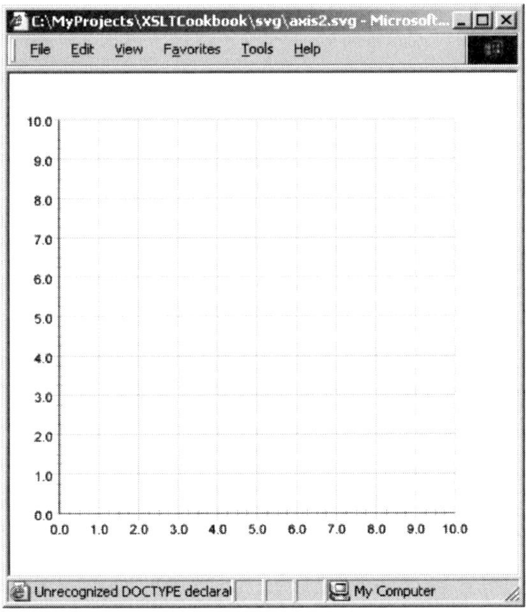

Figure 9-4. Une grille SVG réutilisable

Si vous prolongez également les graduations mineures, vous pouvez créer une grille plus fine, comme dans la figure 9-5.

```
<xsl:call-template name="svgu:AxeX">
```

```
    <xsl:with-param name="min" select="0"/>
    <xsl:with-param name="max" select="10"/>
    <xsl:with-param name="déplX" select="$déplX"/>
    <xsl:with-param name="déplY" select="$déplY"/>
    <xsl:with-param name="largeur" select="$largeur-utile"/>
    <xsl:with-param name="hauteur" select="$hauteur-utile"/>
    <xsl:with-param name="gradMajeureHaut" select="$hauteur-utile"/>
    <xsl:with-param name="gradMineureHaut" select="$hauteur-utile"/>
  </xsl:call-template>

  <xsl:call-template name="svgu:AxeY">
    <xsl:with-param name="min" select="0"/>
    <xsl:with-param name="max" select="10"/>
    <xsl:with-param name="déplX" select="$déplX"/>
    <xsl:with-param name="déplY" select="$déplY"/>
    <xsl:with-param name="largeur" select="$largeur-utile"/>
    <xsl:with-param name="hauteur" select="$hauteur-utile"/>
    <xsl:with-param name="gradMajeureDroite" select="$largeur-utile"/>
    <xsl:with-param name="gradMineureDroite" select="$largeur-utile"/>
  </xsl:call-template>
```

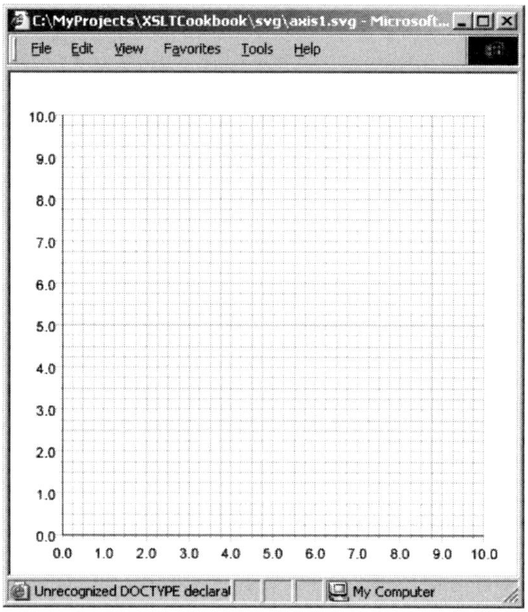

Figure 9-5. Une grille réutilisable plus fine

Vous pouvez créer un graphe sur les quatre quadrants, comme dans la figure 9-6, en déplaçant les axes et en ajustant les longueurs pour la grille :

```
  <xsl:call-template name="svgu:AxeX">
    <xsl:with-param name="min" select="-5"/>
    <xsl:with-param name="max" select="5"/>
```

```
    <xsl:with-param name="déplX" select="0"/>
    <xsl:with-param name="déplY" select="-$hauteur-utile div 2"/>
    <xsl:with-param name="largeur" select="$largeur-utile"/>
    <xsl:with-param name="hauteur" select="$hauteur-utile"/>
    <xsl:with-param name="gradMajeureHaut" select="$largeur-utile div 2"/>
    <xsl:with-param name="gradMajeureBas" select="$largeur-utile div 2"/>
  </xsl:call-template>

  <xsl:call-template name="svgu:AxeY">
    <xsl:with-param name="min" select="-5"/>
    <xsl:with-param name="max" select="5"/>
    <xsl:with-param name="déplX" select="-$largeur-utile div 2"/>
    <xsl:with-param name="déplY" select="0"/>
    <xsl:with-param name="largeur" select="$largeur-utile"/>
    <xsl:with-param name="hauteur" select="$hauteur-utile"/>
    <xsl:with-param name="gradMajeureDroite" select="$largeur-utile div 2"/>
    <xsl:with-param name="gradMajeureGauche" select="$largeur-utile div 2"/>
  </xsl:call-template>
```

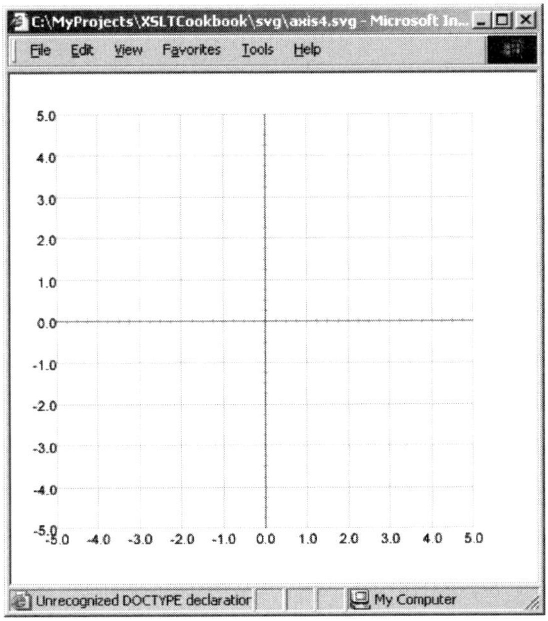

Figure 9-6. Une grille réutilisable sur quatre quadrants

Par défaut, ce code va aligner les étiquettes sur les extrémités des lignes de la grille. Vous pouvez cependant les forcer à se placer sur les axes en redéfinissant deux règles, pour produire le résultat montré dans la figure 9-7.

```
<xsl:template name="déplYEtiqAxeX">
  <xsl:value-of select="-$hauteur-utile div 2"/>
</xsl:template>
```

```
<xsl:template name="déplXEtiqAxeY">
  <xsl:value-of select="$largeur-utile div 2"/>
</xsl:template>
```

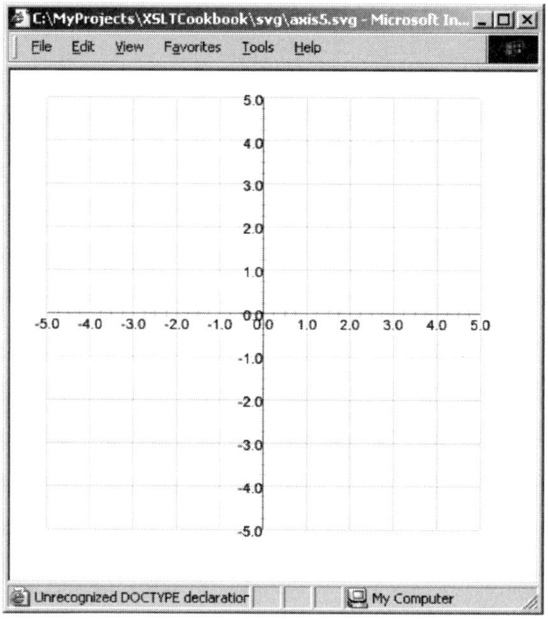

Figure 9-7. Une grille réutilisable sur quatre quadrants, avec une numérotation sur les axes

Génération des barres

Les diagrammes à barres constituent une représentation très courante de données numériques. Ils sont utiles pour comparer les données. Créons un utilitaire pour produire une barre pour chaque valeur transmise. La largeur et la couleur des barres peut être modifiée facilement. L'exemple suivant permet de choisir l'orientation des barres, en utilisant une rotation du système de coordonnées. Bien que cette caractéristique soit utile, nous devons compenser les effets de cette rotation sur l'aspect du texte et l'ordre apparent des données :

```
<xsl:template name="svgu:barres">
  <xsl:param name="données" select="/.."/>
<!-- données à représenter -->
  <xsl:param name="largeur" select="500"/>
  <xsl:param name="hauteur" select="500"/>
  <xsl:param name="orientation" select="0"/>
  <xsl:param name="largeurBarre" select="5"/>
  <xsl:param name="déplX" select="0"/>
  <xsl:param name="déplY" select="0"/>
  <xsl:param name="boîteEnglobante" select="false()"/>
  <xsl:param name="étiqBarre" select="false()"/>
```

```
    <xsl:param name="max">
     <xsl:call-template name="emath:max">
       <xsl:with-param name="nodes" select="$données"/>
     </xsl:call-template>
    </xsl:param>
    <xsl:param name="contexte"/>

    <xsl:variable name="nbBarres" select="count($données)"/>
    <xsl:variable name="espacement" select="$largeur div ($nbBarres + 1)"/>

   <xsl:if test="$boîteEnglobante">
    <svg:g transform="translate({$déplX},{$déplY})
                 translate({$largeur div 2},{$hauteur div 2})
                 rotate({$orientation - 180})
                 translate({-$largeur div 2},{-$hauteur div 2})">
       <svg:rect x="0" y="0"
        height="{$hauteur}" width="{$largeur}"
        style="stroke: black;
               stroke-width:0.5;stroke-opacity:0.5;fill:none"/>
     </svg:g>
   </xsl:if>
   <!-- On change l'ordre des données pour compenser la rotation -->
   <!-- Voir le tri ci-dessous -->
    <xsl:variable name="ordre-données">
      <xsl:choose>
        <xsl:when test="$orientation mod 360 >= 180">ascending</xsl:when>
        <xsl:otherwise>descending</xsl:otherwise>
      </xsl:choose>
    </xsl:variable>

    <svg:g transform="translate({$déplX},{$déplY})
                 translate({$largeur div 2},{$hauteur div 2})
                 rotate({$orientation - 180})
                 translate({-$largeur div 2},{-$hauteur div 2})
                 scale(1,{$hauteur div $max})">

      <xsl:for-each select="$données">
        <!-- On trie sur la position pour traiter les données dans l'ordre -->
        <!-- inverse lorsque c'est nécessaire. -->
        <xsl:sort select="position()" data-type="number"
             order="{$ordre-données}"/>

        <xsl:variable name="pos" select="position()"/>
```

Cet exemple utilise des lignes pour dessiner les barres. La couleur et la bordure peuvent être modifiées en redéfinissant la règle styleBarre. Vous pourriez vouloir utiliser des rectangles, ce qui vous donne la possibilité de modifier la bordure :

```
        <svg:line x1="{$espacement * $pos}"
             y1="0"
             x2="{$espacement * $pos}"
             y2="{current()}" id="{$contexte}_barre_{$pos}">
          <xsl:attribute name="style">
```

```
            <xsl:value-of
      select="concat('stroke-width: ',$largeurBarre,'; ')"/>
            <xsl:call-template name="styleBarre">
              <xsl:with-param name="pos" select="$pos"/>
              <xsl:with-param name="contexte" select="$contexte"/>
            </xsl:call-template>
          </xsl:attribute>
        </svg:line>

        <!-- Si l'utilisateur veut des étiquettes sur les barres, on -->
        <!-- positionne une valeur textuelle de la donnée au-dessus de la -->
        <!-- barre. La longue série de transformations sert à afficher le -->
        <!-- texte correctement en dépit des rotations et mises à l'échelle -->
        <!-- du système de coordonnées. -->
        <xsl:if test="$étiqBarre">
          <svg:text x="{$espacement * $pos}"
               y="{current() * ($hauteur div $max)}"
               transform="scale(1,{$max div $hauteur})
                          translate(0,10)
                          translate({$espacement * $pos},{current() *
                                   ($hauteur div $max)})
                          rotate({180 - $orientation})
                          translate({-$espacement * $pos},
                           {-current() * ($hauteur div $max)})"
               id="{$contexte}_etiqBarre_{$pos}">
               <xsl:attribute name="style">
                  <xsl:call-template name="svgu:styleEtiqBarre">
                    <xsl:with-param name="pos" select="$pos"/>
                    <xsl:with-param name="contexte" select="$contexte"/>
                  </xsl:call-template>
               </xsl:attribute>
            <xsl:value-of select="."/>
          </svg:text>
        </xsl:if>
      </xsl:for-each>
    </svg:g>

  </xsl:template>

  <xsl:template name="styleBarre">
    <xsl:param name="pos"/>
    <xsl:param name="contexte"/>
    <xsl:variable name="couleurs" select="document('')/*/svgu:couleur"/>
     <xsl:value-of
          select="concat('stroke: ',$couleurs[($pos - 1 ) mod count($couleurs)
                  + 1])"/>
  </xsl:template>

  <xsl:template name="svgu:styleEtiqBarre">
    <xsl:param name="pos"/>
    <xsl:param name="contexte"/>
    <xsl:value-of select=" 'text-anchor: middle' "/>
```

```
</xsl:template>
```

La feuille de style ci-dessous représente les données par des barres. Les résultats apparaissent dans la figure 9-8.

```
<xsl:stylesheet version="1.0"
  xmlns:xsl="http://www.w3.org/1999/XSL/Transform"
  xmlns:svg="http://www.w3.org/2000/svg"
  xmlns:svgu="http://www.ora.com/XSLTCookbook/ns/svg-utils"
  xmlns:test="http://www.ora.com/XSLTCookbook/ns/test"
  exclude-result-prefixes="svgu">

<xsl:import href="svg-utils.xslt"/>

<xsl:output method="xml" version="1.0" encoding="UTF-8" indent="yes"
  doctype-public="-//W3C//DTD SVG 1.0/EN"
  doctype-system="http://www.w3.org/TR/2001/REC-SVG-20010904/DTD/svg10.dtd"/>

<test:data>1.0</test:data>
<test:data>2.0</test:data>
<test:data>3.0</test:data>
<test:data>4.0</test:data>
<test:data>5.0</test:data>
<test:data>13.0</test:data>
<test:data>2.7</test:data>
<test:data>13.9</test:data>
<test:data>22.0</test:data>
<test:data>8.5</test:data>

<xsl:template match="/">

<svg:svg width="400" height="400">

  <xsl:call-template name="svgu:barres">
    <xsl:with-param name="données" select="document('')/*/test:data"/>
    <xsl:with-param name="largeur" select=" '300' "/>
    <xsl:with-param name="hauteur" select=" '350' "/>
    <xsl:with-param name="orientation" select=" '0' "/>
    <xsl:with-param name="déplX" select=" '50' "/>
    <xsl:with-param name="déplY" select=" '25' "/>
    <xsl:with-param name="boîteEnglobante" select="1"/>
    <xsl:with-param name="étiqBarre" select="1"/>
    <xsl:with-param name="max" select="25"/>
  </xsl:call-template>

</svg:svg>

</xsl:template>

 <xsl:template name="svgu:styleEtiqBarre">
   <xsl:param name="pos"/>
   <xsl:param name="contexte"/>
   <xsl:text>text-anchor: middle; font-size: 8</xsl:text>
```

```
  </xsl:template>

</xsl:stylesheet>
```

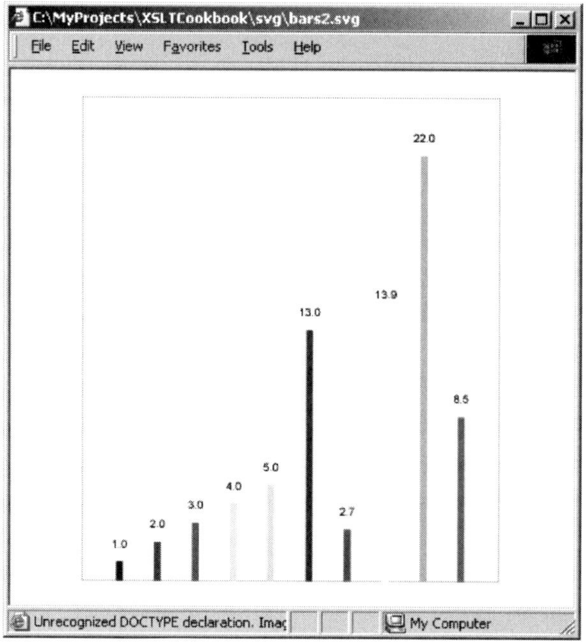

Figure 9-8. Un diagramme à barres généré automatiquement

Cette variation effectue une rotation du diagramme, comme montré dans la figure 9-9. Le code n'essaie pas de contraindre l'angle de rotation, bien que seules des valeurs multiples de 90 soient imaginables.[1]

```
<xsl:call-template name="svgu:barres">
  <xsl:with-param name="données" select="document('')/*/test:data"/>
  <xsl:with-param name="largeur" select=" '300' "/>
  <xsl:with-param name="hauteur" select=" '350' "/>
  <xsl:with-param name="orientation" select=" '90' "/>
  <xsl:with-param name="déplX" select=" '50' "/>
  <xsl:with-param name="déplY" select=" '25' "/>
  <xsl:with-param name="boîteEnglobante" select="1"/>
  <xsl:with-param name="étiqBarre" select="1"/>
  <xsl:with-param name="max" select="25"/>
</xsl:call-template>
```

1. Si vous voulez exaspérer un patron constipé, vous pouvez générer un diagramme orienté à 72 degrés. Mieux, tracez votre diagramme avec une orientation de 1 degré, et laissez vos collègues jurer qu'il est parfaitement droit.

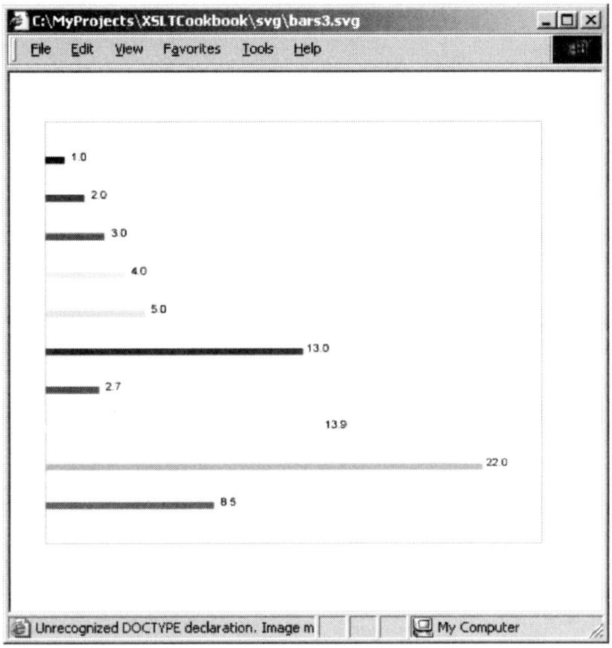

Figure 9-9. Un diagramme à barres après rotation

Tracé de points et de courbes

Axes et grilles sont inutiles tant que vous ne pouvez pas représenter des données dedans. Il est courant de tracer des fonctions, dans lesquelles l'ordonnée est donnée par une fonction de l'abscisse. Vous pouvez créer un utilitaire qui traite un ensemble de points à la fois, et l'utiliser plusieurs fois pour tracer différents ensembles de points sur le même graphe :

```
    <xsl:template name="tracéXY">
      <xsl:param name="donnéesX" select="/.."/>
  <!-- valeurs de x -->
      <xsl:param name="donnéesY" select="/.."/>
      <xsl:param name="déplX" select="0"/>
      <xsl:param name="déplY" select="0"/>
      <xsl:param name="largeur" select="500"/>
      <xsl:param name="hauteur" select="500"/>
      <xsl:param name="boîteEnglobante" select="false()"/>
      <xsl:param name="contexte"/>
      <xsl:param name="xMax">
       <xsl:call-template name="emath:max">
         <xsl:with-param name="nodes" select="$donnéesX"/>
       </xsl:call-template>
      </xsl:param>
      <xsl:param name="yMax">
       <xsl:call-template name="emath:max">
```

```
      <xsl:with-param name="nodes" select="$donnéesY"/>
    </xsl:call-template>
  </xsl:param>

  <xsl:variable name="échelleX" select="$largeur div $xMax"/>
  <xsl:variable name="échelleY" select="$hauteur div $yMax"/>
```

Cette section utilise une fonction d'extension écrite en Java à des fins de simplicité, mais vous pourriez également calculer avec XPath, en utilisant `select="($échelleX > $échelleY) * $échelleX + not($échelleX > $échelleY) * $échelleY)"`:

```
  <xsl:variable name="échelle" select="Math:max($échelleX,$échelleY)"/>

  <xsl:if test="$boîteEnglobante">
    <svg:g transform="translate({$déplX},{$déplY})">
     <svg:rect x="0" y="0" height="{$hauteur}" width="{$largeur}"
              style="stroke: black;stroke-width:0.5;
                     stroke-opacity:0.5;fill:none"/>
   </svg:g>
  </xsl:if>
```

Je trace la courbe en utilisant de simples segments de droite, mais une courbe de Bézier donnerait un résultat plus lisse, au prix d'une plus grande complexité. Puisque ce livre traite de XSLT plutôt que de SVG, vous allez devoir vous contenter de la simplicité. L'astuce permettant d'utiliser les courbes de Bézier consiste à tracer les points trois par trois en utilisant le point central comme point de contrôle, mais je n'ai pas testé cette idée. Une visualisation intuitive des courbes de Bézier est disponible à l'adresse *http://home.earthlink.net/~edwardsrg/Adobe/bezier.html*:

```
  <svg:path transform="translate({$déplX},{$hauteur + $déplY})
                              scale({$échelleX},{-$échelleY})">
    <xsl:attribute name="d">
      <xsl:for-each select="$donnéesX">
        <xsl:variable name="pos" select="position()"/>
        <xsl:variable name="x" select="current() "/>
        <xsl:variable name="y" select="$donnéesY[$pos]"/>
        <xsl:choose>
          <xsl:when test="$pos = 1">
            <xsl:text>M </xsl:text>
          </xsl:when>
          <xsl:otherwise> L </xsl:otherwise>
        </xsl:choose>
        <xsl:value-of select="$x"/>,<xsl:value-of select="$y"/>
      </xsl:for-each>
      </xsl:attribute>
      <xsl:attribute name="style">
        <xsl:call-template name="styleTracéXY">
          <xsl:with-param name="échelle" select="$échelle"/>
          <xsl:with-param name="contexte" select="$contexte"/>
        </xsl:call-template>
      </xsl:attribute>
  </svg:path>
</xsl:template>
```

```
<xsl:template name="styleTracéXY">
  <xsl:param name="contexte"/>
  <xsl:param name="échelle"/>
  <xsl:value-of select="concat('fill: none; stroke: black;
   stroke-width:',1 div
      $scale,'; ')"/>
</xsl:template>
```

Ce script XSLT utilise la règle de tracé de points, et produit le résultat qui apparaît dans la figure 9-10. Pour des raisons de simplicité, j'ai placé les données directement dans la feuille de style. Dans la pratique, il faudrait les extraire d'un autre document XML :

```
<xsl:stylesheet version="1.0"
  xmlns:xsl="http://www.w3.org/1999/XSL/Transform"
  xmlns:svg="http://www.w3.org/2000/svg"
  xmlns:svgu="http://www.ora.com/XSLTCookbook/ns/svg-utils"
  xmlns:test="http://www.ora.com/XSLTCookbook/ns/test"
  exclude-result-prefixes="svgu test">

<xsl:import href="svg-utils.xslt"/>

<xsl:output method="xml" version="1.0" encoding="UTF-8" indent="yes"
  doctype-public="-//W3C//DTD SVG 1.0/EN"
  doctype-system="http://www.w3.org/TR/2001/REC-SVG-20010904/DTD/svg10.dtd"/>

<test:xdata>0</test:xdata>
<test:xdata>5</test:xdata>
<test:xdata>10</test:xdata>
<test:xdata>15</test:xdata>
<test:xdata>20</test:xdata>
<test:xdata>25</test:xdata>
<test:xdata>30</test:xdata>
<!-- Autres valeurs de x omises ... -->

<test:ydata>0</test:ydata>
<test:ydata>0.087155743</test:ydata>
<test:ydata>0.173648178</test:ydata>
<test:ydata>0.258819045</test:ydata>
<test:ydata>0.342020143</test:ydata>
<test:ydata>0.422618262</test:ydata>
<test:ydata>0.5</test:ydata>
<!-- Autres valeurs de y omises ... -->

<xsl:variable name="l" select="400"/>
<xsl:variable name="h" select="300"/>
<xsl:variable name="largeur-utile" select="$l * 0.8"/>
<xsl:variable name="hauteur-utile" select="$h * 0.8"/>
<xsl:variable name="déplX" select="($l - $largeur-utile) div 2"/>
<xsl:variable name="déplY" select="($h - $hauteur-utile) div 2"/>

<xsl:template match="/">
```

```
<svg:svg width="{$l}" height="{$h}">

  <xsl:call-template name="tracéXY">
    <xsl:with-param name="donnéesX" select="document('')/*/test:xdata"/>
    <xsl:with-param name="donnéesY" select="document('')/*/test:ydata"/>
    <xsl:with-param name="déplX" select="$déplX"/>
    <xsl:with-param name="déplY" select="$déplY"/>
    <xsl:with-param name="largeur" select="$largeur-utile"/>
    <xsl:with-param name="hauteur" select="$hauteur-utile"/>
    <!--     <xsl:with-param name="yMinY" select="-1"/>
    <xsl:with-param name="yMax" select="1"/>
    -->
  </xsl:call-template>

  <xsl:call-template name="svgu:AxeX">
    <xsl:with-param name="min" select="0"/>
    <xsl:with-param name="max" select="360"/>
    <xsl:with-param name="déplX" select="$déplX"/>
    <xsl:with-param name="déplY" select="-$hauteur-utile div 2 + $déplY"/>
    <xsl:with-param name="largeur" select="$largeur-utile"/>
    <xsl:with-param name="hauteur" select="$hauteur-utile"/>
    <xsl:with-param name="gradMajeures" select="6"/>
      <!-- nombre de graduations majeures -->
    <xsl:with-param name="gradMineures" select="4"/>
      <!-- nombre de graduations mineures -->
  </xsl:call-template>

  <xsl:call-template name="svgu:AxeY">
    <xsl:with-param name="min" select="-1"/>
    <xsl:with-param name="max" select="1"/>
    <xsl:with-param name="déplX" select="$déplX"/>
    <xsl:with-param name="déplY" select="$déplY"/>
    <xsl:with-param name="largeur" select="$largeur-utile"/>
    <xsl:with-param name="hauteur" select="$hauteur-utile"/>
  </xsl:call-template>

</svg:svg>

</xsl:template>

</xsl:stylesheet>
```

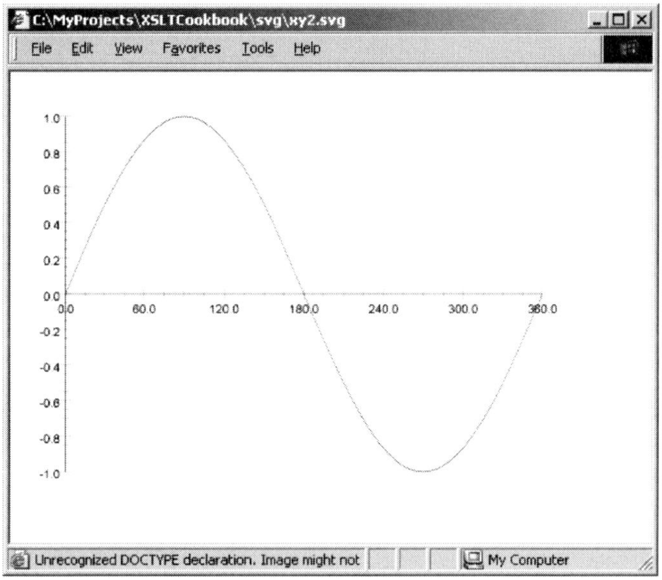

Figure 9-10. Tracé de points avec SVG et XSLT

Le code ci-dessous, dont les résultats apparaissent dans la figure 9-11, montre comment l'on peut tracer plusieurs ensembles de points et modifier le style de ligne en redéfinissant une règle :

```
<xsl:stylesheet version="1.0"
  xmlns:xsl="http://www.w3.org/1999/XSL/Transform"
  xmlns:svg="http://www.w3.org/2000/svg"
  xmlns:svgu="http://www.ora.com/XSLTCookbook/ns/svg-utils"
  xmlns:test="http://www.ora.com/XSLTCookbook/ns/test"
  exclude-result-prefixes="svgu test">

<xsl:import href="svg-utils.xslt"/>

<xsl:output method="xml" version="1.0" encoding="UTF-8" indent="yes"
  doctype-public="-//W3C//DTD SVG 1.0/EN"
  doctype-system="http://www.w3.org/TR/2001/REC-SVG-20010904/DTD/svg10.dtd"/>

<!-- Valeurs des données omises ... -->

<xsl:variable name="l" select="400"/>
<xsl:variable name="h" select="300"/>
<xsl:variable name="largeur-utile" select="$l * 0.8"/>
<xsl:variable name="hauteur-utile" select="$h * 0.8"/>
<xsl:variable name="déplX" select="($l - $largeur-utile) div 2"/>
<xsl:variable name="déplY" select="($h - $hauteur-utile) div 2"/>

<xsl:template match="/">
```

```
<svg:svg width="{$l}" height="{$h}">

  <xsl:call-template name="tracéXY">
    <xsl:with-param name="donnéesX" select="document('')/*/test:xdata"/>
    <xsl:with-param name="donnéesY" select="document('')/*/test:ydata"/>
    <xsl:with-param name="déplX" select="$déplX"/>
    <xsl:with-param name="déplY" select="$déplY"/>
    <xsl:with-param name="largeur" select="$largeur-utile"/>
    <xsl:with-param name="hauteur" select="$hauteur-utile"/>
    <xsl:with-param name="yMax" select="40"/>
  </xsl:call-template>

  <xsl:call-template name="tracéXY">
    <xsl:with-param name="donnéesX" select="document('')/*/test:xdata"/>
    <xsl:with-param name="donnéesY" select="document('')/*/test:y2data"/>
    <xsl:with-param name="déplX" select="$déplX"/>
    <xsl:with-param name="déplY" select="$déplY"/>
    <xsl:with-param name="largeur" select="$largeur-utile"/>
    <xsl:with-param name="hauteur" select="$hauteur-utile"/>
    <xsl:with-param name="yMax" select="40"/>
    <xsl:with-param name="contexte" select="2"/>
  </xsl:call-template>

  <xsl:call-template name="svgu:AxeX">
    <xsl:with-param name="min" select="0"/>
    <xsl:with-param name="max" select="6"/>
    <xsl:with-param name="déplX" select="$déplX"/>
    <xsl:with-param name="déplY" select="$déplY"/>
    <xsl:with-param name="largeur" select="$largeur-utile"/>
    <xsl:with-param name="hauteur" select="$hauteur-utile"/>
    <xsl:with-param name="gradMajeureHaut" select="$hauteur-utile"/>
    <xsl:with-param name="gradMineureHaut" select="$hauteur-utile"/>
  </xsl:call-template>

  <xsl:call-template name="svgu:AxeY">
    <xsl:with-param name="min" select="0"/>
    <xsl:with-param name="max" select="40"/>
    <xsl:with-param name="déplX" select="$déplX"/>
    <xsl:with-param name="déplY" select="$déplY"/>
    <xsl:with-param name="largeur" select="$largeur-utile"/>
    <xsl:with-param name="hauteur" select="$hauteur-utile"/>
    <xsl:with-param name="gradMajeureDroite" select="$largeur-utile"/>
    <xsl:with-param name="gradMineureDroite" select="$largeur-utile"/>
  </xsl:call-template>

</svg:svg>

</xsl:template>

<!-- Style personnalisé qui utilise $contexte pour choisir le type de ligne -->
<xsl:template name="styleTracéXY">
```

```
    <xsl:param name="contexte"/>
    <xsl:param name="échelle"/>
    <xsl:choose>
     <xsl:when test="$contexte = 2">
      <xsl:value-of select="concat('fill: none; stroke: red;
        stroke-width:',16 div $échelle,'; ')"/>
     </xsl:when>
     <xsl:otherwise>
      <xsl:value-of select="concat('fill: none; stroke: black;
         stroke-width:',1 div $échelle,'; ')"/>
     </xsl:otherwise>
   </xsl:choose>
 </xsl:template>
```

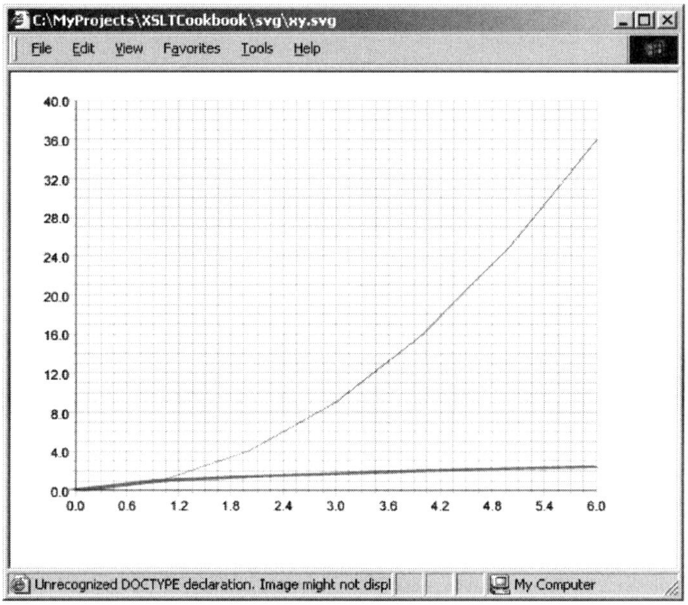

Figure 9-11. Plusieurs tracés produit avec XSLT

Génération de camemberts

Les camemberts constituent une autre représentation permettant de comparer des données. Vous pouvez créer un utilitaire qui trace ce type de diagrammes. Il est nécessaire pour cela d'avoir un moyen de tracer les tranches du camembert, ce qui implique forcément un peu de trigonométrie. Puisque XSLT ne dispose pas de fonctions trigonométriques, nous allons utiliser une extension écrite en Java. Bien sûr, cela limite automatiquement la portabilité de notre feuille de style. Si cela constitue un problème pour vous, vous pouvez calculer sinus et cosinus en XSLT (voir la recette 2-5 pour de l'aide). Sinon, placez le code suivant dans les feuilles de style qui ont besoin des extensions mathématiques de Java. Les détails varient de processeur en processeur, consultez le chapitre 12 pour une information plus détaillée. Cet exemple fonctionne avec Saxon :

```
<xsl:stylesheet
  <!-- v. 1.1 est maintenant défunt mais fonctionne avec Saxon, qui -->
  <!-- accepte alors xsl:script -->
  version="1.1"
  xmlns:xsl="http://www.w3.org/1999/XSL/Transform"
  xmlns:svg="http://www.w3.org/2000/svg"
  xmlns:svgu="http://www.ora.com/XSLTCookbook/ns/svg-utils"
  xmlns:emath="http://www.exslt.org/math"
  xmlns:Math="java:java.lang.Math" extension-element-prefixes="Math"
       exclude-result-prefixes="svgu">

  <xsl:script implements-prefix="Math"
                   xmlns:Math="java:java.lang.Math"
                   language="java"
                   src="java:java.lang.Math"/>

  <!-- On utilise quelques feuilles développées dans le chapitre 2 -->
  <xsl:include href="math.max.xslt"/>
  <xsl:include href="math.min.xslt"/>
...
</xsl:stylesheet>
```

La routine qui effectue le travail mathématique s'appelle `svgu:trancheCamembert`. Elle est adaptée d'un programme Perl de *SVG* de J. David Eisenberg (Éditions O'Reilly, 2003). La trigonométrie est en dehors de la portée de ce livre, mais cette routine vous permet, essentiellement, de tracer des arcs (basé sur une rotation de centre donné) de façon plus intuitive que celle prévue par SVG :

```
  <xsl:variable name="svgu:pi" select="3.1415927"/>

  <xsl:template name="svgu:trancheCamembert">
    <xsl:param name="cx" select="100"/>
 <!-- x du centre -->
    <xsl:param name="cy" select="100"/>
 <!-- y du centre -->
    <xsl:param name="r" select="50"/>
   <!-- rayon -->
    <xsl:param name="theta" select="0"/>
<!-- angle de départ en degrés -->
    <xsl:param name="delta" select="90"/>
 <!-- largeur de l'arc en degrés -->
    <xsl:param name="phi" select="0"/>
 <!-- angle de rotation de l'axe des x -->
    <xsl:param name="style" select=" 'fill: red;' "/>
    <xsl:param name="num"/>
    <xsl:param name="contexte"/>

    <!-- Convertir les angles en radians -->
    <xsl:variable name="theta1"
                 select="$theta * $svgu:pi div 180"/>
    <xsl:variable name="theta2"
                 select="($delta + $theta) * $svgu:pi div 180"/>
    <xsl:variable name="phi_r" select="$phi * $svgu:pi div 180"/>
```

```
    <!-- Calculer les coordonnées de début et de fin -->
    <xsl:variable name="x0"
         select="$cx + Math:cos($phi_r) * $r * Math:cos($theta1) +
                       Math:sin(-$phi_r) * $r * Math:sin($theta1)"/>
    <xsl:variable name="y0"
         select="$cy + Math:sin($phi_r) * $r * Math:cos($theta1) +
                       Math:cos($phi_r) * $r * Math:sin($theta1)"/>

    <xsl:variable name="x1"
         select="$cx + Math:cos($phi_r) * $r * Math:cos($theta2) +
                       Math:sin(-$phi_r) * $r * Math:sin($theta2)"/>
    <xsl:variable name="y1"
         select="$cy + Math:sin($phi_r) * $r * Math:cos($theta2) +
                       Math:cos($phi_r) * $r * Math:sin($theta2)"/>

    <xsl:variable name="large-arc" select="($delta > 180) * 1"/>
    <xsl:variable name="sweep" select="($delta > 0) * 1"/>

    <svg:path style="{$style}" id="{$contexte}_trancheCamembert_{$num}">
      <xsl:attribute name="d">
        <xsl:value-of select="concat('M ', $x0,' ',$y0,
                                     ' A ', $r,' ',$r,',',
                                     $phi,',',
                                     $large-arc,',',
                                     $sweep,',',
                                     $x1,' ',$y1,
                                     ' L ',$cx,' ',$cy,
                                     ' L ', $x0,' ',$y0)"/>

      </xsl:attribute>
    </svg:path>
  </xsl:template>

  <xsl:template name="svgu:etiqTrancheCamembert">
    <xsl:param name="étiq" />
          <!-- étiquette -->
    <xsl:param name="cx" select="100"/>
 <!-- x du centre -->
    <xsl:param name="cy" select="100"/>
 <!-- y du centre -->
    <xsl:param name="r" select="50"/>
  <!-- rayon -->
    <xsl:param name="theta" select="0"/>
<!-- angle de départ en degrés-->
    <xsl:param name="delta" select="90"/>
 <!-- largeur de l'arc en degrés -->
    <xsl:param name="style" select=" 'font-size: 18;' "/>
    <xsl:param name="num"/>
    <xsl:param name="contexte"/>

    <!--Convertir les angles en radians -->
```

```
    <xsl:variable name="theta2" select="(($delta + $theta) mod 360 + 360)
     mod 360"/>
<!-- normaliser les angles -->
    <xsl:variable name="theta2_r" select="$theta2 * $svgu:pi div 180"/>
    <xsl:variable name="x"   select="$cx + $r * Math:cos($theta2_r)"/>
    <xsl:variable name="y"   select="$cy + $r * Math:sin($theta2_r)"/>

     <!-- Calculer le point auquel ancrer le texte, cad la position -->
    <!-- autour du camembert. Cela crée un espacement plus ou moins uniforme -->
    <xsl:variable name="ancrage">
      <xsl:choose>
        <xsl:when test="contains($style,'text-anchor')"></xsl:when>
        <xsl:when test="$theta2 >= 0 and $theta2 &lt;= 45">start</xsl:when>
        <xsl:when test="$theta2 > 45 and
                    $theta2 &lt;= 135">middle</xsl:when>
        <xsl:when test="$theta2 > 135 and $theta2 &lt;= 225">end</xsl:when>
        <xsl:when test="$theta2 > 225 and
                    $theta2 &lt;= 315">middle</xsl:when>
        <xsl:otherwise>start</xsl:otherwise>
      </xsl:choose>
    </xsl:variable>

    <svg:text x="{$x}" y="{$y}"
          style="text-anchor:{$ancrage};{$style}"
          id="{$contexte}_etiqTrancheCamembert_{$num}">
      <xsl:value-of select="$étiq"/>
    </svg:text>
  </xsl:template>

  <xsl:template name="svgu:camembert">
    <xsl:param name="données" select="/.."/>
<!-- Données à représenter -->
    <xsl:param name="cx" select="100"/>
 <!-- x du centre -->
    <xsl:param name="cy" select="100"/>
 <!-- y du centre -->
    <xsl:param name="r" select="50"/>
  <!-- rayon -->
    <xsl:param name="theta" select="-90"/>  <!-- angle de départ de la
                                               première tranche, en degrés -->
    <xsl:param name="contexte"/>
        <!-- indicateur de contexte -->

    <xsl:call-template name="svgu:camembertImpl">
      <xsl:with-param name="données" select="$données"/>
      <xsl:with-param name="cx" select="$cx"/>
      <xsl:with-param name="cy" select="$cy"/>
      <xsl:with-param name="r" select="$r"/>
      <xsl:with-param name="theta" select="$theta"/>
      <xsl:with-param name="somme" select="sum($données)"/>
      <xsl:with-param name="contexte" select="$contexte"/>
    </xsl:call-template>
```

```
</xsl:template>

<!-- Règle récursive -->
<xsl:template name="svgu:camembertImpl">
  <xsl:param name="données" />
  <xsl:param name="cx" />
  <xsl:param name="cy" />
  <xsl:param name="r" />
  <xsl:param name="theta"/>
  <xsl:param name="somme"/>
  <xsl:param name="contexte"/>
  <xsl:param name="i" select="1"/>

  <xsl:if test="count($données) >= $i">
    <xsl:variable name="delta" select="($données[$i] * 360) div $somme"/>

    <!-- Dessiner une tranche de camembert -->
    <xsl:call-template name="svgu:trancheCamembert">
      <xsl:with-param name="cx" select="$cx"/>
      <xsl:with-param name="cy" select="$cy"/>
      <xsl:with-param name="r" select="$r"/>
      <xsl:with-param name="theta" select="$theta"/>
      <xsl:with-param name="delta" select="$delta"/>
      <xsl:with-param name="style">
        <xsl:call-template name="svgu:styleTrancheCamembert">
          <xsl:with-param name="i" select="$i"/>
          <xsl:with-param name="contexte" select="$contexte"/>
        </xsl:call-template>
      </xsl:with-param>
      <xsl:with-param name="num" select="$i"/>
      <xsl:with-param name="contexte" select="$contexte"/>
    </xsl:call-template>

    <!-- Appel récursif pour la tranche suivante -->
      <xsl:call-template name="svgu:camembertImpl">
        <xsl:with-param name="données" select="$données"/>
        <xsl:with-param name="cx" select="$cx"/>
        <xsl:with-param name="cy" select="$cy"/>
        <xsl:with-param name="r" select="$r"/>
        <xsl:with-param name="theta" select="$theta + $delta"/>
        <xsl:with-param name="somme" select="$somme"/>
        <xsl:with-param name="contexte" select="$contexte"/>
        <xsl:with-param name="i" select="$i + 1"/>
      </xsl:call-template>
  </xsl:if>

</xsl:template>

<!-- Placer les étiquettes autour du diagramme -->
<xsl:template name="svgu:étiqCamembert">
  <xsl:param name="données" select="/.."/>
```

```
  <!-- Données des tranches -->
      <xsl:param name="étiquettes" select="$données"/>
  <!-- Noeuds contenant les étiquettes. Par défaut égaux aux données -->
      <xsl:param name="cx" select="100"/>
    <!-- x du centre -->
      <xsl:param name="cy" select="100"/>
    <!-- y du centre -->
      <xsl:param name="r" select="50"/>
      <!-- rayon -->
      <xsl:param name="theta" select="-90"/>
<!-- angle de départ en degrés -->
      <xsl:param name="contexte"/>
            <!-- indicateur de contexte -->

      <xsl:call-template name="svgu:étiqCamembertImpl">
        <xsl:with-param name="données" select="$données"/>
        <xsl:with-param name="étiquettes" select="$étiquettes"/>
        <xsl:with-param name="cx" select="$cx"/>
        <xsl:with-param name="cy" select="$cy"/>
        <xsl:with-param name="r" select="$r"/>
        <xsl:with-param name="theta" select="$theta"/>
        <xsl:with-param name="somme" select="sum($données)"/>
        <xsl:with-param name="contexte" select="$contexte"/>
      </xsl:call-template>

    </xsl:template>

    <xsl:template name="svgu:étiqCamembertImpl">
      <xsl:param name="données" />
      <xsl:param name="étiquettes"/>
      <xsl:param name="cx" />
      <xsl:param name="cy" />
      <xsl:param name="r" />
      <xsl:param name="theta"/>
      <xsl:param name="somme"/>
      <xsl:param name="contexte"/>
      <xsl:param name="i" select="1"/>

      <xsl:if test="count($données) >= $i">
        <xsl:variable name="delta" select="($données[$i] * 360) div $somme"/>

        <!-- Dessiner une tranche du camembert -->
        <xsl:call-template name="svgu:pieSliceLabel">
          <xsl:with-param name="étiq" select="$étiquettes[$i]"/>
          <xsl:with-param name="cx" select="$cx"/>
          <xsl:with-param name="cy" select="$cy"/>
          <xsl:with-param name="r" select="$r"/>
          <xsl:with-param name="theta" select="$theta"/>
          <xsl:with-param name="delta" select="$delta div 2"/>
          <xsl:with-param name="style">
            <xsl:call-template name="svgu:styleEtiqTrancheCamembert">
              <xsl:with-param name="i" select="$i"/>
```

```
            <xsl:with-param name="value" select="$données[$i]"/>
            <xsl:with-param name="étiq" select="$étiquettes[$i]"/>
            <xsl:with-param name="contexte" select="$contexte"/>
          </xsl:call-template>
        </xsl:with-param>
        <xsl:with-param name="num" select="$i"/>
        <xsl:with-param name="contexte" select="$contexte"/>
      </xsl:call-template>

      <!-- Appel récursif pour la tranche suivante -->
        <xsl:call-template name="svgu:étiqCamembertImpl">
          <xsl:with-param name="données" select="$données"/>
          <xsl:with-param name="étiquettes" select="$étiquettes"/>
          <xsl:with-param name="cx" select="$cx"/>
          <xsl:with-param name="cy" select="$cy"/>
          <xsl:with-param name="r" select="$r"/>
          <xsl:with-param name="theta" select="$theta + $delta"/>
          <xsl:with-param name="somme" select="$somme"/>
          <xsl:with-param name="contexte" select="$contexte"/>
          <xsl:with-param name="i" select="$i + 1"/>
        </xsl:call-template>
    </xsl:if>

  </xsl:template>

  <!-- Redéfinir pour remplacer le style d'une tranche -->
  <xsl:template name="svgu:styleTrancheCamembert">
    <xsl:param name="i"/>
    <xsl:param name="contexte"/>
    <xsl:variable name="couleurs" select="document('')/*/svgu:couleur"/>
    <xsl:value-of select="concat('stroke:black;
                               stroke-width:0.5;
                               fill: ',$couleurs[($i - 1 ) mod
                                        count($couleurs) + 1])"/>
  </xsl:template>

  <!-- Redéfinir pour remplacer le style de l'étiquette d'une tranche -->
  <xsl:template name="svgu:styleEtiqTrancheCamembert">
    <xsl:param name="i"/>
    <xsl:param name="value"/>
    <xsl:param name="étiq" />
    <xsl:param name="contexte"/>
    <xsl:text>font-size: 16;</xsl:text>
  </xsl:template>
```

La feuille de style ci-dessous crée un camembert, qui apparaît dans la figure 9-12, à partir des données de l'échantillon :

```
<xsl:stylesheet version="1.0"
  xmlns:xsl="http://www.w3.org/1999/XSL/Transform"
  xmlns:svg="http://www.w3.org/2000/svg"
  xmlns:svgu="http://www.ora.com/XSLTCookbook/ns/svg-utils"
  xmlns:test="http://www.ora.com/XSLTCookbook/ns/test"
```

```
  exclude-result-prefixes="svgu test">

<xsl:include href="svg-utils.xslt"/>

<xsl:output method="xml" version="1.0" encoding="UTF-8" indent="yes"
  doctype-public="-//W3C//DTD SVG 1.0/EN"
  doctype-system="http://www.w3.org/TR/2001/REC-SVG-20010904/DTD/svg10.dtd"/>

<test:data>1.0</test:data>
<test:data>2.0</test:data>
<test:data>3.0</test:data>
<test:data>4.0</test:data>
<test:data>5.0</test:data>
<test:data>13.0</test:data>

<xsl:template match="/">

<svg:svg width="500" height="500">

  <xsl:call-template name="svgu:camembert">
    <xsl:with-param name="données" select="document('')/*/test:data"/>
    <xsl:with-param name="cx" select="250"/>
    <xsl:with-param name="cy" select="250"/>
    <xsl:with-param name="r" select="100"/>
    <xsl:with-param name="theta" select="-90"/>
  </xsl:call-template>

  <xsl:call-template name="svgu:étiqCamembert">
    <xsl:with-param name="données" select="document('')/*/test:data"/>
    <xsl:with-param name="cx" select="250"/>
    <xsl:with-param name="cy" select="250"/>
    <xsl:with-param name="r" select="125"/>
    <xsl:with-param name="theta" select="-90"/>
  </xsl:call-template>

</svg:svg>

</xsl:template>
```

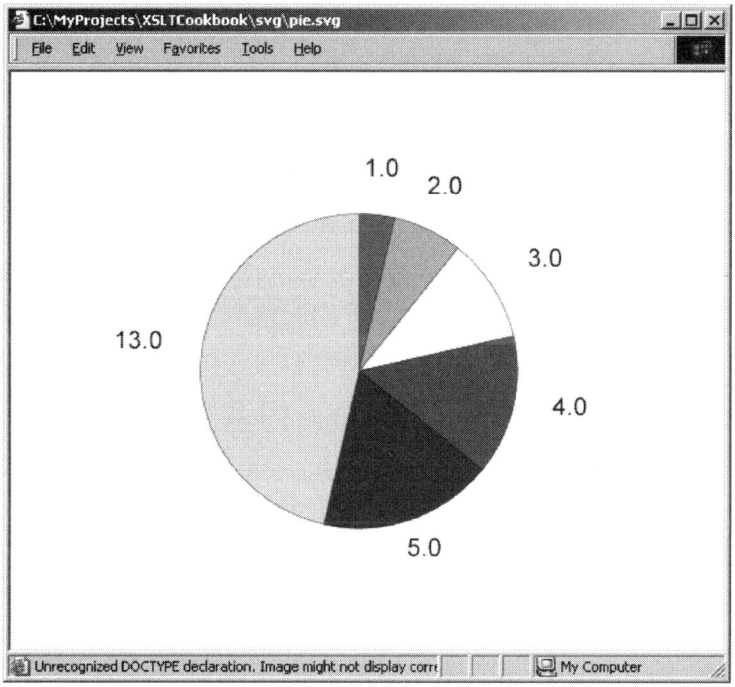

Figure 9-12. Un camembert produit par XSLT

Diagrammes min-max

Les diagrammes min-max sont souvent utilisés pour tracer des données de placement boursier (indiquant par exemple les cours d'ouverture, minimal, maximal et de fermeture d'un titre), mais peuvent être utiles dans d'autres applications (par exemple pour représenter le minimum, le maximum, la moyenne et la médiane). Les données sont passées à la règle suivante sous la forme de quatre ensembles de nœuds, représentant chaque série. Seuls les ensembles de valeurs minimales et maximales sont nécessaires. La règle autorise également les séries dans lesquelles des points manquent :

```
<xsl:template name="svgu:minMax">
  <xsl:param name="donnéesDébut" select="/.."/>
  <xsl:param name="donnéesMax" select="/.."/>
  <xsl:param name="donnéesMin" select="/.."/>
  <xsl:param name="donnéesFin" select="/.."/>
  <xsl:param name="largeur" select=" '500' "/>
  <xsl:param name="hauteur" select=" '500' "/>
  <xsl:param name="déplX" select="0"/>
  <xsl:param name="déplY" select="0"/>
  <xsl:param name="longueurDébutFin" select="8"/>
  <xsl:param name="max">
   <xsl:call-template name="emath:max">
     <xsl:with-param name="nodes" select="$donnéesMax"/>
```

```
  </xsl:call-template>
 </xsl:param>
 <xsl:param name="min">
  <xsl:call-template name="emath:min">
    <xsl:with-param name="nodes" select="$donnéesMin"/>
  </xsl:call-template>
 </xsl:param>
 <xsl:param name="contexte"/>

 <xsl:variable name="nbMax" select="count($donnéesMax)"/>
 <xsl:variable name="nbMin" select="count($donnéesMin)"/>
 <xsl:variable name="nbDébut" select="count($donnéesDébut)"/>
 <xsl:variable name="nbFin" select="count($donnéesFin)"/>

 <xsl:variable name="nbSegments" select="Math:min($nbMax, $nbMin)"/>

 <xsl:variable name="espacement" select="$largeur div ($nbSegments + 1)"/>

 <xsl:variable name="domaine" select="$max - $min"/>
 <xsl:variable name="échelle" select="$hauteur div $domaine"/>

 <svg:g transform="translate({$déplX},{$déplY+$hauteur})
                        scale(1,{-$échelle})
                        translate(0,{-$min})">

   <xsl:for-each select="$donnéesMax">
     <xsl:variable name="pos" select="position()"/>

     <!-- Tracer une ligne min-max -->
     <svg:line x1="{$espacement * $pos}"
               y1="{$donnéesMin[$pos]}"
               x2="{$espacement * $pos}"
               y2="{current()}"id="{$contexte}_minMax_{$pos}">
        <xsl:attribute name="style">
          <xsl:call-template name="svgu:styleSegmentMinMax">
            <xsl:with-param name="pos" select="$pos"/>
            <xsl:with-param name="contexte" select="$contexte"/>
          </xsl:call-template>
        </xsl:attribute>
     </svg:line>

     <!-- Valeur de début, si présente -->
     <xsl:if test="$nbDébut >= $pos">
       <svg:line x1="{$espacement * $pos - $longueurDébutFin}"
                 y1="{$donnéesDébut[$pos]}"
                 x2="{$espacement * $pos}"
                 y2="{$donnéesDébut[$pos]}"
                 id="{$contexte}_debut_{$pos}">
          <xsl:attribute name="style">
            <xsl:call-template name="svgu:styleSegmentDébutFin">
              <xsl:with-param name="pos" select="$pos"/>
              <xsl:with-param name="échelle" select="$échelle"/>
```

```
              <xsl:with-param name="contexte" select="$contexte"/>
            </xsl:call-template>
          </xsl:attribute>
        </svg:line>
      </xsl:if>

      <!-- Valeur de fin, si présente -->
      <xsl:if test="$nbFin >= $pos">
        <svg:line x1="{$espacement * $pos}"
                y1="{$donnéesFin[$pos]}"
                x2="{$espacement * $pos +  $longueurDébutFin}"
                y2="{$donnéesFin[$pos]}"
                id="{$contexte}_fin_{$pos}">
          <xsl:attribute name="style">
            <xsl:call-template name="svgu:styleSegmentDébutFin">
              <xsl:with-param name="pos" select="$pos"/>
              <xsl:with-param name="échelle" select="$échelle"/>
              <xsl:with-param name="contexte" select="$contexte"/>
            </xsl:call-template>
          </xsl:attribute>
        </svg:line>
      </xsl:if>

    </xsl:for-each>
  </svg:g>

</xsl:template>

 <xsl:template name="svgu:styleSegmentMinMax">
   <xsl:param name="pos"/>
   <xsl:param name="contexte"/>
   <xsl:text>stroke: black; stroke-width: 1 </xsl:text>
 </xsl:template>

 <xsl:template name="svgu:styleSegmentDébutFin">
   <xsl:param name="pos"/>
   <xsl:param name="échelle"/>
   <xsl:param name="contexte"/>
   <xsl:text>stroke: black; stroke-width:
           </xsl:text><xsl:value-of select="2 div $échelle"/>
 </xsl:template>

</xsl:stylesheet>
```

Vous pouvez utiliser cette routine pour tracer des données boursières, comme dans la figure 9-13 :

```
<xsl:stylesheet version="1.0"
  xmlns:xsl="http://www.w3.org/1999/XSL/Transform"
  xmlns:svg="http://www.w3.org/2000/svg"
  xmlns:svgu="http://www.ora.com/XSLTCookbook/ns/svg-utils"
  exclude-result-prefixes="svgu">
```

```
<xsl:include href="svg-utils.xslt"/>

<xsl:output method="xml" version="1.0" encoding="UTF-8" indent="yes"
  doctype-public="-//W3C//DTD SVG 1.0/EN"
  doctype-system="http://www.w3.org/TR/2001/REC-SVG-20010904/DTD/svg10.dtd"/>

<xsl:template match="/">

<svg:svg width="600" height="400">

  <xsl:call-template name="svgu:minMax">
    <xsl:with-param name="donnéesDébut" select="*/donnée/début"/>
    <xsl:with-param name="donnéesMax" select="*/donnée/max"/>
    <xsl:with-param name="donnéesMin" select="*/donnée/min"/>
    <xsl:with-param name="donnéesFin" select="*/donnée/fin"/>
    <xsl:with-param name="min" select="30"/>
    <xsl:with-param name="max" select="80"/>
    <xsl:with-param name="largeur" select="600"/>
    <xsl:with-param name="hauteur" select="350"/>
    <xsl:with-param name="déplX" select="20"/>
    <xsl:with-param name="déplY" select="20"/>
    <xsl:with-param name="boîteEnglobante" select="1"/>
  </xsl:call-template>

  <xsl:call-template name="svgu:AxeY">
    <xsl:with-param name="min" select="30"/>
    <xsl:with-param name="max" select="80"/>
    <xsl:with-param name="déplX" select="20"/>
    <xsl:with-param name="déplY" select="20"/>
    <xsl:with-param name="largeur" select="600"/>
    <xsl:with-param name="hauteur" select="350"/>
  </xsl:call-template>

</svg:svg>

</xsl:template>

</xsl:stylesheet>
```

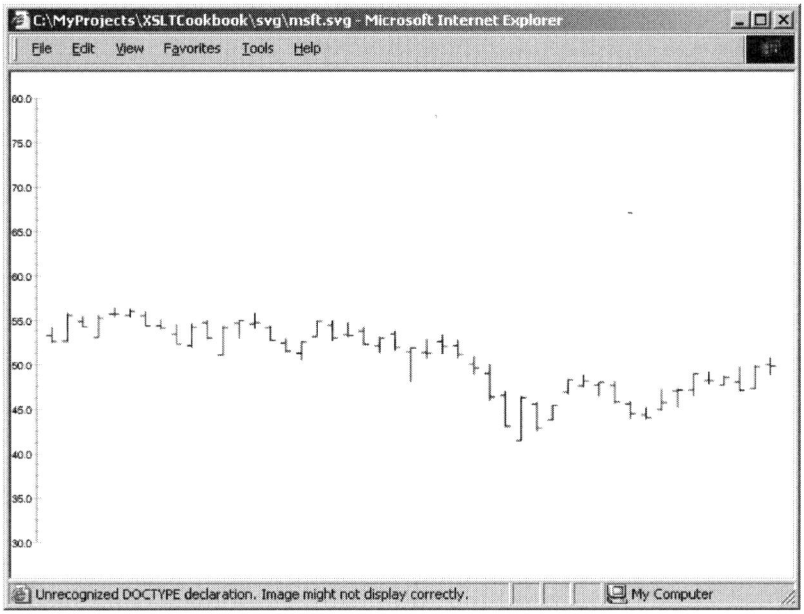

Figure 9-13. Un diagramme min-max généré avec XSLT

Discussion

Les transformations de XML en SVG ne sont pas immédiates en général. La représentation graphique de données nécessite une préparation soignée, même pour obtenir les résultats modestes des exemples que nous avons donnés. Repartir de zéro pour chaque transformation de XML en SVG serait insensé ; il est donc essentiel de disposer d'un ensemble d'outils réutilisables. Je me suis concentré sur les utilitaires réutilisables, mais vous pourrez certainement développer des outils utiles dans d'autres domaines. La technique de conception de ces utilitaires divise la construction du graphique en composants, de façon que ceux-ci puissent être combinés et adaptés. La caractéristique principale de cette technique est de s'assurer que chaque règle reçoit suffisamment d'information pour être capable de mettre son système de coordonnées à l'échelle correcte, c'est-à-dire de façon à être compatible avec les éléments graphiques créés par d'autres règles. Par exemple, la plupart de ces règles ont des paramètres `$min` et `$max`, même lorsque ces valeurs pourraient être calculées à partir des données d'entrée. Cette caractéristique permet de modifier les valeurs par défaut à l'appel, de façon à considérer comme un tout l'ensemble des données qui vont apparaître sur le graphe.

Une autre décision de conception de ces règles a été de permettre l'obtention d'informations de style par l'appel de règles par défaut, qui peuvent être redéfinis dans une feuille de style qui les importerait. Dans la plupart des cas, cette information aurait pu être fournie par des paramètres additionnels. Nous avons choisi cette approche basée sur des règles parce qu'elle fournit une certaine souplesse et autorise le style à dépendre des données tracées. Par exemple, imaginez qu'une barre ou qu'une tranche d'un camembert peut varier à tout moment selon la valeur de la donnée qu'elle représente :

```
<xsl:template name="svgu:styleTrancheCamembert">
  <xsl:param name="i"/>
  <xsl:param name="contexte"/>
  <xsl:variable name="couleurs" select="document('')/*/svgu:couleur"/>
  <xsl:value-of select="concat('stroke:black;
                                stroke-width:0.5;
                                fill: ',$couleurs[($i - 1 ) mod
                                         count($couleurs) + 1])"/>
</xsl:template>
```

Vous pouvez même envisager de passer des paramètres supplémentaires à de telles fonctions. Un exemple immédiat est de transmettre la valeur de la donnée de façon que, par exemple, cette valeur dicte le choix de la couleur. Cette approche est limitée dans la mesure où une feuille de style ne peut redéfinir qu'une seule fois une règle. Cette section corrige ce défaut en utilisant un paramètre de contexte défini par l'utilisateur. Ce paramètre permet aux règles redéfinies de modifier leur comportement selon la valeur de ce paramètre. Le contexte ici joue un double rôle : vous pouvez également l'utiliser pour calculer un identificateur à placer dans l'attribut `id` d'un élément SVG. C'est très utile si vous avez besoin d'interagir avec le document SVG généré (voir la recette 9-4).

Notre dernier exemple crée un diagramme complexe, utilisant un diagramme min-max pour des données boursières, un diagramme à barres pour le volume, et un tracé de courbe pour la moyenne mouvante du volume. Le résultat apparaît dans la figure 9-14.

```
<xsl:stylesheet version="1.0"
  xmlns:xsl="http://www.w3.org/1999/XSL/Transform"
  xmlns:svg="http://www.w3.org/2000/svg"
  xmlns:svgu="http://www.ora.com/XSLTCookbook/ns/svg-utils"
  xmlns:emath="http://www.exslt.org/math"
  exclude-result-prefixes="svgu">

  <xsl:include href="svg-utils.xslt"/>

  <xsl:output method="xml" version="1.0" encoding="UTF-8" indent="yes"
    doctype-public="-//W3C//DTD SVG 1.0/EN"
    doctype-system="http://www.w3.org/TR/2001/REC-SVG-20010904/DTD/svg10.dtd"/>

  <xsl:variable name="largeur" select="600"/>
  <xsl:variable name="hauteur" select="500"/>
  <xsl:variable name="largeur-utile" select="$largeur * 0.8"/>
  <xsl:variable name="hauteur-utile" select="$hauteur * 0.8"/>
  <xsl:variable name="déplX" select="($largeur - $largeur-utile) div 2"/>
  <xsl:variable name="déplY" select="10"/>

  <xsl:variable name="donnéesMin">
    <xsl:call-template name="emath:min">
      <xsl:with-param name="nodes" select="//min"/>
    </xsl:call-template>
  </xsl:variable>
```

```
<xsl:variable name="donnéesMax">
  <xsl:call-template name="emath:max">
    <xsl:with-param name="nodes" select="//max"/>
  </xsl:call-template>
</xsl:variable>

<xsl:variable name="min" select="$donnéesMin * 0.9"/>
<xsl:variable name="max" select="$donnéesMax * 1.1"/>

<xsl:template match="/">

<svg:svg width="{$largeur}" height="{$hauteur}">

<svg:text x="{$largeur div 2}" y="{2 * $déplY}"
    style="text-anchor:middle; font-size:24">Action MSFT</svg:text>
<svg:text x="{$largeur div 2}" y="{4 * $déplY}"
    style="text-anchor:middle; font-size:12">Du 23/05/2002 au
    16/08/2002</svg:text>
<!-- PRIX -->

  <xsl:call-template name="svgu:minMax">
    <xsl:with-param name="donnéesDébut" select="*/donnée/début"/>
    <xsl:with-param name="donnéesMax" select="*/donnée/max"/>
    <xsl:with-param name="donnéesMin" select="*/donnée/min"/>
    <xsl:with-param name="donnéesFin" select="*/donnée/fin"/>
    <xsl:with-param name="min" select="$min"/>
    <xsl:with-param name="max" select="$max"/>
    <xsl:with-param name="largeur" select="$largeur-utile"/>
    <xsl:with-param name="hauteur" select="$hauteur-utile"/>
    <xsl:with-param name="déplX" select="$déplX"/>
    <xsl:with-param name="déplY" select="$déplY"/>
    <xsl:with-param name="boîteEnglobante" select="1"/>
  </xsl:call-template>

  <xsl:call-template name="svgu:AxeY">
    <xsl:with-param name="déplX" select="$déplX"/>
    <xsl:with-param name="déplY" select="$déplY"/>
    <xsl:with-param name="largeur" select="$largeur-utile"/>
    <xsl:with-param name="hauteur" select="$hauteur-utile"/>
    <xsl:with-param name="min" select="$min"/>
    <xsl:with-param name="max" select="$max"/>
    <xsl:with-param name="contexte" select=" 'price' "/>
  </xsl:call-template>

<!-- VOLUME -->
<xsl:variable name="hauteurV" select="100"/>

<xsl:call-template name="svgu:barres">
  <xsl:with-param name="données" select="*/donnée/Volume"/>
  <xsl:with-param name="largeur" select="$largeur-utile"/>
  <xsl:with-param name="hauteur" select="$hauteurV"/>
  <xsl:with-param name="orientation" select="0"/>
```

```
        <xsl:with-param name="déplX" select="$déplX"/>
        <xsl:with-param name="déplY" select="$hauteur-utile - $déplY"/>
        <xsl:with-param name="étiqBarre" select="false()"/>
        <xsl:with-param name="min" select="0"/>
        <xsl:with-param name="max" select="1500000"/>
      </xsl:call-template>

      <!-- Ceci pour que le tracé débute sur le premier segment -->
      <!-- et se termine sur le dernier -->
      <xsl:variable name="espacement"
       select="$largeur-utile div count(*/donnée/max) + 1"/>

      <xsl:call-template name="svgu:tracéXY">
        <xsl:with-param name="donnéesY" select="*/donnée/Vol10MA"/>
        <xsl:with-param name="largeur" select="$largeur-utile - 2 * $espacement"/>
        <xsl:with-param name="hauteur" select="$hauteurV"/>
        <xsl:with-param name="déplX" select="$déplX + $espacement"/>
        <xsl:with-param name="déplY" select="$hauteur-utile - $déplY"/>
        <xsl:with-param name="yMin" select="0"/>
        <xsl:with-param name="yMax" select="1500000"/>
      </xsl:call-template>

      <xsl:call-template name="svgu:AxeY">
        <xsl:with-param name="déplX" select="$largeur - $déplX"/>
        <xsl:with-param name="déplY" select="$hauteur - $hauteurV - $déplY"/>
        <xsl:with-param name="largeur" select="$largeur-utile"/>
        <xsl:with-param name="hauteur" select="$hauteurV"/>
        <xsl:with-param name="min" select="0"/>
        <xsl:with-param name="max" select="1500000"/>
        <xsl:with-param name="contexte" select=" 'volume' "/>
      </xsl:call-template>

      </svg:svg>

    </xsl:template>

     <xsl:template name="styleBarre">
        <xsl:text>stroke: black; stroke-wdth: 0.15</xsl:text>
     </xsl:template>

     <xsl:template name="styleTracéXY">
       <xsl:param name="contexte"/>
       <xsl:param name="échelle"/>
     <xsl:value-of select="concat('fill: none; stroke: black; stroke-width:',4 div
$scale,'; ')"/>
     </xsl:template>

       <xsl:template name="styleEtiquetteAxeY">
         <xsl:param name="contexte"/>
         <xsl:choose>
          <xsl:when test="$contexte = 'price'">
           <xsl:text>text-anchor:end;font-size:8;baseline-shift:-50%</xsl:text>
```

```
      </xsl:when>
      <xsl:otherwise>
       <xsl:text>text-anchor:start;font-size:8;baseline-shift:-50%</xsl:text>
      </xsl:otherwise>
    </xsl:choose>
  </xsl:template>

 <!-- écarter les étiquettes des graduations -->
  <xsl:template name="déplEtiqXAxeY">
    <xsl:param name="contexte"/>
    <xsl:if test="$contexte = 'volume'">
      <xsl:value-of select="6"/>
    </xsl:if>
  </xsl:template>

</xsl:stylesheet>
```

Figure 9-14. Une combinaison complexe de diagrammes

9.3 Dessiner des arbres

Problème

Vous voulez faire apparaître sous la forme d'un arbre la structure hiérarchique de vos données.

Solution

Cette section présente deux algorithmes différents pour dessiner un arbre. Aucun de ces deux algorithmes n'est le plus sophistiqué qui soit, mais les deux fournissent un résultat acceptable.

Si tous les arbres que vous avez à dessiner étaient équilibrés, la tâche serait facile parce qu'il suffirait de diviser l'espace horizontal disponible par le nombre de nœuds à chaque niveau et l'espace vertical par le nombre de niveaux.[2]

Malheureusement, les arbres à dessiner sont rarement équilibrés et/ou symétriques. Il faut donc un algorithme qui soit capable de tenir compte de la largeur de chaque branche.

La première technique utilise une seule passe sur l'arbre de départ. Cependant, pour accomplir sa tâche, elle conserve de l'information dans des attributs qu'elle place dans le résultat SVG. Cet exemple place ces attributs dans un espace de noms dédié, pour garantir qu'ils n'entreront pas en conflit avec des attributs spécifiques à SVG :

```
<?xml version="1.0" encoding="UTF-8"?>
<xsl:stylesheet
  <!-- v. 1.1 est maintenant défunt mais fonctionne avec Saxon, qui -->
  <!-- accepte alors xsl:script -->
  version="1.1"
  xmlns:emath="http://www.exslt.org/math"
  xmlns:xsl="http://www.w3.org/1999/XSL/Transform"
  xmlns:tree="http://www.ora.com/XSLTCookbook/ns/tree"
  xmlns:Math="java:java.lang.Math"
  extension-element-prefixes="Math"
  exclude-result-prefixes="Math emath">

  <xsl:script implements-prefix="Math"
                 xmlns:Math="java:java.lang.Math"
                 language="java"
                 src="java:java.lang.Math"/>

  <xsl:include href=".max.xslt"/>

  <xsl:output method="xml" version="1.0" encoding="UTF-8" indent="yes"
    doctype-public="-//W3C//DTD SVG 1.0/EN"
    doctype-system="http://www.w3.org/TR/2001/REC-SVG-20010904/DTD/svg10.dtd"/>
```

2. En fait, vous devez diviser par le nombre de nœuds + 1, sinon vous obtiendrez une erreur : c'est un problème de poteaux et de barrières.

```
<!-- Ces paramètres contrôlent les proportions -->
<!-- de l'arbre et de ses noeuds -->
<xsl:variable name="largeur" select="500"/>
<xsl:variable name="hauteur" select="500"/>
<xsl:variable name="largeurNoeud" select="2"/>
<xsl:variable name="hauteurNoeud" select="1"/>
<xsl:variable name="espaceHorz" select="0.5"/>
<xsl:variable name="espaceVert" select="1"/>

<xsl:template match="/">

<svg width="{$largeur}" height="{$hauteur}">

  <!-- Conserver le sous-arbre de ce noeud dans une variable -->
  <xsl:variable name="sousArbre">
    <xsl:apply-templates/>
  </xsl:variable>

  <!-- maxPos est le plus grande des coordonnées X ou Y utilisée -->
  <!-- dans le dessin d'un noeud -->
  <xsl:variable name="maxPos"
              select="Math:max(number($sousArbre/g/@tree:MAXX),
                      number($sousArbre/g/@tree:MAXY))"/>
  <xsl:variable name="maxDim" select="Math:max($largeur,$hauteur)"/>

  <!-- On met l'arbre à l'échelle de façon à ce que tous les noeud -->
  <!-- se trouvent à l'intérieur de la zone de dessin -->
  <g transform="scale({$maxDim div ($maxPos + 1)})">

    <!-- Utilisez exsl:node-set($sousArbre) -->
    <!-- si votre processeur supporte seulement la version 1.0 -->
    <xsl:copy-of select="$sousArbre/g/*"/>
  </g>

</svg>
</xsl:template>

<!-- Règle pour tous les noeuds non feuille -->
<xsl:template match="*[*]">

  <xsl:variable name="sousArbre">
      <xsl:apply-templates/>
  </xsl:variable>

  <!-- Positionner le noeud horizontalement selon la position -->
  <!-- moyenne de ses fils -->
  <xsl:variable name="xNoeud"
                     select="sum($sousArbre/*/@tree:THISX)
                                 div count($sousArbre/*)"/>

  <xsl:variable name="xMax" select="$sousArbre/*[last()]/@tree:MAXX"/>
```

```
<!-- Positionner le noeud verticalement selon sa profondeur -->
<xsl:variable name="yNoeud"
     select="($espaceVert + $hauteurNoeud) * count(ancestor-or-self::*)"/>

<xsl:variable name="yMax">
  <xsl:call-template name="emath:max">
    <!-- Utilisez exsl:node-set($sousArbre) si version 1.0 -->
    <xsl:with-param name="nodes" select="$sousArbre/*/@tree:MAXY"/>
  </xsl:call-template>
</xsl:variable>

<!-- On place le parent et ses fils et les liens dans un groupe -->
<!-- On ajoute des attributs au groupe pour passer de -->
<!-- l'information au parent -->
<g tree:THISX="{$xNoeud}" tree:MAXX="{$xMax}" tree:MAXY="{$yMax}">
  <rect x="{$xNoeud - $largeurNoeud}"
          y="{$yNoeud - $hauteurNoeud}"
          width="{$largeurNoeud}"
          height="{$hauteurNoeud}"
          style="fill: none; stroke: black; stroke-width:0.1"/>

  <!-- Tracer les connexions entre le noeud courant et ses fils -->
  <xsl:call-template name="tracerConnexions">
       <xsl:with-param name="xParent" select="$xNoeud - $largeurNoeud"/>
       <xsl:with-param name="yParent" select="$yNoeud - $hauteurNoeud"/>
       <xsl:with-param name="largeurParent" select="$largeurNoeud"/>
       <xsl:with-param name="hauteurParent" select="$hauteurNoeud"/>
       <xsl:with-param name="fils" select="$sousArbre/g/rect"/>
  </xsl:call-template>

  <!--Copier le SVG du sous-arbre -->
  <xsl:copy-of select="$sousArbre"/>
</g>

</xsl:template>

<!-- Règle pour les feuilles -->
<xsl:template match="*">

  <!-- Positionner les feuilles horizontalement selon le nombre -->
  <!-- de feuilles qui précèdent -->
  <xsl:variable name="xMax"
       select="($espaceHorz + $largeurNoeud) *
               (count(preceding::*[not(child::*)] ) + 1) "/>
```

Vous pouvez utiliser `count(ancestor-or-self::*)` pour obtenir le niveau courant. Cependant, il serait préférable d'ajouter un paramètre afin de passer la profondeur de nœud en nœud, plutôt que de le recalculer chaque fois :

```
<!-- Positionner ce noeud verticalement selon sa profondeur -->
<xsl:variable name="yMax"
    select="($espaceVert + $hauteurNoeud) * count(ancestor-or-self::*) "/>
```

```
    <g tree:THISX="{$xMax}" tree:MAXX="{$xMax}" tree:MAXY="{$yMax}">
      <rect x="{$xMax - $largeurNoeud}"
               y="{$yMax - $hauteurNoeud}"
               width="{$largeurNoeud}"
               height="{$hauteurNoeud}"
               style="fill: none; stroke: black; stroke-width:0.1;"/>
    </g>

  </xsl:template>

  <!-- Redéfinir pour obtenir des connexions droites ou autres -->
  <xsl:template name="tracerConnexions">
    <xsl:param name="xParent"/>
    <xsl:param name="yParent"/>
    <xsl:param name="largeurParent"/>
    <xsl:param name="hauteurParent"/>
    <xsl:param name="fils"/>
    <xsl:call-template name="tracerConnexionsCarrées">
      <xsl:with-param name="xParent" select="$xParent"/>
      <xsl:with-param name="yParent" select="$yParent"/>
      <xsl:with-param name="largeurParent" select="$largeurParent"/>
      <xsl:with-param name="hauteurParent" select="$hauteurParent"/>
      <xsl:with-param name="fils" select="$fils"/>
    </xsl:call-template>
  </xsl:template>

  <!-- Les connexions droites utilisent le plus court chemin -->
  <!-- du centre du bas du parent au centre du haut du fils -->
  <xsl:template name="tracerConnexionsDroites">
    <xsl:param name="xParent"/>
    <xsl:param name="yParent"/>
    <xsl:param name="largeurParent"/>
    <xsl:param name="hauteurParent"/>
    <xsl:param name="fils"/>
    <xsl:for-each select="$fils">
       <line x1="{$xParent + $largeurParent div 2}"
               y1="{$yParent + $hauteurParent}"
               x2="{@x + $largeurNoeud div 2}"
               y2="{@y}"
               style="stroke: black; stroke-width:0.1;"/>
    </xsl:for-each>
  </xsl:template>

  <!-- Les connexions carrées utilisent le plus court chemin composé -->
  <!-- uniquement de lignes horizontales et verticales, du centre -->
  <!-- du bas du parent au centre du haut du fils -->
  <xsl:template name="tracerConnexionsCarrées">
    <xsl:param name="xParent"/>
    <xsl:param name="yParent"/>
    <xsl:param name="largeurParent"/>
    <xsl:param name="hauteurParent"/>
    <xsl:param name="fils"/>
```

```
    <xsl:variable name="yMilieu"
        select="($fils[1]/@y + ($yParent + $hauteurParent)) div 2"/>

    <!-- ligne verticale au parent -->
    <line x1="{$xParent + $largeurParent div 2}"
          y1="{$yParent + $hauteurParent}"
          x2="{$xParent + $largeurParent div 2}"
          y2="{$yMilieu}"
          style="stroke: black; stroke-width:0.1;"/>

    <!-- ligne horizontale centrale -->
    <line x1="{$fils[1]/@x + $fils[1]/@width div 2}"
          y1="{$yMilieu}"
          x2="{$fils[last()]/@x + $fils[1]/@width div 2}"
          y2="{$yMilieu}"
          style="stroke: black; stroke-width:0.1;"/>

    <!-- ligne verticale au fils -->
    <xsl:for-each select="$fils">
       <line x1="{@x + $largeurNoeud div 2}"
             y1="{$yMilieu}"
             x2="{@x + $largeurNoeud div 2}"
             y2="{@y}"
             style="stroke: black; stroke-width:0.1;"/>
    </xsl:for-each>

  </xsl:template>

  </xsl:stylesheet>
```

Cette feuille de style traduit la structure de n'importe quel document XML en un arbre. La figure 9-15 montre son résultat lorsqu'elle s'applique à un document XML simple.

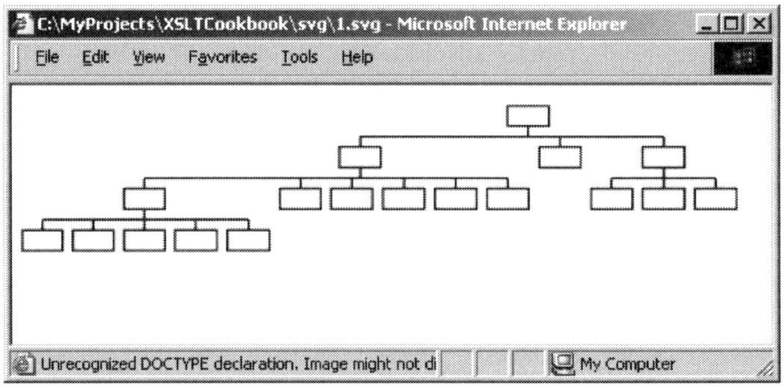

Figure 9-15. La structure d'un document XML transformée en SVG

Le premier algorithme crée un arbre dont les nœuds parents sont placés selon la moyenne des positions de leurs enfants. Cela a pour conséquence que la racine n'est pas placée au centre du diagramme si l'arbre n'est pas équilibré. L'algorithme suivant est une amélioration mineure, parce qu'il règle ce problème de décalage, et ne pollue pas l'arbre SVG avec des attributs étrangers. Cependant, il effectue deux passes sur l'arbre d'entrée :

```
<?xml version="1.0" encoding="UTF-8"?>
<xsl:stylesheet version="1.1"
                  xmlns:emath="http://www.exslt.org/math"
                  xmlns:xsl="http://www.w3.org/1999/XSL/Transform"
                  xmlns:tree="http://www.ora.com/XSLTCookbook/ns/tree"
                  xmlns:Math="java:java.lang.Math"
                  extension-element-prefixes="Math"
                  exclude-result-prefixes="Math emath">

  <xsl:script implements-prefix="Math"
               xmlns:Math="java:java.lang.Math"
                language="java"
                src="java:java.lang.Math"/>

  <xsl:include href="../math/math.max.xslt"/>

  <xsl:output method="xml" version="1.0"
                encoding="UTF-8"
                indent="yes"
                doctype-public="-//W3C//DTD SVG 1.0/EN"
                doctype-system="http://www.w3.org/TR/2001/REC-SVG-20010904/
                                DTD/svg10.dtd"/>

  <xsl:variable name="largeur" select="500"/>
  <xsl:variable name="hauteur" select="500"/>
  <xsl:variable name="largeurNoeud" select="2"/>
  <xsl:variable name="hauteurNoeud" select="1"/>
  <xsl:variable name="espaceHorz" select="0.5"/>
  <xsl:variable name="espaceVert" select="1"/>
  <xsl:variable name="épaisseurTrait" select="0.1"/>

  <xsl:template match="/">

    <!-- L'étape 1 copie l'entrée en y ajoutant des attributs -->
    <xsl:variable name="arbrePlacé">
      <xsl:apply-templates mode="placement"/>
    </xsl:variable>

    <xsl:variable name="maxPos"
              select="Math:max($arbrePlacé/*/@tree:WEIGHT *
                                ($largeurNoeud + $espaceHorz),
                                 $arbrePlacé/*/@tree:MAXDEPTH *
                                ($hauteurNoeud + $espaceVert))"/>

    <xsl:variable name="maxDim" select="Math:max($largeur,$hauteur)"/>

    <xsl:variable name="échelle" select="$maxDim div ($maxPos + 1)"/>
```

```
    <!-- L'étape 2 crée le SVG -->
    <svg height="{$hauteur}" width="{$largeur}">
      <g transform="scale({$échelle})">
        <xsl:apply-templates select="$arbrePlacé/*" mode="dessiner">
          <xsl:with-param name="x" select="0"/>
          <xsl:with-param name="y" select="0"/>
          <xsl:with-param name="largeur" select="$largeur div $échelle"/>
          <xsl:with-param name="hauteur" select="$hauteur div $échelle"/>
        </xsl:apply-templates>
      </g>
    </svg>
  </xsl:template>

  <!-- Placer les noeuds ayant des fils -->
  <xsl:template match="node()[*]" mode="placement">
    <xsl:variable name="sousArbre">
      <xsl:apply-templates mode="placement"/>
    </xsl:variable>

    <!-- Les noeuds non feuille reçoivent la somme des poids de leurs fils -->
    <xsl:variable name="poidsNoeud"
                      select="sum($sousArbre/*/@tree:WEIGHT)"/>

    <xsl:variable name="profMax">
      <xsl:call-template name="emath:max">
        <xsl:with-param name="nodes"
                     select="$sousArbre/*/@tree:MAXDEPTH"/>
      </xsl:call-template>
    </xsl:variable>

    <xsl:copy>
      <xsl:copy-of select="@*"/>
      <xsl:attribute name="tree:WEIGHT">
        <xsl:value-of select="$poidsNoeud"/>
      </xsl:attribute>
      <xsl:attribute name="tree:MAXDEPTH">
        <xsl:value-of select="$profMax"/>
      </xsl:attribute>
      <xsl:copy-of select="$sousArbre"/>
    </xsl:copy>

  </xsl:template>

  <!-- Placer les noeuds feuille -->
  <xsl:template match="*" mode="placement">
    <xsl:variable name="profondeur" select="count(ancestor-or-self::*) "/>
    <xsl:copy>
      <xsl:copy-of select="@*"/>
      <!-- Les feuilles ont un poids de 1 -->
      <xsl:attribute name="tree:WEIGHT">
        <xsl:value-of select="1"/>
      </xsl:attribute>
```

```
    <xsl:attribute name="tree:MAXDEPTH">
      <xsl:value-of select="$profondeur"/>
    </xsl:attribute>
  </xsl:copy>
</xsl:template>

<!-- Dessiner les noeuds non feuille -->
<xsl:template match="node()[*]" mode="dessiner">
  <xsl:param name="x"/>
  <xsl:param name="y"/>
  <xsl:param name="largeur"/>
  <xsl:variable name="xNoeud"
              select="$x + $largeur div 2 - ($largeurNoeud+$espaceHorz) div
              2"/>
  <xsl:variable name="sousArbre">
    <xsl:call-template name="dessinerSousArbre">
      <xsl:with-param name="noeuds" select="*"/>
      <xsl:with-param name="poids" select="@tree:WEIGHT"/>
      <xsl:with-param name="x" select="$x"/>
      <xsl:with-param name="y" select="$y + $hauteurNoeud + $espaceVert"/>
      <xsl:with-param name="largeur" select="$largeur"/>
    </xsl:call-template>
  </xsl:variable>
  <g>

    <rect x="{$xNoeud}"
          y="{$y}"
          width="{$largeurNoeud}"
          height="{$hauteurNoeud}"
          style="fill: none; stroke: black; stroke-width:{$épaisseurTrait};"/>

    <xsl:call-template name="tracerConnexions">
      <xsl:with-param name="xParent" select="$xNoeud"/>
      <xsl:with-param name="yParent" select="$y"/>
      <xsl:with-param name="largeurParent" select="$largeurNoeud"/>
      <xsl:with-param name="hauteurParent" select="$hauteurNoeud"/>
      <xsl:with-param name="fils" select="$sousArbre/g/rect"/>
    </xsl:call-template>

    <xsl:copy-of select="$sousArbre"/>

  </g>

</xsl:template>

 <!-- Dessiner les feuilles -->
<xsl:template match="*" mode="dessiner">
  <xsl:param name="x"/>
  <xsl:param name="y"/>
  <xsl:param name="largeur"/>
  <xsl:variable name="xNoeud"
              select="$x + $largeur div 2 - ($largeurNoeud+$espaceHorz) div 2"/>
```

```
    <g>
      <rect x="{$xNoeud}"
            y="{$y}"
            width="{$largeurNoeud}"
            height="{$hauteurNoeud}"
            style="fill: none; stroke: black; stroke-width:{$épaisseurTrait};"/>
    </g>
  </xsl:template>

  <!-- Règle récursive pour le dessin d'un sous-arbre -->
  <!-- Attribue de l'espace horizontal selon le poids du noeud -->
  <xsl:template name="dessinerSousArbre">
    <xsl:param name="noeuds" select="/.."/>
    <xsl:param name="poids"/>
    <xsl:param name="x"/>
    <xsl:param name="y"/>
    <xsl:param name="largeur"/>

    <xsl:if test="$noeuds">
      <xsl:variable name="noeud" select="$noeuds[1]"/>
      <xsl:variable name="ratio" select="$noeud/@tree:WEIGHT div $poids"/>

      <!-- Dessine le noeud et ses fils dans une partie de la surface -->
      <!-- selon la position x courante et la largeur allouée -->
      <xsl:apply-templates select="$noeud" mode="dessiner">
        <xsl:with-param name="x" select="$x"/>
        <xsl:with-param name="y" select="$y"/>
        <xsl:with-param name="largeur" select="$largeur * $ratio"/>
      </xsl:apply-templates>

      <!-- Traiter les noeuds restant -->
      <xsl:call-template name="dessinerSousArbre">
        <xsl:with-param name="noeuds" select="$noeuds[position() > 1]"/>
        <xsl:with-param name="poids" select="$poids"/>
        <xsl:with-param name="x" select="$x + $largeur * $ratio"/>
        <xsl:with-param name="y" select="$y"/>
        <xsl:with-param name="largeur" select="$largeur"/>
      </xsl:call-template>
    </xsl:if>

  </xsl:template>

<!-- Code pour les connexions omis. Identique à la feuille précédente -->

</xsl:stylesheet>
```

La figure 9-16 montre le résultat de ce nouvel algorithme avec les mêmes données d'entrée.

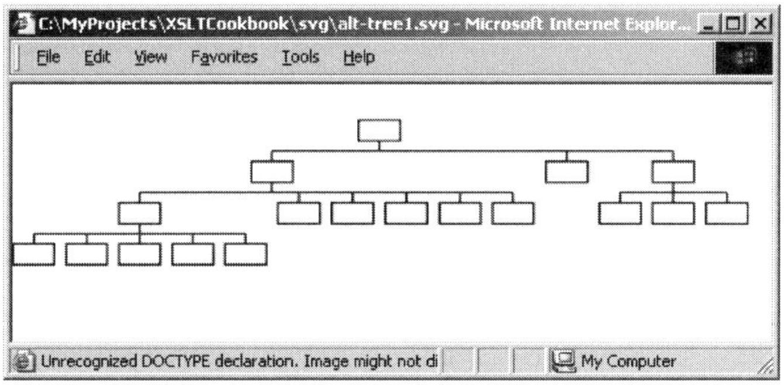

Figure 9-16. Une version plus équilibrée de la structure d'un document XML transformée en SVG

Discussion

Les recettes précédentes sont incomplètes parce qu'elles ne font apparaître que le squelette de l'arbre mais n'y placent aucun contenu. Une extension évidente consisterait à placer du texte dans les nœuds, de façon à les rendre identifiable. Cette extension peut être difficile à mettre en œuvre parce que SVG ne met pas le texte à l'échelle automatiquement, et elle devient particulièrement complexe si la largeur des boîtes doit dépendre du texte qu'elles contiennent. Voir la recette 12-3 pour une fonction d'extension écrite en Java qui aide à résoudre les problèmes de placement de texte de SVG.

Vous avez choisi de faire correspondre chaque nœud du document d'entrée à un nœud de l'arbre SVG. Dans un cas réel, il vous faudrait probablement filtrer les nœuds à ignorer en utilisant des motifs plus spécifiques que `match="node()[*]"` et `match="*"`.

Si la structure hiérarchique de vos données n'est pas représentée explicitement par la structure hiérarchique du document XML, il vous faudra prétraiter l'entrée pour créer une telle structure. Par exemple, cela serait le cas si la relation de parenté était représentée par des pointeurs dont la cible est codée sous forme d'attributs.

Les feuilles de style contiennent du code qui autorise deux types de connexions. Les exemples utilisent des connexions sous forme de lignes brisées. Les connexions droites, telles qu'elles apparaissent dans la figure 9-17, sont obtenues en redéfinissant `tracerConnexions` pour qu'il appelle `tracerConnexionsDroites`.

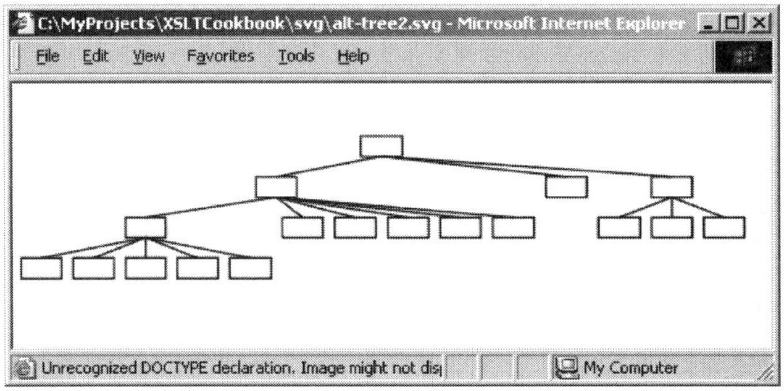

Figure 9-17. La structure d'un document XML transformée en SVG en utilisant des liens droits

Ces feuilles de style présentent deux problèmes de portabilité. Premièrement, elles utilisent une extension Java pour accéder à la fonction `Math:max`. Cette fonction pourrait facilement être écrite en XSLT. Cependant, les feuilles de style produisant du SVG auront la plupart du temps besoin d'autres fonctions d'extension, et ce problème est donc inévitable. Deuxièmement, elles font l'hypothèse que le processeur XSLT est compatible avec XSLT 1.1 ou supérieur, dans lequel les fragments d'arbre résultat peuvent être traités comme des ensembles de nœuds. Il se peut que vous ayez besoin de recourir à la fonction de conversion propre à votre processeur XSLT.

Pour aller plus loin

Pour découvrir des algorithmes sophistiqués de dessin d'arbres et de graphes plus généraux, consultez *Graph Drawing: Algorithms for the Visualization of Graphs*, de Giuseppe Di Battista, Peter Eades, Roberto Tamassia, et Ionnis G. Tollis (Prentice Hall, 1999). Attention, ce livre contient beaucoup de mathématiques, et ne contient pas d'algorithmes en pseudocode.

9.4 Créer des pages web interactives contenant du SVG

Problème

Vous voulez inclure du SVG dans du HTML pour créer une application interactive.

Solution

Cette solution est basée sur une adaptation du code présenté dans l'article *Integration by Parts: XSLT, XLink and SVG* de Didier Martin dans XML.com (*http://www.xml.com/lpt/a/2000/03/22/style/index.html*). La feuille de style contient un graphique SVG placé dans une page HTML, ainsi que l'information obtenue à partir d'un document XML. JavaScript permet l'interaction entre l'utilisateur et le graphique. Cet exemple particulier est un prototype d'une application d'agence immobilière dans laquelle les utilisateurs peuvent interagir avec le schéma d'une maison.

Le document XML d'entrée contient des informations sur la maison. Chaque chambre est associée à un id qui relie les données de la chambre à un élément <g> du diagramme SVG qui porte le même identificateur.

```
<?xml version="1.0" encoding="UTF-8"?>-->
<?xml-stylesheet type="text/xsl" href="HouseLayout.xsl"?>
<Maison>
  <Localisation>
    <Adresse>12 rue Principale.</Adresse>
    <Ville>Belleville</Ville>
    <Département>Puy-de-Dôme</Département>
  </Localisation>
  <Disposition figure="PlanMaison.svg">
    <Pièce id="chambre1">
      <Nom>Chambre</Nom>
      <Longueur>10</Longueur>
      <Largeur>10</Largeur>
      <Fenêtres>2</Fenêtres>
      <Divers>Vue sur le potager</Divers>
    </Pièce>
    <Pièce id="chambre2">
      <Nom>Chambre</Nom>
      <Longueur>10</Longueur>
      <Largeur>10</Largeur>
      <Fenêtres>1</Fenêtres>
      <Divers>Elvis a dormi ici</Divers>
    </Pièce>
    <Pièce id="chambrePrincipale">
      <Nom>Chambre à coucher principale</Nom>
      <Longueur>18</Longueur>
      <Largeur>10</Largeur>
      <Fenêtres>3</Fenêtres>
      <Divers>Salle de bain privée</Divers>
    </Pièce>
    <Pièce id="salleDeBainPrincipale">
      <Nom>Salle de bain principale</Nom>
      <Longueur>5</Longueur>
      <Largeur>5</Largeur>
      <Fenêtres>1</Fenêtres>
      <Divers>Complète avec bidet</Divers>
    </Pièce>
    <Pièce id="cuisine">
      <Nom>Cuisine</Nom>
      <Longueur>20</Longueur>
      <Largeur>18</Largeur>
      <Fenêtres>2</Fenêtres>
      <Divers>Entièrement équipée</Divers>
    </Pièce>
    <Pièce id="salon">
      <Nom>Salon</Nom>
      <Longueur>18</Longueur>
      <Largeur>18</Largeur>
```

```
      <Fenêtres>2</Fenêtres>
      <Divers>Vue sur la roseraie</Divers>
    </Pièce>
    <Pièce id="bain1">
      <Nom>Salle de bain</Nom>
      <Longueur>6</Longueur>
      <Largeur>5</Largeur>
      <Fenêtres>1</Fenêtres>
      <Divers>Baignoire en forme de coeur</Divers>
    </Pièce>
  </Disposition>
</Maison>
```

La feuille de style contient le document SVG, convertit les données XML en une table, et ajoute le code JavaScript qui rend la page interactive, comme il apparaît dans la figure 9-18.

```
<xsl:stylesheet xmlns:xsl="http://www.w3.org/1999/XSL/Transform"
        xmlns:xlink="http://www.w3.org/1999/xlink"
        version="1.0">
<xsl:output method="html" version="4"/>

<xsl:template match="/">
<html>
<head>
<title><xsl:value-of select="concat(*/*/Adresse,*/*/Ville,*/*/Département)"/>
       </title>
<script><![CDATA[

var item_selectionne = null;

// Cette fonction est appelée quand le pointeur de la souris
// déclenche l'événement "mouse over".
// On utilise à la fois le DOM SVG et le DOM XML pour accéder aux
// noeuds de l'arbre du document.
// En particulier, cette fonction modifie les éléments identifiés par
// l'attribut "id".
// Notez que pour modifier un attribut de style avec le DOM SVG il
// n'est pas nécessaire de connaître la valeur complète de l'attribut
// "style", alors que c'est le cas avec le DOM XML.
function on_mouse_over (ID)
{
     if (ID == item_selectionne)
          return true;

     var nom_obj = ID ;

     // Changer le style de l'élément SVG
     // --------------------------------
     // 1 - obtenir l'élément document SVGDOM du visualiseur SVG Adobe
     // 2 - Ensuite, obtenir l'élément du document SVG auquel ID fait
     // référence
     // 3 - Enfin, obtenir l'attribut style du noeud DOM SVG
```

```
    // La fonction getStyle est spécifique du DOM SVG
    // et retourne un objet "style".
    // On modifie la valeur de l'attribut "fill" dans l'objet
    // "style". Notez que contrairement au DOM XML il n'est pas
    // nécessaire de connaître à l'avance le contenu de l'attribut
    // "style" pour modifier l'une de ses propriétés CSS
    var svgdoc = document.figure.getSVGDocument();
    var svgobj = svgdoc.getElementById(nom_obj);
    if (svgobj != null)
    {
        var styleSVG = svgobj.getStyle();
        styleSVG.setProperty ('fill', 'yellow');
    }

    // Voici ce que nous aurions si le navigateur supportait
    // totalement le DOM XML
    // -----------------------------------------------------
    // Obtenir l'élément inclus dans ce document HTML (voir dans la
    // partie body) et auquel il est fait référence.
    // Changer l'attribut "style" de l'élément à l'aide du DOM XML.
    // Notez que contrairement à la fonction DOM SVG, la valeur
    // complète de l'attribut est modifiée, et non pas la valeur
    // d'un simple attribut CSS.
    // NE FONCTIONNE PAS...
    var svgdesc = document.getElementById(nom_obj);
    if (svgdesc != null)
        svgdesc.setAttribute("style", "background-color:yellow; cursor:hand");

    // Voici ce qu'il faut faire pour le DOM HTML de IE 5
    // -------------------------------------------------
    var DHTMLobj = document.all.item(nom_obj)
    if (DHTMLobj != null)
        DHTMLobj.style.backgroundColor = "yellow";
    return true;  }

// Cette fonction est appelée quand le pointeur de la souris
// déclenche l'événement "mouse out".
// On utilise à la fois le DOM SVG et le DOM XML pour accéder aux
// noeuds de l'arbre du document.
// En particulier, cette fonction modifie les éléments identifiés par
// l'attribut "id".
// Notez que pour modifier un attribut de style avec le DOM SVG il
// n'est pas nécessaire de connaître la valeur complète de l'attribut
// "style", alors que c'est le cas avec le DOM XML.
function on_mouse_out (ID)
{
    if (ID == item_selectionne)
        return true;

    var nom_obj = ID ;

    // Changer le style de l'élément SVG
```

```
    // --------------------------------
    // 1 - obtenir l'élément document SVGDOM du visualiseur SVG Adobe
    // 2 - Ensuite, obtenir l'élément du document SVG auquel ID fait
    // référence
    // 3 - Enfin, obtenir l'attribut style du noeud DOM SVG
    // La fonction getStyle est spécifique du DOM SVG
    // et retourne un objet "style".
    // On modifie la valeur de l'attribut "fill" dans l'objet
    // "style". Notez que contrairement au DOM XML il n'est pas
    // nécessaire de connaître à l'avance le contenu de l'attribut
    // "style" pour modifier l'une de ses propriétés CSS
    var svgdoc = document.figure.getSVGDocument();
    var svgobj = svgdoc.getElementById(nom_obj);
    if (svgobj != null)
    {
        var styleSVG = svgobj.getStyle();
        styleSVG.setProperty ('fill', 'white');
        styleSVG.setProperty ('stroke', 'white');
    }

    // Voici ce que nous aurions si le navigateur supportait
    // totalement le DOM XML
    // -------------------------------------------------
    // Obtenir l'élément inclus dans ce document HTML (voir dans la
    // partie body) et auquel il est fait référence.
    // Changer l'attribut "style" de l'élément à l'aide du DOM XML.
    // Notez que contrairement à la fonction DOM SVG, la valeur
    // complète de l'attribut est modifiée, et non pas la valeur
    // d'un simple attribut CSS.
    // NE FONCTIONNE PAS...
    var svgdesc = document.getElementById(nom_obj);
    if (svgdesc != null)
        svgdesc.setAttribute("style", "background-color:white;");

    // Voici ce qu'il faut faire pour le DOM HTML de IE 5
    // ------------------------------------------------
    var DHTMLobj = document.all.item(nom_obj)
    if (DHTMLobj != null)
        DHTMLobj.style.backgroundColor = "white";

    return true;  }

function on_mouse_click(ID)
{
    var nom_obj = ID ;

    // changer la couleur de la pièce sélectionnée
    if (item_selectionne)
    {
        var svgdoc = document.figure.getSVGDocument();
        var svgobj = svgdoc.getElementById(nom_obj);
        if (svgobj != null)
```

```
            {
                 var styleSVG = svgobj.getStyle();
                 styleSVG.setProperty ('fill', 'white');
            }
            var DHTMLobj = document.all.item(nom_obj)
            if (DHTMLobj != null)
            {
                 DHTMLobj.style.backgroundColor = "white";
                 DHTMLobj.style.fontWeight  = "normal";
            }
       }
       // Maintenant on sélectionne la nouvelle pièce
       if (item_selectionne != ID)
       {
            var svgdoc = document.figure.getSVGDocument();
            var svgobj = svgdoc.getElementById(nom_obj);
            if (svgobj != null)
            {
                 var styleSVG = svgobj.getStyle();
                 styleSVG.setProperty ('fill', '#C0C0C0');
            }
            var DHTMLobj = document.all.item(nom_obj)
            if (DHTMLobj != null)
            {
                 DHTMLobj.style.backgroundColor = "#C0C0C0";
                 DHTMLobj.style.fontWeight  = "bolder";
            }
            item_selectionne = ID;
       }
       else
            item_selectionne = null;

        return true;
}
]]</script>
</head>

<body>
       <xsl:apply-templates/>
</body>
</html>
</xsl:template>

<xsl:template match="Disposition">
       <div align="center">
            <embed name="figure" width="540" height="540" type="image/svg"
            pluginspage="http://www.adobe.com/svg/viewer/install/">
            <xsl:attribute name="src"><xsl:value-of select="@figure"/>
            </xsl:attribute>
            </embed>
       </div>
       <table border="0" cellpadding="1" cellspacing="0" width="100%"
```

```
        bgcolor="black">
      <tr>
           <table border="0" cellpadding="5" cellspacing="0" width="100%"
           bgcolor="white">
                <tr style="background-color:#990033; color:white;">
                     <td>Pièce</td>
                     <td align="right">Longueur</td>
                     <td align="right">Largeur</td>
                     <td align="right">Fenêtres</td>
                     <td>Remarques</td>
                </tr>
                <xsl:apply-templates/>
           </table>
      </tr>
 </table>
 </xsl:template>

 <xsl:template match="Pièce">
     <tr id="{@id}" style="'background-color:white;'"
         onmouseover="on_mouse_over('{@id}')"
         onmouseout="on_mouse_out('{@id}')"
         onclick="on_mouse_click('{@id}')">
      <td><xsl:value-of select="Nom"/></td>
      <td align="right"><xsl:value-of select="Longueur"/></td>
      <td align="right"><xsl:value-of select="Largeur"/></td>
      <td align="right"><xsl:value-of select="Fenêtres"/></td>
      <td><xsl:value-of select="Divers"/></td>
     </tr>
 </xsl:template>

 <xsl:template match="text()"/>

 </xsl:stylesheet>
```

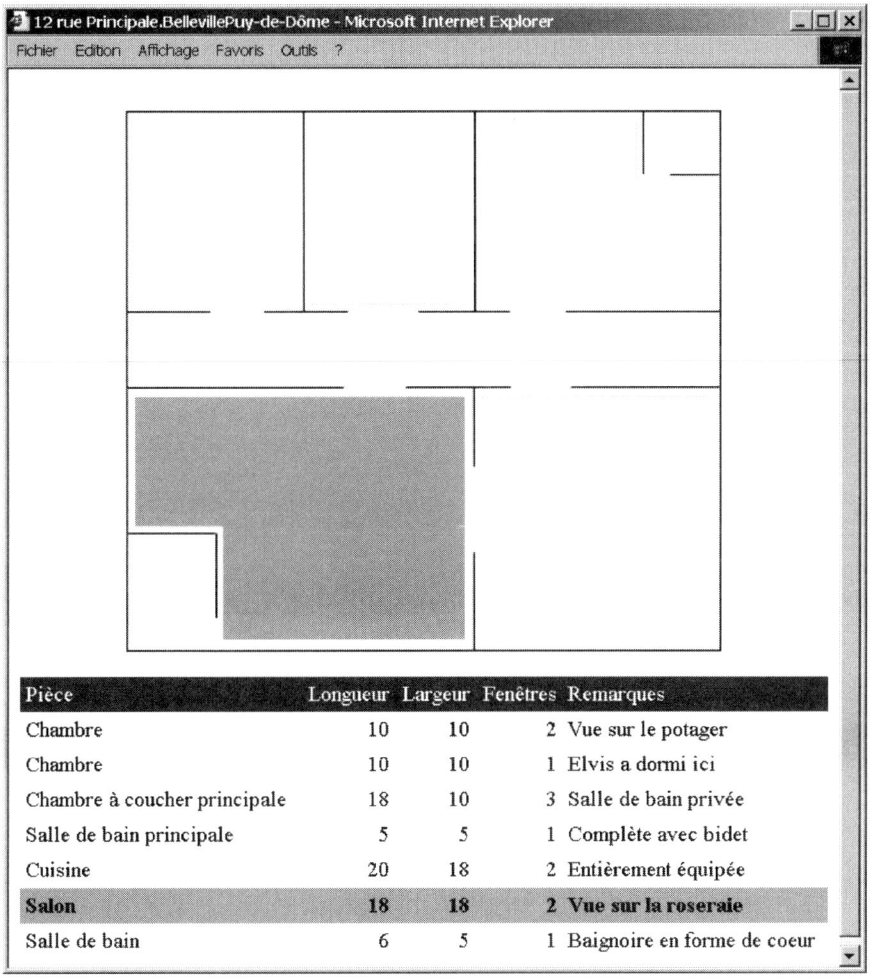

Figure 9-18. SVG interactif créé à partir d'un document XML

Discussion

Les exemples précédents se sont focalisés sur la génération de SVG à partir de XML, alors que celui-ci se concentre sur l'intégration de SVG dans une application plus large basée sur d'autres technologies du web. Cette recette ne fait qu'aborder le potentiel de telles applications. SVG inclut des facilités pour l'animation ou le contenu dynamique qui, couplées avec les capacités de transformation de XSLT, peut aboutir à des résultats impressionnants. Considérez le feuille de style suivante, basée sur les capacités des primitives de dessin de la recette 9-2, mais qui permet à l'utilisateur d'interagir avec le graphe :

```
<?xml version="1.0" encoding="iso-8859-1"?>
<xsl:stylesheet version="1.0"
```

```
  xmlns:svg="http://www.w3.org/2000/svg"
  xmlns:xsl="http://www.w3.org/1999/XSL/Transform"
  xmlns:svgu="http://www.ora.com/XSLTCookbook/ns/svg-utils"
  xmlns:test="http://www.ora.com/XSLTCookbook/ns/test"
  exclude-result-prefixes="svgu test">

<xsl:import href="svg-utils.xslt"/>

<xsl:output method="html"/>

<test:data>1.0</test:data>
<test:data>2.0</test:data>
<test:data>3.0</test:data>
<test:data>4.0</test:data>
<test:data>5.0</test:data>
<test:data>13.0</test:data>
<test:data>2.7</test:data>
<test:data>13.9</test:data>
<test:data>22.0</test:data>
<test:data>8.5</test:data>

<xsl:template match="/">
<html>
  <head>
    <title>Diagramme à barres interactif</title>
    <object id="AdobeSVG"
      classid="clsid:78156a80-c6a1-4bbf-8e6a-3cd390eeb4e2"/>
    <xsl:processing-instruction name="import">
      <xsl:text>namespace="svg" implementation="#AdobeSVG"</xsl:text>
    </xsl:processing-instruction>
<script><![CDATA[

function on_change (ID,VALUE)
{
    // Obtenir le document SVG
     var documentSVG = document.all.item('figure').getSVGDocument();

     // pour chaque barre id est préfixé par le contexte + _barre_ + ID
     var nomBarre = "interaction_barre_" + ID ;

     var barObj = documentSVG.getElementById(nomBarre);
     if (barObj != null)
     {
       barObj.setAttribute('y2', VALUE);
     }

     return true;
}

]]>]<![CDATA[]></script>
  </head>
  <body>
```

```
      <div align="center">
        <svg:svg width="400" height="400" id="figure">
          <xsl:call-template name="svgu:barres">
            <xsl:with-param name="données" select="document('')/*/test:data"/>
            <xsl:with-param name="largeur" select=" '300' "/>
            <xsl:with-param name="hauteur" select=" '350' "/>
            <xsl:with-param name="déplX" select=" '50' "/>
            <xsl:with-param name="déplY" select=" '25' "/>
            <xsl:with-param name="boîteEnglobante" select="1"/>
            <xsl:with-param name="max" select="25"/>
            <xsl:with-param name="contexte" select=" 'interaction' "/>
          </xsl:call-template>
        </svg:svg>
      </div>
      <table border="1" cellspacing="1" cellpadding="1">
        <tbody>
          <xsl:for-each select="document('')/*/test:data">
            <xsl:variable name="pos" select="position()"/>
            <xsl:variable name="last" select="last()"/>
            <tr>
              <td>Barre <xsl:value-of select="$pos"/></td>
              <td>
                <input type="text">
                  <xsl:attribute name="value">
                    <xsl:value-of select="."/>
                  </xsl:attribute>
                  <xsl:attribute name="onchange">
                    <xsl:text>on_change(</xsl:text>
                    <!-- Les barres orientées vers le haut ont subi -->
                    <!-- une rotation, il faut donc inverser les id -->
                    <!-- Voir svgu:barres pour une explication -->
                    <xsl:value-of select="$last - $pos + 1"/>
                    <xsl:text>, this.value)</xsl:text>
                  </xsl:attribute>
                </input>
                </td>
            </tr>
          </xsl:for-each>
        </tbody>
      </table>
    </body>
  </html>
  </xsl:template>

  </xsl:stylesheet>
```

Cette feuille de style produit une page web qui vous permet de modifier les données en observant une sorte de réponse immédiate de la hauteur des barres. Elle illustre également la technique de placement de fragments SVG dans une page HTML. Malheureusement, elle ne fonctionne qu'avec IE 5.5 ou postérieur, et suppose que vous utilisiez le plug-in SVG de Adobe.[3]

Pour aller plus loin

L'article de Didier Martin sur XML.com, intitulé *Integration by Parts: XSLT, XLink and SVG* (*http://www.xml.com/lpt/a/2000/03/22/style/index.html*) présente un exemple plus convaincant d'interaction avec une pièce complexe d'un diagramme de CAO.

Le livre *SVG* de J. David Eisenberg (Éditions O'Reilly, 2003) contient une information détaillée sur l'animation et les scripts SVG.

3. Ce qui est bien sûr la configuration utilisée par une large part du monde moderne.

10

Génération de code

Les bons programmeurs écrivent du code de bonne qualité.
Les grands programmeurs écrivent des programmes pour en générer.
Anonyme

L'automatisation est le Saint-Graal du développement logiciel. De fait, la plupart des progrès dans ce domaine sont liés à la notion de génération automatique de code à partir de spécifications de plus haut niveau. D'ailleurs, n'est-ce pas ce que font les compilateurs et les assembleurs ? Cependant, dans d'autres formes de génération de code, le langage cible n'est pas du code machine exécutable, mais un langage de haut niveau comme Java ou C++. Pourquoi ne voudrait-on pas générer du code de cette façon, est qu'est-ce que XML a à voir avec cela ?

Lorsque vous écrivez des programmes, vous codez principalement différents types de connaissances dans une syntaxe spécifique, optimisée pour une phase particulière du cycle de développement. Il est difficile de lier le travail de programmation aux autres tâches de développement, parce que les langages de programmation sont difficiles à analyser, et que la majeure partie des informations pertinentes est écrite dans des commentaires ad hoc. Représenter les connaissances de l'application en XML fournit l'opportunité d'un lien beaucoup plus fort. À partir de spécifications XML il est possible de générer le code de l'application, des programmes de test, de la documentation, et même éventuellement des données de test. Il ne s'agit pas de prétendre que XML offre tout cela gratuitement. Comme toutes les tâches de développement de logiciel, il est nécessaire de prévoir une importante étape de planification et de construction de l'infrastructure pour engranger les bénéfices de cette approche.

Ce chapitre est différent de la plupart des autres chapitres de ce livre car la plupart des exemples sont des composants d'une solution dans le contexte d'une application particulière. La raison de ce choix est double.

Premièrement, il y a peu de chances que vous codiez de l'information juste parce que XML « c'est chouette ». Dans la plupart des cas, le problème à résoudre est plus vaste, et XML est utile dans d'autres parties de la solution. Les exemples de cette section auront plus de sens s'ils sont présentés dans le contexte d'un problème plus vaste.

Deuxièmement, le problème spécifique étudié ici est assez fréquent dans le développement d'applications à grande échelle, et les lecteurs peuvent s'y intéresser en tant que tel. Cependant, même si ce n'est pas le cas, cet exemple n'empêchera pas l'utilisation de ces concepts dans d'autres tâches de développement.

Alors, quel est ce vaste problème ?

Imaginez une application client-serveur complexe. *Complexe* signifie ici qu'elle est constituée de nombreux types de processus clients et serveurs. Ces processus communiquent par le biais de messages, en utilisant des plates-formes réparties. IBM MQSeries, MSMQ (Microsoft Message Queuing), Tuxedo de BEA Systems, et Rendezvous de TIBCO ne sont que quelques exemples des produits disponibles dans ce domaine. Dans cet exemple, la plate-forme utilisée n'est pas particulièrement importante. Ce qui est important est que tout traitement significatif du système est déclenché par la réception d'un message, et la nécessité d'envoyer une réponse sous la forme d'un ou plusieurs autres messages.[1]

Un message peut contenir du XML (dans le cas de SOAP par exemple), du texte non XML, ou des données binaires. Le chapitre 12 parle de SOAP dans le contexte de WSDL. Ce chapitre se concentre principalement sur la communication entre serveurs, dans laquelle XML est utilisé moins souvent.

Ces systèmes complexes sont impressionnants car vous ne pouvez pas les comprendre en examinant le code source de n'importe lequel de leurs composants. Vous devez commencer par comprendre les conversations que les divers processus tiennent, c'est-à-dire les *protocoles d'échanges de messages entre processus* qu'ils utilisent. Ce chapitre va même plus loin et prétend que, à un premier niveau d'approximation, le détail de chaque processus est sans importance. Vous pouvez simplement traiter chaque processus comme une boîte noire. Ensuite, plutôt que d'essayer de comprendre les milliers de lignes de code qui composent le système complet, vous pouvez commencer par comprendre les ensembles de types de messages que les processus s'échangent.

Ainsi, la question devient : comment fait-on pour comprendre le protocole qui relie les processus d'une application complexe ? Cette information est-elle centralisée quelque part ? Malheureusement, la réponse à cette question est souvent non. J'ai constaté qu'il est souvent impossible de trouver une description complète et à jour des protocoles d'échange de messages d'une application. Vous trouverez en général diverses pièces du puzzle dans différents fichiers d'en-tête et dans d'autres documents de conception, modifiés au cours du cycle de vie du logiciel, mais il n'y a que rarement un lieu unique dans lequel cette information vitale est centralisée. Et dans bien des cas, la seule méthode réellement fiable pour obtenir cette information est de la reconstruire à partir du code source, c'est-à-dire le contraire de ce que j'ai dit précédemment !

Qu'est-ce que tout cela a à voir avec XML, XSLT, et, en particulier, la génération de code ? Le rapport vient du besoin d'une documentation qui décrive dans le détail la structure de l'échange de messages entre processus de l'application. Quel type de docu-

1. Bien sûr, l'interaction avec l'utilisateur est également importante. Cependant, on peut l'analyser sous forme de messages. Ces messages d'entrée et de sortie sont toutefois envoyés et réceptionnés au travers de canaux différents, et ne sont pas des messages entre processus.

ment cela doit-il être ? Peut-être les programmeurs doivent-ils maintenir un document Word décrivant tous les messages, ou, mieux, un site web dans lequel il serait possible de faire des recherches. Mais peut-être (et vous avez sûrement déjà deviné la réponse) faut-il conserver cette information en XML ! Peut-être pourriez-vous générer le site web à partir du document XML. Puisque vous y êtes, pourquoi ne pas générer une partie du code nécessaire aux applications pour traiter ces messages. C'est, en fait, exactement ce que nous allons faire dans ce chapitre. J'appelle cet ensemble de documents XML un *dépôt de format de messages entre processus*. Plusieurs recettes de ce chapitre montre comment il est possible de générer du code à l'aide de ce dépôt.

Avant de passer aux recettes, ce chapitre présente la conception du dépôt à partir de son schéma. Cette description utilise pour cela les Schémas XSD du W3C, mais n'en montre qu'une vue graphique et intuitive pour ne pas pénaliser les lecteurs qui seraient peu familiers avec les schémas XML.

La figure 10-1 a été réalisée avec l'outil XML Spy 4.0 de Altova (*http://www.xmlspy.com*). Les icônes contenant trois points (...) représentent une collection ordonnées. L'icône qui ressemble à un interrupteur représente un choix.

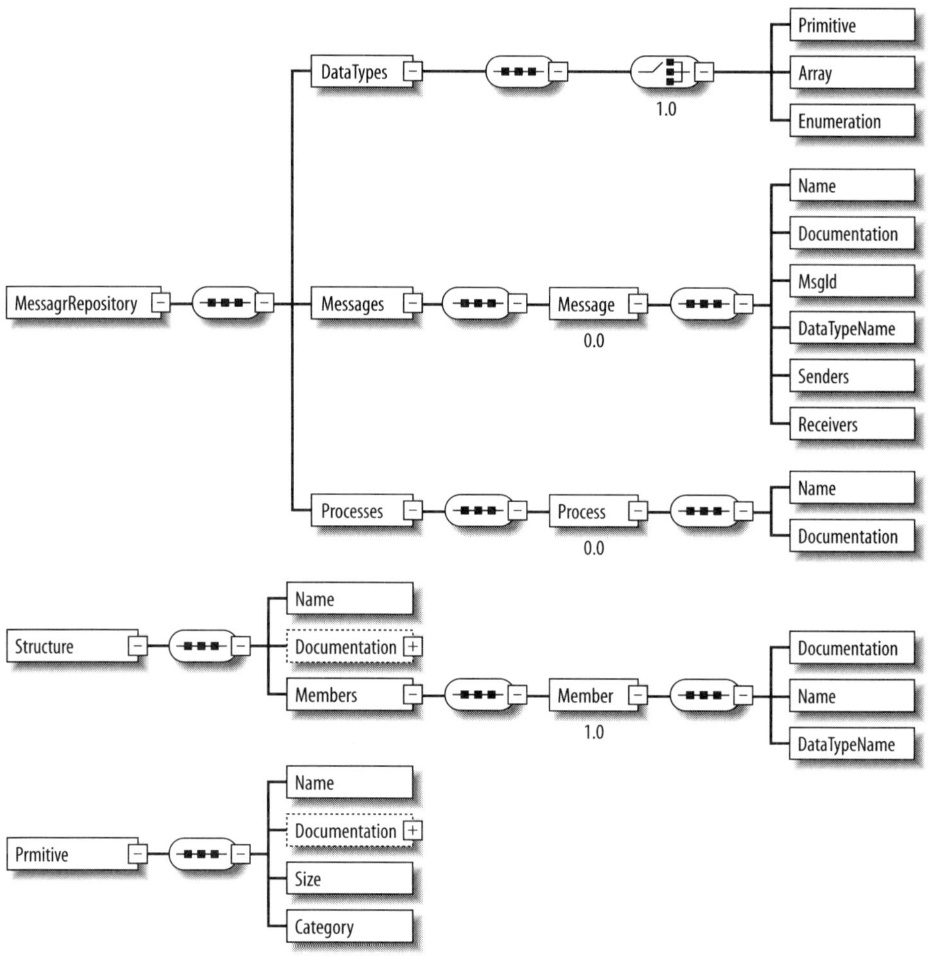

Figure 10-1. Représentation graphique du schéma XSD du dépôt

Bien que ce schéma soit suffisant pour illustrer quelques recettes de génération de code intéressantes, il est probablement mal adapté à une utilisation industrielle. D'autres données devraient y apparaître, comme celles de la liste suivante :

- Des constantes symboliques utilisées dans les tailles de tableaux et de chaînes de caractères, ainsi que les valeurs énumérées
- Des informations sur les structures de données complexes, telles que les unions et les alias de nom de type (`typedef` en C)
- Des informations sur les protocoles d'échange de messages (des séries complexes d'échanges de messages entre ensembles de processus afin de réaliser une certaine fonctionnalité)

- Des informations historiques, telle que la liste des auteurs, l'auteur des dernières modifications, les dates de mise à jour, etc.
- Des informations de livraison et de transport, liées aux serveurs et aux noms de files d'attente

À titre d'exemple de dépôt de données, imaginez une application client-serveur simple qui permette d'envoyer des ordres et des contre-ordres d'achat d'actions. Un tel dépôt pourrait ressembler au document suivant :

```
<MessageRepository xmlns:xsi="http://www.w3.org/2001/XMLSchema-instance"
 xsi:noNamespaceSchemaLocation="C:\MyProjects\XSLT Cookbook\code gen\
 MessageRepository.xsd">
<DataTypes>
  <Primitive>
    <Name>Real</Name>
    <Size>8</Size>
    <Category>real</Category>
  </Primitive>
  <Primitive>
    <Name>Integer</Name>
    <Size>4</Size>
    <Category>signed integer</Category>
  </Primitive>
  <Primitive>
    <Name>StkSymbol</Name>
    <Size>10</Size>
    <Category>string</Category>
  </Primitive>
  <Primitive>
    <Name>Message</Name>
    <Size>100</Size>
    <Category>string</Category>
  </Primitive>
  <Primitive>
    <Name>Shares</Name>
    <Size>4</Size>
    <Category>signed integer</Category>
  </Primitive>
  <Enumeration>
    <Name>BuyOrSell</Name>
    <Enumerators>
      <Enumerator>
        <Name>BUY</Name>
        <Value>0</Value>
      </Enumerator>
      <Enumerator>
        <Name>SELL</Name>
        <Value>1</Value>
      </Enumerator>
    </Enumerators>
  </Enumeration>
  <Enumeration>
```

```
    <Name>OrderType</Name>
    <Enumerators>
      <Enumerator>
        <Name>MARKET</Name>
        <Value>0</Value>
      </Enumerator>
      <Enumerator>
        <Name>LIMIT</Name>
        <Value>1</Value>
      </Enumerator>
    </Enumerators>
  </Enumeration>
  <Structure>
    <Name>TestData</Name>
    <Members>
      <Member>
        <Name>order</Name>
        <DataTypeName>AddStockOrderData</DataTypeName>
      </Member>
      <Member>
        <Name>cancel</Name>
        <DataTypeName>CancelStockOrderData</DataTypeName>
      </Member>
    </Members>
  </Structure>
  <Structure>
    <Name>AddStockOrderData</Name>
    <Documentation>A request to add a new order.</Documentation>
    <Members>
      <Member>
        <Name>symbol</Name>
        <DataTypeName>StkSymbol</DataTypeName>
      </Member>
      <Member>
        <Name>quantity</Name>
        <DataTypeName>Shares</DataTypeName>
      </Member>
      <Member>
        <Name>side</Name>
        <DataTypeName>BuyOrSell</DataTypeName>
      </Member>
      <Member>
        <Name>type</Name>
        <DataTypeName>OrderType</DataTypeName>
      </Member>
      <Member>
        <Name>price</Name>
        <DataTypeName>Real</DataTypeName>
      </Member>
    </Members>
  </Structure>
  <Structure>
```

```
    <Name>AddStockOrderAckData</Name>
    <Documentation>A positive acknowledgment that order was added successfully.
    </Documentation>
    <Members>
      <Member>
        <Name>orderId</Name>
        <DataTypeName>Integer</DataTypeName>
      </Member>
    </Members>
  </Structure>
  <Structure>
    <Name>AddStockOrderNackData</Name>
    <Documentation>An negative acknowledgment that order add was unsuccessful.
    </Documentation>
    <Members>
      <Member>
        <Name>reason</Name>
        <DataTypeName>Message</DataTypeName>
      </Member>
    </Members>
  </Structure>
  <Structure>
    <Name>CancelStockOrderData</Name>
    <Documentation>A request to cancel all or part of an order</Documentation>
    <Members>
      <Member>
        <Name>orderId</Name>
        <DataTypeName>Integer</DataTypeName>
      </Member>
      <Member>
        <Name>quantity</Name>
        <DataTypeName>Shares</DataTypeName>
      </Member>
    </Members>
  </Structure>
  <Structure>
    <Name>CancelStockOrderAckData</Name>
    <Documentation>A positive acknowledgment that order was canceled
                  successfully.
    </Documentation>
    <Members>
      <Member>
        <Name>orderId</Name>
        <DataTypeName>Integer</DataTypeName>
      </Member>
      <Member>
        <Name>quantityRemaining</Name>
        <DataTypeName>Shares</DataTypeName>
      </Member>
    </Members>
  </Structure>
  <Structure>
```

```
      <Name>CancelStockOrderNackData</Name>
      <Documentation>An negative acknowledgment that the order cancel was
                     unsuccessful.</Documentation>
      <Members>
        <Member>
          <Name>orderId</Name>
          <DataTypeName>Integer</DataTypeName>
        </Member>
        <Member>
          <Name>reason</Name>
          <DataTypeName>Message</DataTypeName>
        </Member>
      </Members>
    </Structure>
  </DataTypes>
  <Messages>
    <Message>
      <Name>ADD_STOCK_ORDER</Name>
      <MsgId>1</MsgId>
      <DataTypeName>AddStockOrderData</DataTypeName>
      <Senders>
        <ProcessRef>StockClient</ProcessRef>
      </Senders>
      <Receivers>
        <ProcessRef>StockServer</ProcessRef>
      </Receivers>
    </Message>
    <Message>
      <Name>ADD_STOCK_ORDER_ACK</Name>
      <MsgId>2</MsgId>
      <DataTypeName>AddStockOrderAckData</DataTypeName>
      <Senders>
        <ProcessRef>StockServer</ProcessRef>
      </Senders>
      <Receivers>
        <ProcessRef>StockClient</ProcessRef>
      </Receivers>
    </Message>
    <Message>
      <Name>ADD_STOCK_ORDER_NACK</Name>
      <MsgId>3</MsgId>
      <DataTypeName>AddStockOrderNackData</DataTypeName>
      <Senders>
        <ProcessRef>StockServer</ProcessRef>
      </Senders>
      <Receivers>
        <ProcessRef>StockClient</ProcessRef>
      </Receivers>
    </Message>
    <Message>
      <Name>CANCEL_STOCK_ORDER</Name>
      <MsgId>4</MsgId>
```

```
      <DataTypeName>CancelStockOrderData</DataTypeName>
      <Senders>
        <ProcessRef>StockClient</ProcessRef>
      </Senders>
      <Receivers>
        <ProcessRef>StockServer</ProcessRef>
      </Receivers>
    </Message>
    <Message>
      <Name>CANCEL_STOCK_ORDER_ACK</Name>
      <MsgId>5</MsgId>
      <DataTypeName>CancelStockOrderAckData</DataTypeName>
      <Senders>
        <ProcessRef>StockServer</ProcessRef>
      </Senders>
      <Receivers>
        <ProcessRef>StockClient</ProcessRef>
      </Receivers>
    </Message>
    <Message>
      <Name>CANCEL_STOCK_ORDER_NACK</Name>
      <MsgId>6</MsgId>
      <DataTypeName>CancelStockOrderNackData</DataTypeName>
      <Senders>
        <ProcessRef>StockServer</ProcessRef>
      </Senders>
      <Receivers>
        <ProcessRef>StockClient</ProcessRef>
      </Receivers>
    </Message>
    <Message>
      <Name>TEST</Name>
      <MsgId>7</MsgId>
      <DataTypeName>TestData</DataTypeName>
      <Senders>
        <ProcessRef>StockServer</ProcessRef>
      </Senders>
      <Receivers>
        <ProcessRef>StockClient</ProcessRef>
      </Receivers>
    </Message>
  </Messages>
  <Processes>
    <Process>
      <Name>StockClient</Name>
    </Process>
    <Process>
      <Name>StockServer</Name>
    </Process>
  </Processes>
</MessageRepository>
```

Ce dépôt décrit les types de messages échangés entre un client (appelé `StockClient`) et un serveur (appelé `StockServer`) pendant que l'application s'exécute. Les lecteurs familiers de WSDL trouveront des ressemblances. WSDL qui est propre aux spécifications de services web, est le plus souvent utilisé dans le contexte de services SOAP, bien que la spécification WSDL soit théoriquement indépendante du protocole (*http://www.w3.org/TR/wsdl*). Notez que WSDL n'est qu'une note du W3C, et non une recommandation. Le groupe de travail officiel sur la description de services web (Web Services Description Working Group, à l'adresse *http://www.w3.org/2002/ws/desc/*) travaille sur ce qui sera finalement un standard approuvé par le W3C.

Les deux derniers exemples de ce chapitre sont indépendants de notre problème d'échange de messages. Le premier se concentre sur la génération de code C++ à partir de données XMI (XML Metadata Interchange). Le second traite de la génération de XSLT par XSLT.

Avant de passer aux exemples, je vous présente mes excuses pour l'utilisation de C++ dans la plupart des exemples. J'ai fait ce choix uniquement parce que c'est le langage avec lequel je suis le plus familier. C'est le langage pour lequel j'ai réellement écrit des générateurs de code. De plus, le cadre conceptuel peut aisément se transposer à d'autres langages, même si les feuilles de style XSLT ne peuvent s'appliquer directement.[2]

10.1 Générer des définitions de constantes

Problème

Vous voulez générer un fichier source contenant tous les noms de messages en tant que constantes équivalentes à leur identificateur de message.

Solution

Vous pouvez construire une unique transformation qui utilise C++ comme langage cible par défaut, mais qui peut facilement être adaptée à C, C#, ou Java :

```
<?xml version="1.0" encoding="iso-8859-1"?>
<xsl:stylesheet version="1.0" xmlns:xsl="http://www.w3.org/1999/XSL/Transform">

  <xsl:output method="text"/>
  <xsl:strip-space elements="*"/>

  <!-- Nom du fichier source résultat -->
  <xsl:param name="fichier" select=" 'MESSAGE_IDS.h' "/>

  <!-- Le comportement par défaut est de produire des commentaires à la C++ -->
  <xsl:variable name="type-constantes" select=" 'const int' "/>

  <!-- L'opérateur d'affectation par défaut de C++ -->
  <xsl:variable name="affectation" select=" ' = ' "/>
```

2. Je suis tenté d'ajouter, en ne plaisantant qu'à moitié, que C++ est un langage si incroyablement complexe que les développeurs sont les plus motivés pour générer du code automatiquement plutôt que d'écrire ce code eux-mêmes.

```
<!-- Le terminateur d'instruction C++ par défaut -->
<xsl:variable name="terminateur" select=" ';' "/>

 <!-- Transformer le dépôt en une séquence de définitions de constantes --
<xsl:template match="MessageRepository">
  <xsl:call-template name="constantes-début"/>
  <xsl:apply-templates select="Messages/Message"/>
  <xsl:call-template name="constantes-fin"/>
</xsl:template>

<!-- Chaque message devient un commentaire et une définition de constante -->
<xsl:template match="Message">
  <xsl:apply-templates select="." mode="doc" />
  <xsl:apply-templates select="." mode="constante" />
</xsl:template>

<!-- Les fichiers d'en-tête C++ débutent par un test d'inclusion multiple -->
<xsl:template name="constantes-début">
  <xsl:variable name="guard" select="translate($fichier,'.','_')"/>
  <xsl:text>#ifndef </xsl:text>
  <xsl:value-of select="$guard"/>
  <xsl:text>&#xa;</xsl:text>
  <xsl:text>#define </xsl:text>
  <xsl:value-of select="$guard"/>
  <xsl:text>&#xa;&#xa;&#xa;</xsl:text>
</xsl:template>

<!-- Les fichiers d'en-tête C++ s'achèvent par la fermeture du test
     d'inclusion -->
<xsl:template name="constantes-fin">
  <xsl:variable name="guard" select="translate($fichier,'.','_')"/>
  <xsl:text>&#xa;&#xa;&#xa;#endif /* </xsl:text>
  <xsl:value-of select="$guard"/>
  <xsl:text> */&#xa;</xsl:text>
</xsl:template>

<!-- Chaque définition de constante est précédée d'un commentaire
     qui décrit le message associé -->
<xsl:template match="Message" mode="doc">
/*
* Purpose:      <xsl:call-template name="format-commentaire">
                    <xsl:with-param name="texte" select="Documentation"/>
                    </xsl:call-template>
* Data Format: <xsl:value-of select="DataTypeName"/>
* From:        <xsl:apply-templates select="Senders" mode="doc"/>
* To:          <xsl:apply-templates select="Receivers" mode="doc"/>
*/    </xsl:template>

<!-- Utilisé dans la génération de la documentation du message.
Indique les processus émetteur et récepteur. -->
<xsl:template match="Senders|Receivers" mode="doc">
```

```
    <xsl:for-each select="ProcessRef">
      <xsl:value-of select="."/>
      <xsl:if test="position() != last()">
       <xsl:text>, </xsl:text>
      </xsl:if>
    </xsl:for-each>
  </xsl:template>

  <!-- Cet utilitaire limite les lignes de commentaires à 40 caractères -->
  <xsl:template name="format-commentaire">
    <xsl:param name="texte"/>
    <xsl:choose>
      <xsl:when test="string-length($texte)&lt;40">
        <xsl:value-of select="$texte"/>
      </xsl:when>
      <xsl:otherwise>
        <xsl:value-of select="substring($texte,1,39)"/>
        <xsl:text>*&#xa;</xsl:text>
        <xsl:call-template name="format-commentaire">
          <xsl:with-param name="texte" select="substring($texte,40)"/>
        </xsl:call-template>
      </xsl:otherwise>
    </xsl:choose>
  </xsl:template>

  <!-- Chaque nom de message devient une constante dont la valeur est
       l'identificateur du message -->
  <xsl:template match="Message" mode="constante">
    <xsl:value-of select="$type-constantes"/><xsl:text> </xsl:text>
    <xsl:value-of select="Name"/>
    <xsl:value-of select="$affectation"/>
    <xsl:value-of select="MsgId"/>
    <xsl:value-of select="$terminateur"/>
    <xsl:text>&#xa;</xsl:text>
  </xsl:template>

  <!-- Ignorer les noeuds de texte non explicitement traités par les
       templates précédents -->
  <xsl:template match="text()"/>

</xsl:stylesheet>
```

Appliquée à votre dépôt, cette transformation génère le code suivant :

```
#ifndef MESSAGE_IDS_h
#define MESSAGE_IDS_h

  /*
  * Purpose:     Add a new order.
  * Data Format: AddStockOrderData
  * From:        StockClient
  * To:          StockServer
  */    const int ADD_STOCK_ORDER_ID = 1;
```

```
    /*
    * Purpose:      Acknowledge the order has been added.
    * Data Format: AddStockOrderAckData
    * From:         StockServer
    * To:           StockClient
    */    const int ADD_STOCK_ORDER_ACK_ID = 2;

    /*
    * Purpose:      Error adding the order. Perhaps it violates
    *               a rule.
    * Data Format: AddStockOrderNackData
    * From:         StockServer
    * To:           StockClient
    */    const int ADD_STOCK_ORDER_NACK_ID = 3;

  //Etc ...

  #endif /* MESSAGE_IDS_h */
```

Discussion

Pour rendre la transformation qui génère du code adaptable à plusieurs langages, j'utilise une feuille de style qui est plus complexe que nécessaire pour un langage unique. Pourtant, ce chapitre n'a pas totalement généralisé l'approche. Par exemple, les conventions pour les commentaires font l'hypothèse que le langage est un descendant de C. Le contenu des commentaires pourrait également ne pas convenir à votre style ou à votre goût. Si vous décidez de créer vos propres templates de génération de code, vous devriez appliquer ces techniques de personnalisation :

1. Codez chaque construction spécifique au langage cible sous la forme d'un paramètre de premier niveau ou d'une variable, afin qu'elle puisse être redéfinie par une feuille de style qui importerait votre feuille, ou (si vous utilisez des paramètres) en passant des valeurs de paramètres au moment de l'exécution de la transformation.
2. Placez les différents composants générés dans des templates différents, qui peuvent être redéfinis individuellement dans une feuille de style.

Avoir conçu cette feuille de style de cette façon autorise l'utilisation de constantes à la C, définies à l'aide de `#define`, après quelques modifications mineures :

```
<?xml version="1.0" encoding="UTF-8"?>
<xsl:stylesheet version="1.0" xmlns:xsl="http://www.w3.org/1999/XSL/Transform">

  <xsl:import href="msgIds.xslt"/>

  <xsl:variable name="type-constantes" select=" '#define ' "/>
  <xsl:variable name="affectation" select=" '   ' "/>
  <xsl:variable name="terminateur" select=" '' "/>

</xsl:stylesheet>
```

Java réclame que tout soit placé dans une classe, mais vous pouvez vous adapter à cela aussi :

```
<xsl:stylesheet version="1.0" xmlns:xsl="http://www.w3.org/1999/XSL/Transform">

  <xsl:import href="msgIds.xslt"/>

  <xsl:variable name="type-constantes" select=" 'public static final int' "/>

  <xsl:template name="constantes-début">
    <xsl:text>final public class MESSAGE_IDS &#xa;</xsl:text>
    <xsl:text>{&#xa;</xsl:text>
  </xsl:template>

  <xsl:template name="constantes-fin">
    <xsl:text>&#xa;&#xa;}&#xa;</xsl:text>
  </xsl:template>

</xsl:stylesheet>
```

10.2 Générer du code de routage des messages

Problème

Vous voulez générer du code de routage, qui va transmettre les messages aux fonctions chargées de leur traitement :

Solution

Le dépôt des types de messages conserve de l'information à propos des processus chargés de traiter tel ou tel type de message. Donc, étant donné un nom de processus, il est possible de générer une fonction qui fait correspondre chaque message entrant à une fonction de traitement :

```
<?xml version="1.0" encoding="iso-8859-1"?>
<xsl:stylesheet version="1.0" xmlns:xsl="http://www.w3.org/1999/XSL/Transform">

  <xsl:output method="text"/>

  <xsl:param name="processus" select=" '*' "/>

  <xsl:variable name="rép-message" select=" 'messages' "/>
  <xsl:variable name="répertoire-sép" select=" '/' "/>
  <xsl:variable name="include-ext" select=" '.h' "/>

   <xsl:template match="MessageRepository">
    <!-- Générer le début du fichier source -->
    <xsl:call-template name="début-fichier"/>

    <!-- Générer l'inclusion pour les messages reçus par ce processus -->
    <xsl:apply-templates select="Messages/
                                 Message[Receivers/
```

```
                                            ProcessRef = $processus or
                                            $processus = '*']"
                          mode="includes"/>

      <!-- Générer le début du routage de message -->
      <xsl:call-template name="début-switch"/>

      <!-- Générer le code de routage -->
      <xsl:apply-templates select="Messages/
                                   Message[Receivers/
                                            ProcessRef = $processus or
                                             $processus = '*']"
                          mode="switch"/>

      <!-- Générer la fin du code de routage -->
      <xsl:call-template name="fin-switch"/>

      <!-- Générer la fin du fichier -->
      <xsl:call-template name="fin-fichier"/>
    </xsl:template>

    <!-- Générer une directive #include pour chaque message -->
    <xsl:template match="Message" mode="includes">
      <xsl:text>#include &lt;</xsl:text>
      <xsl:value-of select="$rép-message"/>
      <xsl:value-of select="$répertoire-sép"/>
      <xsl:value-of select="Name"/>
      <xsl:value-of select="$include-ext"/>
      <xsl:text>&gt;&#xa;</xsl:text>
    </xsl:template>

    <!-- Générer une instruction case pour chaque type de message -->
    <xsl:template match="Message" mode="switch">
      case <xsl:value-of select="Name"/>_ID:
        <xsl:call-template name="case-action"/>
    </xsl:template>

  <!-- Générer l'action pour ce type de message -->
  <xsl:template name="case-action">
        return <xsl:value-of select="Name"/>(*static_cast&lt;const <xsl:value-of
        select="DataTypeName"/>*&gt;(msg.getData())).process() ;
  </xsl:template>

    <!-- Ne rien faire, par défaut. À redéfinir si nécessaire -->
    <xsl:template name="début-fichier"/>
    <xsl:template name="fin-fichier"/>

    <!-- Générer le début de l'instruction switch -->
    <xsl:template name="début-switch">
  #include &lt;transport/Message.h&gt;
  #include &lt;transport/MESSAGE_IDS.h&gt;
```

```
<xsl:text>&#xa;&#xa;</xsl:text>
<xsl:call-template name="process-function"/>
{
  switch (msg.getId())
  {
  </xsl:template>

  <xsl:template name="fin-switch">
    return false ;
  }
}
  </xsl:template>

<!-- Générer la signature de la fonction de traitement du message -->
<xsl:template name="process-function">
bool processMessage(const Message&amp; msg)
</xsl:template>

 </xsl:stylesheet>
```

Appliqué à notre dépôt, cet exemple produit le code de routage suivant :

```
#include <messages/ADD_STOCK_ORDER.h>
#include <messages/CANCEL_STOCK_ORDER.h>

#include <transport/Message.h>
#include <transport/MESSAGE_IDS.h>

bool processMessage(const Message& msg)

{
  switch (msg.getId())
  {

    case ADD_STOCK_ORDER_ID:

      return ADD_STOCK_ORDER(*static_cast<const
      AddStockOrderData*>(msg.getData())).process() ;

    case CANCEL_STOCK_ORDER_ID:

      return CANCEL_STOCK_ORDER(*static_cast<const
      CancelStockOrderData*>(msg.getData())).process() ;

    return false ;
  }
}
```

Discussion

Les applications qui s'échangent et donc traitent des messages ont toujours une fonction de routage des messages. La structure de cette fonction peut varier d'un système à l'autre, mais elle doit toujours tester une sorte d'identificateur de message, et transmettre le message au gestionnaire approprié. Cet identificateur peut prendre la forme d'un entier (comme dans notre cas) ou d'une chaîne de caractères. Dans certains cas, les identificateurs sont structurés, et constitués d'un type et d'un sous-type de message. Du point de vue du traitement, le gestionnaire peut être une fonction ou un objet instancié pour traiter le message. Il est important que même les générateurs de code simples soient modulaires, de façon qu'ils puissent être réutilisés dans différents contextes. Dans une compagnie dans laquelle j'ai travaillé, un groupe de programmeurs avait décidé d'un utilitaire écrit en Perl très intéressant, qui générait du code C++ à partir d'un schéma XSD. Il était suffisamment utile pour que d'autres groupes aient envie de l'utiliser. Malheureusement, ces programmeurs n'avaient en tête que leur propre intérêt, et leur solution par ailleurs impressionnante n'était pas réutilisable. Écrire ne serait-ce que de simples générateurs de code est une activité formidable, et vous devriez essayer de les rendre aussi généraux que possible de façon que d'autres n'aient pas à subir les mêmes épreuves que vous.

La solution donnée ici fournit plusieurs points d'accès pour personnaliser ce qui apparaît au début du fichier généré, le début du code de routage, la fin de ce code, ainsi que la fin du fichier. Cette souplesse permet à la recette 10-5 de réutiliser ce générateur. Pourtant, on pourrait encore l'améliorer. Par exemple, ce générateur fait l'hypothèse qu'une instruction C `switch` sait se charger du routage du message. Certaines applications pourraient préférer utiliser `if` et `else`, en particulier si l'identificateur de messages est une chaîne de caractères. D'autres encore pourraient vouloir utiliser une table faisant correspondre un identificateur à un pointeur de fonction.

Un unique générateur peut-il être généralisé au point de permettre toutes ces variantes ? Peut-être, mais le résultat sera probablement extrêmement complexe. Une meilleure approche consisterait à créer des composants de générateurs, qui pourraient être réutilisés dans des scénarios de génération plus complexes. Voici à quoi un générateur d'instruction `switch` C générique pourrait ressembler :

```
<?xml version="1.0" encoding="iso-8859-1"?>
<!DOCTYPE xslt [
  <!-- Utilisé pour contrôler l'indentation -->
  <!ENTITY INDENT "    ">
  <!ENTITY INDENT2 "&INDENT;&INDENT;">
]>
<xsl:stylesheet version="1.0" xmlns:xsl="http://www.w3.org/1999/XSL/Transform">

  <xsl:template name="gen-C-Switch">
    <xsl:param name="variable"/>
    <xsl:param name="cases" select="/.."/>
    <xsl:param name="actions" select="/.."/>
    <xsl:param name="default"/>
    <xsl:param name="baseIndent" select="'&INDENT;'"/>
    <xsl:param name="genBreak" select="true()"/>

    <xsl:value-of select="$baseIndent"/>
    <xsl:text>switch (</xsl:text>
    <xsl:value-of select="$variable"/>
    <xsl:text>)&#xa;</xsl:text>
    <xsl:value-of select="$baseIndent"/>
```

```
  <xsl:text>{&#xa;</xsl:text>

  <xsl:for-each select="$cases">
    <xsl:variable name="pos" select="position()"/>

    <xsl:value-of select="$baseIndent"/>
    <xsl:text>&INDENT;case </xsl:text>
    <xsl:value-of select="."/>
    <xsl:text>:&#xa;</xsl:text>
    <xsl:call-template name="gen-C-Switch-caseBody">
      <xsl:with-param name="case" select="."/>
      <xsl:with-param name="action" select="$actions[$pos]"/>
      <xsl:with-param name="baseIndent"
                              select="concat('&INDENT2;',$baseIndent)"/>
    </xsl:call-template>
    <xsl:if test="$genBreak">
      <xsl:value-of select="$baseIndent"/>
      <xsl:text>&INDENT2;break;</xsl:text>
    </xsl:if>
    <xsl:text>&#xa;</xsl:text>
  </xsl:for-each>

  <xsl:if test="$default">
    <xsl:value-of select="$baseIndent"/>
    <xsl:text>&INDENT;default:</xsl:text>
    <xsl:text>:&#xa;</xsl:text>
    <xsl:call-template name="gen-C-Switch-default-caseBody">
      <xsl:with-param name="action" select="$default"/>
      <xsl:with-param name="baseIndent"
          select="concat('&INDENT2;',$baseIndent)"/>
    </xsl:call-template>
    <xsl:text>&#xa;</xsl:text>
  </xsl:if>
  <xsl:value-of select="$baseIndent"/>
  <xsl:text>}&#xa;</xsl:text>
</xsl:template>

 <!-- Ceci génère une instruction vide par défaut. -->
<!-- À redéfinir pour générer le code du case -->
<xsl:template name="gen-C-Switch-caseBody">
  <xsl:param name="case"/>
  <xsl:param name="action"/>
  <xsl:param name="baseIndent"/>

  <xsl:value-of select="$baseIndent"/>
  <xsl:text>;</xsl:text>
</xsl:template>

<!-- Ceci invoque le générateur de code normal du case. -->
<!-- À redéfinir pour faire quelque chose de spécial par défaut. -->
<xsl:template name="gen-C-Switch-default-caseBody">
  <xsl:param name="action"/>
```

```
    <xsl:param name="baseIndent"/>

    <xsl:call-template name="gen-C-Switch-caseBody">
      <xsl:with-param name="action" select="$action"/>
      <xsl:with-param name="baseIndent" select="$baseIndent"/>
    </xsl:call-template>
  </xsl:template>

</xsl:stylesheet>
```

Le chapitre 14 illustre quelques techniques qui rendent de tels générateurs encore plus génériques.

10.3 Générer des squelettes de gestionnaires de messages

Problème

Vous voulez générer le squelette des fonctions chargées de traiter les messages entrant.

Solution

La feuille de style qui suit crée un squelette simple à partir d'un nom de processus et d'un type de message :

```
<?xml version="1.0" encoding="iso-8859-1"?>
<xsl:stylesheet version="1.1" xmlns:xsl="http://www.w3.org/1999/XSL/Transform">

  <xsl:output method="text"/>

  <!-- Le processus pour lequel on génère des gestionnaires -->
  <xsl:param name="processus"/>
  <!-- Les message pour lesquels on génère des gestionnaires. La
       valeur spéciale %ALL% désignent tous les messages. -->
  <xsl:param name="message" select=" '%ALL%' "/>

   <!-- Le répertoire où stocker les fichiers -->
  <xsl:variable name="rép-message" select=" 'messages' "/>
  <xsl:variable name="répertoire-sép" select=" '/' "/>
  <xsl:variable name="include-ext" select=" '.h' "/>

   <xsl:template match="MessageRepository">
    <xsl:choose>
      <xsl:when test="$message='%ALL%'" >
          <xsl:apply-templates
               select="Messages/Message[Receivers/ProcessRef = $processus]"/>
      </xsl:when>
      <xsl:otherwise>
        <xsl:apply-templates
             select="Messages/Message[Receivers/ProcessRef = $processus and
                                      Name=$message]"/>
      </xsl:otherwise>
```

```
    </xsl:choose>
  </xsl:template>

    <xsl:template match="Message"     >
    <xsl:document href="{concat(Name,'.h')}">
      <xsl:call-template name="génère-en-tête"/>
    </xsl:document>
    <xsl:document href="{concat(Name,'.cpp')}">
      <xsl:call-template name="génère-source"/>
    </xsl:document>
    </xsl:template>

  <xsl:template name="génère-en-tête">
#ifndef <xsl:value-of select="Name"/>_h  #define <xsl:value-of select="Name"/>_h

#include &lt;transport/MessageHandler.h&gt;

//Forward Declarations
class <xsl:value-of select="DataTypeName"/> ;
/*!TODO:  Insert addition forward declarations here.*/

class <xsl:value-of select="Name"/> : public MessageHandler
{
public:
    <xsl:value-of select="Name"/>(const <xsl:value-of
        select="DataTypeName"/>&amp; data) ;
    bool process() ;  private:

    const <xsl:value-of select="DataTypeName"/>&amp; m_Data ;
} ;

#endif
  </xsl:template>

  <xsl:template name="génère-source">
#include &lt;messages/<xsl:value-of select="Name"/>.h&gt;

/*!TODO:  Insert addition includes here.*/

<xsl:value-of select="Name"/>::<xsl:value-of select="Name"/>(const
    <xsl:value-of select="DataTypeName"/>&amp; data)
  : m_Data(data)
{
}

bool <xsl:value-of select="Name"/>::process()
{
  /*!TODO:  Insert message handler code here. */
  return true;
}
  </xsl:template>
```

```
</xsl:stylesheet>
```

Cette feuille de style génère un fichier d'en-tête et un fichier source pour chaque type de message qu'elle traite, comme illustré dans les exemples 10-1 et 10-2.

Exemple 10-1. AddStockOrder.h

```
#ifndef ADD_STOCK_ORDER_h
 #define ADD_STOCK_ORDER_h

 #include <transport/MessageHandler.h>

 //Forward Declarations
 class AddStockOrderData ;
 /*!TODO:  Insert addition forward declarations here.*/

 class ADD_STOCK_ORDER : public MessageHandler
 {
 public:
     ADD_STOCK_ORDER(const AddStockOrderData& data) ;
     bool process() ;
 private:

     const AddStockOrderData& m_Data ;
 } ;

 #endif
```

Exemple 10-2. AddStockOrder.cpp

```
#include <messages/ADD_STOCK_ORDER.h>

 /*!TODO:
 Insert addition includes here.*/

 ADD_STOCK_ORDER::ADD_STOCK_ORDER(const AddStockOrderData& data)
   : m_Data(data)
 {
 }

 bool ADD_STOCK_ORDER::process()
 {
   /*!TODO:  Insert message handler code here. */
   return true;
 }
```

Discussion

La majeure partie de ce que font les programmeurs est répétitif dans sa structure, mais unique dans sa substance. En d'autres termes, nous écrivons beaucoup de code générique et banal, qui devient spécifique au contexte dans lequel nous travaillons. Toute activité répétitive provoque l'ennui. L'ennui provoque la distraction. Et la distraction se traduit en bogues dans les programmes. Générer automatiquement les parties répétitives de votre code vous permet de vous concentrer sur les parties importantes.

Les outils qui génèrent du code contenant des sections marquées par TODO sont souvent appelés des *assistants* (*wizards*). L'assistant de gestion des messages est un exemple simple de ce genre d'outil. Certains assistants commercialisés génèrent la structure complète d'une application. Il n'est pas certain que XSLT soit capable de créer des assistants de cette ampleur. Cependant, pour les simples générateurs de squelettes à partir de documents XML, XSLT est préférable aux autres langages, y compris à Perl. De nombreux fanatiques de Perl ne seront pas d'accord avec cette affirmation, parce qu'ils pensent que le traitement de XML est juste une autre forme de traitement de texte (et nous savons tous que Perl est le roi indiscuté des langages de traitement de texte). Toutefois, il n'est pas inutile d'affirmer que le traitement de documents XML n'est pas uniquement du traitement de texte, mais plutôt le traitement d'arbres qui contiennent du texte dans certains de leurs nœuds. En tant que tel, les processeurs XSLT transforment des arbres de façon bien plus subtile que ne le fait Perl. Quoi qu'il en soit, Perl et XSLT peuvent se combiner pour tirer parti du meilleur des deux mondes, comme l' illustre le chapitre 12. Le chapitre 12 présente également un extension à XSLT qui supprime le caractère verbeux des générateurs écrits uniquement en XSLT.

10.4 Générer des classes de données

Problème

Vous voulez créer des classes qui encapsulent les données transportées par chaque message, de façon à obtenir une interface correctement typée :

Solution

Cette solution fonctionne dans deux modes. Si on fournit un nom de type de message dans un paramètre, alors elle génère une classe uniquement pour les données de ce message. Si on ne fournit pas de nom, elle génère des classes pour tous les types de message :

```
<xsl:stylesheet version="1.1" xmlns:xsl="http://www.w3.org/1999/XSL/Transform">

  <xsl:output method="text"/>
  <xsl:strip-space elements="*"/>

  <!-- Le message pour lequel générer une classe, '*' pour tous -->
  <xsl:param name="message" select=" '*' "/>
  <!-- Le répertoire dans lequel générer le code -->
  <xsl:param name="generationDir" select=" 'src/' "/>
  <!-- L'extension pour les fichiers d'en-tête C++ -->
  <xsl:param name="headerExt" select=" '.h' "/>
  <!-- L'extension pour les fichiers source C++ -->
  <xsl:param name="sourceExt" select=" '.C' "/>

  <!-- On utilise xsl:key pour localiser les types par nom -->
  <xsl:key name="typesDonnées" match="Structure" use="Name" />
  <xsl:key name="typesDonnées" match="Primitive" use="Name" />
  <xsl:key name="typesDonnées" match="Array" use="Name" />
  <xsl:key name="typesDonnées" match="Enumeration" use="Name" />

   <!-- Template sur la racine, qui détermine quels messages traiter -->
```

```
  <xsl:template match="/">
    <xsl:choose>
        <xsl:when test="$message = '*'">
          <xsl:apply-templates select="*/Messages/*"/>
        </xsl:when>
        <xsl:when test="*/Messages/Message[Name=$message]">
          <xsl:apply-templates select="*/Messages/Message[Name=$message]"/>
        </xsl:when>
        <xsl:otherwise>
          <xsl:message terminate="yes">Le message
          [<xsl:value-of select="$message"/>] n'existe pas</xsl:message>
        </xsl:otherwise>
      </xsl:choose>
  </xsl:template>

<!-- Si le message est dans le dépôt, alors générer un fichier
     d'en-tête et un fichier source pour la classe. -->
<xsl:template match="Message">
  <xsl:choose>
    <xsl:when test="key('typesDonnées',DataTypeName)">
      <xsl:apply-templates select="key('typesDonnées',DataTypeName)"
           mode="en-tête"/>
      <xsl:apply-templates select="key('typesDonnées',DataTypeName)"
           mode="source"/>
    </xsl:when>
    <xsl:otherwise>
            <xsl:message>Le message [<xsl:value-of select="Name"/>]
            utilise un type [<xsl:value-of select="DataTypeName"/>]
            qui n'est pas défini dans le dépôt.</xsl:message>
    </xsl:otherwise>
  </xsl:choose>
</xsl:template>

<!-- On ne génère un fichier d'en-tête que si le type de données est une
     structure. Le seul autre type de message habituel est XML. On ne
     génère pas de classe pour un message XML. -->
<xsl:template match="Structure" mode="en-tête">
<xsl:document href="{concat($generationDir,Name,$headerExt)}">
#include &lt;primitives/primitives.h&gt;

class <xsl:value-of select="Name"/>
{
public:<xsl:text>&#xa;&#xa;</xsl:text>
  <xsl:for-each select="Members/Member">
    <xsl:text>    </xsl:text>
    <xsl:apply-templates select="key('typesDonnées',DataTypeName)"
         mode="returnType"/>
    get_<xsl:value-of select="Name"/>() const ;<xsl:text/>
    <xsl:text>&#xa;</xsl:text>
   </xsl:for-each>
<xsl:text>&#xa;</xsl:text>
private:<xsl:text>&#xa;&#xa;</xsl:text>
```

```
  <xsl:for-each select="Members/Member">
    <xsl:text>    </xsl:text>
    <xsl:apply-templates select="key('typesDonnées',DataTypeName)"
         mode="data"/>  m_<xsl:value-of select="Name"/> ;<xsl:text/>
    <xsl:text>&#xa;</xsl:text>
  </xsl:for-each>
} ;
</xsl:document>
</xsl:template>

<!-- On ne génère un fichier source que si le type de données est une
     structure. Le seul autre type de message habituel est XML. On ne
     génère pas de classe pour un message XML. -->
<xsl:template match="Structure" mode="source">
<xsl:document href="{concat($generationDir,Name,$sourceExt)}">
#include "<xsl:value-of select="Name"/><xsl:value-of select="$headerExt"/>"

<xsl:text/>

  <xsl:for-each select="Members/Member">
    <xsl:apply-templates select="key('typesDonnées',DataTypeName)"
         mode="returnType"/>
    <xsl:text> </xsl:text>
    <xsl:value-of select="../../Name"/>::get_<xsl:value-of select="Name"/>()
         const
    <xsl:text>&#xa;</xsl:text>
    <xsl:text>{&#xa;</xsl:text>
    <xsl:text>    return m_</xsl:text><xsl:value-of select="Name"/>
    <xsl:text>;&#xa;</xsl:text>
    <xsl:text>}&#xa;&#xa;</xsl:text>
   </xsl:for-each>

</xsl:document>
</xsl:template>

<!-- On fait l'hypothèse que les champs qui sont eux-mêmes des
     structures sont renvoyés par référence -->
<xsl:template match="Structure" mode="returnType">
const <xsl:value-of select="Name"/>&amp;<xsl:text/>
</xsl:template>

<!-- S'il existe un type natif C++ correspondant à un type primitif,
     alors on utilise ce type primitif. Sinon, on fait l'hypothèse que le
     type primitif est défini quelque part. -->
<xsl:template match="Primitive" mode="returnType">
  <xsl:choose>
    <xsl:when test="Name='Integer' ">int</xsl:when>
    <xsl:when test="Name='Real' ">double</xsl:when>
    <xsl:otherwise><xsl:value-of select="Name"/></xsl:otherwise>
  </xsl:choose>
</xsl:template>
```

```
<xsl:template match="*" mode="returnType">
<xsl:value-of select="Name"/>
</xsl:template>

<xsl:template match="Primitive" mode="data">
  <xsl:choose>
    <xsl:when test="Name='Integer' ">int</xsl:when>
    <xsl:when test="Name='Real' ">double</xsl:when>
    <xsl:otherwise><xsl:value-of select="Name"/></xsl:otherwise>
  </xsl:choose>
</xsl:template>

<xsl:template match="*" mode="data">
<xsl:value-of select="Name"/>
</xsl:template>

</xsl:stylesheet>
```

Ce générateur ne produit que des méthodes `get`, mais il est facile à étendre si vous avez également besoin de méthodes `set` ou d'autres types de méthodes. Voici un exemple de fichier d'en-tête généré :

```
#include <primitives/primitives.h>

class AddStockOrderData
{
public:

    StkSymbol get_symbol() const ;
    Shares get_quantity() const ;
    BuyOrSell get_side() const ;
    OrderType get_type() const ;
    double get_price() const ;

 private:

    StkSymbol  m_symbol ;
    Shares  m_quantity ;
    BuyOrSell  m_side ;
    OrderType  m_type ;
    double  m_price ;

} ;
```

Et voici un exemple de fichier source C++ contenant le code correspondant :

```
#include "AddStockOrderData.h"

StkSymbol  AddStockOrderData::get_symbol() const
{
    return m_symbol;
}

Shares  AddStockOrderData::get_quantity() const
```

```
{
    return m_quantity;
}

BuyOrSell  AddStockOrderData::get_side() const
{
    return m_side;
}

OrderType  AddStockOrderData::get_type() const
{
    return m_type;
}

double  AddStockOrderData::get_price() const
{
    return m_price;
}
```

Discussion

Cette section utilise le terme *classe* pour insister sur le fait que la classe fournit une interface orientée objet aux données, qui ne serait sans cela que placées dans une bonne vieille structure C. J'ai un jour travaillé sur un projet dans lequel nous avons écrit à la main du code de ce genre. Bien que ce travail ait été pénible, le résultat à été à la hauteur de l'effort. Imaginez par exemple un message qui contient un prix, des quantités et des dates. Un type entier peut très bien coder tous ces types de haut niveau. Il est facile dans ce cas de faire une erreur, et remplacer l'un de ces champs par un autre, sans que le compilateur ne le remarque. Les classes fournissent un moyen de placer une couche supplémentaire autour des données du message, qui convertit la représentation de bas niveau en un ensemble d'opérations d'accès telles que `Prix`, `Quantité` et `Date`. Une classe générée automatiquement offre ces avantages sans effort supplémentaire.

Un dépôt de types de messages et un générateur écrit en XSLT permettent d'automatiser la tâche de production des classes. Dans la pratique, ces classes contiennent quelquefois du code un peu plus intelligent, et il se peut que vous ayez à placer des méta-données supplémentaires dans les descriptions des messages pour pouvoir générer les parties subtiles du code. Un cas fréquent est celui des données contenant des tableaux. Il y a alors souvent un autre champ qui indique le nombre de cases occupées dans le tableau. Si vous écrivez à la main une classe avec une méthode permettant d'ajouter un élément dans le tableau, cette méthode aura besoin d'utiliser le champ additionnel pour trouver la prochaine case libre, et de l'incrémenter après avoir ajouté l'élément. Vous pouvez générer un tel code uniquement si votre description stockée dans le dépôt fait le lien entre le champ de taille du tableau et le tableau lui-même.

10.5 Générer des méthodes d'affichage

Problème

Vous avez besoin d'outils pour vous aider à déboguer votre application. En particulier, vous avez besoin d'afficher les messages binaires sous une forme lisible par un être humain.

Solution

Lorsqu'ils développent des applications à base de messages, les programmeurs écrivent souvent des fonctions d'affichage, parce que celles-ci facilitent considérablement le débogage de ces applications. Cependant, ce type de code peut être généré automatiquement si vous disposez d'un dépôt de types de message. Cette solution vous montre comment réutiliser le générateur de fonction de routage de la recette 10-2 :

```
<?xml version="1.0" encoding="iso-8859-1"?>
<!DOCTYPE xslt [
  <!-- Utilisé pour contrôler l'indentation -->
  <!ENTITY INDENT "    ">
  <!ENTITY INDENT2 "&INDENT;&INDENT;">
  <!ENTITY LS "&lt;&lt;">
]>
<xsl:stylesheet version="1.1" xmlns:xsl="http://www.w3.org/1999/XSL/Transform">

<!-- Le générateur de fonction d'affichage a besoin d'une fonction de
     routage de messages, donc on utilise celle écrite précédemment -->
<xsl:import href="messageSwitch.xslt"/>

  <!-- Le répertoire dans lequel générer le code -->
  <xsl:param name="generationDir" select=" 'src/' "/>
  <!-- L'extension pour les fichiers d'en-tête C++ -->
  <xsl:param name="prettyPrintHeader" select=" 'prettyPrint.h' "/>
  <!-- L'extension pour les fichiers source C++ -->
  <xsl:param name="prettyPrintSource" select=" 'prettyPrint.C' "/>

  <!-- On utilise xsl:key pour localiser les types par nom -->
  <xsl:key name="typesDonnées" match="Structure" use="Name" />
  <xsl:key name="typesDonnées" match="Primitive" use="Name" />
  <xsl:key name="typesDonnées" match="Array" use="Name" />
  <xsl:key name="typesDonnées" match="Enumeration" use="Name" />

  <xsl:template match="MessageRepository">
    <xsl:document href="{concat($generationDir,$prettyPrintHeader)}">
      <xsl:text>void prettyPrintMessage</xsl:text>
      <xsl:text>(ostream&amp; stream, const Message&amp; msg);&#xa;</xsl:text>
      <xsl:apply-templates select="DataTypes/Structure" mode="declare"/>
    </xsl:document>

    <xsl:document href="{concat($generationDir,$prettyPrintSource)}">
      <xsl:apply-imports/>
      <xsl:apply-templates select="DataTypes/Structure" mode="printers"/>
```

```
    </xsl:document>

  </xsl:template>

<!-- Redéfinir la fonction de traitement des messages de
     messageSwitch.xslt pour modifier sa signature, qui prend en
     paramètre un flux ici -->
  <xsl:template name="process-function">
    <xsl:text>void prettyPrintMessage</xsl:text>
    <xsl:text>(ostream&amp; stream, const Message&amp; msg)</xsl:text>
  </xsl:template>

<!-- Redéfinir l'action de messageSwitch.xslt pour chaque cas, pour
     générer un appel à la fonction d'affichage -->
  <xsl:template name="case-action">
    <xsl:text>
 prettyPrint(stream, *static_cast&lt;const </xsl:text>
    <xsl:value-of select="DataTypeName"/>
    <xsl:text>*&gt;(msg.getData())) ;
         break;</xsl:text>
  </xsl:template>

<!-- Générer des déclarations pour chaque type de message -->
  <xsl:template match="Structure" mode="declare">
    <!-- Déclarer la classe de données du message -->
    <xsl:text>class </xsl:text>
    <xsl:value-of select="Name"/>
    <xsl:text> ;&#xa;</xsl:text>
    <!-- Déclarer la fonction d'affichage du message -->
    <xsl:text>ostream prettyPrint(ostream &amp; stream, const </xsl:text>
    <xsl:value-of select="Name"/>
    <xsl:text>&amp; data);&#xa;</xsl:text>
  </xsl:template>

<!-- Générer le corps de la fonction d'affichage -->
  <xsl:template match="Structure" mode="printers">
    <xsl:text>ostream prettyPrint(ostream &amp; stream, const </xsl:text>
    <xsl:value-of select="Name"/>
    <xsl:text>&amp; data)&#xa;</xsl:text>
    <xsl:text>{&#xa;</xsl:text>
    <xsl:text>&INDENT;stream &#xa;</xsl:text>
    <xsl:text>&INDENT2;&LS; "</xsl:text>
    <xsl:value-of select="Name"/>
    <xsl:text>" &LS;  endl  &LS; "{"  &LS; endl &#xa;</xsl:text>
    <xsl:for-each select="Members/Member">
      <xsl:text>&INDENT2;&LS; "</xsl:text>
      <xsl:value-of select="Name"/>: " &LS; <xsl:text/>
      <xsl:apply-templates
              select="key('typesDonnées',DataTypeName)" mode="print">
        <xsl:with-param name="name" select="Name"/>
      </xsl:apply-templates>
      <xsl:text>&#xa;</xsl:text>
```

```
      </xsl:for-each>
      <xsl:text>&INDENT2;&LS; "}"  &LS; endl ; &#xa;</xsl:text>
      <xsl:text>&INDENT;return stream ;&#xa;</xsl:text>
      <xsl:text>}&#xa;&#xa;</xsl:text>
    </xsl:template>

  <!-- Les structures imbriquées utilisent la fonction correspondante -->
    <xsl:template match="Structure" mode="print">
      <xsl:param name="name"/>
      <xsl:text>prettyPrint(stream, data.get_</xsl:text>
      <xsl:value-of select="$name"/><xsl:text>())</xsl:text>
    </xsl:template>

  <!-- On suppose qu'il y a une méthode get pour chaque composant
       primitif du message -->
    <xsl:template match="*" mode="print">
      <xsl:param name="name"/>
      <xsl:text>data.get_</xsl:text>
      <xsl:value-of select="$name"/>() &lt;&lt; endl<xsl:text/>
    </xsl:template>

  </xsl:stylesheet>
```

Le fichier source ci-dessous est généré. Nous omettons le fichier d'en-tête, parce qu'il ne contient que des déclarations :

```
#include <messages/ADD_STOCK_ORDER.h>
#include <messages/ADD_STOCK_ORDER_ACK.h>
#include <messages/ADD_STOCK_ORDER_NACK.h>
#include <messages/CANCEL_STOCK_ORDER.h>
#include <messages/CANCEL_STOCK_ORDER_ACK.h>
#include <messages/CANCEL_STOCK_ORDER_NACK.h>
#include <messages/TEST.h>

#include <transport/Message.h>
#include <transport/MESSAGE_IDS.h>

void prettyPrintMessage(ostream& stream, const Message& msg)
{
  switch (msg.getId())
  {

    case ADD_STOCK_ORDER_ID:
         prettyPrint(stream, *static_cast<const
         AddStockOrderData*>(msg.getData())) ;
         break;
    case ADD_STOCK_ORDER_ACK_ID:
         prettyPrint(stream, *static_cast<const
         AddStockOrderAckData*>(msg.getData())) ;
         break;
    case ADD_STOCK_ORDER_NACK_ID:
         prettyPrint(stream, *static_cast<const
         AddStockOrderNackData*>(msg.getData())) ;
```

```
            break;
        case CANCEL_STOCK_ORDER_ID:
            prettyPrint(stream, *static_cast<const
            CancelStockOrderData*>(msg.getData())) ;
            break;
        case CANCEL_STOCK_ORDER_ACK_ID:
            prettyPrint(stream, *static_cast<const
            CancelStockOrderAckData*>(msg.getData())) ;
            break;
        case CANCEL_STOCK_ORDER_NACK_ID:
            prettyPrint(stream, *static_cast<const
            CancelStockOrderNackData*>(msg.getData())) ;
            break;
        case TEST_ID:
            prettyPrint(stream, *static_cast<const TestData*>(msg.getData())) ;
            break;
        return false ;
    }
}
  ostream prettyPrint(ostream & stream, const TestData& data)
{
    stream
        << "TestData" <<  endl  << "{"  << endl
        << "order: " << prettyPrint(stream, data.get_order())
        << "cancel: " << prettyPrint(stream, data.get_cancel())
        << "}"  << endl ;
    return stream ;
}

ostream prettyPrint(ostream & stream, const AddStockOrderData& data)
{
    stream
        << "AddStockOrderData" <<  endl  << "{"  << endl
        << "symbol: " << data.get_symbol() << endl
        << "quantity: " << data.get_quantity() << endl
        << "side: " << data.get_side() << endl
        << "type: " << data.get_type() << endl
        << "price: " << data.get_price() << endl
        << "}"  << endl ;
    return stream ;
}

ostream prettyPrint(ostream & stream, const AddStockOrderAckData& data)
{
    stream
        << "AddStockOrderAckData" <<  endl  << "{"  << endl
        << "orderId: " << data.get_orderId() << endl
        << "}"  << endl ;
    return stream ;
}

ostream prettyPrint(ostream & stream, const AddStockOrderNackData& data)
```

```
{
    stream
        << "AddStockOrderNackData" <<  endl  << "{"  << endl
        << "reason: " << data.get_reason() << endl
        << "}"  << endl ;
    return stream ;
}

ostream prettyPrint(ostream & stream, const CancelStockOrderData& data)
{
    stream
        << "CancelStockOrderData" <<  endl  << "{"  << endl
        << "orderId: " << data.get_orderId() << endl
        << "quantity: " << data.get_quantity() << endl
        << "}"  << endl ;
    return stream ;
}

ostream prettyPrint(ostream & stream, const CancelStockOrderAckData& data)
{
    stream
        << "CancelStockOrderAckData" <<  endl  << "{"  << endl
        << "orderId: " << data.get_orderId() << endl
        << "quantityRemaining: " << data.get_quantityRemaining() << endl
        << "}"  << endl ;
    return stream ;
}

ostream prettyPrint(ostream & stream, const CancelStockOrderNackData& data)
{
    stream
        << "CancelStockOrderNackData" <<  endl  << "{"  << endl
        << "orderId: " << data.get_orderId() << endl
        << "reason: " << data.get_reason() << endl
        << "}"  << endl ;
    return stream ;
}
```

Discussion

Cette méthode de génération de code attaque le problème de l'affichage de front, en générant le code nécessaire pour chaque type de message. C'est pourquoi cet exemple est simple, et le résultat efficace. Vous pourriez toutefois envisager ce problème sous un angle plus général, et de ce fait créer un générateur de code plus utile.

En particulier, vous pouvez scinder le processus d'affichage en deux étapes. La première étape consiste à analyser un message monolithique et à en extraire ses composants. La seconde consiste à prendre chacun de ces composants et à les transformer en un texte lisible par un être humain.

Envisager ce problème de cette façon nous fait passer de la génération d'un ensemble de fonctions à but unique (l'affichage) à la génération d'un analyseur générique de message. De tels analyseurs sont en général dirigés par des événements d'analyse. Les lecteurs familiers de SAX (*Simple API for XML*) reconnaîtront ce style de programmation. La feuille de style utilisée pour générer un analyseur de message est une variation du générateur de fonctions d'affichage. Plutôt que de passer les composants du message à un flux de sortie, elle transmet un événement d'analyse à un gestionnaire d'événements :

```
<?xml version="1.0" encoding="iso-8859-1"?>
<!DOCTYPE xslt [
  <!-- Utilisé pour contrôler l'indentation -->
  <!ENTITY INDENT "    ">
  <!ENTITY INDENT2 "&INDENT;&INDENT;">
  <!ENTITY LS "&lt;&lt;">
]>
<xsl:stylesheet version="1.1" xmlns:xsl="http://www.w3.org/1999/XSL/Transform">

<!-- Cet analyseur générique de message requiert un routeur -->
<!-- de message, aussi nous réutilisons celui déjà écrit. -->
<xsl:import href="messageSwitch.xslt"/>

  <!-- Le répertoire dans lequel générer le code -->
  <xsl:param name="generationDir" select=" 'src/' "/>
  <!-- L'extension pour les fichiers d'en-tête C++ -->
  <xsl:param name="msgParseHeader" select=" 'msgParse.h' "/>
  <!-- L'extension pour les fichiers source C++ -->
  <xsl:param name="msgParseSource" select=" 'msgParse.C' "/>

  <!-- On utilise xsl:key pour localiser les types par nom -->
  <xsl:key name="typesDonnées" match="Structure" use="Name" />
  <xsl:key name="typesDonnées" match="Primitive" use="Name" />
  <xsl:key name="typesDonnées" match="Array" use="Name" />
  <xsl:key name="typesDonnées" match="Enumeration" use="Name" />

  <xsl:template match="MessageRepository">
    <xsl:document href="{concat($generationDir,$msgParseHeader)}">
      <xsl:text>void parseMessage</xsl:text>
       <xsl:text>(MessageHandler&amp; handler, const Message&amp; msg);&#xa;
       </xsl:text>
      <xsl:apply-templates select="DataTypes/Structure" mode="declare"/>
    </xsl:document>

     <xsl:document href="{concat($generationDir,$msgParseSource)}">
      <xsl:apply-imports/>
      <xsl:apply-templates select="DataTypes/Structure" mode="parsers"/>
    </xsl:document>

  </xsl:template>

<!-- Redéfinir la fonction de traitement des messages de
     messageSwitch.xslt pour modifier sa signature, qui prend en
     paramètre un flux ici -->
  <xsl:template name="process-function">
```

```
      <xsl:text>void parseMessage</xsl:text>
      <xsl:text>(MessageHandler&amp; handler, const Message&amp; msg)</xsl:text>
    </xsl:template>

  <!-- Redéfinir l'action de messageSwitch.xslt pour chaque cas, pour
       générer un appel à la fonction d'affichage -->
    <xsl:template name="case-action">
      <xsl:text>   parse(handler, *static_cast&lt;const </xsl:text>
      <xsl:value-of select="DataTypeName"/>
      <xsl:text>*&gt;(msg.getData())) ;
          break;</xsl:text>
    </xsl:template>

  <!-- Générer des déclarations pour chaque type de message -->
    <xsl:template match="Structure" mode="declare">
      <!-- Déclarer la classe de données du message -->
      <xsl:text>class </xsl:text>
      <xsl:value-of select="Name"/>
      <xsl:text> ;&#xa;</xsl:text>
      <!-- Déclarer la fonction d'analyse du message -->
      <xsl:text>void parse(MessageHandler &amp; handler, const </xsl:text>
      <xsl:value-of select="Name"/>
      <xsl:text>&amp; data);&#xa;</xsl:text>
    </xsl:template>

  <!-- Générer le corps de la fonction d'analyse -->
    <xsl:template match="Structure" mode="parsers">
      <xsl:text>void parse(MessageHandler &amp; handler, const </xsl:text>
      <xsl:value-of select="Name"/>
      <xsl:text>&amp; data)&#xa;</xsl:text>
      <xsl:text>{&#xa;</xsl:text>
      <xsl:text>&INDENT;handler.beginStruct("</xsl:text>
      <xsl:value-of select="Name"/>
      <xsl:text>") ;&#xa;</xsl:text>
      <xsl:for-each select="Members/Member">
        <xsl:apply-templates
             select="key('typesDonnées',DataTypeName)" mode="parse">
          <xsl:with-param name="name" select="Name"/>
        </xsl:apply-templates>
      </xsl:for-each>
      <xsl:text>&INDENT;handler.endStruct("</xsl:text>
      <xsl:value-of select="Name"/>
      <xsl:text>") ;&#xa;</xsl:text>
      <xsl:text>}&#xa;&#xa;</xsl:text>
    </xsl:template>

  <!-- Les structures imbriquées utilisent la fonction correspondante -->
    <xsl:template match="Structure" mode="parse">
      <xsl:param name="name"/>
      <xsl:text>&INDENT;parse(handler, data.get_</xsl:text>
      <xsl:value-of select="$name"/><xsl:text>());&#xa;</xsl:text>
    </xsl:template>
```

```
<!-- On suppose qu'il y a une méthode get pour chaque composant
     primitif du message -->
  <xsl:template match="*" mode="parse">
    <xsl:param name="name"/>
    <xsl:text>&INDENT;handler.field("</xsl:text>
    <xsl:value-of select="$name"/>","<xsl:text/>
    <xsl:value-of select="Name"/>",<xsl:text/>
    <xsl:text>data.get_</xsl:text>
    <xsl:value-of select="$name"/>()<xsl:text/>
    <xsl:text>);&#xa;</xsl:text>
  </xsl:template>

</xsl:stylesheet>
```

Cette feuille de style produit des fonctions d'analyse qui ressemblent à la fonction suivante :

```
void parse(MessageHandler & handler, const AddStockOrderData& data)
{
    handler.beginStruct("AddStockOrderData") ;
    handler.field("symbol","StkSymbol",data.get_symbol());
    handler.field("quantity","Shares",data.get_quantity());
    handler.field("side","BuyOrSell",data.get_side());
    handler.field("type","OrderType",data.get_type());
    handler.field("price","Real",data.get_price());
    handler.endStruct("AddStockOrderData") ;
}
```

10.6 Générer un client web d'entrée de données de test

Problème

Vous voulez tester un processus indépendamment des autres processus, en entrant les données dans un formulaire pour qu'elles soient ensuite converties en un message, qui est envoyé au processus en question.

Solution

Cet exemple génère la partie client d'un outil d'entrée de données de test. Cet outil prend la forme d'un formulaire HTML, qui peut être utilisé pour entrer les données contenues dans un message. Il indique que les données du formulaire seront gérées par un CGI, qui est lui aussi généré automatiquement (voir la recette 10-7) :

```
<xsl:stylesheet version="1.0" xmlns:xsl="http://www.w3.org/1999/XSL/Transform">
  <xsl:output method="html" />

  <xsl:param name="message"/>

  <!-- On utilise xsl:key pour localiser les types par noms -->
  <xsl:key name="typesDonnées" match="Structure" use="Name" />
```

```
<xsl:key name="typesDonnées" match="Primitive" use="Name" />
<xsl:key name="typesDonnées" match="Array" use="Name" />
<xsl:key name="typesDonnées" match="Enumeration" use="Name" />

<xsl:template match="/">
  <html>
    <head>
      <title>Message <xsl:value-of select="$message"/></title>
    </head>
    <body bgcolor="#FFFFFF" text="#000000">
      <h1>Message <xsl:value-of select="$message"/></h1>
      <form name="{concat($message,'Form')}" method="post"
      action="{concat('/cgi-bin/',$message,'Process.pl')}">
        <xsl:apply-templates select="*/Messages/Message[Name=$message]"/>
        <br/><center><input type="submit" name="Submit"
                     value="Submit"/></center>
      </form>
    </body>
  </html>
</xsl:template>

<xsl:template match="Message">
  <xsl:apply-templates select="key('typesDonnées',DataTypeName)">
    <xsl:with-param name="champ" select="Name"/>
  </xsl:apply-templates>
</xsl:template>

<xsl:template match="Structure">
  <xsl:param name="champ"/>
  <table width="100%" border="0" cellspacing="1" cellpadding="1">
    <tbody>
      <xsl:for-each select="Members/Member">
        <tr>
          <td valign="top"><xsl:value-of select="Name"/></td>
          <td>
            <xsl:apply-templates select="key('typesDonnées',DataTypeName)">
              <xsl:with-param name="champ"
                      select="concat($champ,'_',Name)"/>
            </xsl:apply-templates>
          </td>
        </tr>
      </xsl:for-each>
    </tbody>
  </table>
</xsl:template>

<xsl:template match="*">
  <xsl:param name="champ"/>
  <input type="text" name="{$champ}" size="30"/>
</xsl:template>

</xsl:stylesheet>
```

Discussion

Générer une interface utilisateur en HTML est certainement l'une des façons les plus simples de produire un accès pour des données de test. Cependant, ce n'est pas toujours la seule possibilité. Vous pourriez aussi vouloir générer une interface en mode texte, qui demande les données qu'elle lit sur `stdin`. Si vous êtes ambitieux, vous pouvez générer une interface graphique. L'un des avantages à ne pas utiliser HTML est que vous pouvez combiner les fonctionnalités de cet exemple et de la recette 10-7 en une seule application. Cependant, ne soyez pas surpris si un tel générateur est plus complexe que ceux produits dans cette section. L'approche HTML-CGI utilise une portion substantielle de l'infrastructure implantée dans le navigateur et dans le serveur web.

Une extension importante de cette recette serait de générer du code de validation de la saisie en JavaScript ou VBScript. À nouveau, la qualité de cette validation dépendra du type de méta-données conservées dans le dépôt. Vous pourriez par exemple étendre notre modèle simple en incluant les valeurs minimale et maximale, et/ou une expression régulière à utiliser pour la validation.

10.7 Générer un CGI pour le test via le web

Problème

Vous voulez tester un processus indépendamment des autres processus, en traitant des données reçues depuis un formulaire, et en les transformant en un message qui peut être transmis au processus à tester.

Solution

Ce générateur de serveur fonctionne avec le générateur de client créé dans la recette 10-6. Cette section ne montre qu'une partie de la solution, mais la discussion donne des détails supplémentaires.

Le serveur généré est un programme CGI en C++. Il faut qu'il soit en C++ (ou en C), parce que les données du formulaire seront converties en un message binaire, dont la structure est contrainte par le modèle de la mémoire de C. Il fait l'hypothèse que les processus C++ qui reçoivent ces messages les attendent sous une forme binaire. Le CGI généré utilise la bibliothèque *libcgi* de *Enterprise Integration Technologies* (*http://www.hypermail.org/source/libcgi/* pour simplifier le travail d'un CGI, en particulier l'analyse des données transmises par le formulaire :

```
<!DOCTYPE xslt [
  <!-- Utilisé pour contrôler l'indentation -->
  <!ENTITY INDENT "    ">
]>
<xsl:stylesheet version="1.1" xmlns:xsl="http://www.w3.org/1999/XSL/Transform">

  <xsl:output method="text"/>
  <xsl:strip-space elements="*"/>

  <!-- Les message pour lequel générer des données. '*' pour tous les messages-->
  <xsl:param name="message" select=" '*' "/>
```

```
  <!-- Le répertoire dans lequel générer le code -->
  <xsl:param name="generationDir" select=" 'src/' "/>
  <!-- L'extension pour les fichiers d'en-tête C++ -->
  <xsl:param name="headerExt" select=" '.h' "/>
  <!-- L'extension pour les fichiers source C++ -->
  <xsl:param name="sourceExt" select=" '.C' "/>

  <!-- On utilise xsl:key pour localiser les types par nom -->
  <xsl:key name="typesDonnées" match="Structure" use="Name" />
  <xsl:key name="typesDonnées" match="Primitive" use="Name" />
  <xsl:key name="typesDonnées" match="Array" use="Name" />
  <xsl:key name="typesDonnées" match="Enumeration" use="Name" />

   <!-- Template sur la racine, qui détermine quels messages traiter -->
  <xsl:template match="/">
    <xsl:choose>
        <xsl:when test="$message = '*'">
          <xsl:apply-templates select="*/Messages/*"/>
        </xsl:when>
        <xsl:when test="*/Messages/Message[Name=$message]">
          <xsl:apply-templates select="*/Messages/Message[Name=$message]"/>
        </xsl:when>
        <xsl:otherwise>
          <xsl:message terminate="yes">Le message
          [<xsl:value-of select="$message"/>] n'existe pas</xsl:message>
        </xsl:otherwise>
      </xsl:choose>
  </xsl:template>

<!-- Si le message est dans le dépôt, alors générer un fichier
     d'en-tête et un fichier source. -->
  <xsl:template match="Message">
    <xsl:choose>
      <xsl:when test="key('typesDonnées',DataTypeName)">
        <xsl:apply-templates select="key('typesDonnées',DataTypeName)"
             mode="source">
          <xsl:with-param name="msg" select="Name"/>
        </xsl:apply-templates>
      </xsl:when>
      <xsl:otherwise>
           <xsl:message>Le message [<xsl:value-of select="Name"/>]
           utilise un type [<xsl:value-of select="DataTypeName"/>]
           qui n'est pas défini dans le dépôt.</xsl:message>
      </xsl:otherwise>
    </xsl:choose>
  </xsl:template>

<!-- On ne génère un fichier source que si le type de données est une
     structure. Le seul autre type de message habituel est XML. On ne
     génère pas de classe pour un message XML. -->
  <xsl:template match="Structure" mode="source">
    <xsl:param name="msg"/>
```

```
    <xsl:document href="{concat($generationDir,Name,'CGI',$sourceExt)}">

<xsl:text>
#include &lt;stdio.h&gt;
#include "cgi.h"
#include "</xsl:text>
<xsl:value-of select="Name"/><xsl:value-of select="$headerExt"/>
<xsl:text>"

void cgi_main(cgi_info *cgi)
{
    </xsl:text>
    <xsl:value-of select="Name"/>
    <xsl:text> data ;
    form_entry* form_data = get_form_entries(cgi) ;
</xsl:text>

  <xsl:for-each select="Members/Member">
    <xsl:apply-templates select="key('typesDonnées',DataTypeName)"
         mode="variables">
      <xsl:with-param name="champ" select="concat($msg,'_',Name)"/>
      <xsl:with-param name="var" select="Name"/>
    </xsl:apply-templates>
  </xsl:for-each>

  <xsl:for-each select="Members/Member">
    <xsl:apply-templates select="key('typesDonnées',DataTypeName)" mode="load">
      <xsl:with-param name="champ" select="concat('data.',Name)"/>
      <xsl:with-param name="var" select="Name"/>
    </xsl:apply-templates>
  </xsl:for-each>

<xsl:text>
&INDENT;// Appeler enque pour transmettre les données testées
&INDENT;enqueData(data) ;

}</xsl:text>
    </xsl:document>
  </xsl:template>

<!-- Déclarer et initialiser les variables pour chaque champ -->
  <xsl:template match="Structure" mode="variables">
    <xsl:param name="champ"/>
    <xsl:param name="var"/>
      <xsl:for-each select="Members/Member">
            <xsl:apply-templates select="key('typesDonnées',DataTypeName)"
                mode="variables">
              <xsl:with-param name="champ" select="concat($champ,'_',Name)"/>
              <xsl:with-param name="var" select="$var"/>
            </xsl:apply-templates>
      </xsl:for-each>
```

```
  </xsl:template>

  <xsl:template match="*" mode="variables">
    <xsl:param name="champ"/>
    <xsl:param name="var"/>

    <xsl:text>&INDENT;const char * </xsl:text>
    <xsl:value-of select="$var"/>
    <xsl:text> = parmval(form_data, "</xsl:text>
    <xsl:value-of select="$champ"/>
    <xsl:text>");&#xa;</xsl:text>
  </xsl:template>

<!-- Initialiser les données à partir de la valeur convertie -->
  <xsl:template match="Structure" mode="load">
    <xsl:param name="champ"/>
    <xsl:param name="var"/>
    <xsl:for-each select="Members/Member">
     <xsl:apply-templates select="key('typesDonnées',DataTypeName)" mode="load">
        <xsl:with-param name="champ" select="concat($champ,'.',Name)"/>
        <xsl:with-param name="var" select="concat($champ,'_',Name)"/>
     </xsl:apply-templates>
    </xsl:for-each>
  </xsl:template>

  <xsl:template match="Primitive" mode="load">
    <xsl:param name="champ"/>
    <xsl:param name="var"/>

    <xsl:text>&INDENT;</xsl:text>
    <xsl:value-of select="$champ"/>
    <xsl:text> = </xsl:text>
    <xsl:value-of select="Name"/>
    <xsl:text>(</xsl:text>
    <xsl:value-of select="$var"/>
    <xsl:text>);&#xa;</xsl:text>
  </xsl:template>

  <xsl:template match="Enumeration" mode="load">
    <xsl:param name="champ"/>
    <xsl:param name="var"/>

    <xsl:text>&INDENT;</xsl:text>
    <xsl:value-of select="$champ"/>
    <xsl:text> = Enum</xsl:text>
    <xsl:value-of select="Name"/>
    <xsl:text>NameToVal(</xsl:text>
    <xsl:value-of select="$var"/>
    <xsl:text>");&#xa;</xsl:text>
  </xsl:template>

</xsl:stylesheet>
```

Appliqué à notre dépôt, cette transformation XSLT génère un programme CGI pour chaque type de message. Par exemple :

```
#include <stdio.h>
#include "cgi.h"
#include "msg_ids.h"
#include "AddStockOrderData.h"

void cgi_main(cgi_info *cgi)
{
    AddStockOrderData data ;
    form_entry* form_data = get_form_entries(cgi) ;
    const char * symbol = parmval(form_data, "ADD_STOCK_ORDER_symbol");
    const char * quantity = parmval(form_data, "ADD_STOCK_ORDER_quantity");
    const char * side = parmval(form_data, "ADD_STOCK_ORDER_side");
    const char * type = parmval(form_data, "ADD_STOCK_ORDER_type");
    const char * price = parmval(form_data, "ADD_STOCK_ORDER_price");
    data.symbol = StkSymbol(symbol);
    data.quantity = Shares(quantity);
    data.side = EnumBuyOrSellNameToVal(side);
    data.type = EnumOrderTypeNameToVal(type);
    data.price = Real(price);

    //Enque data to the process being tested
    enqueData(ADD_STOCK_ORDER,data) ;

}
```

Discussion

Cette solution fait plusieurs hypothèses. Premièrement, elle suppose que les types primitifs (par exemple `Shares`) sont des classes munies d'un constructeur qui convertit une chaîne de caractères en la représentation interne (par exemple `int`). Deuxièmement, elle suppose l'existence de fonctions de conversion entre les noms symboliques des constantes d'une énumération et leur valeur numérique entière. Comme vous l'avez sans doute deviné, ces fonctions peuvent être facilement générées à partir de l'information conservée dans le dépôt. Nous laissons cela en exercice. Troisièmement, le code généré suppose l'existence d'une fonction, appelée `enqueData`, qui est capable d'expédier un message au processus en cours de test. Les détails de l'interaction de cette fonction avec la plate-forme répartie utilisée, et la façon dont elle localise la file d'attente concernée, varieront d'un système à l'autre.

La conclusion de ces remarques est que vous aurez besoin d'adapter ce générateur de code à vos besoins. Cependant, si vous disposez de méta-données suffisamment riches, il est possible d'automatiser la génération d'une quantité significative de code. Les fonctionnalités générées automatiquement dans cet exemple et dans la recette 10-6 suffiraient à occuper un programmeur à plein temps. C'est particulièrement vrai si les messages que gère l'application sont régulièrement modifiés.

10.8 Générer du code à partir de modèles UML via XMI

Problème

Vous voulez générer du code à partir de spécifications UML (*Unified Modeling Language*), mais vous n'êtes pas satisfait par les résultats produits par le générateur de code de votre outil UML.

> **Le modèle de conception État**
>
> Une *machine à états* est un outil de conception très utile, qui modélise directement un système logiciel dont le comportement change au cours du temps en fonction de l'apparition de divers événements. Une machine à états est souvent dessinée sous la forme d'un graphe dont les sommets (les nœuds) désignent les différents états possibles, et les arcs (les liens) désignent des transitions entre ces états en réponse à un stimulus ou un événement.
>
> Le modèle de conception État préconise la construction d'une machine à états par la définition d'une classe différente pour chaque état concret, toutes ces classes dérivant d'une même classe de base appelée `État`. Une autre classe, appelée `MachineÉtats` représente la machine comme un tout, et conserve un pointeur vers un objet `État` qui représente l'état courant. Les méthodes de la classe `MachineÉtats` délèguent leur comportement à l'état courant pour la réalisation d'un comportement qui lui est spécifique. L'invocation des méthodes correspondantes sur l'état peut provoquer la transition de la `MachineÉtats` à laquelle il appartient vers un nouvel état courant.

Solution

XMI est une représentation XML standardisée d'UML, utilisée par de nombreux outils de modélisation UML (comme Rational Rose par exemple). Bien que le but avoué de XMI soit de permettre l'échange de l'information de modélisation entre outils différents, il peut aussi servir de base à la génération de code.

La plupart des outils UML permettent la génération de code, mais ne génèrent rarement pas plus d'un squelette du modèle objet. Par exemple, tous les générateurs de code à partir d'UML que je connais utilise uniquement l'information du diagramme de classes.

Ici vous allez générer pour le modèle de conception *machine à états*[3] du code qui combine les informations d'un diagramme de classe (figure 10-2) et d'un diagramme d'états

3. *Design Patterns: Elements of Reusable Object-Oriented Software* par Erich Gamma, Richard Helm, Ralph Johnson et John Vlissides (Addison-Wesley, 1995).

(figure 10-3). Le générateur de code fait l'hypothèse que le concepteur a respecté les conventions suivantes :

1. La classe contexte de l'état a le stéréotype `MachineÉtats`.
2. La classe de base abstraite des classes représentant les états a le stéréotype État.
3. Toutes les opérations dans le contexte de l'état qui transmettent leur implémentation aux classes d'état ont le stéréotype `délégation` (indiquant qu'elle délèguent leur responsabilité à l'état).
4. Toutes les opérations sur un état utilisées par les états pour mettre en oeuvre le comportement de la machine ont le stéréotype `action`.
5. La seule exception à la règle précédente est une unique opération qui doit être invoquée lorsque l'état ne sait pas quoi faire. Cette opération a le stéréotype `défaut` et sert généralement à traiter les cas d'erreur.
6. Les états du diagramme d'états UML utilisent les mêmes noms que les classes concrètes dérivées de l'interface `État` (2).
7. Les *actions* et *conditions* associées aux transitions entre états font référence au contexte, et utilisent les noms d'opérations exacts. Une *action* est le code à exécuter lors d'une transition, et une *condition* doit être vérifiée pour que la transition s'effectue.

L'exemple suivant montre une machine à états qui réalise les fonctionnalités de base d'un répondeur lorsque vous récupérez vos messages.

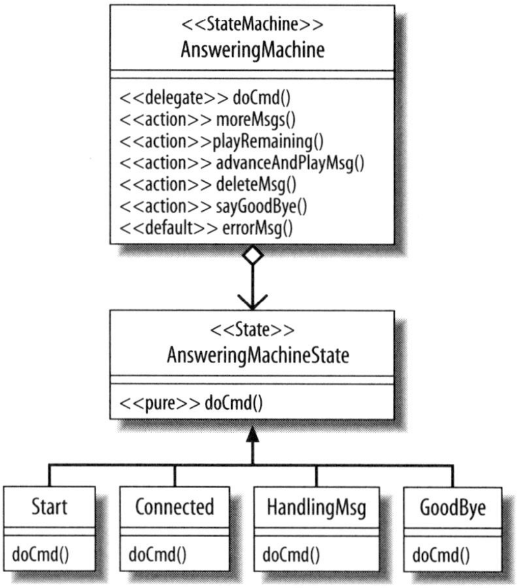

Figure 10-2. Diagramme de classes représentant les états

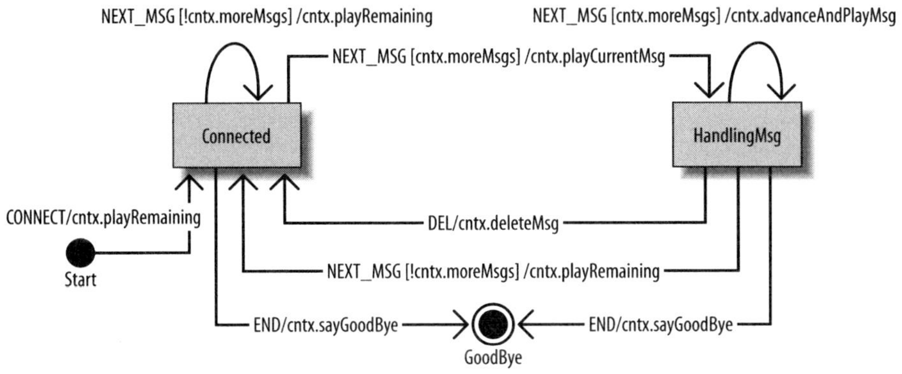

Figure 10-3. Diagramme d'états pour le répondeur

Le document XMI généré à partir de ce modèle simple ne peut pas apparaître dans son intégralité ici, parce qu'il est gigantesque. XMI utilise des conventions de dénomination horriblement longues et ardues. Ce chapitre montre un fragment contenant la classe `AnsweringMachineState`, pour vous donner une idée du résultat. Cependant, même dans ce cas certaines parties ont dû être omises :

```
<Foundation.Core.Class xmi.id="S.10011">
   <Foundation.Core.ModelElement.name>AnsweringMachineState
   </Foundation.Core.ModelElement.name>
   <Foundation.Core.ModelElement.stereotype>
     <Foundation.Extension_Mechanisms.Stereotype xmi.idref="G.22"/>
     <!-- state -->
   </Foundation.Core.ModelElement.stereotype>
   <Foundation.Core.GeneralizableElement.specialization>
     <Foundation.Core.Generalization xmi.idref="G.91"/>
     <!-- {Connected-&gt;AnsweringMachineState}{3D6782A402EE} -->
     <Foundation.Core.Generalization xmi.idref="G.92"/>
     <!-- {HandlingMsg-&gt;AnsweringMachineState}{3D6782EF0119} -->
     <Foundation.Core.Generalization xmi.idref="G.93"/>
     <!-- {Start-&gt;AnsweringMachineState}{3D67B2FD004E} -->
     <Foundation.Core.Generalization xmi.idref="G.94"/>
     <!-- {GoodBye-&gt;AnsweringMachineState}{3D67B31B02AF} -->
   </Foundation.Core.GeneralizableElement.specialization>
   <Foundation.Core.Classifier.associationEnd>
     <Foundation.Core.AssociationEnd xmi.idref="G.25"/>
   </Foundation.Core.Classifier.associationEnd>
   <Foundation.Core.Classifier.feature>
     <Foundation.Core.Operation xmi.id="S.10012">
       <Foundation.Core.ModelElement.name>doCmd</Foundation.Core.
        ModelElement.name>
       <Foundation.Core.ModelElement.visibility xmi.value="public"/>
       <Foundation.Core.Feature.ownerScope xmi.value="instance"/>
       <Foundation.Core.BehavioralFeature.isQuery xmi.value="false"/>
       <Foundation.Core.Operation.specification/>
       <Foundation.Core.Operation.isPolymorphic xmi.value="false"/>
```

```
<Foundation.Core.Operation.concurrency xmi.value="sequential"/>
<Foundation.Core.ModelElement.stereotype>
  <Foundation.Extension_Mechanisms.Stereotype xmi.idref="G.23"/>
  <!-- pure -->
</Foundation.Core.ModelElement.stereotype>
<Foundation.Core.BehavioralFeature.parameter>
  <Foundation.Core.Parameter xmi.id="G.76">
    <Foundation.Core.ModelElement.name>cntx</Foundation.Core.
     ModelElement.name>
    <Foundation.Core.ModelElement.visibility xmi.value="private"/>
    <Foundation.Core.Parameter.defaultValue>
      <Foundation.Data_Types.Expression>
        <Foundation.Data_Types.Expression.language/>
        <Foundation.Data_Types.Expression.body/>
      </Foundation.Data_Types.Expression>
    </Foundation.Core.Parameter.defaultValue>
    <Foundation.Core.Parameter.kind xmi.value="inout"/>
    <Foundation.Core.Parameter.type>
      <Foundation.Core.Class xmi.idref="S.10001"/>
      <!-- AnsweringMachine -->
    </Foundation.Core.Parameter.type>
  </Foundation.Core.Parameter>
  <Foundation.Core.Parameter xmi.id="G.77">
    <Foundation.Core.ModelElement.name>cmd</Foundation.Core.
     ModelElement.name>
    <Foundation.Core.ModelElement.visibility xmi.value="private"/>
    <Foundation.Core.Parameter.defaultValue>
      <Foundation.Data_Types.Expression>
        <Foundation.Data_Types.Expression.language/>
        <Foundation.Data_Types.Expression.body/>
      </Foundation.Data_Types.Expression>
    </Foundation.Core.Parameter.defaultValue>
    <Foundation.Core.Parameter.kind xmi.value="inout"/>
    <Foundation.Core.Parameter.type>
      <Foundation.Core.DataType xmi.idref="G.65"/>
      <!-- Command -->
    </Foundation.Core.Parameter.type>
  </Foundation.Core.Parameter>
  <Foundation.Core.Parameter xmi.id="G.78">
    <Foundation.Core.ModelElement.name>doCmd.Return
    </Foundation.Core.ModelElement.name>
    <Foundation.Core.ModelElement.visibility xmi.value="private"/>
    <Foundation.Core.Parameter.defaultValue>
      <Foundation.Data_Types.Expression>
        <Foundation.Data_Types.Expression.language/>
        <Foundation.Data_Types.Expression.body/>
      </Foundation.Data_Types.Expression>
    </Foundation.Core.Parameter.defaultValue>
    <Foundation.Core.Parameter.kind xmi.value="return"/>
    <Foundation.Core.Parameter.type>
      <Foundation.Core.DataType xmi.idref="G.67"/>
      <!-- void -->
```

```
          </Foundation.Core.Parameter.type>
        </Foundation.Core.Parameter>
      </Foundation.Core.BehavioralFeature.parameter>
    </Foundation.Core.Operation>
  </Foundation.Core.Classifier.feature>
</Foundation.Core.Class>
```

Le long exemple de XSLT qui suit convertit un document XMI en du code C++ pour la machine à états, conformément au modèle de conception État. Par pur désespoir, j'ai utilisé des entités XML pour abréger les interminables noms XMI. Je ne recommande pas cette technique habituellement, mais dans ce cas c'était la seule possibilité de faire tenir le code XSLT sur une largeur de page. Cela réduit également le niveau de bruit inhérent à la DTD XMI. Vous remarquerez également que j'utilise beaucoup `xsl:key` et la fonction `keys()`, parce que XMI fait fréquemment usage de références croisées, sous la forme d'attributs `xmi.id` et `xmi.idref` :

```
<?xml version="1.0" encoding="iso-8859-1"?>
<!DOCTYPE xslt [
  <!--=========================================================-->
  <!-- Structures XMI de haut niveau                            -->
  <!--=========================================================-->
  <!ENTITY BE "Behavioral_Elements">
  <!ENTITY SM "&BE;.State_Machines">
  <!ENTITY SMC "&SM;.StateMachine.context">
  <!ENTITY SMT "&SM;.StateMachine.top">
  <!ENTITY MM "Model_Management.Model">
  <!ENTITY FC "Foundation.Core">
  <!ENTITY FX "Foundation.Extension_Mechanisms">

  <!--=========================================================-->
  <!-- Abréviations pour les éléments XMI de base              -->
  <!-- du moins les plus pertinentes pour cette feuille         -->
  <!--=========================================================-->
  <!-- Le modèle au complet -->
  <!ENTITY MODEL "XMI/XMI.content/&MM;">
  <!-- Quelques éléments UML génériques -->
  <!ENTITY ELEM "&FC;.Namespace.ownedElement">
  <!-- Eléments des machines à états -->
  <!ENTITY STATEMACH "&MODEL;/&ELEM;/&SM;.StateMachine">
  <!ENTITY STATE "&SM;.CompositeState">
  <!ENTITY SUBSTATE "&STATE;.substate">
  <!ENTITY PSEUDOSTATE "&SM;.PseudoState">
  <!ENTITY PSEUDOSTATE2 "&SMT;/&STATE;/&SUBSTATE;/&PSEUDOSTATE;">
  <!ENTITY ACTION
  "&BE;.Common_Behavior.
  ActionSequence/&BE;.Common_Behavior.ActionSequence.action">
  <!ENTITY GUARD "&SM;.Transition.guard/&SM;.Guard/&SM;.Guard.expression">
  <!-- L'association comme un tout -->
  <!ENTITY ASSOC "&FC;.Association">
  <!-- La partie connexion d'une association -->
  <!ENTITY CONN "&ASSOC;.connection">
  <!-- Les extrémités d'une association. -->
```

```
  <!ENTITY END "&ASSOC;End">
  <!ENTITY CONNEND "&CONN;/&END;">
  <!ENTITY ENDType "&END;.type">
  <!-- Une classe UML -->
  <!ENTITY CLASS "&FC;.Class">
  <!-- Le nom d'une entité UML -->
  <!ENTITY NAME "&FC;.ModelElement.name">
  <!-- Une opération -->
  <!ENTITY OP "&FC;.Operation">
  <!-- Un paramètre -->
  <!ENTITY PARAM "&FC;.Parameter">
  <!ENTITY PARAM2 "&FC;.BehavioralFeature.parameter/&PARAM;">
  <!-- Le type de données d'un paramètre -->
  <!ENTITY PARAMTYPE "&PARAM;.type/&FC;.DataType">
  <!-- Un stéréotype UML -->
  <!ENTITY STEREOTYPE "&FC;.ModelElement.stereotype/&FX;.Stereotype">
  <!-- Une relation d'héritage -->
  <!ENTITY SUPERTYPE "&FC;.Generalization.supertype">
  <!ENTITY GENERALIZATION
  "&FC;.GeneralizableElement.generalization/&FC;.Generalization">
  <!--=========================================================-->
  <!-- Affichage                                                -->
  <!--=========================================================-->

  <!-- Utilisé pour contrôler l'indentation -->
  <!ENTITY INDENT "    ">
  <!ENTITY INDENT2 "&INDENT;&INDENT;">
]>
<xsl:stylesheet version="1.0" xmlns:xsl="http://www.w3.org/1999/XSL/Transform">
  <xsl:output method="text"/>

  <!--Indexer les classes par xmi.id -->
  <xsl:key name="classKey" match="&CLASS;" use="@xmi.id"/>
  <xsl:key name="classKey" match="&CLASS;" use="&NAME;"/>

  <!-- Indexer les stéréotypes par nom et par xml.id -->
  <xsl:key name="stereotypeKey" match="&FX;.Stereotype" use="@xmi.id"/>
  <xsl:key name="stereotypeKey" match="&FX;.Stereotype" use="&NAME;"/>

  <!--Indexer les types de données par xmi.id -->
  <xsl:key name="dataTypeKey" match="&FC;.DataType" use="@xmi.id"/>

  <!--Indexer les associations par les classes impliquées -->
  <xsl:key name="associationKey" match="&ASSOC;"
      use="&CONNEND;/&ENDType;/&FC;.Interface/@xmi.idref"/>
  <xsl:key name="associationKey" match="&ASSOC;"
      use="&CONNEND;/&ENDType;/&CLASS;/@xmi.idref"/>

  <!--Indexer les généralisations par leur xmi.id -->
  <xsl:key name="generalizationKey" match="&FC;.Generalization" use="@xmi.id"/>

  <!--Indexer les états et pseudo-états par leur xmi.id -->
```

```
<xsl:key name="stateKey" match="&SM;.SimpleState" use="@xmi.id"/>
<xsl:key name="stateKey" match="&PSEUDOSTATE;" use="@xmi.id"/>

<!--Indexer les transitions d'état par leur xmi.id -->
<xsl:key name="transKey" match="&SM;.Transition" use="@xmi.id"/>

<!--Indexer les événements de transition par leur xmi.id -->
<xsl:key name="eventsKey" match="&SM;.SignalEvent" use="@xmi.id"/>

<!-- Les id XMI des stéréotypes utilisés pour coder les états en UML -->
<xsl:variable name="STATE_MACH"
              select="key('stereotypeKey','StateMachine')/@xmi.id"/>
<xsl:variable name="STATE"
              select="key('stereotypeKey','state')/@xmi.id"/>
<xsl:variable name="DELEGATE"
              select="key('stereotypeKey','delegate')/@xmi.id"/>
<xsl:variable name="ACTION"
              select="key('stereotypeKey','action')/@xmi.id"/>
<xsl:variable name="DEFAULT"
              select="key('stereotypeKey','default')/@xmi.id"/>

<xsl:variable name="PURE"
              select="key('stereotypeKey','pure')/@xmi.id"/>

<!-- On utilise les modes pour générer le fichier en cinq étapes -->
<xsl:template match="/">

  <!-- Déclarer l'interface de État -->
  <xsl:apply-templates mode="stateInterfaceDecl"
        select="&MODEL;/&ELEM;/&CLASS;[&STEREOTYPE;/@xmi.idref =
                                                  $STATE_MACH]"/>

  <!-- Déclarer les états concrets -->
  <xsl:apply-templates mode="concreteStatesDecl"
       select="&MODEL;/&ELEM;/&CLASS;[not(&STEREOTYPE;)]"/>

  <!-- Déclarer la classe de contexte des états -->
  <xsl:apply-templates mode="stateDecl"
        select="&MODEL;/&ELEM;/&CLASS;[&STEREOTYPE;/@xmi.idref =
                                                  $STATE_MACH]"/>

  <!--Implémenter les états -->
  <xsl:apply-templates mode="concreteStatesImpl"
      select="&MODEL;/&ELEM;"/>

  <!--Implémenter le contexte -->
  <xsl:apply-templates mode="stateContextImpl"
       select="&MODEL;/&ELEM;/&CLASS;[&STEREOTYPE;/@xmi.idref =
                                    $STATE_MACH]"/>

</xsl:template>
```

```
<!-- DECLARATION DU CONTEXTE DES ETATS-->
<xsl:template match="&CLASS;" mode="stateDecl">

  <!-- Déterminer la classe associée avec ce contexte, qui est une
       implémentation d'un état. C'est le type de l'état courant de la
       machine à états -->
  <xsl:variable name="stateImplClass">
    <xsl:variable name="stateClassId" select="@xmi.id"/>
    <xsl:for-each select="key('associationKey',$stateClassId)">
      <xsl:variable name="assocClassId"
                    select="&CONNEND;[&ENDType;/*/@xmi.idref !=
                                $stateClassId]/&ENDType;/*/@xmi.idref"/>
      <xsl:if test="key('classKey',$assocClassId)/&STEREOTYPE;/@xmi.idref
                                                            = $STATE">
        <xsl:value-of select="key('classKey',$assocClassId)/&NAME;"/>
      </xsl:if>
    </xsl:for-each>
  </xsl:variable>

  <xsl:variable name="className" select="&NAME;"/>

  <xsl:text>&#xa;class </xsl:text>
  <xsl:value-of select="$className"/>
  <xsl:text>&#xa;{&#xa;public:&#xa;&#xa;</xsl:text>

   <!-- Déclaration du constructeur -->
  <xsl:text>&INDENT;</xsl:text>
  <xsl:value-of select="$className"/>::<xsl:value-of select="$className"/>
  <xsl:text>();&#xa;&#xa;</xsl:text>

  <!-- Déléguer les opérations à l'état courant -->
  <xsl:apply-templates
                     select="*/&OP;[&STEREOTYPE;/@xmi.idref = $DELEGATE]"
                     mode="declare"/>

  <!-- void changeState(AbstractState& newState) -->
  <xsl:text>&INDENT;void changeState(</xsl:text>
  <xsl:value-of select="$stateImplClass"/>
  <xsl:text>&amp; newSate) ;&#xa;</xsl:text>

  <xsl:text>&#xa;&#xa;</xsl:text>
  <!-- Les autres opérations ne sont pas des délégations, mais sont
       invoquées par les états sur le contexte -->
  <xsl:apply-templates
           select="*/&OP;[&STEREOTYPE;/@xmi.idref != $DELEGATE]"
           mode="declare"/>
  <xsl:text>&#xa;private:&#xa;&#xa;</xsl:text>
  <xsl:text>&INDENT;</xsl:text>
  <xsl:value-of select="$stateImplClass"/>
  <xsl:text>* m_State ;</xsl:text>
  <xsl:text>&#xa;&#xa;} ;&#xa;&#xa;</xsl:text>
```

```
  </xsl:template>

  <!-- DECLARATIONS DES ETATS CONCRETS -->

  <xsl:template match="&CLASS;" mode="concreteStatesDecl">
    <xsl:text>class </xsl:text>
  <xsl:value-of select="&NAME;"/>
    <xsl:call-template name="baseClass"/>
    <xsl:text>&#xa;{&#xa;public:&#xa;&#xa;</xsl:text>
    <!-- Les états concrets sont des singletons, donc on génère une
         méthode d'instance -->
    <xsl:text>&INDENT;static </xsl:text>
    <xsl:value-of select="&NAME;"/>
    <xsl:text>&amp; instance() ;</xsl:text>
    <xsl:text>&#xa;&#xa;private:&#xa;&#xa;</xsl:text>
    <!-- On protège les constructeurs des singletons -->
    <xsl:text>&INDENT;</xsl:text>
    <xsl:value-of select="&NAME;"/>
    <xsl:text>() {  } &#xa;</xsl:text>
    <xsl:text>&INDENT;</xsl:text>
    <xsl:value-of select="&NAME;"/>(const <xsl:value-of select="&NAME;"/>
    <xsl:text>&amp;) {  } &#xa;</xsl:text>
    <xsl:text>&INDENT;void operator =(const </xsl:text>
    <xsl:value-of select="&NAME;"/>
    <xsl:text>&amp;) {  } &#xa;</xsl:text>
    <xsl:apply-templates select="*/&OP;" mode="declare"/>
    <xsl:text>
} ;

</xsl:text>
  </xsl:template>

 <!-- Templates utilisés pour déclarer les classes avec leurs membres publics -->

  <xsl:template match="&CLASS;" mode="declare">
    <xsl:text>class&#x20;</xsl:text>
    <xsl:value-of select="&NAME;"/>
    <xsl:text>&#xa;{&#xa;public:&#xa;&#xa;</xsl:text>
    <xsl:apply-templates select="*/&OP;" mode="declare"/>
    <xsl:text>&#xa;} ;&#xa;</xsl:text>
  </xsl:template>

  <xsl:template match="&OP;" mode="declare">
    <xsl:variable name="returnTypeId"
                  select="&PARAM2;[&PARAM;.kind/@xmi.value =
                                  'return']/&PARAMTYPE;/@xmi.idref"/>
    <xsl:text>&INDENT;</xsl:text>
    <xsl:if test="&STEREOTYPE;/@xmi.idref = $PURE">
      <xsl:text>virtual </xsl:text>
    </xsl:if>
    <xsl:value-of select="key('dataTypeKey',$returnTypeId)/&NAME;"/>
    <xsl:text>&#x20;</xsl:text>
```

```
    <xsl:value-of select="&NAME;"/>
    <xsl:text>(</xsl:text>
    <xsl:call-template name="parameters"/>
    <xsl:text>)</xsl:text>
    <xsl:if test="&STEREOTYPE;/@xmi.idref = $PURE">
      <xsl:text> = 0 </xsl:text>
    </xsl:if>
    <xsl:text>;&#xa;</xsl:text>
  </xsl:template>

  <!-- Supprimer les noeuds de texte supplémentaires  -->
  <xsl:template match="text()" mode="declare"/>

  <!-- DECLARATION DE L'INTERFACE D'ETAT -->
  <xsl:template match="&CLASS;" mode="stateInterfaceDecl">

    <xsl:text>//Forward declarations&#xa;</xsl:text>
    <xsl:text>class </xsl:text>
    <xsl:value-of select="&NAME;"/>
    <xsl:text>;&#xa;&#xa;</xsl:text>

    <xsl:variable name="stateClassId" select="@xmi.id"/>
    <!-- Déterminer la classe d'état associée au contexte -->
    <xsl:for-each select="key('associationKey',$stateClassId)">
      <xsl:variable name="assocClassId"
                    select="&CONNEND;[&ENDType;/*/@xmi.idref !=
                                 $stateClassId]/&ENDType;/*/@xmi.idref"/>
      <xsl:if test="key('classKey',$assocClassId)/&STEREOTYPE;/@xmi.idref =
                                                                     $STATE">
        <xsl:apply-templates select="key('classKey',$assocClassId)"
                             mode="declare"/>
      </xsl:if>
    </xsl:for-each>
    <xsl:text>&#xa;&#xa;</xsl:text>
  </xsl:template>

  <!-- Supprimer les noeuds de texte supplémentaires  -->
  <xsl:template match="text()" mode="stateInterfaceDecl"/>

  <!-- IMPLEMENTATION DU CONTEXTE D'ETAT -->
  <xsl:template match="&CLASS;" mode="stateContextImpl">

    <xsl:variable name="stateImplClass">
      <xsl:variable name="stateClassId" select="@xmi.id"/>
      <xsl:for-each select="key('associationKey',$stateClassId)">
        <xsl:variable name="assocClassId"
             select="&CONNEND;[&ENDType;/*/@xmi.idref !=
                                $stateClassId]/&ENDType;/*/@xmi.idref"/>
        <xsl:if test="key('classKey',$assocClassId)/&STEREOTYPE;/@xmi.idref
                                                                   = $STATE">
          <xsl:value-of select="key('classKey',$assocClassId)/&NAME;"/>
        </xsl:if>
```

```
    </xsl:for-each>
  </xsl:variable>

  <xsl:variable name="className" select="&NAME;"/>
  <xsl:text>//Constructor&#xa;</xsl:text>
  <xsl:value-of select="$className"/>::<xsl:value-of
                                          select="$className"/>
  <xsl:text>()&#xa;</xsl:text>
  <xsl:text>{&#xa;</xsl:text>
  <xsl:text>&INDENT;//Initialize state machine in start state &#xa;</xsl:text>
  <xsl:variable name="startStateName">
    <xsl:call-template name="getStartState">
      <xsl:with-param name="classId" select="@xmi.id"/>
    </xsl:call-template>
  </xsl:variable>
  <xsl:text>&INDENT;m_State = &amp;</xsl:text>
  <xsl:value-of select="$startStateName"/>
  <xsl:text>::instance() ;&#xa;</xsl:text>
  <xsl:text>}&#xa;&#xa;</xsl:text>

  <!-- void changeState(AbstractState& newState) -->
  <xsl:text>void </xsl:text>
  <xsl:value-of select="$className"/>
  <xsl:text>::changeState(</xsl:text>
  <xsl:value-of select="$stateImplClass"/>
  <xsl:text>&amp; newState)&#xa;</xsl:text>
  <xsl:text>{&#xa;</xsl:text>
  <xsl:text>&INDENT;m_State = &amp;newState;</xsl:text>
  <xsl:text>&#xa;}&#xa;&#xa;</xsl:text>

  <xsl:for-each select="*/&OP;[&STEREOTYPE;/@xmi.idref = $DELEGATE]">
    <xsl:variable name="returnTypeId"
                        select="&PARAM2;[&PARAM;.kind/@xmi.value =
                                    'return']/&PARAMTYPE;/@xmi.idref"/>
    <xsl:value-of select="key('dataTypeKey',$returnTypeId)/&NAME;"/>
    <xsl:text>&#x20;</xsl:text>
    <xsl:value-of select="$className"/>::<xsl:value-of select="&NAME;"/>
    <xsl:text>(</xsl:text>
    <xsl:call-template name="parameters"/>
    <xsl:text>)&#xa;</xsl:text>
    <xsl:text>{&#xa;</xsl:text>
    <xsl:text>&INDENT;m_State-></xsl:text>
    <xsl:value-of select="&NAME;"/>
    <xsl:text>(*this, </xsl:text>
    <xsl:for-each select="&PARAM2;[&PARAM;.kind/@xmi.value != 'return']">
      <xsl:value-of select="&NAME;"/>
      <xsl:if test="position() != last()">
        <xsl:text>, </xsl:text>
      </xsl:if>
    </xsl:for-each>
    <xsl:text>);&#xa;</xsl:text>
    <xsl:text>}&#xa;&#xa;</xsl:text>
```

```
    </xsl:for-each>

    <xsl:for-each select="*/&OP;[&STEREOTYPE;/@xmi.idref != $DELEGATE]">
      <xsl:variable name="returnTypeId"
                    select="&PARAM2;[&PARAM;.kind/@xmi.value =
                                   'return']/&PARAMTYPE;/@xmi.idref"/>
      <xsl:value-of select="key('dataTypeKey',$returnTypeId)/&NAME;"/>
      <xsl:text>&#x20;</xsl:text>
      <xsl:value-of select="$className"/>::<xsl:value-of select="&NAME;"/>
      <xsl:text>(</xsl:text>
      <xsl:call-template name="parameters"/>
      <xsl:text>)&#xa;</xsl:text>
      <xsl:text>{&#xa;</xsl:text>
      <xsl:text>&INDENT;//!TODO:
           Implement behavior of this action&#xa;</xsl:text>
      <xsl:text>}&#xa;&#xa;</xsl:text>
    </xsl:for-each>
  </xsl:template>
  <xsl:template match="text()" mode="stateContextImpl"/>

  <!-- IMPLEMENTATION DES ETATS CONCRETS -->
  <xsl:template match="&CLASS;" mode="concreteStatesImpl">
    <xsl:variable name="classId" select="@xmi.id"/>
    <xsl:variable name="stateMachine"
                  select="/&STATEMACH;[&SMC;/&CLASS;/@xmi.idref =
                                                        $classId]"/>
    <!-- Pour chaque état de la machine, générer une implémentation -->
    <xsl:for-each select="$stateMachine//&PSEUDOSTATE; |
                                      $stateMachine//&SM;.SimpleState">
      <xsl:call-template name="generateState">
        <xsl:with-param name="stateClass" select="key('classKey',&NAME;)"/>
      </xsl:call-template>
    </xsl:for-each>
  </xsl:template>

  <!-- Supprimer les noeuds de texte supplémentaires  -->
  <xsl:template match="text()" mode="concreteStatesImpl"/>

  <xsl:template name="generateState">
    <!-- C'est une classe XMI correspondant à l'état -->
    <xsl:param name="stateClass"/>
    <!-- Le contexte courant est un état quelconque -->
    <xsl:variable name="state" select="."/>
    <xsl:variable name="className" select="&NAME;"/>
    <xsl:if test="$className != $stateClass/&NAME;">
      <xsl:message terminate="yes">L'état et la classe ne correspondent
           pas !</xsl:message>
    </xsl:if>
    <xsl:for-each select="$stateClass/*/&OP;">
      <xsl:variable name="returnTypeId"
                    select="&PARAM2;[&PARAM;.kind/@xmi.value =
                                   'return']/&PARAMTYPE;/@xmi.idref"/>
```

```
      <xsl:value-of select="key('dataTypeKey',$returnTypeId)/&NAME;"/>
      <xsl:text>&#x20;</xsl:text>
      <xsl:value-of select="$className"/>::<xsl:value-of select="&NAME;"/>
      <xsl:text>(</xsl:text>
      <xsl:call-template name="parameters"/>
      <xsl:text>)&#xa;</xsl:text>
      <xsl:text>{&#xa;</xsl:text>
      <xsl:for-each
           select="$state/&SM;.StateVertex.outgoing/&SM;.Transition">
        <xsl:call-template name="generateStateBody">
          <xsl:with-param name="transition"
           select="key('transKey',@xmi.idref)"/>
        </xsl:call-template>
      </xsl:for-each>
      <xsl:text>&INDENT2;context.errorMsg() ;&#xa;</xsl:text>
      <xsl:text>}&#xa;&#xa;</xsl:text>
    </xsl:for-each>
  </xsl:template>

   <xsl:template name="generateStateBody">
    <xsl:param name="transition"/>
    <xsl:text>&INDENT;if (cmd == </xsl:text>
    <xsl:variable name="eventId"
      select="$transition/&SM;.Transition.trigger/&SM;.SignalEvent/@xmi.idref"/>
    <xsl:value-of select="key('eventsKey',$eventId)/&NAME;"/>
    <xsl:if test="$transition/&SM;.Transition.guard">
      <xsl:text> &amp;&amp; </xsl:text>
      <xsl:value-of
     select="$transition/&GUARD;/*/Foundation.Data_Types.Expression.body"/>
      <xsl:text>()</xsl:text>
    </xsl:if>
    <xsl:text>)&#xa;</xsl:text>
    <xsl:text>&INDENT;{&#xa;</xsl:text>
    <xsl:text>&INDENT2;</xsl:text>
    <xsl:value-of
         select="$transition/&SM;.Transition.effect/&ACTION;/*/&NAME;"/>
    <xsl:text>() ;&#xa;</xsl:text>
    <xsl:variable name="targetStateId"
                select="$transition/&SM;.Transition.target/*/@xmi.idref"/>
    <xsl:if test="$targetStateId != $transition/@xmi.id"/>
      <xsl:text>&INDENT2;cntx.changeState(</xsl:text>
      <xsl:value-of select="key('stateKey',$targetStateId)/&NAME;"/>
      <xsl:text>::instance());&#xa;</xsl:text>
    <xsl:text>&INDENT;}&#xa;</xsl:text>
    <xsl:text>&INDENT;else&#xa;</xsl:text>
  </xsl:template>

  <!-- Générer les paramètres de fonction -->
  <xsl:template name="parameters">
    <xsl:for-each select="&PARAM2;[&PARAM;.kind/@xmi.value != 'return']">
      <xsl:choose>
        <xsl:when test="&PARAMTYPE;">
```

```
          <xsl:value-of
                select="key('dataTypeKey',&PARAMTYPE;/@xmi.idref)/&NAME;"/>
        </xsl:when>
        <xsl:when test="&PARAM;.type/&CLASS;">
          <xsl:value-of
                 select="key('classKey',
                       &PARAM;.type/&CLASS;/@xmi.idref)/&NAME;"/>
          <xsl:text>&amp;</xsl:text>
        </xsl:when>
      </xsl:choose>
      <xsl:text>&#x20;</xsl:text>
      <xsl:value-of select="&NAME;"/>
      <xsl:if test="position() != last()">
        <xsl:text>, </xsl:text>
      </xsl:if>
    </xsl:for-each>
  </xsl:template>

  <!-- Générer les classes de base -->
  <xsl:template name="baseClass">
    <xsl:if test="&GENERALIZATION;">
      <xsl:text> : </xsl:text>
      <xsl:for-each select="&GENERALIZATION;">
        <xsl:variable name="genAssoc"
                  select="key('generalizationKey',@xmi.idref)"/>
        <xsl:text>public </xsl:text>
        <xsl:value-of
      select="key('classKey',
               $genAssoc/&SUPERTYPE;/&CLASS;/@xmi.idref)/&NAME;"/>
        <xsl:if test="position() != last()">
          <xsl:text>, </xsl:text>
        </xsl:if>
      </xsl:for-each>
    </xsl:if>
  </xsl:template>
  <xsl:template name="getStartState">
    <xsl:param name="classId"/>
    <xsl:variable name="stateMachine"
               select="/&STATEMACH;[&SMC;/&CLASS;/@xmi.idref =
                                                    $classId]"/>
    <xsl:value-of
               select="$stateMachine/&PSEUDOSTATE2;
                                [&PSEUDOSTATE;.kind/@xmi.value = 'ini-
tial']/&NAME;"/>
  </xsl:template>
</xsl:stylesheet>
```

Voici une portion du code C++ généré :

```
//Forward declarations
 class AnsweringMachine;

 class AnsweringMachineState
```

```
{
public:

    virtual void doCmd(AnsweringMachine& cntx, Command cmd) = 0 ;

} ;

 class Connected : public AnsweringMachineState
{
public:

    static Connected& instance() ;

private:

    Connected() {  }
    Connected(const Connected&) {  }
    void operator =(const Connected&) {  }
    void doCmd(AnsweringMachine& cntx, Command cmd);

} ;

class HandlingMsg : public AnsweringMachineState
{
public:

    static HandlingMsg& instance() ;

private:

    HandlingMsg() {  }
    HandlingMsg(const HandlingMsg&) {  }
    void operator =(const HandlingMsg&) {  }
    void doCmd(AnsweringMachine& cntx, Command cmd);

} ;

//!LES AUTRES ETATS ONT ETE SUPPRIMES PAR MANQUE DE PLACE

class AnsweringMachine
{
public:

    AnsweringMachine::AnsweringMachine();

    void doCmd(Command cmd);
    void changeState(AnsweringMachineState& newSate) ;

    bool moreMsgs();
    void playRemaining();
    void playCurrentMsg();
    void advanceAndPlayMsg();
```

```
    void deleteMsg();
    void sayGoodBye();
    void errorMsg();

private:

    AnsweringMachineState* m_State ;

} ;

void Connected::doCmd(AnsweringMachine& cntx, Command cmd)
{
    if (cmd == NEXT_MSG && cntx.moreMsgs())
    {
        cntx.playCurrentMsg() ;
        cntx.changeState(HandlingMsg::instance());
    }
    else
    if (cmd == NEXT_MSG && !cntx.moreMsgs())
    {
        cntx.playRemaining() ;
        cntx.changeState(Connected::instance());
    }
    else
    if (cmd == END)
    {
        cntx.sayGoodBye() ;
        cntx.changeState(GoodBye::instance());
    }
    else
        context.errorMsg() ;
}

//!LES AUTRES ETATS ONT ETE SUPPRIMES PAR MANQUE DE PLACE

//Constructor
AnsweringMachine::AnsweringMachine()
{
    //Initialize state machine in start state
    m_State = &Start::instance() ;
}

void AnsweringMachine::changeState(AnsweringMachineState& newState)
{
    m_State = &newState;
}

void AnsweringMachine::doCmd(Command cmd)
{
    m_State->doCmd(*this, cmd);
}
```

```
bool AnsweringMachine::moreMsgs()
{
    //!TODO: Implement behavior of this action
}

void AnsweringMachine::playRemaining()
{
    //!TODO: Implement behavior of this action
}

void AnsweringMachine::playCurrentMsg()
{
    //!TODO: Implement behavior of this action
}

//!OTHER ACTIONS WERE ELIDED TO SAVE SPACE...
```

Discussion

Trois raisons peuvent vous pousser à écrire votre propre générateur de code à partir de modèles UML. Premièrement, parce que vous n'aimez pas le fond ou la forme du code généré par le générateur de votre outil. Deuxièmement, il se peut que le générateur ne connaisse pas le langage que vous utilisez. Par exemple, je ne connais pas d'outil UML qui génère du Python.[4]

Troisièmement, parce que vous voulez automatiser la génération d'un modèle de plus haut niveau, ou d'un service logiciel que vous utilisez fréquemment dans vos développements. Ce dernier cas est la motivation principale de l'exemple donné dans cette partie.

Construire un générateur générique et multi-langage avec XSLT à partir de documents XMI est un projet intéressant, mais qui va bien au-delà d'un simple exemple. La solution que nous donnons ici n'est pas destinée à servir pour la production de code, mais c'est un début de solution. En particulier, quatre améliorations peuvent être envisagées.

Premièrement, la feuille XSLT qui génère le code devrait être scindée en composants, générant chacun une partie des constructions du langage de programmation cible. C'est une approche similaire à celle suivie dans le chapitre 9 pour la génération de SVG.

Deuxièmement, la feuille de style XSLT devrait être capable de comprendre une plus grande partie de UML, comme le contrôle d'accès, plutôt que de coder ces décisions en dur.

Troisièmement, le générateur devrait utiliser des extensions de XSLT 1.0, ou XSLT 2.0, pour générer du code dans divers fichiers, plutôt qu'un fichier source monolithique.

Quatrièmement, mais c'est moins important, il devrait être possible de respecter diverses conventions de codage. Par exemple, le code C++ est dans le style de Allman, mais de nombreux programmeurs C++ (égarés ?) préfèrent le style K&R (*http://*

4. Non pas que je sois très amateur de ce langage sans accolades, mais il bénéficie d'un fort contingent de développeurs enthousiastes.

www.tuxedo.org/~esr/jargon/html/entry/indent-style.html). Là encore, vous pourriez juste traiter le résultat avec un programme de mise en forme, et éviter ainsi toutes les décisions de mise en forme.

10.9 Générer du code XSLT avec XSLT

Problème

Vous voulez générer du code XSLT à partir d'une représentation XML différente. Ou bien vous voulez transformer du code XSLT ou du pseudo-code-XSLT en XSLT correct.

Solution

Deux choses sont quelquefois énervantes en XSLT. La première est l'absence d'une construction `if-then-elsif-else`; la seconde est l'absence d'une véritable structure de boucle. Bien sûr, je connais l'existence de xsl:choose et de `xsl:for-each`, mais chacune des ces instructions a des défauts. Je trouve que xsl:choose est énervante parce que l'élément `choose` n'a quasiment pas d'utilité, sinon d'imposer un niveau d'imbrication supplémentaire. L'instruction `xsl:for-each` n'est pas réellement une boucle, mais plus simplement un procédé d'itération. Pour simuler des boucles avec des compteurs, vous devez utiliser la récursivité ou la méthode de Piez (voir la recette 1.5), ce qui est pénible.

Cet exemple illustre la transformation de XSLT en XSLT en prétendant que le langage XSLT définit les éléments `xslx:elsif`, `xslx:else` et `xslx:loop`. Puisque ce n'est pas réellement le cas, nous allons créer une feuille de style qui génère du code XSLT véritable à partir de notre pseudo-code XSLT. Il est pénible d'avoir en même temps des éléments `xsl:if` et `xslx:if`, mais il serait erroné d'utiliser l'espace de noms XSLT standard pour nos éléments additionnels. Il se peut qu'un jour XSLT inclue ces éléments :

```
<xsl:stylesheet version="1.0" xmlns:xsl="http://www.w3.org/1999/XSL/Transform"
 xmlns:xslx="http://www.ora.com/XSLTCookbook/ExtendedXSLT" >

<xsl:output method="text"/>

<xsl:template match="foo">
  <xslx:if test="bar">
    <xsl:text>Vous trouverez souvent un bar dans le voisinage d'un
         foo !</xsl:text>
  </xslx:if>
  <xslx:elsif test="baz">
    <xsl:text>Il n'y a de baz que près des foo</xsl:text>
  </xslx:elsif>
  <xslx:else>
    <xslx:loop param="i" init="0" test="$i &lt; 10" incr="1">
      <xsl:text>Hmmm, rien à dire, mais je le dirai 10 fois.</xsl:text>
    </xslx:loop>
  </xslx:else>
  <xslx:loop param="i" init="10" test="$i >= 0" incr="-1">
    <xslx:loop param="j" init="10" test="$j >= 0" incr="-1">
      <xsl:text>&#xa;</xsl:text>
      <xsl:value-of select="$i * $j"/>
```

```
        </xslx:loop>
      </xslx:loop>
      <xslx:if test="foo">
          <xsl:text>foo foo !</xsl:text>
      </xslx:if>
      <xslx:else>
          <xsl:text>Bon, passons !</xsl:text>
      </xslx:else>
    </xsl:template>

    </xsl:stylesheet>
```

Voici une transformation qui génère du code XSLT à partir de notre pseudo-code XSLT. Pour rester simple, cet exemple ne fait pas de vérification sémantique telle que le test de présence de plusieurs clauses xslx:else suite à un unique élément xsl:if, ou le test d'indices apparaissant plusieurs fois dans des boucles imbriquées:

```
<xsl:stylesheet version="1.0"
 xmlns:xsl="http://www.w3.org/1999/XSL/Transform"
 xmlns:xslx="http://www.ora.com/XSLTCookbook/ExtendedXSLT"
 xmlns:xso="dummy" >

<!-- Réutiliser la transformation identité pour copier les éléments
     XSLT de la source dans la destination -->
<xsl:import href="copie.xslt"/>

<!-- NE PAS laisser le processeur indenter lui-même, via indent=yes -->
<!-- Parce que cela perturberait les noeuds xsl:text              -->
<xsl:output method="xml" version="1.0" encoding="UTF-8" />

<!-- On utilise xso comme alias pour ecrire des éléments XSLT litéraux -->
<xsl:namespace-alias stylesheet-prefix="xso" result-prefix="xsl"/>

<xsl:template match="xsl:stylesheet | xsl:transform">
   <xso:stylesheet>
    <!-- La première passe gère la traduction de if-elsif-else      -->
    <!-- et la conversion de xslx:loop en appels de templates nommés -->
    <xsl:apply-templates select="@* | node()"/>

    <!-- La seconde passe gère la conversion de xslx:loop -->
    <!-- en templates nommés récursifs -->
    <xsl:apply-templates mode="loop-body" select="//xslx:loop"/>

  </xso:stylesheet>
</xsl:template>

<!-- On cherche les éléments xslx:if ayant un xslx:elsif ou xslx:else -->
<xsl:template match="xslx:if[following-sibling::xslx:else or
                             following-sibling::xslx:elsif]">
  <xsl:variable name="idIf" select="generate-id()"/>
  <xso:choose>
    <xso:when test="{@test}">
      <xsl:apply-templates select="@* | node()"/>
```

```
    </xso:when>
    <!-- On traite xsl:eslif et xslx:else dans un mode spécial   -->
    <!-- dans ce xsl:choose. On doit s'assurer de ne traiter que -->
    <!-- ceux dont le xslx:if précédent est le xslx:if courant   -->
    <xsl:apply-templates
     select="following-sibling::xslx:else[
                     generate-id(preceding-sibling::xslx:if[1]) = $idIf] |
            following-sibling::xslx:elsif[
                     generate-id(preceding-sibling::xslx:if[1]) = $idIf]"
            mode="choose"/>
  </xso:choose>
</xsl:template>

<!-- Ignorer les xslx:elsif et xslx:else en mode normal -->
<xsl:template match="xslx:elsif | xslx:else"/>

<!-- Un élément xslx:elsif devient un xsl:when -->
<xsl:template match="xslx:elsif"  mode="choose">
 <xso:when test="{@test}">
   <xsl:apply-templates select="@* | node()"/>
 </xso:when>  </xsl:template>

<!-- Un élément xslx:else devient un xsl:otherwise -->
<xsl:template match="xslx:else" mode="choose">
 <xso:otherwise>
   <xsl:apply-templates/>
 </xso:otherwise>
</xsl:template>

 <!-- Un élément xslx:loop devient un appel a un template nommé -->
<xsl:template match="xslx:loop">
  <!-- Chaque template reçoit le nom loop-N où N est la position de    -->
  <!-- cette boucle par rapport aux boucles précedentes, à tout niveau -->
  <xsl:variable name="name">
    <xsl:text>loop-</xsl:text>
    <xsl:number count="xslx:loop" level="any"/>
  </xsl:variable>

  <xso:call-template name="{$name}">
    <xsl:for-each select="ancestor::xslx:loop">
      <xso:with-param name="{@param}" select="${@param}"/>
    </xsl:for-each>
    <xso:with-param name="{@param}" select="{@init}"/>
  </xso:call-template>

</xsl:template>

<!-- Le mode loop-body est utilisé dans la seconde passe. -->
<!-- Ici on génère des templates récursifs pour effectuer la boucle. -->

<xsl:template match="xslx:loop" mode="loop-body">
  <xsl:variable name="name">
```

```
      <xsl:text>loop-</xsl:text>
      <xsl:value-of select="position()"/>
    </xsl:variable>

    <xso:template name="{$name}">
      <!-- Si cette boucle est imbriquée dans une autre boucle elle doit -->
      <!-- "voir" les paramètres des doubles englobantes -->
      <xsl:for-each select="ancestor::xslx:loop">
        <xso:param name="{@param}"/>
      </xsl:for-each>
      <!-- Le paramètre de boucle local -->
      <xso:param name="{@param}"/>
      <!-- Générer le test de contrôle de la récursivité -->
      <xso:if test="{@test}">
        <!-- Appliquer les templates du mode normal pour gérer -->
        <!-- les appels de boucle imbriqués et copier tout le reste. -->
        <xsl:apply-templates/>
        <!-- Voici l'appel récursif qui incrémente le compteur de boucle -->
        <xso:call-template name="{$name}">
          <xsl:for-each select="ancestor::xslx:loop">
            <xso:with-param name="{@param}" select="${@param}"/>
          </xsl:for-each>
          <xso:with-param name="{@param}" select="${@param} + {@incr}"/>
        </xso:call-template>
      </xso:if>
    </xso:template>
  </xsl:template>

</xsl:stylesheet>
```

Voici le résultat de la transformation :

```
  <xso:stylesheet xmlns:xso="http://www.w3.org/1999/XSL/Transform"
xmlns:xsl="http://www.w3.org/1999/XSL/Transform"
xmlns:xslx="http://www.ora.com/XSLTCookbook/ExtendedXSLT" version="1.0">
    <xsl:output method="text"/>
    <xsl:template match="foo">
      <xso:choose>
        <xso:when test="bar">
          <xsl:text>Vous trouverez souvent un bar dans le voisinage d'un
                  foo !</xsl:text>
        </xso:when>
        <xso:when test="baz">
          <xsl:text>Il n'y a de baz que près des foo</xsl:text>
        </xso:when>
        <xso:otherwise>
          <xso:call-template name="loop-1">
            <xso:with-param name="i" select="0"/>
          </xso:call-template>
        </xso:otherwise>
      </xso:choose>
      <xso:call-template name="loop-2">
        <xso:with-param name="i" select="10"/>
```

```
      </xso:call-template>
      <xso:choose>
        <xso:when test="foo">
          <xsl:text>foo foo !</xsl:text>
        </xso:when>
        <xso:otherwise>
          <xsl:text>Bon, passons !</xsl:text>
        </xso:otherwise>
      </xso:choose>
    </xsl:template>
    <xso:template name="loop-1">
      <xso:param name="i"/>
      <xso:if test="$i &lt; 10">
        <xsl:text>Hmmm, rien à dire, mais je le dirai 10 fois.</xsl:text>
        <xso:call-template name="loop-1">
          <xso:with-param name="i" select="$i + 1"/>
        </xso:call-template>
      </xso:if>
    </xso:template>
    <xso:template name="loop-2">
      <xso:param name="i"/>
      <xso:if test="$i &gt;= 0">
        <xso:call-template name="loop-3">
          <xso:with-param name="i" select="$i"/>
          <xso:with-param name="j" select="10"/>
        </xso:call-template>
        <xso:call-template name="loop-2">
          <xso:with-param name="i" select="$i + -1"/>
        </xso:call-template>
      </xso:if>
    </xso:template>
    <xso:template name="loop-3">
      <xso:param name="i"/>
      <xso:param name="j"/>
      <xso:if test="$j &gt;= 0">
        <xsl:text>
  </xsl:text>
        <xsl:value-of select="$i * $j"/>
        <xso:call-template name="loop-3">
          <xso:with-param name="i" select="$i"/>
          <xso:with-param name="j" select="$j + -1"/>
        </xso:call-template>
      </xso:if>
    </xso:template>
  </xso:stylesheet>
```

Discussion

L'élément `xsl:namespace-alias` est indispensable pour générer du code XSLT avec XSLT. Sans lui, le processeur ne pourrait pas faire la différence entre les instructions XSLT à exécuter et celles qui font partie du résultat de la transformation. La génération de XSLT avec XSLT est utile dans d'autres contextes, que cette recette ne présentera pas. Voici quelques autres exemples :

Faciliter la programmation littéraire

La programmation littéraire intègre des fragments de code dans la documentation (plutôt que la situation habituellement inverse) de façon que l'information soit présentée dans un ordre qui en facilite la compréhension, plutôt que dans un ordre qui convient au compilateur.

Possibilité d'inclusions conditionnelles

Si cette possibilité existait en XSLT, elle nécessiterait probablement des extensions au modèle de traitement, semblables au pré-processeur C.

Permettre l'évaluation dynamique de chemins XPath

Cette extension fait référence aux feuilles de style qui génèrent des chemins XPath à partir d'une source, et les inclut dans une autre feuille de style qui les évalue statiquement. Ce niveau d'indirection supplémentaire simule donc un comportement dynamique. Souvent ces chemins XPath apparaissent dans un document. Par exemple, on peut imaginer une spécification de table telle que :

```
<table de="personne">
  <colonne label="Prénom" contenu="nom/prénom" />
  <colonne label="Nom" contenu="nom/patronyme" />
  <colonne label="Age" contenu="@âge" type="nombre" />
  <tri select="Nom, Prénom, Age" />
</table>
```

Il est plus facile de générer la table décrite par ce document XML (en générant du code XSLT à partir de cette description puis en appliquant la transformation aux données) que d'essayer d'interpréter directement cette spécification à l'intérieur de la feuille de style qui va traiter les données.

Pour aller plus loin

Reportez-vous au compilateur de boucles XSLT d'Oliver Becker pour un exemple similaire (*http://www.informatik.hu-berlin.de/~obecker/XSLT/#loop-compiler*).

11

Recettes d'applications verticales de XSLT

Un nouveau venu se demande s'il existe une poignée de main secrète ou tout autre code susceptible d'éclairer sa lanterne... comme par exemple savoir ce qu'il doit apporter lorsqu'il est invité à dîner.
Présentation du livre intitulé « Potluck: Stories That Taste Like Hawaii »

Ce chapitre est différent des autres parce que les exemples représentent des mini applications XSLT recouvrant un large éventail de domaines (une sorte de pot-pourri). De nombreux exemples ont trait à l'utilisation de logiciels commerciaux spécifiques. Puisque les éditeurs de logiciels adoptent de plus en plus largement XML, ils nous donnent l'opportunité d'utiliser leurs produits de façons auxquelles ils n'avaient pas pensé (ou n'ont pas été capables de mettre en œuvre).

Microsoft est l'un des éditeurs qui a sauté dans le train XML. Les dernières versions de Microsoft Visio (version 10.0) et d'Excel (Office XP version 10.0) permettent toutes deux de sauvegarder en XML. Visio est un logiciel de dessin vectoriel propriétaire, et la sortie XML de Visio (appelée Visio VDX) est également spécifique à Visio. John Breen a fait un travail admirable pour convertir cette sortie en SVG (*Scalable Vector Graphics*). Son code est présenté dans la recette 11-1.

Microsoft Excel permet de sauvegarder des feuilles de calcul en XML. Malheureusement, le code XML produit est une traduction directe de la structure d'une feuille de calcul. La recette 11-2 montre comment convertir cela en une forme plus facilement utilisable.

Les *cartes thématiques* (*Topic Maps* en anglais, terme que nous utiliserons dans ce chapitre) constituent le sujet d'une technologie XML émergente, qui permet de modéliser des connaissances de façon à les rendre plus facilement accessibles (et plus utiles) aux hommes comme aux machines qui y accèdent via le web. XTM (*XML Topic Maps*) est un standard ouvert pour la représentation des cartes thématiques en XML. De façon analogue, les programmeurs modélisent leur connaissance d'un système logiciel en utilisant UML (*Unified Modeling Language*). UML a sa propre représentation standard, appelé XMI (*XML Metadata Interchange*). UML et les cartes thématiques ne s'adressent pas au même public. Cependant, UML est suffisamment riche pour pouvoir représenter des cartes thématiques, à condition de respecter certaines conventions. De plus, puisqu'UML est plus ancien que les cartes thématiques, les outils qui lui sont consacrés sont plus matures. La recette 11-3 montre comment il es possible de transformer la sortie XMI d'un outil de modélisation UML répandu (Rational Rose) en une carte thématique XTM.[1]

L'une des caractéristiques les plus utiles de XTM est sa capacité à générer des sites web. La recette 11-4 décrit cette application des cartes thématiques. Nikita Ogievetsky est à l'origine de cette recette, basée sur son travail sur le paradigme des Sites web de cartes thématiques cognitives (CTW, ou *Cogitative Topic Maps Web Site*).

Enfin, nous terminerons ce chapitre avec SOAP, le format XML du W3C pour l'implémentation des services web. Le protocole SOAP (Simple Object Access Protocol) est pour les systèmes logiciels une façon de communiquer en utilisant des messages XML standardisés. Cette section traite d'un document de travail lié à SOAP, appelé *Web Service Definition Language* (WSDL). Comme son nom l'indique, WSDL est une spécification XML permettant de documenter un service SOAP. Cette discussion permet de convertir un document WSDL en une documentation lisible par un être humain.

11.1 Convertir des documents Visio VDX en SVG

Problème

Vous voulez convertir des fichiers XML de Microsoft Visio (VDX) en fichiers SVG, plus facilement portables.

Solution

John Breen propose la solution suivante. Il convertit les éléments Visio principaux en SVG selon le tableau 11-1.

1. Vous pouvez appelez cette recette *Logiciel de conversion d'acronymes* (LCA).

Tableau 11-1. Correspondance entre Visio et SVG

Visio element	SVG element
VisioDocument/Colors/ColorEntry	valeur de la couleur
VisioDocument/Stylesheets/StyleSheet	style CSS
VisioDocument/Pages/Page	svg
Page/Shapes/Shape	g
Shapes/Shape/@NameU	@id
Shapes/Shape/XForm	transform
XForm/PinX et XForm/PinX	translate( )
Shapes/Shape/Fill/FillForegnd	@fill (avec recherche)
Shapes/Shape/Geom	path
Shape/Geom/MoveTo	@d "M"
Shape/Geom/LineTo	@d "L"
Shape/Geom/NoFill(0)	@d "z"

Cette section ne présente que la feuille de style principale et quelques portions des feuilles de style qu'elle inclut. Le code source complet est disponible à *http://sourceforge.net/projects/vdxtosvg/*:

```
<xsl:stylesheet xmlns:xsl="http://www.w3.org/1999/XSL/Transform"
  xmlns:v="urn:schemas-microsoft-com:office:visio"
  xmlns:xlink="http://www.w3.org/1999/xlink"
  xmlns:math="java.lang.Math"
  xmlns:jDouble="java.lang.Double"
  xmlns:saxon="http://icl.com/saxon"
  exclude-result-prefixes="v math saxon jDouble"
  xmlns="http://www.w3.org/2000/svg"
  version="1.0">

  <xsl:output method="xml"
    version="1.0"
    omit-xml-declaration="no"
    media-type="image/svg+xml"
    encoding="iso-8859-1"
    indent="yes"
    cdata-section-elements="style"
    doctype-public="-//W3C//DTD SVG 1.0//EN"
    doctype-system="http://www.w3.org/TR/2001/REC-SVG-20010904/DTD/svg10.dtd">
```

Cette feuille de style utilise un paramètre appelé pageNumber pour indiquer la page qui doit être extraite du document VDX, et le paramètre userScale indique comment transformer les unités Visio en unités de l'utilisateur:

```
  <xsl:param name="pageNumber" select="1"/>
  <xsl:param name="userScale"  select="100"/>

  <!-- ============ (constantes) ==================== -->
```

```
<!-- Table des couleurs -->
<xsl:variable name="Colors"
              select="//v:Colors[position( )=1]/v:ColorEntry"/>

<!-- Page à traiter -->
<xsl:variable name="Page"
          select="/v:VisioDocument/v:Pages/v:Page[number($pageNumber)]"/>

<!-- Modèles de pages principaux -->
<xsl:variable name="Masters"
              select="//v:Masters[position( )=1]/v:Master"/>

<!-- viewBox principal -->
<xsl:variable name="viewBoxMaster"
              select="$Masters[@NameU='viewBox']"/>

<!-- Rapport de la hauteur de police à la largeur ("fudge factor") -->
<xsl:variable name="fontRatio"
              select="2"/>

<!-- Pi (SVG utilise les degrés, Visio les radians) -->
<xsl:variable name="pi" select="3.14159265358979323846264338327"/>
```

La feuille de style est scindée en plusieurs composants, inclus ici. Certaines parties de ces modules sont décrites plus loi dans cette section. La feuille de style utilise quelques extensions écrites en JavaScript. Si votre processeur XSLT ne supporte pas JavaScript, vous pouvez tout de même utiliser cette feuille de style, mais quelques éléments de texte ne seront pas correctement mis en forme :

```
<!-- Fichiers inclus -->
<xsl:include href="visio-style.xsl"/>
<xsl:include href="visio-text.xsl"/>
<xsl:include href="visio-masters.xsl"/>
<xsl:include href="visio-nurbs.xsl"/>

 <!-- Scripts -->
<xsl:template name="required-scripts">
  <script xlink:href="wordwrap.js" type="text/ecmascript"/>
</xsl:template>

<xsl:template match="/v:VisioDocument">
  <xsl:apply-templates
    select="$Page"/>
</xsl:template>
```

Une page Visio est transformée en un graphique SVG. L'information du document Visio permet de décider de la meilleure façon de placer le graphique dans la surface de dessin.

```
<!-- ============ Page ===================================-->
<xsl:template match="v:Page">
  <xsl:message>
    <xsl:value-of select="@NameU"/>
```

```
    </xsl:message>
    <svg id="{@NameU}">
      <xsl:attribute name="xml:space">
        <xsl:value-of select="'preserve'"/>
      </xsl:attribute>
      <xsl:choose>
        <!-- Utiliser une fenêtre de nom 'default' si elle existe -->
        <xsl:when test="//v:Shape[@Master=$viewBoxMaster/@ID
                        and @NameU='default'][1]">
          <xsl:for-each
            select="//v:Shape[@Master=$viewBoxMaster/@ID
                    and @NameU='default']">
            <xsl:attribute name="viewBox">
              <xsl:value-of select="concat(
                                      v:XForm/v:PinX*$userScale, ' ',
                                      -v:XForm/v:PinY*$userScale, ' ',
                                      v:XForm/v:Width*$userScale, ' ',
                                      v:XForm/v:Height*$userScale)"/>
            </xsl:attribute>
          </xsl:for-each>
        </xsl:when>
        <!-- Sinon, centrer sur la page -->
        <xsl:otherwise>
          <xsl:attribute name="viewBox">
            <xsl:value-of select="concat('0 ',
                                    -v:PageSheet/v:PageProps/v:PageHeight
                                      *$userScale, ' ',
                                    v:PageSheet/v:PageProps/v:PageWidth
                                      *$userScale, ' ',
                                    v:PageSheet/v:PageProps/v:PageHeight
                                      *$userScale)"/>
          </xsl:attribute>
        </xsl:otherwise>
      </xsl:choose>
      <xsl:call-template name="required-scripts"/>
      <xsl:call-template name="predefined-pattern-fgnds"/>
      <xsl:call-template name="predefined-markers"/>
```

Le cœur de la conversion débute ici. Commençons par traiter les éléments de style Visio, pour les convertir en leurs directives CSS (*Cascading Style Sheets*) équivalentes. Ensuite, convertissons toutes les formes en leur représentation SVG :

```
      <xsl:apply-templates select="../../v:StyleSheets"/>
      <xsl:apply-templates select="v:Shapes/v:Shape"/>
    </svg>
  </xsl:template>

  <!-- ============ Feuille de style =============== -->
  <xsl:template match="v:StyleSheets">
    <defs>
      <xsl:for-each select="v:StyleSheet">
        <!-- Style de ligne -->
        <style id="ss-line-{@ID}" type="text/css">
```

```
        <xsl:text>*.ss-line-</xsl:text><xsl:value-of select="@ID"/>
        <xsl:text> { </xsl:text>
        <xsl:call-template name="recursive-line-style">
          <xsl:with-param name="ss" select="."/>
        </xsl:call-template>
        <xsl:text> }</xsl:text>
      </style>
      <!-- Remplissage -->
      <style id="ss-fill-{@ID}" type="text/css">
        <xsl:text>*.ss-fill-</xsl:text><xsl:value-of select="@ID"/>
        <xsl:text> { </xsl:text>
        <xsl:call-template name="recursive-fill-style">
          <xsl:with-param name="ss" select="."/>
        </xsl:call-template>
        <xsl:text> }</xsl:text>
      </style>
      <!-- Style de texte -->
      <style id="ss-text-{@ID}" type="text/css">
        <xsl:text>*.ss-text-</xsl:text><xsl:value-of select="@ID"/>
        <xsl:text> { </xsl:text>
        <xsl:call-template name="recursive-text-style">
          <xsl:with-param name="ss" select="."/>
        </xsl:call-template>
        <xsl:text> } </xsl:text>
      </style>
    </xsl:for-each>
  </defs>
</xsl:template>

<!-- Parcourir récursivement pour l'héritage de style -->
<xsl:template name="recursive-line-style">
  <xsl:param name="ss"/>
  <xsl:if test="$ss/@LineStyle">
    <xsl:call-template name="recursive-line-style">
      <xsl:with-param name="ss"
        select="$ss/../v:StyleSheet[@ID=$ss/@LineStyle]"/>
    </xsl:call-template>
  </xsl:if>
  <xsl:apply-templates select="$ss/v:Line" mode="style"/>
</xsl:template>

<xsl:template name="recursive-fill-style">
  <xsl:param name="ss"/>
  <xsl:if test="$ss/@FillStyle">
    <xsl:call-template name="recursive-fill-style">
      <xsl:with-param name="ss"
        select="$ss/../v:StyleSheet[@ID=$ss/@FillStyle]"/>
    </xsl:call-template>
  </xsl:if>
  <xsl:apply-templates select="$ss/v:Fill" mode="style"/>
</xsl:template>
```

```
<xsl:template name="recursive-text-style">
  <xsl:param name="ss"/>
  <xsl:if test="$ss/@TextStyle">
    <xsl:call-template name="recursive-text-style">
      <xsl:with-param name="ss"
        select="$ss/../v:StyleSheet[@ID=$ss/@TextStyle]"/>
    </xsl:call-template>
  </xsl:if>
  <xsl:apply-templates select="$ss/v:Char|$ss/v:Para" mode="style"/>
</xsl:template>

<!-- Cette règle renvoie une chaîne de caractères pour le style de ligne -->
<xsl:template match="v:Line" mode="style">
  <xsl:for-each select="v:LineWeight">
    <xsl:text>stroke-width:</xsl:text>
    <xsl:value-of select=". * $userScale"/><xsl:text>;</xsl:text>
  </xsl:for-each>
  <xsl:for-each select="v:LineColor">
    <xsl:choose>
      <xsl:when test="../v:LinePattern > 0">
        <xsl:text>stroke:</xsl:text>
        <xsl:call-template name="lookup-color">
          <xsl:with-param name="c_el" select="."/>
        </xsl:call-template>
      </xsl:when>
      <xsl:when test="../v:LinePattern = 0">
        <xsl:text>stroke:none</xsl:text>
      </xsl:when>
    </xsl:choose>
    <xsl:text>;</xsl:text>
  </xsl:for-each>
  <xsl:for-each select="v:EndArrow">
    <xsl:choose>
      <xsl:when test=". = 0">
        <xsl:value-of select="string('marker-end:none;')"/>
      </xsl:when>
      <xsl:otherwise>
        <xsl:value-of select="concat('marker-end:url(#EndArrow-', .,
                                '-', ../v:EndArrowSize, ');')"/>
      </xsl:otherwise>
    </xsl:choose>
  </xsl:for-each>
  <xsl:apply-templates select="v:LinePattern[. &gt; 1]" mode="style"/>
</xsl:template>

<!-- Cette règle renvoie une chaîne de caractères pour le style de
     remplissage -->
<xsl:template match="v:Fill" mode="style">
  <xsl:for-each select="v:FillForegnd">
    <xsl:choose>
      <xsl:when test="../v:FillPattern = 1">
        <xsl:text>fill:</xsl:text>
```

```
        <xsl:call-template name="lookup-color">
          <xsl:with-param name="c_el" select="."/>
        </xsl:call-template>
      </xsl:when>
      <xsl:when test="../v:FillPattern = 0">
        <xsl:text>fill:none</xsl:text>
      </xsl:when>
      <xsl:otherwise>
        <xsl:text>fill:url(#</xsl:text>
        <xsl:value-of select="generate-id(../..)"/>
        <xsl:text>-pat)</xsl:text>
      </xsl:otherwise>
    </xsl:choose>
    <xsl:text>;</xsl:text>
  </xsl:for-each>
</xsl:template>

<!-- Cette règle renvoie une chaîne de caractères pour le style de texte -->
<xsl:template match="v:Char|v:Para" mode="style">
  <xsl:for-each select="v:Color">
    <!-- Je ne pense pas que Visio gère le remplissage de caractères -->
    <xsl:text>stroke:none</xsl:text>
    <xsl:text>;fill:</xsl:text>
    <xsl:call-template name="lookup-color">
      <xsl:with-param name="c_el" select="."/>
    </xsl:call-template>
    <xsl:text>;</xsl:text>
  </xsl:for-each>
  <xsl:for-each select="v:Size">
    <xsl:text>font-size:</xsl:text>
    <xsl:value-of select=". * $userScale"/><xsl:text>;</xsl:text>
  </xsl:for-each>
  <xsl:for-each select="v:HorzAlign">
    <xsl:text>text-anchor:</xsl:text>
    <xsl:choose>
      <xsl:when test="(. = 0) or (. = 3)">
        <xsl:text>start</xsl:text>
      </xsl:when>
      <xsl:when test=". = 1">
        <xsl:text>middle</xsl:text>
      </xsl:when>
      <xsl:when test=". = 2">
        <xsl:text>end</xsl:text>
      </xsl:when>
    </xsl:choose>
    <xsl:text>;</xsl:text>
  </xsl:for-each>
</xsl:template>

<!-- Ignorer tous les autres éléments de l'élément StyleSheet -->
<xsl:template match="*[parent::v:StyleSheet]" priority="-100"/>
```

Voici comment les formes géométriques sont transformées en leur équivalent SVG. Remarquez de quelle façon Les formes sont associées aux modèles dans un document Visio. Pensez aux modèles comme à des gabarits de formes desquels une forme géométrique particulière dans une page peut hériter des attributs et des comportements.

Chaque forme Visio est, par défaut, traduite en un élément <g>, parce qu'une forme Visio peut contenir aussi bien des graphiques que du texte. Souvenez-vous que l'élément <g> de SVG permet de représenter un groupe d'éléments graphiques qui partage certaines caractéristiques de style.

`SvgElement` est une propriété Visio que l'utilisateur peut attacher à une forme Visio pour demander à ce traducteur un traitement particulier. Par exemple, `svgElement` peut être le nom de tout autre élément conteneur SVG, comme `<defs>`. Cette possibilité permet de ne pas dessiner certains objets, comme les chemins utilisés par les éléments `animateMotion`. De cette façon, un chemin peut être référencé dans le fichier SVG, mais il ne sera pas dessiné.

Une des raisons principales d'utiliser `svgElement` est d'indiquer des formes spéciales, qui seront traduites en éléments n'ayant pas de correspondance en Visio, comme `animate`, `animateMotion` et `viewBox`. La feuille de style *visio-master.xsl*, présentée plus loin, traite ces éléments :

```
<!-- ============= Forme =================== -->
<xsl:template match="v:Shape">

  <xsl:variable name="master"
                select="/v:VisioDocument//v:Masters[1]/
                        v:Master[@ID=current( )/@Master]"/>

  <xsl:variable name="svgElement">
    <xsl:choose>
      <!-- Tester l'existence de la propriété svgElement dans la forme... -->
      <xsl:when test="./v:Prop/v:Label[.='svgElement']">
        <xsl:value-of
          select="./v:Prop/v:Label[.='svgElement']/../v:Value"/>
      </xsl:when>
      <!-- ... et dans le modèle -->
      <xsl:when test="@Master and
                      $master//v:Prop/v:Label[.='svgElement']">
        <xsl:value-of
          select="$master//v:Prop/v:Label[.='svgElement']/../v:Value"/>
      </xsl:when>

      <!-- Le cas simple est de faire correspondre une forme a un (g)roupe
           SVG -->
      <xsl:otherwise>
        <xsl:value-of select="'g'"/>
      </xsl:otherwise>
    </xsl:choose>
  </xsl:variable>

  <xsl:choose>
```

```
      <xsl:when test="@Master and string($svgElement)
                    and contains($specialMasters, $svgElement)">
        <xsl:call-template name="choose-special-master">
          <xsl:with-param name="master" select="$master"/>
          <xsl:with-param name="masterElement" select="$svgElement"/>
        </xsl:call-template>
      </xsl:when>

      <xsl:when test="($svgElement = 'defs') or ($svgElement = 'g') or
                    ($svgElement = 'symbol')">
        <xsl:choose>
          <xsl:when test="v:Hyperlink">
            <!-- Entourer la forme d'un élément 'a' -->
            <!-- Ceci est une implémentation minimale. Elle ne permet
                 pas les liens multiples, les sous-adresses, etc -->
            <a xlink:title="{v:Hyperlink/v:Description}"
              xlink:href="{v:Hyperlink/v:Address}">
              <xsl:if test="v:Hyperlink/v:NewWindow">
                <xsl:attribute name="show">
                  <xsl:value-of select="new"/>
                </xsl:attribute>
              </xsl:if>
              <xsl:element name="{$svgElement}">
                <xsl:call-template name="userShape"/>
              </xsl:element>
            </a>
          </xsl:when>
          <xsl:otherwise>
            <xsl:element name="{$svgElement}">
              <xsl:call-template name="userShape"/>
            </xsl:element>
          </xsl:otherwise>
        </xsl:choose>
      </xsl:when>
    </xsl:choose>
  </xsl:template>
```

Ici les formes normales créées par l'utilisateur sont traduites en SVG, comme il est précisé dans le tableau 11-1 :

```
  <!-- Traitement pour les formes de l'utilisateur -->
  <xsl:template name="userShape >
    <xsl:variable name="master"
      select="/v:VisioDocument/v:Masters
              /v:Master[(@ID=current( )/@Master)
                        and (current( )/@Type != 'Group')]
              /v:Shapes/v:Shape |
              /v:VisioDocument/v:Masters
              /v:Master[@ID=current( )
              /ancestor::v:Shape[@Master]/@Master]
              //v:Shape[@ID=current( )/@MasterShape] | ."/>
```

```
    <xsl:call-template name="setIdAttribute"/>

    <xsl:attribute name="class">
      <xsl:for-each select="($master[@LineStyle])[last( )]">
        <xsl:text> ss-line-</xsl:text>
        <xsl:value-of select="@LineStyle"/>
      </xsl:for-each>
      <xsl:for-each select="($master[@FillStyle])[last( )]">
        <xsl:text> ss-fill-</xsl:text>
        <xsl:value-of select="@FillStyle"/>
      </xsl:for-each>
    </xsl:attribute>
    <xsl:attribute name="style">
      <xsl:for-each select="$master">
        <xsl:apply-templates select="./v:Line" mode="style"/>
        <xsl:apply-templates select="./v:Fill" mode="style"/>
      </xsl:for-each>
    </xsl:attribute>
    <xsl:for-each select="v:XForm">
      <xsl:call-template name="transformAttribute">
      </xsl:call-template>
    </xsl:for-each>
    <!-- Pour créer le motif personnalisé -->
    <xsl:apply-templates select="v:Fill" mode="Shape"/>
    <xsl:for-each select="v:Geom">
      <xsl:apply-templates select="v:Ellipse"/>
      <xsl:if test="v:MoveTo or v:LineTo">
        <xsl:call-template name="pathElement"/>
      </xsl:if>
    </xsl:for-each>
    <xsl:for-each select="($master/v:Text)[last( )]">
      <xsl:apply-templates select="."/>
    </xsl:for-each>

    <xsl:apply-templates select="v:Shapes/v:Shape"/>

    <!-- Ajouter des éléments pour les propriétés -->
    <xsl:for-each select="v:Prop">
      <xsl:choose>
        <xsl:when test="starts-with(v:Label, 'svg-element')">
          <!-- Assez horrible. Cela pourrait disparaître un jour -->
          <xsl:value-of disable-output-escaping="yes" select="v:Value"/>
        </xsl:when>
      </xsl:choose>
    </xsl:for-each>
  </xsl:template>

  <xsl:template match="v:Ellipse">
    <!-- C'est une traduction un peu limitée. Elle suppose que les
         axes sont parallèles aux axes X et Y, et que le coin inférieur
         gauche de la boîte englobante est placé à l'origine (ce qui
         semble être la façon dont Visio les dessine par défaut).-->
```

```
  <ellipse id="ellipse-{generate-id(ancestor::v:Shape[1])}"
    cx="{v:X*$userScale}" cy="{-v:Y*$userScale}"
    rx="{v:X*$userScale}" ry="{v:Y*$userScale}"/>
</xsl:template>

<!-- ================== Règles utilitaires ======================== -->

<!-- Chercher la couleur dans l'élément Colors -->
<xsl:template name="lookup-color">
  <xsl:param name="c_el"/>
  <xsl:choose>
    <xsl:when test="starts-with($c_el, '#')">
      <xsl:value-of select="$c_el"/>
    </xsl:when>
    <xsl:otherwise>
      <xsl:value-of select="$Colors[@IX=string($c_el)]/@RGB"/>
    </xsl:otherwise>
  </xsl:choose>
</xsl:template>
```

Si un élément Vision a un nom, alors on l'utilise comme identificateur de la forme. Sinon, on utilise generate-id() :

```
<xsl:template name="setIdAttribute">
  <xsl:attribute name="id">
    <xsl:choose>
      <xsl:when test="@NameU">
        <xsl:value-of select="@NameU"/>
      </xsl:when>
      <xsl:otherwise>
        <xsl:value-of select="generate-id(.)"/>
      </xsl:otherwise>
    </xsl:choose>
  </xsl:attribute>
</xsl:template>

<!-- Traduire un élément XForm en un attribut transform -->
<xsl:template name="transformAttribute">
  <xsl:attribute name="transform">
    <xsl:text>translate(</xsl:text>
    <xsl:value-of select="concat((v:PinX - v:LocPinX)*$userScale,
                          ',', -(v:PinY - v:LocPinY)*$userScale)"/>
    <xsl:if test="v:Angle != 0">
      <xsl:text>) rotate(</xsl:text>
      <xsl:value-of select="-v:Angle*180 div $pi"/>
      <xsl:value-of select="concat(',', v:LocPinX*$userScale,
                            ',', -v:LocPinY*$userScale)"/>
    </xsl:if>
    <xsl:text>)</xsl:text>
  </xsl:attribute>
</xsl:template>
```

Les éléments Geom de Visio sont traduits par des chemins. La traduction est évidente, sauf pour ce qui concerne les NURBS (*Non-Uniform Rational B-Splines*)[2], qui sont traitées par un ensemble de règles de *visio-nurbs.xsl*, que vous pouvez réutiliser à partir de la distribution complète :

```
<!-- Traduire un élément Geom en un chemin -->
<xsl:template name="pathElement">
  <xsl:variable name="pathID">
    <xsl:text>path-</xsl:text>
    <xsl:choose>
      <xsl:when test="ancestor::v:Shape[1]/@NameU">
        <xsl:value-of select="ancestor::v:Shape[1]/@NameU"/>
      </xsl:when>
      <xsl:otherwise>
        <xsl:value-of select="generate-id(ancestor::v:Shape[1])"/>
      </xsl:otherwise>
    </xsl:choose>
  </xsl:variable>
  <path id="{$pathID}">
    <xsl:attribute name="d">
      <xsl:for-each select="v:*">
        <xsl:choose>
          <xsl:when test="name( ) = 'MoveTo'">
            <xsl:value-of select="concat('M', v:X*$userScale,
                                  ',', -v:Y*$userScale, ' ')"/>
          </xsl:when>
          <xsl:when test="name( ) = 'LineTo'">
            <xsl:value-of select="concat('L', v:X*$userScale,
                                  ',', -v:Y*$userScale, ' ')"/>
          </xsl:when>
          <xsl:when test="name( ) = 'EllipticalArcTo'">
            <!-- Si on n'a pas accès aux fonctions trigonométriques
                 l'arc sera simplement représenté par deux segments -->
            <xsl:choose>
              <xsl:when test="function-available('math:atan2')">
                <xsl:call-template name="ellipticalArcPath"/>
              </xsl:when>
              <xsl:otherwise>
                <xsl:value-of select="concat('L', v:A*$userScale,
                                      ',', -v:B*$userScale,
                                      ' L', v:X*$userScale,
                                      ',', -v:Y*$userScale, ' ')"/>
              </xsl:otherwise>
            </xsl:choose>
          </xsl:when>
          <xsl:when test="(name( ) = 'NoFill') or (name( ) = 'NoLine') or
                          (name( ) = 'NoShow') or (name( ) = 'NoSnap')">
            <!-- Ignorer les NURBS -->
          </xsl:when>
          <xsl:when test="name( ) = 'NURBSTo'">
```

2. N.d.T. : Ensemble de techniques d'interpolation et d'approximation des courbes et des surfaces.

```
            <xsl:call-template name="NURBSPath"/>
          </xsl:when>
          <xsl:otherwise>
            <xsl:message>
              <xsl:text>Warning: unsupported path command found:</xsl:text>
              <xsl:value-of select="name( )"/>
              <xsl:text>; replacing with LineTo</xsl:text>
            </xsl:message>
            <xsl:value-of select="concat('L', v:X*$userScale,
                                  ',', -v:Y*$userScale, ' ')"/>
          </xsl:otherwise>
        </xsl:choose>
      </xsl:for-each>
    </xsl:attribute>
    <xsl:if test="v:NoFill = 1">
      <xsl:attribute name="fill"><xsl:text>none</xsl:text></xsl:attribute>
    </xsl:if>
  </path>
</xsl:template>

<!-- Cette règle calcule l'expression-chemin pour un arc elliptique -->

<xsl:template name="ellipticalArcPath">

<!-- Calculer le déplacement en fonction de l'angle formé par le -->
<!-- point courant, (X,Y) et (A,B) -->

<!-- TODO: trouver un meilleur moyen de s'assurer que le frère
     précédent est un élément graphique -->

  <xsl:variable name="lastX"
    select="preceding-sibling::*[1]/v:X"/>
  <xsl:variable name="lastY"
    select="preceding-sibling::*[1]/v:Y"/>
  <xsl:variable name="angle"
    select="math:atan2(v:Y - $lastY, v:X - $lastX)
            - math:atan2(v:B - $lastY, v:A - $lastX)"/>
  <xsl:variable name="sweep">
    <xsl:choose>
      <xsl:when test="$angle &gt; 0
                      and math:abs($angle) &lt; 180">
        <xsl:value-of select='0'/>
      </xsl:when>
      <xsl:when test="$angle &lt; 0
                      and math:abs($angle) &gt; 180">
        <xsl:value-of select='0'/>
      </xsl:when>
      <xsl:otherwise>
        <xsl:value-of select='1'/>
      </xsl:otherwise>
    </xsl:choose>
  </xsl:variable>
```

```
    <xsl:value-of select="concat('A',
                  (preceding-sibling::*[1]/v:X - v:X)*$userScale, ',',
                  (preceding-sibling::*[1]/v:Y - v:Y)*$userScale, ' ',
                  v:C,  ' 0,', $sweep, ' ', v:X*$userScale, ',',
                  -v:Y*$userScale, ' ')"/>
  </xsl:template>

</xsl:stylesheet>
```

Discussion

Visio est un éditeur graphique puissant qui, dans sa version actuelle, ne connaît pas SVG. Il est inutile de préciser que SVG n'est pas assez puissant pour représenter exactement chaque construction Visio, mais il peut s'en approcher. Les diagrammes Visio simples peuvent être traduits presque exactement en SVG. Des graphiques SVG plus complexes peuvent nécessiter des corrections manuelles à l'aide d'un éditeur SVG natif. Les informations relatives à la version, qu'on trouve dans la distribution complète, identifient les caractéristiques manquantes. La figure 11-1 est un échantillon de SVG généré à partir d'un fichier Visio, dont le rendu est quasiment exact.

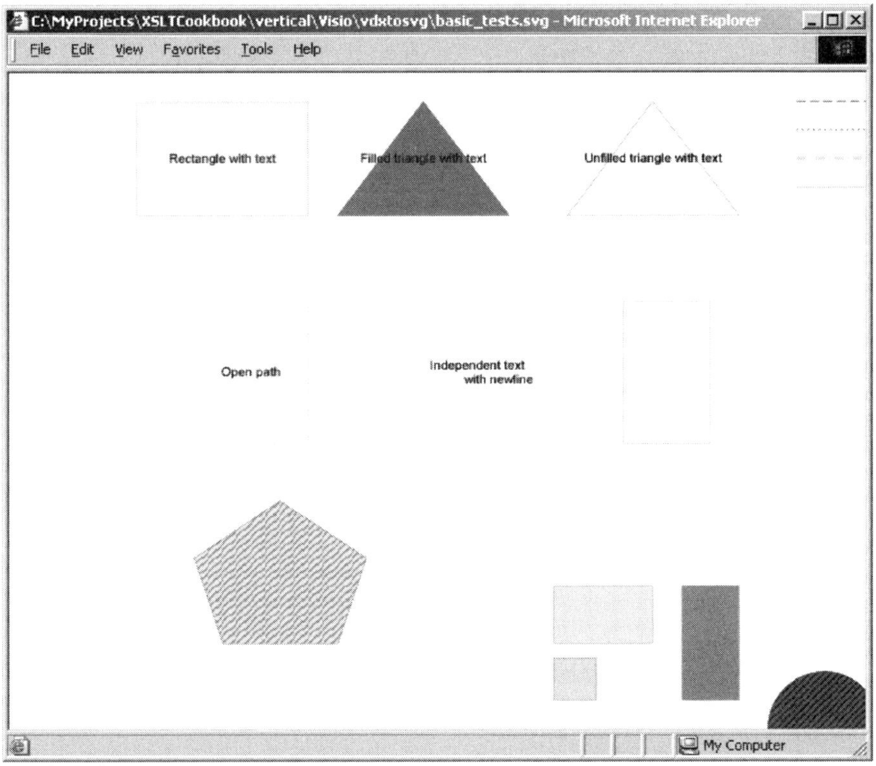

Figure 11-1. Formes de base et texte SVG converties à partir d'un document Visio

La leçon importante à tirer de cet exemple va plus loin que les détails de Visio VDX, de SVG, ou des astuces et techniques que l'auteur utilise. Elle est simplement que cette transformation complexe était la première expérience de l'auteur avec XSLT. Ce qui constitue un argument très positif en faveur de la puissance du paradigme de transformation de XSLT.

Pour aller plus loin

Le code source et quelques exemples significatifs sont disponibles via *Source Forge* à *http://sourceforge.net/projects/vdxtosvg/*.

11.2 Traiter des feuilles de calcul Excel en XML

Problème

Vous désirez exporter des données d'Excel en XML, mais pas dans le format natif défini par Microsoft.

Solution

Si vous avez une feuille de calcul Excel qui ressemble à cela :

Date	Prix	Volume
20010817	61.88	260163
20010820	62.7	241859
20010821	60.78	233989
20010822	60.66	387444

Alors la version XML de Excel ressemble à :

```
<?xml version="1.0"?>
<Workbook xmlns="urn:schemas-microsoft-com:office:spreadsheet"
 xmlns:o="urn:schemas-microsoft-com:office:office"
 xmlns:x="urn:schemas-microsoft-com:office:excel"
 xmlns:ss="urn:schemas-microsoft-com:office:spreadsheet"
 xmlns:html="http://www.w3.org/TR/REC-html40">
  <DocumentProperties xmlns="urn:schemas-microsoft-com:office:office">
    <Author>Salvatore R. Mangano</Author>
    <LastAuthor>Salvatore R. Mangano</LastAuthor>
    <Created>2002-08-18T00:43:49Z</Created>
    <LastSaved>2002-08-18T02:19:21Z</LastSaved>
    <Company>Descriptix</Company>
    <Version>10.3501</Version>
  </DocumentProperties>
  <OfficeDocumentSettings xmlns="urn:schemas-microsoft-com:office:office">
    <DownloadComponents/>
    <LocationOfComponents HRef="/"/>
  </OfficeDocumentSettings>
  <ExcelWorkbook xmlns="urn:schemas-microsoft-com:office:excel">
    <WindowHeight>9915</WindowHeight>
```

```
    <WindowWidth>10140</WindowWidth>
    <WindowTopX>240</WindowTopX>
    <WindowTopY>255</WindowTopY>
    <ProtectStructure>False</ProtectStructure>
    <ProtectWindows>False</ProtectWindows>
  </ExcelWorkbook>
  <Styles>
    <Style ss:ID="Default" ss:Name="Normal">
      <Alignment ss:Vertical="Bottom"/>
      <Borders/>
      <Font/>
      <Interior/>
      <NumberFormat/>
      <Protection/>
    </Style>
  </Styles>
  <Worksheet ss:Name="msft">
    <Table ss:ExpandedColumnCount="3" ss:ExpandedRowCount="5" x:FullColumns="1"
    x:FullRows="1">
      <Row>
        <Cell>
          <Data ss:Type="String">Date</Data>
        </Cell>
        <Cell>
          <Data ss:Type="String">Prix</Data>
        </Cell>
        <Cell>
          <Data ss:Type="String">Volume</Data>
        </Cell>
      </Row>
      <Row>
        <Cell>
          <Data ss:Type="Number">20010817</Data>
        </Cell>
        <Cell>
          <Data ss:Type="Number">61.88</Data>
        </Cell>
        <Cell>
          <Data ss:Type="Number">260163</Data>
        </Cell>
      </Row>
      <Row>
        <Cell>
          <Data ss:Type="Number">20010820</Data>
        </Cell>
        <Cell>
          <Data ss:Type="Number">62.7</Data>
        </Cell>
        <Cell>
          <Data ss:Type="Number">241859</Data>
        </Cell>
      </Row>
```

```
        <Row>
          <Cell>
            <Data ss:Type="Number">20010821</Data>
          </Cell>
          <Cell>
            <Data ss:Type="Number">60.78</Data>
          </Cell>
          <Cell>
            <Data ss:Type="Number">233989</Data>
          </Cell>
        </Row>
        <Row>
          <Cell>
            <Data ss:Type="Number">20010822</Data>
          </Cell>
          <Cell>
            <Data ss:Type="Number">60.66</Data>
          </Cell>
          <Cell>
            <Data ss:Type="Number">387444</Data>
          </Cell>
        </Row>
      </Table>
      <WorksheetOptions xmlns="urn:schemas-microsoft-com:office:excel">
        <Selected/>
        <Panes>
          <Pane>
            <Number>3</Number>
            <ActiveRow>11</ActiveRow>
            <ActiveCol>5</ActiveCol>
          </Pane>
        </Panes>
        <ProtectObjects>False</ProtectObjects>
        <ProtectScenarios>False</ProtectScenarios>
      </WorksheetOptions>
    </Worksheet>
  </Workbook>
```

Ce qui n'est probablement pas ce à quoi vous vous attendiez !

Cet exemple transforme un fichier XML Excel en un document XML plus simple et plus pratique à manipuler. La plupart des feuilles de calcul Excel comportent une première ligne contenant des noms de colonnes, et les lignes suivantes contiennent des données placées dans ces colonnes.

Une transformation évidente consisterait à convertir les noms de colonnes en noms d'éléments, et les lignes suivantes en contenu de ces éléments. Les seules informations manquant alors sont les noms de l'élément document et celui des éléments représentant les lignes. Cette feuille de style prend ces noms en paramètre, pour lesquels elle définit des valeurs par défaut commodes. Elle convertit également certaines des méta données en commentaires, et supprime tout ce qui est spécifique à Excel. Cette section décrit également d'autres paramètres qui généralise cette conversion, tels que le numéro de la ligne qui contient les noms de colonnes, la ligne à laquelle commencent les données, et ce qu'il faut faire des lignes vides :

```
<?xml version="1.0" encoding="iso-8859-1"?>
<xsl:stylesheet version="1.0"
                xmlns:xsl="http://www.w3.org/1999/XSL/Transform"
                xmlns:o="urn:schemas-microsoft-com:office:office"
                xmlns:x="urn:schemas-microsoft-com:office:excel"
                xmlns:ss="urn:schemas-Xmicrosoft-com:office:spreadsheet"
                                    exclude-result-prefixes="o x ss">

  <xsl:exclude-result-prefixes >

  <xsl:output method="xml" version="1.0" encoding="iso-8859-1" indent="yes"/>

  <!-- Nom de l'élément document -->
  <xsl:param name="nomDocument" select=" 'Table' "/>
  <!-- Le nom de chaque ligne -->
  <xsl:param name="nomLigne" select=" 'Row' "/>
  <!-- L'espace de noms à utiliser -->
  <xsl:param name="namespace"/>
  <!-- Le préfixe d'espace de noms à utiliser -->
  <xsl:param name="prefixeNamespace"/>
  <!-- Le caractère à utiliser quand le nom de colonne contient un blanc -->
  <xsl:param name="blancSub" select="'_'"/>
  <!-- La ligne contenant les noms de colonnes -->
  <xsl:param name="ligneNomsColonnes" select="1"/>
  <!-- La ligne à laquelle commencent les données -->
  <xsl:param name="ligneDébutDonnées" select="2"/>
  <!-- Si "false" alors les cellules vides ou contenant uniquement
  des blancs seront ignorées -->
  <xsl:param name="inclureVide" select="true( )"/>
  <!-- Si "false" alors l'auteur et la date de création n'apparaîtront
  pas dans un commentaire -->
  <xsl:param name="inclureCommentaire" select="true( )"/>

  <!-- Normaliser le préfixe d'espace de nom -->
  <xsl:variable name="nsp">
    <xsl:if test="$namespace">
      <!-- N'utiliser le préfixe que s'il y a un espace de noms -->
      <xsl:choose>
        <xsl:when test="contains($prefixeNamespace,':')">
          <xsl:value-of
              select="concat(translate(substring-before(
                                          $prefixeNamespace,
                                          ':'),' ',''),':')"/>
        </xsl:when>
        <xsl:when test="translate($prefixeNamespace,' ','')">
          <xsl:value-of
               select="concat(translate($prefixeNamespace,' ',''),':')"/>
        </xsl:when>
```

```
      <xsl:otherwise/>
    </xsl:choose>
  </xsl:if>
</xsl:variable>

<!-- Obtenir les noms de toutes les colonnes, dans lequel les
blancs sont remplacés  -->
<xsl:variable name="COLS" select="/*/*/*/ss:Row[$ligneNomsColonnes]/ss:Cell"/>

<xsl:template match="o:DocumentProperties">
  <xsl:if test="$inclureCommentaire">
    <xsl:text>&#xa;</xsl:text>
    <xsl:comment>
     <xsl:text>&#xa;</xsl:text>
      <xsl:if test="normalize-space(o:Company)">
        <xsl:text>Société : </xsl:text>
        <xsl:value-of select="o:Company"/>
        <xsl:text>&#xa;</xsl:text>
      </xsl:if>
      <xsl:text>Auteur : </xsl:text>
      <xsl:value-of select="o:Author"/>
      <xsl:text>&#xa;</xsl:text>
      <xsl:text>Créé le : </xsl:text>
      <xsl:value-of select="translate(o:Created,'TZ',' ')"/>
      <xsl:text>&#xa;</xsl:text>
      <xsl:text>Dernier auteur: </xsl:text>
      <xsl:value-of select="o:LastAuthor"/>
      <xsl:text>&#xa;</xsl:text>
      <xsl:text>Enregistré le :</xsl:text>
      <xsl:value-of select="translate(o:LastSaved,'TZ',' ')"/>
      <xsl:text>&#xa;</xsl:text>
    </xsl:comment>
  </xsl:if>
</xsl:template>

<xsl:template match="ss:Table">
  <xsl:element
       name="{concat($nsp,translate($nomDocument,
                     '&#x20;&#x9;&#xA;',$blancSub))}"
       namespace="{$namespace}">
    <xsl:apply-templates select="ss:Row[position( ) >= $ligneDébutDonnées]"/>
  </xsl:element>
</xsl:template>

<xsl:template match="ss:Row">
  <xsl:element
      name="{concat($nsp,translate($nomLigne,
                    '&#x20;&#x9;&#xA;',$blancSub))}"
      namespace="{$namespace}">
    <xsl:for-each select="ss:Cell">
      <xsl:variable name="pos" select="position( )"/>
```

```
        <!-- Obtenir le nom de colonne correct même si il y a des
        colonnes vides dans la feuille de calcul originale -->
         <xsl:variable name="colName">
           <xsl:choose>
             <xsl:when test="@ss:Index and
                             $COLS[@ss:Index = current( )/@ss:Index]">
               <xsl:value-of
                   select="$COLS[@ss:Index = current( )/@ss:Index]/ss:Data"/>
             </xsl:when>
             <xsl:when test="@ss:Index">
               <xsl:value-of
                     select="$COLS[number(current( )/@ss:Index)]/ss:Data"/>
             </xsl:when>
             <xsl:otherwise>
               <xsl:value-of select="$COLS[$pos]/ss:Data"/>
             </xsl:otherwise>
           </xsl:choose>
         </xsl:variable>

         <xsl:if test="$inclureVide or
                       translate(ss:Data,'&#x20;&#x9;&#xA;','')">
           <xsl:element
                name="{concat($nsp,translate($colName,
                                     '&#20;&#x9;&#xA;',$blancSub))}"
                namespace="{$namespace}">
             <xsl:value-of select="ss:Data"/>
           </xsl:element>
         </xsl:if>

       </xsl:for-each>
     </xsl:element>
   </xsl:template>

   <xsl:template match="text( )"/>

 </xsl:stylesheet>
```

Le résultat de la transformation, avec des valeurs par défaut pour les paramètres, est la représentation XML bien plus simple qui suit :

```
<Table>
  <Row>
    <Date>20010817</Date>
    <Prix>61.88</Prix>
    <Volume>260163</Volume>
  </Row>
  <Row>
    <Date>20010820</Date>
    <Prix>62.7</Prix>
    <Volume>241859</Volume>
  </Row>
  <Row>
    <Date>20010821</Date>
```

```
    <Prix>60.78</Prix>
    <Volume>233989</Volume>
  </Row>
  <Row>
    <Date>20010822</Date>
    <Prix>60.66</Prix>
    <Volume>387444</Volume>
  </Row>
</Table>
```

Discussion

J'ai failli ne pas inclure cette recette dans ce livre, parce qu'elle m'a semblé évidente initialement. Cependant, j'ai réalisé que le livre devait se préoccuper de nombreux cas particuliers. Par exemple, les feuilles de calcul contiennent souvent des colonnes vides, utilisées pour espacer les données. Vous devez en tenir compte en examinant l'attribut `@ss:Index`. La première version de cette transformation a aussi utilisé des valeurs fixes, qui sont devenues ensuite des paramètres.

Il y a au moins un extension immédiate à apporter à cette feuille de style : la gestion des éléments `ss:Worksheet` multiples. Cette gestion peut consister à passer le numéro de la feuille de calcul en paramètre :

```
<xsl:param name="numFeuille" select="1"/>

<xsl:variable name="COLS"
      select="/*/ss:Worksheet[$numFeuille]/*/ss:Row[$ligneNomsColonnes]/
      ss:Cell"/>

<xsl:template match="ss:Workbook">
  <xsl:element name="{concat($nsp,translate($nomDocument,
                  '&#x20;&#x9;&#xA;',$blancSub))}"
               namespace="{$namespace}">
    <xsl:apply-templates select="ss:Worksheet[number($numFeuille)]/ss:Table"/>
  </xsl:element>
</xsl:template>
```

Une solution plus ambitieuse consiste à gérer chaque élément `Worksheet` et produire un document contenant un élément par feuille de calcul. Cela signifie que les noms de colonnes ne peuvent plus être conservés dans une variable globale :

```
<xsl:template match="ss:Workbook">
  <xsl:element name="{concat($nsp,translate($nomDocument,
                  '&#x20;&#x9;&#xA;',$blancSub))}"
               namespace="{$namespace}">
    <xsl:choose>
      <xsl:when test="number($numFeuille) > 0">
        <xsl:apply-templates
             select="ss:Worksheet[number($numFeuille)]/ss:Table">
          <xsl:with-param name="COLS"
               select="ss:Worksheet[number($numFeuille)]
                                    /*/ss:Row[$ligneNomsColonnes]/ss:Cell"/>
        </xsl:apply-templates>
```

```
      </xsl:when>
      <xsl:otherwise>
        <xsl:for-each select="ss:Worksheet">
          <xsl:element
               name="{concat($nsp,translate(@ss:Name,
                     '&#x20;&#x9;&#xA;',$blancSub))}"
               namespace="{$namespace}">
            <xsl:apply-templates select="ss:Table">
              <xsl:with-param name="COLS"
                            select="*/ss:Row[$ligneNomsColonnes]/ss:Cell"/>
            </xsl:apply-templates>
          </xsl:element>
        </xsl:for-each>
      </xsl:otherwise>
    </xsl:choose>
  </xsl:element>
</xsl:template>

<xsl:template match="ss:Table">
  <xsl:param name="COLS"/>
    <xsl:apply-templates select="ss:Row[position( ) >= $ligneDébutDonnées]">
      <xsl:with-param name="COLS" select="$COLS"/>
    </xsl:apply-templates>
</xsl:template>

<xsl:template match="ss:Row">
  <xsl:param name="COLS"/>

   <!-- Le reste est identique à l'original ... -->

</xsl:template>
```

Le seul problème de cette solution est qu'elle fait l'hypothèse que les noms de colonnes se trouvent dans la même ligne de chaque feuille de calcul.

11.3 Générer des cartes thématiques XTM à partir de modèles UML via XMI

Problème

Vous voulez utiliser la sortie XMI de votre outil de modélisation UML préféré pour créer des cartes thématiques XTM.

Solution

Les lecteurs qui ne seraient pas familiers des cartes thématiques devraient lire la section « Discussion » avant d'étudier cette solution.

UML n'ayant pas été spécifiquement conçu pour représenter des cartes thématiques, cet exemple ne fonctionnera que si on adopte certaines conventions. La plupart de ces conventions ont trait à l'utilisation de *stéréotypes* UML spécifiques. Un stéréotype est un mécanisme d'extension UML qui permet d'associer un symbole à toute entité UML, symbole qui indique que cette entité a une sémantique particulière définie par l'utilisateur. Pour décrire des cartes thématiques en UML, reportez-vous aux stéréotypes listés dans le tableau 11-2.

Tableau 11-2. Conventions pour la correspondance entre thèmes et UML

Stéréotype	Contexte UML	Signification
Topic	Classe	Représente un thème. C'est le rôle par défaut d'une classe dans nos conventions, et donc ce stéréotype est optionnel.
Subject	Classe	Indique que la classe modélise un indicateur de sujet. Indique que la classe est un sujet lorsqu'elle est cible de `subjectIndentityRef`. En particulier, ce stéréotype lève les ambiguïtés dans le cas d'un `subjectIndicator` référençant un sujet publié plutôt qu'un thème ou une ressource. Voir *http://www.topicmaps.org/xtm/index.html#elt-subjectIdentity*.
Resource	Classe	Indique que la classe représente une ressource utilisée comme cible d'une association occurrence d'un thème.
Base Name	Classe	Indique que la classe modélise un nom de base alternatif et donc implique une portée. Les éléments de portée sont associés à la classe `baseName` via des associations de stéréotype *scope*.
Occurrence	Association	Indique que l'association fait référence à une ressource qui est une occurrence du thème.
Scope	Association	Indique que l'association qui spécifie la portée de la caractéristique de la carte thématique. La nature de cette portée dépend du stéréotype de la classe cible (`topicRef`, `resourceRef` ou `subjectIndicatorRef`).
Variant	Association de généralisation et classe	Désigne le thème dont il est une variante via une association de généralisation de stéréotype *variant*. Les paramètres qui contrôlent l'applicabilité de la variante sont codés par des attributs de la classe. La classe elle-même est également qualifiée par ce stéréotype de façon à la distinguer d'un thème.

En plus de ces stéréotypes, les correspondances suivantes entre UML et cartes thématiques suivantes sont utilisées :

Classe UML

Modélise un thème d'une carte thématique, sauf si un stéréotype différent de `topic` le précise explicitement. La nom de classe est utilisé comme nom de base du thème. Si la classe a un attribut appelé ID, sa valeur est utilisé comme identificateur du thème. Sinon, le nom de base de la classe fait également office d'identificateur du thème.

Association UML

Modélise une association dans une carte thématique, sauf si un stéréotype indique un autre rôle. Le nom de l'association UML est également le nom de l'association dans la carte thématique. Les indicateurs de rôle UML sont également indicateurs de rôles dans la carte thématique.

Association d'instanciation UML

Représente la relation `instanceOf` dans une carte thématique.

Association de généralisation (d'héritage) simple UML

Utilisé comme raccourci pour représenter l'association canonique entre une classe et une sous-classe, où les extrémités de l'association jouent automatiquement les rôles `superclass` et `subclass`. Cette même relation lie les classe de stéréotype `baseName` aux classes de thèmes pour lesquelles elles représentent un nom de portée alternative. La généralisation de stéréotype `variant` indique également les variantes de thèmes.

Si vous utilisez Rational Rose et que vous n'arrivez pas à sauvegarder vos modèles en XML, vous devriez télécharger le module optionnel de Rose à *http://www.rational.com/support/downloadcenter/addins/rose/index.jsp*. Je n'ai testé cet exemple qu'avec Rose, mais d'autres outils UML tels que *Together Control Center* de TogetherSoft produisent également du XMI, et cet exemple fonctionnera probablement aussi avec ces outils.

Voici la feuille de style qui transforme du XMI en XTM. Comme lorsque nous avons transformé un document XMI dans la recette 10.8, nous utilisons plusieurs entités pour rendre supportables les noms XMI :

```
<?xml version="1.0" encoding="iso-8859-1"?>
<!DOCTYPE xsl:stylesheet [
  <!--=============================================-->
  <!-- Constructions XMI de haut niveau            -->
  <!--=============================================-->
  <!ENTITY FC "Foundation.Core">
  <!ENTITY FX "Foundation.Extension_Mechanisms">
  <!ENTITY FD "Foundation.Data_Types">
  <!ENTITY MM "Model_Management.Model">
  <!ENTITY ME "&FC;.ModelElement">

  <!--===============================================-->
  <!-- Abréviations pour les éléments XMI de base    -->
  <!-- traités par cette feuille de style            -->
  <!--===============================================-->
  <!--Un type générique d'élément URL -->
```

```
<!ENTITY ELEM "&FC;.Namespace.ownedElement">
<!--L'association dans son entier -->
<!ENTITY ASSOC "&FC;.Association">
<!--La partie connexion de l'association-->
<!ENTITY CONN "&ASSOC;.connection">
<!--Les fins d'une association. -->
<!ENTITY END "&ASSOC;End">
<!ENTITY CONNEND "&CONN;/&END;">
<!ENTITY ENDTYPE "&END;.type">
<!-- Une classe UML -->
<!ENTITY CLASS "&FC;.Class">
<!--Le nom d'une entité UML -->
<!ENTITY NAME "&FC;.ModelElement.name">
<!--Un stéréotyp UML -->
<!ENTITY STEREOTYPE "&ME;.stereotype/&FX;.Stereotype">
<!--L'endroit de stockage de la documentation UML dans XMI. -->
<!ENTITY TAGGEDVALUE
   "&ME;.taggedValue/&FX;.TaggedValue/&FX;.TaggedValue.value">
<!-- Une relation de supertype (héritage) -->
<!ENTITY SUPERTYPE "&FC;.Generalization.supertype">
<!ENTITY SUBTYPE "&FC;.Generalization.subtype">
<!ENTITY SUPPLIER "&FC;.Dependency.supplier">
<!ENTITY CLIENT "&FC;.Dependency.client">
<!ENTITY DEPENDENCY
    "/XMI/XMI.content/&MM;/&ELEM;/&FC;.Dependency">
<!ENTITY EXPRBODY
     "&FC;.Attribute.initialValue/&FD;.Expression/&FD;.Expression.body">
<!ENTITY ATTR "&CLASS;ifier.feature/&FC;.Attribute">
<!--Utiliser pour pointer sur les PBI XMT standard -->
<!ENTITY TM.ORG "http://www.topicmaps.org/xtm/index.html">  ]>

<xsl:stylesheet version="1.0"
                xmlns:xsl="http://www.w3.org/1999/XSL/Transform"
                xmlns:xtm="http://www.topicmaps.org/xtm/1.0"
                xmlns:xlink="http://www.w3.org/1999/xlink">

 <xsl:param name="termSurErr" select="true(  )"/>

  <xsl:output method="xml" version="1.0" encoding="UTF-8" indent="yes"/>
```

Nous utilisons <xsl:key> pour simplifier l'identification des stéréotypes et pour suivre les associations UML, qui utilisent des références croisées entre attributs `xmi.id` et `xmi.idref` :

```
<!-- Indexer les classes par leur nom -->
<xsl:key name="classKey" match="&CLASS;" use="@xmi.id"/>
<!-- Indexer les stéréotypes par leur nom et par xmi.id -->
<xsl:key name="stereotypeKey"
               match="&FX;.Stereotype" use="@xmi.id"/>
<xsl:key name="stereotypeKey"
               match="&FX;.Stereotype" use="&NAME;"/>

<!-- Les xmi id de stéréotypes utilisés pour coder des cartes -->
```

```
<!-- thématiques en UML. On les utilise comme moyen efficace  -->
<!-- pour tester si un stéréotype est attaché à un élément    -->

<xsl:variable name="OCCURANCE_ID"
              select="key('stereotypeKey','occurance')/@xmi.id"/>
<xsl:variable name="RESOURCE_ID"
              select="key('stereotypeKey','resource')/@xmi.id"/>
<xsl:variable name="TOPIC_ID"
              select="key('stereotypeKey','topic')/@xmi.id"/>
<xsl:variable name="SUBJECT_ID"
              select="key('stereotypeKey','subject')/@xmi.id"/>
<xsl:variable name="BASENAME_ID"
              select="key('stereotypeKey','baseName')/@xmi.id"/>
<xsl:variable name="SCOPE_ID"
              select="key('stereotypeKey','scope')/@xmi.id"/>
<xsl:variable name="VARIANT_ID"
              select="key('stereotypeKey','variant')/@xmi.id"/>
```

Vous pouvez convertir un modèle UML sous forme XMI en une carte thématique en deux passes. Importez d'abord les thèmes à partir des classes, puis les associations XTM à partir des associations UML :

```
<xsl:template match="/">
  <xtm:topicMap>
    <xsl:apply-templates mode="topics"/>
    <xsl:apply-templates mode="associations"/>
  </xtm:topicMap>
</xsl:template>
```

Les seules classes qui doivent être traduites en thèmes sont celles qui n'ont pas de stéréotype, ou qui ont le stéréotype *topic*. Les autres classes du modèle sont des représentations auxquelles un thème fait référence, comme les indicateurs de sujet ou les ressources :

```
<!--=========================================-->
<!-- Traduction de classes UML en thèmes -->
<!--=========================================-->

<xsl:template match="&ELEM;/&CLASS;" mode="topics">
  <!-- Les thèmes sont représentés par des classes -->
  <!-- de stéréotype vide ou égal à 'topic'        -->
  <xsl:if test="not(&STEREOTYPE;/@xmi.idref) or
                    &STEREOTYPE;/@xmi.idref = $TOPIC_ID">
    <xsl:variable name="topicId">
      <xsl:call-template name="getTopicId">
        <xsl:with-param name="class" select="."/>
        <xsl:with-param name="prefix" select="''"/>
      </xsl:call-template>
    </xsl:variable>
    <xtm:topic id="{$topicId}">
      <!-- Ce for-each ne sert qu'à changer le contexte pour l'attribut -->
      <!-- optionnel de Core.Attribute appelé 'subjectIdentityid' -->
      <xsl:for-each select="&ATTR;[&NAME; = 'subjectIdentity']">
        <xtm:subjectIdentity>
```

```
          <xtm:subjectIdicatorRef xlink:href="{&EXPRBODY;}"/>
        </xtm:subjectIdentity>
      </xsl:for-each>
      <xtm:baseName>
        <xtm:baseNameString>
          <xsl:value-of select="&NAME;"/>
        </xtm:baseNameString>
      </xtm:baseName>
      <xsl:apply-templates select="." mode="getAlternateBaseNames"/>
      <xsl:apply-templates select="." mode="getVariants"/>
      <xsl:apply-templates select="." mode="getInstanceOf">
        <xsl:with-param name="classId" select="@xmi.id"/>
      </xsl:apply-templates>
      <xsl:apply-templates select="." mode="getOccurances"/>
    </xtm:topic>
  </xsl:if>
</xsl:template>

<!-- Renvoie l'id de thème d'une classe dont l'id est la valeur de -->
<!-- l'attribut id ou le nom -->
<xsl:template name="getTopicId">
  <xsl:param name="class"/>
  <xsl:param name="prefix" select="'#'"/>
  <xsl:for-each select="$class">
    <xsl:choose>
      <xsl:when test="&ATTR;/&NAME; = 'id' ">
        <xsl:value-of select="&ATTR;[&NAME; = 'id']/&EXPRBODY;"/>
      </xsl:when>
      <xsl:otherwise>
        <xsl:value-of select="concat($prefix,&NAME;)"/>
      </xsl:otherwise>
    </xsl:choose>
  </xsl:for-each>
</xsl:template>

<!-- Renvoie l'identité de sujet d'une classe de nom dont la valeur est -->
<!-- l'attribut subjectIdentity ou son nom -->
<xsl:template name="getSubjectIdentity">
  <xsl:param name="class"/>
  <xsl:for-each select="$class">
    <xsl:choose>
      <xsl:when test="&ATTR;/&NAME; = 'subjectIdentity' ">
        <xsl:value-of select="&ATTR;[&NAME; =
                              'subjectIdentity']&EXPRBODY;"/>
      </xsl:when>
      <xsl:otherwise>
        <xsl:value-of select="concat('#',&NAME;)"/>
      </xsl:otherwise>
    </xsl:choose>
  </xsl:for-each>
</xsl:template>
```

```
<!-- Renvoie une identité de ressource d'une classe de ressource -->
<!-- dont le nom est soit la valeur de l'attribut resourceName -->
<!-- soit son nom -->
<xsl:template name="getResourceIdentity">
  <xsl:param name="class"/>
  <xsl:for-each select="$class">
    <xsl:choose>
      <xsl:when test="&ATTR;/&NAME; = 'resourceName' ">
        <xsl:value-of select="&ATTR;[&NAME; =
                                'resourceName']/&EXPRBODY;"/>
      </xsl:when>
      <xsl:otherwise>
        <xsl:value-of select="concat('#',&NAME;)"/>
      </xsl:otherwise>
    </xsl:choose>
  </xsl:for-each>
</xsl:template>
```

Vous pouvez modéliser des noms de base alternatifs et des variantes sous la forme de spécialisations de la classe de thème de base, en utilisant une association de généralisation UML. Selon votre point de vue, cela semblera naturel, ou au contraire un abus de ce concept. En tout état de cause, c'est possible et cela permet de donner des indices visuels dans le diagramme UML, plutôt que de se traduire uniquement par les stéréotypes :

```
<!-- Les noms alternatifs sont découverts en suivant les
associations de généralisation UML et en recherchant les
stéréotypes baseName -->

<xsl:template match="&ELEM;/&CLASS;" mode="getAlternateBaseNames">
  <xsl:variable name="xmiId" select="@xmi.id"/>
  <xsl:for-each select="../&FC;.Generalization
                        [&SUPERTYPE;/&CLASS;/@xmi.idref = $xmiId]">
    <xsl:variable name="subtypeXmiId"
                  select="&FC;.Generalization.subtype/&CLASS;/@xmi.idref"/>
    <xsl:variable name="class" select="key('classKey',$subtypeXmiId)"/>
    <xsl:if test="$class/&STEREOTYPE;/@xmi.idref = $BASENAME_ID">
      <xsl:variable name="name" select="$class/&NAME;"/>
      <xtm:baseName>
        <xsl:call-template name="getScope">
          <xsl:with-param name="class" select="$class"/>
        </xsl:call-template>
        <xtm:baseNameString>
          <xsl:value-of select="substring-after($name,'::')"/>
        </xtm:baseNameString>
      </xtm:baseName>
    </xsl:if>
  </xsl:for-each>
</xsl:template>

<!-- Les variantes sont découvertes en suivant les associations de
généralisation UML et en recherchant les stéréotypes baseName -->
```

```
<xsl:template match="&ELEM;/&CLASS;" mode="getVariants">
  <xsl:variable name="xmiId" select="@xmi.id"/>
  <xsl:for-each select="../&FC;.Generalization
                        [&SUPERTYPE;/&CLASS;/@xmi.idref = $xmiId]">
    <xsl:variable name="subtypeXmiId"
          select="&FC;.Generalization.subtype/&CLASS;/@xmi.idref"/>
    <xsl:variable name="variantClass"
                 select="key('classKey',$subtypeXmiId)"/>
    <xsl:if test="$variantClass/&STEREOTYPE;/@xmi.idref = $VARIANT_ID">
      <xsl:variable name="name" select="$variantClass/&NAME;"/>
      <xtm:variant>
        <xtm:variantName>
          <xsl:call-template name="resourceRep">
            <xsl:with-param name="class" select="$variantClass"/>
          </xsl:call-template>
        </xtm:variantName>
        <xtm:parameters>
          <xsl:call-template name="getVariantParams">
            <xsl:with-param name="class" select="$variantClass"/>
          </xsl:call-template>
        </xtm:parameters>
        <!-- Changer de contexte pour cette variante pour
        déterminer les variantes imbriquées s'il y en a -->
        <xsl:apply-templates select="$variantClass" mode="getVariants"/>
      </xtm:variant>
    </xsl:if>
  </xsl:for-each>
</xsl:template>

<!-- Déterminer les paramètres d'une variante à partir des
attributs de la classe variante -->
<xsl:template name="getVariantParams">
  <xsl:param name="class"/>
  <xsl:if test="not($class/&ATTR;)">
    <xsl:message terminate="{$termSurErr}">
    Une variante doit avoir au moins un paramètre.
    </xsl:message>
  </xsl:if>
  <xsl:for-each select="$class/&ATTR;">
    <!-- Un paramètre est soit un indicateur de sujet soit une
    référence à un thème -->
    <xsl:choose>
      <xsl:when test="&STEREOTYPE;/@xmi.idref = $SUBJECT_ID">
          <xtm:subjectIdicatorRef xlink:href="{&EXPRBODY;}"/>
      </xsl:when>
      <xsl:otherwise>
          <xtm:topicRef  xlink:href="{&EXPRBODY;}"/>
      </xsl:otherwise>
    </xsl:choose>
  </xsl:for-each>
</xsl:template>
```

Les occurrences d'une carte thématique sont représentées par des associations à des classes contenant des références à des ressources ou des données. Parce que les ressources incluses peuvent être trop volumineuses pour être conservées dans des valeurs d'attributs, cet exemple permet que la description d'attribut serve de conteneur alternatif pour des données de la ressource :

```
<!-- Les occurrences de cartes thématiques sont représentées par
des associations entre classes contenant des références à des
ressources ou des données -->
<xsl:template match="&ELEM;/&CLASS;" mode="getOccurances">
  <xsl:variable name="xmiId" select="@xmi.id"/>
  <!-- Parcourir les associations auxquelles cette classe participe -->
  <xsl:for-each
          select="../&ASSOC;
                      [&CONN;/*/&ENDTYPE;/&CLASS;/@xmi.idref = $xmiId]">
    <!-- Tester la présence du stéréotype occurrence -->
    <xsl:if test="&STEREOTYPE;/@xmi.idref = $OCCURANCE_ID">
      <!-- Obtenir l'id de la ressource en examinant l'autre
      extrémité de l'association d'occurrence -->
      <xsl:variable name="resourceId"
                  select="&CONN;/*/&ENDTYPE;/&CLASS;
                            [@xmi.idref != $xmiId]/@xmi.idref"/>
      <!-- Obtenir la classe représentant la ressource -->
      <xsl:variable name="resourceClass"
                  select="key('classKey',$resourceId)"/>
      <xtm:occurance>
        <xsl:apply-templates select="." mode="getInstanceOf">
          <xsl:with-param name="classId" select="$resourceId"/>
        </xsl:apply-templates>
        <!--TODO: Impossible de modéliser cela pour l'instant !
          <xsl:call-template name="getScope">
            <xsl:with-param name="class"/>
          </xsl:call-template>
        -->
        <!-- Nous avons soit une référence à une ressource soit les
        données de la ressource. Si la classe a un attribut
        resourceData on est dans le deuxième cas -->
        <xsl:call-template name="resourceRep">
          <xsl:with-param name="class" select="$resourceClass"/>
        </xsl:call-template>
      </xtm:occurance>
    </xsl:if>
  </xsl:for-each>
</xsl:template>

<!-- Cette règle détermine de quelle façon la ressource est représentée -->
<xsl:template name="resourceRep">
    <xsl:param name="class" />
    <xsl:variable name="resourceData">
      <!-- for-each pour changer de contexte -->
      <xsl:for-each select="$class/&ATTR;[&NAME; = 'resourceData']">
        <xsl:choose>
```

```
          <!-- Les données de la ressource ont été codées dans la
          documentation de l'attribut UML -->
          <xsl:when test="&TAGGEDVALUE;">
            <xsl:value-of select="&TAGGEDVALUE;"/>
          </xsl:when>
          <!-- Les données de la ressource ont été codées dans la
          valeur de l'attribut UML -->
          <xsl:otherwise>
            <xsl:value-of select="&EXPRBODY;"/>
          </xsl:otherwise>
        </xsl:choose>
      </xsl:for-each>
    </xsl:variable>
    <!-- Si nous avons trouvé les données de la ressource, on les
    utilise. Sinon on suppose qu'il s'agit d'une référence -->
    <xsl:choose>
      <xsl:when test="string($resourceData)">
        <xtm:resourceData>
          <xsl:value-of select="$resourceData"/>
        </xtm:resourceData>
      </xsl:when>
      <xsl:otherwise>
        <xsl:variable name="resource">
          <xsl:call-template name="getResourceIdentity">
            <xsl:with-param name="class" select="$class"/>
          </xsl:call-template>
        </xsl:variable>
        <xtm:resourceRef xlink:href="{$resource}"/>
      </xsl:otherwise>
    </xsl:choose>
  </xsl:template>
```

Les associations instanceOf de XTM sont représentées par des associations *de dépendance* UML, aussi appelées *instantiates*. Cette représentation de instanceOf est relativement naturelle :

```
  <!-- Ce template détermine si un thème a une association instanceOf -->
  <xsl:template match="&ELEM;/&CLASS;" mode="getInstanceOf">
    <xsl:param name="classId"/>
    <!-- On boucle sur les relations de dépendance et on détermine
    comment l'instance est représentée -->
    <xsl:for-each
            select="&DEPENDENCY;[&CLIENT;/&CLASS;/@xmi.idref = $classId]">
      <xtm:instanceOf>
        <xsl:variable name="instanceClass"
             select="key('classKey',&SUPPLIER;/&CLASS;/@xmi.idref)"/>
        <!-- L'instance est-elle modélisée par un sujet ou un thème ? -->
        <xsl:variable name="sterotypeId"
                  select="$instanceClass/&STEREOTYPE;/@xmi.idref"/>
        <xsl:choose>
          <!-- Le cas d'un indicateur de sujet -->
          <xsl:when test="$sterotypeId = $SUBJECT_ID">
            <xsl:variable name="subjectIdentity">
```

```
            <xsl:call-template name="getSubjectIdentity">
              <xsl:with-param name="class" select="$instanceClass"/>
            </xsl:call-template>
          </xsl:variable>
          <xsl:if test="not(normalize-space($subjectIdentity))">
            <xsl:message terminate="{$termSurErr}">
            Sujet sans identité !
            </xsl:message>
          </xsl:if>
          <xtm:subjectIdicatorRef xlink:href="{$subjectIdentity}"/>
        </xsl:when>
        <!-- Sinon l'instance est modélisée par un thème -->
        <xsl:when test="not($sterotypeId) or $sterotypeId = $TOPIC_ID">
          <xsl:variable name="topicId">
            <xsl:call-template name="getTopicId">
              <xsl:with-param name="class" select="$instanceClass"/>
            </xsl:call-template>
          </xsl:variable>
          <xsl:if test="not(normalize-space($topicId))">
            <xsl:message terminate="{$termSurErr}">
            Thème sans id !
            </xsl:message>
          </xsl:if>
          <topicRef xlink:href="{$topicId}"/>
        </xsl:when>
        <xsl:otherwise>
          <xsl:message terminate="{$termSurErr}">
            <xsl:text>instanceOf doit pointer sur un thème ou un
             sujet. </xsl:text>
            <xsl:value-of select="$instanceClass/&NAME;"/>
            <xsl:text> est un </xsl:text>
            <xsl:value-of
                 select="key('stereotypeKey',$sterotypeId)/&NAME;"/>
            <xsl:text>.&#xa;</xsl:text>
          </xsl:message>
        </xsl:otherwise>
      </xsl:choose>
    </xtm:instanceOf>
  </xsl:for-each>
</xsl:template>

<xsl:template name="getScope">
  <xsl:param name="class"/>
  <xsl:variable name="classesAssociations"
              select="/*/XMI.content/*/&ELEM;
                      /&ASSOC;
                      [&CONN;/*/
                      &FC;.AssociationEnd.type/
                      &CLASS;/@xmi.idref = $class/@xmi.id]"/>
  <xsl:variable name="scopeAssociations"
              select="$classesAssociations[
                      &FC;.ModelElement.stereotype/
```

```
                      &FX;.Stereotype/
                      @xmi.idref = $SCOPE_ID]"/>
  <xsl:if test="$scopeAssociations">
    <xtm:scope>
      <xsl:for-each select="$scopeAssociations">
        <xsl:variable name="targetClassId"
             select="&CONN;/*/&ENDTYPE;/&CLASS;
                            [@xmi.idref != $class/@xmi.id]/@xmi.idref"/>
        <xsl:variable name="targetClass"
                      select="key('classKey',$targetClassId)"/>
        <xsl:call-template name="getScopeRef">
          <xsl:with-param name="class" select="$targetClass"/>
        </xsl:call-template>
      </xsl:for-each>
    </xtm:scope>
  </xsl:if>
</xsl:template>

<xsl:template name="getScopeRef">
  <xsl:param name="class"/>
  <xsl:variable name="stereotypeId"
               select="$class/&FC;.ModelElement.stereotype/
                      &FX;.Stereotype/
                      @xmi.idref"/>
  <xsl:choose>
    <xsl:when test="not($stereotypeId) or $stereotypeId = $TOPIC_ID">
      <xsl:variable name="topidId">
        <xsl:call-template name="getTopicId">
          <xsl:with-param name="class" select="$class"/>
        </xsl:call-template>
      </xsl:variable>
      <xtm:topicRef xlink:href="{$topidId}"/>
    </xsl:when>
    <xsl:when test="$stereotypeId = $SUBJECT_ID">
      <xsl:variable name="subjectId">
        <xsl:call-template name="getSubjectIdentity">
          <xsl:with-param name="class" select="$class"/>
        </xsl:call-template>
      </xsl:variable>
      <xtm:subjectIndicatorRef xlink:href="{$subjectId}"/>
    </xsl:when>
    <xsl:when test="$stereotypeId = $RESOURCE_ID">
      <xsl:variable name="resourceId">
        <xsl:call-template name="getResourceIdentity">
          <xsl:with-param name="class" select="$class"/>
        </xsl:call-template>
      </xsl:variable>
      <xtm:resourceRef xlink:href="{$resourceId}"/>
    </xsl:when>
    <xsl:otherwise>
      <xsl:message terminate="{$termSurErr}">
      Scope doit être soit topicRef, subjectRef ou resourceRef !
```

```
      </xsl:message>
    </xsl:otherwise>
  </xsl:choose>
</xsl:template>

<xsl:template match="text( )" mode="topics"/>

<!--================================================-->
<!-- Associations UML vers associations de thèmes -->
<!--================================================-->
<xsl:template match="&ASSOC;" mode="associations">
  <!-- Seules les associations UML nommées sont des associations de
  carte thématique -->
  <xsl:if test="normalize-space(&NAME;)">
    <xtm:asociation id="{&NAME;}">
      <xtm:instanceOf>
        <topicRef
          xlink:href="{key('stereotypeKey',
                        &STEREOTYPE;/@xmi.idref)/&NAME;}"/>
      </xtm:instanceOf>
      <xsl:for-each select="&CONNEND;">
        <xtm:member>
          <xtm:roleSpec>
            <xtm:topicRef xlink:href="{&NAME;}"/>
          </xtm:roleSpec>
          <xsl:variable name="topicId">
            <xsl:call-template name="getTopicId">
              <xsl:with-param name="class"
                    select="key('classKey',
                              &ENDTYPE;/&CLASS;/@xmi.idref)"/>
            </xsl:call-template>
          </xsl:variable>
          <xtm:topicRef xlink:href="{$topicId}"/>
        </xtm:member>
      </xsl:for-each>
    </xtm:asociation>
  </xsl:if>
</xsl:template>

<xsl:template match="&ELEM;/&FC;.Generalization"
              mode="associations">

  <xsl:variable name="subClassId"
                select="&SUBTYPE;/&CLASS;/@xmi.idref"/>
  <xsl:variable name="subClass"
                select="key('classKey',$subClassId)"/>
  <xsl:variable name="superClassId"
                select="&SUPERTYPE;/&CLASS;/@xmi.idref"/>
  <xsl:variable name="superClass"
                select="key('classKey',$superClassId)"/>

  <!-- Si une relation de généralisation existe entre deux thèmes
```

```
on utilise cela comme une indication de relation
super-classe/sous-classe canonique. Dans l'idéal on utiliserait
l'absence de stéréotype sur la généralisation, mais la version de
XMI que j'utilise ne conserve pas les stéréotypes sur les
généralisations -->
<xsl:if test="(not($subClass/&STEREOTYPE;/@xmi.idref) or
                    $subClass/&STEREOTYPE;/@xmi.idref = $TOPIC_ID) and
                    (not($superClass/&STEREOTYPE;/@xmi.idref) or
                    $superClass/&STEREOTYPE;/@xmi.idref = $TOPIC_ID)">

  <xtm:asociation>
    <xsl:variable name="id">
      <xsl:choose>
        <xsl:when test="normalize-space(&NAME;)">
          <xsl:value-of select="&NAME;"/>
        </xsl:when>
        <xsl:otherwise>
          <xsl:value-of select="@xmi.id"/>
        </xsl:otherwise>
      </xsl:choose>
    </xsl:variable>

    <xsl:attribute name="id">
      <xsl:value-of select="$id"/>
    </xsl:attribute>

    <xtm:instanceOf>
      <subjectIndicatorRef
         xlink:href="&TM.ORG;#psi-superclass-subclass"/>
    </xtm:instanceOf>

    <xtm:member>

      <xtm:roleSpec>
        <xtm:subjectIndicatorRef
                          xlink:href="&TM.ORG;#psi-superclass"/>
      </xtm:roleSpec>

      <xsl:variable name="superClassTopicId">
        <xsl:call-template name="getTopicId">
          <xsl:with-param name="class" select="$superClass"/>
        </xsl:call-template>
      </xsl:variable>
      <xtm:topicRef xlink:href="{$superClassTopicId}"/>

    </xtm:member>

    <xtm:member>
      <xtm:roleSpec>
        <xtm:subjectIndicatorRef xlink:href="&TM.ORG;#psi-subclass"/>
      </xtm:roleSpec>
```

```
        <xsl:variable name="subClassTopicId">
          <xsl:call-template name="getTopicId">
            <xsl:with-param name="class" select="$subClass"/>
          </xsl:call-template>
        </xsl:variable>

        <xtm:topicRef xlink:href="{$subClassTopicId}"/>
      </xtm:member>

    </xtm:asociation>
  </xsl:if>
</xsl:template>

<xsl:template match="text(  )" mode="associations"/>

</xsl:stylesheet>
```

Ces règles participent à la seconde passe, dans laquelle les associations UML non encore transformées (du fait de leur stéréotype particulier) sont converties en associations de cartes thématiques. Ici, le stéréotype d'une association est le `topicRef` qui détermine le type d'association modélisée. La notion de stéréotype a été détournée de cette façon principalement parce que UML ne fournit aucun autre moyen de représenter cette information. Les associations de portée spécifique constituent un problème que j'ai choisi d'ignorer (voir la section "Discussion"). Sous tous les autres aspects, une association UML correspond bien au concept d'association dans les cartes thématiques :

```
<!--==============================================-->
<!-- Associatins UML vers associations de thèmes -->
<!--==============================================-->
<xsl:template match="&ASSOC;" mode="associations">
  <!-- Seules les associations UML nommées sont des associations de
  thèmes -->
  <xsl:if test="normalize-space(&NAME;)">
    <xtm:asociation id="{&NAME;}">
      <xtm:instanceOf>
        <topicRef
          xlink:href="{key('stereotypeKey',
                          &STEREOTYPE;/@xmi.idref)/&NAME;}"/>
      </xtm:instanceOf>
      <xsl:for-each select="&CONNEND;">
        <xtm:member>
          <xtm:roleSpec>
            <xtm:topicRef xlink:href="{&NAME;}"/>
          </xtm:roleSpec>
          <xsl:variable name="topicId">
            <xsl:call-template name="getTopicId">
              <xsl:with-param name="class"
                      select="key('classKey',
                                  &ENDTYPE;/&CLASS;/@xmi.idref)"/>
            </xsl:call-template>
          </xsl:variable>
          <xtm:topicRef xlink:href="{$topicId}"/>
```

```
        </xtm:member>
      </xsl:for-each>
    </xtm:asociation>
  </xsl:if>
</xsl:template>

<xsl:template match="&ELEM;/&FC;.Generalization"
              mode="associations">

  <xsl:variable name="subClassId"
                select="&SUBTYPE;/&CLASS;/@xmi.idref"/>
  <xsl:variable name="subClass"
                select="key('classKey',$subClassId)"/>
  <xsl:variable name="superClassId"
                select="&SUPERTYPE;/&CLASS;/@xmi.idref"/>
  <xsl:variable name="superClass"
                select="key('classKey',$superClassId)"/>
```

Si une relation de généralisation existe entre deux thèmes, on l'utilise comme indication d'une relation de super-classe à sous-classe canonique. La spécification XTM traite explicitement de cette relation importante à l'aide d'indicateurs de sujets publics (*published subject indicators*, ou PSI). Dans l'idéal, vous utiliserez l'absence de stéréotype sur la généralisation, mais la version de XMI que j'utilise ne conserve pas l'information de stéréotype sur les généralisations :

```
  <xsl:if test="(not($subClass/&STEREOTYPE;/@xmi.idref) or
                $subClass/&STEREOTYPE;/@xmi.idref = $TOPIC_ID) and
                     (not($superClass/&STEREOTYPE;/@xmi.idref) or
                     $superClass/&STEREOTYPE;/@xmi.idref = $TOPIC_ID)">

    <xtm:asociation>
      <xsl:variable name="id">
        <xsl:choose>
          <xsl:when test="normalize-space(&NAME;)">
            <xsl:value-of select="&NAME;"/>
          </xsl:when>
          <xsl:otherwise>
            <xsl:value-of select="@xmi.id"/>
          </xsl:otherwise>
        </xsl:choose>
      </xsl:variable>

      <xsl:attribute name="id">
        <xsl:value-of select="$id"/>
      </xsl:attribute>

      <xtm:instanceOf>
        <subjectIndicatorRef
           xlink:href="&TM.ORG;#psi-superclass-subclass"/>
      </xtm:instanceOf>

      <xtm:member>
```

```
          <xtm:roleSpec>
            <xtm:subjectIndicatorRef xlink:href="&TM.ORG;#psi-superclass"/>
          </xtm:roleSpec>

          <xsl:variable name="superClassTopicId">
            <xsl:call-template name="getTopicId">
              <xsl:with-param name="class" select="$superClass"/>
            </xsl:call-template>
          </xsl:variable>
          <xtm:topicRef xlink:href="{$superClassTopicId}"/>

        </xtm:member>

        <xtm:member>
          <xtm:roleSpec>
            <xtm:subjectIndicatorRef xlink:href="&TM.ORG;#psi-subclass"/>
          </xtm:roleSpec>

          <xsl:variable name="subClassTopicId">
            <xsl:call-template name="getTopicId">
              <xsl:with-param name="class" select="$subClass"/>
            </xsl:call-template>
          </xsl:variable>

          <xtm:topicRef xlink:href="{$subClassTopicId}"/>
        </xtm:member>

      </xtm:asociation>
    </xsl:if>
  </xsl:template>

  <xsl:template match="text( )" mode="associations"/>

</xsl:stylesheet>
```

Discussion

Les cartes thématiques représentent des connaissances sur un thème quelconque. Ces techniques permettent aux ordinateurs et aux personnes de retrouver rapidement et précisément les informations qu'ils recherchent. Les cartes thématiques sont apparues en 1993, lorsque l'idée en a été évoquée dans un document de travail de Groupe de Davenport.[3]

Le paradigme a ensuite été étendu dans le contexte de l'Institut de Recherches GCA (appelé maintenant IDEAlliance) en relation avec les applications de HyTime (*http://www.hytime.org/papers/htguide.html*). La spécification de XTM a été écrite au cours de ce travail, qui s'est développé sous le contrôle d'une organisation indépendante appelée TopicMaps.org.

3. Le Groupe de Davenport a été fondé par un éditeur de logiciels Unix et quelques autres sociétés, parmi lesquelles O'Reilly & Associates.

Un *thème* (nous disons également *topic*), est un avatar électronique d'un sujet du monde réel. Ozzy Osbourne est un sujet du monde réel. Cependant, puisqu'il est impossible de stocker le vrai Ozzy dans un ordinateur, nous créerons un thème Ozzy le représentant. Les thèmes ont des noms appelés noms de base. Un thème peut avoir un nom universel (qualifié de *quelconque*) et un nombre variable de noms alternatifs, chacun spécifique à une certaine portée. Une portée est un contexte dans lequel une caractéristique d'une carte thématique est valide. Dans le cas d'un nom de thème, une portée peut indiquer que le thème *Ozzy Osborne* est également le thème *John Michael Osbourne* dans la portée de nom *légal*.[4]

Un thème peut pointer vers une occurrence, qui est une ressource qui fournit des informations concernant le thème. Une ressource peut faire référence à un contenu adressable (`resourceRef`) ou au contenu lui-même (`resourceData`).

Un thème peut participer à un type spécial d'association appelé `instanceOf`, qui déclare que ce thème est une instance spécifique d'une classe plus générale d'objets. La classe peut être désignée par une référence à un autre thème, ou un indicateur de sujet. Les *indicateurs de sujets* sont une caractéristique intéressante des cartes thématiques. Ils facilitent l'usage d'une méthode décrivant la nature d'un sujet en l'associant à une adresse publique standard, qui serait par exemple maintenue par un organisme de standardisation gouvernemental.

Les thèmes peuvent être reliés par des associations. Une association est une relation nommée entre deux ou plusieurs thèmes, dans laquelle chaque thème joue un rôle spécifié par l'association.

Il y a plusieurs autres façons intéressantes de modéliser des connaissances dans une carte thématique. Les lecteurs intéressés par le sujet peuvent lire avec profit la spécification de XTM, à *http://www.TopicMaps.org*. Comparée à d'autres spécifications, celle-ci est particulièrement accessible au non-initié. Presque chaque construction de XTM est décrite en termes d'une construction UML équivalente (comme il est expliqué dans la section « Solution »). Le traitement de la notion de portée dans les cartes thématiques est la difficulté principale de cette correspondance. Dans le paradigme des cartes thématiques, une portée est une méthode indiquant qu'une caractéristique donnée n'est valide que dans un contexte particulier. La portée s'applique aux noms de base, aux associations et aux occurrences. Bien que ces conventions gèrent les portées des noms de base, elles ne peuvent pas gérer les portées des associations et des occurrences. La raison en est que ces conventions utilisent des associations UML, et qu'en UML une association ne peut pas être sensible au contexte. Vous pouvez modéliser cette caractéristique à l'aide de contraintes UML. Malheureusement, la version de XMI utilisée dans Rational Rose ne conserve pas les informations de contraintes. En pratique, la portée est une notion avancée dont la plupart des utilisateurs n'auront pas besoin, et ce problème est donc mineur, en particulier pour les utilisateurs novices.

La figure 11-2 est un exemple de carte thématique représentée en UML. Ce thème modélise l'information relative à une tomate dans le contexte d'un plat. Bien que l'exemple soit quelque peu farfelu, je l'utilise parce qu'il sert également d'exemple à

4. Sauf si John Michael a modifié légalement son prénom en Ozzy, auquel cas seule sa mère se sentira concernée par cette portée.

Sam Hunting dans *XML Topic Maps: Creating and Using Topic Maps for the Web* (Addison Wesley, 2002). Dans cet exemple, il utilise la plupart des constructions de cartes thématiques, ce qui vous permet de tester l'acuité du document XMI correspondant.

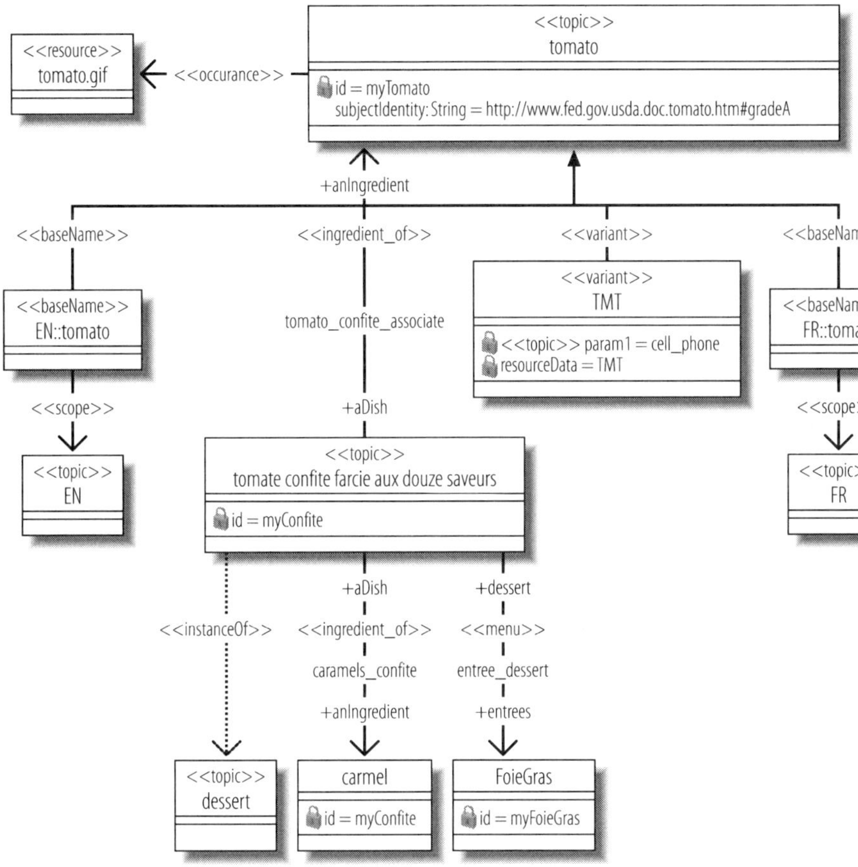

Figure 11-2. Diagramme UML d'une carte thématique consacrée à une tomate

Voici une partie du fichier XTM résultant :

```
<xtm:topicMap xmlns:xtm="http://www.topicmaps.org/xtm/1.0"
 xmlns:xlink="http://www.w3.org/1999/xlink">
   <xtm:topic id="EN">
      <xtm:subjectIdentity>
         <xtm:subjectIdicatorRef
             xlink:href="http://www.topicmaps.org/xtm/1.0/language.xtm#en"/>
      </xtm:subjectIdentity>
      <xtm:baseName>
         <xtm:baseNameString>EN</xtm:baseNameString>
      </xtm:baseName>
   </xtm:topic>
   <xtm:topic id="FR">
```

```
      <xtm:subjectIdentity>
         <xtm:subjectIdicatorRef
             xlink:href="http://www.topicmaps.org/xtm/1.0/language.xtm#fr"/>
      </xtm:subjectIdentity>
      <xtm:baseName>
         <xtm:baseNameString>FR</xtm:baseNameString>
      </xtm:baseName>
   </xtm:topic>
   <xtm:topic id="myTomato">
      <xtm:subjectIdentity>
         <xtm:subjectIdicatorRef
             xlink:href="http://www.fed.gov/usda/doc/tomato.htm#gradeA"/>
      </xtm:subjectIdentity>
      <xtm:baseName>
         <xtm:baseNameString>tomato</xtm:baseNameString>
      </xtm:baseName>
      <xtm:baseName>
         <xtm:scope>
            <xtm:topicRef xlink:href="#EN"/>
         </xtm:scope>
         <xtm:baseNameString>tomato</xtm:baseNameString>
      </xtm:baseName>
      <xtm:baseName>
         <xtm:scope>
            <xtm:topicRef xlink:href="#FR"/>
         </xtm:scope>
         <xtm:baseNameString>tomate</xtm:baseNameString>
      </xtm:baseName>
      <xtm:variant>
         <xtm:variantName>
            <xtm:resourceData>TMT</xtm:resourceData>
         </xtm:variantName>
         <xtm:parameters>
            <xtm:topicRef xlink:href="cell_phone"/>
            <xtm:topicRef xlink:href="TMT"/>
         </xtm:parameters>
      </xtm:variant>
      <xtm:occurance>
         <xtm:resourceRef xlink:href="#tomato.gif"/>
      </xtm:occurance>
   </xtm:topic>
   <xtm:topic id="myConfite">
      <xtm:baseName>
         <xtm:baseNameString>tomate confite farcie aux douze saveurs
         </xtm:baseNameString>
      </xtm:baseName>
      <xtm:instanceOf>
         <topicRef xlink:href="#desert"/>
      </xtm:instanceOf>
   </xtm:topic>

<!-- Omis -->
```

```
    <xtm:asociation id="tomato_confite_association">
      <xtm:instanceOf>
        <topicRef xlink:href="ingredient_of"/>
      </xtm:instanceOf>
      <xtm:member>
        <xtm:roleSpec>
          <xtm:topicRef xlink:href="anIngredient"/>
        </xtm:roleSpec>
        <xtm:topicRef xlink:href="myTomato"/>
      </xtm:member>
      <xtm:member>
        <xtm:roleSpec>
          <xtm:topicRef xlink:href="aDish"/>
        </xtm:roleSpec>
        <xtm:topicRef xlink:href="myConfite"/>
      </xtm:member>
    </xtm:asociation>
    <xtm:asociation id="caramels_confite">
      <xtm:instanceOf>
        <topicRef xlink:href="ingredient_of"/>
      </xtm:instanceOf>
      <xtm:member>
        <xtm:roleSpec>
          <xtm:topicRef xlink:href="anIngredient"/>
        </xtm:roleSpec>
        <xtm:topicRef xlink:href="myCarmel"/>
      </xtm:member>
      <xtm:member>
        <xtm:roleSpec>
          <xtm:topicRef xlink:href="aDish"/>
        </xtm:roleSpec>
        <xtm:topicRef xlink:href="myConfite"/>
      </xtm:member>
    </xtm:asociation>
  <!-- Omis -->
  </xtm:topicMap>
```

Pour aller plus loin

UML et XMI sont des standards de l'OMG (*Object Management Group*). Vous trouverez plus d'informations à *http://www.omg.org/uml/* et à *http://www.omg.org/technology/xml/index.htm*.

Le site de TopicMaps.org (*http://www.topicmaps.org*) est le site officiel de tout ce qui concerne les cartes thématiques et XTM.

La recette 11-4 montre comment les cartes thématiques permettent de générer des sites web.

11.4 Générer des sites web à partir de cartes thématiques XTM

Problème

Vous désirez organiser vos connaissances sur un sujet sous la forme d'une carte thématique. Vous voulez que cela soit fait de telle façon qu'il soit facile de générer un site web à partir de la carte thématique en utilisant XSLT.

Solution

La solution est basée sur le paradigme des sites web de cartes thématiques cognitives (*Cogitative Topic Maps Web Site*, ou CTW), introduit dans l'ouvrage *XML Topic Maps*, sous la direction de Jack Park (Addison Wesley, 2002). Ce travail a été présenté pour la première fois à la conférence *Extreme Markup Languages* en 2000.

Les lecteurs qui ne sont pas familiers des cartes thématiques peuvent se reporter à la section « Discussion » de la recette 11-3.

Le modèle CTW utilise les correspondances suivantes pour transformer les éléments d'une carte thématique en HTML :

Élément de la carte thématique	Rendu HTML
Carte thématique	Site web
Thème	Page web
Associations entre thèmes	Carte du site
Occurrences d'un thème	Images, graphiques, texte, fragments HTML, etc.
Noms de thèmes	En-tête de page, titres, listes et liens hypertexte

Nous allons créer une carte thématique sur le sujet des algorithmes, et plus particulièrement les algorithmes de tri. Les connaissances représentées dans cette carte thématique ont été collectées à partir de ressources trouvées sur Internet, et organisées selon des associations super-classe/sous-classe entre des algorithmes, des occurrences de descriptions de types, des démonstrations et des exemples de codes écrits dans divers langages de programmation.

Une fois le sujet et le contenu du site web choisis, l'ontologie correspondante suit assez naturellement. La partie de CTW concernant l'ontologie consiste en deux parties principales : la classification des sujets des thèmes du site web d'une part, et d'autre part la classification des caractéristiques des thèmes qui fournissent le contenu des pages web.

Ces deux classifications jouent un rôle très important dans le contrôle de l'apparence d'un site web. Les types de thèmes contrôlent la forme des pages web, et les caractéristiques des types de thèmes contrôlent le style des éléments qui constituent les pages web. Les résultats apparaissent dans la figure 11-3.

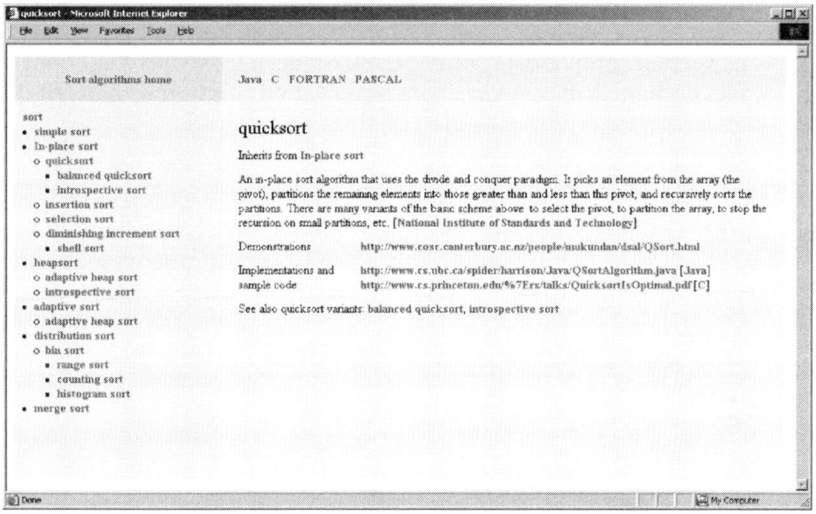

Figure 11-3. L'aspect d'un site web généré

Les paragraphes suivants décrivent les différents sujets du site web consacré aux algorithmes de tri.

Les algorithmes de tri

Les sujets principaux de notre site web sont les différentes classes d'algorithmes de tri :

```
<topic id="sort">
    ...
</topic>
<association>
    <instanceOf>
        <topicRef xlink:href="#_class-subclass"/>
    </instanceOf>
    <member>
        <roleSpec>
            <topicRef xlink:href="#_superclass"/>
        </roleSpec>
        <topicRef xlink:href="#sort"/>
    </member>
    <member>
        <roleSpec>
            <topicRef xlink:href="#_subclass"/>
        </roleSpec>
        <topicRef xlink:href="#simplesort"/>
        <topicRef xlink:href="#in-place sort"/>
        <topicRef xlink:href="#heapsort"/>
        <topicRef xlink:href="#adaptivesort"/>
        <topicRef xlink:href="#distributionsort"/>
        <topicRef xlink:href="#mergesort"/>
    </member>
```

```
</association>
```

La version complète de la carte thématique et les scripts XSLT sont disponibles en ligne à *http://www.cogx.com/ctw*. Cette section n'en décrit que quelques fragments pour illustrer certaines instructions.

Chaque algorithme de tri peut avoir ses propres sous-classes: par exemple, il y a quatre variations de *in-place-sort*, chacune pouvant à son tour avoir plusieurs sous-classes:

```
<association>
     <instanceOf>
          <topicRef xlink:href="#_class-subclass"/>
     </instanceOf>
     <member>
          <roleSpec>
               <topicRef xlink:href="#_superclass"/>
          </roleSpec>
          <topicRef xlink:href="#in-place sort"/>
     </member>
     <member>
          <roleSpec>
               <topicRef xlink:href="#_subclass"/>
          </roleSpec>
          <topicRef xlink:href="#quicksort"/>
          <topicRef xlink:href="#insertionsort"/>
          <topicRef xlink:href="#selsort"/>
          <topicRef xlink:href="#dimincrsort"/>
     </member>
</association>
```

Le NIST (National Institute of Standards and Technology) maintient un excellent site web sur les algorithmes (*http://www.nist.gov/dads/*), et se charge de collecter l'information sur divers autres algorithmes. Ce site comporte une page web consacrée à chaque algorithme. Notre carte thématique utilise les URL de ces pages comme identificateurs de sujets pour les algorithmes:

```
<topic id="insertionsort">
     <subjectIdentity>
          <subjectIndicatorRef
              xlink:href="http://www.nist.gov/dads/HTML/insertsrt.html"/>
     </subjectIdentity>
```

En plus de leur rôle dans les associations super-classe/sous-classe qu'ils entretiennent avec d'autres algorithmes, les algorithmes de tri ont d'autre caractéristiques telles que leur nom de base ou leurs occurrences.

Dans notre carte thématique, les algorithmes de tri ont un nom commun, sous lequel ils sont généralement connus:

```
     <baseName>
          <baseNameString>insertion sort</baseNameString>
```

```
</baseName>
```

Ils ont quelquefois également des noms alternatifs, représentés par des noms de base dans la portée `also-known-as` :

```
<baseName>
    <scope>
        <topicRef xlink:href="#also-known-as"/>
    </scope>
    <baseNameString>linear insertion sort</baseNameString>
</baseName>
```

La description de l'algorithme est représentée par une occurrence du thème de type `description` dans la portée de la source de la description. Le code suivant est une citation du site web du NIST (donc spécifiée dans la portée du thème `nist`), qui peut également se lire : dans le contexte du NIST, l'algorithme *insertion sort* est décrit par etc..

```
<occurrence>
    <instanceOf>
        <topicRef xlink:href="#description"/>
    </instanceOf>
    <scope>
        <topicRef xlink:href="#nist"/>
    </scope>
    <resourceData>Sort by repeatedly taking the next item and inserting it
    into the final data structure in its proper order with respect to items
    already inserted. </resourceData>
</occurrence>
```

Des liens vers des démonstrations du fonctionnement de l'algorithme, telles que des applets Java et des animations, sont représentées par des occurrences de thème de type `demonstration` :

```
<occurrence>
    <instanceOf>
        <topicRef xlink:href="#demo"/>
    </instanceOf>
    <resourceRef xlink:href=
    "http://www.cosc.canterbury.ac.nz/people/mukundan/dsal/ISort.html"/>
</occurrence>
```

Vous pouvez également enregistrer des liens vers des mises en œuvre des algorithmes, et les représenter dans la carte thématique comme des occurrences de type `code sample`, spécifiée dans la portée du langage de programmation dans lequel elles sont écrites. Les langages de programmation forment un autre ensemble de thèmes représentés dans notre site web, et qui constitue une dimension de navigation orthogonale :

```
<occurrence>
    <instanceOf>
        <topicRef xlink:href="#code"/>
    </instanceOf>
    <scope>
        <topicRef xlink:href="#fortran"/>
    </scope>
```

```
            <resourceRef
            xlink:href="http://gams.nist.gov/serve.cgi/Module/TOMS/505/8547"/>
        </occurrence>
        <occurrence>
            <instanceOf>
                <topicRef xlink:href="#code"/>
            </instanceOf>
            <scope>
                <topicRef xlink:href="#java"/>
            </scope>
            <resourceRef xlink:href=
            "http://www.cs.ubc.ca/spider/harrison/Java/
             InsertionSortAlgorithm.java"/>
        </occurrence>
    </topic>
```

Ce sont les seules informations que nous avons choisi de représenter à propos des algorithmes. Vous allez utiliser ces informations pour construire les en-têtes de page, les liens vers les algorithmes associés, les descriptions, les liens vers des pages web définissant les algorithmes, les liens vers des démonstrations, et des exemples de code faisant référence au langage de programmation utilisé pour programmer ces exemples.

Les langages de programmation

Il vous suffira de savoir que les langages de programmation sont, dans leurs nom et définition, des instances de la classe `programming language` :

```
    <topic id="java">
        <subjectIdentity>
            <subjectIndicatorRef
            xlink:href="http://foldoc.doc.ic.ac.uk/foldoc/foldoc.cgi?query=java"/>
        </subjectIdentity>
        <instanceOf>
            <topicRef xlink:href="#plang"/>
        </instanceOf>
        <baseName>
            <baseNameString>Java</baseNameString>
        </baseName>
        <occurrence>
            <instanceOf>
                <topicRef xlink:href="#definition"/>
            </instanceOf>
            <scope>
                <topicRef xlink:href="#cnet"/>
            </scope>
            <resourceData>Sun Microsystems' Java is a programming language for
adding animation and other action to Web sites. The small applications (called
applets) that Java creates can play back on any graphical system that's Web-ready,
but your Web browser has to be Java-capable for you to see it. According to Sun's
description, Java is a "simple, object-oriented, distributed, interpreted, robust,
secure, architecture-neutral, portable, high-performance, multithreaded, dynamic,
buzzword-compliant, general-purpose programming language." </resourceData>
        </occurrence>
```

```
</topic>
```

La page de langage de programmation de la figure 11-4 regroupe les liens vers des exemples de code et des algorithmes programmés dans ce langage.

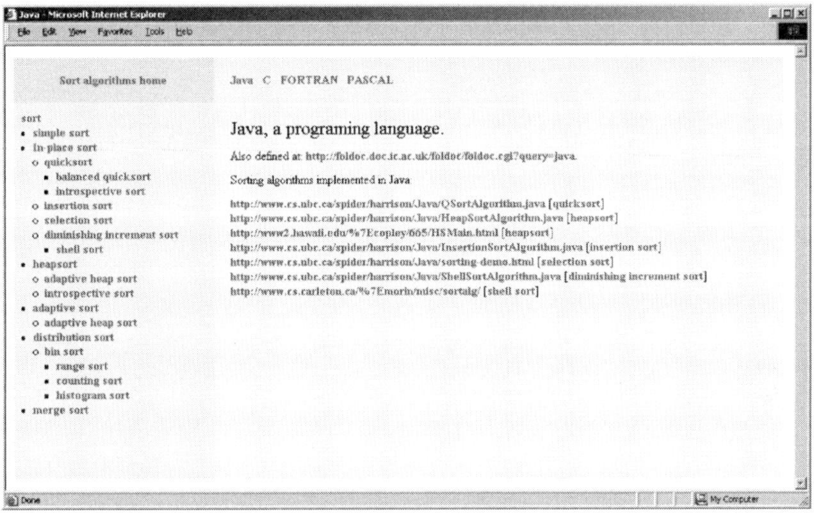

Figure 11-4. Une page consacrée à un langage de programmation

Thème racine

Dans le paradigme CTW, `root` est le thème dont le sujet est indiqué par le document représentant la carte thématique elle-même. En termes de carte thématique, le thème `root` est une réification de la carte thématique à laquelle il appartient :

```
<topic id="default">
     <subjectIdentity>
          <subjectIndicatorRef xlink:href="#map"/>
     </subjectIdentity>
```

Lorsque qu'on fusionne des cartes thématiques dans CTW, le thème racine est ajouté à la portée de toutes les affectations de caractéristiques à un thème. De plus, ce thème correspond à la page de garde, ou page par défaut, d'un site web CTW.

Cet exemple montre que son nom, enrichi par un lien hypertexte, apparaît dans le coin supérieur gauche de chaque page de notre site web :

```
<baseName>
     <baseNameString>Sort algorithms home</baseNameString>
</baseName>
```

C'est l'endroit où sont conservées des annotations de la carte thématique, ainsi que des assertions sur la carte thématique dans son intégralité. Cet exemple est limité à la description du projet et à quelques méta données concernant la propriété intellectuelle :

```
<occurrence>
```

```
            <instanceOf>
                <topicRef xlink:href="#definition"/>
            </instanceOf>
            <resourceData><![CDATA[ This web site covers the subject of
            algorithms and specifically sorting algorithms.<br><br>
            It was created for the purposes of a CTW recipe for the
            O'Reilly XSLT Cookbook.]]><![CDATA[ </resourceData>
        </occurrence>
    </topic>
```

La page principale, visible dans la figure 11-5 ne montre que la description du projet, et fait office d'introduction au site web.

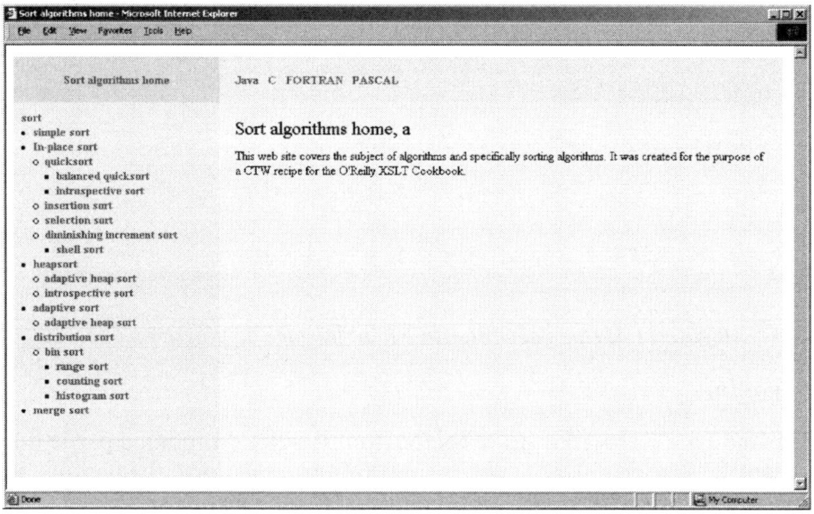

Figure 11-5. Page racine du site web consacré aux algorithmes de tri

Éléments de page et mise en forme

Premièrement, définissons la variable root, qui représente le thème racine : comme nous l'avons indiqué plus haut, ce thème est désigné par le document contenant la carte thématique :

```
<xsl:variable name="root"
   select="//topic[subjectIdentity/subjectIndicatorRef/@xlink:href
                                                    = concat('#',/topicMap/@id)]"/>
```

Ce même nœud pourrait être traité à l'aide de la clé subjectIndicator, qui sélectionne les thèmes à l'aide des adresses de ressource qui y font référence :

```
<xsl:key
  name = "subjectIndicator"
  match = "topic"
  use = "subjectIdentity/subjectIndicatorRef/@xlink:href" />

<xsl:variable name="root"
```

```
                select="key('subjectIndicator',concat('#',/topicMap/@id))"/>
```

Ensuite, générons la page de garde en appelant la règle de mise en page `root-page` sur le thème racine :

```
<xsl:template match="/">
     <xsl:call-template name="root-page">
          <xsl:with-param name="this" select="$root"/>
     </xsl:call-template>
```

Puis, le code génère une page web pour chaque sous-classe de `sorting algorithm`. Ici vous appelez la règle de mise en page `algorithm-page` avec un paramètre `this` désignant l'élément `sorting algorithm` de base. Cette règle s'appelle récursivement pour itérer sur toutes les classes :

```
     <xsl:call-template name="algorithm-page">
          <xsl:with-param name="this" select="key('topicByID','#sort')"/>
     </xsl:call-template>
```

La feuille de style génère également une page pour chaque instance de langage de programmation, en appelant la règle de mise en page `lang-page` :

```
     <xsl:for-each select="key('instanceOf','#plang')">
          <xsl:call-template name="plang-page"/>
     </xsl:for-each>
</xsl:template>
```

La clé `instanceOf` renvoie toutes les instances de thème d'une classe sur la base de leur identificateur de thème :

```
<xsl:key
  name = "instanceOf"
  match = "topic"
  use = "instanceOf/topicRef/@xlink:href" />
```

La clé `topicByID` renvoie tous les éléments représentant des thèmes sur la base d'un identificateur de thème donné :

```
<xsl:key
  name = "instanceOf"
  match = "topic"
  use = "instanceOf/topicRef/@xlink:href" />
```

Comme vous avez pu le remarquer sur les copies d'écran, les trois règles de mise en forme utilisent la même subdivision en quatre zones. La règle commune de construction de page assure le contrôle de cette propriété. Premièrement, elle demande la création d'un fichier de sortie dans un répertoire indiqué par le paramètre `$out-dir`, et crée l'en-tête `TITLE` à l'aide du nom de base du thème courant. Ceci est réalisé par instanciation de la règle correspondant à `<topic>` en mode `label`. On entame ensuite la division de la page en quatre parties. La partie supérieur gauche contient un lien hypertexte vers la page de garde, dont le nom est celui du thème `root` dans la portée normale. Une règle correspondant à un thème réalise cela en mode `link`. Dans la partie supérieur droite de la page, vous trouvez une sélection de liens vers les pages consacrées aux langages de programmation. On utilise pour cela une itération sur les instances des thèmes représentant des langages de programmation. Dans la partie inférieure droite de la page, sous le lien vers la page de garde, on trouve une partie de la carte du site correspondant à la classification des algorithmes de tri. Enfin, dans la partie principale de la page, on trouve le contenu relatif au thème courant, tel qu'il a été soumis à la règle page comme valeur du paramètre content :

```
<xsl:template name="page">
  <xsl:param name="this"/>
  <xsl:param name="content"/>
  <redirect:write select="concat($out-dir,$this/@id,'.html')">
  <html>
    <head>
      <title>
        <xsl:apply-templates select="$this" mode="label"/>
      </title>
    </head>
    <body>
    <table width="1000" height="100%" cellspacing="0" cellpadding="10">
    <tr>
      <td width="250" height="20" bgcolor="#ffddbb" align="center">
        <xsl:apply-templates select="$root" mode="link"/>
      </td>
      <td width="750" height="20" valign="top" bgcolor="#eeeeee">
        <table cellspacing="10">
          <tr>
            <xsl:for-each select="key('instanceOf','#plang')">
               <td background="grey">
                <xsl:apply-templates select="." mode="link"/>
              </td>
            </xsl:for-each>
          </tr>
        </table>
      </td>
    </tr>
    <tr>
      <td valign="top" bgcolor="#eeeeee">
        <xsl:call-template name="sitemap">
          <xsl:with-param name="classRef">#sort</xsl:with-param>
          <xsl:with-param name="current" select="$this/@id"/>
        </xsl:call-template>
      </td>
      <td valign="top" bgcolor="#ffeedd" >
       <xsl:copy-of select="$content"/>
      </td>
    </tr></table>
    </body>
  </html>
  </redirect:write>
</xsl:template>
```

La règle précédente utilise un template correspondant à baseName en mode label :

```
<xsl:template match="topic" mode="label">
     <xsl:value-of select="baseName[not(scope)]/baseNameString"/>
```

```
</xsl:template>
```

La règle correspondant à baseName en mode `link` crée un lien hypertexte vers la page web du thème :

```
<xsl:template match="topic" mode="link">
  <a href="{@id}.html">
    <xsl:value-of select="baseName[not(scope)]/baseNameString"/>
  </a>  </xsl:template>
```

Plus loin dans le code, vous utiliserez la règle correspondant à baseName en mode `subject-indicator`. Cette règle crée un lien hypertexte vers une ressource indiquant le thème en question :

```
<xsl:template match="topic" mode="indicator">
  <a href="{subjectIdentity/subjectIndicatorRef/@xlink:href}">
    <xsl:value-of select="baseName[not(scope)]/baseNameString"/>
  </a>
</xsl:template>
```

La règle `sitemap` itère sur l'ensemble des sous-classes du thème `sort`, crée des liens hypertexte vers les pages correspondant aux algorithmes dérivés, et s'appelle récursivement pour parcourir les sous-classes des sous-classes :

```
<xsl:template name="sitemap">
  <xsl:param name="classRef"/>
  <xsl:param name="current"/>
  <xsl:variable name="topic" select="key('topicByID',$classRef)"/>
  <xsl:choose>
    <xsl:when test="$topic/@id=$current">
      <span class="A">
       <xsl:apply-templates select="$topic" mode="label"/>
      </span>
    </xsl:when>
    <xsl:otherwise>
      <xsl:apply-templates select="$topic" mode="link"/>
    </xsl:otherwise>
  </xsl:choose>
  <xsl:variable name="aref" select="key('classAssoc',$classRef)"/>
  <xsl:if test="$aref">
    <ul>
      <xsl:for-each
           select="$aref/member
                   [roleSpec/topicRef/@xlink:href=
                    '#_subclass']/topicRef">
        <li>
        <xsl:call-template name="sitemap">
          <xsl:with-param name="classRef" select="@xlink:href"/>
          <xsl:with-param name="current" select="$current"/>
        </xsl:call-template>
        </li>
      </xsl:for-each>
    </ul>
  </xsl:if>
```

```
</xsl:template>
```

La clé classRef, utilisée par la règle en charge de la carte du site, se sert de l'identificateur d'un thème donné pour déterminer les associations super-classe/sous-classe dans lesquelles le thème joue le rôle de super-classe :

```
<xsl:key
  name = "classAssoc"
  match = "association[instanceOf/topicRef/@xlink:href=
                      '#_class-subclass']"
  use = "member[roleSpec/topicRef/@xlink:href=
                '#_superclass']/topicRef/@xlink:href" />
```

Plus loin dans le code, vous utiliserez la clé subClassRef, qui sélectionne également les associations super-classe/sous-classe, mais cette fois en utilisant member lorsque le thème joue le rôle de sous-classe :

```
<xsl:key
  name = "subClassAssoc"
  match = "association[instanceOf/topicRef/@xlink:href=
                      '#_class-subclass']"
  use = "member[roleSpec/topicRef/@xlink:href=
                '#_subclass']/topicRef/@xlink:href" />
```

Vous êtes maintenant prêt pour étudier les trois règles de mise en page.

La règle de mise en page root-page est très simple. Elle appelle la règle de page décrite plus haut, et lui transmet le code HTML généré pour les occurrences de type description dans le paramètre content :

```
<xsl:template name="root-page">
  <xsl:param name="this"/>
  <xsl:call-template name="page">
    <xsl:with-param name="this" select="$this"/>
    <xsl:with-param name="content">
      <font size="+1">
        <xsl:apply-templates
             select="$this/occurrence
                      [instanceOf/topicRef/@xlink:href='#description']"/>
      </font>
    </xsl:with-param>
  </xsl:call-template>
</xsl:template>
```

La règle de mise en page plang-page est légèrement plus complexe. Elle contient un titre composé du nom du thème courant suivi par le nom du type de thème. Puis une ligne d'identité du sujet pointe vers un autre endroit du Web où ce sujet est défini. Viennent ensuite des descriptions de thèmes, s'il y en a. Elle itère ensuite et produit un lien pour chaque occurrence de code écrite dans le langage de programmation courant. À la suite de la ressource on trouve entre crochets un lien vers l'algorithme de tri programmé dans cette ressource :

```
<xsl:template name="plang-page">
  <xsl:param name="this" select="."/>
  <xsl:call-template name="page">
```

```
      <xsl:with-param name="this" select="$this"/>
      <xsl:with-param name="content">
        <font size="+2">
          <xsl:apply-templates select="$this" mode="label"/>, a
          <xsl:apply-templates mode="label"
         select="key('topicByID',$this/instanceOf/topicRef/@xlink:href)" />.
        </font>
        <br/><br/>
        <xsl:apply-templates select="$this/subjectIdentity"/>
        <xsl:apply-templates
         select="$this/occurrence
                        [instanceOf/topicRef/@xlink:href='#description']"/>
        <xsl:variable name="codes"
           select="key('plang-codes',concat('#',$this/@id))"/>
        <xsl:if test="$codes">
          <span>Sorting algorithms implemented in
            <xsl:apply-templates select="$this" mode="label"/>:</span>
          <ul>
            <xsl:for-each select="$codes">
              <li>
                <a href="{resourceRef/@xlink:href}">
                   <xsl:value-of select="resourceRef/@xlink:href"/>
                </a>
                [<xsl:apply-templates select=".." mode="link"/>]<br/>
              </li>
            </xsl:for-each>
          </ul>
          <br/><br/>
        </xsl:if>
      </xsl:with-param>
    </xsl:call-template>
  </xsl:template>
```

La clé `plang-codes` utilisée ci-dessus sélectionne toutes les occurrences dans la carte thématique selon n'importe lequel des thèmes dans la portée :

```
  <xsl:key
   name="plang-codes"
   match="occurrence"
   use="scope/topicRef/@xlink:href"/>
```

La règle de mise en page `algorithm-page` arrive en dernier. Son titre est composé du nom du thème courant suivi des noms `also-known-as` entre crochets. La ligne d'identité de sujet est suivie par une liste de super-classes, s'il y en a, desquelles l'algorithme de tri courant hérite. Vous trouverez ensuite une ou plusieurs descriptions d'algorithme, suivies par la liste des liens vers des occurrences de démonstration de cet algorithme, ainsi que la liste des d'exemples de code avec des références croisées vers les langages de programmations utilisés (entre crochets). Dans le bas de la page, on trouve la liste des sous-classes ou des variantes, s'il y en a, de l'algorithme courant. Enfin, la règle de mise en page `algorithm-page` s'appelle récursivement pour produire les pages de toutes les sous-classes de ses sous-classes :

```
  <xsl:template name="algorithm-page">
```

```
<xsl:param name="this"/>
<xsl:call-template name="page">
  <xsl:with-param name="this" select="$this"/>
  <xsl:with-param name="content">
    <font size="+2"><xsl:apply-templates select="$this" mode="label"/>
      <xsl:if test="$this/baseName
                      [scope/topicRef/@xlink:href='#also-known-as']">
        [<xsl:value-of select="$this/baseName
          [scope/topicRef/@xlink:href='#also-known-as']
         /baseNameString"/>]
      </xsl:if>
    </font>
    <br/><br/>
    <xsl:apply-templates select="$this/subjectIdentity"/>
    <xsl:variable name="superclasses"
      select="key('subClassAssoc',concat('#',$this/@id))
      member[roleSpec/topicRef/@xlink:href='#_superclass']/topicRef"/>
    <xsl:if test="$superclasses">
      Inherits from
      <xsl:for-each select="$superclasses">
        <xsl:apply-templates
          select="key('topicByID',@xlink:href)" mode="link"/>
          <xsl:if test="position( ) != last( )">, </xsl:if>
      </xsl:for-each>
      <br/><br/>
    </xsl:if>
    <xsl:apply-templates
      select="$this/occurrence
                    [instanceOf/topicRef/@xlink:href='#description']"/>
    <xsl:variable name="demos"
       select="$this/occurrence
                    [instanceOf/topicRef/@xlink:href='#demo']"/>
    <xsl:if test="$demos">
      <span>Demonstrations: </span>
      <ul>
        <xsl:for-each select="$demos">
          <li>
            <a href="{resourceRef/@xlink:href}"><
             xsl:value-of select="resourceRef/@xlink:href"/>
            </a><br/>
          </li>
        </xsl:for-each>
      </ul>
      <br/>
    </xsl:if>
    <xsl:variable name="codes"
        select="$this/occurrence[instanceOf/topicRef/@xlink:href='#code']"/>
    <xsl:if test="$codes">
      <span>Implementations and sample code: </span>
      <ul>
        <xsl:for-each select="$codes">
          <li>
```

```
            <a href="{resourceRef/@xlink:href}">
              <xsl:value-of select="resourceRef/@xlink:href"/>
            </a>
            [<xsl:apply-templates mode="link"
              select="key('topicByID',scope/topicRef/@xlink:href)"/>]
          </li>
        </xsl:for-each>
      </ul>
      <br/>
    </xsl:if>
    <xsl:variable name="subclasses"
        select="key('classAssoc',
                    concat('#',$this/@id))/member
                                        [roleSpec/topicRef/@xlink:href=
                                         '#_subclass']/topicRef"/>
    <xsl:if test="$subclasses">
      See also
      <xsl:value-of select="$this/baseName[not(scope)]/baseNameString"/>
      variants:
      <xsl:for-each select="$subclasses">
        <xsl:apply-templates
             select="key('topicByID',@xlink:href)" mode="link"/>
        <xsl:if test="position(  ) != last(  )">, </xsl:if>
      </xsl:for-each>
    </xsl:if>
  </xsl:with-param>
</xsl:call-template>
<xsl:variable name="aref"
              select="key('classAssoc',concat('#',$this/@id))"/>
<xsl:for-each
  select="$aref/member
          [roleSpec/topicRef/@xlink:href='#_subclass']/topicRef">
  <xsl:call-template name="algorithm-page">
    <xsl:with-param name="this" select="key('topicByID',@xlink:href)"/>
  </xsl:call-template>
</xsl:for-each>
</xsl:template>
```

Discussion

Les cartes thématiques sont une technologie qui accumule et qui gère des connaissances sur des domaines du monde réel. Dans notre cas, nous avons représenté des associations entre des algorithmes et d'autres objets et ressources. Si vous suivez attentivement les conventions de CTW, vous serez capable de créer un site web à partir d'une carte thématique.

Dans cette solution, nous nous sommes limité à quelques types d'objets et de relations entre ceux-ci. Les applications réelles sont bien plus compliquées. L'idée principale a été de démontrer la puissance et les opportunités formidables fournis par le paradigme CTW.

Dans le paradigme CTW, un unique document contenant une carte thématique contrôle aussi bien le contenu que la structure d'un site web entier. L'architecture propre aux cartes thématiques CTW fournit un moyen robuste et intuitif de maintenir des liens entre pages web, contenu de ces pages, et méta données. Les sites web construits selon les normes CTW sont facilement fusionnés, et sont insensibles aux liens brisés. XSLT permet d'offrir une mise en forme homogène, une indépendance à la plate-forme, et la réutilisabilité.

Tout cela a un prix : le paradigme CTW oblige à réfléchir en termes de thèmes, de caractéristiques de thèmes, et d'associations. Cette approche ne vous limite dans la création de contenu que dans le cadre de l'ontologie choisie, mais elle vous aide à maintenir une organisation correcte et une bonne navigabilité des connaissances regroupées dans le site web.

XSLT habilite CTW, parce que cette technologie fournit des moyens modulaires et extensibles de transformer et de mettre en forme les connaissances contenues dans la carte thématique. Les solutions CTW dynamiques créées avec XSLT peuvent s'appliquer à des milliers de thèmes, et les solutions statiques ne sont limitées que par la place sur le disque.

Pour aller plus loin

L'ouvrage *XML Topic Maps: Creating and Using Topic Maps for the Web*, édité sous la direction de Jack Park, (Addison Wesley, 2002), est un excellent livre qui traite aussi bien de la théorie que des applications des cartes thématiques, de façon tout à fait accessible.

Vous trouverez une bonne collection de liens et de ressources sur les cartes thématiques à *http://www.dmoz.org/Computers/Artificial_Intelligence/Knowledge_Representation/Topic_Maps/*.

L'auteur maintient un site web à *http://www.cogx.com/ctw*, qui décrit plus en détail les cartes thématiques et le paradigme CTW. Les transparents de la présentation de CTW à la conférence *Extreme Markup Languages* sont disponibles à *http://www.cogx.com/Extreme2000/*.

11.5 Tirer de la documentation SOAP de WSDL

Problème

Vous utilisez SOAP et WSDL pour construire une architecture d'entreprise basée sur des services. Vous voulez que les développeurs puissent trouver une information complète et à jour sur les services disponibles.

Solution

Cette solution construit un serveur de document basé sur WSDL, c'est-à-dire un service qui fournit de l'information sur les services.[5]

5. Un méta-service, en quelque sorte.

Cet exemple utilise un programme CGI écrit en Perl pour déclencher les transformations XSLT d'un fichier WSDL unique contenant ou incluant les informations disponibles sur tous les services de l'entreprise. Dans ce cas, le CGI appelle le processeur XSLT dans un appel de la fonction `system`. Ce dispositif étrange est utilisable dans un prototype, mais pas en production. Une meilleure solution consisterait à utiliser les modules Perl `XML::LibXML` et `XML::LibXSLT`. Une architecture encore meilleure utiliserait une solution plus sophistiquée pour appeler le processeur XSLT, comme Cocoon par exemple. Pour nous concentrer sur les aspects XSLT et WSDL de cet exemple, et non sur l'architecture du programme CGI, nous nous en tiendrons à l'approche simpliste.

La page principale du site est générée par un CGI qui indique à l'utilisateur les services et les ports disponibles. Référez-vous à la discussion pour des explications sur ces notions. Il utilise le script Perl d'interfaçage avec Saxon suivant :

```
#!c:/perl/bin/perl
print "Content-type: text/html\n\n" ;
system "saxon StockServices.wsdl wsdlServiceList.xslt" ;
```

La transformation construit un formulaire contenant tous les serives, port, liaisons et types de ports :

```
<?xml version="1.0" encoding="UTF-8"?>
<xsl:stylesheet
     version="1.0"
    xmlns:xsl="http://www.w3.org/1999/XSL/Transform"
    xmlns:wsdl="http://schemas.xmlsoap.org/wsdl/"
    xmlns:soap="http://schemas.xmlsoap.org/wsdl/soap/"
    xmlns:http="http://schemas.xmlsoap.org/wsdl/http/"
    xmlns:mime="http://schemas.xmlsoap.org/wsdl/mime/"
    exclude-result-prefixes="wsdl soap http mime">

  <xsl:output method="html"/>

  <xsl:template match="/">
      <html>
      <head>
        <title>Available Services at ACME Web Services, Inc.</title>
        <xsl:comment>WSDL Documentation : generated by wsdlServiceList.xslt
        </xsl:comment>
      </head>
      <body>
        <xsl:apply-templates/>
      </body>
    </html>

  </xsl:template>

  <xsl:template match="wsdl:definitions">
    <h1>Available Services at ACME Web Services, Inc.</h1>
    <br/>
    <form name="QueryServiceForm" method="post" action="QueryService.pl">
    <table>
      <tbody>
```

```
          <tr>
            <td>Services</td>
            <td>
              <select name="service">
                <option value="ALL">ALL</option>
                <xsl:apply-templates select="wsdl:service"/>
              </select>
            </td>
          </tr>
           <tr>
            <td>Ports</td>
            <td>
              <select name="port">
                <option value="ALL">ALL</option>
                <xsl:apply-templates select="wsdl:service/wsdl:port"/>
              </select>
            </td>
          </tr>
           <tr>
            <td>Liaisons</td>
            <td>
              <select name="binding">
                <option value="ALL">ALL</option>
                <xsl:apply-templates select="wsdl:binding"/>
              </select>
            </td>
          </tr>
           <tr>
            <td>Types de ports</td>
            <td>
              <select name="portType">
                <option value="ALL">ALL</option>
                <xsl:apply-templates select="wsdl:portType"/>
              </select>
            </td>
          </tr>
        </tbody>
      </table>
      <br/>
      <button type="submit" name="submit">Query Services</button>
      </form>
    </xsl:template>

  <xsl:template match="wsdl:service | wsdl:port | wsdl:binding | wsdl:portType">
    <option value="{@name}"><xsl:value-of select="@name"/></option>
  </xsl:template>

  </xsl:stylesheet>
```

Les utilisateurs peuvent sélectionner une combinaison de service, de port, de liaison et de type de port, sur lesquels ils veulent plus d'informations. Lorsque ce formulaire est soumis, un autre petit script Perl extrait les données d'entrées et appelle une autre transformation XSLT :

```
#!/perl/bin/perl

use warnings;

use strict;  use CGI qw(:standard);

my $query = new CGI ;

my $service = $query->param('service');
my $port = $query->param('port');
my $binding = $query->param('binding');
my $portType = $query->param('portType');

print $query->header('text/html');

system "saxon StockServices.wsdl QueryService.xslt service=$service port=$port
binding=$binding portType=$portType"
```

Cette transformation extrait les services qui correspondent aux critères de l'utilisateur, et affiche les informations concernant ce service. La première partie de la feuille de style normalise certains paramètres. Elle fait cela parce qu'un attribut référencé dans un document WSDL pourrait contenir un préfixe d'espace de noms, alors que l'attribut `@name` de l'élément référencé n'en contient pas. Le même raisonnement s'applique pour la construction des clés :

```
<?xml version="1.0" encoding="UTF-8"?>
<!DOCTYPE xslt [
  <!ENTITY TNSPREFIX "'acme:'">
]>
<xsl:stylesheet
     version="1.0"
     xmlns:xsl="http://www.w3.org/1999/XSL/Transform"
     xmlns:xsd="http://www.w3.org/2000/10/XMLSchema"
     xmlns:wsdl="http://schemas.xmlsoap.org/wsdl/"
     xmlns:soap="http://schemas.xmlsoap.org/wsdl/soap/"
     xmlns:http="http://schemas.xmlsoap.org/wsdl/http/"
     xmlns:mime="http://schemas.xmlsoap.org/wsdl/mime/">

<!-- Paramètres de la requête -->
<xsl:param name="service" select="'ALL'"/>
<xsl:param name="port" select="'ALL'"/>
<xsl:param name="liaison" select="'ALL'"/>
<xsl:param name="typePort" select="'ALL'"/>

<!-- Une technique (un "hack") pour rendre une variable vide si le  paramètre
correspondant vaut ALL, ou sinon la concaténation de  &TNSPREFIX et du paramètre.
Par exemple, number($service = 'ALL') * 99999 + 1 vaudra 1 si  $service n'est pas
égal à 'ALL' mais 100000 si il l'est, et donc  au-delà de la longueur de la chaîne,
ce qui oblige substring() à  renvoyer une chaîne vide.  Tout cela sert à simplifier
les références croisées. -->
```

```
<xsl:variable name="refService"
              select="substring(concat(&TNSPREFIX;,$service),
                                number($service = 'ALL') * 99999 + 1)"/>
<xsl:variable name="refPort"
              select="substring(concat(&TNSPREFIX;,$port),
                                number($port = 'ALL') * 99999 + 1)"/>
<xsl:variable name="refLiaison"
              select="substring(concat(&TNSPREFIX;,$liaison),
                                number($liaison = 'ALL') * 99999 + 1)"/>
<xsl:variable name="refTypePort"
              select="substring(concat(&TNSPREFIX;,$typePort),
                                number($typePort = 'ALL') * 99999 + 1)"/>

<!-- Pour simplifier et accélerer les requêtes -->
<xsl:key name="key_liaisons"
         match="wsdl:binding" use="concat(&TNSPREFIX;,@name)"/>
<xsl:key name="key_typePort"
         match="wsdl:portType" use="concat(&TNSPREFIX;,@name)"/>

<xsl:output method="html"/>

  <xsl:template match="/">
      <html>
      <head>
        <title>ACME Web Services, Inc. Résultats de requêtes</title>
        <xsl:comment>Documentation WSDL générée par wsdlServiceList.xslt
        </xsl:comment>
      </head>
      <body>
        <xsl:apply-templates select="wsdl:definitions"/>
      </body>
    </html>
</xsl:template>
```

Ici on simplifie le problème en déterminant si la requête a identifié des services correspondants, en capturant le résultat dans une variable et en testant sa valeur normalisée. Si celle-ci est vide, cela signifie que la requête a échoué, et un message s'affiche. La requête est assez subtile, car le type de port du service ne peut être déterminé qu'en faisant deux bonds à partir du service, le premier vers la liaison correspondante, le second de la liaison au type de port :

```
<xsl:template match="wsdl:definitions">
   <xsl:variable name="result">
        <!-- Rechercher les services qui correspondent aux critères
             La correspondance du type de port est la seule partie
             compliquée, parce qu'il est nécessaire de traverser la
             liaison pour atteindre le type de port. C'est pourquoi
             il y a deux appels de key() imbriqués. -->
        <xsl:apply-templates
             select="wsdl:service[
                    (not($refService)  or @name = $service) and
                    (not($refPort)
```

```
      or wsdl:port/@name = $port) and
                       (not($refLiaison)  or wsdl:port/@binding = $refLiaison)
                       and
                       (not($refTypePort) or key('key_typePort',
                                                    key('key_liaisons',
                                                      wsdl:port/@binding)/@type)
                                                         /@name = $typePort)]"/>
    </xsl:variable>
    <xsl:choose>
      <xsl:when test="normalize-space($result)">
        <xsl:copy-of select="$result"/>
      </xsl:when>
      <xsl:otherwise>
        <p><b>Pas de service correspondant</b></p>
      </xsl:otherwise>
    </xsl:choose>
  </xsl:template>
```

Le reste de la feuille de style consiste essentiellement à parcourir le document WSDL pour en faire une table HTML. Un service peut contenir un ou plusieurs ports, il faut donc s'assurer de sélectionner les ports correspondants à la requête une fois de plus :

```
<xsl:template match="wsdl:service" mode="display">
<h1><xsl:value-of select="@name"/></h1>
<p><xsl:value-of select="wsdl:documentation"/></p>
<table border="1" cellpadding="5" cellspacing="0"  width="600">
  <tbody>
    <xsl:apply-templates
         select="wsdl:port[(not($refPort) or @name = $port) and
                           (not($refLiaison) or @binding = $refLiaison)]"
         mode="display"/>
  </tbody>
</table>
</xsl:template>
```

On utilise les clés pour traverser (c'est-à-dire faire une jointure) entre port et liaison, de même qu'entre liaison et type de port :

```
<xsl:template match="wsdl:port" mode="display">
    <tr>
      <td style="font-weight:bold" colspan="2" align="center">Port</td>
    </tr>
    <tr>
      <td colspan="2"><h3><xsl:value-of select="@name"/></h3></td>
    </tr>
    <tr>
      <td style="font-weight:bold" width="50">Liaison</td>
      <td><xsl:value-of select="substring-after(@binding,':')"/></td>
    </tr>
    <tr>
      <td style="font-weight:bold" width="50">Adresse</td>
      <td><xsl:value-of select="soap:address/@location"/></td>
    </tr>
    <tr>
```

```
      <th colspan="2" align="center">Opérations</th>
    </tr>
    <xsl:apply-templates select="key('key_liaisons',@binding)" mode="display"/>
</xsl:template>

<xsl:template match="wsdl:binding" mode="display">
  <xsl:apply-templates select="key('key_typePort',@type)" mode="display">
    <xsl:with-param name="operation" select="wsdl:operation/@name"/>
  </xsl:apply-templates>
</xsl:template>

<xsl:template match="wsdl:portType" mode="display">
  <xsl:param name="operation"/>
  <xsl:for-each select="wsdl:operation[@name = $operation]">
    <tr>
      <td colspan="2"><h3><xsl:value-of select="@name"/></h3></td>
    </tr>
    <xsl:if test="wsdl:input">
      <tr>
        <td style="font-weight:bold" width="50">Entrée</td>
        <td><xsl:value-of select="substring-after
             (wsdl:input/@message,':')"/></td>
      </tr>
      <xsl:variable name="msgName"
          select="substring-after(wsdl:input/@message,':')"/>
      <xsl:apply-templates
          select="/*/wsdl:message[@name = $msgName]" mode="display"/>
    </xsl:if>
    <xsl:if test="wsdl:output">
      <tr>
        <td style="font-weight:bold" width="50">Sortie</td>
        <td><xsl:value-of select="substring-after
            (wsdl:output/@message,':')"/></td>
      </tr>
      <xsl:variable name="msgName"
          select="substring-after(wsdl:output/@message,':')"/>
      <xsl:apply-templates
          select="/*/wsdl:message[@name = $msgName]" mode="display"/>
   </xsl:if>
  </xsl:for-each>
</xsl:template>

<xsl:template match="wsdl:message" mode="display">
  <xsl:variable name="dataType"
      select="substring-after(wsdl:part[@name='body']/@element,':')"/>
  <tr>
    <td colspan="2">
      <xsl:apply-templates
          select="/*/wsdl:types/*/*[@name=$dataType]" mode="display">
        <xsl:with-param name="initial-newline" select="false( )"/>
      </xsl:apply-templates>
    </td>
```

```
  </tr>
</xsl:template>
```

Ce code affiche le schéma XSD des messages sous la forme de code XML incorporé à la page HTML. Le schéma est certainement l'information la plus pertinente à afficher pour documenter les types de données associées aux messages d'entrée et de sortie d'un service :

```
<xsl:template match="*" mode="display">
  <xsl:param name="saut-de-ligne-initial" select="true(  )"/>

  <xsl:if test="$saut-de-ligne-initial">
    <xsl:call-template name="saut-de-ligne"/>
  </xsl:if>
  <!-- ouvrir une balise -->
  <a>&lt;</a>
  <a><xsl:value-of select="name(.)" /> </a>

  <!-- Afficher les attributs -->
  <xsl:for-each select="@*">
    <a><xsl:text> </xsl:text><xsl:value-of select="name(.)" />  </a>
    <a>=&quot;</a>
    <xsl:value-of select="." />
    <a>&quot;</a>
  </xsl:for-each>

  <xsl:choose>
       <xsl:when test="child::node(  )">
        <!-- fermer la balise d'entrée -->
        <a>&gt;</a>
        <xsl:apply-templates  mode="display"/>
        <xsl:call-template name="saut-de-ligne"/>
        <!-- balise fermante -->
        <a>&lt;</a>
        <a>/<xsl:value-of select="name(.)" /></a>
       </xsl:when>
       <xsl:otherwise>
            <a>/</a>
       </xsl:otherwise>
  </xsl:choose>
  <a>&gt;</a>
</xsl:template>

<!-- Ajouter un saut de ligne et indenter selon la profondeur dans le schéma -->
<xsl:template name="saut-de-ligne">
     <br/>
     <xsl:for-each select="ancestor::xsd:*[not(self::xsd:schema)]">
          <xsl:text>    </xsl:text>
     </xsl:for-each>
</xsl:template>

</xsl:stylesheet>
```

Discussion

Dans le chapitre 10, nous avons vu un dépôt de messages contenant des méta-données qui décrivent les messages échangés au sein d'une architecture client-serveur. WSDL est un exemple de ce type de syntaxe de dépôt de données dans le cadre d'une architecture de services web. Dans ce cas, vous pouvez utiliser le même document WSDL pour générer du code et de la documentation. Cet exemple se focalise sur la distribution de documentation.

WSDL décrit les services web en termes d'association entre des services et des ports. Dans WSDL, un *port* est un point d'entrée unique défini par la combinaison d'une liaison et d'une adresse de réseau. Une *liaison* est une spécification concrete d'un protocole et d'un format de données pour un type de port particulier. Un *type de port* définit un ensemble abstrait d'opérations, permises par un ou plusieurs point d'entrée. Une *opération* est une action qu'un service peut effectuer, et est définie par un message contenant un certain type de données. Ces données sont en général décrites par un schéma XSD. Le code ci-dessous est un exemple partiel de document WSDL simple décrivant un ensemble de services offerts par Acme Corporation :

```
<definitions name="StockServices" targetNamespace="http://acme.com/services.wsdl"
xmlns:acme="http://acme.com/services.wsdl" xmlns:xsd1="http://acme.com/
stockquote.xsd"  xmlns:soap="http://schemas.xmlsoap.org/wsdl/soap/" xmlns="http://
schemas.xmlsoap.org/wsdl/">
```

WSDL utilise des schémas XSD comme méthode par défaut pour la spécification des données des types de messages échangés dans une architecture de services :

```
<types>
  <schema targetNamespace="http://acme.com/services.xsd"
    xmlns="http://www.w3.org/2000/10/XMLSchema">
    <element name="Ticker">
      <complexType>
        <all>
          <element name="tickerSymbol" type="string"/>
        </all>
      </complexType>
    </element>
    <element name="TradePrice">
      <complexType>
        <all>
          <element name="price" type="float"/>
        </all>
      </complexType>
    </element>
    <element name="CompanyName">
      <complexType>
        <all>
          <element name="company" type="string"/>
        </all>
      </complexType>
    </element>
    <element name="ServicesInfo">
```

```
    <complexType>
      <sequence>
        <element name="Services">
          <complexType>
            <sequence>
              <element name="Service" type="string" minOccurs="0"
                       maxOccurs="unbounded"/>
            </sequence>
          </complexType>
        </element>
        <element name="Ports">
          <complexType>
            <sequence>
              <element name="Port" type="string" minOccurs="0"
                       maxOccurs="unbounded"/>
            </sequence>
          </complexType>
        </element>
        <element name="Bindings">
          <complexType>
            <sequence>
              <element name="Binding" type="string" minOccurs="0"
                       maxOccurs="unbounded"/>
            </sequence>
          </complexType>
        </element>
        <element name="PortTypes">
          <complexType>
            <sequence>
              <element name="Port" type="string" minOccurs="0"
                       maxOccurs="unbounded"/>
            </sequence>
          </complexType>
        </element>
      </sequence>
    </complexType>
  </element>
  <element name="ServicesQuery">
    <complexType>
      <all>
        <element name="Service" type="string"/>
        <element name="Port" type="string"/>
        <element name="Binding" type="string"/>
        <element name="PortType" type="string"/>
      </all>
    </complexType>
  </element>
  <element name="ServicesResponse">
    <complexType>
      <sequence>
        <any/>
      </sequence>
```

```
      </complexType>
    </element>
  </schema>
</types>
```

Les messages associent des noms à des types de données, et sont utilisés pour spécifier ce qui est communiqué au sein de l'architecture :

```
<message name="GetLastTradePriceInput">
  <part name="body" element="xsd1:Ticker"/>
</message>
<message name="GetLastTradePriceOutput">
  <part name="body" element="xsd1:TradePrice"/>
</message>
<message name="GetCompanyInput">
  <part name="body" element="xsd1:Ticker"/>
</message>
<message name="GetCompanyOutput">
  <part name="body" element="xsd1:CompanyName"/>
</message>
<message name="GetTickerInput">
  <part name="body" element="xsd1:CompanyName"/>
</message>
<message name="GetTickerOutput">
  <part name="body" element="xsd1:Ticker"/>
</message>
<message name="GetServicesInput"/>
<message name="GetServicesOutput">
  <part name="body" element="xsd1:ServicesInfo"/>
</message>
<message name="QueryServicesInput">
  <part name="body" element="xsd1:ServicesQuery"/>
</message>
<message name="QueryServicesOutput">
  <part name="body" element="xsd1:ServicesRespose"/>
</message>
```

Les types de port précisent les opérations disponibles pour un point d'entrée de service particulier (un port). Cette section décrit deux types de ports : le premier donne des informations sur la cote d'une action, et l'autre décrit un service de découverte de services. Le service de découverte de service est celui que vous implémentez dans cet exemple, avec la nuance qu'il sera utilisé par autre chose qu'un navigateur web :

```
<portType name="StockPortType">
  <operation name="GetLastTradePrice">
    <input message="acme:GetLastTradePriceInput"/>
    <output message="acme:GetLastTradePriceOutput"/>
  </operation>
  <operation name="GetTickerFromCompany">
    <input message="acme:GetTickerInput"/>
    <output message="acme:GetCompanyOutput"/>
  </operation>
  <operation name="GetCompanyFromTicker">
```

```
      <input message="acme:GetCompanyInput"/>
      <output message="acme:GetTickerOutput"/>
    </operation>
  </portType>
  <portType name="ServicePortType">
    <operation name="GetServices">
      <input message="acme:GetServicesInput"/>
      <output message="acme:GetServicesOutput"/>
    </operation>
    <operation name="QueryServices">
      <input message="acme:QueryServicesInput"/>
      <output message="acme:QueryServicesOutput"/>
    </operation>
  </portType>
```

Les liaisons associent des opérations à des protocoles spécifiques. Ici vous déclarez que les opérations sont liées au protocole SOAP :

```
  <binding name="StockQuoteSoapBinding" type="acme:StockPortType">
    <soap:binding style="document"
     transport="http://schemas.xmlsoap.org/soap/http"/>
    <operation name="GetLastTradePrice">
      <soap:operation soapAction="http://acme.com/GetLastTradePrice"/>
      <input>
        <soap:body use="literal"/>
      </input>
      <output>
        <soap:body use="literal"/>
      </output>
    </operation>
  </binding>
  <binding name="StockTickerSoapBinding" type="acme:StockPortType">
    <soap:binding style="document"
     transport="http://schemas.xmlsoap.org/soap/http"/>
    <operation name="GetTickerFromCompany">
      <soap:operation soapAction="http://acme.com/GetTickerSymbol"/>
      <input>
        <soap:body use="literal"/>
      </input>
      <output>
        <soap:body use="literal"/>
      </output>
    </operation>
  </binding>
  <binding name="StockNameSoapBinding" type="acme:StockPortType">
    <soap:binding style="document"
     transport="http://schemas.xmlsoap.org/soap/http"/>
    <operation name="GetCompanyFromTicker">
      <soap:operation soapAction="http://acme.com/GetCompanyName"/>
      <input>
        <soap:body use="literal"/>
      </input>
      <output>
```

```
        <soap:body use="literal"/>
      </output>
    </operation>
  </binding>
  <binding name="ServiceListSoapBinding" type="acme:ServicePortType">
    <soap:binding style="document"
     transport="http://schemas.xmlsoap.org/soap/http"/>
    <operation name="GetServices">
      <soap:operation soapAction="http://acme.com/GetServices"/>
      <input>
        <soap:body use="literal"/>
      </input>
      <output>
        <soap:body use="literal"/>
      </output>
    </operation>
  </binding>
```

Deux services sont annoncés ici. Le premier est lié à la cote des actions, et l'autre à la découverte de services. Remarquez de quelle façon les services organisent un ensemble de ports pour décrire la fonctionnalité assurée par le service :

```
  <service name="StockInfoService">
    <documentation>Provides information about stocks.</documentation>
    <port name="StockQuotePort" binding="acme:StockQuoteSoapBinding">
      <soap:address location="http://acme.com/stockquote"/>
    </port>
    <port name="StockTickerToNamePort" binding="acme:StockTickerSoapBinding">
      <soap:address location="http://acme.com/tickertoname"/>
    </port>
    <port name="StockNameToTickerPort" binding="acme:StockNameSoapBinding">
      <soap:address location="http://acme.com/nametoticker"/>
    </port>
  </service>
  <service name="ServiceInfoService">
    <documentation>Provides information about available
                   services.</documentation>
    <port name="ServiceListPort" binding="acme:ServiceListSoapBinding">
      <soap:address location="http://acme.com/stockquote"/>
    </port>
    <port name="ServiceQueryPort" binding="acme:ServiceQuerySoapBinding">
      <soap:address location="http://acme.com/tickertoname"/>
    </port>
  </service>

</definitions>
```

En utilisant le serveur CGI, vous obtenez un écran de requête de services. Vous pouvez sélectionner les paramètres de la requête comme dans la figure 11-6.

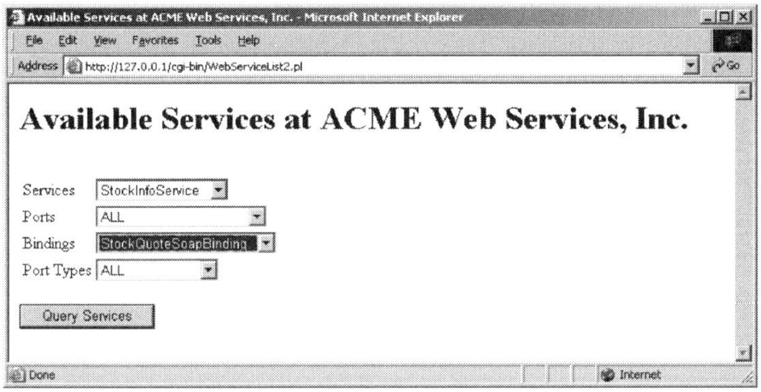

Figure 11-6. Écran de requête WSDL

Lorsque vous soumettez la requête, vous obtenez le résultat de la figure 11-7.

Figure 11-7. Écran de résultat WSDL

Pour aller plus loin

Les spécifications de WSDL sont disponibles à *http://www.w3.org/TR/wsdl*. WSDL n'est pas encore une recommandation officielle du W3C, mais elle bénéficie cependant d'une reconnaissance et d'une adoption rapide dans l'industrie. Un groupe de travail officiel s'occupe de la description des services web (*http://www.w3.org/2002/ws/desc/*), et prépare un document qui deviendra à terme une recommandation soutenue par le W3C.

Voir la recette 12-5 pour une façon d'intégrer le traitement XSLT à Perl plutôt que de créer un processus séparé.

12

Extension et intégration de XSLT

Tout le monde devrait porter un super Wonderbra. Il y a tellement de façons de donner un coup de pouce à la Nature, tout le monde le fait.

Christina Aguilera

Les programmeurs réellement ambitieux ne sont jamais satisfaits de ce qu'ils reçoivent et s'obstinent à améliorer ce qu'ils sont. Je dis « ambitieux » plutôt que « talentueux » parce que le talent, selon moi, consiste à comprendre quand il est plus sage de rester dans le cadre du système plutôt que de l'étendre. Malgré tout, ce chapitre est consacré à l'extension du système, à la fois du point de vue des fonctionnalités XSLT implantées plus efficacement dans d'autres langages que du point de vue d'autres langages ayant besoin des fonctionnalités de XSLT.

Étendre XSLT est, par définition, à la marge de ce que définit la spécification. Les extensions réduisent la portabilité du code XSLT. Dans tous les cas, il est risqué d'utiliser les extensions de votre processeur XSLT, ou d'implémenter vos propres extensions. Cette remarque est vraie même si vous écrivez vos extensions dans un langage portable comme Java. La raison la plus évidente est que certains processeurs XSLT ne sont pas écrits en Java, et ont donc peu de chances de supporter les extensions écrites en Java. Pourtant, même si vous voulez seulement que vos extensions fonctionnent avec les processeurs écrits en Java, vous découvrirez rapidement que le mécanisme d'extension n'a pas été totalement standardisé dans la version 1.0. Cette situation s'est amélioré dans la version 1.1, mais cette version n'est plus soutenue officiellement, et la plupart des processeurs ne la supportent pas. De façon surprenante, XSLT 2.0 ne promet aucune standardisation pour ce qui est des extensions.

Extensibilité de XSLT 2.0

Le document de travail sur XSLT 2.0 (*http://www.w3.org/TR/xslt20/*) déclare ceci à propos des extensions :

> Cette spécification ne définit pas de mécanisme pour créer ou intégrer des instructions ou des fonctions d'extension, et ne réclame pas des implémentations qu'elles fournissent un tel mécanisme. Un tel mécanisme, s'il existe, est spécifique à l'implémentation. De ce fait, une feuille de style XSLT qui doit être portable d'une implémentation à l'autre ne peut se baser sur le fait qu'une certaine extension est disponible. XSLT fournit des mécanismes pour permettre à une feuille de style de déterminer si une implémentation fournit certaines extensions, et de spécifier ce qui doit advenir si ce n'est pas le cas. Si une feuille de style XSLT utilise ces mécanismes, il est possible qu'elle profite des extensions disponibles tout en restant portable.

Ces phrases sont malheureuses, parce que bien qu'elles ne rendent pas impossible le fait d'écrire des extensions portables avec des feuilles de style, elles rendent la chose suffisamment difficile pour que la plupart des programmeurs soient obligés de choisir une implémentation XSLT.

EXSLT.org est un portail consacré à l'établissement de standards que les développeurs de processeurs XSLT peuvent suivre en implémentant leurs propres extensions. Les chapitres 2 et 3 ont mentionné EXSLT pour ce qui est des extensions mathématiques, et celles qui permettent de manipuler des dates. EXSLT.org a également défini d'autres catégories d'extensions, dont certaines seront mentionnées dans ce chapitre. Le site vaut certainement une visite avant de décider d'implémenter votre propre extension. Il y a beaucoup de chance que quelqu'un ait soit développé l'extension en question, soit réfléchi au fonctionnement de cette extension.

Contrairement à l'extension de XSLT, l'*intégration* de XSLT implique d'invoquer des transformations XSLT à partir d'un autre langage, sans créer un nouveau processus pour exécuter votre processeur XSLT. Vous allez découvrir comment XSLT peut être utilisé dans des programmes Java et Perl.

En écrivant ce chapitre, il m'est rapidement apparu qu'on pourrait écrire un livre entier consacré à l'extension et à l'intégration, en particulier quand vous considérez l'intersection entre les implémentations, les langages d'extension, et les exemples intéressants. Pour garder à ce chapitre une taille raisonnable, j'ai choisi d'alterner entre Xalan Java 2 et Saxon, et de me restreindre à Java et JavaScript. Ce chapitre traite également de MSXML.

Afin d'éviter les répétitions, cette section explique comment utiliser des extensions à la fois dans Saxon et dans Xalan Java 2.

Fonctions d'extension de Saxon

Saxon vous permet d'accéder à des fonctions d'extension écrites en Java en utilisant l'interface définie dans le document de travail sur XSLT 1.1. Bien que cette possibilité ait été écartée de XSLT 2.0, elle persistera certainement dans Saxon, puisque les vendeurs sont libres de faire ce qui leur plaît sur le front de l'extensibilité dans 2.0. Cependant, l'espace de noms de l'élément pourrait changer.

Java est le seul langage supporté actuellement par Saxon, et les fonctions d'extension sont définies comme dans l'exemple suivant :

```
<xsl:stylesheet
   version="1.1"
   xmlns:xsl="http://www.w3.org/1999/XSL/Transform"
   xmlns:Math="java:java.lang.Math"
   exclude-result-prefixes="Math">

    <xsl:script implements-prefix="Math"
                      xmlns:Math="java:java.lang.Math"
                      language="java"
                      src="java:java.lang.Math"/>
```

Ici la convention de nommage utilisée pour l'espace de noms n'est pas strictement requise. Cependant, si elle est respectée, elle rend l'élément xsl:script optionnel. Ainsi, si vous avez besoin d'accéder à une extension une seule fois, vous pouvez écrire quelque chose comme :

```
<xsl:stylesheet
 xmlns:xsl="http://www.w3.org/1999/XSL/Transform">

 <xsl:variable name="PI" select="4 * Math:atan(1.0)"
               xmlns:Math="java:java.lang.Math"/>
<!-- ... -->
</xsl:stylesheet>
```

Ici c'est l'espace de nom qui encode la liaison à l'implémentation Java, plutôt que l'élément `xsl:script`. Notez que ces techniques de liaison sont indépendantes. Si vous utilisez l'élément `xsl:script`, alors le contenu de l'espace de noms n'a pas d'importance. D'autre part, si vous omettez l'élément `xsl:script`, l'espace de noms a seul la responsabilité de la liaison à l'implémentation Java.

Éléments d'extension de Saxon

Dans Saxon, les éléments d'extension ne peuvent être écrits qu'en Java. Vous devez définir un espace de noms qui fait la liaison entre l'extension et son implémentation. Toutefois, les règles sont plus explicites ici que dans le cas des fonctions d'extension. L'espace de noms doit se terminer par /, suivi du nom complet d'une classe Java qui implémente l'interface `com.icl.saxon.ExtensionElementFactory` :

```
<xsl:stylesheet
  xmlns:xsl="http://www.w3.org/1999/XSL/Transform"
  xmlns:acmeX="http://www.acmeX.com/com.acemX.SuperExtensionFactory"
  extension-element-prefixes="acmeX">

<!-- ... -->
</xsl:stylesheet>
```

Le préfixe doit également apparaître dans l'attribut `extension-element-prefixes` de la feuille de style.

Les détails de `ExtensionElementFactory` sont donnés dans la recette 12-4.

Fonctions d'extension de Xalan Java 2

Les fonctions d'extension dans Xalan Java 2 sont accessibles via deux extensions propres à Xalan, `xalan:component` et `xalan:script`, dans lesquels l'URI d'espace de noms utilisé est `http://xml.apache.org/xslt`.

L'élément `xalan:component` associe le préfixe de l'espace de noms d'extension aux noms des fonctions ou des éléments d'extension qui seront définis dans l'élément `xalan:script` englobant. L'élément `xalan:script` définit le langage utilisé pour écrire les extensions et leur implémentation associée. Les choix peuvent varier ici. Les utilisateurs habitués aux extensions écrites en Java remarqueront que Xalan accepte une syntaxe abrégée qui ne requiert pas d'élément `xalan:component` ou `xalan:script`. Il suffit dans ce cas de déclarer l'espace de noms sous l'une des formes décrites ici, et d'invoquer le fonction Java en utilisant la syntaxe appropriée. Ce raccourci ne s'applique pas aux autres langages de scripts.

Fonctions d'extension Java utilisant l'espace de noms au format classe

```
<xsl:stylesheet
  xmlns:xsl="http://www.w3.org/1999/XSL/Transform"
  xmlns:xalan="http://xml.apache.org/xslt"
  xmlns:Math="xalan://java.lang.Math">

<xalan:component prefix="Math" functions="sin cos tan atan">
 <xalan:script lang="javaclass" src="xalan://java.lang.Math"/>
</xalan:component>

<xsl:variable name="PI" select="4.0 *Math:atan(1.0)"/>
```

Si vous utilisez cette forme et que vous omettez l'élément `xalan:component`, votre feuille de style sera acceptable à la fois par Saxon et Xalan.

Fonctions d'extension Java utilisant l'espace de noms au format paquetage

```
<xsl:stylesheet
  xmlns:xsl="http://www.w3.org/1999/XSL/Transform"
  xmlns:xalan="http://xml.apache.org/xslt"
  xmlns:myJava="xalan://java.lang">

<xalan:component prefix="Math" functions="sin cos tan atan">
 <xalan:script lang="javaclass" src="java.lang"/>
</xalan:component>

<xsl:variable name="PI" select="4.0 * myJava:Math.atan(1.0)"/>
```

```
<!-- ... -->

</xsl:stylesheet>
```

Cette forme est utile si vous avez besoin de faire référence à plusieurs classes du même paquetage.

Fonctions d'extension Java utilisant l'espace de noms au format Java

```
<xsl:stylesheet  xmlns:xsl="http://www.w3.org/1999/XSL/Transform"
  xmlns:xalan="http://xml.apache.org/xslt"
  xmlns:java="http://xml.apache.org/xslt/java">

<xalan:component prefix="Math" functions="sin cos tan atan">
 <xalan:script lang="javaclass" src="http://xml.apache.org/xslt/java"/>
</xalan:component>

<xsl:variable name="PI" select="4.0 * java:java.lang.Math:atan(1.0)"/>

<!-- ... -->

</xsl:stylesheet>
```

Utilisez cette forme si vous voulez accéder à diverses extensions écrites en Java au moyen d'une unique déclaration d'espace de noms. L'inconvénient est que chaque invocation devient plus verbeuse.

Fonctions d'extension utilisant un script inclus

```
<xsl:stylesheet version="1.0"
  xmlns:xsl="http://www.w3.org/1999/XSL/Transform"
  xmlns:xalan="http://xml.apache.org/xslt"
  xmlns:trig="http://www.acmeX.com/extend/trig">

<xalan:component prefix="trig" functions="sin cos tan atan">
  <xalan:script lang="javascript">
    function sin (arg){ return Math.sin(arg);}
    function cos (arg){ return Math.cos(arg);}
    function tan (arg){ return Math.tan(arg);}
    function atan (arg){ return Math.atan(arg);}
  </xalan:script>
</xalan:component>

<xsl:variable name="PI" select="4.0 * trig:atan(1.0)"/>

<!-- ... -->

</xsl:stylesheet>
```

Saxon est actuellement capable d'utiliser JavaScript, NetRexx, BML, JPython, Jacl, JScript, VBScript et PerlScript, mais les extensions correspondantes doivent être obtenues à partir d'autres distributeurs. Voir *http://xml.apache.org/xalan-j/extensions.html#supported-lang* pour les détails.

Éléments d'extension de Xalan Java 2

Les éléments d'extension de Xalan peuvent être écrits en Java ou dans un langage de script. Les éléments d'extension écrits en Java autorisent une syntaxe abrégée et vous permettent de vous dispenser des éléments `xalan:component` ou `xalan:script`.

Éléments d'extension Java

```
<xsl:stylesheet version="1.0"
   xmlns:xsl="http://www.w3.org/1999/XSL/Transform"
   xmlns:xalan="http://xml.apache.org/xslt"
   xmlns:MyExt="xalan://com.AcmeX.MyExtensionElement">
   extension-element-prefixes="MyExt">

 <xalan:component prefix="MyExt" elements="superExtension">
   <xalan:script lang="javaclass"
                src=" xalan://com.AcmeX.MyExtensionElement"/>
 </xalan:component>

 <xsl:template match="*">
      <myExt:superExtension attr1="val1" attr2="val2">
         <!-- ... -->
      <myExt:superExtension>
 </xsl:template>

 </xsl:stylesheet>
```

L'implémentation doit se faire via une classe Java comportant une méthode avec la signature suivante :

```
public class com.AcmeX.MyExtensionElement
{

public SomeType superExtension(
          org.apache.xalan.extensions.XSLProcessorContext ctx,
          org.apache.xalan.templates.ElemExtensionCall extensionElement)
 {
     //...
 }

}
```

Dans ce code, `SomeType` désigne le type de retour, `ctx` est une instance du contexte du traitement, et `extensionElement` est le nœud correspondant à l'élément d'extension de la feuille de style. Dans la signature de la méthode, vous pouvez également indiquer les superclasses des types indiqués. La classe de base de `com.AcmeX.MyExtensionElement` peut être tout ce que vous voulez, y compris `Object`, comme il est montré ici.

Quelle que soit la valeur de retour de la fonction, cette valeur est placée dans l'arbre résultat, et il faut donc utiliser `void` si vous ne voulez pas que cela arrive. Voir la recette 12-4 pour plus de détails sur les classes `XSLProcessorContext` et `ElemExtensionCall`.

Éléments d'extension à base de scripts

Les scripts d'extension sont très similaires aux extensions Java, à la différence que l'extension est implémentée à l'intérieur d'un élément `xalan:script` :

```
<xsl:stylesheet version="1.0"
  xmlns:xsl="http://www.w3.org/1999/XSL/Transform"
  xmlns:xalan="http://xml.apache.org/xslt"
  xmlns:MyExt="xalan://com.AcmeX.MyExtensionElement">
  extension-element-prefixes="MyExt">

<xalan:component prefix="rep" elements="repeat">
  <xalan:script lang="javascript">
    function superExtension(ctx, elem)
    {
      /* ... */
      return null ;
    }
  </xalan:script>
</xalan:component>

<xsl:template match="*">
     <myExt:superExtension attr1="val1" attr2="val2">
        <!-- ... -->
     <myExt:superExtension>
</xsl:template>
</xsl:stylesheet>
```

Comme pour Java, la valeur de retour est placée dans l'arbre résultat, mais vous pouvez renvoyer `null` pour supprimer cela. Voir la recette 12-2 pour un exemple.

Fonctions d'extension de MSXML

Le processeur XSLT de Microsoft MSXML 3.0, 4.0, et .NET est extensible via Jscript et VBScript. MSXML .NET ajoute la possibilité d'utiliser C#. Les extensions de MSXML sont intégrées à l'aide de l'élément `ms:script` :

```
<xsl:stylesheet version="1.0"
  xmlns:xsl="http://www.w3.org/1999/XSL/Transform"
  xmlns:ms="urn:schemas-microsoft-com:xslt"
  xmlns:myExt="urn:AcmeX.com:xslt">

  <ms:script language="JScript" implements-prefix="myExt">
    <![CDATA[
    function superExtension(ops) {
         /* ... */
      return result;
```

```
    }
    ]]>
  </ms:script>

</xsl:stylesheet>
```

Pour aller plus loin

La bibliothèque XSLT en C du projet Gnome (libxslt) permet également l'extensibilité. Voir *http://xmlsoft.org/XSLT/extensions.html* pour les détails.

12.1 Utilisation des extensions natives de Saxon et de Xalan

Problème

Vous voulez savoir comment exploiter certaines des extensions disponibles dans ces processeurs XSLT populaires.

Solution

Cette recette est scindée en une collection de mini-recettes démontrant l'utilité des extensions principales de Saxon et Xalan. Pour tous les exemples, le préfixe d'espace de noms `saxon` est associé à *http://icl.com/saxon*, et le préfixe `xalan` est associé à *http://xml.apache.org/xslt*.

Vous voulez une sortie multi-destinations

Ce livre a utilisé l'extension de Saxon plusieurs fois pour obtenir un résultat répartis dans plusieurs fichiers. Saxon utilise l'élément `saxon:output`. Il fournit également l'élément `xsl:document` mais celui-ci ne fonctionne que si l'attribut version de la feuille de style a la valeur 1.1, et est donc déconseillé. L'attribut `href` indique la destination. Cet attribut peut être un modèle de valeur d'attribut AVT (attribute value template) :

```
<saxon:output href="toc.html">
  <html>
    <head><title>Table des matières</title></head>
    <body>
      <xsl:apply-templates mode="toc" select="*"/>
    </body>
  </html>
</saxon:output>
```

Xalan utilise une approche significativement différente pour produire un résultat dans plusieurs fichiers. Plutôt qu'une instruction, Xalan en utilise trois: `redirect:open`, `redirect:write` et `redirect:close`. L'espace de noms associé à ces éléments est `xmlns:redirect = "org.apache.xalan.xslt.extensions.Redirect"`. Pour les cas les plus communs, vous pouvez vous en sortir simplement avec `redirect:write`, parce que cet élément va ouvrir, remplir et fermer le fichier quand il est utilisé tout seul.

Chaque élément inclut un attribut `file` et/ou un attribut `select` pour désigner le fichier de sortie. L'attribut `file` prend une chaîne de caractères, ce qui permet d'exprimer directement le fichier de sortie. L'attribut `select` accepte une expression XPath, ce qui permet de calculer le nom de fichier dynamiquement. Si vous donnez les deux attributs, l'extension `redirect` évalue d'abord `select`, et se rabat sur `file` si elle n'en obtient pas un nom de fichier valide :

```
<xalan:write file="toc.html">
  <html>
    <head><title>Table des matières</title></head>
    <body>
      <xsl:apply-templates mode="toc" select="*"/>
    </body>
  </html>
</xalan:write>
```

En utilisant les capacités étendues de Xalan, vous pouvez passer d'un fichier de sortie à un autre, tout en gardant le premier fichier ouvert. Cette possibilité est contraire au principe de XSLT qui veut qu'il n'y ait pas d'effet de bord, mais on admet en général que Xalan garantira un résultat prévisible :

```
<xsl:template match="doc">
<xalan:open file="regular.xml">
<xsl:apply-templates select="*">
<xalan:close file="regular.xml">
<xsl:template/>

<xsl:template match="regular">
  <xsl:write file="regular.xml">
     <xsl:copy-of select="."/>
  </xsl:write/>
</xsl:template>

<xsl:template match="*">
  <xsl:variable name="file" select="concat(local-name( ),'.xml')"/>
  <xsl:write select="$file">
     <xsl:copy-of select="."/>
  </xsl:write/>
</xsl:template>
```

XSLT 2.0 fournit un support natif pour les résultats répartis dans plusieurs fichiers, à l'aide d'un nouvel élément appelé `xsl:result-document` :

```
 <xsl:result-document format="html" href="toc.html">
  <html>
    <head><title>Table des matières</title></head>
    <body>
      <xsl:apply-templates mode="toc" select="*"/>
    </body>
  </html>
</xsl:result-document>
```

Vous voulez scinder une transformation complexe en une suite de transformations dans un pipeline

Les programmeurs qui ont travaillé avec Unix sont familiers de la notion de pipeline, dans laquelle la sortie d'une commande est passée en entrée à une autre commande. Cette possibilité est également disponible dans d'autres systèmes, tels que Windows. Le génie de l'approche pipeline pour le développement de logiciels est qu'elle permet l'assemblage de tâches simples pour composer une opération complexe.

Parce qu'une transformation XSLT est en fait une transformation d'un arbre en un autre arbre, il est naturel d'appliquer l'approche pipeline. Dans ce cas, l'arbre résultat d'une transformation devient l'arbre source de la transformation suivante. Vous avez vu de nombreux exemples dans lesquels une fonction d'extension `node-set` créait des résultats intermédiaires, lesquels étaient traités ultérieurement. De façon alternative, Saxon fournit cette possibilité via l'attribut `saxon:next-in-chain` extension de `xsl:output`. Cet attribut `saxon:next-in-chain` dirige le résultat vers une autre feuille de style. Sa valeur est l'URL d'une feuille de style qui doit être utilisée pour traiter le flux de sortie. Ce flux doit toujours être un flux purement XML, et les attributs contrôlent que le format de sortie (c'est-à-dire les valeurs de `method`, `cdata-section-elements`, etc.) n'ont pas d'effet. La sortie de la seconde feuille de style sera dirigée vers ce qui était la destination de la première si l'attribut `saxon:next-in-chain` n'était pas présent.

Xalan a une approche différente dans ce cas. Il utilise un élément d'extension `pipeDocument`. L'attrait de `pipeDocument` est que vous pouvez l'utiliser dans une feuille de style qui ne contient rien d'autre, de façon à créer un pipeline à partir de deux feuilles de style qui ne savent pas qu'elles sont utilisées de cette façon. L'implémentation de Xalan ressemble donc bien plus à un pipeline Unix, parce que le pipeline n'est pas codé dans ses composants. Imaginez par exemple qu'une feuille de style appelée *strip.xslt* supprime certains éléments d'un document XML représentant un livre, et qu'une feuille de style appelée *contents.xslt* en crée une table des matières sur la base de la hiérarchie du document. Vous pouvez créer un pipeline combinant ces deux feuilles de style de la façon suivante :

```
<xsl:stylesheet version="1.0"
        xmlns:xsl="http://www.w3.org/1999/XSL/Transform"
        xmlns:pipe="xalan://PipeDocument"
        extension-element-prefixes="pipe">

 <xsl:param name="source"/>
 <xsl:param name="target"/>
 <!-- Une liste d'éléments à préserver. Les autres sont supprimés. -->
 <xsl:param name="preserve-elems"/>

 <pipe:pipeDocument   source="{$source}" target="{$target}">

   <stylesheet href="strip.xslt">
     <param name="preserve-elems" value="{$preserve-elems}"/>
   </stylesheet>

   <stylesheet href="contents.xslt"/>
```

```
    </pipe:pipeDocument>

  </xsl:stylesheet>
```

Ce code créerait une table des matières sur la base des éléments spécifiés, sans empêcher l'utilisation indépendante de *strip.xsl* ou de *contents.xsl*.

Vous voulez manipuler des dates et des heures

Le chapitre 3 a fourni plusieurs recettes pour gérer des dates et des heures, mais pas de fonction permettant d'obtenir la date et l'heure courante. Saxon comme Xalan implémente les fonctions principales du module EXSLT correspondant. Cette section inclut la documentation de EXSLT pour que vous puissiez y accéder facilement. Les fonctions sont données dans le tableau 12-1 avec leur type de retour, suivi par le nom de la fonction et la liste des arguments. Un point d'interrogation (?) indique les arguments optionnels.

Tableau 12-1. Fonctions de dates et heures de EXSLT

Fonction	Comportement
`string date:date-time( )`	La fonction `date:date-time` renvoie la date et l'heure courante sous la forme d'une chaîne de caractères. Cette chaîne de caractères doit être dans le format défini par les schémas XML comme étant la représentation lexicale de `xs:dateTime`.
`string date:date(string?)`	La fonction `date:date` renvoie la date passée en paramètre. Si elle est appelée sans paramètre, la date courante, renvoyée par `date:date-time`, est utilisée comme valeur par défaut.
`string date:time(string?)`	La fonction `date:time` renvoie l'heure passée en paramètre. Si elle est appelée sans paramètre, l'heure courante, renvoyée par `date:date-time`, est utilisée comme valeur par défaut.
`number date:year(string?)`	La fonction `date:year` renvoie l'année de la date, sous la forme d'un nombre. Si elle est appelée sans paramètre, la date courante, renvoyée par `date:date-time`, est utilisée comme valeur par défaut.
`boolean date:leap-year(string?)`	La fonction `date:leap-year` renvoie `true` si l'année de la date est une année bissextile. Si elle est appelée sans paramètre, la date courante, renvoyée par `date:date-time`, est utilisée comme valeur par défaut.
`number date:month-in-year(string?)`	La fonction `date:month-in-year` renvoie le mois de la date sous la forme d'un nombre. Si elle est appelée sans paramètre, la date courante, renvoyée par `date:date-time`, est utilisée comme valeur par défaut.

Fonction	Comportement
`string date:month-name(string?)`	La fonction `date:month-name` renvoie le nom complet du mois de la date. Si elle est appelée sans paramètre, la date courante, renvoyée par `date:date-time`, est utilisée comme valeur par défaut.
`string date:month-abbreviation(string?)`	La fonction `date:month-abbreviation` renvoie l'abréviation du mois de la date. Si elle est appelée sans paramètre, la date courante, renvoyée par `date:date-time`, est utilisée comme valeur par défaut.
`number date:week-in-year(string?)`	La fonction `date:week-in-year` renvoie la semaine de l'année de la date sous la forme d'un nombre. Si elle est appelée sans paramètre, la date courante, renvoyée par `date:date-time`, est utilisée comme valeur par défaut. La numérotation suit la norme ISO 8601, c'est-à-dire que la semaine numéro 1 est la semaine qui contient le premier lundi de l'année, et les nouvelles semaines commencent toutes un lundi.
`number date:day-in-year(string?)`	La fonction `date:day-in-year` renvoie le jour dans l'année sous la forme d'un nombre. Si elle est appelée sans paramètre, la date courante, renvoyée par `date:date-time`, est utilisée comme valeur par défaut.
`number date:day-in-month(string?)`	La fonction `date:day-in-month` renvoie le jour du mois sous la forme d'un nombre. Si elle est appelée sans paramètre, la date courante, renvoyée par `date:date-time`, est utilisée comme valeur par défaut.
`number date:day-of-week-in-month(string?)`	La fonction `date:day-of-week-in-month` renvoie le jour de la semaine dans le mois de la date (par exemple 3 pour le troisième mardi de mai). Si elle est appelée sans paramètre, la date courante, renvoyée par `date:date-time`, est utilisée comme valeur par défaut.
`number date:day-in-week(string?)`	La fonction `date:day-in-week` renvoie le jour de la semaine de la date sous la forme d'un nombre. Si elle est appelée sans paramètre, la date courante, renvoyée par `date:date-time`, est utilisée comme valeur par défaut.
`string date:day-name(string?)`	La fonction `date:day-name` renvoie le nom complet du jour de la semaine de la date. Si elle est appelée sans paramètre, la date courante, renvoyée par `date:date-time`, est utilisée comme valeur par défaut.
`string date:day-abbreviation(string?)`	La fonction `date:day-abbreviation` renvoie l'abréviation du jour de la semaine de la date. Si elle est appelée sans paramètre, la date courante, renvoyée par `date:date-time`, est utilisée comme valeur par défaut.

Fonction	Comportement
`number date:hour-in-day(string?)`	La fonction `date:hour-in-day` renvoie l'heure dans le jour de la date sous la forme d'un nombre. Si elle est appelée sans paramètre, la date et l'heure courante, renvoyée par `date:date-time`, est utilisée comme valeur par défaut.
`number date:minute-in-hour(string?)`	La fonction `date:minute-in-hour` renvoie les minutes de l'heure sous la forme d'un nombre. Si elle est appelée sans paramètre, la date et l'heure courante, renvoyée par `date:date-time`, est utilisée comme valeur par défaut.
`number date:second-in-minute(string?)`	La fonction `date:second-in-minute` renvoie les secondes de la minute de la date, sous la forme d'un nombre. Si elle est appelée sans paramètre, la date et l'heure courante, renvoyée par `date:date-time`, est utilisée comme valeur par défaut.

```
<xsl:stylesheet version="1.0"
  xmlns:xsl="http://www.w3.org/1999/XSL/Transform"
  xmlns:date="http://exslt.org/dates-and-times">

<xsl:output method="html" version="1.0" encoding="UTF-8" indent="yes"/>

<xsl:template match="/">
  <html>
    <head><title>Ma page web à moi</title></head>
    <body>
      <h1>Ma page web à moi</h1>
      <p>Il est <xsl:value-of select="date:time( )"/> le <xsl:value-of
      select="date:date( )"/> et cette page est toujours aussi utile.</p>
    </body>
  </html>

</xsl:template>

</xsl:stylesheet>
```

Vous avez besoin d'opérations ensemblistes plus efficaces

Le chapitre 7 a indiqué plusieurs façons de programmer des opérations ensemblistes autres que l'union, que XPath fournit nativement via son opérateur `|`. Ces solutions n'étaient pas forcément les plus évidentes ou les plus efficaces.

Aussi bien Saxon que Xalan remédient à ce problème en implémentant la plupart des opérations ensemblistes définies par le module *set* de EXSLT (voir le tableau 12-2).

Tableau 12-2. Opérations ensemblistes de EXSLT

Fonction	Comportement
`Node-set set:difference(node-set, node-set)`	La fonction `set:difference` renvoie la différence entre deux ensembles de nœuds : les nœuds qui sont dans le premier paramètre et qui ne sont pas dans le second paramètre.
`Node-set set:intersection(node-set, node-set)`	La fonction `set:intersection` renvoie un ensemble de nœuds contenant les nœuds qui appartiennent aux deux ensembles de nœuds passés en paramètre.
`Node-set set:distinct(node-set)`	La fonction `set:distinct` renvoie un sous ensemble de l'ensemble de nœuds NS passé en paramètre. Elle sélectionne un nœud N de NS si et seulement si aucun autre nœud de NS n'a la même valeur textuelle que N et précède N dans l'ordre du document.
`boolean set:has-same-node(node-set, node-set)`	La fonction `set:has-same-node` renvoie `true` si l'ensemble de nœuds passé en premier paramètre partage des éléments avec l'ensemble de nœuds passé en second paramètre. Si aucun nœud n'est présent dans les deux ensembles, elle renvoie `false`.
`Node-set set:leading(node-set, node-set)`	La fonction `set:leading` renvoie les nœuds dans l'ensemble de nœuds passé en premier paramètre qui précèdent, dans l'ordre du document, le premier nœud de l'ensemble passé en second argument. Si le premier nœud du second ensemble n'appartient pas au premier ensemble, alors un ensemble vide est renvoyé. Si le second ensemble est vide, alors le premier ensemble est renvoyé.
`Node-set set:trailing(node-set, node-set)`	La fonction `set:trailing` renvoie les nœuds de l'ensemble de nœuds passé en premier argument qui suivent, dans l'ordre du document, le premier nœud de l'ensemble passé en second argument. Si le premier nœud du second ensemble n'appartient pas au premier ensemble, alors un ensemble vide est retourné. Si le second ensemble est vide, alors le premier ensemble est retourné.

La fonction set:distinct est pratique pour supprimer les doublons, à condition que l'égalité soit définie comme l'égalité des valeurs textuelles :

```
<xsl:variable name="prénoms" select="set:destinct(personne/prénom)"/>
```

Les fonctions `set:leading` et `set:traling` sont capables d'extraire des nœuds encadrés par d'autres nœuds. Par exemple, la recette 10-9 utilisait une expression complexe pour localiser les nœuds `xslx:elsif` et `xslx:else` dépendant de `xslx:if`. Ces extensions peuvent simplifier ce processus :

```
<xsl:apply-templates
        select="set:leading(following-sibling::xslx:else |
        following-sibling::xslx:elsif, following-sibling::xslx:if)"/>
```

Ce code précise que vous sélectionnez tous les frères `xslx:else` et `xslx:elseif` qui suivent le nœud courant, mais qui précèdent le nœud `xslx:if` suivant.

Vous avez besoin d'informations détaillées sur un nœud du document source

Xalan comporte des fonctions qui permettent d'obtenir de l'information sur la localisation des nœuds de l'arbre source. Saxon 6.5.2 ne fournit que `saxon:systemId` et `saxon:lineNumber`. On peut utiliser ces fonctions, par exemple, pour déboguer un document XML. Pour les utiliser, il faut donner à l'attribut `source_location` de `TransformerFactory` la valeur `true`, soit avec l'option `-L` de ligne de commande, soit en appelant la méthode `TransformerFactory.setAttribute()`.

`systemId( )`, `systemId(node-set)`

: Renvoie l'identificateur système du nœud courant ou du premier nœud de l'ensemble, respectivement.

`lineNumber( )`, `lineNumber(node-set)`

: Renvoie le numéro de ligne du nœud courant dans le document source, ou du premier nœud de l'ensemble respectivement. Cette fonction renvoie -1 si le numéro de ligne est inconnu (par exemple lorsque la source est un document DOM).

`columnNumber( )`, `columnNumber(node-set)`

: Renvoie le numéro de colonne du nœud courant dans le document source, ou du premier nœud de l'ensemble, respectivement. Cette fonction renvoie -1 si le numéro de colonne est inconnu :

```
<xsl:stylesheet version="1.0"
 xmlns:xsl="http://www.w3.org/1999/XSL/Transform"
 xmlns:xalan="http://xml.apache.org/xslt"
 xmlns:info="xalan://org.apache.xalan.lib.NodeInfo">
    <xsl:output method="xml" version="1.0" encoding="UTF-8" indent="yes"/>
    <xsl:template match="foo">
    <xsl:comment>Un élément foo en ligne <xsl:value-of
    select="info:lineNumber( )"/> et colonne <xsl:value-of
    select="info:columnNumber( )"/>.</xsl:comment>
    <!-- ... -->
  </xsl:template>
  </xsl:stylesheet>
```

Vous voulez communiquer avec une base de données relationnelle

Interfacer XSLT avec une base de données relationnelle offre beaucoup de nouvelles possibilités. Aussi bien Saxon que Xalan disposent d'extensions pour supporter SQL. Si vous écrivez des feuilles de style qui modifient des bases de données, vous violez la règle d'absence d'effets de bord de XSLT.

> Michael Kay écrit ceci à propos des extensions SQL de Saxon : « Elles ne sont pas destinées à l'écriture de logiciels utilisables en production (il y beaucoup de limitations liées à leur conception même), mais bien plus à une illustration de la façon d'utiliser des éléments d'extension pour augmenter les capacités du processeur. »

Saxon permet d'accéder à des bases de données relationnelles via cinq éléments d'extension : `sql:connect`, `sql:query`, `sql:insert`, `sql:column` et `sql:close`. Quiconque a déjà utilisé une base de données relationnelles avec ODBC ou JDBC ne devrait avoir aucun problème avec ces éléments.

```
<sql:connect driver="jdbc-driver" database="db name" user="user name"
password="user password"/>
```

Crée une connexion à une base de données. Chaque attribut peut être un modèle de valeur d'attribut (AVT). L'attribut `driver` indique la classe de driver JDBC à utiliser, et `database` doit être un nom que JDBC peut associer à une base de données.

```
<sql:query table="the table" column="column names" where="where clause"
row-tag="row element name" column-tag="column element name"
disable-output-escaping="yes or no"/>
```

Effectue une requête et écrit les résultats dans l'arbre résultat en utilisant des éléments représentant les lignes et colonnes. Les noms de ces éléments sont précisés par les attributs `row-tag` et `col-tag`, respectivement. L'attribut `column` peut contenir une liste de noms de colonnes ou * pour désigner toutes les colonnes.

```
<sql:insert table="table name">
```

Effectue une opération SQL INSERT. Les éléments fils (`sql:column`) précisent les valeurs à ajouter dans la table.

```
<sql:column name="col name" select="xpath expr"/>
```

Utilisé comme fils de `sql:insert`. Les valeurs peuvent être calculées par un attribut `select` ou par l'évaluation des éléments fils de `sql:column`. Cependant, dans les deux cas, seule la valeur textuelle peut être utilisée. Ainsi, il n'y a aucun moyen d'utiliser autre chose que les types standards SQL.

Le support de SQL dans Xalan est plus riche que celui de Saxon. Ce chapitre n'en décrit que les bases. La section « Pour aller plus loin » fournit des pointeurs vers les détails. Contrairement à Saxon, Xalan utilise des fonctions d'extension pour accéder aux bases de données relationnelles.

`sql:new(driver, db, user, password)`

Établit une connexion.

`sql:new(nodelist)`

Met en place une connexion en utilisant des informations XML apparaissant dans le document source ou dans la feuille de style. Par exemple :

```
((au préalable))
 <DBINFO>
```

```
      <dbdriver>org.enhydra.instantdb.jdbc.idbDriver</dbdriver>
      <dburl>jdbc:idb:../../instantdb/sample.prp</dburl>
      <user>jbloe</user>
      <password>geron07moe</password>
    </DBINFO>
    <xsl:param name="cinfo" select="//DBINFO"/>
    <xsl:variable name="db" select="sql:new($cinfo)"/>
```

`query(xconObj, sql-query)`

Effectue une requête à la base de données. L'objet `xconObj` est renvoyé par `new()`. La fonction renvoie un ensemble de résultats sous la forme d'un nœud `row-set`. Vous pouvez ensuite parcourir ce nœud. Le même élément de ligne est utilisé pour chaque ligne, de façon à ce que vous puissiez commencer à transformer l'ensemble de lignes avant que le résultat complet ait été renvoyé.

`pquery(xconObj,sql-query-with-params)`
`addParameter(xconObj, paramValue)`
`addParameterFromElement(xconObj,element)`
`addParameterFromElement(xconObj,node-list)`
`clearParameters(xconObj)`

Utilisé ensemble pour implémenter des requêtes paramétrées. Les paramètres prennent la forme de caractères ? dans la requête. Les diverses fonctions `addParameter()` changent les valeurs de ces paramètres avant que la requête soit exécutée. Utilisez `clearParameters()` pour oublier les valeurs précédentes.</para>

`close(xconObj)`

Ferme la connexion à la base de données.

Les fonctions d'extension `query()` et `pquery()` renvoient un nœud Document qui contient (comme requis) un tableau d'éléments d'en-têtes de colonnes, un élément de ligne répété autant de fois que nécessaire, et un tableau d'éléments de colonnes. Chaque élément d'en-tête de colonne (un par colonne dans l'ensemble de lignes) contient un attribut (`ColumnAttribute`) pour chaque descripteur de colonne dans l'objet `ResultSetMetaData`. Chaque élément col contient un nœud de texte représentant la valeur textuelle de cette colonne dans la ligne courante.

Vous trouverez plus d'informations sur l'accès aux bases de données relationnelles dans le livre *XSLT* de Doug Tidwell (O'Reilly, 2001).

Vous voulez évaluer dynamiquement une expression XPath

Saxon et Xalan possèdent une fonction d'extension très puissante appelée `evaluate`, fonction qui prend en paramètre une chaîne de caractères et qui l'évalue comme une expression XPath. Une telle possibilité a été considérée pour XSLT 2.0, mais à ce moment-là, le groupe de travail en charge de XSLT 2.0 a décidé de ne pas poursuivre cette idée. Leur justification a été que l'évaluation dynamique « ... a des conséquences significatives sur l'architecture d'exécution d'un processeur, ainsi que sur sa capacité à effectuer des optimisations statiques. »

Les capacités dynamiques peuvent être très utiles lorsqu'on crée un feuille de style en fonction d'une table. La feuille de style ci-dessous est capable de mettre en forme des informations sur des personnes en créant une table, mais vous pouvez la personnaliser de façon qu'elle soit capable de gérer une variété quasi infinie de formats XML, simplement en modifiant les entrées de la table :

```
<xsl:stylesheet version="1.0" xmlns:xsl="http://www.w3.org/1999/XSL/Transform"
   xmlns:saxon="http://icl.com/saxon"
   xmlns:paths="http://www.ora.com/XSLTCookbook/NS/paths"
   exclude-result-prefixes="paths">

<xsl:output method="html"/>

<!-- Ce paramètre sert à indiquer un document contenant une table qui
précise comment trouver les informations sur les personnes. -->
<xsl:param name="docChemins"/>

<xsl:template match="/">
<html>
  <head>
    <title>Personnes</title>
  </head>
  <body>
  <!-- On charge une expression XPath à partir d'une table [Symbol_Wingdings_224]
  placée dans un document externe -->
  <xsl:variable name="cheminPersonne"
       select="document($docChemins)/*/paths:path[@type='personne']/@xpath"/>
    <table>
    <tbody>
      <tr>
        <th>Prénom</th>
        <th>Nom</th>
      </tr>
      <!-- Évaluer dynamiquement le chemin obtenu, pour localiser les
      informations sur chaque personne -->
      <xsl:for-each select="saxon:evaluate($cheminPersonne)">
        <xsl:call-template name="traiter-personne"/>
      </xsl:for-each>
    </tbody>
  </table>
  </body>
</html>
</xsl:template>

<xsl:template name="traiter-personne">
  <xsl:variable name="cheminPrénom"
      select="document($docChemins)/*/paths:path[@type='prénom']/@xpath"/>
  <xsl:variable name="cheminNom"
      select="document($docChemins)/*/paths:path[@type='nom']/@xpath"/>
  <tr>
    <!-- Évaluer dynamiquement le chemin qui localise les
    informations sur la personne à traiter -->
    <td><xsl:value-of select="saxon:evaluate($cheminPrénom)"/></td>
    <td><xsl:value-of select="saxon:evaluate($cheminNom)"/></td>
```

```
    </tr>
  </xsl:template>

</xsl:stylesheet>
```

Vous pouvez utiliser cette table pour traiter des personnes codées sous la forme d'éléments :

```
<paths:paths
  xmlns:paths="http://www.ora.com/XSLTCookbook/NS/paths">
  <paths:path type="personne" xpath="people/person"/>
  <paths:path type="prénom" xpath="first"/>
  <paths:path type="nom" xpath="last"/>
</paths:paths>
```

Ajoutez cette table pour traiter des personnes codées sous forme d'attributs :

```
<paths:paths xmlns:paths="http://www.ora.com/XSLTCookbook/NS/paths" >
  <paths:path type="personne" xpath="people/person"/>
  <paths:path type="prénom" xpath="@first"/>
  <paths:path type="nom" xpath="@last"/>
</paths:paths>
```

Vous voulez changer la valeur d'une variable

Presque chaque livre traitant de XSLT décrira l'impossibilité de changer la valeur d'une variable après son affectation, et présentera cela comme une caractéristique plutôt qu'un problème. C'est vrai car cela évite un certain type d'erreurs, dans la mesure où cela rend les feuilles de style plus faciles à comprendre, et que cela permet certaines optimisations de performance. Cependant, être incapable de changer la valeur d'une variable n'est pas toujours pratique. Saxon propose un moyen de contourner cet obstacle à l'aide de son élément d'extension `saxon:assign`. Vous pouvez utiliser `saxon:assign` uniquement sur les variables désignées comme modifiables à l'aide de l'attribut `saxon:assignable="yes"` :

```
<xsl:stylesheet version="1.0" xmlns:xsl="http://www.w3.org/1999/XSL/Transform"
  xmlns:saxon="http://icl.com/saxon"
  extension-element-prefixes="saxon">

<xsl:output method="xml" version="1.0" encoding="UTF-8" indent="yes"/>

<xsl:variable name="nbFoo" select="0" saxon:assignable="yes"/>

<xsl:template name="foo">
    <saxon:assign name="nbFoo" select="$nbFoo + 1"/>
    <xsl:comment>C'est l'invocation numéro <xsl:value-of
     select="$nbFoo"/> du template foo.</xsl:comment>
</xsl:template>

<!- ... -->

</xsl:stylesheet>
```

Vous voulez écrire des fonctions d'extension en XSLT

Plusieurs exemples de ce livre sont implantés à l'aide de règles nommées, utilisées via `xsl:call-template`. Or ce que vous voulez véritablement, c'est accéder à ce code sous la forme d'une fonction comme les autres, qui puisse être appelée aussi facilement que n'importe quelle fonction XPath native. XSLT 2.0 aide quelque peu de ce point de vue, mais en attendant vous pouvez utiliser une extension EXSLT appelée `func:function`, qui est implémentée par Saxon et par la dernière version de Xalan (2.3.2). Le code suivant est une règle du chapitre 2 récrite sous la forme d'une fonction :

```
<xsl:stylesheet version="1.0"
  xmlns:xsl="http://www.w3.org/1999/XSL/Transform"
  xmlns:func="http://exslt.org/functions"
  xmlns:str="http://www.ora.com/XSLTCookbook/namespaces/strings"
  extension-element-prefixes="func">

  <xsl:template match="/">
    <xsl:value-of
         select="str:sous-chaîne-avant-dernier('123456789a123456789a123',
                                                'a')"/>
  </xsl:template>

  <func:function name="str:sous-chaîne-avant-dernier">
  <xsl:param name="entrée"/>
  <xsl:param name="sousch"/>

  <func:result>
    <xsl:if test="$substr and contains($entrée, $sousch)">
      <xsl:variable name="temp"
                    select="substring-after($entrée, $sousch)" />
      <xsl:value-of select="substring-before($entrée, $sousch)" />
      <xsl:if test="contains($temp, $sousch)">
        <xsl:value-of
             select="concat($sousch,
                            str:sous-chaîne-avant-dernier($temp, $sousch))"/>
      </xsl:if>
    </xsl:if>
  </func:result>
</func:function>

</xsl:stylesheet>
```

Discussion

Utiliser des extensions spécifiques à un processeur est une arme à double tranchant. D'une part, cela vous permet de trouver une solution plus rapide et plus simple que si vous vous en tenez au standard XSLT. Dans certains cas, cela vous permet de faire des choses impossibles à réaliser en XSLT standard. D'autre part, cela peut vous bloquer sur une implémentation dont le futur est incertain.

EXSLT.org encourage les programmeurs de processeurs XSLT à adopter des conventions uniformes pour les extensions les plus populaires, et vous devriez donc toujours préférer une solution EXSLT à une solution spécifique à un logiciel si vous en avez le choix.

Une autre stratégie consiste à éviter complètement les implémentations spécifiques aux processeurs, et de favoriser votre propre mise en oeuvre. De cette façon, vous contrôlez les sources, et vous pouvez porter votre extension sur plus d'un processeur si nécessaire. Les recettes 12-2, 12-3 et 12-4 traitent des extensions personnalisées.

Pour aller plus loin

Ce livre n'a pas traité de toutes les extensions disponibles dans Saxon et Xalan. D'autres informations et d'autres caractéristiques de Saxon sont décrites à *http://saxon.sourceforge.net/saxon6.5.2/extensions.html* ou *http://saxon.sourceforge.net/saxon7.2/extensions.html* (la version beta de XSLT 2.0).Les autres extensions de Xalan sont décrites à *http://xml.apache.org/xalan-j/extensionslib.html.*

12.2 Étendre XSLT avec JavaScript

Problème

Vous voulez exécuter JavaScript pour implémenter des fonctionnalités manquant à XSLT.

Solution

Les exemples ci-dessous utilisent la capacité de Xalan Java 2 d'inclure des scripts écrits dans des langages tels que JavaScript. Un exemple typique d'une extension écrite en JavaScript invoque une fonction qui n'est pas native à XSLT ou à XPath, comme par exemple les fonctions trigonométriques :

```
<xsl:stylesheet version="1.0"
xmlns:xsl="http://www.w3.org/1999/XSL/Transform"
xmlns:xalan="http://xml.apache.org/xslt"
xmlns:trig="http://www.ora.com/XSLTCookbook/extend/trig">

<xsl:output method="text"/>

<xalan:component prefix="trig" functions="sin">
  <xalan:script lang="javascript">
    function sin (arg){ return Math.sin(arg);}
  </xalan:script>
</xalan:component>

<xsl:template match="/">
  Le sinus de degrés est <xsl:text/>
  <xsl:value-of select="trig:sin(3.14159265 div 4)"/>
</xsl:template>

</xsl:stylesheet>
```

Avec JavaScript, vous pouvez même écrire des fonctions qui ont des effets de bord ou des objets qui maintiennent un état :[1]

```
<xsl:stylesheet version="1.0"
xmlns:xsl="http://www.w3.org/1999/XSL/Transform"
xmlns:xalan="http://xml.apache.org/xslt"
xmlns:count="http://www.ora.com/XSLTCookbook/extend/counter">

<xsl:output method="text"/>

<xalan:component prefix="count"
                 functions="counter nextCount resetCount makeCounter">
  <xalan:script lang="javascript">

     function counter(initValue)
    {
      this.value = initValue ;
    }

    function nextCount(ctr)
    {
      return ctr.value++ ;
    }

    function resetCount(ctr, value)
    {
      ctr.value = value  ;
      return "" ;
    }

    function makeCounter(initValue)
    {
      return new counter(initValue) ;
    }

  </xalan:script>
</xalan:component>

<xsl:template match="/">
  <xsl:variable name="unCompteur" select="count:makeCounter(0)"/>
  Valeur : <xsl:value-of select="count:nextCount($unCompteur)"/>
  Valeur : <xsl:value-of select="count:nextCount($unCompteur)"/>
  Valeur : <xsl:value-of select="count:nextCount($unCompteur)"/>
  Valeur : <xsl:value-of select="count:nextCount($unCompteur)"/>
  <xsl:value-of select="count:resetCount($unCompteur,0)"/>
  Valeur : <xsl:value-of select="count:nextCount($unCompteur)"/>
</xsl:template>
```

1. Honte à moi de vous suggérer une telle chose ! Cela dit, sérieusement, lorsque vous sortez du cadre de XSLT, vous n'êtes pas obligé de suivre ses règles, mais vous devez en accepter les conséquences.

```
</xsl:stylesheet>
```

Dans la plupart des implémentations, ce code produit la sortie suivante :

```
Valeur : 0
Valeur : 1
Valeur : 2
Valeur : 3
Valeur : 0
```

Un processeur qui ne s'attend pas à subir des effets de bord peut éventuellement changer l'ordre d'évaluation des instructions. Ici vous utilisez la bibliothèque des expressions régulières de JavaScript :

```
<?xml version="1.0" encoding="UTF-8"?>
<xsl:stylesheet version="1.0"
xmlns:xsl="http://www.w3.org/1999/XSL/Transform"
xmlns:xalan="http://xml.apache.org/xslt"
xmlns:regex="http://www.ora.com/XSLTCookbook/extend/regex">

<xsl:output method="text"/>

<xalan:component prefix="regex"
     functions="match leftContext rightContext getParenMatch makeRegExp">
  <xalan:script lang="javascript">

    function Matcher(pattern)
    {
      this.re = new RegExp(pattern) ;
      this.re.compile(pattern) ;
      this.result="" ;
      this.left="" ;
      this.right="" ;
    }

    function match(matcher, input)
    {
      matcher.result = matcher.re.exec(input) ;
      matcher.left = RegExp.leftContext ;
      matcher.right = RegExp.rightContext ;
      return matcher.result[0] ;
    }

    function leftContext(matcher)
    {
      return matcher.left ;
    }

    function rightContext(matcher)
    {
      return matcher.right ;
    }

    function getParenMatch(matcher, which)
```

```
      {
        return matcher.result[which] ;
      }

      function makeRegExp(pattern)
      {
        return new Matcher(pattern) ;
      }

    </xalan:script>
  </xalan:component>

  <xsl:template match="/">
    <xsl:variable name="parseurDate"
         select="regex:makeRegExp('(\d\d?)[/-](\d\d?)[/-](\d{4}|\d{2})')"/>
    Correspondance : <xsl:value-of
               select="regex:match($parseurDate,
                     'Je suis né le 05/03/1964 à Paris.')"/>
    Gauche : <xsl:value-of select="regex:leftContext($parseurDate)"/>
    Droite : <xsl:value-of select="regex:rightContext($parseurDate)"/>
    Mois : <xsl:value-of select="regex:getParenMatch($parseurDate, 1)"/>
    Jour : <xsl:value-of select="regex:getParenMatch($parseurDate,2)"/>
    Année : <xsl:value-of select="regex:getParenMatch($parseurDate,3)"/>
  </xsl:template>
  </xsl:stylesheet>
```

Le résultat de cet exemple est :

```
Correspondance : 05/03/1964
Gauche : Je suis né le
Droite :  à Paris.
Mois : 05
Jour : 03
Année : 1964
```

En plus, Xalan vous permet de créer des éléments d'extension basés sur du code JavaScript. Voici un élément d'extension qui répète l'exécution de son contenu n fois. Il est très utile pour dupliquer des chaînes de caractères, des structures, ou comme simple construction de boucles :

```
<?xml version="1.0" encoding="iso-8859-1"?>
<xsl:stylesheet version="1.0"
  xmlns:xsl="http://www.w3.org/1999/XSL/Transform"
  xmlns:xalan="http://xml.apache.org/xslt"
  xmlns:rep="http://www.ora.com/XSLTCookbook/extend/repeat"
  extension-element-prefixes="rep">

<xsl:output method="xml"/>

<xalan:component prefix="rep" elements="repeat">
  <xalan:script lang="javascript">
<![CDATA[
    function repeat(ctx, elem)
    {
```

```
        // Obtenir la valeur de l'attribut n sous la forme d'un entier
        n = parseInt(elem.getAttribute("n")) ;
        // Obtenir l'objet Transformer qui doit exécuter ce noeud
        xformer = ctx.getTransformer( ) ;
        // Exécuter n fois le contenu de l'élément repeat
        for(var ii=0; ii < n; ++ii)
        {
          node = elem.getFirstChild( ) ;
          while(node)
          {
            node.execute(xformer) ;
            node = node.getNextSibling( ) ;
          }
        }
        // La valeur de retour a été insérée dans l'arbre de sortie
        // donc on retourne null pour éviter cela
        return null ;
      }
  ] ]>
    </xalan:script>
  </xalan:component>

  <xsl:template match="/">
    <tests>
      <!-- Dupliquer du texte -->
      <test1><rep:repeat n="10">a</rep:repeat></test1>
      <!-- Dupliquer une structure -->
      <test2>
        <rep:repeat n="10">
          <Maladie>
            <Nom>Angine</Nom>
            <Type>blanche</Type>
          </Maladie>
        </rep:repeat>
      </test2>
      <!-- Répéter l'exécution de code XSLT -->
      <!-- (ce qui est en fait ce que nous avons fait dans test1 et test2) -->
      <test3>
        <rep:repeat n="10">
          <xsl:for-each select="*">
            <xsl:copy/>
          </xsl:for-each>
        </rep:repeat>
      </test3>
    </tests>
  </xsl:template>

  </xsl:stylesheet>
```

Discussion

Créer des extension en JavaScript (ou dans un autre langage de script) est séduisant, parce que bien qu'il faille changer de langage au cours du développement, il n'est pas nécessaire de changer d'environnement de développement ou d'invoquer un autre compilateur. Cependant, le bénéfice principal est peut-être que des langages tels que JavaScript ou VBScript sont très faciles à apprendre.[2]

Le défi posé par l'utilisation d'extensions écrites dans des langages de script tient à ce que la documentation sur la façon de relier XSLT et les scripts est maigre. Il est nécessaire de donner quelques pointeurs ici. La plupart de ces informations sont disponibles sur les documents concernant les extensions de Xalan (*http://xml.apache.org/xalan-j/extensions.html*), mais il est facile de les manquer si vous devez faire marcher quelque chose de façon urgente.

Premièrement, les extensions écrites dans un langage de script ne sont disponibles que dans Xalan Java, et pas dans Xalan C++.

Deuxièmement, assurez-vous d'ajouter *bsf.jar* et *js.jar* (pour JavaScript) a votre *classpath*, soit dans la ligne de commande lorsque vous invoquez Java à partir d'un interpréteur de commandes Unix :

```
java -cp /xalan/bin/xalan.jar:/xalan/bin/xercesImpl.jar:/xalan/bin/bsf.jar:
/xalan/bin/js.jar org.apache.xalan.xslt.Process -in input.xml -xsl trans.xslt
```

soit dans la variable d'environnement `CLASSPATH` :

```
export CLASSPATH=/xalan/bin/xalan.jar:/xalan/bin/xercesImpl.jar:/xalan/bin/
bsf.jar:/xalan/bin/js.jar
```

Pour Windows, remplacez les deux-points par des points-virgules, et utilisez `set` plutôt que `export`.

Troisièmement, notez que *js.jar* ne fait partie de la distribution de Xalan. Vous devez l'obtenir séparément, du site Mozilla.org (*http://www.mozilla.org/rhino/*).

Lorsque vous avez configuré votre environnement correctement, vous devez spécifier que votre feuille de style est conforme aux exigences de Xalan pour les extensions écrites dans un langage de script. Voir l'introduction de ce chapitre pour les détails sordides.

Écrire des fonctions d'extension est beaucoup plus facile que d'écrire des éléments d'extension, et les exemples de la section « Solution » (ajoutés à la documentation de Xalan) devraient être suffisant. Le reste de cette section se focalise sur les éléments d'extension.

Lorsque la fonction associée à un élément d'extension est invoquée, elle reçoit automatiquement en paramètre deux objets. Le premier est un contexte de type `org.apache.xalan.extensions.XSLProcessorContext`. Cet objet est un descripteur permettant d'accéder à d'autres objets utiles, tels que le nœud contextuel, l'objet feuille de style, et le transformeur. Elle implémente également une méthode `outputToResultTree(Sty-`

2. De fait, avant d'écrire ce livre, je pouvais compter le nombre de lignes de JavaScript que j'avais écrites sur les doigts de deux mains et d'un pied.

`lesheet stylesheetTree, java.lang.Object obj)`, qui est capable de produire des données dans l'arbre résultat. Le fait que tous ces objets soient écrits en Java mais accessibles à partir de JavaScript est une fonctionnalité du *Bean Scripting Framework* (*http://oss.software.ibm.com/developerworks/projects/bsf*), qui est contenu dans *bsf.jar*.

Le second objet est une instance de `org.apache.xalan.templates.ElemExtensionCall`. Cet objet représente l'élément d'extension lui-même. À partir de cet élément, vous pouvez extraire les attributs et les éléments fils dont votre script a besoin pour interpréter et calculer la fonctionnalité de l'extension. Cela est fait à l'aide des fonctions DOM standard, telles que `getAttribute()`, `getFirstChild()`, `getLastChild()`, etc.

Il y a quelques limitations sur ce que vous pouvez faire avec un élément d'extension écrit dans un langage de script. Il vous suffit d'être compétent et de vouloir plonger dans le code source de Xalan Java, ainsi que dans sa documentation, pour trouver comment faire ce que vous voulez faire. Cependant, vous ne devriez utilisez une extension écrite dans un langage de script que pour des tâches simples, parce qu'elles sont significativement plus lentes que les extensions natives Java.

Pour aller plus loin

La source de référence pour tout ce qui concerne l'extensibilité de Xalan est *http://xml.apache.org/xalan-j/extensions.htm*.

12.3 Ajouter des fonctions d'extension écrites en Java

Problème

Vous désirez ajouter vos propres fonctions d'extension écrites en Java.

Solution

Dans l'introduction de ce chapitre nous avons expliqué le mécanisme permettant de lier une feuille de style à une implémentation Java. Cette section se concentre sur des exemples.

Dans le chapitre 2, nous avons vu comment convertir des nombres en base 10 vers d'autres bases (telle que la base 16, hexadécimale). Vous pouvez implanter un convertisseur en hexadécimal facilement en Java :

```
package com.ora.xsltckbk.util;

public class HexConverter
{

  public static String toHex(String intString)
  {
    try
    {
      Integer temp = new Integer(intString) ;
      return new String("0x").concat(Integer.toHexString(temp.intValue( ))) ;
```

```
      }
      catch (Exception e)
     {
        return new String("0x0") ;
      }
    }
  }
```

Le format de la valeur de retour, commençant par `0x` vous indique presque sûrement que cette fonction sera utilisée par une application de génération de code. L'exemple suivant en donne une illustration :

```
<?xml version="1.0" encoding="UTF-8"?>
<xsl:stylesheet version="1.0"
  xmlns:xsl="http://www.w3.org/1999/XSL/Transform"
  xmlns:xalan="http://xml.apache.org/xslt"
  xmlns:hex="xalan://com.ora.xsltckbk.util.HexConverter"
  exclude-result-prefixes="hex xalan">

<xsl:template match="group">
enum <xsl:value-of select="@name"/>
{
  <xsl:apply-templates mode="enum"/>
} ;
</xsl:template>

<xsl:template match="constant" mode="enum">
  <xsl:variable name="rep">
    <xsl:call-template name="getRep"/>
  </xsl:variable>
  <xsl:value-of select="@name"/> = <xsl:value-of select="$rep"/>
  <xsl:if test="following-sibling::constant">
    <xsl:text>,</xsl:text>
  </xsl:if>
</xsl:template>

<xsl:template match="constant">
  <xsl:variable name="rep">
    <xsl:call-template name="getRep"/>
  </xsl:variable>
const int <xsl:value-of select="@name"/> = <xsl:value-of select="$rep"/> ;
</xsl:template>

<xsl:template name="getRep">
  <xsl:choose>
    <xsl:when test="@rep = 'hex'">
      <xsl:value-of select="hex:toHex(@value)"/>
    </xsl:when>
    <xsl:otherwise>
      <xsl:value-of select="@value"/>
    </xsl:otherwise>
  </xsl:choose>
</xsl:template>
```

```
</xsl:stylesheet>
```

L'exemple suivant vous montre comment construire des objets Java et appeler leurs méthodes. Il est difficile de mettre en forme du texte lorsqu'on transforme un document XML en SVG (*Scalable Vector Graphics*). SVG n'offre aucun moyen de calculer la longueur d'une chaîne de caractères à l'affichage. Heureusement, Java fournit les fonctionnalités nécessaires. La question est de savoir si l'opinion de Java sur la longueur d'une chaîne de caractères correspond à l'opinion qu'en a le moteur de rendu SVG. Toutefois, l'idée est suffisamment séduisante pour être tentée :

```
package com.ora.xsltckbk.util ;
import java.awt.* ;
import java.awt.geom.* ;
import java.awt.font.* ;
import java.awt.image.*;

public class SVGFontMetrics
{
  public SVGFontMetrics(String fontName, int size)
  {
    m_font = new Font(fontName, Font.PLAIN, size) ;
    BufferedImage bi
        = new BufferedImage(1, 1, BufferedImage.TYPE_INT_ARGB);
    m_graphics2D = bi.createGraphics( ) ;
  }

  public SVGFontMetrics(String fontName, int size, boolean bold,
                        boolean italic)
  {
    m_font = new Font(fontName, style(bold,italic) , size) ;
    BufferedImage bi
        = new BufferedImage(1, 1, BufferedImage.TYPE_INT_ARGB);
    m_graphics2D = bi.createGraphics( ) ;
  }

  public double stringWidth(String str)
  {
    FontRenderContext frc = m_graphics2D.getFontRenderContext( );
    TextLayout layout = new TextLayout(str, m_font, frc);
    Rectangle2D rect = layout.getBounds( ) ;
    return rect.getWidth( ) ;
  }

  public double stringHeight(String str)
  {
    FontRenderContext frc = m_graphics2D.getFontRenderContext( );
    TextLayout layout = new TextLayout(str, m_font, frc);
    Rectangle2D rect = layout.getBounds( ) ;
    return rect.getHeight( ) ;
  }

  static private int style(boolean bold, boolean italic)
```

```
    {
      int style = Font.PLAIN ;
      if (bold) { style |= Font.BOLD;}
      if (italic) { style |= Font.ITALIC;}
      return style ;
    }

    private Font m_font = null ;
    private Graphics2D m_graphics2D = null;
  }
```

Ici, les classes Graphics2D et TextLayout de Java 2 (JDK 1.3.1) fournissent l'information recherchée. Vous avez implémenté deux constructeurs publics pour pouvoir gérer les polices simples ainsi que les polices qui sont grasses ou italiques. Deux méthodes publiques, stringWidth() and stringHeight(), obtiennent les informations de dimension sur la façon de dessiner une chaîne de caractères particulière, dans la police indiquée au constructeur. Cette technique est en général suffisamment précise pour la plupart des polices courantes, mais sans plus de garanties de la part du système de polices en place, vous allez devoir faire des expérimentations.

La feuille de style suivante teste les résultats :

```
<xsl:stylesheet version="1.0" xmlns:xsl="http://www.w3.org/1999/XSL/Transform"
  xmlns:xalan="http://xml.apache.org/xslt"
  xmlns:font="xalan://com.ora.xsltckbk.util.SVGFontMetrics"
  exclude-result-prefixes="font xalan">

<xsl:output method="xml"/>

<xsl:template match="/">
  <svg width="100%" height="100%">
    <xsl:apply-templates/>
  </svg>
</xsl:template>

<xsl:template match="text">
  <xsl:variable name="fontMetrics"
      select="font:new(@font, @size, boolean(@weight), boolean(@stytle))"/>
  <xsl:variable name="text" select="."/>
  <xsl:variable name="width" select="font:stringWidth($fontMetrics, $text)"/>
  <xsl:variable name="height" select="font:stringHeight($fontMetrics, $text)"/>
  <xsl:variable name="style">
    <xsl:if test="@style">
      <xsl:value-of select="concat('font-style:',@style)"/>
    </xsl:if>
  </xsl:variable>
  <xsl:variable name="weight">
    <xsl:if test="@weight">
      <xsl:value-of select="concat('font-weight:',@weight)"/>
    </xsl:if>
  </xsl:variable>
  <g style="font-family:{@font};font-size:{@size};{$style};{$weight}">
    <!-- Utiliser l'info de SVGFontMetrics pour créer un rectangle
```

```
      légèrement plus grand que la taille estimée du texte.
      Ajuster la position y sur la base de la taille du texte précédent. -->
      <rect x="10"
            y="{sum(preceding-sibling::text/@size) * 2}pt"
            width="{$width + 2}"
            height="{$height + 2}"
            style="fill:none;stroke: black;stroke-width:0.5;"/>
      <!-- Afficher le texte en le centrant dans le rectangle -->
      <text x="11"
            y="{sum(preceding-sibling::text/@size) * 2 + @size div 2 + 2}pt">
        <xsl:value-of select="."/>
      </text>
    </g>

  </xsl:template>

  </xsl:stylesheet>
```

Cet essai produit d'assez bons résultats avec certaines polices largement distribuées, comme on le voit dans la figure 12-1 :

```
<TextWidthTest>
  <text font="Serif" size="9">M's are BIG; l's are small;</text>
  <text font="Serif" size="10">SVG makes handling text no fun at all</text>
  <text font="Helvetica" size="12">But if I cheat with a little Java</text>
  <text font="Arial" size="14" weight="bold">PROMISE ME YOU WON'T TELL MY MAMMA!
  </text>
  <text font="Century"
   size="16" style="italic">But if you do, I won't lose cheer.
  </text>
  <text font="Courier New" size="18" weight="bold"
   style="italic">Its really my tech editor that I fear!</text>
</TextWidthTest>
```

Figure 12-1. Créer des boîtes englobantes de texte à l'aide l'extension SVGFontMetrics

Discussion

Les exemples de la section « Solution » fonctionnent sans changement aussi bien avec Xalan qu'avec Saxon (malgré l'espace de noms `xml.apache.org/xslt`). Cela fonctionne parce que nous avons utilisé les conventions de raccourcis pour encoder la classe Java dans l'espace de noms.

Remarquez qu'on accède aux constructeurs en utilisant une fonction dont le nom est `new()`, et que le processeur XSLT est capable de comprendre quel constructeur il doit appeler en fonction des arguments. Les méthodes Java sont appelées en passant un paramètre initial supplémentaire correspondant à `this`. L'exemple du convertisseur en hexadécimal ci-dessus montre que les méthodes de type `static` sont appelées sans ce paramètre `this`.

L'exemple de la classe `SVGFontMetrics` ne fonctionne pas avec d'anciennes versions du JDK, mais des résultats similaires peuvent être obtenus à l'aide de la classe `java.awt.FontMetrics` et de la classe `java.awt.Graphics` originale :

```
package com.ora.xsltckbk.util ;
import java.awt.* ;
import java.awt.geom.* ;
import java.lang.System ;

public class FontMetrics
{
  public FontMetrics(String fontName, int size)
  {
    // N'importe quel composant ferait l'affaire
    Label component = new Label( ) ;
    m_metrics
      = component.getFontMetrics(
           new Font(fontName, Font.PLAIN, size)) ;
    m_graphics = component.getGraphics( ) ;
  }

  public FontMetrics(String fontName, int size, boolean bold, boolean italic)
  {
    // N'importe quel composant ferait l'affaire
    Label component = new Label( ) ;
    m_metrics
      = component.getFontMetrics(
           new Font(fontName, style(bold,italic) , size)) ;
    m_graphics = component.getGraphics( ) ;
  }

  // Simple, mais moins précis avec certaines polices
  public int stringWidth(String str)
  {
    return  m_metrics.stringWidth(str) ;
  }

  // Meilleure précision avec la plupart des polices
```

```
public double stringWidthImproved(String str)
{
  Rectangle2D rect = m_metrics.getStringBounds(str, m_graphics) ;
  return rect.getWidth( ) ;
}

static private int style(boolean bold, boolean italic)
{
  int style = Font.PLAIN ;
  if (bold) { style |= Font.BOLD;}
  if (italic) { style |= Font.ITALIC;}
  return style ;
}

private java.awt.FontMetrics m_metrics = null;
private java.awt.Graphics m_graphics = null ;
```

Bien que ces exemples puissent ne pas correspondre directement à vos besoins, ils illustrent les mécanismes par lesquels vous pouvez écrire vos propres fonctions d'extension en Java. Les autres possibilités, par ordre de difficulté croissante, sont :

1. Utiliser la classe Java `Hashtable` plutôt que `xsl:key`. Cela permet un meilleur contrôle sur les éléments à indexer, et permet à l'index de changer au cours de l'exécution. Cela corrige donc la limitation de `xsl:key`, dont les définitions ne peuvent pas faire référence à des variables. Vous pouvez également l'utiliser pour construire un index principal qui s'étend sur plusieurs documents.

2. Programmer une fonction de tri de nœuds qui compense les limitations de `xsl:sort`, par exemple la construction d'un tri basé sur les règles d'une langue étrangère. Doug Tidwell en fait la démonstration avec Saxon dans *XSLT* (O'Reilly, 2001).

3. Lire et écrire différents formats de fichier dans une même feuille de style. Par exemple, cela permet à la feuille de style de lire des fichiers de texte qui ne sont pas du XML, comme les fichiers CSV ou des fichiers binaires de format propriétaire. XSLT 2.0 ajoute quelques possibilités dans ce domaine, mais peut-être ne pouvez vous pas attendre.

4. Traiter directement des fichiers XML conservés dans une archive ZIP, en utilisant `java.util.zip.ZipFile`. Étudier le code source de la fonction document de votre processeur XSLT peut être utile.

Pour aller plus loin

Dans le chapitre 9, nous avons abordé le problème de la mise en forme de texte à l'intérieur des nœuds de l'arbre SVG généré. Vous pourriez utiliser `SVGFontMetrics` pour approcher de la solution.

Bien que non spécifiquement relié aux extensions XSLT, les développeurs intéressés par Java et SVG pourront essayer Batik (*http://xml.apache.org/batik/index.html*).

12.4 Ajouter des éléments d'extension à l'aide de Java

Problème

Vous voulez étendre les fonctionnalités de XSLT en ajoutant des éléments ayant un comportement personnalisé.

Solution

Les sections précédentes ont décrit comment vous pouviez utiliser les extensions fournies par les programmeurs du processeur XSLT que vous utilisez. Cette section vous permet de développer vos propres éléments d'extension. Contrairement aux fonctions d'extension, la création d'éléments d'extension nécessite une connaissance beaucoup plus intime des détails d'un processeur particulier. Parce que les conceptions des processeurs varient considérablement, la plupart du code donné ici ne sera pas portable entre processeurs.

Cette section commence par une extension simple qui permet l'utilisation de sucre syntaxique plutôt que de nouvelles fonctionnalités. Il est souvent nécessaire, dans une feuille de style, de changer le contexte pour un autre nœud. Utiliser une instruction `xsl:for-each` est une façon de réaliser cela. Le procédé est toutefois source de confusion, parce que l'intention n'est pas de boucler mais simplement de changer de contexte, et de passer à un *unique* nœud défini par l'attribut `select` de l'instruction `xsl:for-each`.

```
<xsl:for-each select="document('nouveau.xml')">
    <!-- Traiter le nouveau document -->
</xsl:for-each>
```

Vous allez implémenter un nouvel élément d'extension appelé `xslx:set-context`, qui agit exactement comme `xsl:for-each`, mais uniquement sur le premier nœud de l'ensemble de nœuds défini par l'attribut `select` (normalement, vous n'avez de toute façon qu'un seul nœud).

Saxon réclame une implémentation de l'interface `com.icl.saxon.style.ExtensionElementFactory` pour tous les éléments d'extension associés à un espace de noms particulier. Cet objet est responsable de la création des éléments d'extension à partir du nom local de l'élément. La seconde extension, appelée `templtext`, est décrite plus loin :

```
package com.ora.xsltckbk;
import com.icl.saxon.style.ExtensionElementFactory;
import org.xml.sax.SAXException;

public class CkBkElementFactory implements ExtensionElementFactory {

    public Class getExtensionClass(String localname)  {
        if (localname.equals("set-context")) return CkBkSetContext.class;
        if (localname.equals("templtext")) return CkBkTemplText.class;
        return null;
    }
```

```
}
```

Lorsque vous utilisez une fonction d'extension, vous devez utiliser un espace de noms qui se termine par `/`, suivi du nom qualifié de la classe qui fabrique les éléments. Le préfixe d'espace de noms doit également apparaître dans l'attribut `extension-element-prefixes` de l'élément xsl:stylesheet :

```
<xsl:stylesheet version="1.0"
 xmlns:xsl="http://www.w3.org/1999/XSL/Transform"
 xmlns:xslx="http://com.ora.xsltckbk.CkBkElementFactory"
 extension-element-prefixes="xslx">

<xsl:template match="/">
  <xslx:set-context select="foo/bar">
    <xsl:value-of select="."/>
  </xslx:set-context>
</xsl:template>

</xsl:stylesheet>
```

L'implémentation de l'élément `set-context` dérive de `com.icl.saxon.style.StyleElement` et doit implémenter `prepareAttributes()` et `process()`, mais elle implémentera en général les autres méthodes du tableau 12-3.

Tableau 12-3. Méthodes importantes de StyleElement dans Saxon

Method	Effect
`isInstruction()`	Les extensions renvoient toujours `true`.
`mayContainTemplateBody()`	Renvoie `true` si cet élément peut contenir des éléments fils. Renvoie souvent `true` pour permettre un fils `xsl:fallback`.
`prepareAttributes()`	Appelée au moment de la compilation pour permettre aux classes de parser l'information contenue dans les attributs d'extension. C'est aussi le moment de faire une validation locale.
`validate()`	Appelée au moment de la compilation après que tous les éléments de la feuille de style ont effectué leur validation locale. Elle permet une validation croisée entre cet élément et ses parent ou enfants.
`process(Context context)`	Appelée au moment de l'exécution pour exécuter l'extension. Cette méthode peut accéder ou modifier l'information de contexte, mais ne doit pas modifier l'arbre de la feuille de style.

L'élément `xslx:set-context` a été facile à implanter car son code a été copié de celui de l'implémentation `XSLForEach` de Saxon, et modifié de façon à faire ce que fait `XSLForEach`, mais une seule fois :

```
public class CkBkSetContext extends com.icl.saxon.style.StyleElement {

    Expression select = null;

    public boolean isInstruction( ) {
        return true;
    }

    public boolean mayContainTemplateBody( ) {
        return true;
    }
```

À ce stade, il faut s'assurer que l'attribut `select` est présent. S'il l'est, appeler `makeExpression`, qui l'analyse et le transforme en une expression XPath :

```
    public void prepareAttributes( )
                throws TransformerConfigurationException {

          StandardNames sn = getStandardNames( );
          AttributeCollection atts = getAttributeList( );

          String selectAtt = null;

          for (int a=0; a<atts.getLength( ); a++) {
               int nc = atts.getNameCode(a);
               int f = nc & 0xfffff;
               if (f==sn.SELECT) {
                  selectAtt = atts.getValue(a);
             } else {
                  checkUnknownAttribute(nc);
             }
        }

        if (selectAtt==null) {
            reportAbsence("select");
        } else {
            select = makeExpression(selectAtt);
        }
    }

    public void validate( ) throws TransformerConfigurationException {
        checkWithinTemplate( );
    }
```

Ce code est identique à celui du `for-each` de Saxon, sinon qu'au lieu de boucler sur `selection.hasMoreElements`, il n'en retire qu'un seul élément, y positionne le nœud contextuel et le nœud courant, traite les fils, et renvoie le résultat au contexte :

```
    public void process(Context context) throws TransformerException
    {
        NodeEnumeration selection = select.enumerate(context, false);
        if (!(selection instanceof LastPositionFinder)) {
            selection = new LookaheadEnumerator(selection);
        }
```

```
            Context c = context.newContext( );
            c.setLastPositionFinder((LastPositionFinder)selection);
            int position = 1;

              if (selection.hasMoreElements( )) {
                  NodeInfo node = selection.nextElement( );
                  c.setPosition(position++);
                  c.setCurrentNode(node);
                  c.setContextNode(node);
                  processChildren(c);
                  context.setReturnValue(c.getReturnValue( ));
              }
        }
    }
```

L'exemple suivant n'est pas aussi simple parce qu'il augmente les capacités de XSLT plutôt que de créer une implémentation alternative d'une fonctionnalité existante.

Vous pouvez constater, parce qu'un chapitre entier de ce livre y est consacré, que la génération de code est un sujet qui m'intéresse. Cependant, bien que XSLT soit presque optimal pour ses capacités de manipulation de XML, il lui manque des capacités d'affichage, ce qui est dû à la verbosité de XML. Considérons un exemple simple de génération de code C++ :

```
<classes>
  <class>
    <name>MyClass1</name>
  </class>

  <class>
    <name>MyClass2</name>
  </class>

  <class>
    <name>MyClass3</name>
    <bases>
      <base>MyClass1</base>
      <base>MyClass2</base>
    </bases>
  </class>

</classes>
```

Une feuille de style qui transforme ce document XML en code C++ ressemblera à :

```
<xsl:stylesheet version="1.0" xmlns:xsl="http://www.w3.org/1999/XSL/Transform">

<xsl:output method="text"/>

<xsl:template match="class">
class <xsl:value-of select="name"/> <xsl:apply-templates select="bases"/>
{
public:
```

```
    <xsl:value-of select="name"/>( ) ;
    ~<xsl:value-of select="name"/>( ) ;
   <xsl:value-of select="name"/>(const <xsl:value-of select="name"/>&amp; other) ;
    <xsl:value-of select="name"/>&amp; operator =(const <xsl:value-of
     select="name"/>&amp; other) ;
  } ;
  </xsl:template>

  <xsl:template match="bases">
  <xsl:text>: public </xsl:text>
  <xsl:for-each select="base">
    <xsl:value-of select="."/>
    <xsl:if test="position( ) != last( )">
      <xsl:text>, public </xsl:text>
    </xsl:if>
  </xsl:for-each>
  </xsl:template>

  <xsl:template match="text( )"/>

  </xsl:stylesheet>
```

Ce code est pénible à écrire et difficile à lire parce que le texte C++ est perdu dans un océan de balisage.

L'extension `xslx:templtext` se charge de ce problème en créant une implémentation alternative de `xsl:text`, qui peut alors contenir des séquences d'échappement et indiquer certains traitement particuliers. Un séquence d'échappement est entourée par des contre obliques (\) et peut avoir deux formes. Une alternative évidente utiliserait { et } pour imiter les modèles de valeur d'attribut et XQuery. Cependant, parce que l'on utilise beaucoup ces caractères dans les générateurs de code, j'ai choisi les contre obliques.

Séquence d'échappement	Équivalent XSLT
`\expression\`	`<xsl:value-of select="expression"/>`

`\expression%delimit\`	`<xsl:for-each select="expression">`
	`<xsl:value-of select="."/>`
	`<xsl:if test="position( )`
	`    != last( )>`
	`   <xsl:value-of select="delimit"/>`
	`</xsl:if>`
	`</xsl:for-each>`

XSLT 2.0 fournira une fonctionnalité similaire à celle de `\expression%delimit\` via `<xsl:value-of select="expression" separator="delimit" />`.

À l'aide de cette notation, votre générateur de code ressemblera à :

```
<xsl:stylesheet
   version="1.0"
   xmlns:xsl="http://www.w3.org/1999/XSL/Transform"
```

```
    xmlns:xslx="http://com.ora.xsltckbk.CkBkElementFactory"
    extension-element-prefixes="xslx">

<xsl:output method="text"/>

<xsl:template match="class">
<xslx:templtext>
class \name\ <xsl:apply-templates select="bases"/>
{
public:

  \name\( ) ;
  ~\name\( ) ;
  \name\(const \name\&amp; other) ;
  \name\&amp; operator =(const \name\&amp; other) ;
} ;
</xslx:templtext>
</xsl:template>

<xsl:template match="bases">
<xslx:templtext>: public \base%', public '\</xslx:templtext>
</xsl:template>

<xsl:template match="text( )"/>

</xsl:stylesheet>
```

Ce code est beaucoup plus facile à lire et à écrire. Notre nouvelle fonctionnalité s'applique à tout contexte dans lequel une grande quantité de texte fixe sera généré. Un puriste XSLT froncera les sourcils devant une telle extension parce qu'elle introduit une syntaxe étrangère dans XSLT, syntaxe qui n'est pas sujette aux manipulations simples de XML. Cet argument est valide. Cependant, d'un point de vue pratique, la plupart des développeurs rejetteront XSLT (à la faveur de Perl) pour la génération de code, justement parce qu'il lui manque une syntaxe légère et concise pour écrire ce genre de modèles. Donc, assez tergiversé, écrivons le code :

```
package com.ora.xsltckbk;
import java.util.Vector ;
import java.util.Enumeration ;
import com.icl.saxon.tree.AttributeCollection;
import com.icl.saxon.*;
import com.icl.saxon.expr.*;
import javax.xml.transform.*;
import com.icl.saxon.output.*;
import com.icl.saxon.trace.TraceListener;
import com.icl.saxon.om.NodeInfo;
import com.icl.saxon.om.NodeEnumeration;
import com.icl.saxon.style.StyleElement;
import com.icl.saxon.style.StandardNames;
import com.icl.saxon.tree.AttributeCollection;
import com.icl.saxon.tree.NodeImpl;
```

Votre classe d'extension commence par déclarer des constantes qui serviront dans une simple machine à états qui va analyser les séquences d'échappement :

```
public class CkBkTemplText extends com.icl.saxon.style.StyleElement
{
  private static final int SCANNING_STATE = 0 ;
  private static final int FOUND1_STATE   = 1 ;
  private static final int EXPR_STATE     = 2 ;
  private static final int FOUND2_STATE   = 3 ;
  private static final int DELIMIT_STATE  = 4 ;
```

On définit ensuite quatre classes privées qui implémentent le mini langage contenu dans un élément `xslx:templtext`. La classe de base, `CkBkTemplParam`, contient du texte littéral apparaissant avant une séquence d'échappement :

```
  private class CkBkTemplParam
  {
    public CkBkTemplParam(String prefix)
    {
      m_prefix = prefix ;
    }

    public void process(Context context) throws TransformerException
    {
      if (!m_prefix.equals(""))
      {
          Outputter out = context.getOutputter( );
          out.setEscaping(false);
          out.writeContent(m_prefix);
          out.setEscaping(true);
      }
    }

    protected String m_prefix ;
  }
```

La classe `CkBkValueTemplParam` dérive de `CkBkTemplParam` et implémente le comportement d'un séquence simple \expr\. Pour simplifier l'implémentation de cet exemple, l'équivalent de l'attribut `disable-output-escaping` sera utilisé systématiquement à l'intérieur d'un élément :

```
  private class CkBkValueTemplParam extends CkBkTemplParam
  {
    public CkBkValueTemplParam(String prefix, Expression value)
    {
      super(prefix) ;
      m_value = value ;
    }

    public void process(Context context) throws TransformerException
    {
      super.process(context) ;
      Outputter out = context.getOutputter( );
      out.setEscaping(false);
```

```
        if (m_value != null)
        {
            m_value.outputStringValue(out, context);
        }
        out.setEscaping(true);
    }

    private Expression m_value ;

}
```

La classe `CkBkTemplParam` implémente le comportement de `\expr%delimit\`, en imitant largement le comportement de la classe `XslForEach` de Saxon :

```
private class CkBkListTemplParam extends CkBkTemplParam
{
  public CkBkListTemplParam(String prefix, Expression list,
                            Expression delimit)
  {
    super(prefix) ;
    m_list = list ;
    m_delimit = delimit ;
  }

  public void process(Context context) throws TransformerException
  {
    super.process(context) ;
    if (m_list != null)
    {
      NodeEnumeration m_listEnum = m_list.enumerate(context, false);

      Outputter out = context.getOutputter( );
      out.setEscaping(false);
      while(m_listEnum.hasMoreElements( ))
      {
        NodeInfo node = m_listEnum.nextElement( );
        if (node != null)
        {
          node.copyStringValue(out);
        }
        if (m_listEnum.hasMoreElements( ) && m_delimit != null)
        {
          m_delimit.outputStringValue(out, context);
        }
      }
      out.setEscaping(true);
    }
  }

  private Expression m_list = null;
  private Expression m_delimit = null ;
}
```

La dernière classe privée, CkBkStyleTemplParam, est utilisée comme conteneur d'éléments placés à l'intérieur de xslx:templtext, comme par exemple xsl:apply-templates:

```
private class CkBkStyleTemplParam extends CkBkTemplParam
{
  public CkBkStyleTemplParam(StyleElement snode)
  {
    m_snode = snode ;
  }

  public void process(Context context) throws TransformerException
  {
     if (m_snode.validationError != null)
    {
            fallbackProcessing(m_snode, context);
     }
    else
    {
          try
      {
          context.setStaticContext(m_snode.staticContext);
          m_snode.process(context);
       }
      catch (TransformerException err)
      {
          throw snode.styleError(err);
       }
    }
  }
}
```

Les trois méthodes suivantes sont standard. Si vous permettez l'attribut standard disable-output-escaping pour contrôler les caractères en sortie, vous pouvez obtenir sa valeur dans prepareAttributes(). Le fichier source *XslText.java* de Saxon fournit le code nécessaire.

```
public boolean isInstruction( )
{
    return true;
}

public boolean mayContainTemplateBody( )
{
  return true;
}

public void prepareAttributes( ) throws TransformerConfigurationException
{
   StandardNames sn = getStandardNames( );
   AttributeCollection atts = getAttributeList( );
   for (int a=0; a<atts.getLength( ); a++)
  {
```

```
         int nc = atts.getNameCode(a);
        checkUnknownAttribute(nc);
      }
    }
```

L'étape de validation est une opportunité pour analyser le contenu de l'élément `xslx:templtext`, à la recherche de séquences d'échappement. Vous envoyez chaque nœud de texte à une fonction d'analyse. Le contenu élémentaire est converti en instance de `CkBkStyleTemplParam`. Le champ `m_TemplParms` est un vecteur dans lequel les résultats de l'analyse sont stockés :

```
public void validate( ) throws TransformerConfigurationException
{
    checkWithinTemplate( );
    m_TemplParms = new Vector( ) ;

    NodeImpl node = (NodeImpl)getFirstChild( );
    String value ;
    while (node!=null)
    {
      if (node.getNodeType( ) == NodeInfo.TEXT)
      {
        parseTemplText(node.getStringValue( )) ;
      }
      else
      if (node instanceof StyleElement)
      {
         StyleElement snode = (StyleElement) node;
        m_TemplParms.addElement(new CkBkStyleTemplParam(snode)) ;
      }
      node = (NodeImpl)node.getNextSibling( );
    }
}
```

La méthode `process` boucle sur `m_TemplParms` et appelle la méthode `process` de chaque implémentation :

```
public void process(Context context) throws TransformerException
{
  Enumeration iter = m_TemplParms.elements( ) ;
  while (iter.hasMoreElements(  ))
  {
     CkBkTemplParam param = (CkBkTemplParam) iter.nextElement( ) ;
     param.process(context) ;
  }
}
```

Les fonctions privées suivantes implémentent un analyseur simple basé sur une machine à états, qui serait plus simple à programmer si vous avions accès à un moteur d'expressions régulières (qui est maintenant disponible dans Java Version 1.4.1). L'analyseur gère deux contre obliques consécutives comme une demande d'un caractère contre oblique. De la même façon, %% est traduit en un unique caractère % :

```
private void parseTemplText(String value)
```

```
{
    // Cette machine analyse le texte à la recherche de paramètres
    int ii = 0 ;
    int len = value.length(  ) ;

    int state = SCANNING_STATE ;
    StringBuffer temp = new StringBuffer("") ;
    StringBuffer expr = new StringBuffer("") ;
    while(ii < len)
    {
      char c = value.charAt(ii++) ;
      switch (state)
      {
        case SCANNING_STATE:
        {
          if (c == '\\')
          {
            state = FOUND1_STATE ;
          }
          else
          {
            temp.append(c) ;
          }
        }
        break ;

        case FOUND1_STATE:
        {
          if (c == '\\')
          {
            temp.append(c) ;
            state = SCANNING_STATE ;
          }
          else
          {
            expr.append(c) ;
            state = EXPR_STATE ;
          }
        }
        break ;

        case EXPR_STATE:
        {
          if (c == '\\')
          {
            state = FOUND2_STATE ;
          }
          else
          {
            expr.append(c) ;
          }
        }
```

```
          break ;

          case FOUND2_STATE:
          {
            if (c == '\\')
            {
              state = EXPR_STATE ;
              expr.append(c) ;
            }
            else
            {
              processParam(temp, expr) ;
              state = SCANNING_STATE ;
              temp = new StringBuffer("") ;
                    temp.append(c) ;
              expr = new StringBuffer("") ;
            }
          }
          break ;
        }
          }
      if (state == FOUND1_STATE || state == EXPR_STATE)
      {
          compileError("xslx:templtext dangling \\");
      }
      else
      if (state == FOUND2_STATE)
      {
        processParam(temp, expr) ;
      }
      else
      {
        processParam(temp, new StringBuffer("")) ;
      }
  }

  private void processParam(StringBuffer prefix, StringBuffer expr)
  {
    if (expr.length( ) == 0)
    {
      m_TemplParms.addElement(new CkBkTemplParam(new String(prefix))) ;
    }
    else
    {
      processParamExpr(prefix, expr) ;
    }
  }

  private void processParamExpr(StringBuffer prefix, StringBuffer expr)
  {
      int ii = 0 ;
      int len = expr.length( ) ;
```

```
int state = SCANNING_STATE ;
StringBuffer list = new StringBuffer("") ;
StringBuffer delimit = new StringBuffer("") ;
while(ii < len)
{
  char c = expr.charAt(ii++) ;
  switch (state)
  {
    case SCANNING_STATE:
    {
      if (c == '%')
      {
        state = FOUND1_STATE ;
      }
      else
      {
        list.append(c) ;
      }
    }
    break ;

    case FOUND1_STATE:
    {
      if (c == '%')
      {
        list.append(c) ;
        state = SCANNING_STATE ;
      }
      else
      {
        delimit.append(c) ;
        state = DELIMIT_STATE ;
      }
    }
    break ;

    case DELIMIT_STATE:
    {
      if (c == '%')
      {
        state = FOUND2_STATE ;
      }
      else
      {
        delimit.append(c) ;
      }
    }
    break ;
  }
}
try
```

```
        {
          if (state == FOUND1_STATE)
          {
              compileError("xslx:templtext trailing %");
          }
          else
          if (state == FOUND2_STATE)
          {
              compileError("xslx:templtext extra %");
          }
          else
          if (state == SCANNING_STATE)
          {
            String prefixStr = new String(prefix) ;
            Expression value = makeExpression(new String(list)) ;
            m_TemplParms.addElement(
                   new CkBkValueTemplParam(prefixStr, value)) ;
          }
          else
          {
            String prefixStr = new String(prefix) ;
            Expression listExpr = makeExpression(new String(list)) ;
            Expression delimitExpr = makeExpression(new String(delimit)) ;
            m_TemplParms.addElement(
              new CkBkListTemplParam(prefixStr, listExpr, delimitExpr)) ;
          }
        }
        catch(Exception e)
        {
        }
    }
    // Un vecteur de CBkTemplParms extraits du texte
    private Vector m_TemplParms = null;
  }
```

Vous pouvez effectuer quelques améliorations utiles aux fonctionnalités de `xslx:templtext`. Par exemple, vous pourriez étendre les fonctionnalités de la séquence d'échappement de liste à plusieurs listes (c'est-à-dire `\expr1%delim1%expr2%delim2\`). Cette amélioration se transformerait approximativement dans le XSLT équivalent suivant :

```
<xsl:for-each select="expr1">
  <xsl:variable name="pos" select="position( )"/>
  <xsl:value-of select="."/>
  <xsl:if test="$pos != last( )">
    <xsl:value-of select="delim1"/>
  </xsl:if>
  <xsl:value-of select="expr2[$pos]"/>
  <xsl:if test="$pos != last( )">
    <xsl:value-of select="delim2"/>
  </xsl:if>
</xsl:for-each >
```

Cela serait utile lorsqu'une paire de listes doit être séquencée dans le texte. Par exemple, considérons les paramètres d'une fonction C++, qui consistent en une paire nom et type. Le code XSLT n'est qu'une approximation grossière, parce qu'il fait l'hypothèse que les ensembles de nœuds spécifiés par `expr1` et `expr2` ont le même nombre d'éléments. Je pense qu'une implémentation effective continuerait à parcourir la liste tant qu'un des ensembles contient encore des nœuds, en supprimant les délimiteurs pour ceux qui n'en ont pas. Mieux, le comportement pourrait être contrôlé par des attributs de `xslx:templtext`.

Discussion

La place disponible ne nous permet pas une implémentation complète de ces éléments d'extension dans Xalan. Cependant, sur la base des informations données dans l'introduction, le chemin à suivre devrait être relativement clair.

Pour aller plus loin

Les développeurs intéressés par l'extension de Saxon devraient lire l'article de Michael Kay sur la conception de Saxon (*http://www-106.ibm.com/developerworks/library/x-xslt2*).

12.5 Utiliser XSLT à partir de Perl

Problème

Vous avez un problème résolu plus élégamment en Perl, mais qui serait plus simple avec un doigt de XSLT.

Solution

Il y a plusieurs possibilités pour intégrer XSLT et Perl. `XML::LibXSLT` et `XML::LibXML` sont deux modules donnant accès depuis Perl aux processeurs SAX et XSLT de la bibliothèque GNOME. L'exemple suivant, emprunté au livre *Perl et XML* de Erik T. Ray et Jason McIntosh (O'Reilly, 2003), montre un programme Perl qui traite d'un coup plusieurs fichiers XML avec un unique script XSLT, compilé une seule fois :

```
use XML::LibXSLT;
use XML::LibXML;

# les arguments de cette commande sont la feuille de style et les
# fichiers source
my( $style_file, @source_files ) = @ARGV;

# initialiser l'analyseur et le processeur XSLT
my $parser = XML::LibXML->new( );
my $xslt = XML::LibXSLT->new( );
my $stylesheet = $xslt->parse_stylesheet_file( $style_file );

# pour chaque fichier source : analyser, transformer, afficher le résultat
foreach my $file ( @source_files ) {
  my $source_doc = $parser->parse_file( $source_file );
  my $result = $stylesheet->transform( $source_doc );
```

```
    print $stylesheet->output_string( $result );
  }
```

Les paramètres à la feuille de style peuvent être passés via une table de hachage Perl, comme dans le code suivant :

```
# Code similaire à celui de l'exemple précédent, omis

my %params = {
     param1 => 10,
    param2 => 'foo',
} ;

foreach my $file ( @source_files ) {
  my $source_doc = $parser->parse_file( $source_file );
  my $result = $stylesheet->transform($source_doc, %params);
  print $stylesheet->output_string( $result );
}
```

Passer des paramètres de Perl à la feuille de style permettrait, entre autres choses, d'écrire un programme CGI en Perl qui recevrait des données en provenance d'un formulaire HTML et interrogerait une base de données XML à l'aide de XSLT. Voir la recette 11-5, où nous avons triché en créant un nouveau processus pour exécuter le processeur XSLT, plutôt que de l'intégrer.

`XML::Xalan` est un autre module Perl dédié à XSLT, qui permet d'appeler le processeur XSLT Xalan. Edwin Pratomo, l'auteur de ce module, le considère encore de niveau alpha.

Utiliser `XML::Xalan` avec des fichiers externes est votre option la plus simple :

```
use XML::Xalan;

  # Construire le transformer
  my $tr = new XML::Xalan::Transformer;

  # Compiler la feuille de style
  my $compiled = $tr->compile_stylesheet_file("my.xsl");

  # Analyser le document d'entrée
  my $parsed = $tr->parse_file("my.xml");

  my $dest_file = "myresult.xml" ;

  # Exécuter la transformation et sauvegarder le résultat
  $tr->transform_to_file($parsed, $compiled, $dest_file)
    or die $tr->errstr;
```

Un mode de traitement plus judicieux consiste à sauvegarder le résultat dans une variable pour pouvoir poursuivre le traitement :

```
my $res = $tr->transform_to_data($parsed, $compiled);
```

Vous n'êtes pas obligé d'analyser l'entrée ou de précompiler la feuille de style, puisque les deux peuvent être passés sous la forme d'un fichier ou d'une chaîne de caractères :

```
my $res = $tr->transform_to_data($src_file, $xsl_file);
```

Cela renvoie le résultat littéral sous la forme d'une chaîne de caractères, ce qui est très intéressant quand le format de sortie est du texte que vous devrez ensuite traiter avec Perl.

Par ailleurs, vous pouvez obtenir le résultat sous la forme d'événements :

```
# Créer une fonction de gestion
$out_handler = sub {
     my ($ctx, $mesg) = @_;
     print $ctx $mesg;
 }; # Invoquer la transformation en utilisant le gestionnaire
$tr->transform_to_handler(
     $xmlfile, $xslfile,
     *STDERR, $out_handler);
```

Discussion

De nombreux développeurs Perl n'ont pas totalement adopté XSLT, car lorsque l'on maîtrise Perl, il est difficile de faire quoi que ce soit autrement qu'à la façon de Perl. Pour être honnête, la plupart des développeurs Perl réalisent que les autres langages ont leur place, et que XSLT peut très certainement simplifier une transformation complexe d'un document XML, même si la plus grande partie du programme reste écrite en Perl.

Pour aller plus loin

Il existe d'autres solutions XSLT pour Perl, comme le module `XML::GNOME::XSLT` de T. J. Mather, qui est une coquille autour de libXSLT, un processeur XSLT écrit en C dans le cadre du projet GNOME. Vous pouvez également utiliser l'implémentation native de XSLT en Perl de Jonathan Stowe. Elle n'implémente pas actuellement la plupart des fonctionnalités avancées de XSLT 1.0, comme `xsl:sort`, `xsl:key` et `xsl:import`, et n'a qu'un support partiel de plusieurs autres instructions. Une troisième option est le module `XML::Sablotron` de Pavel Hlavnicka, qui utilise le produit XSLT écrit en C++ de Ginger Alliance. Des informations sur ces modules peuvent être obtenues à *http://www.cpan.org*.

Une autre solution combinant Perl et XSLT est AxKit, un serveur d'application XML pour Apache. AxKit utilise un modèle de traitement en pipeline, qui permet de traiter le contenu par étapes. Il utilise le processeur Sablotron pour ce qui concerne XSLT.

12.6 Utiliser XSLT à partir de Java

Problème

Vous voulez invoquer un traitement XSLT à partir d'une application Java.

Solution

Il y a trois façons simples d'invoquer un traitement XSLT à partir de Java :

- Utiliser une interface native de votre processeur XSLT écrit en Java.

- Utiliser l'API TrAX, plus portable.
- Utiliser JAXP 1.1 (un sur-ensemble de TrAX).

Si vous êtes familier du fonctionnement interne d'une implémentation Java spécifique de XSLT, vous pourriez être tenté d'utiliser son API directement. Toutefois, cette solution n'est pas désirable, parce que votre code ne sera pas portable.

Une alternative consiste à utiliser l'API de transformation pour XML (*Transformation API for XML*, TrAX), une initiative menée par Apache.org (*http://xml.apache.org/xalan-j/trax.html*). La philosophie qui sous-tend TrAX est parfaitement définie sur le site web de TrAX :

> La communauté Java tirera d'importants bénéfices d'une API commune, qui lui permettra de comprendre et d'appliquer un modèle unique, d'écrire des interfaces cohérentes, et d'appliquer des transformations de façon polymorphe. TrAX essaie de définir un modèle qui soit simple et générique, tout en répondant aux besoins généraux des applications dans un large éventail d'utilisations.

TrAX a été englobé par l'API JAXP 1.1 de Java (et plus récemment par la version 1.2). Il n'y a donc plus que deux façons d'interfacer XSLT et Java : l'une portable, l'autre non. Cependant, le choix n'est pas uniquement une question d'avoir raison ou d'avoir tort. Chaque processeur a des caractéristiques propres qui sont quelquefois nécessaires, et si la portabilité n'est pas un problème, vous pouvez tirer parti d'une caractéristique particulière dont vous avez besoin. Malgré cela, cette section décrit uniquement l'API portable JAXP 1.1.

Vous pouvez implémenter une interface en ligne de commande simple en utilisant JAXP 1.1, comme il est montré dans un exemple emprunté au livre *Java et XSLT* de Eric M. Burke (O'Reilly, 2002) :

```
public class Transform
{

  public static void main(String[  ] args) throws Exception
  {
    if (args.length != 2)
    {
      System.err.println(
        "Usage: java Transform [xmlfile] [xsltfile]");
      System.exit(1);
    }

    // Ouvrir le fichier source et la feuille de style
    File xmlFile = new File(args[0]);
    File xsltFile = new File(args[1]);

    // JAXP utilise une interface Source pour lire les données
    Source xmlSource = new StreamSource(xmlFile);
    Source xsltSource = new StreamSource(xsltFile);

    // Les classes "fabriques" permettent au processeur XSLT utilisé
    // d'être inconnu de l'application, en renvoyant une instance de
    // l'interface standard Transformer
```

```
      TransformerFactory transFact =
        TransformerFactory.newInstance( );
      Transformer trans = transFact.newTransformer(xsltSource);

      // Appliquer la feuille de style au document source
      trans.transform(xmlSource, new StreamResult(System.out));
  }
}
```

À la place d'un `StreamResult`, un objet `DOMResult` peut capturer le résultat sous la forme d'un arbre DOM qui peut être traité plus avant, ou sous la forme d'un `SAXResult`, qui reçoit alors les résultats selon un mécanisme régi par les événements.

Dans le cas de DOM, l'utilisateur peut obtenir le résultat sous la forme d'un objet `Document`, `DocumentFragment` ou `Element`, selon le type de nœud qu'il passe au constructeur de `DOMResult`.

Dans le cas de `SAXResult`, un objet `ContentHandler` défini par l'utilisateur est passé au constructeur de SaxResult, et est l'objet qui recevra effectivement les événements SAX. Souvenez-vous qu'un gestionnaire de contenu SAX reçoit des événements tels que `startDocument()`, `startElement()`, `characters()`, `endElement()` et `endDocument()`. Voir *http://www.megginson.com/SAX* pour plus d'informations à propos de SAX.

Discussion

L'attrait de l'accès aux capacités de transformation de XSLT à partir de Java n'est pas de pouvoir écrire sa propre commande de traitement XSLT, comme nous l'avons fait dans la section « Solution », mais de pouvoir étendre les fonctionnalités déjà formidables de Java pour y inclure les capacités de transformation de XSLT.

Imaginez un processus serveur écrit en Java qui doit gérer des fichiers XML changeant constamment et stockés dans une base de données XML, ou des documents XML arrivant sous la forme de messages SOAP. Peut-être ce serveur doit-il supporter plusieurs versions du schéma des documents, ou de multiples clients SOAP, pour assurer une compatibilité ascendante. Ainsi le serveur doit-il gérer de façon transparente plusieurs schémas. Si des données d'un schéma ancien peuvent être transformées en des données conformes au schéma le plus récent, alors le code du serveur s'en trouve d'autant simplifié.

L'intérêt d'utiliser XSLT via l'interface JAXP est que les instances des objets de transformation peuvent être réutilisées, de façon que vous n'ayez à analyser la feuille de style qu'une seule fois, ce qui est utile quand le serveur monte en charge. Cependant, si votre serveur est multi-threadé et que chaque thread doit effectuer des transformations, il faudra disposer d'une instance différente pour chaque thread, de façon à éviter les problèmes de concurrence. C'est ce que fait la classe `javax.xml.transform.Templates`.

Pour aller plus loin

Java et XSLT, d'Eric M. Burke (O'Reilly, 2002) décrit en détail l'intégration de Java et de XSLT, en particulier avec JAXP 1.1. Ce livre comporte plusieurs exemples d'applications complètes, tel qu'un forum de discussion et des applications WML (Wireless Markup Language).

13

Tests et débogage

Souvent, les plantages sont accompagnés d'un message comme « ID 02. ».
« ID » est une abréviation d'idiosyncrasie et le nombre qui suit indique
le nombre de mois pendant lesquels on aurait dû tester ce produit.
Guy Kawasaki

Parmi les scripts que vous écrivez, nombreux sont ceux prétendus sur mesure qui transforment une entrée bien définie. Tester de tels scripts revient guère plus à exécuter la transformation sur une entrée et vérifier la sortie. Cependant, même dans un cas aussi simple, comment faire au mieux avec une feuille de style qui ne fait pas ce que vous attendiez ? Habituellement, une simple inspection du code met en évidence les lignes qui posent problème, mais ce type de débogage n'est souvent pas adapté aux développeurs débutants en XSLT – y compris pour ceux qui sont experts dans la manipulation de XML avec des langages plus procéduraux. Ce chapitre présente les techniques de base pour le débogage, celles qui offrent des solutions plus rapides aux erreurs courantes de codage et améliorent votre compréhension de XSLT.

De nombreux exemples de ce livre insistent sur la création de XSLT réutilisable. Les auteurs de code réutilisable doivent le tester de façon plus rigoureuse. Par définition, un tel code est souvent déployé dans des contextes que l'auteur ne peut connaître totalement : vous devez vous assurer que le code se comporte de la façon attendue pour des entrées typiques et dans la limite des conditions définies. Le code réutilisable doit également se comporter correctement face à des entrées incorrectes.

Les développeurs sont plus enclins à tester ce qui est facile. Les langages interprétés comme XSLT sont généralement plus faciles à tester car il n'y a pas de cycle compilation-édition de liens. XSLT a également un autre avantage : il est *homoïconique* c'est-à-dire que la syntaxe du langage est la même que celle des données. Cette caractéristique permet d'insérer facilement des données de test dans la feuille de style, autorisant ainsi la création de tests entièrement intégrés.

Toutes les recettes de ce chapitre reposent uniquement sur des fonctionnalités de XSLT. Cependant, rien ne vaut un débogueur natif : la liste qui suit énumère les produits commerciaux disponibles dévolus à cette tâche. Je ne les ai pas tous essayés, n'interprétez donc pas cette liste au pied de la lettre. La plupart de ces produits font bien plus que du débogage XSLT.

- Visual XSLT, d'Active State (*http://www.activestate.com/Products/Visual_XSLT/*).
- XML Spy version 5.0, d'Altova (*http://www.xmlspy.com/products_ide.html*).
- Xselerator 2.5, de MarrowSoft (*http://www.topxml.com/xselerator/*).

Treebeard (*http://treebeard.sourceforge.net/*) est un projet open source écrit en Java et fonctionnant avec Xalan, Saxon, jd et les processeurs XSLT d'Oracle. C'est plus un environnement graphique de développement XSLT qu'un débogueur complet, mais il peut aider à déboguer les expressions XPath.

13.1 Utiliser efficacement xsl:message

Problème

Vous voulez inspecter votre feuille de style pour savoir pourquoi elle ne fait pas ce que vous attendiez.

Solution

L'outil le plus simple dans notre arsenal de débogage est `xsl:message`, qui est souvent utilisé pour vérifier que vous exécutez bien une règle particulière :

```
<xsl:stylesheet version="1.0" xmlns:xsl="http://www.w3.org/1999/XSL/Transform">

<!-- ... -->

<xsl:template match="unElément[unFils = 'uneValeur']">
   <xsl:message>Trouvé unElément[unFils = 'uneValeur']</xsl:message>

   <!--... -->

 </xsl:template>

 </xsl:stylesheet>
```

Cette technique est encore plus utile si vous affichez les données concernées. Assurez-vous d'entourer cet affichage d'un texte connu et descriptif afin de lever les ambiguïtés avec les autres occurrences de `xsl:message` et pour détecter qu'un message a été affiché (mais qu'il était vide) :

```
<xsl:stylesheet version="1.0" xmlns:xsl="http://www.w3.org/1999/XSL/Transform">

<xsl:template match="unElément[unFils = 'uneValeur']">
   <xsl:param name="monParam"/>
   <!-- Ce n'est pas une technique de débogage très efficace, car si vous lancez
    un test et que vous ne voyez rien, c'est peut-être que la règle n'a jamais
    correspondu, ou qu'elle a correspondu avec $monParam vide -->
   <xsl:message><xsl:value-of select="$monParam"/></xsl:message>
 </xsl:template>
```

```
<xsl:template match="unElément[unFils = 'uneAutreValeur']">
  <xsl:param name="monParam"/>
  <!-- Voilà qui est mieux -->
  <xsl:message>Trouvé unElément[unFils = 'uneAutreValeur']</xsl:message>
  <xsl:message>$monParam=[<xsl:value-of select="$monParam"/>]</xsl:message>
</xsl:template>

</xsl:stylesheet>
```

Utilisez un paramètre de débogage pour préserver l'utilisation de `xsl:message` dans votre feuille de style et placez-le dans votre propre espace de noms si vous voulez distribuer ce code à d'autres sans interférer avec leurs mécanismes de débogage :

```
<xsl:stylesheet version="1.0" xmlns:xsl="http://www.w3.org/1999/XSL/Transform"
                        xmlns:dbg="http:www.ora.com/XSLTCookbook/ns/debug">

<xsl:param name="dbg:debugOn" select="false( )"/>

<xsl:template match="unElément[unFils = 'uneValeur']">
  <xsl:param name="monParam"/>
  <xsl:if test="$dbg:debugOn">
    <xsl:message>Trouvé unElément[unFils = 'uneValeur']</xsl:message>
    <xsl:message>$monParam=[<xsl:value-of select="$monParam"/>]</xsl:message>
  </xsl:if>
</xsl:template>

</xsl:stylesheet>
```

Discussion

Avant les débogueurs, il y avait les instructions d'affichage. Bien qu'il existe aujourd'hui des débogueurs XSLT interactifs, je n'en connais pas qui soit libre.

En plus de l'utilisation de `xsl:message` que nous venons de décrire, vous pouvez utiliser des assertions pour tester les préconditions, les postconditions, ou les invariants qui doivent être vérifiés à certains points de la feuille de style.

```
<xsl:if test="debugOn>
  <xsl:if test="insérer ici un test d'invariant">
    <xsl:message terminate="yes">
      Message décrivant une violation ou un échec.
    </xsl:message>
  </xsl:if>
</xsl:if>
```

Les tests de type assertion utilisent généralement `terminate="yes"` car, par définition, ce sont des erreurs fatales.

Lorsque l'on débogue avec `xsl:message`, il faut savoir que la destination de sortie peut varier selon l'environnement d'exécution du script XSLT. Vous pourrez peut-être ne pas voir du tout le résultat si, par exemple, la transformation s'exécute sur un navigateur client : il est donc généralement préférable de tester les feuilles de style à l'aide d'un processeur en ligne de commande avant de les placer sur l'environnement cible.

Lorsque la sortie est en XML ou en HTML, une alternative à `xsl:message` consiste à émettre des commentaires de débogage dans le document résultat à l'aide de `xsl:comment`. Vous pouvez notamment débuter chaque règle de votre feuille de style par un `xsl:comment` pour mémoriser par un message les règles qui l'ont généré :

```
<xsl:template match="*">
     <xsl:comment>Produit par une correspondance avec *</xsl:comment>
  ...
 </xsl:template>

 ...

 <xsl:template match="*" mode="truc">
     <xsl:comment>Produit par une correspondance avec * et le mode
                 truc</xsl:comment>
  ...
 </xsl:template>
```

13.2 Suivre la trace de l'exécution de votre feuille de style dans le document source

Problème

Vous voulez suivre la trace de la navigation de votre feuille de style dans le document XML.

Solution

Pensez d'abord aux options de trace offertes par votre processeur XSLT. Saxon, par exemple, dispose d'une option `-t`, qui affiche des informations sur la durée des différentes étapes du traitement, et d'une option `-T`, qui force l'affichage d'informations de trace. Xalan dispose de `-TT` pour tracer l'appel des règles, `-TG` pour tracer chaque événement de génération, `-TS` pour tracer chaque événement de sélection et `-TTC` pour tracer les appels des règles filles.

Si votre processeur ne permet pas de produire des informations de trace, ou si vous souhaitez un plus grand contrôle sur ce qui s'affiche, vous pouvez utiliser une solution employant `xsl:message`. Avec lui, il est facile de produire des informations de débogage qui vous permettront de suivre à la trace le flux du contrôle dans votre feuille de style. Il permet également de suivre le déroulement de la feuille de style dans le document source. Voici un utilitaire que vous pouvez importer à cette fin dans n'importe quelle feuille de style :

```
<?xml version="1.0" encoding="utf-8"?>
 <xsl:stylesheet version="1.0" xmlns:xsl="http://www.w3.org/1999/XSL/Transform"
                    xmlns:dbg="http://www.ora.com/XSLTCookbook/ns/debug">

 <!-- xtrace.xslt -->

 <xsl:param name="debugOn" select="false( )"/>
```

```
<xsl:template match="node( )" mode="dbg:trace" name="dbg:xtrace">
<xsl:param name="tag" select=" 'xtrace' "/>
<xsl:if test="$debugOn">
  <xsl:message>
     <xsl:value-of select="$tag"/>: <xsl:call-template name="dbg:traduit-path"/>
  </xsl:message>
</xsl:if>
</xsl:template>

<!-- Traduit le xpath en noeud courant -->
<xsl:template name="dbg:traduit-path">
  <xsl:apply-templates select="." mode="dbg:traduit-path"/>
</xsl:template>

<!-- Racine -->
<xsl:template match="/" mode="dbg:traduit-path">
  <xsl:text>/</xsl:text>
</xsl:template>

<!-- Noeud de premier niveau -->
<xsl:template match="/*" mode="dbg:traduit-path">
  <xsl:text>/</xsl:text><xsl:value-of select="name( )"/>
</xsl:template>

<!-- Noeuds avec un noeud parent -->
<xsl:template match="*/*" mode="dbg:traduit-path">
  <xsl:apply-templates select=".." mode="dbg:traduit-path"/>/<xsl:value-of
   select="name( )"/>[<xsl:number/>]<xsl:text/>
</xsl:template>

<!-- Noeuds attributs -->
<xsl:template match="@*" mode="dbg:traduit-path">
  <xsl:apply-templates select=".." mode="dbg:traduit-path"/>/@<xsl:value-of
   select="name( )"/>
</xsl:template>

<!-- Noeuds texte (normalisé pour plus de clarté) -->
<xsl:template match="text( )" mode="dbg:traduit-path">
 texte normalisé(<xsl:value-of select="normalize-space(.)"/>)</xsl:template>

</xsl:stylesheet>
```

Si vous placez des appels à `dbg:xtrace` dans votre feuille de style, cela produira un message contenant le chemin du nœud courant. Ce code, par exemple, dote une feuille de style identité de `xtrace` :

```
<?xml version="1.0" encoding="utf-8"?>
<xsl:stylesheet version="1.0" xmlns:xsl="http://www.w3.org/1999/XSL/Transform"
            xmlns:dbg="http://www.ora.com/XSLTCookbook/ns/debug">

 <xsl:include href="xtrace.xslt"/>

 <xsl:template match="/ | node( ) | @* | comment( )
```

```
                        | processing-instruction( )">
    <xsl:call-template name="dbg:xtrace"/>
    <xsl:copy>
      <xsl:apply-templates select="@* | node( )"/>
    </xsl:copy>
  </xsl:template>

  </xsl:stylesheet>
```

Si l'on applique cette feuille de style à ce fichier d'entrée :

```
<test truc="1">
   <unElément n="1"/>
   <unElément n="2">
     <unFils>uneValeur</unFils>
   </unElément>
   <unElément n="3">
     <unFils>uneAutreValeur</unFils>
   </unElément>
   <unElément n="4">
     <unFils>uneValeur</unFils>
   </unElément>
 </test>
```

on obtient le résultat suivant :

```
xtrace: /
xtrace: /test
xtrace: texte normalisé()
xtrace: /test/@truc
xtrace: /test/unElément[1]
xtrace: /test/unElément[1]/@n
xtrace: texte normalisé()
xtrace: /test/unElément[2]
xtrace: /test/unElément[2]/@n
xtrace: texte normalisé()
xtrace: /test/unElément[2]/unFils[1]
xtrace: texte normalisé(uneValeur)
xtrace: texte normalisé()
xtrace: texte normalisé()
xtrace: /test/unElément[3]
xtrace: /test/unElément[3]/@n
xtrace: texte normalisé()
xtrace: /test/unElément[3]/unFils[1]
xtrace: texte normalisé(uneAutreValeur)
xtrace: texte normalisé()
xtrace: texte normalisé()
xtrace: /test/unElément[4]
xtrace: /test/unElément[4]/@n
xtrace: texte normalisé()
xtrace: /test/unElément[4]/unFils[1]
xtrace: texte normalisé(uneValeur)
xtrace: texte normalisé()
xtrace: texte normalisé()
```

Discussion

Pour en tirer le maximum, combinez cette technique de trace avec les messages de débogage qui indiquent où vous vous trouvez dans la feuille de style. Vous pouvez le faire avec un message séparé, mais `xtrace` a un paramètre `tag` qui, s'il est initialisé, s'affichera à la place de la balise `xtrace` par défaut.

Cet exemple affiche les nœuds texte sous forme normalisée afin que la trace ne s'étende pas sur plusieurs lignes. Vous pouvez aisément supprimer ce filtrage si vous voulez voir le vrai texte.

Lorsque vous tracez un document, pensez bien à l'endroit où vous placerez les appels à cette trace. L'emplacement le plus utile est celui, ou ceux, où a lieu le traitement réel du nœud courant. Considérez la feuille de style suivante, empruntée à la recette 4-6, qui effectue un parcours postfixe surveillé par xtrace :

```
<?xml version="1.0" encoding="iso-8859-1"?>
<xsl:stylesheet version="1.0" xmlns:xsl="http://www.w3.org/1999/XSL/Transform"
        xmlns:dbg="http://www.ora.com/XSLTCookbook/ns/debug">

<xsl:include href="xtrace.xslt"/>

<xsl:output method="text"/>

<xsl:strip-space elements="*"/>

<xsl:template match="/employé" priority="10">
     <xsl:apply-templates/>
     <xsl:call-template name="dbg:xtrace"/>
     <xsl:value-of select="@nom"/>
     <xsl:text> est à la tête de la société. </xsl:text>
        <xsl:call-template name="obéir"/>
        <xsl:text>&#xa;&#xa;</xsl:text>
</xsl:template>

<xsl:template match="employé[employé]">
     <xsl:apply-templates/>
     <xsl:call-template name="dbg:xtrace"/>
     <xsl:value-of select="@nom"/><xsl:text> est un directeur. </xsl:text>
     <xsl:call-template name="obéir"/>
     <xsl:text>&#xa;&#xa;</xsl:text>
</xsl:template>

<xsl:template match="employé">
     <xsl:call-template name="dbg:xtrace"/>
     <xsl:text>Personne n'est sous les ordres de </xsl:text>
     <xsl:value-of select="@nom"/><xsl:text>. &#xa;</xsl:text>
</xsl:template>

...

</xsl:stylesheet>
```

Vous remarquerez que vous n'appelez pas `xtrace` dès la première instruction de chaque règle. Cet emplacement produit la trace suivante, qui reflète précisément le parcours postfixe :

```
xtrace: /employé/employé[1]/employé[1]
xtrace: /employé/employé[1]/employé[2]/employé[1]
xtrace: /employé/employé[1]/employé[2]
xtrace: /employé/employé[1]
xtrace: /employé/employé[2]/employé[1]
xtrace: /employé/employé[2]/employé[2]/employé[1]
xtrace: /employé/employé[2]/employé[2]/employé[2]
xtrace: /employé/employé[2]/employé[2]/employé[3]
xtrace: /employé/employé[2]/employé[2]
xtrace: /employé/employé[2]
xtrace: /employé/employé[3]/employé[1]/employé[1]
xtrace: /employé/employé[3]/employé[1]/employé[2]
xtrace: /employé/employé[3]/employé[1]/employé[3]
xtrace: /employé/employé[3]/employé[1]
xtrace: /employé/employé[3]/employé[2]/employé[1]/employé[1]
xtrace: /employé/employé[3]/employé[2]/employé[1]
xtrace: /employé/employé[3]/employé[2]/employé[2]/employé[1]
xtrace: /employé/employé[3]/employé[2]/employé[2]/employé[2]
xtrace: /employé/employé[3]/employé[2]/employé[2]
xtrace: /employé/employé[3]/employé[2]/employé[3]/employé[1]
xtrace: /employé/employé[3]/employé[2]/employé[3]
xtrace: /employé/employé[3]/employé[2]
xtrace: /employé/employé[3] xtrace: /employé
```

Il aurait suffi que vous placiez l'appel à `xtrace` sur la première ligne de chaque règle pour que vous obteniez la trace erronée suivante, qui reflète un parcours préfixe :

```
xtrace: /employé xtrace: /employé/employé[1]
xtrace: /employé/employé[1]/employé[1]
xtrace: /employé/employé[1]/employé[2]
xtrace: /employé/employé[1]/employé[2]/employé[1]
xtrace: /employé/employé[2]
xtrace: /employé/employé[2]/employé[1]
xtrace: /employé/employé[2]/employé[2]
xtrace: /employé/employé[2]/employé[2]/employé[1]
xtrace: /employé/employé[2]/employé[2]/employé[2]
xtrace: /employé/employé[2]/employé[2]/employé[3]
xtrace: /employé/employé[3]
xtrace: /employé/employé[3]/employé[1]
xtrace: /employé/employé[3]/employé[1]/employé[1]
xtrace: /employé/employé[3]/employé[1]/employé[2]
xtrace: /employé/employé[3]/employé[1]/employé[3]
xtrace: /employé/employé[3]/employé[2]
xtrace: /employé/employé[3]/employé[2]/employé[1]
xtrace: /employé/employé[3]/employé[2]/employé[1]/employé[1]
xtrace: /employé/employé[3]/employé[2]/employé[2]
xtrace: /employé/employé[3]/employé[2]/employé[2]/employé[1]
xtrace: /employé/employé[3]/employé[2]/employé[2]/employé[2]
xtrace: /employé/employé[3]/employé[2]/employé[3]
```

```
xtrace: /employé/employé[3]/employé[2]/employé[3]/employé[1]
```

Pour aller plus loin

catchXSL! (*http://www.xslprofiler.org/overview.html*) est un outil librement disponible, qui profile les transformations XSL indépendamment du processeur. Au cours de la transformation, chaque instruction XSLT est enregistrée et cataloguée comme un *événement de style* et associée à l'instant de son déclenchement. Les statistiques produites donnent des informations sur le fonctionnement de la transformation et fournit des indices utiles pour améliorer la feuille de style. Une liste détaillée des événements de style donne des informations sur chaque étape et sa durée. Une liste orientée règle montre le temps passé dans chaque règle et permet ainsi de repérer les gros consommateurs de temps dans la feuille de style.

13.3 Automatiser l'insertion des messages de débogage

Problème

Vous voulez transformer votre feuille de style en une autre, intégrant des traces de débogage.

Solution

Oliver Becker a développé une feuille de transformation bien pratique, qui prend en entrée n'importe quelle feuille de style et produit une feuille de style contenant des instructions de trace :

```
<!--
     Utilitaire de trace, modifie une feuille de style pour produire des
     messages de trace.
     Version 0.2
     GPL (c) Oliver Becker, 2002-02-13
     obecker@informatik.hu-berlin.de -->

  <xsl:transform version="1.0"
    xmlns:xsl="http://www.w3.org/1999/XSL/Transform"
    xmlns:trace="http://www.obqo.de/XSL/Trace"
    xmlns:alias="http://www.w3.org/TransformAlias"
    exclude-result-prefixes="alias">

    <xsl:namespace-alias stylesheet-prefix="alias" result-prefix="xsl" />

    <!-- <xsl:output indent="yes" /> -->

    <!-- Élément racine XSLT -->
    <xsl:template match="xsl:stylesheet | xsl:transform">
      <xsl:copy>
        <!-- Il faut l'espace de noms trace pour les noms et les modes -->
        <xsl:copy-of select="document('')/*/namespace::trace" />
        <!-- dito: un espace de noms était peut-être uniquement utilisé
```

```
            comme valeur d'attribut -->
        <xsl:copy-of select="namespace::*|@*" />
        <xsl:apply-templates />
        <!-- ajoute les règles utilitaires -->
        <xsl:copy-of
            select="document('')/*/xsl:template
                                      [@mode='trace:getCurrent' or
                                       @name='trace:getPath']" />
        <!-- Calcule la plus petite priorité et ajoute une règle par défaut
             avec une priorité inférieure pour les noeuds éléments -->
        <xsl:variable name="priority"
                      select="xsl:template/@priority
                              [not(. &gt; current( )/xsl:template/@priority)]" />
        <xsl:variable name="newpri">
          <xsl:choose>
            <xsl:when test="$priority &lt; -1">
              <xsl:value-of select="$priority - 1" />
            </xsl:when>
            <!-- Au cas où il n'y a qu'une priorité supérieure,
                 ou pas de priorité du tout -->
            <xsl:otherwise>-2</xsl:otherwise>
          </xsl:choose>
        </xsl:variable>
        <!-- Copie uniquement le contenu -->
        <alias:template match="*" priority="{$newpri}">
          <xsl:copy-of select="document('')/*/xsl:template
                                 [@name='trace:defaultRule']/node( )" />
        </alias:template>
      </xsl:copy>
    </xsl:template>

    <!-- Règles XSLT -->
    <xsl:template match="xsl:template">
      <xsl:copy>
        <xsl:copy-of select="@*" />
        <!-- On copie d'abord les paramètres -->
        <xsl:apply-templates select="xsl:param" />
        <alias:param name="trace:callstack" />
        <xsl:choose>
          <xsl:when test="@name">
            <alias:variable name="trace:current"
                            select="concat($trace:callstack,'/{@name}')" />
          </xsl:when>
          <xsl:otherwise>
            <alias:variable name="trace:current"
                   select="concat($trace:callstack,
                           '/{count(preceding-sibling::xsl:template)+1}')" />
          </xsl:otherwise>
        </xsl:choose>

        <!-- On émet un message -->
        <alias:message>
```

```
      <alias:call-template name="trace:getPath" />
      <alias:text>&#xA;    stack: </alias:text>
      <alias:value-of select="$trace:current" />
      <xsl:if test="@match or @mode">
        <alias:text> (</alias:text>
        <xsl:if test="@match">
          <alias:text>match="<xsl:value-of select="@match" />"</alias:text>
          <xsl:if test="@mode">
            <alias:text><xsl:text> </xsl:text></alias:text>
          </xsl:if>
        </xsl:if>
        <xsl:if test="@mode">
          <alias:text>mode="<xsl:value-of select="@mode" />"</alias:text>
        </xsl:if>
        <alias:text>)</alias:text>
      </xsl:if>
      <xsl:apply-templates select="xsl:param" mode="traceParams" />
    </alias:message>

    <!-- Traite les fils, sauf les paramètres -->
    <xsl:apply-templates select="node( )[not(self::xsl:param)]" />
  </xsl:copy>
</xsl:template>

<!-- Ajoute le paramètre callstack pour apply-templates et call-template -->
<xsl:template match="xsl:apply-templates | xsl:call-template">
  <xsl:copy>
    <xsl:copy-of select="@*" />
    <alias:with-param name="trace:callstack" select="$trace:current" />
    <xsl:apply-templates />
  </xsl:copy>
</xsl:template>

<!-- Affiche les valeurs des paramètres -->
<xsl:template match="xsl:param" mode="traceParams">
  <alias:text>&#xA;    param: name="<xsl:value-of select="@name" />"
                     value="</alias:text>
  <alias:value-of select="${@name}" />" <alias:text />
  <!--
  <alias:copy-of select="${@name}" />" <alias:text />
  -->
</xsl:template>

<!-- Affiche les valeurs des variables -->
<xsl:template match="xsl:variable">
  <xsl:copy>
    <xsl:copy-of select="@*" />
    <xsl:apply-templates />
  </xsl:copy>
  <xsl:if test="ancestor::xsl:template">
    <alias:message>   variable: name="<xsl:value-of select="@name" />"
                     value="<alias:text />
```

```
    <alias:value-of select="${@name}" />" </alias:message>
  </xsl:if>
</xsl:template>

<!-- Copie tous les noeuds non traités -->
<xsl:template match="*|@*">
  <xsl:copy>
    <xsl:apply-templates select="@*" />
    <xsl:apply-templates />
  </xsl:copy>
</xsl:template>

<!-- ****************************************************** -->
<!-- Les règles suivantes seront copiées dans la feuille de   -->
<!-- style modifiée.                                          -->
<!-- ****************************************************** -->

<!--
 | trace:getPath
 | calcule le chemin absolu du noeud de contexte
 +-->
<xsl:template name="trace:getPath">
  <xsl:text>node: </xsl:text>
  <xsl:for-each select="ancestor::*">
    <xsl:value-of
         select="concat('/', name( ), '[',
         count(preceding-sibling::*[name( )=name(current( ))])+1, ']')" />
  </xsl:for-each>
  <xsl:apply-templates select="." mode="trace:getCurrent" />
</xsl:template>

<!--
 | trace:getCurrent
 |  calcule la dernière étape du chemin, selon le type du noeud
 +-->
<xsl:template match="*" mode="trace:getCurrent">
  <xsl:value-of
       select="concat('/', name( ), '[',
       count(preceding-sibling::*[name( )=name(current( ))])+1, ']')" />
</xsl:template>

<xsl:template match="@*" mode="trace:getCurrent">
  <xsl:value-of select="concat('/@', name( ))" />
</xsl:template>

<xsl:template match="text( )" mode="trace:getCurrent">
  <xsl:value-of
       select="concat('/text( )[', count(preceding-sibling::text( ))+1,
                                                                ']')" />
</xsl:template>

<xsl:template match="comment( )" mode="trace:getCurrent">
```

```
    <xsl:value-of
         select="concat('/comment( )[',
                        count(preceding-sibling::comment( ))+1, ']')" />
  </xsl:template>

  <xsl:template match="processing-instruction( )" mode="trace:getCurrent">
    <xsl:value-of
         select="concat('/processing-instruction( )[',
         count(preceding-sibling::processing-instruction( ))+1, ']')" />
  </xsl:template>

  <!--
   | trace:defaultRule
   | règle par défault avec passage de paramètre
   +-->
  <xsl:template name="trace:defaultRule">
    <xsl:param name="trace:callstack" />
    <xsl:message>
      <xsl:call-template name="trace:getPath" />
      <xsl:text>&#xA;    default rule applied</xsl:text>
    </xsl:message>
    <xsl:apply-templates>
      <xsl:with-param name="trace:callstack" select="$trace:callstack" />
    </xsl:apply-templates>
  </xsl:template>

</xsl:transform>
```

Discussion

Voici un exemple de sortie produite lorsque cette transformation est appliquée à la feuille de style de l'exemple 4-21 de la recette 4-6 :

```
node: /employé[1]
    stack: /1 (match="/employé")
 node: /employé[1]/employé[1]
    stack: /1/2 (match="employé[employé]")
 node: /employé[1]/employé[1]/employé[1]
    stack: /1/2/3 (match="employé")
 node: /employé[1]/employé[1]/employé[2]
    stack: /1/2/2 (match="employé[employé]")
 node: /employé[1]/employé[1]/employé[2]/employé[1]
    stack: /1/2/2/3 (match="employé")
 node: /employé[1]/employé[1]/employé[2]
    stack: /1/2/2/obéir
 node: /employé[1]/employé[1]
    stack: /1/2/obéir
 node: /employé[1]/employé[2]
    stack: /1/2 (match="employé[employé]")
 node: /employé[1]/employé[2]/employé[1]
    stack: /1/2/3 (match="employé")
 node: /employé[1]/employé[2]/employé[2]
    stack: /1/2/2 (match="employé[employé]")
```

```
node: /employé[1]/employé[2]/employé[2]/employé[1]
   stack: /1/2/2/3 (match="employé")
node: /employé[1]/employé[2]/employé[2]/employé[2]
   stack: /1/2/2/3 (match="employé")
node: /employé[1]/employé[2]/employé[2]/employé[3]
   stack: /1/2/2/3 (match="employé")
node: /employé[1]/employé[2]/employé[2]
   stack: /1/2/2/obéir
node: /employé[1]/employé[2]
   stack: /1/2/obéir
node: /employé[1]/employé[3]
   stack: /1/2 (match="employé[employé]")
node: /employé[1]/employé[3]/employé[1]
   stack: /1/2/2 (match="employé[employé]")
node: /employé[1]/employé[3]/employé[1]/employé[1]
   stack: /1/2/2/3 (match="employé")
node: /employé[1]/employé[3]/employé[1]/employé[2]
   stack: /1/2/2/3 (match="employé")
node: /employé[1]/employé[3]/employé[1]/employé[3]
   stack: /1/2/2/3 (match="employé")
node: /employé[1]/employé[3]/employé[1]
   stack: /1/2/2/obéir
node: /employé[1]/employé[3]/employé[2]
   stack: /1/2/2 (match="employé[employé]")
node: /employé[1]/employé[3]/employé[2]/employé[1]
   stack: /1/2/2/2 (match="employé[employé]")
node: /employé[1]/employé[3]/employé[2]/employé[1]/employé[1]
   stack: /1/2/2/2/3 (match="employé")
node: /employé[1]/employé[3]/employé[2]/employé[1]
   stack: /1/2/2/2/obéir
node: /employé[1]/employé[3]/employé[2]/employé[2]
   stack: /1/2/2/2 (match="employé[employé]")
node: /employé[1]/employé[3]/employé[2]/employé[2]/employé[1]
   stack: /1/2/2/2/3 (match="employé")
node: /employé[1]/employé[3]/employé[2]/employé[2]/employé[2]
   stack: /1/2/2/2/3 (match="employé")
node: /employé[1]/employé[3]/employé[2]/employé[2]
   stack: /1/2/2/2/obéir
node: /employé[1]/employé[3]/employé[2]/employé[3]
   stack: /1/2/2/2 (match="employé[employé]")
node: /employé[1]/employé[3]/employé[2]/employé[3]/employé[1]
   stack: /1/2/2/2/3 (match="employé")
node: /employé[1]/employé[3]/employé[2]/employé[3]
   stack: /1/2/2/2/obéir
node: /employé[1]/employé[3]/employé[2]
   stack: /1/2/2/obéir
node: /employé[1]/employé[3]
   stack: /1/2/obéir
node: /employé[1]
   stack: /1/obéir
```

La feuille de style modifiée produit des messages de trace via le mécanisme `xsl:message`. Le format de chaque nœud traité est le suivant :

```
node: [XPath vers ce noeud]
    stack: [pile d'appels des règles invoquées]
    param: name="[nom paramètre]" value="[valeur paramètre]"
    d'autres paramètres ...
    variable: name="[nom variable]" value="[valeur variable]"
    d'autres variables ...
```

La pile d'appels prend la forme d'un chemin (où / sert de séparateur) et contient toutes les règles rencontrées. Si une règle a un attribut `name`, ce nom est utilisé ; sinon, le numéro (position) de la règle apparaît dans la pile. Si la règle courante n'a pas de nom, l'attribut `match` est produit. Si un attribut `mode` est spécifié, sa valeur est affichée.

Un problème connu est que les paramètres ou les variables sont affichées avec la chaîne produite à partir de leur valeur (avec `xsl:value-of`). Ce n'est pas raisonnable pour les ensembles de nœuds et les fragments d'arbres résultats. Cependant, l'utilisation de `xsl:copy-of` produit une erreur si la variable contient des attributs ou des nœuds d'espace de noms sans parent.

Pour aller plus loin

Le source de *trace.xslt*, ainsi que d'autres exemples, se trouvent à *http://www.informatik.hu-berlin.de/~obecker/XSLT/#trace*.

13.4 Inclure des données de tests unitaires dans des feuilles de style utilitaires

Problème

Vous voulez empaqueter les tests avec vos feuilles de style utilitaires pour pouvoir les vérifier à tout moment.

Solution

La feuille de style suivante est conçue pour être incluse comme utilitaire. Cependant, cet exemple permet de la tester en l'exécutant sur elle-même comme document d'entrée :

```
<?xml version="1.0" encoding="utf-8"?> <xsl:stylesheet version="1.0"
xmlns:xsl="http://www.w3.org/1999/XSL/Transform"
  xmlns:math="http://www.exslt.org/math" exclude-result-prefixes="math"
  xmlns:test="http://www.ora.com/XSLTCookbook/test" id="math:math.max">

 <xsl:template name="math:max">
      <xsl:param name="noeuds" select="/.."/>
      <xsl:param name="max"/>
   <xsl:variable name="nb" select="nb($noeuds)"/>
   <xsl:variable name="unNoeud" select="$noeuds[ceiling($nb div 2)]"/>
   <xsl:choose>
     <xsl:when test="not($nb)">
       <xsl:value-of select="number($max)"/>
     </xsl:when>
```

```
    <xsl:when test="number($unNoeud) != number($unNoeud)">
      <xsl:value-of select="number($unNoeud)"/>
    </xsl:when>
    <xsl:otherwise>
      <xsl:call-template name="math:max">
        <xsl:with-param name="noeuds"
         select="$noeuds[not(. &lt;= number($unNoeud))]"/>
        <xsl:with-param name="max">
          <xsl:choose>
            <xsl:when test="not($max) or $unNoeud &gt; $max">
              <xsl:value-of select="$unNoeud"/>
            </xsl:when>
            <xsl:otherwise>
              <xsl:value-of select="$max"/>
            </xsl:otherwise>
          </xsl:choose>
        </xsl:with-param>
      </xsl:call-template>
    </xsl:otherwise>
  </xsl:choose>
</xsl:template>

<!-- CODE DE TEST : NE PAS SUPPRIMER ! -->
<xsl:template match="/xsl:stylesheet[@id='math:math.max'] |
 xsl:include[@href='math.max.xslt'] " priority="-1000">
<xsl:message>
TEST de math.max
</xsl:message>

<xsl:for-each select="document('')/*/test:test">
     <xsl:variable name="réponse">
          <xsl:call-template name="math:max">
               <xsl:with-param name="noeuds" select="test:data"/>
          </xsl:call-template>
     </xsl:variable>
     <xsl:if test="$réponse != @réponse">
          <xsl:message>
               ECHEC du test de math:max <xsl:value-of select="@nbre"/>
               [<xsl:value-of select="$réponse"/>]
          </xsl:message>
     </xsl:if>
</xsl:for-each>

<!-- Test avec l'infini -->
<xsl:variable name="réponse1">
     <xsl:call-template name="math:max">
          <xsl:with-param name="noeuds" select="document('')/*/
           test:test[@nbre=1]/test:data"/>
          <xsl:with-param name="max" select="1 div 0"/>
     </xsl:call-template>
</xsl:variable>  <xsl:if test="$réponse1 != Infinity">
     <xsl:message>
```

```
          ECHEC du test de l'infini avec math:max
         [<xsl:value-of select="$réponse1"/>]
     </xsl:message>
</xsl:if>

<!-- Test avec moins l'infini -->
<xsl:variable name="réponse2">
     <xsl:call-template name="math:max">
          <xsl:with-param name="noeuds" select="document('')/*/
           test:test[@nbre=1]/test:data"/>
          <xsl:with-param name="max" select="-1 div 0"/>
     </xsl:call-template>
</xsl:variable>
<xsl:if test="$réponse2 != document('')/*/test:test[@nbre=1]/@réponse">
     <xsl:message>
          ECHEC du test de moins l'infini avec math:max
          [<xsl:value-of select="$réponse2"/>]
     </xsl:message>
</xsl:if>

</xsl:template>

<test:test nbre="1" réponse="9" xmlns="http://www.ora.com/XSLTCookbook/test">
     <data>9</data>
     <data>8</data>
     <data>7</data>
     <data>6</data>
     <data>5</data>
     <data>4</data>
     <data>3</data>
     <data>2</data>
     <data>1</data>
</test:test>

<test:test nbre="2" réponse="1" xmlns="http://www.ora.com/XSLTCookbook/test">
     <data>1</data>
</test:test>

<test:test nbre="3" réponse="1" xmlns="http://www.ora.com/XSLTCookbook/test">
     <data>-1</data>
     <data>1</data>
</test:test>

<test:test nbre="4" réponse="0" xmlns="http://www.ora.com/XSLTCookbook/test">
     <data>0</data>
     <data>0</data>
</test:test>

<test:test nbre="5" réponse="NaN" xmlns="http://www.ora.com/XSLTCookbook/test">
     <data>foo</data>
     <data>1</data>
</test:test>
```

```
<test:test nbre="6" réponse="NaN" xmlns="http://www.ora.com/XSLTCookbook/test">
     <data>1</data>
     <data>foo</data>
</test:test>

<test:test nbre="7" réponse="NaN" xmlns="http://www.ora.com/XSLTCookbook/test">
</test:test>

</xsl:stylesheet>
```

Discussion

L'élément `xsl:stylesheet` a un attribut `id` facultatif qui identifie les feuilles de style intégrées dans des documents plus gros. Ici, cependant, l'ID sert aux tests. Vous voulez empaqueter le code de test avec la feuille de style, mais être sûr qu'il n'interférera pas dans l'utilisation normale de cette feuille. Pour ce faire, on crée une règle qui ne sera appelée que lorsque la feuille de style se traite elle-même :

```
<xsl:template match="/xsl:stylesheet[@id='math:math.max'] |
     xsl:include[@href='math.max.xslt']">
```

Cela explique le `/xsl:stylesheet[@id='math:math.max']`, mais pas le `xsl:include[@href='math.max.xslt']`. Pour connaître sa valeur, voici une feuille de style qui empaquette tous vos outils mathématiques dans un unique fichier afin d'en faciliter l'inclusion. Vous aimeriez également pouvoir tester ce paquetage entier :

```
<xsl:stylesheet version="1.0" xmlns:xsl="http://www.w3.org/1999/XSL/Transform"
      xmlns:math="http://exslt.org/math"
      extension-element-prefixes="math" id="math:math">

 <!-- math.xslt -->

 <xsl:include href="math.abs.xslt"/>
 <xsl:include href="math.constant.xslt"/>
 <xsl:include href="math.exp.xslt"/>
 <xsl:include href="math.highest.xslt"/>
 <xsl:include href="math.log.xslt"/>
 <xsl:include href="math.lowest.xslt"/>
 <xsl:include href="math.max.xslt"/>
 <xsl:include href="math.min.xslt"/>
 <xsl:include href="math.power.xslt"/>
 <xsl:include href="math.sqrt.xslt"/>

 <!-- CODE DE TEST -->
 <xsl:template match="xsl:stylesheet[@id='math:math'] |
  xsl:include[@href='math.xslt']">

 <xsl:message>
 TEST de math
 </xsl:message>

      <xsl:for-each select="document('')/*/xsl:include">
```

```
            <xsl:apply-templates select="."/>
        </xsl:for-each>
    </xsl:template>

    <xsl:template match="xsl:include" priority="-10">
        <xsl:message>
          ATTENTION : <xsl:value-of select="@href"/> n'a pas de code de test.
        </xsl:message>
    </xsl:template>

    </xsl:stylesheet>
  </xsl:stylesheet>
```

Vous remarquerez que le code de test d'un paquetage consiste simplement à boucler sur tous ses éléments `xsl:include` et à leur appliquer les règles. Cette étape applique les tests de chaque feuille de style incluse, grâce à la présence de la partie `xsl:include[@href='`*nom-fichier*`']` vue plus haut dans la condition d'application de la règle.

Notez la règle `<xsl:template match="xsl:include" priority="-10">`: elle force l'émission d'un message d'avertissement si un fichier inclus ne contient pas de code de test. C'est un point important du contrôle de qualité car il est facile d'oublier de créer des tests.

Si vous ne souhaitez pas empaqueter les tests avec le code, vous pouvez obtenir le même effet en créant des fichiers de tests séparés pour chaque utilitaire. Dans ce cas, l'attribut `id` de la feuille de style n'est plus nécessaire ; il suffit d'appliquer la règle à la racine :

```
<?xml version="1.0" encoding="iso-8859-1"?>
<xsl:stylesheet version="1.0" xmlns:xsl="http://www.w3.org/1999/XSL/Transform"
  xmlns:math="http://www.exslt.org/math" exclude-result-prefixes="math"
  xmlns:test="http://www.ora.com/XSLTCookbook/test">

 <!-- math.max.test.xslt-->

 <xsl:include href="math.max.xslt"/>

 <!-- CODE DE TEST : NE PAS SUPPRIMER ! -->
 <xsl:template match="/ | xsl:include[@href='math.max.test.xslt']">
 <xsl:message>
 TEST de  math.max
 </xsl:message>

 <xsl:for-each select="document('')/*/test:test">
      <xsl:variable name="réponse">
           <xsl:call-template name="math:max">
                <xsl:with-param name="noeuds" select="test:data"/>
           </xsl:call-template>
      </xsl:variable>
      <xsl:if test="$réponse != @réponse">
           <xsl:message>
                ECHEC du test de math:max <xsl:value-of select="@nbre"/>
                <xsl:value-of select="$réponse"/>]
```

```
            </xsl:message>
        </xsl:if>
    </xsl:for-each>

    <!-- ... Idem math.max.xslt ... -->

    </xsl:stylesheet>
```

Vous créerez ensuite des paquetages de tests séparés :

```
<xsl:stylesheet version="1.0" xmlns:xsl="http://www.w3.org/1999/XSL/Transform"
    xmlns:math="http://exslt.org/math"
    extension-element-prefixes="math">

  <!-- math.test.xslt -->

  <xsl:include href="math.max.test.xslt"/>
  <xsl:include href="math.min.test.xslt"/>

  <!-- ... Idem math.xslt  ... -->

  </xsl:stylesheet>
```

Si vous séparez vos tests de cette façon, assurez-vous de fournir les codes des tests avec les implémentations, afin que vos clients puissent effectuer les tests eux-mêmes. L'autre intérêt du code de test est qu'il sert d'exemple d'utilisation des règles.

13.5 Structurer les tests unitaires

Problème

Vous voulez structurer vos tests pour simplifier leur utilisation.

Solution

Vous avez remarqué comment la recette 13-4 intégrait les données de test dans les feuilles de style. Chaque élément de test contient un attribut de test, `nbre`, et le résultat correct dans un attribut `réponse`. Le pilote de test extrait ensuite ces éléments de la feuille de style, exécute le test et compare la réponse attendue à celle obtenue. L'aspect le plus important de ce pilote est qu'il ne produit pas de message lorsque le test réussit.

Discussion

L'un des meilleurs avis sur les tests automatiques se trouve dans le livre *La programmation en pratique*, de Brian W. Kernighan et Rob Pike (Vuibert, 2001). Les auteurs y écrivent que les programmes de test ne doivent produire des messages que lorsque les tests *échouent*. Pourquoi ? Qui voudrait parcourir des pages de messages à la recherche de ceux indiquant qu'un test a échoué ? Si un test réussi ne produit pas de message, vous remarquerez rapidement les échecs qui s'affichent, eux. Vous devez bien sûr tester votre code de test pour vous assurer qu'il se déroule bien avant de vous fier à cette technique.

La méthode consistant à stocker la réponse sous forme d'attribut dans l'élément `test` fonctionne pour les tests simples, qui produisent un résultat primitif. Cependant, certaines règles produisent des ensembles de nœuds : en ce cas, vous devrez stocker la réponse correcte sous la forme d'éléments fils dans les tests. Vous pouvez ensuite utiliser les opérations sur les ensembles de la recette 7-2 pour comparer les résultats. Cela dit, vous pouvez parfois tester plus simplement les règles qui produisent un ensemble de nœuds : étudiez, par exemple, le pilote de test pour la règle `math:lowest`, ci-dessous. On rappelle que `math:lowest` renvoie un ensemble de nœuds contenant toutes les instances du plus petit nombre dans l'ensemble de nœuds en entrée :

```
<?xml version="1.0" encoding="utf-8"?> <xsl:stylesheet version="1.1"
xmlns:xsl="http://www.w3.org/1999/XSL/Transform"
xmlns:math="http://www.exslt.org/math" exclude-result-prefixes="math test"
xmlns:test="http://www.ora.com/XSLTCookbook/test" id="math:math.lowest">

<xsl:import href="math.min.xslt"/>

<xsl:template name="math:lowest">
      <xsl:param name="noeuds" select="/.."/>

      <xsl:variable name="min">
           <xsl:call-template name="math:min">
                <xsl:with-param name="noeuds" select="$noeuds"/>
           </xsl:call-template>
      </xsl:variable>
      <xsl:choose>
           <xsl:when test="number($min) = $min">
                <xsl:copy-of select="$noeuds[. = $min]"/>
           </xsl:when>
           <xsl:otherwise/>
      </xsl:choose>
 </xsl:template>

   <!-- CODE DE TEST : NE PAS SUPPRIMER ! -->
   <xsl:template match="xsl:stylesheet[@id='math:math.lowest'] |
       xsl:include[@href='math.lowest.xslt'] "
       xmlns:exsl="http://exslt.org/common">
     <xsl:message>
 TEST de math.lowest
 </xsl:message>
     <xsl:choose>
       <xsl:when test="function-available('exsl:node-set')">
         <xsl:for-each select="document('')/*/test:test">
           <xsl:variable name="réponse">
             <xsl:call-template name="math:lowest">
               <xsl:with-param name="noeuds" select="test:data"/>
             </xsl:call-template>
           </xsl:variable>
            <xsl:variable name="$ens-réponse"
                          select=" exsl:node-set($réponse)"/>
          <xsl:if test="not($ens-réponse/* != test:data[. = current( )/@réponse])
               and count($ens-réponse/*) != count(test:data[. = current( )/
```

```
                @réponse])">
              <xsl:message>
                ECHEC du test de math:lowest <xsl:value-of select="@nbre"/>
                [<xsl:copy-of select="$ens-réponse"/>]
                [<xsl:copy-of select="test:data[. = current( )/@réponse]"/>]
            </xsl:message>
            </xsl:if>
          </xsl:for-each>
        </xsl:when>
        <xsl:otherwise>
          <xsl:message>
            ATTENTION, le code de test de math.lowest nécessite exsl:node-set
            CETTE VERSION =[<xsl:value-of select="system-property('xsl:version')"/>]
            VENDEUR=[<xsl:value-of select="system-property('xsl:vendor')"/>]
            </xsl:message>
        </xsl:otherwise>
      </xsl:choose>
    </xsl:template>

    <test:test nbre="1" réponse="1" xmlns="http://www.ora.com/XSLTCookbook/test">
      <data>9</data>
      <data>8</data>
      <data>7</data>
      <data>6</data>
      <data>5</data>
      <data>4</data>
      <data>3</data>
      <data>2</data>
      <data>1</data>
    </test:test>

   <!-- d'autres tests... -->

  </xsl:stylesheet>
```

La comparaison se fie au comportement de `!=` lorsque les deux opérandes sont des ensembles de nœuds: le résultat est `true` si deux nœuds, un de chaque ensemble, ont des valeurs chaînes différentes. Vous pouvez vous assurer que les nœuds renvoyés en sélectionnant les nœuds `réponse` de l'ensemble de test sont les mêmes que ceux renvoyés par `math:lowest`. Vous pouvez également vérifier que leur nombre est le même.

Certaines formes de calculs (notamment les approximations mathématiques) produisent des résultats corrects, même si la valeur produite n'est pas exactement égale à la réponse correcte théorique. En ce cas, vous pouvez inclure une tolérance d'erreur dans les données de test et vérifier que la réponse calculée est identique à la réponse correcte dans les limites de la tolérance indiquée.

Pour aller plus loin

Le livre de Brian W. Kernighan et Rob Pike, *La programmation en pratique* (Vuibert, 2001), bien qu'il n'ait pas été écrit spécifiquement pour XSLT, contient des conseils pertinents pour tester et déboguer toutes sortes de programmes.

13.6 Tester les limites d'utilisation et les conditions d'erreur

Problème

Vous écrivez des règles utilitaires qui seront utilisées par d'autres et vous voulez qu'elles soient robustes.

Solution

Tester les limites d'exécution

Dans tous les langages de programmations, les bogues apparaissent le plus souvent aux valeurs limites. Vous devez donc choisir des données de test avec des valeurs allant jusqu'aux extrêmes. Ces valeurs limites comprennent les limites maximum et minimum, ainsi que les valeurs juste en-dessous et au-dessus des limites. Si vos règles fonctionnent correctement pour ces valeurs spéciales, il y a fort à parier qu'elles feront de même pour toutes les autres valeurs. Il est impossible de fournir une liste exhaustive des valeurs limites car elles varient selon les problèmes, mais la liste ci-dessous énumère les cas typiques à surveiller :

Si une règle agit sur des ensembles de nœuds, assurez-vous de tester les cas suivants :

- Un ensemble vide de nœuds.
- Un ensemble de nœuds n'ayant qu'un élément.
- Un ensemble de nœuds avec deux éléments.
- Un ensemble de nœuds avec un nombre impair d'éléments, supérieur à 1.
- Un ensemble de nœuds avec un nombre pair d'éléments, supérieur à 2.

Si une règle agit sur une chaîne, assurez-vous de tester les cas suivants :

- La chaîne vide.
- Une chaîne de longueur 1.
- Des chaînes de différentes longueurs.

Si votre règle utilise `substring-before()` ou `substring-after()` pour les recherches, assurez-vous de tester les cas suivants :

- Chaînes ne contenant pas la chaîne recherchée.
- Chaînes commençant par la chaîne recherchée.
- Chaînes finissant par la chaîne recherchée.
- Chaînes ne contenant que la chaîne recherchée.

Si une règle agit sur des nombres, assurez-vous de tester les cas suivants :

- Le chiffre 0.
- Le chiffre 1.
- Les nombres négatifs.

- Les nombres fractionnaires (0 < x < 1)
- Les nombres ayant une partie entière et une partie fractionnaire.
- Les nombres premiers.
- Les autres nombres limites, dont la situation est unique pour votre problème.

Si une règle compare deux nombres X et Y, assurez-vous de tester les cas dans lesquels :

- X < Y, notamment X = Y - 1 et X = Y - d, où d est une petite fraction.
- X = Y
- X > Y, notamment X = Y + 1 et X = Y + d, où d est une petite fraction.

Lorsque vous connaissez le schéma d’un document qu’une feuille de style traitera, ou que vous y avez accès, assurez-vous de tester les entrées pour lesquelles :

- Les éléments facultatifs sont absents.
- Les éléments facultatifs sont présents.
- Les éléments dont le nombre n’est pas limité n’ont qu’une instance.
- Les éléments dont le nombre n’est pas limité ont plusieurs instances.

Tester les conditions d’erreur

Une règle ou une feuille de style réutilisable et robuste devrait échouer proprement face à une entrée erronée. Pour cela utilisez `xsl:message` avec `terminate=yes`, afin de signaler les valeurs incorrectes des paramètres.

Si une règle agit sur des nombres, assurez-vous de tester la gestion des erreurs pour :

- NaN (0 div 0)
- L’infini (1 div 0)
- Moins l’infini (-1 div 0)
- Zéro, lorsque son utilisation est indéfinie (pour les logarithmes, par exemple).
- Les nombres négatifs, lorsque lorsque leur utilisation est indéfinie (pour la factorielle, par exemple).
- Les valeurs non numériques (« truc », par exemple).

Lorsque des règles ou des feuilles de style utilisent des paramètres, assurez-vous de tester ce qui se passe lorsque :

- Les paramètres sans valeur par défaut ne sont pas initialisés.
- Les paramètres recoivent des valeurs en dehors des limites.
- Les paramètres recoivent des valeurs du mauvais type.

Vous pouvez vérifier si des paramètres ne sont pas initialisés avec l’astuce suivante :

```
<xsl:param name="param1">
    <xsl:message terminate="yes">
      $param1 n'est pas initialisé.
    </xsl:message>
</xsl:param>
```

Cependant, cette astuce peut ne pas fonctionner car rien ne permet de déterminer, dans l'affectation classique, la valeur d'un paramètre non évalué si la valeur est passée en paramètre. Cependant, la plupart des processeurs XSLT la supporteront. Si vous voulez en être absolument certain, initialisez le paramètre avec une valeur incorrecte (1 div 0, par exemple) et testez-le dans le corps de la règle :

```
<xsl:param name="param1" select="1 div 0" />

  <xsl:if test="$param1 = 1 div 0">
      <xsl:message terminate="yes">
        $param1 n'est pas initialisé, ou vaut l'infini, ce qui est
        incorrect.
    </xsl:message>
  </xsl:if>
```

Lorsque vous avez accès au schéma d'un document pour lequel on s'attend à un traitement par une feuille de style, vous pouvez voir comment la feuille de style réagit à une entrée qui[1] :

- Viole totalement le schéma (avec un document XML en entrée qui n'a rien à voir, par exemple).
- Contient des éléments qui violent le schéma.
- Viole les contraintes `minOccurs` et `maxOccurs`.
- Viole les contraintes de types.

Discussion

Lorsque vous développez en XSLT pour vos propres besoins, vous êtes libre de choisir la robustesse de votre code. Cependant, lorsque d'autres utilisent votre code, il est conseillé d'inclure une gestion raisonnable des erreurs. Vos clients vous remercieront également si vous leur fournissez du code qui fonctionne pour des entrées correctes mais inhabituelles.

Lorsque vous écrivez des règles qui utilisent la récursivité, il est conseillé de diviser l'implémentation en deux règles. La règle principale effectue le contrôle d'erreur et, si elle n'en détecte pas, appelle une règle d'implémentation qui calcule le résultat de façon récursive. La recette 2-5 utilise cette tactique pour les logarithmes.

1. Ce test suppose que le processeur XSLT utilise un parser non validant, ou que vous enleviez la référence au schéma du document d'entrée.

14

Programmation générique et fonctionnelle

Les actes brillants qu'il nous arrive de commettre ne sont rendus possibles que par les actes stupides que nous avons commis au préalable.
Stanley Goldstein

Ce chapitre rend les chapitres précédents dérisoires. Bon, c'est peut-être un peu exagéré. Le fait est que les exemples des chapitres précédents résolvent les problèmes particuliers auxquels ils s'attaquent. Ils sont également utiles à des fins didactiques. Si un exemple ne résout pas exactement le problème auquel vous faites face, il peut vous indiquer la direction à suivre. La solution de votre problème sera peut-être une légère modification de l'exemple, ou l'application d'une technique similaire à celle développée.

Ce chapitre a des objectifs un peu plus élevés. Il présente des exemples qui résolvent un éventail très large de problèmes sans qu'il soit nécessaire d'adapter le code. Ceux d'entre vous qui sont familiers de C++, et particulièrement de la bibliothèque STL (*Standard Template Library*), savent déjà quel pouvoir on atteint en écrivant du code générique (des algorithmes génériques par exemple), et en réutilisant ce code dans divers contextes. D'autres, qui utilisent des langages de programmation fonctionnels (comme Lisp, ML ou Haskell par exemple) connaissent également le pouvoir des fonctions d'ordre supérieur : des fonctions très générales, qui se spécialisent en recevant en paramètre des fonctions adaptées au cas particulier à traiter. Ce chapitre montre que XSLT, bien qu'il ne soit pas conçu comme un langage générique ou fonctionnel, a des capacités suffisantes pour envisager une telle utilisation.

Les techniques utilisées dans ce chapitre ouvrent de nouveaux horizons a XSLT. Tout le monde ne voudra pas utiliser les exemples donnés ici, dont certains sont complexes et lents. Toutefois, je me souviens de l'époque où C++ n'avait pas de support natif des classes paramétrées. Il était possible d'imiter la programmation générique en utilisant des macros du pré-processeur, mais les résultats étaient pénibles à utiliser. Cependant, suffisamment de gens en ont perçu le potentiel, et les classes paramétrées sont rapidement devenues une partie intégrante du langage, et peut-être sa caractéristique la plus importante, malgré la prolifération des autres langages orientés objet. Augmenter la portée du langage de cette façon met la pression sur ses limites, et le fera éventuellement évoluer plus vite. Ce développement accéléré est une bonne chose, parce que les langages qui cessent d'évoluer finissent souvent par disparaître.

Avant de nous plonger dans les exemples, commençons par discuter de certaines techniques générales utilisées dans ce chapitre. Cela nous permettra de nous concentrer sur l'application de ces techniques plutôt que sur leurs mécanismes de base.

Augmenter le contenu des variables globales

Ce chapitre utilise intensivement la possibilité offerte par XSLT d'importer (avec `xsl:import`) et de redéfinir des règles, des variables et d'autres éléments de premier niveau dans la feuille de style qui importe.

J'aime bien utiliser le terme orienté objet *redéfinir* (*override* en anglais) en parlant de `xsl:import`. Toutefois, une explication plus correcte d'un point de vue technique doit tenir compte du fait que certains éléments de la feuille de style qui importe ont une *précédence d'importation* plus élevée que les éléments correspondants de la feuille de style importée. Vous trouverez une explication complète de la façon dont chaque élément de premier niveau est traité en cas d'importation dans le livre *XSLT Programmer's Reference* de Michael Kay (Wrox, 2001).

Ce chapitre tire parti de la possibilité de combiner le contenu d'une variable globale définie dans une feuille de style importée avec celui d'une variable définie dans la feuille de style qui l'importe.

La feuille de style suivante définit deux variables. La première `$data1-public-data`, est unique à cette feuille de style. La seconde, `$data`, est définie en termes de la première, mais peut être redéfinie :

```
<!-- data1.xslt -->

<xsl:stylesheet version="1.0"
 xmlns:xsl="http://www.w3.org/1999/XSL/Transform"
 xmlns:d="data">
```

```
<xsl:output method="xml" indent="yes"/>

<d:data value="1"/>
<d:data value="2"/>
<d:data value="3"/>

<xsl:variable name="data1-public-data" select="document('')/*/d:*"/>
<xsl:variable name="data" select="$data1-public-data"/>

<xsl:template match="/">
  <demo>
    <xsl:copy-of select="$data"/>
  </demo>
</xsl:template>

</xsl:stylesheet>
```

Définissons maintenant une autre feuille de style qui augmente la valeur de `$data`. Cette feuille de style définit également une variable unique, qui est l'union des données publiques de la première feuille de style et des données locales. Elle redéfinit ensuite `$data` en termes de cette union :

```
<!-- data2.xslt -->

<xsl:stylesheet version="1.0"
 xmlns:xsl="http://www.w3.org/1999/XSL/Transform"
 xmlns:d="data">

<xsl:import href="data1.xslt"/>

<xsl:output method="xml" indent="yes"/>

<d:data value="5"/>
<d:data value="7"/>
<d:data value="11"/>

<xsl:variable name="data2-public-data"
    select="document('')/*/d:* | $data1-public-data"/>

<xsl:variable name="data" select="$data2-public-data"/>

</xsl:stylesheet>
```

Le résultat de *data1.xslt* est :

```
<demo xmlns:d="data">
   <d:data value="1"/>
   <d:data value="2"/>
   <d:data value="3"/>
</demo>
```

Le résultat de *data2.xslt* est :

```
<demo xmlns:d="data">
```

```
    <d:data value="1"/>
    <d:data value="2"/>
    <d:data value="3"/>
    <d:data value="5"/>
    <d:data value="7"/>
    <d:data value="11"/>
</demo>
```

Définir la variable `$data` de la seconde feuille de style en termes des valeurs de la première serait pratique. Toutefois, XSLT traite cette définition comme une définition circulaire. La technique décrite ici définit un ensemble nommé qui est traité par des templates placés dans une feuille de style de base, mais qui permet aux feuilles de style qui l'importe d'augmenter l'ensemble. L'intérêt de cela deviendra plus clair au fur et à mesure que nous avancerons.

Utiliser des identificateurs de règles

XSLT ne fournit pas de moyen direct de passer le nom d'une règle à une autre règle, de façon que la seconde puisse invoquer la première indirectement. En d'autres termes, le code suivant est illégal dans XSLT 1.0 et 2.0 :

```
<xsl:stylesheet version="1.0" xmlns:xsl="http://www.w3.org/1999/XSL/Transform">

<!-- CECI EST INTERDIT EN XSLT -->

<xsl:template match="/">
  <!-- On peut appeler des règles par leur nom ...-->
  <xsl:call-template name="sayIt">
    <xsl:with-param name="aTempl" select=" 'sayHello' "/>
  </xsl:call-template>

  <xsl:call-template name="sayIt">
    <xsl:with-param name="aTempl" select=" 'sayGoodby' "/>
  </xsl:call-template>
</xsl:template>

<xsl:template name="sayIt">
  <xsl:param name="aTempl"/>
  <!-- Mais pas lorsque le nom est contenu dans une variable -->
  <xsl:call-template name="{$aTemple}"/>
</xsl:template>

<xsl:template name="sayHello">
  <xsl:value-of select=" 'Hello!' "/>
</xsl:template>

<xsl:template name="sayGoodby">
  <xsl:value-of select=" 'Goodby!' "/>
</xsl:template>

</xsl:stylesheet>
```

Dans la pratique, vous pouvez écrire du code puissant et réutilisable si vous parvenez à trouver un moyen de coder un tel niveau d'indirection au sein de XSLT. Heureusement, il est possible d'y parvenir en utilisant l'appariement plutôt que des noms. L'astuce consiste à définir une règle qui ne s'applique qu'à un type particulier de données. Ce type de données est appelé un identificateur de règle et, par convention, on définit l'identificateur immédiatement avant la règle qu'il identifie :

```
<xsl:stylesheet version="1.0" xmlns:xsl="http://www.w3.org/1999/XSL/Transform"
 xmlns:f="http://www.ora.com/XSLTCookbook/namespaces/func">

<xsl:output method="text"/>

<xsl:template match="/">
  <xsl:call-template name="sayIt">
    <xsl:with-param name="aTempl" select=" 'sayHello' "/>
  </xsl:call-template>
  <xsl:call-template name="sayIt">
    <xsl:with-param name="aTempl" select=" 'sayGoodbye' "/>
  </xsl:call-template>
</xsl:template>

<xsl:template name="sayIt">
  <xsl:param name="aTempl"/>
  <!-- Appliquer la règle en sélectionnant un identificateur
  unique désignant la règle à invoquer -->
  <xsl:apply-templates select="document('')/*/f:func[@name=$aTempl]"/>
</xsl:template>

<!-- Une règle identifiée consiste en un élément d'identification et
une règle qui s'applique à cet élément -->
<f:func name="sayHello"/>
<xsl:template match="f:func[@name='sayHello']">
  <xsl:text>Hello!&#xa;</xsl:text>
</xsl:template>

<!-- Une autre règle identifiée -->
<f:func name="sayGoodby"/>
<xsl:template match="f:func[@name='sayGoodby']">
  <xsl:text>Goodby!&#xa;</xsl:text>
</xsl:template>

</xsl:stylesheet>
```

Dans ce cas particulier, ces contorsions sont superfétatoires parce qu'il suffirait de créer une règle qui prenne la chaîne de sortie en paramètre. La réelle puissance de cette technique n'apparaîtra que dans les cas où les fonctions identifiées calculeront quelque chose que la règle appelante peut utiliser.

Lorsqu'on utilise cette technique, il est utile de prévoir une règle de survie, qui sera appliquée lorsqu'aucune règle identifiée ne s'applique :

```
<xsl:template match="f:func">
     <xsl:message terminate="yes">
```

```
    FONCTION INCORRECTE! Aucune déclaration de fonction générique de ce nom.
      </xsl:message>
  </xsl:template>
```

Mike Kay relève qu'une autre technique de programmation générique utilise des règles qui correspondent à elles-mêmes, comme dans :

```
<xsl:template name="f:sayHello"
              match="xsl:template[@name='f:sayHello']">
  <xsl:text>Hello!&#xa;</xsl:text>
</xsl:template>

<xsl:template name="f:sayGoodbye"
              match="xsl:template[@name='f:sayGoodbye']">
  <xsl:text>Goodbye!&#xa;</xsl:text>
</xsl:template>
```

En utilisant cette technique, vous pouvez encore appeler la règle par son nom sans qu'il y ait de problème. Ce chapitre n'utilise pas cette technique parce que nous aimerions quelque fois associer d'autres données à l'identificateur de règle, et nous préférerons donc que les identificateurs soient des éléments séparés.

Programmation générique et programmation fonctionnelle

La *programmation générique* est une méthode d'organisation de composants réutilisables qui peuvent être personnalisés avec une perte de performance très faible voire nulle. Vous pouvez réutiliser des composants génériques (des classes ou des fonctions) en les instanciant par des types et/ou des objets particuliers.

La *programmation fonctionnelle* permet d'écrire des fonctions de niveau supérieur, c'est-à-dire des fonctions qui prennent d'autres fonctions en paramètres et peuvent renvoyer des fonctions en résultat.

Il y a deux façons d'interpréter la technique d'identification des règles. Si vous portez votre casquette *programmation générique*, vous pouvez prétendre que la règle `sayIt` est une règle générique, qui est paramétrée par une autre règle. Cependant, si vous portez votre casquette *programmation fonctionnelle*, vous pouvez prétendre que la règle `sayIt` est une fonction de niveau supérieur, qui prend en paramètre une autre fonction. Ceux d'entre vous qui sont familiers de la programmation générique en C++ diront probablement que la seconde interprétation est plus précise, parce que la paramétrisation a lieu au moment de l'exécution plutôt qu'au moment de la compilation. Cependant, je ne pense pas que la programmation générique soit une construction réservée au moment de la compilation. Vous verrez plus tard que les éléments qui jouent le rôle d'identificateur peuvent faire plus de choses que servir uniquement de représentant du nom d'une fonction. Ces identificateurs peuvent également contenir des données, de façon similaire à la technique des *traits* utilisés en programmation générique dans le contexte de C++.

Pour aller plus loin

Dimitre Novatchev a été la première personne, à ma connaissance, à découvrir les techniques de programmation générique et fonctionnelle en XSLT. Il a écrit plusieurs articles sur ce sujet. Consultez *http://topxml.com/members/profile.asp?id=i1005*. Les recettes de programmation générique de ce chapitre ont été développées avant que je découvre le travail de Dimitre, et diffère de son approche sur certains points. Je vous recommande d'étudier le travail de Dimitre seulement après avoir bien compris les exemples de ce chapitre. Il repousse les frontières bien plus loin que je ne le fais ici, et ses techniques sont donc bien plus complexes. Dimitre a développé une bibliothèque XSLT appelée *FXSL - an XSLT functional programming library*, qui peut être téléchargée à *http://topxml.com/xsl/articles/dice*.

14.1 Créer du code XSLT polymorphe

Problème

Vous voulez créer du code XSLT qui réalise la même fonction sur des données différentes.

Solution

Il y a deux types de comportement polymorphe en XSLT. Le premier s'apparente à la *surcharge*, et le second est similaire à la *redéfinition*.

Certains langages modernes, et en particulier C++, permettent de surcharger des fonctions : plusieurs fonctions ont le même nom mais prennent des types d'arguments différents. Le compilateur détermine la version à utiliser sur la base des types de données qui sont passés en paramètres à l'appel de la fonction. XSLT n'a pas véritablement cette capacité. Cependant, observez la feuille de style suivante :

```
<xsl:stylesheet version="1.0" xmlns:xsl="http://www.w3.org/1999/XSL/Transform">

<xsl:output method="html" />

<xsl:template match="/">
  <html>
    <head>
      <title>Aires</title>
    </head>
    <body>
      <h1>Aire</h1>
      <table cellpadding="2" border="1">
        <tbody>
          <tr>
            <th>Forme</th>
            <th>Id</th>
            <th>Aire</th>
          </tr>
          <xsl:apply-templates/>
        </tbody>
```

```
        </table>
      </body>
    </html>
  </xsl:template>

  <xsl:template match="shape">
    <tr>
      <td><xsl:value-of select="@kind"/></td>
      <td><xsl:value-of select="@id"/></td>
      <xsl:variable name="area">
        <xsl:apply-templates select="." mode="area"/>
      </xsl:variable>
      <td align="right"><xsl:value-of select="format-number($area,'#.000')"/></td>
    </tr>
  </xsl:template>

  <xsl:template match="shape[@kind='triangle']" mode="area">
    <xsl:value-of select="@base * @height"/>
  </xsl:template>

  <xsl:template match="shape[@kind='square']" mode="area">
    <xsl:value-of select="@side * @side"/>
  </xsl:template>

  <xsl:template match="shape[@kind='rectangle']" mode="area">
    <xsl:value-of select="@width * @height"/>
  </xsl:template>

  <xsl:template match="shape[@kind='circle']" mode="area">
    <xsl:value-of select="3.1415 * @radius * @radius"/>
  </xsl:template>

  </xsl:stylesheet>
```

Remarquez que plusieurs règles ont un attribut `mode` dont la valeur est `area`. Ces règles diffèrent dans les types de formes qu'elles acceptent, et calculent une fonction différente selon le type de la forme. Si vous assimilez `mode` à `nom de fonction` et `motif d'appariement` (l'attribut `match`) à `type de données`, vous verrez immédiatement que cette technique est une forme de surcharge, donc de polymorphisme.

La redéfinition est la seconde forme de polymorphisme. Vous en trouverez de multiples exemples dans les exemples de ce livre. En XSLT, vous utilisez `xsl:import` pour simuler cette forme de comportement polymorphe. L'exemple suivant est une réécriture de la feuille de style DocBook de la recette 8-1. Elle a été généralisée pour devenir extensible des façons suivantes :

- Elle utilise des variables pour définir des composants primitifs de contenu d'attributs qui seraient monolithiques sans cela. Les variables peuvent être redéfinies dans les feuilles de style qui l'importent.
- Elle utilise des ensembles d'attributs, qui peuvent être augmentés d'attributs additionnels ou voir certains attributs redéfinis dans les feuilles de style qui l'importent.

- Elle utilise des règles simples pour chaque section du document, qui peuvent être redéfinies dans les feuilles de style qui l'importent.
- Elle fournit un point d'entrée (un *hook*) via un appel à la règle nommée extra-head-meta-data, dont l'implémentation par défaut ne fait rien.

```
<xsl:stylesheet version="1.0" xmlns:xsl="http://www.w3.org/1999/XSL/Transform">
  <xsl:output method="html"/>

  <!-- Variables définissant divers composants de style -->
  <xsl:variable name="standard-font-family" select=" 'font-family:
  Times serif; font-weight' "/>

  <xsl:variable name="chapter-label-font-size" select=" 'font-size : 48pt' "/>
  <xsl:variable name="chapter-title-font-size" select=" 'font-size : 24pt' "/>
  <xsl:variable name="epigraph-font-size" select=" 'font-size : 10pt' "/>
  <xsl:variable name="sect1-font-size" select=" 'font-size : 18pt' "/>
  <xsl:variable name="sect2-font-size" select=" 'font-size : 14pt' "/>
  <xsl:variable name="normal-font-size" select=" 'font-size : 12pt' "/>

  <xsl:variable name="normal-text-color" select=" 'color: black' "/>
  <xsl:variable name="chapter-title-color" select=" 'color: red' "/>

  <xsl:variable name="epigraph-padding" select=" 'padding-top:4;
  padding-bottom:4' "/>

  <xsl:variable name="epigraph-common-style" select="concat($standard-font-
   family,'; ', $epigraph-font-size, '; ', $epigraph-padding, '; ',$normal-text-
   color)"/>
  <xsl:variable name="sect-common-style" select="concat($standard-font-family,';
   font-weight: bold', '; ',$normal-text-color)"/>

  <!-- Ensembles d'attributs -->
  <xsl:attribute-set name="chapter-align">
    <xsl:attribute name="align">right</xsl:attribute>
  </xsl:attribute-set>

  <xsl:attribute-set name="normal-align">
  </xsl:attribute-set>

  <xsl:attribute-set name="chapter-label" use-attribute-sets="chapter-align">
    <xsl:attribute name="style">
      <xsl:value-of select="$standard-font-family"/>;
      <xsl:value-of select="$chapter-label-font-size"/>;
      <xsl:value-of select="$chapter-title-color"/>
      <xsl:text>; padding-bottom:10; font-weight: bold</xsl:text>
    </xsl:attribute>
  </xsl:attribute-set>

  <xsl:attribute-set name="chapter-title" use-attribute-sets="chapter-align">
    <xsl:attribute name="style">
      <xsl:value-of select="$standard-font-family"/>;
      <xsl:value-of select="$chapter-title-font-size"/>;
```

```
      <xsl:value-of select="$chapter-title-color"/>
      <xsl:text>; padding-bottom:150; font-weight: bold</xsl:text>
    </xsl:attribute>
  </xsl:attribute-set>

  <xsl:attribute-set name="epigraph-para" use-attribute-sets="chapter-align">
    <xsl:attribute name="style">
      <xsl:value-of select="$epigraph-common-style"/><xsl:text>;
      font-style: italic</xsl:text>
    </xsl:attribute>
  </xsl:attribute-set>

  <xsl:attribute-set name="epigraph-attribution"
         use-attribute-sets="chapter-align">
    <xsl:attribute name="style">
      <xsl:value-of select="$epigraph-common-style"/>
    </xsl:attribute>
  </xsl:attribute-set>

  <xsl:attribute-set name="sect1">
    <xsl:attribute name="align">left</xsl:attribute>
    <xsl:attribute name="style">
      <xsl:value-of select="$sect-common-style"/>;
      <xsl:value-of select="$sect1-font-size"/>
    </xsl:attribute>
  </xsl:attribute-set>

  <xsl:attribute-set name="sect2">
    <xsl:attribute name="align">left</xsl:attribute>
    <xsl:attribute name="style">
      <xsl:value-of select="$sect-common-style"/>;
      <xsl:value-of select="$sect2-font-size"/>
    </xsl:attribute>
  </xsl:attribute-set>

  <xsl:attribute-set name="normal">
    <xsl:attribute name="align">left</xsl:attribute>
    <xsl:attribute name="style">
      <xsl:value-of select="$standard-font-family"/>;
      <xsl:value-of select="$normal-font-size"/>;
      <xsl:value-of select="$normal-text-color"/>
    </xsl:attribute>
  </xsl:attribute-set>

  <!-- Templates -->
  <xsl:template match="/">
    <html>
      <head>
        <xsl:apply-templates mode="head"/>
        <xsl:call-template name="extra-head-meta-data"/>
      </head>
      <body style=
```

```
          "margin-left:100;margin-right:100;margin-top:50;margin-bottom:50">
      <xsl:apply-templates/>
      <xsl:apply-templates select="chapter/chapterinfo/*" mode="copyright"/>
    </body>
  </html>

</xsl:template>

<!-- En-tête -->

<xsl:template match="chapter/title" mode="head">
      <title><xsl:value-of select="."/></title>
</xsl:template>

<xsl:template match="author" mode="head">
      <meta name="author" content="{concat(firstname,' ', surname)}"/>
</xsl:template>

<xsl:template match="copyright" mode="head">
      <meta name="copyright" content="{concat(holder,' ',year)}"/>
</xsl:template>

<xsl:template match="text(  )" mode="head"/>

<!-- À redéfinir si nécessaire -->
<xsl:template name="extra-head-meta-data"/>

<!-- Corps du document -->

<xsl:template match="chapter">
  <div xsl:use-attribute-sets="chapter-label">
    <xsl:value-of select="@label"/>
  </div>
  <xsl:apply-templates/>
</xsl:template>

<xsl:template match="chapter/title">
  <div xsl:use-attribute-sets="chapter-title">
    <xsl:value-of select="."/>
  </div>
</xsl:template>

<xsl:template match="epigraph/para">
  <div xsl:use-attribute-sets="epigraph-para">
    <xsl:value-of select="."/>
  </div>
</xsl:template>

<xsl:template match="epigraph/attribution">
  <div xsl:use-attribute-sets="epigraph-attribution">
    <xsl:value-of select="."/>
  </div>
```

```
    </xsl:template>

    <xsl:template match="sect1">
      <h1 xsl:use-attribute-sets="sect1">
        <xsl:value-of select="title"/>
      </h1>
      <xsl:apply-templates/>
    </xsl:template>

    <xsl:template match="sect2">
      <h2 xsl:use-attribute-sets="sect2">
      <xsl:value-of select="title"/>
      </h2>
       <xsl:apply-templates/>
    </xsl:template>

    <xsl:template match="para">
      <p xsl:use-attribute-sets="normal">
        <xsl:value-of select="."/>
      </p>
    </xsl:template>

    <xsl:template match="text(  )"/>

  <xsl:template match="copyright" mode="copyright">
    <div style="font-size : 10pt; font-family: Times serif; padding-top : 100">
      <xsl:text>Copyright </xsl:text>
      <xsl:value-of select="holder"/>
      <xsl:text> </xsl:text>
      <xsl:value-of select="year"/>
      <xsl:text>. All rights reserved.</xsl:text>
    </div>
  </xsl:template>

  <xsl:template match="*" mode="copyright"/>

  </xsl:stylesheet>
```

Discussion

Qualifier XSLT de langage orienté objet serait abusif. Le comportement de `xsl:import` n'est que de très loin similaire à l'héritage, et il opère au niveau de la feuille de style en entier. De plus, XSLT n'a pas de notion d'encapsulation ou d'abstraction de données. Cependant, les développeurs XSLT qui ont une tournure d'esprit orientée objet ont la possibilité de profiter de cette expérience, et peuvent créer de cette façon des feuilles de style plus modulaires et mieux réutilisables.

Considérez l'exemple de surcharge dans la section « Solution ». Lorsque vous avez à effectuer des opérations similaires sur des données différentes, vous aurez souvent envie de structurer votre feuille de style de cette façon. Bien sûr, vous pouvez atteindre le même résultat en utilisant une logique conditionnelle :

```
<xsl:template match="shape">
  <tr>
    <td><xsl:value-of select="@kind"/></td>
    <td><xsl:value-of select="@id"/></td>
    <xsl:variable name="area">
      <xsl:call-template name="area"/>
    </xsl:variable>
    <td align="right"><xsl:value-of select="format-number($area,'#.000')"/></td>
  </tr>
</xsl:template>

<xsl:template name="area">
  <xsl:choose>

    <xsl:when test="@kind='triangle' ">
      <xsl:value-of select="@base * @height"/>
    </xsl:when>

    <xsl:when test="@kind='square' " >
      <xsl:value-of select="@side * @side"/>
    </xsl:when>

    <xsl:when test="@kind='rectangle' ">
      <xsl:value-of select="@width * @height"/>
    </xsl:when>

    <xsl:when test="@kind='circle' ">
      <xsl:value-of select="3.1415 * @radius * @radius"/>
    </xsl:when>

  </xsl:choose>

</xsl:template>
```

Dans un cas aussi simple que celui-là, il est difficile de prétendre que la méthode de surcharge est supérieure à la méthode conditionnelle. Cependant, imaginez les cas où quelqu'un aura besoin de réutiliser la feuille de style, mais qu'il doit également traiter le cas des triangles représentés par leurs cotés et leurs angles. Si la feuille de style est écrite sous la forme de plusieurs règles, alors il est facile d'importer cette feuille de style et d'étendre son comportement. Cependant, si la logique d'appariement est écrite de façon monolithique, alors l'utilisateur devra soit recopier la feuille de style et modifier les parties à adapter, soit essayer d'étendre l'original et risquer d'entraver son fonctionnement correct.

La redéfinition est la clé de la création de code XSLT modulaire et réutilisable. Malgré cela, la réutilisabilité n'est pas gratuite : elle nécessite de la planification. En particulier, vous devez penser à trois choses :

1. À ce que les clients de votre feuille de style peuvent vouloir modifier.
2. À ce que vous ne voulez *pas* qu'ils modifient.
3. À ce qu'ils ont peu de chance de modifier.

Oublier de réfléchir au premier point mène à une feuille de style inflexible, qui ne peut être réutilisée que par copier, coller puis modification. Oublier le deuxième point pourrait créer des pièges pour votre client. Oublier le troisième point mène à une feuille de style trop complexe, dont les performances peuvent être médiocres et la maintenance difficile.

Dans la feuille de style pour DocBook, nous avons essayé de faciliter la redéfinition des polices de caractères et des autres attributs du texte. Nous avons rendu plus difficile la redéfinition des attributs d'alignement dans les cas où les nouvelles valeurs pourraient provoquer des mises en formes incohérentes entre éléments de texte alors que vous désirez une certaine homogénéité. Par exemple, il est plus difficile de modifier l'alignement d'un titre de section et du texte normal en précisant leur alignement séparément. Enfin, nous n'avons pas essayé de permettre une modification facile des noms d'éléments HTML, parce que cela aurait considérablement compliqué la feuille de style pour un gain très faible.

Pour aller plus loin

Chris Rathman a un exemple plus complet de XSLT polymorphe, à *http://www.angelfire.com/tx4/cus/shapes/xsl.html*.

14.2 Créer des fonctions d'agrégation d'éléments génériques

Problème

Vous voulez créer des règles réutilisables qui réalisent une large gamme d'opérations d'agrégations sur des ensembles de nœuds.

Solution

Une solution totalement générique et extensible exploite la technique d'identification de règles décrite dans l'introduction de ce chapitre :

```
<xsl:stylesheet version="1.0"
  xmlns:xsl="http://www.w3.org/1999/XSL/Transform"
  xmlns:generic="http://www.ora.com/XSLTCookbook/namespaces/generic"
  xmlns:aggr="http://www.ora.com/XSLTCookbook/namespaces/aggregate"
  extension-element-prefixes="generic">

  <xsl:variable name="generic:public-generics"
                select="document('')/*/generic:*"/>

  <xsl:variable name="generic:generics" select="$generic:public-generics"/>

   <!-- Fonctions génériques primitives sur x -->

<generic:func name="identity"/>
  <xsl:template match="generic:func[@name='identity']">
       <xsl:param name="x"/>
       <xsl:value-of select="$x"/>
```

```
    </xsl:template>

    <generic:func name="square"/>
    <xsl:template match="generic:func[@name='square']">
         <xsl:param name="x"/>
         <xsl:value-of select="$x * $x"/>
    </xsl:template>

    <generic:func name="cube"/>
    <xsl:template match="generic:func[@name='cube']">
         <xsl:param name="x"/>
         <xsl:value-of select="$x * $x * $x"/>
    </xsl:template>

    <generic:func name="incr" param1="1"/>
    <xsl:template match="generic:func[@name='incr']">
         <xsl:param name="x"/>
         <xsl:param name="param1" select="@param1"/>
         <xsl:value-of select="$x + $param1"/>
    </xsl:template>

  <!-- Agrégateurs génériques primitifs -->

    <generic:aggr-func name="sum" identity="0"/>
    <xsl:template match="generic:aggr-func[@name='sum']">
         <xsl:param name="x"/>
         <xsl:param name="accum"/>
         <xsl:value-of select="$x + $accum"/>
    </xsl:template>

    <generic:aggr-func name="product" identity="1"/>
    <xsl:template match="generic:aggr-func[@name='product']">
         <xsl:param name="x"/>
         <xsl:param name="accum"/>
         <xsl:value-of select="$x * $accum"/>
    </xsl:template>

    <!-- Template d'agrégation générique -->
    <xsl:template name="generic:aggregation">
      <xsl:param name="nodes"/>
      <xsl:param name="aggr-func" select=" 'sum' "/>
      <xsl:param name="func" select=" 'identity' "/>
      <xsl:param name="func-param1"
                 select="$generic:generics[self::generic:func and
                                          @name = $func]/@param1"/>
      <xsl:param name="i" select="1"/>
      <xsl:param name="accum"
                 select="$generic:generics[self::generic:aggr-func and
                                          @name = $aggr-func]/@identity"/>
       <xsl:choose>
        <xsl:when test="$nodes">
```

```
        <!-- Calculer func($x) -->
         <xsl:variable name="f-of-x">
           <xsl:apply-templates
                select="$generic:generics[self::generic:func and
                                          @name = $func]">
             <xsl:with-param name="x" select="$nodes[1]"/>
             <xsl:with-param name="i" select="$i"/>
             <xsl:with-param name="param1" select="$func-param1"/>
           </xsl:apply-templates>
         </xsl:variable>

         <!-- Agréger la valeur courante $f-of-x à $accum -->
         <xsl:variable name="temp">
           <xsl:apply-templates
              select="$generic:generics[self::generic:aggr-func and
                                  @name = $aggr-func]">
             <xsl:with-param name="x" select="$f-of-x"/>
             <xsl:with-param name="accum" select="$accum"/>
             <xsl:with-param name="i" select="$i"/>
           </xsl:apply-templates>
         </xsl:variable>

         <!-- Traitement récursif terminal des nœuds restant, en
         utilisant position(  ) -->
         <xsl:call-template name="generic:aggregation">
           <xsl:with-param name="nodes" select="$nodes[position(  )!=1]"/>
           <xsl:with-param name="aggr-func" select="$aggr-func"/>
           <xsl:with-param name="func" select="$func"/>
           <xsl:with-param name="func-param1" select="$func-param1"/>
           <xsl:with-param name="i" select="$i + 1"/>
           <xsl:with-param name="accum" select="$temp"/>
         </xsl:call-template>
       </xsl:when>
       <xsl:otherwise>
         <xsl:value-of select="$accum"/>
       </xsl:otherwise>
     </xsl:choose>
   </xsl:template>

</xsl:stylesheet>
```

Le code générique comporte trois parties principales.

La première partie est constituée de fonctions génériques d'une variable x, chacune étant identifiée. Ces fonctions permettent d'appliquer des opérations d'agrégation à des fonctions d'un ensemble de nœuds. La plus simple de ces fonctions est `identity`, qui est utilisée lorsque vous voulez agréger l'ensemble d'entrée lui-même. Les fonctions `square`, `cube` et `incr` sont également prédéfinies. Les utilisateurs de cette feuille de style peuvent en définir d'autres, selon leurs besoins.

La deuxième partie consiste en un ensemble de fonctions d'agrégation identifiées. Vous y trouvez deux agrégateurs fréquemment utilisés : la somme et le produit. À nouveau, les feuilles de style clientes peuvent ajouter d'autres formes d'agrégation.

La troisième partie consiste en un algorithme d'agrégation générique. Il prend en paramètres un ensemble de nœuds à agréger, le nom d'une fonction d'agrégation (par défaut il s'agit de `sum`), et le nom d'un élément fonction (par défaut il s'agit de `identity`). Le paramètre `$i` garde la trace de la position du nœud en cours de traitement. Il est rendu accessible à la fois à l'élément et à la fonction d'agrégation, pour le cas où ils en auraient besoin. Le paramètre `$accum` conserve une valeur de travail pour l'agrégation. Remarquez de quelle façon la valeur par défaut est initialisée à partir de l'attribut `@identity`, placé sur l'élément identificateur de la fonction d'agrégation. Cette initialisation illustre la puissance de l'approche générique, dans laquelle des meta données peuvent être associées aux identificateurs de fonctions.. Cette caractéristique se rapproche de la façon dont la programmation générique en C++ utilise les classes de traits.

La première étape pour comprendre ce code est d'en montrer une application simple qui utilise et étend le code d'agrégation, comme dans l'exemple 14-1.

Exemple 14-1. Utiliser et étendre l'agrégation générique

```
<xsl:stylesheet version="1.0"
  xmlns:xsl="http://www.w3.org/1999/XSL/Transform"
  xmlns:generic="http://www.ora.com/XSLTCookbook/namespaces/generic"
  xmlns:aggr="http://www.ora.com/XSLTCookbook/namespaces/aggregate"
  extension-element-prefixes="generic aggr">

<xsl:import href="aggregation.xslt"/>

<xsl:output method="xml" indent="yes"/>

<!-- Étendre les fonctions génériques disponibles -->
<xsl:variable name="generic:generics" select="$generic:public-generics |
 document('')/*/generic:*"/>

<!--Ajouter un élément de fonction générique pour calculer l'inverse
("reciprocal" en anglais) -->
<generic:func name="reciprocal"/>
<xsl:template match="generic:func[@name='reciprocal']">
     <xsl:param name="x"/>
     <xsl:value-of select="1 div $x"/>
</xsl:template>

<!-- Ajouter un agrégateur générique pour calculer les valeurs min et
max d'un ensemble de nœuds -->
<generic:aggr-func name="min" identity=""/>
<xsl:template match="generic:aggr-func[@name='min']">
     <xsl:param name="x"/>
     <xsl:param name="accum"/>
  <xsl:choose>
    <xsl:when test="$accum = @identity or $accum >= $x">
      <xsl:value-of select="$x"/>
    </xsl:when>
    <xsl:otherwise>
      <xsl:value-of select="$accum"/>
    </xsl:otherwise>
```

```
    </xsl:choose>
  </xsl:template>

  <generic:aggr-func name="max" identity=""/>
  <xsl:template match="generic:aggr-func[@name='max']">
       <xsl:param name="x"/>
       <xsl:param name="accum"/>
    <xsl:choose>
      <xsl:when test="$accum = @identity or $accum &lt; $x">
        <xsl:value-of select="$x"/>
      </xsl:when>
      <xsl:otherwise>
        <xsl:value-of select="$accum"/>
      </xsl:otherwise>
    </xsl:choose>
  </xsl:template>

  <!-- Tester les fonctionnalités d'agrégation -->
  <xsl:template match="numbers">

  <results>

    <!-- Calculer la somme des nombres -->
    <sum>
      <xsl:call-template name="generic:aggregation">
        <xsl:with-param name="nodes" select="number"/>
      </xsl:call-template>
   </sum>

    <!-- La somme des carrés -->
    <sumSq>
      <xsl:call-template name="generic:aggregation">
        <xsl:with-param name="nodes" select="number"/>
        <xsl:with-param name="func" select=" 'square' "/>
      </xsl:call-template>
    </sumSq>

    <!-- Le produit des inverses -->
    <prodRecip>
      <xsl:call-template name="generic:aggregation">
        <xsl:with-param name="nodes" select="number"/>
        <xsl:with-param name="aggr-func" select=" 'product' "/>
        <xsl:with-param name="func" select=" 'reciprocal' "/>
      </xsl:call-template>
    </prodRecip>

    <!-- Le maximum -->
    <max>
        <xsl:call-template name="generic:aggregation">
        <xsl:with-param name="nodes" select="number"/>
        <xsl:with-param name="aggr-func" select=" 'max' "/>
      </xsl:call-template>
```

```
    </max>

    <!-- Le minimum -->
    <min>
       <xsl:call-template name="generic:aggregation">
       <xsl:with-param name="nodes" select="number"/>
       <xsl:with-param name="aggr-func" select=" 'min' "/>
     </xsl:call-template>
    </min>

  </results>

  </xsl:template>

  </xsl:stylesheet>
```

L'exemple 14-1 montre de quelle façon de nouveaux éléments et de nouvelles fonctions d'agrégation peuvent être ajoutés à ceux fournis par défaut par *aggregation.xslt*. Il se pourrait que vous ayez du mal à croire, dans un premier temps, que le calcul des minimum et maximum puisse se faire avec ce code générique, mais c'est en fait assez facile à faire.

Vous pouvez tester ce code sur les données d'entrée suivantes :

```
<numbers>
  <number>1</number>
  <number>2</number>
  <number>3</number>
</numbers>
```

Le résultat est :

```
<?xml version="1.0" encoding="utf-8"?>
<results>
   <sum>6</sum>
   <sumSq>14</sumSq>
   <prodRecip>0.16666666666666666</prodRecip>
   <max>3</max>
   <min>1</min>
</results>
```

Discussion

La section « Solution » ne montre que la partie émergée de l'iceberg quant à ce qui est réalisable avec la technique d'agrégation générique. Par exemple, rien ne dit que vous deviez agréger des nombres. Le code suivant montre comment ce code générique peut s'appliquer aussi bien aux chaînes de caractères :

```
<strings>
  <string>camel</string>
  <string>through</string>
  <string>the</string>
  <string>eye</string>
  <string>of</string>
```

```
  <string>needle</string>
</strings>

<!DOCTYPE stylesheet [
     <!ENTITY % standard SYSTEM "../strings/standard.ent">
     %standard;
]>
<xsl:stylesheet version="1.0"
  xmlns:xsl="http://www.w3.org/1999/XSL/Transform"
  xmlns:generic="http://www.ora.com/XSLTCookbook/namespaces/generic"
  extension-element-prefixes="generic">

<xsl:import href="aggregation.xslt"/>

<xsl:output method="xml" indent="yes"/>

<!-- Étendre les fonctions génériques disponibles -->
<xsl:variable name="generic:generics" select="$generic:public-generics |
 document('')/*/generic:*"/>

<!-- Ajouter un élément de fonction générique pour convertir le  premier
 caractère de $x en majuscule -->
<generic:func name="upperFirst"/>
<xsl:template match="generic:func[@name='upperFirst']">
     <xsl:param name="x"/>
   <!-- Voir la recette 1.8 pour une explication de LOWER_TO_UPPER -->
     <xsl:variable name="upper"
         select="translate(substring($x,1,1),&LOWER_TO_UPPER;)"/>
     <xsl:value-of select="concat($upper, substring($x,2))"/>
</xsl:template>

<!-- Ajouter un agrégateur générique qui concatène -->
<generic:aggr-func name="concat" identity=""/>
<xsl:template match="generic:aggr-func[@name='concat']">
     <xsl:param name="x"/>
     <xsl:param name="accum"/>
     <xsl:value-of select="concat($accum,$x)"/>
</xsl:template>

<!-- Tester les fonctionnalités d'agrégation -->
<xsl:template match="strings">

<results>

  <camelCase>
    <xsl:call-template name="generic:aggregation">
      <xsl:with-param name="nodes" select="string"/>
      <xsl:with-param name="aggr-func" select=" 'concat' "/>
      <xsl:with-param name="func" select=" 'upperFirst' "/>
    </xsl:call-template>
 </camelCase>
```

```
</results>

</xsl:template>

</xsl:stylesheet>

<results>
   <camelCase>CamelThroughTheEyeOfNeedle</camelCase>
</results>
```

L'agrégation peut également calculer les fonctions statistiques moyenne et variance. Dans ce cas, vous exploitez le paramètre d'indice, appelé `$i`. Il faut être un peu rusé pour le calcul de la variance: il faut maintenir trois valeurs dans le paramètre `$accum`, la somme des valeurs, la somme des carrés et la variance courante. Vous pouvez réaliser cela en utilisant un élément et des attributs. Le seul inconvénient est que vous êtes obligé d'utiliser une fonction `node-set` en XSLT 1.0:

```
<?xml version="1.0" encoding="UTF-8"?>
<xsl:stylesheet version="1.0"
  xmlns:xsl="http://www.w3.org/1999/XSL/Transform"
  xmlns:generic="http://www.ora.com/XSLTCookbook/namespaces/generic"
  xmlns:exslt="http://exslt.org/common"
  extension-element-prefixes="generic exslt">

<xsl:import href="aggregation.xslt"/>

<xsl:output method="xml" indent="yes"/>

<!-- Étendre les fonctions génériques disponibles -->
<xsl:variable name="generic:generics" select="$generic:public-generics |
 document('')/*/generic:*"/>

<!-- Ajouter un agrégateur générique pour calculer moyenne et  variance d'un
 ensemble de nœuds -->
<generic:aggr-func name="avg" identity="0"/>
<xsl:template match="generic:aggr-func[@name='avg']">
     <xsl:param name="x"/>
     <xsl:param name="accum"/>
     <xsl:param name="i"/>
     <xsl:value-of select="(($i - 1) * $accum + $x) div $i"/>
</xsl:template>

<generic:aggr-func name="variance" identity=""/>
<xsl:template match="generic:aggr-func[@name='variance']">
  <xsl:param name="x"/>
  <xsl:param name="accum"/>
  <xsl:param name="i"/>

  <xsl:choose>
    <xsl:when test="$accum = @identity">
      <!-- Initialiser la somme, la somme des carrés et la variance.
           La variance d'une valeur unique est 0 -->
      <variance sum="{$x}" sumSq="{$x * $x}">0</variance>
```

```
    </xsl:when>
    <xsl:otherwise>
      <!-- Utiliser node-set pour convertir $accum en un ensemble de
           nœuds contenant l'élément variance -->
      <xsl:variable name="accumElem" select="exslt:node-set($accum)/*"/>
      <!-- Agréger la somme des composants $x -->
      <xsl:variable name="sum" select="$accumElem/@sum + $x"/>
      <!-- Agréger la somme des carrés des composants de $x -->
      <xsl:variable name="sumSq" select="$accumElem/@sumSq + $x * $x"/>
      <!-- Renvoyer l'élément avec des attributs et la variance
           courante comme valeur -->
      <variance sum="{$sum}" sumSq="{$sumSq}">
        <xsl:value-of
             select="($sumSq - ($sum * $sum) div $i) div ($i - 1)"/>
      </variance>
    </xsl:otherwise>
  </xsl:choose>

</xsl:template>

<xsl:template match="numbers">

<results>

  <!-- Moyenne -->
  <avg>
    <xsl:call-template name="generic:aggregation">
      <xsl:with-param name="nodes" select="number"/>
      <xsl:with-param name="aggr-func" select=" 'avg' "/>
    </xsl:call-template>
 </avg>

  <!-- Moyenne des carrés -->
  <avgSq>
    <xsl:call-template name="generic:aggregation">
      <xsl:with-param name="nodes" select="number"/>
      <xsl:with-param name="func" select=" 'square' "/>
      <xsl:with-param name="aggr-func" select=" 'avg' "/>
    </xsl:call-template>
  </avgSq>

  <!-- Variance -->
  <variance>
    <xsl:call-template name="generic:aggregation">
      <xsl:with-param name="nodes" select="number"/>
      <xsl:with-param name="aggr-func" select=" 'variance' "/>
    </xsl:call-template>
  </variance>

</results>

</xsl:template>
```

```
</xsl:stylesheet>
```

Cet exemple montre de quelle façon vous pouvez utiliser vos outils d'agrégation pour calculer des sommes de fonctions polymorphes :

```
 <?xml version="1.0" encoding="UTF-8"?>
 <xsl:stylesheet version="1.0"
xmlns:xsl="http://www.w3.org/1999/XSL/Transform"
xmlns:generic="http://www.ora.com/XSLTCookbook/namespaces/generic"
xmlns:aggr="http://www.ora.com/XSLTCookbook/namespaces/aggregate"
xmlns:exslt="http://exslt.org/common" extension-element-prefixes="generic aggr">

   <xsl:import href="aggregation.xslt"/>

   <xsl:output method="xml" indent="yes"/>

   <!-- Étendre les fonctions génériques disponibles -->
   <xsl:variable name="generic:generics"
       select="$generic:public-generics | document('')/*/generic:*"/>

   <!-- Étendre les primitives pour calculer la commission -->
   <generic:func name="commision"/>
   <xsl:template match="generic:func[@name='commission']">
     <xsl:param name="x"/>
     <!-- déléguer le calcul à un template polymorphe avec le mode commission -->
     <xsl:apply-templates select="$x" mode="commission"/>
   </xsl:template>

   <!-- Par défaut les commerciaux obtiennent 2% de commission mais
   pas de salaire de base -->
   <xsl:template match="salesperson" mode="commission">
     <xsl:value-of select="0.02 * sum(product/@totalSales)"/>
   </xsl:template>

   <!-- les commerciaux avec une ancienneté > 4 obtiennent $10000.00 de
   base + 0.5% de commission -->
   <xsl:template match="salesperson[@seniority > 4]"
    mode="commision" priority="1">
     <xsl:value-of select="10000.00 + 0.05 * sum(product/@totalSales)"/>
   </xsl:template>

   <!-- les commerciaux avec une ancienneté > 8 obtiennent (seniority *
   $2000.00) de base + 0.8% de commission -->
   <xsl:template match="salesperson[@seniority >
    8]" mode="commision" priority="2">
     <xsl:value-of select="@seniority * 2000.00 + 0.08 *
           sum(product/@totalSales)"/>    </xsl:template>

   <xsl:template match="salesBySalesperson">
     <results>
       <result>
         <xsl:text>Commission Totale = </xsl:text>
```

```
    <xsl:call-template name="generic:aggregation">
      <xsl:with-param name="nodes" select="*"/>
      <xsl:with-param name="aggr-func" select=" 'sum' "/>
      <xsl:with-param name="func" select=" 'commission' "/>
    </xsl:call-template>
  </result>
  <result>
    <xsl:text>Commission Min = </xsl:text>
    <xsl:call-template name="generic:aggregation">
      <xsl:with-param name="nodes" select="*"/>
      <xsl:with-param name="aggr-func" select=" 'min' "/>
      <xsl:with-param name="func" select=" 'commission' "/>
    </xsl:call-template>
  </result>
  <result>
    <xsl:text>Commission Max = </xsl:text>
    <xsl:call-template name="generic:aggregation">
      <xsl:with-param name="nodes" select="*"/>
      <xsl:with-param name="aggr-func" select=" 'max' "/>
      <xsl:with-param name="func" select=" 'commission' "/>
    </xsl:call-template>
  </result>
  <result>
    <xsl:text>Commission Moyenne = </xsl:text>
    <xsl:call-template name="generic:aggregation">
      <xsl:with-param name="nodes" select="*"/>
      <xsl:with-param name="aggr-func" select=" 'avg' "/>
      <xsl:with-param name="func" select=" 'commission' "/>
    </xsl:call-template>
  </result>
  <result>
    <xsl:text>Ventes Moyennes = </xsl:text>
    <xsl:call-template name="generic:aggregation">
      <xsl:with-param name="nodes" select="*/product/@totalSales"/>
      <xsl:with-param name="aggr-func" select=" 'avg' "/>
    </xsl:call-template>
  </result>
  <result>
    <xsl:text>Ventes Min = </xsl:text>
    <xsl:call-template name="generic:aggregation">
      <xsl:with-param name="nodes" select="*/product/@totalSales"/>
      <xsl:with-param name="aggr-func" select=" 'min' "/>
    </xsl:call-template>
  </result>
  <result>
    <xsl:text>Ventes Max = </xsl:text>
    <xsl:call-template name="generic:aggregation">
      <xsl:with-param name="nodes" select="*/product/@totalSales"/>
      <xsl:with-param name="aggr-func" select=" 'max' "/>
    </xsl:call-template>
  </result>
</results>
```

```
    </xsl:template>

  </xsl:stylesheet>
```

Appliquée au fichier *VentesparVendeur.xml* (voir le chapitre 4) le résultat est :

```
<results xmlns:exslt="http://exslt.org/common">
   <result>Commission Totale = 471315</result>
   <result>Commission Min = 19600</result>
   <result>Commission Max = 364440</result>
   <result>Commission Moyenne = 117828.75</result>
   <result>Ventes Moyennes = 584636.3636363636</result>
   <result>Ventes Min = 5500.00</result>
   <result>Ventes Max = 2920000.00</result>
</results>
```

Cette section a démontré que la plupart des recette implémentées séparément dans le chapitre 2 peuvent facilement s'écrire en termes de cet unique exemple de programme générique. En fait, cet exemple est capable de calculer un éventail infini de fonctions d'agrégations sur un ensemble de nœuds. Malheureusement, cette flexibilité et cette généralité ne sont pas gratuites. Une implémentation générique sera en général 40% plus lente qu'une solution codée à la main. Si la rapidité est le critère le plus important, alors il est préférable d'envisager un version spécifique et optimisée. Cependant, si vous avez à programmer rapidement en XSLT une application complexe qui effectue un grand nombre d'opérations d'agrégation, une solution générique accélérera substantiellement le développement.[1]

L'une des façons de tirer le plus grand parti de cette approche est de conserver un grand nombre d'éléments génériques et de fonctions d'agrégation, prêts à être utilisés. Dans la véritable implémentation de *aggregation.xslt*, j'ai placé toutes les fonctions de cet exemple, et un certain nombre d'autres. Vous pouvez trouver le code complet sur le site web du livre (*http://www.oreilly.fr/catalogue/2841772403.html*).

Dans les cas où la fonction d'agrégation n'est pas symétrique, il se peut que vous ayez besoin d'agréger les nœuds de l'ensemble dans l'ordre inverse. Cette forme d'agrégation ne requiert qu'une modification mineure à la fonction générique :

```
  <xsl:template name="generic:reverse-aggregation">
    <xsl:param name="nodes"/>
    <xsl:param name="aggr-func" select=" 'sum' "/>
    <xsl:param name="func" select=" 'identity' "/>
    <xsl:param name="func-param1" select="$generic:generics[self::generic:func
                                   and @name = $func]/@param1"/>
    <xsl:param name="i" select="1"/>
   <xsl:param name="accum" select="$generic:generics[self::generic:aggr-func and
                                   @name = $aggr-func]/@identity"/>
```

1. Tout le monde ne sera pas d'accord avec cette déclaration. En fait, certaines personnes prétendent que l'utilisation de cette approche ralentit le développement en raison de la complexité causée par les nombreux niveaux d'indirection. Cependant, un usage répété rend simple les choses qui apparaissent initialement complexes. Par exemple, souvenez-vous de vos impressions la première fois que vous avez eu à lutter avec XSLT.

```
    <xsl:choose>
      <xsl:when test="$nodes">

       <!-- Calculer func($x) -->
        <xsl:variable name="f-of-x">
          <xsl:apply-templates select=
          "$generic:generics[self::generic:func and @name = $func]">
            <xsl:with-param name="x" select="$nodes[last( )]"/>
            <xsl:with-param name="i" select="$i"/>
          </xsl:apply-templates>
        </xsl:variable>

        <!-- Agréger la valeur courante  $f-of-x à $accum -->
        <xsl:variable name="temp">
          <xsl:apply-templates
              select="$generic:generics[self::generic:aggr-func and
                                  @name = $aggr-func]">
            <xsl:with-param name="x" select="$f-of-x"/>
            <xsl:with-param name="accum" select="$accum"/>
            <xsl:with-param name="i" select="$i"/>
          </xsl:apply-templates>
        </xsl:variable>

        <xsl:call-template name="generic:aggregation">
          <xsl:with-param name="nodes"
                    select="$nodes[position( )!=last( )]"/>
          <xsl:with-param name="aggr-func" select="$aggr-func"/>
          <xsl:with-param name="func" select="$func"/>
          <xsl:with-param name="func-param1" select="$func-param1"/>
          <xsl:with-param name="i" select="$i + 1"/>
          <xsl:with-param name="accum" select="$temp"/>
        </xsl:call-template>
      </xsl:when>
      <xsl:otherwise>
        <xsl:value-of select="$accum"/>
      </xsl:otherwise>
    </xsl:choose>
  </xsl:template>
```

Pour aller plus loin

FXSL (voir la section « Pour aller plus loin » de l'introduction de ce chapitre) fournit également les fonctions `fold` et `foldr`, qui sont similaires à `generic:aggregation` et `generic:reverse-aggregation`, respectivement.

14.3 Créer des fonctions génériques d'agrégation sur un intervalle

Problème

Vous voulez créer des règles réutilisables pour effectuer tout un éventail d'opérations d'agrégations sur les valeurs d'un intervalle fini.

Solution

```
<xsl:template name="generic:bounded-aggregation">
  <xsl:param name="x" select="0"/>
  <xsl:param name="func" select=" 'identity' "/>
  <xsl:param name="func-param1"/>
  <xsl:param name="test-func" select=" 'less-than' "/>
  <xsl:param name="test-param1" select="$x + 1"/>
  <xsl:param name="incr-func" select=" 'incr' "/>
  <xsl:param name="incr-param1" select="1"/>
  <xsl:param name="i" select="1"/>
  <xsl:param name="aggr-func" select=" 'sum' "/>
  <xsl:param name="aggr-param1"/>
  <xsl:param name="accum"
           select="$generic:generics[self::generic:aggr-func and
                                    @name = $aggr-func]/@identity"/>

   <!-- Tester si l'agrégation doit se poursuivre -->
  <xsl:variable name="continue">
    <xsl:apply-templates
         select="$generic:generics[self::generic:func and
                                  @name = $test-func]">
      <xsl:with-param name="x" select="$x"/>
      <xsl:with-param name="param1" select="$test-param1"/>
    </xsl:apply-templates>
  </xsl:variable>

  <xsl:choose>
    <xsl:when test="string($continue)">
     <!-- Calculer func($x) -->
      <xsl:variable name="f-of-x">
        <xsl:apply-templates select="$generic:generics[self::generic:func
                                                       and
                                                       @name = $func]">
          <xsl:with-param name="x" select="$x"/>
          <xsl:with-param name="i" select="$i"/>
          <xsl:with-param name="param1" select="$func-param1"/>
        </xsl:apply-templates>
      </xsl:variable>

      <!-- Agréger la valeur courante $f-of-x à $accum -->
      <xsl:variable name="temp">
        <xsl:apply-templates
             select="$generic:generics[self::generic:aggr-func and
```

```
                                          @name = $aggr-func]">
          <xsl:with-param name="x" select="$f-of-x"/>
          <xsl:with-param name="i" select="$i"/>
          <xsl:with-param name="param1" select="$aggr-param1"/>
          <xsl:with-param name="accum" select="$accum"/>
        </xsl:apply-templates>
      </xsl:variable>

      <!-- Calculer la valeur suivante de $x -->
      <xsl:variable name="next-x">
        <xsl:apply-templates
             select="$generic:generics[self::generic:func and
                                          @name = $incr-func]">
          <xsl:with-param name="x" select="$x"/>
          <xsl:with-param name="param1" select="$incr-param1"/>
        </xsl:apply-templates>
      </xsl:variable>

        <!-- Traiter par une récursivité terminale le traitement
        des autres valeurs -->
        <xsl:call-template name="generic:bounded-aggregation">
          <xsl:with-param name="x" select="$next-x"/>
          <xsl:with-param name="func" select="$func"/>
          <xsl:with-param name="func-param1" select="$func-param1"/>
          <xsl:with-param name="test-func" select="$test-func"/>
          <xsl:with-param name="test-param1" select="$test-param1"/>
          <xsl:with-param name="incr-func" select="$incr-func"/>
          <xsl:with-param name="incr-param1" select="$incr-param1"/>
          <xsl:with-param name="i" select="$i + 1"/>
          <xsl:with-param name="aggr-func" select="$aggr-func"/>
          <xsl:with-param name="aggr-param1" select="$aggr-param1"/>
          <xsl:with-param name="accum" select="$temp"/>
        </xsl:call-template>
      </xsl:when>
      <xsl:otherwise>
        <xsl:value-of select="$accum"/>
      </xsl:otherwise>
    </xsl:choose>
  </xsl:template>
```

Cette règle n'agrège pas les valeurs d'un ensemble de nœuds, mais plutôt les valeurs d'un ensemble définie par une borne initiale, une fonction d'incrémentation, et un prédicat qui permet à l'agrégation de se terminer. La fonction d'incrémentation et la fonction de test peuvent toutes deux prendre leurs propres paramètres. Les autres paramètres de `generic:bounded-aggregation` sont les mêmes que ceux de `generic:aggregation` dans la recette 14-2.

Discussion

La recette 14-2 traite le problème de l'agrégation générique de contenus XML. Cependant, il est quelque fois nécessaire d'effectuer des opérations similaires à l'agrégation sur des données synthétisées selon une série mathématique.

La chose la plus simple que l'on peut faire avec ces fonctions génériques sur un intervalle est de calculer la factorielle, ainsi que le produit des valeurs, comme dans la recette 2-5 :

```
<xsl:stylesheet version="1.0"
  xmlns:xsl="http://www.w3.org/1999/XSL/Transform"
  xmlns:generic="http://www.ora.com/XSLTCookbook/namespaces/generic"
  xmlns:aggr="http://www.ora.com/XSLTCookbook/namespaces/aggregate"
  xmlns:exslt="http://exslt.org/common"
  extension-element-prefixes="generic aggr exslt">

  <xsl:import href="aggregation.xslt"/>

  <xsl:output method="xml" indent="yes"/>

  <xsl:template name="factorial">
    <xsl:param name="n" select="0"/>

    <xsl:call-template name="generic:bounded-aggregation">
      <xsl:with-param name="x" select="$n"/>
      <xsl:with-param name="test-func" select=" 'greater-than' "/>
      <xsl:with-param name="test-param1" select="0"/>
      <xsl:with-param name="incr-func" select=" 'decr' "/>
      <xsl:with-param name="aggr-func" select=" 'product' "/>
    </xsl:call-template>

  </xsl:template>

  <xsl:template name="prod-range">
    <xsl:param name="start" select="1"/>
    <xsl:param name="end" select="1"/>

    <xsl:call-template name="generic:bounded-aggregation">
      <xsl:with-param name="x" select="$start"/>
      <xsl:with-param name="test-func" select=" 'less-than-eq' "/>
      <xsl:with-param name="test-param1" select="$end"/>
      <xsl:with-param name="incr-func" select=" 'incr' "/>
      <xsl:with-param name="aggr-func" select=" 'product' "/>
    </xsl:call-template>

  </xsl:template>

<xsl:template match="/">

  <results>

    <factorial n="0">
      <xsl:call-template name="factorial"/>
    </factorial>

    <factorial n="1">
      <xsl:call-template name="factorial">
```

```
        <xsl:with-param name="n" select="1"/>
      </xsl:call-template>
    </factorial>

    <factorial n="5">
      <xsl:call-template name="factorial">
        <xsl:with-param name="n" select="5"/>
      </xsl:call-template>
    </factorial>

    <factorial n="20">
      <xsl:call-template name="factorial">
        <xsl:with-param name="n" select="20"/>
      </xsl:call-template>
    </factorial>

    <product start="1" end="20">
      <xsl:call-template name="prod-range">
        <xsl:with-param name="start" select="1"/>
        <xsl:with-param name="end" select="20"/>
      </xsl:call-template>
    </product>

    <product start="10" end="20">
      <xsl:call-template name="prod-range">
        <xsl:with-param name="start" select="10"/>
        <xsl:with-param name="end" select="20"/>
      </xsl:call-template>
    </product>

  </results>

</xsl:template>

</xsl:stylesheet>
```

Le résultat en sortie est :

```
<results>
   <factorial n="0">1</factorial>
   <factorial n="1">1</factorial>
   <factorial n="5">120</factorial>
   <factorial n="20">2432902008176640000</factorial>
   <product start="1" end="20">2432902008176640000</product>
   <product start="10" end="20">6704425728000</product>
</results>
```

Cependant, cela n'est que la partie émergée de l'iceberg ! Vous pouvez aussi utiliser generic:bounded-aggregation pour faire de l'intégration numérique :

```
<xsl:stylesheet version="1.0"
  xmlns:xsl="http://www.w3.org/1999/XSL/Transform"
  xmlns:generic="http://www.ora.com/XSLTCookbook/namespaces/generic"
  xmlns:aggr="http://www.ora.com/XSLTCookbook/namespaces/aggregate"
```

```
  xmlns:exslt="http://exslt.org/common"
  extension-element-prefixes="generic aggr exslt">

  <xsl:import href="aggregation.xslt"/>

  <xsl:output method="xml" indent="yes"/>

<!-- Étendre les fonctions génériques disponibles -->
<xsl:variable name="generic:generics" select="$generic:public-generics |
 document('')/*/generic:*"/>

  <xsl:template name="integrate">
    <xsl:param name="from" select="0"/>
    <xsl:param name="to" select="1"/>
    <xsl:param name="func" select=" 'identity' "/>
    <xsl:param name="delta" select="($to - $from) div 100"/>

    <xsl:call-template name="generic:bounded-aggregation">
      <xsl:with-param name="x" select="$from"/>
      <xsl:with-param name="func" select=" 'f-of-x-dx' "/>
      <xsl:with-param name="func-param1">
        <params f-of-x="{$func}" dx="{$delta}"/>
      </xsl:with-param>
      <xsl:with-param name="test-func" select=" 'less-than' "/>
      <xsl:with-param name="test-param1" select="$to"/>
      <xsl:with-param name="incr-func" select=" 'incr' "/>
      <xsl:with-param name="incr-param1" select="$delta"/>
      <xsl:with-param name="aggr-func" select=" 'sum' "/>
    </xsl:call-template>

  </xsl:template>

  <xsl:template name="integrate2">
    <xsl:param name="from" select="0"/>
    <xsl:param name="to" select="1"/>
    <xsl:param name="func" select=" 'identity' "/>
    <xsl:param name="delta" select="($to - $from) div 100"/>

    <xsl:call-template name="generic:bounded-aggregation">
      <xsl:with-param name="x" select="$from"/>
      <xsl:with-param name="func" select=" 'f-of-x-dx-2' "/>
      <xsl:with-param name="func-param1">
        <params f-of-x="{$func}" dx="{$delta}"/>
      </xsl:with-param>
      <xsl:with-param name="test-func" select=" 'less-than' "/>
      <xsl:with-param name="test-param1" select="$to"/>
      <xsl:with-param name="incr-func" select=" 'incr' "/>
      <xsl:with-param name="incr-param1" select="$delta"/>
      <xsl:with-param name="aggr-func" select=" 'sum' "/>
    </xsl:call-template>

  </xsl:template>
```

```
<generic:func name="f-of-x-dx"/>
<xsl:template match="generic:func[@name='f-of-x-dx']">
     <xsl:param name="x"/>
     <xsl:param name="param1"/>

    <xsl:variable name="f-of-x">
      <xsl:apply-templates select="$generic:generics[self::generic:func
      and @name = exslt:node-set($param1)/*/@f-of-x]">
        <xsl:with-param name="x" select="$x"/>
      </xsl:apply-templates>
     </xsl:variable>

     <xsl:value-of select="$f-of-x * exslt:node-set($param1)/*/@dx"/>
</xsl:template>

<generic:func name="f-of-x-dx-2"/>
<xsl:template match="generic:func[@name='f-of-x-dx-2']">
     <xsl:param name="x"/>
     <xsl:param name="param1"/>

     <xsl:variable name="func" select="exslt:node-set($param1)/*/@f-of-x"/>
     <xsl:variable name="dx" select="exslt:node-set($param1)/*/@dx"/>

    <xsl:variable name="f-of-x">
      <xsl:apply-templates
           select="$generic:generics[self::generic:func and
                                    @name = $func]">
        <xsl:with-param name="x" select="$x"/>
      </xsl:apply-templates>
     </xsl:variable>

    <xsl:variable name="f-of-x-plus-dx">
      <xsl:apply-templates select="$generic:generics[self::generic:func
                                                   and @name = $func]">
        <xsl:with-param name="x" select="$x + $dx"/>
      </xsl:apply-templates>
     </xsl:variable>

    <!-- C'est simplement la valeur absolue de $f-of-x-plus-dx - $f-of-x -->
     <xsl:variable name="abs-diff"
               select="(1 - 2 *(($f-of-x-plus-dx - $f-of-x) &lt; 0)) *
                       ($f-of-x-plus-dx - $f-of-x)"/>

     <xsl:value-of select="$f-of-x * $dx + ($abs-diff * $dx) div 2"/>

</xsl:template>

<xsl:template match="/">

<results>
```

```
<integrate desc="intgr x from 0 to 1">
  <xsl:call-template name="integrate"/>
</integrate>

<integrate desc="intgr x from 0 to 1 with more precision">
  <xsl:call-template name="integrate">
    <xsl:with-param name="delta" select="0.001"/>
  </xsl:call-template>
</integrate>

<integrate desc="intgr x from 0 to 1 with better algorithm">
  <xsl:call-template name="integrate2"/>
</integrate>

<integrate desc="intgr x**2 from 0 to 1">
  <xsl:call-template name="integrate">
    <xsl:with-param name="func" select=" 'square' "/>
  </xsl:call-template>
</integrate>

<integrate desc="intgr x**2 from 0 to 1 with better algorithm">
  <xsl:call-template name="integrate2">
    <xsl:with-param name="func" select=" 'square' "/>
  </xsl:call-template>
</integrate>

</results>

</xsl:template>

</xsl:stylesheet>
```

Le défi ici est que vous attendez de l'utilisateur de la règle `integrate` qu'il passe en paramètre n'importe laquelle des fonctions de x. Cependant, vous devez calculer une somme qui est une fonction de cette fonction. Ainsi, vous avez besoin de la possibilité de définir une fonction d'ordre supérieur. De plus, vous devez passer à cette fonction d'ordre supérieur un paramètre additionnel (dans notre cas, le delta à utiliser pour approximer l'intégrale). Vous pouvez faire cela en passant un élément que vous créer à la volée, `<params f-of-x="{$func}"; dx="{$delta}"/>`. Ce paramètre composite est utilisé par les fonctions d'ordre supérieur `f-of-x-dx` et `f-of-x-dx-2`. Malheureusement, XSLT 1.0 nous oblige à utiliser `exsl:node-set` pour extraire des valeurs de ce paramètre composite.

Voici le résultat de la feuille de style donnée plus haut :

```
<results>
  <integrate desc="intgr x from 0 to 1">
    0.4950000000000004
  </integrate>
  <integrate desc="intgr x from 0 to 1 with more precision">
    0.4995000000000005
  </integrate>
   <integrate desc="intgr x from 0 to 1 with better algorithm">
```

```
      0.5000000000000001
      </integrate>
    <integrate desc="intgr x**2 from 0 to 1">
      0.32835000000000036
    </integrate>
    <integrate desc="intgr x**2 from 0 to 1 with better algorithm">
      0.33335000000000037
    </integrate>
  </results>
```

Il y a peu de chance que vous ayez besoin d'intégration numérique en XSLT, mais ce n'est pas le but de notre exemple. Celui-ci démontre plutôt le pouvoir du style de programmation générique, qui permet d'accomplir des tâches inattendues en employant du code générique réutilisable.

14.4 Créer des fonctions d'application génériques

Problème

Vous voulez créer des règles réutilisables pour effectuer une même opération sur tous les éléments d'un ensemble de nœuds.

Solution

La solution consiste à appliquer récursivement le traitement sur les éléments de `$nodes`, et à invoquer la fonction générique `$func` sur chacun de ses éléments. Vous permettez également que la fonction indiqué par `$func` soit paramétrée. Ce paramètre peut être défini par `$func-param`. Vous indiquez en plus que la valeur par défaut de `$func-param` est obtenue à partir d'un attribut, `@param1`, dans l'identificateur de la fonction générique. Cette formulation permet à la valeur par défaut de dépendre de la fonction générique :

```
<xsl:template name="generic:map">
  <xsl:param name="nodes" select="/.."/>
  <xsl:param name="func" select=" 'identity' "/>
  <xsl:param name="func-param1"
      select="$generic:generics[self::generic:func and @name = $func]/@param1"/>
  <xsl:param name="i" select="1"/>
  <xsl:param name="result" select="/.."/>

  <xsl:choose>
    <xsl:when test="$nodes">
      <xsl:variable name="temp">
        <xsl:apply-templates
             select="$generic:generics[self::generic:func and
                                        @name = $func]">
            <xsl:with-param name="x" select="$nodes[1]"/>
            <xsl:with-param name="i" select="$i"/>
            <xsl:with-param name="param1" select="$func-param1"/>
        </xsl:apply-templates>
```

```
      </xsl:variable>

      <xsl:call-template name="generic:map">
        <xsl:with-param name="nodes" select="$nodes[position( ) > 1]"/>
        <xsl:with-param name="func" select="$func"/>
        <xsl:with-param name="func-param1" select="$func-param1"/>
        <xsl:with-param name="i" select="$i +1"/>
        <xsl:with-param name="result"
                        select="$result | exslt:node-set($temp)"/>
      </xsl:call-template>
    </xsl:when>
    <xsl:otherwise>
      <xsl:apply-templates select="$result" mode="generic:map"/>
    </xsl:otherwise>
  </xsl:choose>
</xsl:template>

<xsl:template match="/ | node( ) | @*" mode="generic:map">
  <node>
    <xsl:copy-of select="."/>
  </node>
</xsl:template>
```

Vous pouvez voir les effets de ce traitement en considérant la fonction générique `incr` :

```
<generic:func name="incr" param1="1"/>
<xsl:template match="generic:func[@name='incr']">
     <xsl:param name="x"/>
     <xsl:param name="param1" select="@param1"/>
     <xsl:value-of select="$x + $param1"/>
</xsl:template>
```

Le paramètre de la fonction générique `incr` spécifie la valeur de l'incrémentation et vaut 1 par défaut. Ici nous allons créer une feuille de style qui applique `incr` sur les éléments d'un ensemble de nombres, en utilisant d'abord la valeur par défaut, puis en lui donnant la valeur 10. Pour faire bonne mesure, vous étendez également l'ensemble des fonctions génériques par la définition de `reciprocal`, et appliquez cette dernière aux nombres :

```
<xsl:stylesheet version="1.0"
  xmlns:xsl="http://www.w3.org/1999/XSL/Transform"
  xmlns:generic="http://www.ora.com/XSLTCookbook/namespaces/generic"
  xmlns:exslt="http://exslt.org/common"
  extension-element-prefixes="exslt" exclude-result-prefixes="generic">

<xsl:import href="aggregation.xslt"/>

<xsl:output method="xml" indent="yes"/>

<xsl:variable name="generic:generics"
 select="$generic:public-generics | document('')/*/generic:*"/>

<generic:func name="reciprocal"/>
```

```
<xsl:template match="generic:func[@name='reciprocal']">
     <xsl:param name="x"/>
     <xsl:value-of select="1 div $x"/>
</xsl:template>

<!-- Tester les fonctionnalités de map -->
<xsl:template match="numbers">

<results>

<incr>
  <xsl:call-template name="generic:map">
    <xsl:with-param name="nodes" select="number"/>
    <xsl:with-param name="func" select=" 'incr' "/>
  </xsl:call-template>
</incr>
<incr10>
    <xsl:call-template name="generic:map">
      <xsl:with-param name="nodes" select="number"/>
      <xsl:with-param name="func" select=" 'incr' "/>
      <xsl:with-param name="func-param1" select="10"/>
   </xsl:call-template>
</incr10>
<recip>
      <xsl:call-template name="generic:map">
        <xsl:with-param name="nodes" select="number"/>
        <xsl:with-param name="func" select=" 'reciprocal' "/>
     </xsl:call-template>
</recip>
</results>

</xsl:template>

</xsl:stylesheet>
```

Le résultat est le suivant :

```
<incr>
   <node>11</node>
   <node>4.5</node>
   <node>5.44</node>
   <node>78.7777</node>
   <node>-7</node>
   <node>2</node>
   <node>445</node>
   <node>2.1234</node>
   <node>8.77</node>
   <node>4.1415927</node>
</incr>
<incr10>
   <node>20</node>
   <node>13.5</node>
   <node>14.440000000000001</node>
```

```
        <node>87.7777</node>
        <node>2</node>
        <node>11</node>
        <node>454</node>
        <node>11.1234</node>
        <node>17.77</node>
        <node>13.1415927</node>
    </incr10>
    <recip>
        <node>0.1</node>
        <node>0.2857142857142857</node>
        <node>0.2252252252252252</node>
        <node>0.012857155714298572</node>
        <node>-0.125</node>
        <node>1</node>
        <node>0.0022522522522522522</node>
        <node>0.8901548869503294</node>
        <node>0.1287001287001287</node>
        <node>0.31830988148145367</node>
    </recip>
</results>
```

Discussion

Il est possible d'extraire le sous-ensemble des nœuds qui vérifient un certain critère. Dans ce cas, vous utilisez une fonction générique qui est un prédicat. Vous arrivez au résultat attendu en écrivant les prédicats de telle façon qu'ils retournent leur entrée si le test est vrai, et rien si le test est faux. Par exemple :

```
<generic:func name="less-than"/>
<xsl:template match="generic:func[@name='less-than']">
     <xsl:param name="x"/>
     <!-- limite -->
     <xsl:param name="param1"/>
     <xsl:if test="$x &lt; $param1"><xsl:value-of select="$x"/></xsl:if>
</xsl:template>
```

Vous pouvez ensuite capturer les nœuds du résultat à l'aide d'un simple template de filtrage :

```
xsl:template match="/ | node( ) | @*" mode="generic:map">
  <xsl:if test="string(.)">
    <node>
      <xsl:copy-of select="."/>
    </node>
  </xsl:if>
</xsl:template>
```

Voici un exemple de cette technique en action :

```
<xsl:stylesheet version="1.0"
  xmlns:xsl="http://www.w3.org/1999/XSL/Transform"
  xmlns:generic="http://www.ora.com/XSLTCookbook/namespaces/generic"
  xmlns:exslt="http://exslt.org/common"
```

```
  extension-element-prefixes="exslt" exclude-result-prefixes="generic">

<xsl:import href="aggregation.xslt"/>

<xsl:output method="xml" indent="yes"/>

<!-- Tester les fonctionnalités de map -->
<xsl:template match="numbers">

<results>

<less-than-5>
  <xsl:call-template name="generic:map">
    <xsl:with-param name="nodes" select="number"/>
    <xsl:with-param name="func" select=" 'less-than' "/>
    <xsl:with-param name="func-param1" select="5"/>
  </xsl:call-template>
</less-than-5>

<greater-than-5>
  <xsl:call-template name="generic:map">
    <xsl:with-param name="nodes" select="number"/>
    <xsl:with-param name="func" select=" 'greater-than' "/>
    <xsl:with-param name="func-param1" select="5"/>
  </xsl:call-template>
</greater-than-5>

</results>

 </xsl:template>

<xsl:template match="/ | node( ) | @*" mode="generic:map">
  <xsl:if test="string(.)">
    <node>
      <xsl:copy-of select="."/>
    </node>
  </xsl:if>
</xsl:template>
```

Un test de cette feuille de style produit la sortie suivante :

```
<results>
   <less-than-5>
      <node>3.5</node>
      <node>4.44</node>
      <node>-8</node>
      <node>1</node>
      <node>1.1234</node>
      <node>3.1415927</node>
   </less-than-5>
   <greater-than-5>
      <node>10</node>
      <node>77.7777</node>
```

```
        <node>444</node>
        <node>7.77</node>
     </greater-than-5>
  </results>
```

Le procédé d'application d'une fonction n'est pas limité au traitement numérique. Considérez la feuille de style suivante, qui détermine la longueur de tous les éléments `<para>` dans un document DocBook :

```
<xsl:stylesheet version="1.0"
  xmlns:xsl="http://www.w3.org/1999/XSL/Transform"
  xmlns:generic="http://www.ora.com/XSLTCookbook/namespaces/generic"
  xmlns:exslt="http://exslt.org/common"
  extension-element-prefixes="exslt" exclude-result-prefixes="generic">

<xsl:import href="aggregation.xslt"/>

<xsl:output method="xml" indent="yes"/>

<xsl:variable name="generic:generics" select="$generic:public-generics |
 document('')/*/generic:*"/>

<!-- Une fonction qui calcule la longueur -->
<generic:func name="length"/>
<xsl:template match="generic:func[@name='length']">
  <xsl:param name="x"/>
  <xsl:value-of select="string-length($x)"/>
</xsl:template>

<!-- Traitement du document -->
<xsl:template match="/">

<para-lengths>
    <xsl:call-template name="generic:map">
      <xsl:with-param name="nodes" select="//para"/>
      <xsl:with-param name="func" select=" 'length' "/>
    </xsl:call-template>
</para-lengths>

</xsl:template>

<xsl:template match="/ | node( ) | @*" mode="generic:map">
  <length>
    <xsl:copy-of select="."/>
  </length>
</xsl:template>

</xsl:stylesheet>
```

Ou encore cet exemple, qui crée un résumé d'un document en en conservant que les trois premières phrases de chaque paragraphe :

```
<xsl:stylesheet version="1.0"
  xmlns:xsl="http://www.w3.org/1999/XSL/Transform"
```

```
  xmlns:generic="http://www.ora.com/XSLTCookbook/namespaces/generic"
  xmlns:exslt="http://exslt.org/common"
  extension-element-prefixes="exslt" exclude-result-prefixes="generic">

<xsl:import href="aggregation.xslt"/>

<xsl:output method="xml" indent="yes"/>

<xsl:variable name="generic:generics" select="$generic:public-generics |
 document('')/*/generic:*"/>

<!-- Une fonction générique pour extraire des phrases -->
<generic:func name="extract-sentences" param1="1"/>
<xsl:template match="generic:func[@name='extract-sentences']"
 name="generic:extract-sentences">
  <xsl:param name="x"/>
  <xsl:param name="param1" select="@param1"/>
   <xsl:choose>
    <xsl:when test="$param1 >= 1 and contains($x,'.')">
      <xsl:value-of select="substring-before($x,'.')"/>
      <xsl:text>.</xsl:text>
      <xsl:call-template name="generic:extract-sentences">
        <xsl:with-param name="x" select="substring-after($x,'.')"/>
        <xsl:with-param name="param1" select="$param1 - 1"/>
      </xsl:call-template>
    </xsl:when>
    <xsl:otherwise/>
  </xsl:choose>
</xsl:template>

<xsl:template match="/">

<summary>
    <xsl:call-template name="generic:map">
      <xsl:with-param name="nodes" select="//para"/>
      <xsl:with-param name="func" select=" 'extract-sentences' "/>
      <xsl:with-param name="func-param1" select="3"/>
    </xsl:call-template>
</summary>

</xsl:template>

<xsl:template match="/ | node( ) | @*" mode="generic:map">
  <para>
    <xsl:copy-of select="."/>
  </para>
</xsl:template>

</xsl:stylesheet>
```

Ces exemples sont des façons complexes de créer des résultats qui peuvent être obtenus par des feuilles de style bien plus simples à comprendre. Créer une feuille de style qui transforme un nœud à la fois est immédiat. Par exemple, la feuille de style qui crée un résumé est plus clairement implémenté par :

```
<xsl:stylesheet version="1.0" xmlns:xsl="http://www.w3.org/1999/XSL/Transform">
     <xsl:output method="xml" version="1.0" encoding="UTF-8" indent="yes"/>

<xsl:template name="extract-sentences">
  <xsl:param name="text"/>
  <xsl:param name="num-sentences" select="1"/>
   <xsl:choose>
    <xsl:when test="$num-sentences >= 1 and contains($text,'.')">
      <xsl:value-of select="substring-before($text,'.')"/>
      <xsl:text>.</xsl:text>
      <xsl:call-template name="extract-sentences">
        <xsl:with-param name="text" select="substring-after($text,'.')"/>
        <xsl:with-param name="num-sentences" select="$num-sentences - 1"/>
      </xsl:call-template>
    </xsl:when>
    <xsl:otherwise/>
  </xsl:choose>
</xsl:template>

<xsl:template match="/">
  <summary>
    <xsl:apply-templates select=".//para"/>
  </summary>
</xsl:template>

<xsl:template match="para">
  <para>
      <xsl:call-template name="extract-sentences">
        <xsl:with-param name="text" select="."/>
        <xsl:with-param name="num-sentences" select="3"/>
      </xsl:call-template>
    </para>
</xsl:template>

</xsl:stylesheet>
```

Cependant, si vous devez effecteur plusieurs opérations *map* dans une unique feuille de style, alors la solution utilisant des fonctions génériques résultera certainement en moins de code spécifique.

Il existe une version alternative de l'application, appelée `generic:map2` ici. Plutôt que d'appliquer une fonction unaire à un seul ensemble de nœuds, `generic:map2` applique une fonction binaire aux éléments de deux ensembles de nœuds, et renvoie l'ensemble des nœuds résultats :

```
<xsl:template name="generic:map2">
  <xsl:param name="nodes1" select="/.."/>
  <xsl:param name="nodes2" select="/.."/>
  <xsl:param name="func" select=" 'identity' "/>
  <xsl:param name="func-param1"
```

```
    select="$generic:generics[self::generic:func and @name = $func]/@param1"/>
  <xsl:param name="i" select="1"/>
  <xsl:param name="result" select="/.."/>

  <xsl:choose>
    <xsl:when test="$nodes1 and $nodes2">
      <xsl:variable name="temp">
        <xsl:apply-templates
             select="$generic:generics[self::generic:aggr-func and
                                       @name = $func]">
           <xsl:with-param name="x" select="$nodes1[1]"/>
           <xsl:with-param name="accum" select="$nodes2[1]"/>
           <xsl:with-param name="i" select="$i"/>
           <xsl:with-param name="param1" select="$func-param1"/>
        </xsl:apply-templates>
      </xsl:variable>

      <xsl:call-template name="generic:map2">
        <xsl:with-param name="nodes1" select="$nodes1[position( ) > 1]"/>
        <xsl:with-param name="nodes2" select="$nodes2[position( ) > 1]"/>
        <xsl:with-param name="func" select="$func"/>
        <xsl:with-param name="func-param1" select="$func-param1"/>
        <xsl:with-param name="i" select="$i +1"/>
        <xsl:with-param name="result" select="$result | exslt:node-set($temp)"/>
      </xsl:call-template>
    </xsl:when>
    <xsl:otherwise>
      <xsl:apply-templates select="$result" mode="generic:map"/>
    </xsl:otherwise>
  </xsl:choose>
</xsl:template>
```

Le template generic:map2 opère sur deux ensemble de nœuds indépendants en parallèle, et peut donc appliquer n'importe quelle opération binaire aux couples successifs. Comme pour generic:map, son utilité dépendra de la fréquence de son utilisation.

14.5 Créer des générateurs génériques d'ensembles de nœuds

Problème

Vous voulez créer des templates réutilisables qui génèrent des ensembles de nœuds par calcul.

Solution

La première fonction générique de cette catégorie génère un ensemble de nœuds en exécutant une fonction sur chaque valeur successive générée par une fonction d'incrémentation, jusqu'à ce que d'une limite fixée soit atteinte :

```
<xsl:template name="generic:gen-set">
  <xsl:param name="x" select="1"/>
```

```
<xsl:param name="func" select=" 'identity' "/>
<xsl:param name="func-param1"
   select="$generic:generics[self::generic:func and @name = $func]/@param1"/>
<xsl:param name="test-func" select=" 'less-than' "/>
<xsl:param name="test-param1" select="$x + 1"/>
<xsl:param name="incr-func" select=" 'incr' "/>
<xsl:param name="incr-param1" select="1"/>
<xsl:param name="i" select="1"/>
<xsl:param name="result" select="/.."/>

  <!-- Tester s'il faut poursuivre -->
  <xsl:variable name="continue">
    <xsl:apply-templates
         select="$generic:generics[self::generic:func and
                  @name = $test-func]">
      <xsl:with-param name="x" select="$x"/>
      <xsl:with-param name="param1" select="$test-param1"/>
    </xsl:apply-templates>
  </xsl:variable>

  <xsl:choose>
    <xsl:when test="string($continue)">
     <!-- Calculer func($x) -->
      <xsl:variable name="f-of-x">
        <xsl:apply-templates
             select="$generic:generics[self::generic:func and
                                      @name = $func]">
          <xsl:with-param name="x" select="$x"/>
          <xsl:with-param name="i" select="$i"/>
          <xsl:with-param name="param1" select="$func-param1"/>
        </xsl:apply-templates>
      </xsl:variable>

      <!-- Calculer la valeur suivante de $x -->
      <xsl:variable name="next-x">
        <xsl:apply-templates
             select="$generic:generics[self::generic:func and
                                      @name = $incr-func]">
          <xsl:with-param name="x" select="$x"/>
          <xsl:with-param name="param1" select="$incr-param1"/>
        </xsl:apply-templates>
      </xsl:variable>

        <xsl:call-template name="generic:gen-set">
          <xsl:with-param name="x" select="$next-x"/>
          <xsl:with-param name="func" select="$func"/>
          <xsl:with-param name="func-param1" select="$func-param1"/>
          <xsl:with-param name="test-func" select="$test-func"/>
          <xsl:with-param name="test-param1" select="$test-param1"/>
          <xsl:with-param name="incr-func" select="$incr-func"/>
          <xsl:with-param name="incr-param1" select="$incr-param1"/>
          <xsl:with-param name="i" select="$i + 1"/>
```

```
            <xsl:with-param name="result"
                            select="$result | exslt:node-set($f-of-x)"/>
          </xsl:call-template>
        </xsl:when>
        <xsl:otherwise>
          <xsl:apply-templates select="$result" mode="generic:gen-set"/>
        </xsl:otherwise>
      </xsl:choose>
</xsl:template>

<xsl:template match="node( )" mode="generic:gen-set">
  <gen-set>
    <xsl:copy-of select="."/>
  </gen-set>
</xsl:template>
```

Ici nous utilisons ce template pour produire la liste des carrés des dix premiers entiers :

```
<xsl:stylesheet version="1.0" xmlns:xsl="http://www.w3.org/1999/XSL/Transform"
  xmlns:generic="http://www.ora.com/XSLTCookbook/namespaces/generic">

  <xsl:import href="aggregation.xslt"/>

  <xsl:output method="text" />

  <xsl:template match="/">
    <xsl:call-template name="generic:gen-set">
      <xsl:with-param name="x" select="1"/>
      <xsl:with-param name="func" select=" 'square' "/>
      <xsl:with-param name="incr-param1" select="1"/>
      <xsl:with-param name="test-func" select=" 'less-than-eq' "/>
      <xsl:with-param name="test-param1" select="10"/>
    </xsl:call-template>
  </xsl:template>

 <xsl:template match="node( )" mode="generic:gen-set">
 <xsl:value-of select="."/>
 <xsl:text>
</xsl:text>
 </xsl:template>

 1 4 9 16 25 36 49 64 81 100
```

La seconde fonction générique de cette catégorie génère un ensemble de nœuds par n applications successives d'une fonction à partir d'une valeur initiale donnée :

```
<xsl:template name="generic:gen-nested">
  <xsl:param name="x" select="1"/>
  <xsl:param name="func" select=" 'identity' "/>
  <xsl:param name="func-param1"
             select="$generic:generics[self::generic:func and
                     @name = $func]/@param1"/>
  <xsl:param name="i" select="1"/>
  <xsl:param name="n" select="2"/>
```

```
    <xsl:param name="result">
      <xsl:value-of select="$x"/>
    </xsl:param>

      <xsl:choose>
        <xsl:when test="$i &lt;= $n">
         <!-- Calculer func($x) -->
          <xsl:variable name="f-of-x">
            <xsl:apply-templates
                 select="$generic:generics[self::generic:func and
                                            @name = $func]">
              <xsl:with-param name="x" select="$x"/>
              <xsl:with-param name="i" select="$i"/>
              <xsl:with-param name="param1" select="$func-param1"/>
            </xsl:apply-templates>
          </xsl:variable>

            <xsl:call-template name="generic:gen-nested">
              <xsl:with-param name="x" select="$f-of-x"/>
              <xsl:with-param name="func" select="$func"/>
              <xsl:with-param name="func-param1" select="$func-param1"/>
              <xsl:with-param name="i" select="$i + 1"/>
              <xsl:with-param name="n" select="$n"/>
              <xsl:with-param name="result"
                              select="exslt:node-set($result) |
                                      exslt:node-set($f-of-x)"/>
            </xsl:call-template>
          </xsl:when>
          <xsl:otherwise>
            <xsl:apply-templates select="$result" mode="generic:gen-nested"/>
          </xsl:otherwise>
        </xsl:choose>
  </xsl:template>

  <xsl:template match="node( )" mode="generic:gen-nested">
    <gen-nested>
      <xsl:copy-of select="."/>
    </gen-nested>
  </xsl:template>
```

Dans ce cas, vous utilisez ce template pour construire la suite 2, 2 ** 2, (2 ** 2) ** 2, ((2 ** 2) ** 2) ** 2, (((2 ** 2) ** 2) ** 2) ** 2, où ** signifie l'élévation à la puissance :

```
  <xsl:stylesheet version="1.0" xmlns:xsl="http://www.w3.org/1999/XSL/Transform"
    xmlns:generic="http://www.ora.com/XSLTCookbook/namespaces/generic">

    <xsl:import href="aggregation.xslt"/>

    <xsl:output method="text" />

    <xsl:template match="/">
      <xsl:call-template name="generic:gen-nested">
        <xsl:with-param name="x" select="2"/>
```

```
      <xsl:with-param name="func" select=" 'square' "/>
      <xsl:with-param name="n" select="4"/>
    </xsl:call-template>
  </xsl:template>

<xsl:template match="node( )" mode="generic:gen-nested">
  <xsl:value-of select="."/>
  <xsl:text>
</xsl:text>
</xsl:template>

</xsl:stylesheet>
```

```
2 4 16 256 65536
```

Discussion

Les recettes 14-2 et 14-3 étaient des transformations de plusieurs éléments en un seul, et la recette 14-4 a expliqué comment transformer plusieurs éléments en plusieurs autres. Naturellement, ce chapitre ne serait pas complet sans une transformation générique d'un élément en plusieurs.

Avec un générateur, vous pouvez créer des nombres aléatoires, qui peuvent par exemple sélectionner aléatoirement des nœuds de votre document XML. Ce chapitre utilise un générateur *congruentiel linéaire* (voir, par exemple, *http://www.taygeta.com/rwalks/node1.html*). Voici une feuille de style qui affiche une sélection aléatoire de noms pris dans un document d'entrée :

```
<xsl:stylesheet version="1.0" xmlns:xsl="http://www.w3.org/1999/XSL/Transform"
  xmlns:generic="http://www.ora.com/XSLTCookbook/namespaces/generic">

  <xsl:import href="aggregation.xslt"/>

  <xsl:output method="xml" indent="yes"/>

  <xsl:variable name="generic:generics" select="$generic:public-generics
  | document('')/*/generic:*"/>

  <!-- Ces valeurs donnent un assez bon résultat, mais vous pouvez les
       modifier -->
  <xsl:variable name="a" select="16807"/>
  <xsl:variable name="c" select="0"/>
  <xsl:variable name="m"  select="2147483647"/>

  <!-- Conserver la racine -->
  <xsl:variable name="doc" select="/"/>

  <!-- Le générateur aléatoire -->
  <generic:func name="linear-congruential"/>
  <xsl:template match="generic:func[@name='linear-congruential']">
       <xsl:param name="x"/>
       <xsl:value-of select="($a * $x + $c) mod $m"/>
  </xsl:template>
```

```
  <xsl:template match="/">
  <names>
      <xsl:call-template name="generic:gen-nested">
        <xsl:with-param name="x" select="1"/>
        <xsl:with-param name="func" select=" 'linear-congruential' "/>
        <xsl:with-param name="n" select="100"/>
        <!-- Ne pas inclure la valeur initiale -->
        <xsl:with-param name="result" select="/.."/>
      </xsl:call-template>
    </names>
  </xsl:template>

<xsl:template match="node( )" mode="generic:gen-nested">

  <!-- Restreindre l'intervalle de 1 à 100 -->
  <xsl:variable name="random" select=". mod 99 + 1"/>

   <name>
    <xsl:value-of select="$doc/names/name[$random]"/>
  </name>

</xsl:template>

</xsl:stylesheet>
```

Index

Symbols

A

B

C

D

N

O

P

T

U

V

W

X

Z

À propos de l'auteur

Sal Mangano a travaillé comme développeur pendant plus de 12 ans et a participé à des applications critiques, notamment dans le domaine financier. Il travaille actuellement chez Morgan Stanley après avoir été longtemps consultant pour le New York Stock Exchange. Il a toujours été passionné par la modélisation des données et l'approche objet, ainsi que par la transformation des données et la génération de code à partir de modèles. À la différence de nombreux développeurs XML/XSLT, il n'a pas abordé cette technologie uniquement du point de vue de l'Internet et du développement web, mais dans la perspective plus large de la transformation des données. Cette expérience lui a donné une vue unique, qui a influencé de nombreuses recettes de ce livre. Lorsque qu'il ne joue pas avec des 0 et des 1, Sal Mangano passe son temps avec les deux autres amours de sa vie : sa femme, Wanda, et son fils de deux ans et demi, Leonardo.

Colophon

L'animal en couverture de ce livre est un rouget. Ces poissons colorés et striés proviennent des mers tempérées d'Europe ; ils vivent en eau profonde et se nourrissent de petits invertébrés comme les crustacés, les vers et les mollusques, bien qu'à l'occasion ils capturent également de petits poissons. Les rougets sont également appelés rougets-barbets car ils ont deux appendices, ressemblant à des moustaches, au-dessous du menton. Ces organes, appelés barbets, sont recouverts de papilles gustatives qui les aident à trouver leur nourriture et à fouiller le sable. Le rouget pèse généralement 700 à 900 grammes et peut atteindre 60 centimètres, bien que la plupart soient beaucoup plus petits. Les rougets possèdent une nageoire caudale très fourchue, deux nageoires dorsales et des nageoires pectorales et anales correspondantes. La couleur des rougets varie du rose au rouge clair, avec trois ou quatre rayures jaunes le long de leur corps. Leur couleur varie considérablement en fonction de l'heure, du stress et de l'âge.

Les gourmets ont toujours apprécié le rouget pour sa chair ferme et maigre, son goût fin et sa couleur intense. En Europe, on trouve ce poisson dans tous les menus, mais il est rarement disponible aux États-Unis. Le rouget est parfois appelé bécasse de mer car, comme cet oiseau, il peut être consommé sans être vidé. Il existe quarante sous-espèces connues, mais principalement deux d'entre elles sont cuisinées : *Mullus surmuletus* est un poisson commun de l'Atlantique, que l'on pêche vers la côte sud de la Bretagne, *Mullus barbatus* est une variété méditerranéenne au goût plus délicat. Dans l'Antiquité, ce dernier était le poisson préféré des Romains, qui montraient fièrement les rougets vivants sur la table avant de les envoyer à immédiatement à la cuisine. Ils les conservaient dans de grandes lagunes et les amateurs gourmands payaient des sommes fabuleuses pour tout spécimen ayant une taille supérieure à la moyenne.

Au catalogue O'Reilly

Unix/Linux

Administration réseau sous Linux

Olaf Kirch
& Terry Dawson
ISBN 2-84177-125-3
2e édition, janvier 2001
544 pages

> *Guide d'apprentissage pour débutants et expérimentés.*

Cette édition revue et augmentée détaille les bases du travail en réseau sous Linux et passe soigneusement en revue la configuration des principaux types de logiciels réseaux susceptibles d'accompagner toute distribution Linux digne de ce nom.

Vous apprendrez notamment à installer et mettre en œuvre les couches logicielles indispensables, depuis la configuration d'une carte Ethernet ou de PPP jusqu'au courrier électronique et même UUCP, en passant par DNS, NFS, etc.

Pilotes de périphériques sous Linux

Alessandro Rubini
& Jonathan Corbet
ISBN 2-84177-199-7
2e édition, janvier 2002
563 pages

> *Guide d'apprentissage pour expérimentés et spécialistes.*

Cet ouvrage s'adresse à un large public souhaitant gérer des périphériques sous Linux ou développer un nouveau matériel exploitable sur l'OS. Pour les plus curieux, avides de connaître les rouages d'un système d'exploitation, ce livre s'intéresse de près aux espaces d'adressage, aux événements asynchrones et aux entrées/sorties. Il indique également comment optimiser la portabilité de Linux sur plusieurs plates-formes matérielles. Cette mise à jour prend en compte les nouveautés (appels systèmes et processus) des noyaux 2.2 et 2.4 de Linux.

Le noyau Linux

Daniel P. Bovet
& Marco Cesati
ISBN 2-84177-141-5
1re édition, juillet 2001
692 pages

> *Guide d'apprentissage pour expérimentés et spécialistes.*

Linux est encore trop souvent présenté comme un système expérimental. En réalité, Linux est l'un des systèmes d'exploitation les plus efficaces et robustes, tant par sa stabilité que par ses performances.

Cet ouvrage vous offre une visite guidée du noyau Linux : efficacité du système, performances, accès aux fichiers, gestion de la mémoire, le système VFS, les pilotes de périphériques, le système IPC.

L'auteur introduit chaque concept en expliquant son importance et en montrant l'interaction entre le fonctionnement du noyau et les utilitaires de Linux.

vi - précis & concis

Arnold Robbins
ISBN 2-84177-102-4
1re édition, avril 2000
80 pages

> *Référence de poche pour débutants et expérimentés.*

Depuis le début des années 80, *vi* est l'éditeur de texte que l'utilisateur de systèmes Unix est assuré de retrouver partout, de *BSD à AIX, et de Linux à Solaris, en passant par HP-UX, SCO, etc.

Ce guide contient toutes les commandes essentielles de *vi*, ainsi que de nombreuses astuces permettant de l'utiliser aussi efficacement que possible. Quatre clones de vi sont également décrits : *vim*, *elvis*, *nvi* et *vile*.

Introduction à Unix

Jerry Peek, Grace Todino
& John Strang
ISBN 2-84177-209-8
5e édition, juin 2002
158 pages

> *Guide d'apprentissage et manuel de référence pour débutants.*

Cet ouvrage est la meilleure introduction au système d'exploitation puissant qu'est Unix. Toutes les commandes vitales sont expliquées et accompagnées d'exercices, et ceci quelle que soit votre machine, Mac comme PC.

L'essentiel des activités quotidiennes est abordé, de la gestion des fichiers à l'utilisation du Web.

Au catalogue O'Reilly

Administration et développement Web

Apache - Installation et mise en œuvre

Ben & Peter Laurie
ISBN 2-84177-080-X
2e édition, novembre 1999
421 pages

> *Guide d'apprentissage pour expérimentés et spécialistes.*

Fleuron du logiciel libre, disponible gratuitement, le serveur HTTP Apache fonctionne aujourd'hui sur plus de 60 % des sites Web. La version pour MS-Windows, à présent disponible, devrait encore accroître sa présence sur les réseaux. Écrit et révisé par des membres de l'*Apache Group*, responsable du développement du serveur, cet ouvrage aborde la configuration d'Apache dans les moindres détails et constitue la documentation la plus complète sur ce serveur particulièrement rapide et puissant.

Apache - précis & concis

Andrew Ford
ISBN 2-84177-117-2
1re édition, novembre 2000
132 pages

> *Référence de poche pour tous niveaux.*

Apache est de loin le serveur HTTP le plus employé au monde. Il fonctionne aussi bien sous Windows NT, que sous Unix ou sous d'autres plateformes. Les administrateurs de serveurs web trouveront dans ce guide la description des lignes de commandes, des options, des directives de configuration, des modules et des utilitaires d'Apache. Il couvre Apache 1.3.12. Il est le compagnon de *Apache - Installation et mise en œuvre* et de *Writing Apache Modules with Perl and C.*

HTML & XHTML, la référence

Chuck Musciano
& Bill Kennedy
ISBN 2-84177-132-6
4e édition, février 2001
694 pages

> *Guide d'apprentissage pour débutants et expérimentés et manuel de référence pour tous niveaux.*

Ce guide est à ce jour l'ouvrage le plus complet sur HTML et XHTML. Il couvre XHTML 1.1, HTML 4.01, Netscape 4.72, Internet Explorer 5.0 et d'autres extensions.

Il adopte une approche concrète et pratique.

Les auteurs de contenus franchiront sans peine les étapes conduisant à la maîtrise des langages et se familiariseront rapidement avec l'insertion d'images, la mise en page à l'aide de styles, la création de liens, la conception de formulaires efficaces, etc.

PHP - précis & concis

Rasmus Lerdorf
ISBN 2-84177-249-7
2e édition, mars 2003
140 pages

> *Référence de poche pour tous niveaux.*

PHP, langage de script multi-plateformes qui peut s'incorporer dans n'importe quel code HTML, est en passe de devenir un standard du web. Ses nombreux atouts (richesse des fonctionnalités, facilité de connexion à l'ensemble des SGBD du marché, etc.) en font une solution idéale pour le développement de sites web dynamiques.

Ce livre, écrit par l'auteur de PHP lui-même, offre une vue d'ensemble de PHP4 et décrit les fonctions disponibles.

Pratique de MySQL et PHP

Philippe Rigaux
ISBN 2-84177-237-3
2e édition, janvier 2003
530 pages

> *Guide d'apprentissage pour débutants et expérimentés.*

Plébiscité depuis sa sortie pour ses qualités pédagogiques, *Pratique de MySQL et PHP* bénéficie aujourd'hui d'une révision complète.

Parmi les nouveautés marquantes de cette deuxième édition, on notera les chapitres consacrés à XML et au graphiques. Profitant de la réorganisation, de nombreuses sections ont par ailleurs été étoffées, notamment celles concernant la programmation objet ou l'administration MySQL.

Programmation CGI en Perl

Scott Guelich,
Shishir Gundavaram
& Gunther Birznieks
ISBN 2-84177-098-2
2e édition, juin 2001
477 pages

> *Guide d'apprentissage pour débutants et expérimentés.*

CGI (*Common Gateway Interface*) est l'ensemble des mécanismes qui permettent aux navigateurs WWW d'interagir avec des programmes s'exécutant sur un serveur HTTP. Grâce à ces spécifications, il est possible de tirer parti de l'interactivité du Web.

Avec cet ouvrage, vous apprendrez progressivement à utiliser l'interface CGI pour réaliser des pages interactives simples ou complexes, et piloter des programmes en réponse aux entrées de vos utilisateurs.

Au catalogue O'Reilly

JavaScript - La référence

David Flanagan
ISBN 2-84177-212-8
4e édition, octobre 2002
976 pages

> Guide d'apprentissage et manuel de référence pour tous niveaux.

JavaScript est l'un des langages de programmation du Web des plus essentiels. Il permet de créer des pages interactives et dynamiques. Cet ouvrage est une référence complète du langage qui couvre JavaScript 1.5. Ce guide dissèque les caractéristiques du noyau JavaScript, puis le côté client, ou le langage en situation. Les derniers chapitres documentent les objets définis par le noyau, ceux côté client et ceux définis par le DOM. Il s'agit là d'un ouvrage de référence qui conviendra à tous les niveaux.

HTTP - précis & concis

Clinton Wong
ISBN 2-84177-115-6
1re édition, novembre 2000
88 pages

> Référence de poche pour expérimentés et spécialistes.

HTTP (*HyperText Transfer Protocol*) est le protocole sans lequel aucune transaction ne pourrait exister sur le Web. Ce langage permet aux programmes client (Internet Explorer, Netscape, etc.) de communiquer avec les serveurs et de solliciter des actions toujours plus complexes.

Ce guide fournit une approche solide du protocole, ainsi qu'une explication détaillée des requêtes clients et des réponses serveurs, des tableaux résumant les paramètres standardisés utilisés par HTTP, des transcriptions d'échanges.

JavaScript - précis & concis

David Flanagan
ISBN 2-84177-246-2
2e édition, janvier 2003
148 pages

> Référence de poche pour tous niveaux.

Il existe une multitude de langages autorisant l'interaction avec une page web, mais JavaScript est irremplaçable quand il s'agit de contrôler simplement le comportement côté client.

Cet ouvrage, couvre JavaScript 1.2, la version du langage supportée par Netscape 4 et Internet Explorer 4. On y trouve la description de tous les objets, méthodes et propriétés du langage, y compris ceux qui interagissent avec la machine cliente.

JavaScript en action

Jerry Bradenbaugh
ISBN 2-84177-135-0
1re édition, juillet 2001
480 pages

> Solutions adaptables pour débutants et expérimentés.

JavaScript est un langage performant de haut niveau, relativement facile à apprendre qui permet de rendre des pages web dynamiques et interactives en agissant du côté client. Techniques et exemples de code JavaScript fourmillent sur le Web, mais ils ne sont jamais liés à des cas concrets. Cet ouvrage propose donc des applications concrètes et fonctionnelles utilisables directement sur votre site. *JavaScript en action* est un livre de recettes qui enseigne l'art de cuisiner des applications complètes pour le Web.

ActionScript pour Flash MX - La référence

Colin Moock
ISBN 2-84177-271-3
2e édition, juillet 2003
900 pages env.

> Guide d'apprentissage pour débutants et expérimentés et manuel de référence pour tous niveaux.

Plébicité pour ses spectaculaires vectorielles sur l'Internet, le logiciel de création Flash MX s'érige en standard de fait pour des centaines de milliers de développeurs d'applications multimédias sur la Toile. Dès Flash 5, le langage de programmation « ActionScript » était intégré à Flash pour gérer ces applications multimédias.

Cette nouvelle édition montrera aux développeurs Flash comment tirer pleinement parti de l'écriture de scripts, et leur donnera ainsi un avantage décisif aussi bien en termes de fonctionnalités que d'efficacité.

HTML - précis & concis

Jennifer Niederst
ISBN 2-84177-157-1
2e édition, avril 2002
128 pages

> Référence de poche pour tous niveaux.

Ce guide de poche fournit un commentaire éclairé sur l'utilisation de toutes les balises et extensions HTML, ainsi que leurs attributs, et passe en revue les compatibilités entre les différents navigateurs (Netscape, Internet Explorer, Opera, Web TV).

Indispensable aux webmestres comme aux responsables de serveurs WWW sur un Intranet, ou encore à tous ceux qui se contentent de maintenir les pages de leur site personnel à jour.

Au catalogue O'Reilly

CSS - précis & concis

Eric A. Meyer
ISBN 2-84177-156-3
1re édition, novembre 2001
102 pages

> ***Référence de poche pour tous niveaux.***

CSS (*Cascading Style Sheets*) permet de contrôler la présentation des pages web. Ce guide couvre l'essentiel de ce qu'un créateur de pages se doit de savoir pour implémenter CSS dans ses documents web. *CSS - précis & concis* introduit les concepts clés de CSS et référence les propriétés de CSS1. Vous y trouverez aussi le détail de la façon dont CSS est supporté par les différents navigateurs (Netscape 4 et 6, Internet Explorer 3, 4 et 5 et Opéra 3 et 4).

XML

Comprendre XSLT

Bernd Amann
& Philippe Rigaux
ISBN 2-84177-148-2
1re édition, mars 2002
528 pages

> ***Guide d'apprentissage pour débutants et expérimentés.***

De même que SQL constitue un sésame vers le monde des bases de données, XSLT est devenu en quelques années le principal langage dédié à la transformation des données XML. Il est particulièrement apprécié des développeurs qui souhaitent automatiser la production de documents (X)HTML ou autres à partir de sources de plus en plus variées.

Les auteurs introduisent progressivement des applications de plus en plus complexes, à l'aide d'applications concrètes, aisément transposables à tout système d'information moderne.

Introduction à XML

Erik T. Ray
ISBN 2-84177-142-3
1re édition, novembre 2001
368 pages

> ***Guide d'apprentissage pour débutants.***

Introduction à XML a pour ambition de donner une vue d'ensemble de XML afin d'apporter au lecteur une base solide. Cet ouvrage se concentre sur la théorie et la pratique de la création de documents. Il décrit la syntaxe élémentaire de XML, la création de liens entre des documents et des ressources. Il introduit aussi les notions de feuilles de style (CSS), de définition de type de document (DTD) ainsi que celle de schéma XML. Enfin la façon d'aborder les différentes langues et l'internationalisation complète cet exposé sur XML.

XML Schéma

Eric van der Vlist
ISBN 2-84177-215-2
1re édition, juillet 2002
412 pages

> ***Guide d'apprentissage pour tous niveaux.***

Le W3C a été parmi les premiers à proposer un système de définition de type des données XML, connu sous le nom de XML Schéma, en remplacement du système des DTD, jugé trop limité pour les applications modernes.

Cet ouvrage est non seulement un manuel de référence exhaustif et détaillé sur XML Schéma mais aussi une analyse critique et approfondie des choix que doivent effectuer les professionnels impliqués dans la mise en œuvre d'un système d'information fiable.

Au catalogue O'Reilly

XML

SVG

J. David Eisenberg
ISBN 2-84177-228-4
1re édition, mars 2003
336 pages

> *Guide d'apprentissage pour tous niveaux.*

SVG (*Scalable Vector Graphics*) est, depuis son adoption comme standard par le W3C, en passe de devenir la référence en matière de graphismes vectoriels. Ce type de dessin permet notamment d'effectuer des focalisations et des grossissements sans perte de qualité visuelle contrairement aux images que l'on trouve habituellement sur le net.SVG est l'ouvrage de référence dans le domaine et vous permettra de faire le tour de cette technologie, depuis les bases du dessin vectoriel jusqu'au traitement de documents illustrés avec XML.

SAX2

David Brownell
ISBN 2-84177-214-4
1re édition, septembre 2002
250 pages

> *Guide d'apprentissage pour expérimentés et spécialistes.*

SAX2 (*Simple API for XML*) est un analyseur syntaxique de plus en plus fréquemment utilisé. Le présent ouvrage traite exclusivement de l'utilisation de SAX2 dans un environnement Java et met en avant les différences avec l'API DOM. En comparaison de DOM, SAX2 est un parseur rapide et léger, capable de traiter d'importants volumes de données. Cet ouvrage est à la fois une introduction au parseur et une mise en pratique pour la production et la consommation d'événements XML, il également le tour des classes Java qui sous-tendent SAX2.

XML - précis & concis

Robert Eckstein
& Michel Casabianca
ISBN 2-84177-104-0
1re édition, avril 2000
110 pages

> *Référence de poche pour débutants et expérimentés.*

Conçu à partir de la norme SGML pour être le format de prédilection des échanges de données sur le web, XML est devenu en peu de temps un format à vocation universelle.

Ce petit livre est à la fois une introduction claire à la terminologie et à la syntaxe, et une référence exhaustive qui décrit toutes les instructions XML, depuis les attributs réservés jusqu'aux différents types d'entités et de données. Il comprend également une description exhaustive de XSLT 1.0.

DocBook, la référence

Norman Walsh
& Leonard Muellner
ISBN 2-84177-091-5
1re édition, mars 2001
702 pages

> *Guide d'apprentissage et manuel de référence pour tous niveaux.*

DocBook est la DTD de référence dans le monde SGML et XML. De nombreux outils tirent déjà parti de cette DTD très complète et hautement personnalisable. Les nouveaux langages de transformations comme DSSSL et XSLT ouvrent la voie à nombre d'applications nouvelles qui pourront profiter de la généricité de DocBook tout en conservant le haut potentiel de personnalisation propre à SGML et XML. Cet ouvrage exhaustif en détaille tous les aspects et donne des exemples d'utilisation.

XML in a Nutshell

Elliotte Rusty Harold
& W. Scott Means
ISBN 2-84177-223-3
2e édition, décembre 2002
694 pages

> *Manuel de référence pour tous niveaux.*

L'ambition de XML in a Nutshell est d'être une référence aussi complète et détaillée que possible sur les principaux formats et API utilisés pour l'analyse, la transformation et le rendu des sources de données XML.

Mieux qu'un simple aide-mémoire, cet ouvrage deviendra vite le compagnon indispensable de tout ceux qui travaillent de près ou de loin avec XML, qu'ils s'en servent comme format documentaire, ou comme format de données et d'échange.

Au catalogue O'Reilly

Java

Introduction à Java

Pat Niemeyer
& Jonathan Knudsen
ISBN 2-84177-234-9
2e édition, décembre 2002
910 pages

> ***Guide d'apprentissage pour débutants.***

Cette nouvelle édition présente de façon claire toutes les notions fondamentales de Java ; les aspects les plus spécifiques du langage sont abondamment illustrés par des exemples concrets qui permettront au débutant comme au programmeur issu d'autres environnements de devenir rapidement familiers du langage.

Bien qu'il s'agisse d'un livre d'initiation, cet ouvrage aborde aussi bien les classes Java fondamentales que les API de traitement multimédia, les nouvelles fonctionnalités de Swing, les interfaces réseau pour ne citer que ces thèmes.

Java in a Nutshell

David Flanagan
ISBN 2-84177-216-0
4e édition, octobre 2002
1152 pages

> ***Guide d'apprentissage pour expérimentés et manuel de référence pour tous niveaux.***

Cet ouvrage, écrit dans un style concis et bourré d'exemples d'utilisation, servira à la fois de guide de référence et de tutoriel pour les programmeurs avertis qui souhaitent découvrir Java rapidement.

La partie « référence » passe en revue toutes les classes des paquetages fondamentaux de Java, pour les versions 1.0, 1.1, 1.2, 1.3 et 1.4 du SDK. La partie « tutoriel » donne aux développeurs tous les éléments pour comprendre ce qui fait la spécificité d'un programme écrit en Java.

Java Enterprise in a Nutshell

David Flanagan, Jim Farley,
William Crawford
& Kris Magnusson
ISBN 2-84177-128-8
1re édition, septembre 2001
700 pages

> ***Manuel de référence pour tous niveaux.***

Le développement d'applications en entreprise se heurte souvent à l'hétérogénéité des plates-formes et des logiciels utilisés. Java apporte une solution souple, élégante et efficace à ce problème.

Ce livre se révèlera vite indispensable à tout programmeur qui développe des applications distribuées avec la plate-forme J2EE de Sun. Il explore pas-à-pas JDBC, RMI, Java IDL, JNDI, Enterprise JavaBeans et les servlets Java, etc. La partie référence passe en revue toutes les classes des différents paquetages qui composent Java Enterprise.

Java en action

Ian F. Darwin
ISBN 2-84177-203-9
1re édition, avril 2002
864 pages

> ***Solutions adaptables pour tous niveaux.***

Java en action se présente comme une collection de solutions, de problèmes, d'exemples pratiques. Il offre aux développeurs une manne de segments de code utilisables facilement dans leurs programmes. Ce livre de recettes prend le parti de l'utilité et de l'habileté. Il dispense des segments de code qui couvrent toutes les API, même les plus spécialisées (servlets et médias) et aidera tous les développeurs déjà familiers de Java.

Java Foundation Classes in a Nutshell

David Flanagan
ISBN 2-84177-066-4
1re édition, août 2000
864 pages

> ***Manuel de référence pour tous niveaux.***

Avec les JFC (Java Foundation Classes), Java propose un ensemble cohérent d'interfaces de programmation permettant aux développeurs d'intervenir sur des plates-formes multiples. Les JFC regroupent toutes les classes de Java 1.2 relatives aux GUI et aux fonctionnalités graphiques.

Cet ouvrage permet non seulement de connaître précisément quels bénéfices tirer de composants majeurs comme Swing ou Java 2D, mais aussi de retrouver chaque classe, méthode ou variable obscure dont l'utilisation est détaillée.

Exemples en Java in a Nutshell

David Flanagan
ISBN 2-84177-137-7
2e édition, septembre 2001
717 pages

Cet ouvrage passe en revue les principales notions du langage Java, et fournit des exemples concrets de programme. Ces exemples permettront non seulement aux programmeurs de se familiariser avec le langage Java, mais pourront également être aisément adaptés à des besoins spécifiques.

Cette seconde édition couvre Java 1.3. Elle contient 164 programmes complets et représentatifs soigneusement commentés, écrits par un spécialiste du langage. Les vingt API essentielles sont ainsi décortiquées dont celles qui gèrent les servlets, JavaServer Pages, XML et les applications graphiques.

Au catalogue O'Reilly

Java

Ant - précis & concis

Stefen Edlich
ISBN 2-84177-159-8
1re édition, juillet 2002
118 pages

> Petit guide d'apprentissage pour expérimentés et référence de poche pour tous niveaux.

Ant est un exécuteur de tâches qui permet de compiler et déployer un programme. Solution libre basée sur XML, Ant a l'avantage de reposer sur un fichier XML comme descripteur de tâches et d'avoir Java comme garant de la portabilité. Ce manuel de poche référence les principales commandes de tâches de compilation et leurs attributs ; les éléments de base sont détaillés et des exemples illustrent le propos de l'auteur. Il s'appuie sur la version 1.4.1.

Java et SOAP

Robert Englander
ISBN 2-84177-230-6
1re édition, janvier 2003
286 pages

> Guide d'apprentissage pour expérimentés et spécialistes.

SOAP (*Simple Object Access Protocol*) est un protocole indépendant et portable de transmission de messages basé sur XML. Java et SOAP aborde non seulement les bases de SOAP en présentant son système de messagerie, mais aussi l'encodage des messages SOAP, comment travailler avec les API Java les plus standard et comment implémenter SOAP avec les principales plateformes dont Microsoft .NET.

Java et XSLT

Eric M. Burke
ISBN 2-84177-205-5
1re édition, mars 2002
504 pages

> Guide d'apprentissage pour expérimentés et spécialistes.

Si Java est un langage à vocation universelle, XSLT fait, lui, partie des langages spécialisés. Tout deux préparent le monde des applications réseaux.

L'alliance de ces deux langages pour le traitement de données XML offre au développeur le meilleur des deux approches. Ce livre fourmille d'exemples pour lesquels cette combinaison est idéale, sous forme d'applications « stand-alone » ou de servlets, qu'il s'agisse de mettre en œuvre des forums de discussion ou de produire des documents pour les appareils sans fil, etc.

JDBC et Java - Guide du programmeur

George Reese
ISBN 2-84177-136-9
2e édition, mai 2001
336 pages

> Guide d'apprentissage pour expérimentés et spécialistes.

Associé aux bases de données, Java offre des possibilités illimitées. Voici donc un véritable guide de programmation d'applications orientées bases de données qui vous permet de concilier la puissance de ces outils. L'auteur montre comment transmettre des requêtes SQL à un gestionnaire de base de données *via* JDBC, il explique l'emploi des procédures stockées, etc. Cette seconde édition s'enrichit des relations entre JDBC et les Enterprise JavaBeans, de développements sur les bases de JDBC et SQL, de suggestions pour intégrer JDBC à Swing.

Programmation réseau avec Java

Elliotte Rusty Harold
ISBN 2-84177-134-2
2e édition, mars 2001
698 pages

> Guide d'apprentissage pour tous niveaux.

L'approche de la programmation réseau avec Java était jusqu'alors réservée à un petit nombre d'initiés, malgré sa simplicité.

Cette nouvelle édition expose toutes les notions essentielles au développement de programmes réseau (applets et applications) en Java, depuis les techniques de base jusqu'à l'invocation de méthodes à distance (RMI), en passant par les sockets TCP et UDP, la communication multipoint, etc. Deux nouvelles API : Java Secure Socket Extension et JavaMail viennent enrichir cette édition.

Java Message Service

Richard Monson-Haefel
& David Chappell
ISBN 2-84177-208-X
1re édition, mars 2002
222 pages

> Guide d'apprentissage et manuel de référence pour expérimentés et spécialistes.

Cet ouvrage est une introduction complète à l'API JMS. Constituante de l'environnement Enterprise JavaBeans, JMS est un service de messagerie entre applications. Il en décrit les modèles de communication, dont le modèle « point-to-point » et le modèle sur abonnement.

Cet ouvrage explique en détail cette API et en permet une utilisation judicieuse.

Achevé d'imprimer par Corlet, Imprimeur, S.A. - 14110 Condé-sur-Noireau
N° d'Imprimeur : 71369 - Dépôt légal : mai 2003 - *Imprimé en France*